国家社会科学基金项目

项目号：16BZS063

近代天津租界档案史料选编

英美租界卷

天津市档案馆 ◎ 编

天津出版传媒集团

天津人民出版社

图书在版编目(CIP)数据

近代天津租界档案史料选编. 英美租界卷 / 天津市
档案馆编. -- 天津：天津人民出版社，2022.1
ISBN 978-7-201-12142-0

Ⅰ. ①近… Ⅱ. ①天… Ⅲ. ①租界—地方史—史料—
天津 Ⅳ. ①D829.12②K292.1

中国版本图书馆CIP数据核字(2018)第288258号

近代天津租界档案史料选编(英美租界卷)

JINDAI TIANJIN ZUJIE DANG'AN SHILIAO XUANBIAN(YING MEI ZUJIE JUAN)

出　　版　天津人民出版社
出 版 人　刘　庆
地　　址　天津市和平区西康路35号康岳大厦
邮政编码　300051
邮购电话　(022)23332469
电子信箱　reader@tjrmcbs.com

责任编辑　韩玉霞
特约编辑　李佩俊
装帧设计　卢炀炀

印　　刷　河北鹏润印刷有限公司
经　　销　新华书店
开　　本　880毫米×1230毫米　1/16
印　　张　47.25
插　　页　4
字　　数　1200千字
版次印次　2022年1月第1版　2022年1月第1次印刷
定　　价　980.00元

编委会

主 任　阎　峰

常务副主任　于学蕴

副主任　吴爱民　荆　浩　于全太　宋志艳

编　委　王瑞兴　李　绮　王绍惠　仇伟海　周利成

课题组

组　长　于学蕴

成　员　江　沛　王立荣　王瑞兴　李　绮　王绍惠
　　　　陶　丽　王若濛　李　颖

主　编　陶　丽

副主编　王若濛

编　辑　刘　茜　刘轶男　韩晨琛　李　颖　朱元萍
　　　　张　菊　刘新芝　王利明　李　净　朱雅晶

前　言

　　近代中国租界,是西方列强通过军事侵略、签订不平等条约等手段,在通商口岸城市建立的拥有行政自主权和治外法权的特殊区域。租界被称为"国中之国",是近代中国半殖民地社会的重要标志之一。

　　自1845年11月上海地方政府发布《上海土地章程》设立第一个租界,到1902年12月《天津奥国租界章程合同》订立,近代中国总计有9个国家在10个通商口岸城市建立了25个专管租界,其中天津辟有英、法、美、德、俄、日、比、意、奥9国专管租界,总面积相当于天津老城区的8倍,划设国家之多、地域面积之大,是近代中国设有租界的典型城市,是近代城市研究中不可替代的标本。

　　天津租界肇始于第二次鸦片战争结束之际,1860年《北京条约》订立,英国驻华公使迫使清政府"永租"天津城东南紫竹林沿河一代为英租界。美国亦胁迫清政府划分了美租界。法国于翌年也以战胜者的身份划定法租界。此后直到20世纪初,天津又经历了两次强划租界的高潮。中日甲午战争后,德、日在津强划租界,英国乘机扩张租界面积。1900年八国联军占领天津,俄、意、奥三国强占土地,划为各自的租界。没有参加八国联军的比利时要求利益均沾,划定比租界。英、法、德、日诸国则强行扩张租界。可以说,天津租界是近代强权政治和侵略战争的产物。

　　天津租界是西方列强对中国进行武装侵略、政治干涉和经济掠夺的重要基地,也成为中国各种政治势力角逐的场所,以及各种政治阴谋策划的巢穴,乃至有"北京是前台,天津是幕后"之说。同时,各种进步力量也依托租界的特殊环境发展壮大,特别是在抗战时期,天津租界内的抗日活动不断,给日本侵略者以很大的打击。租界对天津经济的影响是深远的,沿海河两岸设立的租界,依托内河港的优势,成为北方的贸易中心。外国资本源源不断地输入,房地产业兴起,洋行、外资银行、商场、店肆、各色西式建筑林立,租界成为城市新的中心。

　　租界的建设发展是天津城市近代化过程的重要组成部分。来新夏先生在《天津租界谈往》的序言里指出:"'租界'是一个既令人憎恨,又让人向往的地方。憎恨它在我们神圣国土上划出了一块块国中之国,藏污纳垢,为非作歹,扰我社会,害我生民;向往他们出于其生活需求所进行的近代都市建设的公共设施,客观上为我们提供了近代都市的一种模式。"租界将西方近代文明带到天津,从电灯、电车、自来水,到房屋营建、街道规划、城市布局等,改变了天津城市的风貌。近代教育、报纸媒体、风俗娱乐、体育运动、医疗卫生等的传入,成为近代天津城市多元文化的重要组成部分。

　　天津租界的典型性及其对城市功能的影响,使得天津租界历史的系统研究具有现实价值。作为学术研究的基石,史料整理工作尤为重要,是开展学术研究的前提条件。其中,档案作为具有存凭、留史、资政、育人作用的第一手史料,其价值和作用不言而喻。

天津市档案馆高度重视近代租界档案的整理出版。2012年3月，"近代天津历史研究中心"在市档案馆挂牌，租界研究成为研究中心首批研究方向之一。近年来，研究中心点校出版了《天津英租界工部局史料选编》，影印出版了《天津租界档案第一辑·英租界档案》和《天津租界档案》。这些编研成果已经成为租界史研究的权威资料。2016年，为推动租界档案史料开发工作向纵深发展，"近代天津租界档案史料选编"项目积极申请国家社科基金并获得成功。同年，该项目列入国家档案局重点开发项目，为项目开展提供了坚实保障。

"近代天津租界档案史料选编"项目按国别分类整理，以丛书方式出版发行。《近代天津租界档案史料选编（英美租界卷）》是系列丛书的第一本。本卷依托天津市档案馆得天独厚的馆藏资源，系统开发了天津特别市政府、天津特别市财政局、天津海关、海河工程局等全宗，所选档案时间跨度从1860年10月24日至1948年9月15日，内容包括政令公文、条约公告、制度规章、地契合同、统计年报、会议记录、电文情报等多种类型，共计646件。

本卷按照近代天津英美租界历史沿革，分为四大部分。第一部分是关于英美租界的设立及扩张。天津历史上存在过九国租界，设立最早、历时最久的就是英租界。1860年10月24日《中英续增条约》规定："大清大皇帝允以天津郡城海口作为通商之埠，凡有英民人等至此居住贸易，均照经准各条所开各口章程比例，画一无别。"这成为天津被辟为通商口岸的不平等的法律基础。英国驻华公使卜鲁斯即根据此条约强划租界："欲永租津地一区为造领事官署及英商住屋栈房之用。现勘得津城以南二三里许，坐落紫竹林至下园地一方，约计四顷有余。"同年12月17日，清政府正式批准设立天津英租界。不久，美国在英租界以南强划租界，但长期疏于治理。其间就美租界的存废归属问题，曾引发了中、美、英、德四国间的交涉。1901年11月，美英两国私相授受，将美租界纳入英工部局管辖。1902年10月23日，津海关道正式公告美租界并入英租界，成为英租界南扩展界。基于这一点，本书将英美租界合为一卷。

第二部分是关于租界的管理，内分五个子项，分别是地亩租契、组织机构、章程条例、市政营造和工商同业，在每一子项内，档案按照形成时间先后排序。本书希望通过五个子项，较为全面地反映天津英美租界行政管理、财政经济、市政建设等方面的历史。在档案选择上，为避免与已有出版物重复，不再收录英租界工部局董事会报告。但作为之前成果的重要补充，收录了天津英租界选举人常年大会议录、天津英租界中国纳税人公会报告等能够反映英租界管理体制的珍贵档案。

第三部分是关于沦陷时期天津租界的局势及国际纠纷。1937年7月30日，天津沦陷，租界进入到一个特殊时期。本部分为真实反映日军封锁英法租界的前因后果，选录了程锡庚遇刺案相关档案、伪警察局特务科情报档案，从档案的角度展现了这一时期天津租界的基本脉络。1941年12月8日，太平洋战争爆发，日军进占英法租界。日本扶植汪伪南京政府，并签订所谓《日华关于交还租界及撤废治外法权之协定》。1943年3月，伪天津特别市公署"接管"英租界并"收回"日租界。6月，"接管"法租界。表面上租界的行政机构不复存在。本书也收录了伪政权所谓"接收"天津英租界的档案。

第四部分是关于租界的接收，主要反映抗战胜利后国民政府收回天津租界的历史过程。这一部分收录了中英取消英国在华治外法权等重要法律文件，及国民政府行政院、外交部与天津市政府关于接收租界的往来公文。值得一提的是，本书首次系统地向读者披露了租界清委会档案，收录了二十次委员会记录、九次小组会记录、八次中英联席会议记录、全本英国顾问说贴及补编等珍贵史料。

本卷在编纂出版过程中，租界研究专家刘海岩先生担任顾问对全书审读把关。天津人民出版社文史室资深编审韩玉霞、特约编辑李佩俊，做了大量认真细致的编校工作。本卷录入工作由南开大学黄语桐、裴单、熊金津、张玲妹、张甜甜、曾云、赵珂一、李培、李颖、薛志远等同学承担,在此一并表示衷心感谢。

由于馆藏租界档案体量大,内容庞杂,语种多样,系统开发的难度很大,囿于时间紧迫和水平局限,编纂不当或疏漏之处在所难免,敬请读者批评指正。

凡　例

本书由天津市档案馆编纂,全书收录的档案分为四个部分,主要选自天津市档案馆馆藏。现将档案整理事宜说明如下:

一、本书所辑档案时间从1860年10月24日至1948年9月15日,包括政令公文、条约公告、制度规章、地契合同、统计年报、会议记录、电文情报等,共计档案646件。

二、本书所辑档案按专题分类,专题之下按档案形成时间顺序排列。有年份、月份无日期的,列于当月末;只有年份的列于当年末。

三、档案标题为编者撰拟,包括发文者、事由、收文者、文种、时间等要素。标示的时间以具文和发文时间为准,无具文和发文时间的以收文时间为准;一般直接采用公元纪年,清代历史纪年则括注公元纪年。

四、所辑档案的批文、复函、复电、报表等附件和批注,内容确有收录必要的,缀于正文之后。附件的标题、时间均保持档案原貌。

五、本书所辑档案原件均无标点、段落,由编者遵照现代汉语使用规范添加标点并划分段落。档案原文标明层级结构的数字,层级清晰者保持原貌,层级混乱者重新编排。

六、档案中的统计数字一般保持原貌,以苏州码计数的均加以识读换算。对档案内容的疑义和说明均进行了注释。

七、档案中的外国人物、货币、国家、政权名称翻译与现行标准多有不同,均保留原貌,必要时用脚注加以说明。

八、本书所辑档案,均录为规范简体字。档案原件中的错字,以正字注于其后,用()表示;漏字或酌情补注的字,均用[]表示;残缺、污损字句不能辨识的,用□表示;大段残缺者用〈上残〉〈下残〉表示;衍文用【】表示。

九、本书所辑档案均注明出处,包括全宗号、分类号、案卷号等信息,置于文末。本书选录已出版的相关史料,均注明作者、书名、出版社、版本及页码等信息,便于读者检索。

目　录

第一部分　租界的设立和扩张

第二部分　租界的管理

一、地亩租契

二、组织机构

三、章程条例

四、市政营造

五、工商同业

第三部分　沦陷时期租界的局势及国际纠纷

第一部分　租界的设立和扩张

1. 中英续增条约

咸丰十年九月十一日（1860年10月24日）

兹以两国有所不惬，大清大皇帝与大英大君主合意修好，保其嗣后不至失和。为此，大清大皇帝特派和硕恭亲王奕诉，大英大君主特派内廷建议功赐佩带头等宝星会议国政世职上堂内世袭额罗金并金喀尔田二郡伯爵额尔金，公同会议，各将本国恭奉钦差全权大臣便宜行事之上谕、敕书等件互相较阅，均臻妥善。现将商定续增条约开列于左：

第一款

一、前于戊午年五月在天津所定原约，本为两国敦睦之设，后于己未年五月大英钦差大臣进京换约，行抵大沽炮台，该处守弁阻塞前路，以致有隙，大清大皇帝视此失好甚为惋惜。

第二款

一、再，前于戊午年九月，大清钦差大臣桂良、花沙纳，大英钦差大臣额尔金，将大英钦差驻华大臣嗣在何处居住一节，在沪会商所定之议，兹特申明作为罢论。将来大英钦差大员应否在京长住，抑或随时往来，仍照原约第三款明文，总候本国谕旨遵行。

第三款

一、戊午年原约后附专条，作为废纸，所载赔偿各项，大清大皇帝允以八百万两相易。其应如何分缴，即于十月十九日在于津郡先将银伍拾万两缴楚；以本年十月二十日，即英国十二月初二日以前，应在于粤省分缴三十三万三千三百三十三两内，将查明该日以前粤省大吏经支填筑沙面地方英商行基之费若干，扣除入算；其余银两应于通商各关所纳总数内分结，扣缴二成，以英月三个月为一结，即行算清。自本年英十月初一日，即庚申年八月十七日至英十二月三十一日，即庚申年十一月二十日为第一结，如此陆续扣缴八百万总数完结，均当随结清交大英钦差大臣专派委员监收外，两国彼此各应先期添派数员稽查数目清单等件，以昭慎重。再今所定取偿八百万两内，二百万两仍为住粤英商补亏之款，其六百万两少裨军需之费，载此明文，庶免梦纠。

第四款

一、续增条约画押之日，大清大皇帝允以天津郡城海口作为通商之埠，凡有英民人等至此居住贸易，均照经准各条所开各口章程比例，画一无别。

第五款

一、戊午年定约互换以后，大清大皇帝允于即日降谕各省督抚大吏，以凡有华民情甘出口，或在英国所属各处，或在外洋别地承工，俱准与英民立约为凭，无论单身或愿携带家属一并赴通商各口下英国船只，毫无禁阻。该省大吏亦宜时与大英钦差大臣查照各口地方情形，会定章程，为保全前项华工之意。

第六款

一、前据本年二月二十八日大清两广总督劳崇光，将粤东九龙司地方一区，交与大英驻扎粤省暂充英法总局正使功赐三等宝星巴夏礼代国立批永租在案，兹大清大皇帝定即将该地界付与大英大君主并历后嗣，并归英属香港界内，以期该港埠面管辖所及庶保无事。其批作为废纸外，其有该地华民自称业户，应由彼此两国各派委员会勘查明，果为该户本业，嗣后倘遇势必令迁别地，大英国无不公当赔补。

第七款

一、戊午年所定原约，除现定续约或有更张外，其余各节，俟互换之后，无不克日尽行，毫无出入。今定续约，均应自画押之日为始，即行照办，两国毋须另行御笔批准，惟当视与原约无异，一体遵守。

第八款

一、戊午年原约在京互换之日，大清大皇帝允于即日降谕京外各省督抚大吏，将此原约及续约各条发抄给阅，并令刊刻悬布通衢，咸使知悉。

第九款

一、续增条约一经盖印画押，戊午年和约亦已互换，须俟续约第八款内载，大清大皇帝允降谕旨奉到，业皆宣布，所有英国舟山屯兵立当出境，京外大军即应启程前赴津城并大沽炮台、登州、北海、广东省城等处，俟续约第三款所载赔项八百万两总数交完，方能回国，抑或早退，总候大英大君主谕旨施行。

以上各条又续增条约，现下大清、大英各大臣同在京都礼部衙门盖印画押以照信守。

大清咸丰十年九月十一日

大英一千八百六十年十月二十四日

（据藏于台北故宫博物院条约原本）

2.总理衙门档中关于英国人在天津租地往来文一组

咸丰十年—十一年（1860—1861年）

咸丰十年十月十一日，据武备院卿恒祺、候补京卿崇厚函称：据巴夏里来称，欲在天津城南采择地基，为将来英商屯货之所，系照和约办理，俟其再来说时妥为商办。等语。

十月十八日，据天津府知府石赞清等禀称：英国通事巴夏里，于十月十二日，在津城东南相距五六里之紫竹林起至下园止，勘丈空地长三百十一丈、宽七十丈，预备明年来津盖造房屋之用。查该处地内并无坟冢，间有贫民零星土房，该公使允为公平给价。

十月二十四日，英国公使卜鲁士照会称：本大臣意将津地一区代国永租，为造天津领事官署并各英商来津起盖住屋栈房等所之用，经派两参赞大员与贵国恒、崇二大人会议相度去后，旋据该大员等复称：遵行会勘得有津城以南二三里许，有地一方，坐落自紫竹林至下园，其东河岸丈量得长二百五十五丈五尺，其西孔道长同，其北约长二百丈，南约长七十丈，其中纵横约计四百四十亩。该地除有居民房屋数处外，皆为园地，查每年完纳钱粮或银二两，或一两五钱不等。本大臣意见，不如查明津县地丁原册开注若干后与贵国立契永租，按照完纳。至该地居民应如何还补，查该处每地一亩值实价银三十两，嗣遇本国官民欲租该地起屋，应给该业户银三十两为租地正价，外加银十两作为赔补迁移之费，其原有房屋以及基址当另议明赔项。本国官民未租之先，该居民毋庸迁移，亦可免其自纳地租。惟于起租之日，该户不得不收受地价赔项立行迁去，毋得辩难。且定约以后，除奉英国特准之外，一应人等不许在该地界另起房屋，以免后日辩论，合请贵亲王转咨直隶总督饬下地方官一体查照遵办，俾该管官即偕英国领事会议,立契永租,按册完税,妥为办理。

十月二十六日行直隶总督文称:现据英国公使卜照会,欲将津以南自紫竹林至下园地方一区,纵横约计四百四十亩租与该国,为将来开设码头、起盖该国住屋栈房等所之用。请即转咨贵督饬下地方官一体查办。等因。查条约第十二款内业经载明,自应按照办理。除照复该公使允准外,相应将来照会粘抄,咨行该督查照,转饬该地方府县会同该处领事官,悉心秉公按价租给,不得互相勒掯,以凭核办。

十一月初四日本衙门奏:英国卜鲁士照会内称,欲永租津地一区为造领事官署及英商住屋栈房之用。现勘得津城以南二三里许,坐落紫竹林至下园地一方,约计四项有余。请查明津县地丁原册,立契永租,按照完纳钱粮。每地一亩给业户租地银三十两,赔补迁移银十两。并请转咨直隶总督饬地方官办理,各等语。臣等查条约第十二款,内载英民在各口并各地方欲租地盖屋,设立栈房,均按民价公平定议,不得互相勒掯。今该国系照条约办理,自未便拂其所请,因饬天津府县,查勘该处有无窒碍。旋据禀称,该处多系空旷地亩,只有零星土房,并无坟墓窒碍之处。臣等因即将条约所载不得勒掯等语酌给照复,以杜其侵越之意。并允咨直隶总督转饬地方官与该国领事官妥为商办,以期地方相安。等语。于本月十八日奉到朱批:知道了。钦此。

咸丰十一年正月二十九日,天津道府县禀称:英国所占民房及各铺面,现经与该国孟领事议明,每间每月租价洋元一块,惟未换和约以前所占之屋,孟领事言定概不给价,其在换约以后所占者,均照议价按月支给。自将前议出示晓谕后,房主不得高抬其价,居以为奇。该国租房,亦必两相情愿,更不得逼勒强租。近日以来,津郡住户,其愿租与该国者亦实有之。是租房一节,从此相安,万不至别有事故。惟英国前勘定郡城东门外自紫竹林起至大井河沿止,共地四项八十九亩二厘五毫,英人不时往来丈量,间有分段划开者。据称,前项地亩均系该国租定,必待开河,商船到后,勘明某段应用,某段仍归备用闲地,先将现用之地租价交清。职道等查此项地亩,既经该国价租,赴县存案,其或先用后用,不妨听其自裁。且系商船到后,查伊如何分用,并如何给价之处,临时相度机宜,再行禀办。

二月初十日,据天津道府县禀称:崇星使现议通商章程,系于拦港沙内及大沽口均设委员,坐乘行船来往梭巡,以防偷渡;即以紫竹林地方作为公所,其前搭盖浮桥,仿照南省水关形势,该英法商船于港外起拨,载至紫竹林截止,即行卸货,不得潜逾。伏查英法前勘定紫竹林一带地亩,原为修盖夷馆洋楼之用。现定章程,即于此处卸货归行,人船并聚,中外界清,立法实属至周且密,是以该国近日颇形悦服。

三月十九日,收三口通商大臣崇厚函称:紫竹林地并未付给地价。

四月十八日,三口通商大臣崇厚函称:天津城南紫竹林地方,前经英国勘定地基四项有零。此番哥使来津,前日亲往履勘,现亦指定一隅,计有四项九十三亩,立定界址。今将英法两国所勘地址,绘图呈览。随英国租赁地图一纸(略)。

(据《天津租界档案选编》,天津人民出版社,1992年第1版,第5—7页)

3. 直隶总督李鸿章为英扩充租界事札饬直隶候补道钱镠

光绪二十七年三月十一日(1901年4月29日)

为札饬事。光绪二十七年三月初二日接准英国萨大臣来文内开：照得去年岁杪，中国国家将北河紫竹林对岸地亩让与俄国一大段作为租界，今闻日内又将德国天津租界拓展甚广。此事如再接衍，则不日将闻复有他国请展，中国久让之行既不得预知展至何方，或与本国租界利权甚有妨碍。为保其无伤，免英界后路隔断之虞，或围于他国租界之内，本大臣现有应请之二端：其一，现在英界以南土城外荒低之地，不得租与他国。兹特绘图粘送。圈中绿色者即定其界，由土城厚德门至宝士徒路越土城处为北界，再由此处至马场第二桥画一直线作为西界，再由马场第二桥循马场路至厚德门为三角之形。其二，倘日后有应再行扩充英界之处，本国有将此地约二千四百亩归入界内之权，并非目下有意取用，不过预为地步立案存查。贵国必须明认英国有取用此地之权，无所疑义，免日后或遇应用之时有所为难。合请备文照复，并附图一纸。等因。查图内所绘三角形之地约二千四百亩既在贵国租界之后，若租界与他国恐有后路隔断之虞，本王大臣可以认明此义，不让别国租用。至该地将来是否可久归入贵国租界，仍须日后派员勘定，并俟有建设行栈或医院等项之用，届时再行商议可也。除照复英国萨大臣外，合行札饬。札到该道，即便查照。此札。

(据《天津租界档案选编》，第7—8页)

4. 英国驻津总领事金璋为推广租界事致直隶候补道钱镠函

光绪二十七年三月十四日(1901年5月2日)

敬启者：前与贵道会议扩充围墙外新界一事，业经商定大概，时值和议尚未告成，故尔少待。现在大局已定，邦交益睦，所议租界末节，正可即时商办。今援昔开租界成案，请同贵道会衔出示，本总领事拟就洋文告示一通，用特送阅，并希照此详译汉文，以便刊贴。嗣后若有应商事宜，或往反致信，或订期面谈，统候示复。理合函请查照。顺颂升祺。

金璋

(据《天津租界档案选编》，第8页)

5. 直隶候补道钱镠为英推广租界事复英国驻津总领事函

光绪二十七年三月十九日(1901年5月7日)

径复者：昨奉手书并译文告示一通，当即译出，得悉种种。稿中多为轸念居民，足征谊重邦交，良深钦佩。贵国初立租界章程与一千八百九十七年李道台所订新章，海关道署案卷散失，无从稽考，应请尊处查照两次定章抄示一本,以便参酌。上年因海关黄道台远在德州,故前任北洋大臣李饬派本道到津与张道台会同办理租界之事。今新任海关道唐绍道常川驻津,曾奉袁督宪札饬,租界之事是其专责。此次尊处送到示稿,应由本道转送海关道、天津道两处会同商酌妥帖,再行奉复。再,此事于上年开议之时,曾由本道拟出合同草底四条,送交贵总领事阅看,曾云暂时无须预立。鄙意此刻应先将合同商定,禀请大宪札准,缮正互换,然后再行会衔出示,并乞示复遵办。泐此。复请升安。

(据《天津租界档案选编》,第9页)

6. 英国驻津总领事为抄示一八九七年英新增租界章程事复直隶候补道钱镠函

光绪二十七年三月二十九日(1901年5月17日)

径启者:接展惠函,以初次租界章程与一千八百九十七年李道台所订新章海关道署案卷散失,无从稽考,应请查照两次定章抄示一本。等因。查初次租界章程立有年所,且与新界殊不相涉,勿庸抄给,其一千八百九十七年所订新章应行送上。贵道前拟合同草底四条,本总领事逐加披阅,此中多无所用。如彼时所言"日后"字样系指现在,又如大英国应改英工部局等类,至合同内命意恰与敝意吻合。惟前关道与前领所出告示之中,辞意即与合同无异,无须另立,此次自应援照办理。曾将拙拟英文示底送阅,未审尊意若何,尚祈裁复为荷。此颂升祺。

新议英拓租界章程

光绪二十三年(1897年)

天津海大道以西之地向为中国民人所居,与租界本不相连。近因英国在道西租地八百亩上下建盖房屋,英国领事官欲修筑马路、清除污秽,经关道禀商北洋大臣王允准,除海大道外议定界址:东至海大道西围墙,北自旧租界道口以西直至围墙,南至小营门以斜至英讲堂为止,四至之内统归英官经理,更由关道饬派租界委员、加添武弁就近照料一切。除关道宪业经出示晓谕外,谨将议定章程照录于后:

第一条 华人自有之地自系华人产业,然须遵守英工部局章程。界内遇有行止不端或不守法禁人等,准英国巡捕拘拿送交租界委员转送关道署惩办,不得径交捕房管押。其清除污秽、开通沟渠等事,专归英官经理。并禁止停棺埋葬,原有墓地有愿迁让者,应由中英官员妥商善法,迁者自行修理整洁。

第二条 界内所有娼寮、赌馆及不守规矩、伤风败俗房舍,应由中英官员妥商善法,限期一律封闭。

第三条 所有界内拟开马路地位方向,将来一一标明绘具图说,送交华官会商办理,出示晓谕。自示之后,此项马路之上不许建造房屋。将来租地造路如必须两国官员会同定价者,仍按照附近地亩时价给付业主。

第四条 自示后所有华人土房与污秽房屋若仍系自己产业愿租与洋人者,凭公给价。其未经租与洋人者限三年内一律拆去,如不预拆者,须按照英国章程修好。

第五条　三年之后,中国业主有家资者须捐资以供修治道路等费。遇有公议事件亦可一体随众会议。所有章程应候两国官员商定。

第六条　所有水坑地为华人产业者,务须一律填满。如无力自填须与英官凭公给价,自行垫筑。

第七条　自示之后,凡界内居民买卖地亩须赴英领事署报明卖与何人,三年之内不取费用。

第八条　海大道为中国人民必经之路,将来英国修造房屋务须宽留街道,华人俱不得侵占,以便车马往来。

第九条　海光寺制造局搬运物料车辆应准照旧行走。

拿犯章程

凡华人住在新地者为数尚多,俱由津关道或天津县出票派役拘拿,领事官亦不追问根由,即饬会巡捕不得干预拦阻。之后随时随事设立章程,遇有华人干涉者应由英官员会商之后始行谕饬遵守。三年之后界内之地如尽为洋人所租,所有新地章程如有与华人交涉者,届期公同再议。

(据《天津租界档案选编》,第9—11页)

7.直隶总督李鸿章为改围墙外地段四至事札饬直隶候补道钱镠

光绪二十七年四月初一日(1901年5月18日)

为札饬事。三月二十九日准英国驻京全权大臣萨照称:本年三月初三日曾以天津英国租界后路之地一事照会查照,并附地图一纸,各在案。兹因该处情形与当日之图稍有未符,查前文之意乃日后英国租界若应推广,即能以后路之地展拓。为保其无虞,其四至应照现在附送地图上绿线画出之四方形式,非如初三日附送图内所画之三角形也。兹闻钱道奉饬至津会勘租界事宜,合请贵王大臣转饬该道到津后知会本国金总领事,以便会核。此次附送图上绿线之地,是为切要。等因。到本大臣。准此,查前准萨大臣来文,业经照复并札该道在案。兹准前因,合将原图札发。札到该道即便遵照,与金总领事按照图内所指地段详细履勘,禀复查核,并移会天津张道知照。此札。计发原图一纸。此缴。

(据《天津租界档案选编》,第11页)

8.直隶总督李鸿章为会同英国驻津领事履勘围墙外地段事
札饬直隶候补道钱镠

光绪二十七年四月初一日(1901年5月18日)

为札饬事。三月二十九日准英国驻京全权大臣萨照称:本年三月二十四日准贵中堂来文,以天津租界事宜等因。查穆大人所云三角形之地坐落何处,似贵中堂有误会之处。该地在车站东南,现有英兵驻扎。本大臣三月初三及二十七等日两文并未言及其地,贵中堂以为本大臣愿将中国之地让与德国,岂非误会乎?犹忆与穆大人所谈,曾云若其地以后归入德国租界,本大臣并无不以为然之意云云。且当时并闻德国推广租界之事已经定妥。至英租界后路地段一事,业经照会贵王大臣在案,并经饬行本国驻津金总领事会同张、钱两道前往勘议矣。等因。到本王大臣,准此,查前准萨大臣两次来文,均经札饬在案,兹准前因,合行札饬。札到该道即便携带前后所发图件会晤金领事,前往履勘详议核夺,并移张道一体遵照。此札。

（据《天津租界档案选编》,第12页）

9.直隶候补道钱镣为推广租界章程添列条目事致英国驻津总领事函

光绪二十七年四月十一日(1901年5月28日)

径启者:前接来函并附来上次所定新界章程,核与此次贵总领事所拟办法大致相同。鄙意所拟尚须添列两条:一、土围墙及城濠仍须归中国管理。二、界内有江苏义园义地,此系善举,准其存留。正拟作函相商,适海关唐道台来津,即与论及此事,彼云前与贵总领事会晤已经提及此事,俟收回天津再办。租界本系海关道专责,既然如此说法,尽可稍迟再为办理。特此布复。即颂升祺。

钱镣

（据《天津租界档案选编》,第12页）

10.天津河间道张莲芬等为呈英推广租界合同草图事禀李鸿章文

光绪二十七年四月二十五日(1901年6月11日)

敬禀者:窃职道等于本年三月十二日敬奉宪札,准英国萨大臣照会,欲在英租界后身土围子外预留一地,其地为三角形,约地二千四百亩,以备日后扩充英界之用,请立案存查。等因。又于四月初四日续奉宪札,准英国萨大臣照称,所留之地应照现送地图绿线画出之四方形式。等因。同日又奉宪札,准英国萨大臣照称,前与德国穆大臣所云三角形之地,该地在车站东南,现有英兵驻扎,本大臣三月初三及二十七等日两文并未言及其地,若其地以后归入德国租界,本大臣并无不以为然之意。等因。饬令职道等携带前后所发图件,会同金总领事前往履勘详议核夺。等因。奉此,职道镣已于四月十八日会同英国驻津总领事官金璋及英提督派出武官副将百尔格门前往地所周历查勘,其拟留之地照依第二次所送地图染有绿色者:东自土围子厚德门起,西至英界宝士徒马路南首,一直越过土墙斜向西南,又折向东南至跑马场大路之二道桥,又顺跑马场大路东北至厚德门为止。其地为斜方形式,约有三千亩上下。界内有江苏义园一所,此外并无关碍之处。职道当与金总领事言明江苏义园系属善举,应行存留自用,将来英国用地不得购取此地。既为英国存留,自应订立合同,以为他日之据。今职道等公同酌议章程数条,应俟与金总领事会商办理。谨将合同草底呈请钧阅。所有勘议英国预留租界缘由,理合将原图加注说略,恳乞王爷、中堂察核训示,祗遵。

再,萨大臣所称可以让与德国三角形之地,此地系从梁园门起西至厚德门,又顺跑马场路南至洋人部驷所买之地,向东北取一直线至梁园门为止。论此地势却在英国新界后身,德国初次请留余地未将此地划入,后以英国亦未将此地指出,故穆大臣与萨大臣相商愿留此地并入德界,萨大臣允许愿让,故穆大臣又向中国商留此地。职道查此地如归德国,南与德国预留之地相连,北以土围墙为界,西以跑马场大路为界,界限亦极分明,亦无妨碍之处。前日与金总领事提及此事,该总领事云萨大臣已有饬知,并无异言,合并声明。肃禀。敬请金安,伏祈垂鉴。

职道莲芬、镰谨禀

计呈合同草底一份、原图说略一份(略)。

李鸿章批

禀、图、合同稿均悉。大致尚属妥洽,仰即签押定稿。俄国租界英大臣尚有声明之言,昨已札行查复,与此约当无缪辖也。缴。

五月十八日到
(据《天津租界档案选编》,第13页)

11.直隶候补道钱镰为送达英推广租界合同事致英国驻津总领事函

光绪二十七年四月二十七日(1901年6月13日)

径启者:前日会同贵总领事查看土围子外余地,据敝道意见可以存留为贵国日后扩充租界之用。现已会同天津道张道台具禀请庆王爷、李中堂批示办理。兹送上合同草底一份,即乞贵总领事察核,如有应添条款亦望开出,以便约期会商列入。顺颂升祺。

钱镰

英墙外推广界合同

光绪二十七年(1901年)

今因大英国欲在天津租界后身土围墙以外预留地步,以为日后扩充租界之用,是以大清国钦差全权大臣和硕庆亲王、北洋大臣李委派天津河间道张莲芬、直隶候补道钱镰,大英国驻扎北京钦差全权大臣萨委派驻津总领事官金璋,会同查勘地界,商议条款列后:

一、此次英国预留之地在英新界后身,东自土围子厚德门起,西至英宝士徒马路,一直越过土围墙直向西南,又折向东南至跑马场路二道桥,又顺跑马场大路折回至厚德门止以为界限。图内周围染有绿色,共有地三千亩上下,可以存留作为英国日后扩充租界之用。

二、此次所留之地,如英国日后要用,亦照英国新界章程可向民间购买,不得有抑勒及掯价情事。除英国国家购用外,余地仍照英国新界章程准民执业。

三、界内有江苏义园一处,此系善举,请存留自用,英国日后用地不得购取。

四、此合同不过言其大概,随后用地时再行会商办法。

五、此草合同各写二份,由总领事官、租界委员画押后,各自申详上宪,俟批准后再写华英文各四份,盖用印信交换分执。

原稿附注:此稿拟出未用,金领事云但须出示晓谕,不必订立合同,界限亦未细查立橛。壬寅九月十六日钱记。

（据《天津租界档案选编》,第14—15页）

12.美国驻华公使为请将美租界复行拨给事照会外务部

光绪二十七年(1901年)

为照会事。案照联军在天津管理时,有数国政府乘机在该处占出宽大地段作为租界及别项之用,惟美国于占地一节无此情事。缘本国所最乐意办法,系欲各国公立租界,不愿分行办理。现时天津形势似不能按照公立办法。兹奉本国政府来文,嘱请中国仍将前所退还人所共知之美国租界复行拨给,因现已设定中外和平交涉之约,是以仍按理请复拨还此地。此项租界系坐落英与德租地中间之一段,全地由北河起至大沽之大道而止,此即人所共知美国租界之四至也。应俟以后再派人员详测此地以定界限。在一千八百六十年中国拨与英法租界时,即拨分此地作为美国租界,曾由美国领事经管数年,嗣于一千八百九十六年六月二十七日退还中国,因本国彼时之意,以为此地可以退还。现时中国情形改变,迥异从先,故本国必须欲复行管理。在津郡地方有美国与他国同管租界,系于中国实为有益。再者数日前于和约未划押之先,曾向全权李爵相谈及。于此,当由李爵相允将地再行拨给美国,并愿相助办理。相应照会贵亲王查照,希即允照所请,迅即立饬该管地方官遵照办理。贵外部自改设数月以来,本大臣乘此机缘初次照会所请者,即此按理能行之事,聊以作交涉和衷之庆可也。须至照会者。右照会外务部。

（据《天津租界档案选编》,第15—16页）

13.英国驻京公使为同意将天津美租界归由英管辖事致北洋大臣袁世凯函

光绪二十八年七月三日(1902年8月6日)

径启者:天津英国租界西南,即英德两租界之间有临河地段,向有美国租界,乃美国官场总未取用,谅在贵部堂洞鉴之中。本年春间据本国租界工部局禀称,此项地段既无工部局管辖,素为藏垢纳污之区,近两年经联军驻扎,此等弊端似水之归壑,且与本租界毗连,其鄙秽情形敝局不能不视为重要。已于上年春间曾以设法将此项地段归入敝局所管推广界内,禀经前任甘总领事面商德美两国领事,均无异言,请酌核前来。本大臣据此当与美国康大臣晤商,旋经康大臣复云,此项地段如能互定美国船只永可在彼尽先停泊,如美国政府将来欲管其地,应先期一年知照英工部局,并与该局商酌补还各项经常公费,本大臣即允其归于英工部局管辖,等语。兹特函请贵部堂查照,一律允将其地归于本国工部局管辖。又查英租界下游近两年为联军驻守,所有暂造之浮桥与该处河面船只往来大有妨碍,而天津口岸必应有通海畅道,以为商务要端,日后如有意建造桥梁,务须先与本国工部局商酌,方可定议。北河两岸虽有各国租界,而河道仍隶贵部堂治下,将来若有意在英界下游筑造通桥,应请先行饬与英工部局妥商,庶免英商历年之利益有所损失,是为切要。右致北洋大臣。

(据《天津租界档案选编》,第16—17页)

14.直隶总督袁世凯为准美租界由英工部局管辖事札饬津海关道唐绍仪

光绪二十八年七月初五日(1902年8月8日)

为札饬事。七月初四日准英国驻京萨大臣函称:天津英国租界西南即英德两租界之间,有临河地段,向为美国租界,乃美国官场总未取用,谅在贵部堂洞鉴之中。本年春间据本国租界工部局禀称,此项地段既无工部局管辖,素为藏垢纳污之区,近两年经联军驻扎,此等弊端似水之归壑,且与本租界毗连,其鄙秽情形敝局不能不视为重要。已于上年春间曾以设法将此项地段归入敝局所管推广界内,禀请前任甘总领事面商,德美两国领事均无异言,请为酌核前来。本大臣据此当与美国康大臣晤商,旋经康大臣复云,此项地段如能互定,美国船只永可在彼尽先停泊,如美国政府将来欲管其地,应先期一年知照英工部局,并与该局商酌补还各项经常公费,本大臣即允其归于英工部局管辖,等语。兹特函请贵部堂查照,一律允准将其地归于本国工部局管辖。又查英租界下游近两年为联军驻守,所有暂造之浮桥与该处河面船只往来大有妨碍,而天津口岸必应有通海畅道,以为商务要端,日后如有意建造桥梁,务须先与本国工部局商酌,方可定议。北河两岸虽有各国租界,而河道仍隶贵部堂治下,将来若有意在英界下游筑造通桥,应请先行饬与英工部局妥商,庶免英商历年之利益有所损失,是为切要。等因。到本大臣。准此,除函复外,合行抄复札饬。札到该道即便查照。此札。

抄复函一件。

袁世凯致英驻华公使复函

光绪二十八年七月初四日(1902年8月7日)

径复者:顷诵七月初三日惠缄,具悉一切。查天津英租界西南临河地段,既经贵大臣与美公使商妥办法,归贵国工部局管辖,本大臣自应亦无异言。又英租界下游河道日后如建造桥梁,须先与贵国工部局妥商一节,已行津海关道查照办理。相应函复,顺颂日绥。

七月初四日

（据《天津租界档案选编》,第17—18页）

15.津海关道与英国驻津领事为推广租界会衔告示

光绪二十八年十二月十五日(1903年1月13日)

为会衔出示晓谕事。照得英工部局欲将围墙外空地扩充租界,拟定章程,照译汉文,以示周知,仰界内地主住户一体遵照。查推广租界一案,前经庆亲王、李中堂与英国驻京大臣萨在京会议,各派委员查勘,划界立约,嗣委天津道张、候补道钱会同驻津总领事金在津商办,当以围墙外空地一段指作英国推扩租界,行知在案。其四至:北自马场大道小营门起顺土墙至波罗斯街为止;西自波罗斯街之中一直向童家楼桥之石碑为止;南自童家楼桥石碑至马场大道二道桥为止;东自马场二道桥顺大道至小营门为止,均作新增租界之地。各户居民应准英工部局管辖,所有净除污秽、禁止娼赌及开渠修道各项工程,并应禁瘗与尸棺暴露以致人染疾病各等情,统归英工部局随时办理,勿得阻扰。其界内民产,凡遇英工部局购取为道沟一切工程之用,须按市价出售,毋许争索,致干咎戾。所有拟定章程特录如左,仰各凛遵:

一、现在界内所有华民房屋仍归业主管业。

一、界内遇有行为不端、不守法禁人等,由工部局巡捕拿送总领事移送地方官,但不能在工部局久于管押。

一、界内开渠、除秽并冢葬各事,专归工部局管辖。其埋葬坟地如有碍于卫生易得疾病者,即由工部局勒令该业主随时除洁,不得抗违。至义冢一项,如地方官有未能依工部局之办法者,可与总领事会同办理。

一、界内娼寮、赌馆及不守规矩房舍,由工部局立即封闭,或明知藏有盗贼等类,亦由工部局自行入查。

一、界内所有拟开道路,其地位方向绘有全图悬示,工部局自示之后,此项道路之上不准起造房屋或别项工作,以免有碍修道等事。倘工部局欲买地产为筑道路之用,该业主务须遵卖,概照市价发给,倘价值不满其意,准该业主禀请地方官转商总领事妥议施行。

一、自示之后,凡起造房屋、有关不洁及碍于卫生等事,并未奉工部局允准,不得举办,并土屋亦不准造。此后起造房屋必先呈图工部局董事,查核批准。惟先前已有之土房并无不洁等事或无他虞者,准其三年之内毋庸更动,不与工部局干涉,三年之后仍须一律遵照新章办理。

一、凡未经工部局定章之前,所有之民产均按出示之日起免纳三年工部局所定各税,三年之后仍须照章完纳,其余各地产须遵新章纳税。

一、界内华地主有家资者,遇有公议事件亦可与各西董一体会议。

一、界内积水坑沟有碍于卫生者,如工部局传知该业主设法填平,务须遵照。倘业主无力措办,则可售去,或由工部局代为填平,则作[价]抵押工部局。

一、界内无主坑沟由工部局作价充公,日后业主寻认,即可按作价与之,概不与息。

一、出示之后,凡界内买卖地产,先投总领事衙门挂号。凡在西历一千九百零二年之前,所有华地主准其三年之内毋庸使费。

一、地方官如捉拿华人于新增租界之内仍照旧租界定章办理。其前次经海关道李所订租界办理新章一节,作为罢论,以视新旧租界作成一律。以上各条公同妥议,理合会衔出示晓谕,仰界内地主居民等一体凛遵毋违。特示。

右仰知悉。

(据《天津租界档案选编》,第18—20页)

第二部分　租界的管理

一、地亩租契

16.英租界皇家租约(译文)

1861年9月25日

本契约系由英国皇帝陛下及顾慈两方于一八六一年九月二十五日所订立。

兹英国驻大清国直隶省天津代理领事官约翰·吉布森先生受命代表英国政府将坐落天津紫竹林境内之地段租与英国臣民。

本合同特证明:今上述之顾慈(或其遗嘱执行人、遗产管理人,或财产受让人)既已允诺按本契约规定缴纳每年租金并履行条件及同意事项,且该顾慈于本租约订立时及订立前已将租银(墨西哥银)壹仟贰佰伍拾伍元捌角柒分整交与英皇陛下之领事官约翰·吉布森先生转交英皇陛下使用(按:该款已收到)。英皇维多利亚陛下乃立本契约,将坐落天津紫竹林境内十九号地段租让与上述之顾慈(或其遗嘱执行人、遗产管理人,或财产受让人)使用。其四至计开为;北至第十七号地,南至第二十一号地,东至河边,西至马路。

上述地段共计面积六万九千五百八十平方英尺,连同地上附属物,按本契约规定租让与上述顾慈(或其遗嘱执行人、遗产管理人,或财产让受人),言明自一八六一年九月二十五日起九十九年内归其所有。在此规定期间每年每逢九月三十日由彼付年租每中国亩壹仟伍佰文(该地段共十亩六分九厘整,计合共壹万陆仟零三十五文整)作为地租。而上述之顾慈(或其遗嘱执行人,或遗产代管人,或财产让受人)特于本契约中与英皇陛下(或其承继人,或后继者,或财产让受人)商得同意,并保证实行以下办法。

上述之顾慈(或其遗嘱执行人,或遗产代管人,或财产让受人)在本契约规定期间内必须按照上述付款方法及付款日期,将每年每亩壹仟伍佰文之租金不减分文逐年付与英皇陛下(或其承继人、后任者、财产让受人)。上述之顾慈在本契约规定期间内必须担负且缴纳排水、路灯装修及修缮、修路、修建游憩场所及警察机关所需费用及本地区内租户委员会所征派之其他费用之一部(如此种委员会不存在,得由英皇陛下之领事官为居民福利计而征派之)。本契约当即明确规定:倘若上述规定之每年每亩壹仟伍佰文年租于规定付款日期后二十一天内其全部或一部有未付或拖欠情事,或上述之顾慈(或其遗嘱执行人,或遗产代管人,或财产让受人)对于由彼所应允而由本契约所规定之条件及同意事项有违反或不履行之情事时,则自彼时起英皇陛下(或其承继人,或后任者,或财产让受人)得有合法权力指定其领事官、副领事官或其他正式委派人员随时重行进入本契约所规定租让之不动产内,并代表英皇陛下(或其承继人、后任者、财产让受人)将该项不动产之所有权收回,一若本契约未经签订者然。嗣后上述之顾慈(或其遗嘱执行人,或遗产代管人,或财产让受人)对于经由本契约让受之财产之一切权益、权利及权利上之要求均告无效。

倘若上述之顾慈(其遗嘱执行人、遗产代管人,或财产让受人)将本项不动产之全部或一部转租或转让与他人,或将租约过户与中国人民或其他外籍人民时,则于财产让渡之前必须由上述之外国人签立契约一纸,保证其本人(或其助手,或其雇用人员)于警察案件或一切英国人为原告之民事诉讼中,服从英皇陛下领事官或副领事官或正式委派人员之命令（该契约须经英皇陛下领事官或其他委派人员之批准）。否则上述之转让即告作废而不发生效力，而英皇陛下之领事官或其他正式指派人员得以英皇陛下名义并代表英皇陛下有权立即重行进入该项不动产，并收回其所有权。

兹由英皇陛下正式委派之英帝国代理领事官约翰·吉布森签立本租约，并于租约开端所载之年月日代表英皇陛下将彼所辖领事馆之官印加盖于本租约上。恐口无凭，立此为据。

立约人：顾慈（签字）

　　代理领事官　约翰·吉布森（签字）

见证人：道格拉斯（签字）

立约人顾慈（J.C.Coutts），今将上述契约内所租得之地段及其产权及一切收益权利等，遵照上述租约内承租人所应履行上述契约内之各条款同样转让与顾特（George Watson Coutts）名下为业。受让人兹后同样履行。

（据《天津租界档案选编》，第21—23页）

17.天津知县章焘为英国驻津领事交纳地租事详津海关道文

光绪二十八年九月十五日（1902年10月16日）

天津府天津县为详请事。光绪二十八年九月初十日蒙宪台札开，现准驻津英国金总领事函称，以本国旧租界应纳地租，由庚子乱后，至今计已三年未交，今已收取汇齐，令即备文来取。等因。蒙此，除悉载详册，不复冗叙，并详请租界局宪外，拟合具文，详请宪台查核，俯赐札发，以便遵办，实为公便。为此备由另册具呈，伏乞照详施行。须至详者。

右详钦命二品衔赏戴花翎监督天津新钞两关北洋行营翼长办理直隶通商事务兼管海防兵备道唐。

知县章焘

（据《天津租界档案选编》，第21页）

18.监生赵起祥为英租界工部局夹开靶道耕田中废事
禀津海关道梁敦彦文

光绪三十二年五月廿三日（1906年7月14日）

具禀：监生赵起祥，年六十五岁，住陈家沟大街，抱禀侄赵柏年为夹开靶道耕田中废，恳恩照会挽救，以恤民生事。窃生有田地一段，计五十余亩，坐落东营门铁路外，壤尚沃腴，一家二十余口皆赖此地养生。去岁经清丈局传集村民，谓英国工部局租地一段，宽六弓，用作靶道，每亩发价二十四元。生以事经官办，未敢或违，故附近邻地每亩价值有卖至四十余两者，兹只得遵章领价。惟自开靶道之后，凡农家工作皆视为畏途。不意本月初间,英工部局于该道之南又开靶道一条,现时已派包工人等掘毁青苗,挑土平地,生见之不胜惊惶,伏念两边靶道将耕田夹于中间,非第田车往来诸多阻碍,且春待时雨,耕种初无定期,一遇打靶,何敢操作?是此间直成废地,生失去命产,何以养生?且危险之地亦无人敢为置买。万分无奈,惟有叩乞津海关道宪大人加恩照会英领事,如能挽回中止,实深感戴。伊如不允,非但仅此靶道之地不敢租卖,即使加价租买全地,亦必经仁宪批准方敢遵行。不然伊虽用强劲手段,生始终绝不敢领价。为此据实详陈,不胜悚惶待命之至。上禀。

谨将地图并新老靶道图式粘后(略),恭呈钧鉴。

（W0001-1-001455）

19. 英国驻津总领事金璋为赵起祥上禀英租界工部局夹开靶道事复津海关道梁敦彦函

光绪三十二年六月十一日(1906年7月31日)

敬复者:接准来函,以监生赵起祥禀称,夹开靶道耕田中废,恳恩函致挽救,各等因。准此,当经转饬工部局查复去后。兹据复称,本局去岁所开靶道因行人不便,故又另开靶道一条,俟此新开靶道修竣,即将旧靶道作废,绝无于耕田两边夹开之理。仰乞转请饬知毋庸惊惶。等语。据此,合行函复贵道查照饬知为荷。此颂升祺。

驻津英总领事官金璋敬启

（W0001-1-001455）

20. 英国驻津总领事金璋为赵起祥上禀英租界工部局夹开靶道希乞以地换地事复津海关道梁敦彦函

光绪三十二年十一月初六日(1906年12月21日)

敬复者:两准来函。以赵起祥禀称,本国工部局夹开靶道,于农作诸多阻碍,叩乞转请以地换地各情,即希转饬核办见复。等因。准此。当饬查复去后,兹据工部局复称,新、旧靶道应付赵起祥两次地价及青苗各项,早交旺道庄地保郭姓转给收讫,并无异说。且旧靶道业已作废,于行人车马往来甚便,倘果有妨碍该业户,必不允租立契。况两次地价均经付清,所请以地换地无法可办,殊难允准。等语。据此,相应函复贵道查照示遵,并饬勿须再渎为荷。此颂升祺。

驻津英总领事官金璋敬启

（W0001-1-001455）

21.津海关道为英商租用华人地亩仿照沪章办理事呈直隶总督文

光绪三十三年八月（1907年）

谨将详批并联契式样照缮清折恭呈宪鉴。计开：

为详请事。案查前准驻津英国总领事金璋照会内开，照得中国通商各口岸，英人永租华人地亩，各口岸领事署向有定章，多不一律，是以现奉驻京钦宪札送由本国驻沪臬宪新定租地章程一本，理合将此章程逐款奉布，今将章程紧要处开后。

一、凡英人租地时，须令华人立永租契纸一张，及原业主老红契并绘地图，俱呈递领事官。

二、由领事官查明地契均合规矩尚无连碍者，即将业主所立租契并老契地图送地方官，另由本领事备送地方官所定新章、英华联契三纸，函请派员到所租地处会聚领事所派委员同勘该地，四至弓口相符，四角安立石桩。

三、该管地方官查核华人所立契纸相符，即请将该地绘华图连前送华人所立之契一并送还本署，再由该管地方官将本领事处送英华联契三纸盖印，倘该地内稍有参差之处，即请批明。联契内并将地址亦详注明于契上。其英华联契三纸，一纸由地方官存案，二纸缴还本署，一在本署存案，一交租地人执业，至华人所立之契及老红契储存不用，将来租地英人应以所发联契为凭。嗣后英人将所租之地裁卖与西人，由领事另发给买地人联契，仍交地方官盖印，一纸存县，二纸交还，仍照前办理。如系原买原卖，并非裁割，勿庸另发联契，即在原发联契内批明。如英人将已租华人之地复售与华人，应将前存本署联契及业主联契计二纸送地方官，连地方官存案联契一纸一并注销。除将联契式样一纸函送外，合烦贵道分别行知地方官，以后遇有英人租地，按照如此办理，附联契式一纸。等因。当经咨询上海道查明见复去后，兹准复称，查上海洋商租用华人田地办法，大致核与来文相符。惟上海民地业户向有咸丰五年县给印单执业，若一经永租洋商，即由业户出立永租契连印单并交洋商呈该管领事，由领事备就华洋文合璧道契一式三纸，送请发勘，由道委员查明原契田单，会同洋员前往勘明亩分、四址以及坐落图、保土名，绘图复道，即于该三纸上中下板契内批注盖印，将中契留道备案，上下两契送还领事，由领事将上契给与商人执业，下契留存领事署备考，田单由局批销。倘日后该洋商将契内租地划租与别商以及添租毗连民地，仍由领事将上下契送道饬局勘办，即于该契并存案，中契一律批明，加印送还。若该地内留有原业坟墓暨出入公路，由道于契内批明不准侵占阻塞字样，历经照办。至抄粘契式，亦与上海租地道契相同。所有契费一项，前于光绪十八年间，经前办会丈局务夏委员禀呈章程六条，旧契划立新契，每契给洋四元，如勘丈新契租地须按地价八厘计算，由租地洋商在所付地价内扣缴，历经办理在案。兹准前因，相应将章程照抄，咨请查照办理。等因前来。

职道查上海洋商租地办法所拟章程尚属周妥，自应仿照办理，惟设立会丈局所需员弁薪工，拟在契费项下开支，应请仍照上海章程旧契划立新契，每契给洋四元。如勘丈新契租地须按地价八厘计算，由租地洋商在所付地价内扣缴送道作为办公经费之用，是否有当，理合将联契式并上海租地办法章程六条一并照录清折二扣，具文详请宪台查核批示祗遵，实为公便。为此备由具呈，伏乞照详施行。

计详送清折二扣。

照录上海租地办法章程

计开：

一、西人租地以华民执业田单为凭，近来新租契地，每有单地不符以及缪辖不清等事，皆缘不查明于前，致有奸民勾串，经中地保但图得费，遽行加戳立契，而租地之西人受其欺弊而不知也。迨经送契发勘委员有经丈之责，辗转根查致多延搁。嗣后凡租赁一地，须各该图地保于未立契以前，带同租地西人与出租之原业户，将所执何号田单赴局验明，约以十日为期，由会丈局吊（调）查，粮册单地相符，并查无缪辖等情，即知照领事衙门传同租地西人，令出租原业户当堂写立出租契，由地保加盖图戳，一面填写道契，送请道宪发勘，一经发局，只须订期会同勘丈便可禀复，盖已查明事前不致再有稽搁。

一、所租契地如查有单地不符，以及缪辖不清等事，亦须于到局验单后，仅十日期内，将因何单地不符、缪辖不清之处，知照领事衙门转饬该西人退租。倘系可以清理之事，应俟理清后再行核办。

一、西人租地价银每有于未经勘丈，印立道契，以前但凭地保于出租契加盖图戳，遽行付价，迨经送契发勘，查有单地不符或缪辖不清等事，委员将契禀销，而租赁是地之西人地价已付过半，且有以为抵有田单价银全付后竟无可追取者，缠讼受亏，时所恒有。嗣后须俟会丈局查明相符毫无缪辖，于知照领事衙门准其立契后，方可酌付银两。若未经会丈局查明，知照准其立契，以后不得先行付价，以杜欺蒙（蒙）。

一、从前旧契未经勘丈各地，如一地两契或其中有侵占官地，须令缴价升科，以及有商令原业主迁坟等事，非经丈委员所能自主。此外分划转租毫无缪辖之地，均随到随勘，断不延搁。

一、勘丈所租契地向系按照地价大小以八厘计费，由原业华民付给，为地保各役加戳纸张饭食车辆等费，今仍照旧归原业华民承缴，惟不必由地保经手。因每有侵蚀等弊，拟请由租地西人于所付地价内代扣缴，由领事署所派会勘之员送局，当场照向章分派给领，倘费已送局分派，而该契或有事故不能批印送还，自应仍由会丈局将所给分派之费限一月内如数送还。

一、勘丈旧契租契向不给费，惟较之勘丈新契地倍觉辛劳，因已造有房屋，难于分晰之故，兹既明定章程，拟除全地转契，不经勘丈，毋庸给费外，如系划租分立新契，拟每契酌定给费四元，交会丈局核收分给。

以上酌拟六条，如有未尽事宜，仍当随时商办。

照抄联契式样

衔　为给出租地契事，照得接准大英领事官照会内开，今据　国人　禀请在　通商口岸永租赁业户地一段，计　亩　分　厘　毫北　南　东　西，给价共　正，每亩计价　正，其年租每亩　，每年预付银号。等因前来。本　已饬业户　将该地租给该商收用，倘该商并后代管业之人将来以其地转租，不禀明本国总领事官移道登籍，及每年不将每亩年租钱　预付银号违犯斯章，并经严饬仍抗不遵，则此契作为废纸，地即归官。须至租地契者。

光绪　年　月　日　给地契第　号

照录

宪批详折均悉。英商租用华人地亩，仿照沪章拟用联契办法，详阅章程，尚属周妥，自应照办。至设立会丈局所需员弁薪工，准在契费项下开支，仰即遵照。此缴。

光绪三十三年八月

（W0001-A-0002-004-001191-001-00123～00133）

22.英租界土地租契

光绪三十三年九月(1907年)

一、收英人韩达割租英人卞良臣地亩，印费洋五元。九月廿九日英领函送。存账房。

一、收英商麦根道租华人美耕堂程地亩，印费洋五元、地租制钱合洋七元三角。九月三十日英领函送。存账房。

一、收德商克雷书立托租英人魏达地亩，印费洋十五元；地租制钱三万六百三十五，按一千九百，合洋二十五元七角四分。九月三十日德领函送。存账房。

一、收英人王慕思租英人师理门地亩，印费洋五元、勘丈费洋四元。十月初六日英领函送。存账房。

一、收英商毛龄租德商肃茂、英工部局、英人韩拂地亩，印费洋五元、勘丈费洋四元、地租制钱合洋十八元一角二分。十月初六日英领函送。存账房。

一、收英人施爵尔及伊尔文之妻执业地亩，印费洋二十五元、勘丈费洋二十元。十月初七日英领函送。存账房。

一、收英人伊尔文租英工部局地亩，印费洋五元、勘丈费洋四元。十月初七日英领函送。存账房。

一、收英商顾朴永租穆文荣地亩，印费洋五元、地租制钱合洋十三元五分。十月初八日英领函送。存账房。

一、收英商郝爱尔租英人柏龄庚地亩，印费洋五元、勘丈费洋四元。十月二十一日英领函送。存账房。

一、收英商平和洋行郝爱尔租聂文清地亩，八厘费银一两四分。

一、收英商平和洋行郝爱尔租李永年地亩，八厘费银三两九钱九分四厘。

一、收英商平和洋行郝爱尔租阎起泰地亩，八厘费钱九毫。

一、收英商平和洋行郝爱尔租聂文清、李永年、阎起泰地亩，印费洋五元、地租制钱合洋四元八角七分。十月二十九日英领函。存账房。

一、收日商高桥秀吉租魏壮国地亩，八厘费银一两二钱。十一月初三日会丈委员收。送账房。

一、收英商噶暧吾租邵盛兴地亩，八厘费合洋九角。

一、收德商元亨洋行合资公司将零星地亩归成八亩，印费洋五元；勘丈费洋四元；地租制钱四千，按一千二百五十，合洋三元零二分。十一月二十五日德领函送。存账房。

一、收英商噶暧吾租邵盛兴地亩，印费洋五元、地租制钱合洋二元二角四分。十一月二十五日美领函致。存账房。

一、收德商梅尔折租张润亭地亩,八厘费洋六元。十二月初四日会丈处收。送账房。

一、收英商公易洋行租美妇莫姓地亩,勘丈费洋四元;印费洋五元;地租制钱八千三十七,合洋八元三角七分。十二月十五日英领函送。存账房。

一、收德商克雷书立托租英人施爵尔地亩,印费洋五元;地租制钱二千六百九十一,合洋一元八角五分。十二月十五日德领函送。存账房。

一、收比商巴盖前租马守义地亩,欠交地租制钱五千四百,合洋三元五角三分。十二月十八日德领函送。存账房。

一、收英商公易洋行租德商肃茂地亩,印费洋十元。

一、收英商米士摩、马凯伙租僧人悟本地亩,印费洋五元。

一、收英商司美租孙子椿地亩,印费洋五元。以上三款十二月份由会丈处折报。存账房。

一、收俄商道胜银行租王铭槐房地亩,八厘费银三十六两八钱。十二月廿九日由会丈处收。送账房。

一、收英人赫总德租英人麦赖斯地亩,印费洋五元、勘丈费洋四元。光绪三十四年正月初九日英领函送。存账房。

一、收德商梅尔折租张润亭地亩,印费洋五元;地租制钱一千,合洋七角。正月十三日德领函送。存账房。

一、收德商肃茂租比商巴盖地亩,印费洋五元、勘丈费洋四元。正月十四日德领函送。存账房。

一、收德商肃茂李特尔伙置地亩统归肃茂管业,印费洋五元;勘丈费四元;地租制钱一万八百八十,合洋七元零七分。正月十五日德领函送。存账房。

一、收德商顺威行东施唐租公理教会地亩,印费洋五元;勘丈费洋四元;地租制钱四千八百零三,合洋三元三角九分。正月十五日德领函。存账房。

一、收德商克罗斯等公同租刘胡氏等地亩,印费洋十五元;勘丈费洋十二元;地租制钱二十二万六千一百二十,合洋一百五十八元六角八分。正月十五日德领函送。存账房。

一、收英人卞良臣租刘德科地亩,补交三十一年至三十三年地租制钱四千九百二十四文。

一、收英人韩达租英人卞良臣地亩,补交三十四年地租制钱九百八十五文。

以上二项共合洋五元九毛一分。正月十五日英领函送。存账房。

一、收德商肃茂租英人毛龄并英工部局地亩,勘丈费洋四元;印费洋五元;地租制钱一千八百六十四,合洋七元六角二分。正月二十六日德领函送。存账房。

一、收英商利顺德租吴庆元地亩,印费洋五元。正月份由会丈处委员折报。存账房。

一、收俄商道胜银行业租王铭槐地亩,八厘费银。二月十一日由会丈委员代收。存账房。

一、收英商新泰兴行东德乐思租刘成房地,八厘费洋五元六角。二月十二日由会丈委员收。存账房。

一、收德商世昌洋行海纳满租法国崇德堂地亩,勘丈费洋四元;印费洋五元;地租制钱一千五百三十二,合洋五角四分。二月十三日德领函送。存账房。

一、收英商德乐思租刘成地亩,印费洋五元。

一、收英商毛龄裁租法国崇德堂地亩,勘丈费洋四元、印费洋五元。二月十六日英领函送。存账房。

一、收德商威尔德租英商范德恩、英国苏格兰圣经教会地亩,印费洋五元;地租制钱一万四千三百六十,合洋十元零二角五分。二月十九日德领函送。存账房。

一、收法国天主堂租王辅臣地亩,八厘费银十三两零九分二厘。二月二十七日由会丈处收。存账房。

一、收德商美最时洋行租英商高林洋行房地,印费洋五元;地租制钱九百三十五,合洋六角六分。三月初二日德领函送。存账房。

一、收德商美最时洋行租存心堂屠宪章地亩,八厘费银八十四两。三月初八日德领函送。存账房。

一、收英商工程部租穆文荣地亩,印费洋五元、八厘费银二十七两二钱。三月二十一日英领函送。存账房。

一、收英人施爵尔租程倅等地亩,八厘费银十七元三角七分、印费洋五元、地租制钱合洋十六元四角二分。三月廿二日英领函送。存账房。

一、收德商克雷书立托买英商庆世理地亩,印费洋五元;地租制钱三千七百八十五,合洋二元九角一分。三月廿二日德领函送。存账房。

一、收英商施久德租杨润田地亩,印费洋五元。三月份会丈委员折报。存账房。

一、收又租邵杰地亩,印费洋五元。同前。

一、收英商席礼发租慎修堂辛地亩,八厘费洋八元一角。四月初二日由会丈委员收。存账房。

一、收英人克森斯租江苏会馆地亩,八厘费洋三十五元七角。五月二十二日会丈委员收。存账房。

一、收德商克雷书立托租美人孟铁里地亩,勘丈费洋四元;印费洋五元;地租制钱二千四百三十七,合洋一元八角三分。五月廿三日德领函送。存账房。

一、收英人施爵尔租何顺等地亩,八厘费银十五两一钱四分四厘。五月廿三日临榆县申送。存账房。

一、收英商伊文忠租王国立地亩,印费洋五元。五月份会丈委员折报。存账房。

一、收德商克雷书立托租英商庆世理地亩,勘丈费八元。六月十七日德领函送。存账房。

一、收英商施爵尔等转租魏连士暨英工部局地亩,印费洋五元、勘丈费洋四元。六月十八日英领函送。存账房。

一、收德商德义洋行租积善堂张地亩,八厘费银二十八两。六月二十七日临榆县详送。存账房。

一、收德商乾泰洋行克雷书立托租孙锡铭地亩,八厘费银四两六钱,合洋五元八角。七月初三日会丈局送。存账房。

一、收德商德义洋行[租]积善堂张地亩,印费洋五元;地租制钱一万二千五百零七,合洋九元四角四分。七月十六日德领函送。存账房。

一、收德商克雷书立托租孙锡铭地亩,印费洋五元;地租制钱六千三百五十八,合洋四元八角。七月十六日德领函送。存账房。

一、收德商肃茂租王永顺地亩,八厘费银二两一钱,合洋三元。七月十六日会丈处代收。存账房。

一、收美国公理教会租卢长顺地亩,八厘费洋二元九角。七月十六日由会丈处代收。存账房。

一、收德商克雷书立托租陈得顺地亩,八厘费洋五元。七月二十三日由会丈处收。送账房。

23. 直隶交涉使为缴纳地租事致英、俄、德、比、法、奥、日各国领事函

1912年10月1日

敬启者：案查各国租界内，每届西历年终，应交地租制钱，曾于上年函致贵总领事、领事照案催交，由本司派员经收在案，所有本年应交来年界内地租现改阳历，请由贵总领事、领事照案预为催齐，函知过司，仍派会丈处委员王学海持具印收兑领，相应函致贵署总领事、贵总领事、贵领事请烦查照办理，并希见复为荷。专泐。顺颂日祉。

直隶交涉使王敬启

（J0011-1-000389）

24. 英国驻津总领事为缴纳地租事致直隶交涉使函

1912年10月29日

敬启者：前准来函为本界地租事请提前收取，仍派王委员学海往取。等因。本署现将旧租界永租地亩应完年租计大钱六百十七吊九百八十五文，按一吊核作洋元，共银洋六百十七元九毛八分，均已收齐，用特自备印收三纸，先行函送，合请贵使司查照盖印，即令王委员随函持还本署，以凭给领租款为荷。此颂升祺。

驻津署理英总领事官韦礼敦敬启

（J0011-1-000389）

25. 直隶交涉使为新租界内应交地租改按阳历事致英国驻津总领事函

1912年10月30日

敬复者：现准来函，以英旧租界内应完本年地租制钱合洋六百十七元九角八分，收据三纸，请盖印送还。等因。准此。查新租界内应交本年地租现改阳历，仍请贵署总领事照案提前催齐，函致过司，以便饬员兑领。除将旧租界收据三纸盖印，派王委员持据领取外，相应函复贵署总领事，请烦查照办理为荷。专复。顺颂日祉。

直隶交涉使王敬启

（J0011-1-000389）

26.天津府为拨发租界内三成地租并应完粮租等项银两事
呈直隶交涉使司文

1912年12月4日

直隶天津府为呈请事。案查接管前天津县卷内,前蒙司使札饬以详奉督宪批准,所有津埠各国租界内外地租提归司署经收,每年约收银五千余两,除应完地粮旗租等项外,酌提三成饬发办公,其余七成拨作清丈局常年经费。等因。当经前天津县按季请领蒙批,租界内外地租必俟年终收齐后,方能核明匀拨,复经遵办在案。兹查天津县缺现已裁并府治,所有前项地租内应完本年地粮旗租等项,银三百四十两二钱四分四厘五毫,现奉潘宪迭次札催立待报解,而酌提三成办公之款亦待用孔亟,无款挪垫,阳历年关已近,自应照案请领,以凭解支,拟合呈请司使查核,迅予批示饬发,实为公便,为此备由具呈,伏乞照呈施行。须至呈者。右呈直隶交涉使司交涉使王。

(J0011-1-000389)

27.直隶全省交涉公所为拨发租界内三成地租并应完粮租等项银两事
令直隶天津府(第2号)

1912年12月5日

据该府呈请拨发租界内三成地租,并应完粮租等项银两等情,查各租界内外地租,现经派员催收,必俟阳历年终,始能收齐,至收齐后方能核明。除应完粮租外,尚余若干,再行匀拨,届时由本公所饬令具领可也。此令。

直隶交涉使司交涉使王

(J0011-1-000389)

28.英国驻津总领事为新租界应交地亩年租改为阳历事
致直隶交涉使司函

1912年12月17日

敬启者:前准来函以本国新租界应交地亩年租现改阳历,请照案预为催齐,函知过司,仍派委员王学海持具印收兑领,函致查照办理。等因。准此,当饬提前收取在案。现据将围墙内新界所有地户应交本年租钱全数收讫,折合洋六百三十元另二毛五分,用特开具本署支票一纸,交王委员持上,即请贵使司查照见复,盖印收据为荷。此颂升祺。

驻津署理英总领事官韦礼敦敬启

(J0011-1-000389)

29.直隶天津府为请迅速拨发租界内三成地租并应完粮租等项银两事呈直隶交涉使司文

1912年12月31日

直隶天津府为呈请饬发事。中华民国元年十二月初八日,蒙司使指令内开,据该府呈请拨发租界内三成地租,并应完粮租等项银两等情。查各租界内外地租,现经派员催收,必俟阳历年终始能收齐,至收齐后,方能核明,除应完粮租外,尚余若干,再行匀拨,届时由本公所饬令具领可也。此令。等因。蒙此,查现已阳历年终,前项地租当可收齐,究能匀拨若干,迄尚未奉饬知,兹奉潘台迭次札催,立待报解,而府署款绌事繁,亦复待用孔亟,无法挪垫,为此呈请司使查核,迅予批示饬发,是为公便。谨呈交涉使司王。

直隶天津府王赓廷

清单

宣统二年收铜子十万一千零八十八枚半。

宣统三年收洋七百九十六元一角一分。

中华民国元年收洋七百六十五元八角九分。

清单

一、收英国旧租界内地租洋五百四十三元八角二分二厘四毫;

一、收英国新租界内地租洋五百五十四元六角二分;

一、收德国租界内地租洋七百零七元一角八分八厘;

一、收俄国租界内地租洋八百六十九元零八分八厘;

一、收法国旧、新租界内地租洋六百五十二元九角二分三厘;

一、收日本国租界内地租洋四百三十七元三角一分六厘;

一、收奥国租界内地租洋六百六十四元五角九分四厘;

一、收比国租界内地租银三百四十两零八钱二分;

一、收各国界外地租洋二千七百七十四元五角三分六厘。

总共收银三百四十两零八钱二分,内除地粮旗租银三百四十两二钱四分四厘五毫外,净余银五钱七分五厘五毫,洋七千二百零四元零八分七厘四毫。

应发天津府三成,银一钱七分二厘六毫,洋二千一百六十一元二角二分六厘二毫。

(J0011-1-000389)

30.直隶全省交涉公所为拨发租界三成地租并应完粮租等项银两事
令直隶天津府

1913年1月21日

据该府呈请拨发租界内外三成地租,并应完粮租等项银两等情。查各国应交本年租界内外地租,业经派员催收,共计收到洋七千二百零四元零八分七厘四毫,行平化宝银三百四十两零八钱二分,内除地粮旗租银三百四十两零二钱四分四厘五毫外,净余银五钱七分五厘五毫。按照三成发给该府,银一钱七分二厘六毫,洋二千一百六十一元二角二分六厘二毫,先行开单发去,应由该府出具印收二纸,派员前来给领可也。此令。

直隶交涉使司交涉使王

收支单

1913年1月27日

直隶天津府今于　与印领事依奉领得　司长经收中华民国元年份各国租界内外地租项下应纳本年地粮旗租等项,银三百四十两二钱四分四厘五毫。所具印领是实。

天津府知事王赓廷

收支单

1913年1月27日

直隶天津府知事今于　与印领事依奉领得　司长经收中华民国元年份各国租界内外地租项下,除应完粮租外,酌提知事三成办公洋二千一百六十一元二角二分六厘二毫,银一钱七分二厘六毫。所具印领是实。

天津府知事王赓廷
（J0011-1-000389）

31.英国驻津总领事为缴纳英租界地租支票事
致外交部特派直隶交涉署函

1920年1月19日

敬启者:现据英工部局禀称,围墙内推广租界并围墙外新增租界所有地亩,应纳中国地租共合银一千一百四十八两另五分,均已收齐,开具支票一纸,收据一件,请为转送。等语前来。据此,除将前项支票单据附送外,应请贵特派员查收,并希于收据签字盖印函还是荷。顺颂升祺。

驻津英总领事官柯趚良启

（J0011-1-000394）

32.英国驻津总领事为缴纳英租界地租事致外交部特派直隶交涉署函

1920年1月

敬启者:案准一月二十一日复函,为送到民国八年围墙内推广租界并围墙外新增租界地租一事。具悉。当经转饬英工部局查复去后,现据复称,奉到二十三日来函内开,中政府所收地租事,第一关于推广租界暨新增租界各地亩数,第二关于两界外本局管业各地亩数,兹特列明如左:

甲、围墙内推广租界计地十三顷九十六亩另六厘八毫。

乙、围墙外新增租界计地三十六顷另四亩另八厘八毫。

（J0011-1-000394）

33.英国驻津总领事为缴纳英租界地租事致外交部特派直隶交涉署函

1920年1月28日

敬启者:查本国旧租界所有租地应纳租钱,自一千九百十八年十月一日至一千九百十九年九月三十一日,共计制钱六百十七吊九百八十五文,折合铜元六万一千八百零零半枚,用特开具凭条一纸,连同印收三纸,泐函送请贵特派员查收兑取,并希将收据三纸签字盖印函还为荷。顺颂升祺。

驻津英总领事官柯趚良敬启

（J0011-1-000394）

34.英租界地租一组

1921—1926年

驻津英总领转缴地租事

1921年12月27日

敬启者:本界围墙内外所有新界地亩租钱以及英工部局租地租钱现经代收,除欠交外,共合铜元二十六万三千九百三十九枚半五,相应开具凭条一纸,即希贵特派员查照兑取,并希见复印收以凭备案为荷。此颂升祺。

驻津英总领事官柯跬良敬启

计开计细数目:

一、西一九二零年十二月三十一日未收到租钱十三万四千八百二十五文。

一、西一九二一年十二月三十一日推广新增两界租钱二百四十三万五千。

英租界地租收讫事

1924年12月27日

函送英推广、新增两界及英工部局界内外十三年分地租收拨签字盖章请备案。

曾焘核

陆鸿遵拟

敬复者:接准函送英国围墙内外推广新增两界及英工部局界内外十三年分地租共计洋八百四十五元一毛六分,业经照数收讫。相应将收据签字盖章函送贵总领事,请烦查收备案为荷。顺颂日祉。

附还收据一纸。

驻津英总领转缴地租事

1922年11月21日

敬启者:查本国旧租界应纳本年地租一事,接准十一月四日来函,请烦催缴,当经饬收在案。现将所有界内地亩共计租钱六百十七吊九百八十五文,合洋四百一十一元九毛九,收取齐全,相应汇开支票一纸,并备具印收三纸□□贵特派员,请烦查收兑取并于收据内签字盖印送还为荷。此颂升祺。

驻津英总领事官柯跬良敬启

驻津英总领事补送英工部局界外地租事

1926年12月21日

敬启者:准十二月十五日复函,附还新增、推广两界地租之盖印原送收条一纸,暨另缮印收一纸,具悉,并请转饬英工部局将界外地租短交洋一百六十九元九角九分六厘补送。等因。准此,现经饬据英工部局补缴前项界外租洋一百七十元,开呈支票一纸前来。除将补交地租之支票一纸随自备收条一纸函送外,应请贵特派员补发兑取,并希将先今所送收条二纸统行签字盖章并缴为荷。此颂升祺。

附支票一纸,洋一百七十元。

驻津英总领事柯踶良敬启

(J0011–A–0002–014–000397)

35.天津特别区市政局长杨以德为英工部局擅自发契征租事
致外交部特派直隶交涉公署函

1922年12月28日

径启者:案据本局第一区呈称,兹据程克函称,伊兄程曦购置坐落职区马厂道地亩二段,共计五亩八分,恳请注册代为丈量,以便竖立界石,并呈送契纸二份计七纸,各等情。查程克函送契纸二份,一系前清津海关监督发给,一系英国工部局发给,并附收租执据一纸。该项地亩既坐落职区界内,何以英工部局发给契据并征收地租,未悉依何理由,殊不明了。理合备文,连同契据二份计共七纸,一并呈请鉴核,伏乞转知交涉公署查明见复,以凭核办,实为公便。谨呈。等情。据此,相应检同原呈契纸,函送贵公署,即希查明见复,以凭饬遵。此致直隶交涉公署。

附送契据二份共七纸,仍希函还。

天津特别区市政局长杨以德

(据《天津租界档案选编》第25—26页)

36.外交部特派直隶交涉公署为请转饬取销典租地亩事致英领事函

1923年2月26日

敬复者:前准一月十八日来函,以程曦购置特别区内马厂道地亩,原系英工部局永租,领有第六百九十七号联契,经英工部局将该契之地划出三亩三分八厘典租与程曦名下,定期九百九十九年,故由工部局立给典契。等因。本特派员阅之,不胜诧异之至。查洋商划租与华人地亩,须将租契成立,连同原领联契呈案送署,经派员勘明契地相符,在联契上批明划租亩分,并饬该华人照章税契管业,历经办理有案。此次英工部局将地转租程曦,并不按照向章办理,复另创一典租办法,自行定期为九百九十九年,实为从来所未有。本特派员对于英工部局此项办法,实属碍难承认。除将送还契据七纸函还特别区市政局发交程曦收回谕令遵章办理外,相应函复贵总领事,请烦查照,转饬英工部局迅将前项典租办法取销。嗣后凡关于转租或划租地亩,务须恪遵向章办理,仍希见复为荷。顺颂时祺。

署理天津英总领事官潘乐纳复函

1923年2月28日

敬启者:接准二月二十六日复函,为程曦典租英工部局坐落特别区马厂道地亩一事,具悉种切。查此次英工部局将第六百九十七号联契之地确系典租与程曦使用,其地之所有权仍在英工部局名下,惟地既典租,租期久暂固应由原业[主]与租户商订,各出情愿,官署从无制止之权,此常例也。今来函指程曦为购置地亩,并谓英工部局另创一典租办法,谅有误会之处,如果英工部局让渡其地所有权与程曦永远为业,自不能直发典据,定必送原领联契,经过贵署勘明批注,俾凭过户。无如此次系典租,较转租之性质确有不同,办理手续亦异,似难绳以恪遵向章,且难认可转饬取销典租办法。本署总领事相应函达贵特派员查照,请烦解释误会,饬知为荷。此颂升祺。

署理天津英总领事官潘乐纳敬启

(据《天津租界档案选编》,第26—27页)

37.外交部特派直隶交涉公署为拒绝承认英工部局典租程曦地亩期限事复英国驻津领事函

1923年3月8日

敬复者:关于程曦典租英工部局坐落特别区马厂道地亩案。准二月二十八日复函,阅悉。一是查英工部局永租联契地亩,不过取得其地之管业权,中国官府对于此项土地管辖权仍然存在,一切设施自应服从驻在国之法律。中国典租办法,其预定年限向来不过数年或十数年而已,英工部局如果援照中国典租办法办理,本署自无异议,今乃创行典租新例,自行定期为九百九十九年,无论各国有无此项先例,但在中国实为闻所未闻,且典契所以必须规定年限者,原为期满赎业地步,若典期定为九百九十九年,是永无赎业事实,其淆乱驻在国土地管辖权关系甚大,无论如何,本署断难承认。相应函复贵署总领事,请烦查照,转饬英工部局迅将典租九百九十九年期限办法取销,免生交涉,并希见复。至纫公谊。顺颂时祺。

(据《天津租界档案选编》,第27—28页)

38.外交部特派直隶交涉署为报英推广租界地亩换契办法期限事呈直隶省长褚玉璞文

1923年3月25日

　　呈为具报英推广租界地亩换契办法期限并呈送华人管业新式印契样本仰祈鉴核备案事。窃职署上年与英领交涉征收华人购买地亩契税一事,业将交涉经过情形呈报在案。按照原议,所有从前由英工部局发给之临时执照,应即取消。凡系华人业户,概令换领职署制定之新式印契,以凭管业。凡系外人业户,概令换领向章通用之三联契,以凭管业,并于原编联契号数以下,加编英广字第某号,藉示区别。旋于本年一月十九日准英总领事函送英工部局缴换各项地亩联契共三十一份,连同马路用地、英国坟地各联契,一并开单请为核办前来。迭经饬办完竣,除英国坟地系坐落天津县四乡,另行照章填给联契外,其属于英推广租界占用之地,综计实为叁千壹百亩零零玖分壹厘壹毫,换领联契二十五份,又马路用地陆百肆拾玖亩零壹厘柒毫,换领联契一份,均已函送英领在案。现时亟应严定期限,饬令华人各业户换领新式印契,兹拟定于四月一日起,至四月卅日止,以一个月为限,倘有意图规避,逾限补换者,加征其罚金拾元,以树威信,而杜玩延。如此办理,则换契手续得早一日完毕,契税来源亦得早一日确定矣。至于外人各业户换领联契,拟亦予限同时一律进行,除由职署一面通知英领,转饬英工部局协助,一面登报公布,俾众周知外,所有具报英推广租界地亩换契办法期限各缘由,理合具文,连同新式印契样本一纸,呈请鉴核备案施行,实为公便。谨呈直隶省长褚。

　　计呈英界华人管业印契样本一纸。

特派直隶交涉员庄

（J0011-1-000002）

39.英国驻津总领事为英工部局归并积善堂等五户坐落英推广租界地亩事致外交部特派直隶交涉署函

1924年11月27日

　　敬启者:驻津英工部局现在围墙外新增界内租得积善堂、曹士骧、安义堂黄、松寿堂张、华利房屋公司等五户地段,各段均随有原业红契,按照契载亩数,共为二十五亩五分九厘三毫,而据英工部局丈量,现实有地二十五亩零二厘八毫。该局特开具地亩清单三纸,并绘总图三纸,连同各该段原业红白契共九纸,一并呈案请为转送,查勘换发联契前来。据此,除将前项红白契九纸,粘连图件,并总图三纸、清单三纸,以及空白联契一份附送外,相应函达贵特派员,请烦定期派员查勘并饬批销旧契,填印联契,分别存缴为荷。顺颂升祺。

　　驻津英总领事柯謥良敬启

　　附红白契九纸粘连图件总图三纸、清单三纸、空白联契一份。

（J0011-1-000193）

40.外交部特派直隶交涉署为英工部局归并积善堂等五户坐落英推广租界地亩事复英国驻津总领事函

1924年12月3日

敬复者:接准来函。以英工部局永租积善堂、曹士骧等五户坐落围墙外新增界内地亩附送契图各件,请订期派员查勘等因。兹订于本月九日即星期二下午二钟,赴地勘丈,除派本署曾主任焘、陆委员鸿遵届时往外,相应函复贵总领事,请烦查照,转饬工部局届时派员到地指勘为荷。顺颂日祉。

(J0011-1-000193)

41.外交部特派直隶交涉署委员陆鸿遵为英工部局归并积善堂等五户坐落英推广租界地亩事呈公署文

1924年12月10日

委员陆鸿遵为呈复事。窃奉署长派查勘英工部局永租积善堂、曹士骧等五户坐落围墙外英新增界内地二十五亩零二厘八毫一事,委员遵即前往会同工部局邸局员到地指勘。查该项地亩系坐落围墙内英推广租界,均已起盖楼房未便勘丈。按照契图与工部局注册底簿核对四至亩数,均属相符,并据邸局员声称,此项地亩仍系归并,嗣后如出有纠葛,由工部局担负完全责任。等语。谨将查勘情形绘具草图,呈复鉴核施行。

(J0011-1-000193)

42.外交部特派直隶交涉署为英工部局归并积善堂等五户坐落英推广租界地亩事致英国驻津总领事函

1924年12月16日

敬启者:案查英工部局永租积善堂、曹士骧等五户地亩一事,业经订期派员查勘在案。兹据后称,遵即前往,会同工部局邸局员到地指勘。云云。呈复鉴核等情前来。查该项地亩均经起盖楼房,无法勘丈,嗣后如出有纠葛,既由工部局担负完全责任,应即照准发给联契,除将联契编列第一千二百三十二号,盖用署印留存中契一份备案,并将契纸批销外,相应将其余契图各件,函送贵总领事,请烦查收,分别存æ。再该工部局应缴印费洋五元、勘丈费洋四元,希饬一并照缴,函送本署为荷。顺颂日祉。

附送联契二纸、契九纸粘图件、图二纸、清单二纸、新绘草图一纸。

(J0011-1-000193)

43.英国驻津总领事为附还英工部局永租积善堂等五户地亩盖印新联契事致外交部特派直隶交涉署函

1924年12月27日

敬启者:十二月十七日接准来函,附还英工部局永租积善堂等五户地亩盖印新联契并旧契地图等件具悉。现经饬据工部局呈到印费五元、勘丈费四元,相应将前项洋共九元,函送贵特派员请烦查照,转发并见复收据为荷。顺颂升祺。

驻津英总领事柯趚良敬启

附洋九元。

(J0011-1-000193)

44.外交部特派直隶交涉署为请转送英工部局缴纳印勘各费收据事复英国驻津总领事函

1924年12月30日

敬复者:接准函送英工部局永租积善堂等五户地亩应缴印勘各费,共计洋九元,业经照数收讫,相应饬缮收据一纸,函送贵总领事,请烦查收转给为荷。顺颂日祉。

附送收据一纸。

外交部特派直隶交涉员熊

(J0011-1-000193)

45.天津警察厅、英国驻津总领事及天津县知事为围墙外英新增租界地户应从速将地契投交英工部局布告

1925年3月

天津警察厅厅长杨、驻津英国总领事官、天津县知事张为会衔出示晓谕事:

案查围墙外英国新增租界在民国八年曾经直隶省长饬令天津警察厅、天津县会同英总领事联衔出示通知,所有界内之地户持契前赴英工部局呈验挂号在案。嗣因开辟该界首要之点,惟在开通道路以利公共交通,英工部局随与管业各地户商议妥协,凡道路用地由各地户割让(例如有地十亩让给二亩作为马路),佥无异议,惟按各地户契载之地界址参差不齐,地势凹凸不一,且有全地坐落道路线中,亦有距离路线稍有远者,通盘核算,势必将界内全数地亩联成一大段,暂归英工部局,而后由工部局照具原有与割让之数再行均摊分派,以符应得数目,但地之坐落概不能仍以原契地点为依据,而无更改也。职此之故,所有管业地户必须先将已经挂号之原契交与英工部局作为归并,英工部局并领总契绘

35

具新图,遂即照图所载分给各该业主应得之地仍行管业。乃自此办法施行以来,界内地户前赴英工部局交出契纸待领新契地者固属不少,而其在旁观望至今尚未照交者犹有多户,致使英工部局办理手续诸多掣肘之处,此因英工部局若不将全界各业主地契收齐即不能分派完善顺利进行,且并对于已交契之地户实在无法应付,为此合行会衔布告,凡在围墙外英新增租界之地户应即从速将该界内之地契投交英工部局查收。特交天津县复核,俾俟将来领到新地新据易于管业,慎勿再行观望,徒自贻误。须至布告者。

右布告围墙外英新增租界地户知悉。

中华民国十四年西历一千九百二十五年三月

(J0011-A-0002-011-000212)

46.英国驻津总领事署为请派员会勘英工部局永租积善堂等五户地亩事致外交部特派直隶交涉署函

1925年8月17日

敬启者:驻津英工部局现在围墙外新增界内永租积善堂等户地亩,按各该户契纸共载地八百九十五亩四分零四毫,实施丈量计有地八百九十五亩二分四厘二毫,绘具地图三纸,附开地段清单三纸,附呈各原业红契十份,请为换发三联契,并据声明,积善堂地系割租,坐落英界内者不过七百五十四亩三分九厘八毫,并乞转请将原契批明亩数,发还仍交原业收执。前来。据此,除将原业印契十份、新绘地图三纸、地单三纸,以及空白联契三纸附送外,相应函达贵特派员,请烦定期派员会勘,即于联契填明盖印分别存缴为荷。此颂升祺。

驻津英总领事柯理良敬启

(J0011-1-000193)

47.外交部特派直隶交涉署为英工部局租积善堂等地订期查勘事复英国驻津总领事函

1925年8月17日

敬复者:接准来函,以英工部局永租积善堂等户,坐落围墙外新增界内地亩,计八百九十五亩二分四厘二毫。惟积善堂系割租,坐落英界内者不过七百五十四亩三分九厘八毫,附送契图各件,请定期派员会勘,等因。兹订于八月二十七日即星期四,下午三钟,赴地勘丈,除派本署夏主任孙榆、陆委员鸿遵届时同往外,相应函复贵总领事,请烦查照,转饬该工部局,届时派员到地指勘为荷。顺颂日祉。

外交部特派直隶交涉员熊

(J0011-1-000193)

48.外交部特派直隶交涉署会丈员为复勘查英工部局永租积善堂等户坐落英国新增界内地亩情形事呈署长文

1925年8月29日

主任夏孙榆、委员陆鸿遵为呈复事。窃奉署长派勘英工部局永租积善堂等户坐落英国新增界内地亩一事,主任等遵即前往会同英工部局邸局员齐赴地所,逐段指引查勘,查得该地共计八百九十五亩二分四厘二毫,核与契图及工部局注册簿、四至亩数均属相符,并据邸局员声称,该地仍系归并。等语。谨将查勘情形,理合绘具草图呈复鉴核施行。

计呈草图一纸。

(J0011-1-000193)

49.外交部特派直隶交涉署为请转送英工部局租积善堂等地盖印联契事给英国驻津总领事函

1925年8月29日

敬启者:案查英工部局永租积善堂等户地亩一事,业经订期派员会同查勘在案。兹据后称,遵即前往,会同英工部局邸局员齐赴地所,逐段指引查勘,云云。呈复鉴核,等情前来。除将联契编列第一千二百九十一号盖用署印,留存中契一份备案外,相应将其余契图各件函送贵总领事,请烦查收,分别存给。再,该工部局应缴印费洋五元,勘丈费洋四元,希饬一并照缴,函送本署为荷。顺颂日祉。

附送联契二纸、红契十份、图二纸、单二纸、新绘地图一纸。

外交部特派直隶交涉员熊

(J0011-1-000193)

50.外交部特派直隶交涉署为华人在英租界买卖房地缴纳印费办法陈请立案事呈直隶省长文

1926年2月1日

呈为华人在天津英国租界内买卖房地缴纳印费办法陈请立案事。窃查,天津英国租界内华人买卖房地,向以英工部局执照为凭,既不赴县报验,亦不来本署报案。熊前特派员任内曾与该国工部局商订办法,凡洋商在该租界内售与华人房地者,工部局发给执照后,应令即到本署呈验契纸,加盖本署印信,印费按照价银百分之五缴纳。其华人售与华人房地者,亦令呈验契纸,由本署会同天津县盖印,印费按照价银百分之六缴纳。上项收入全数作为特派员办公费用。查验契盖印系为便于查核,自应继续办理,惟卷查此案,熊任内未经呈报钧署有案。嗣后,关于此项收入及本署因公支用,当一并分别造册,咨送财政厅备案,以昭核实。所有华人在天津英国租界内买卖房地,缴纳印费各办法缘由,理合备文呈请钧署立案,实为公便。谨呈直隶省长孙。

外交部特派直隶交涉员祝

(J0011-1-000002)

51.外交部特派直隶交涉公署为英租界华人业户来署换领地亩新契事布告

1926年

直隶交涉公署为公布事。查英界地亩取消临时执照另换新契一案,兹经本署制定带图印契,专待换给所有推广界内华人各业户,务即于四月一日起至卅日止一个月限内,将原执契照来署挂号,换领新契,每份收费十元,其有因特别情形逾限补换者,须具证明并妥保呈候核准,仍加征罚金十元。除呈明省长并函知英领署外,特此公布。

注意:自换契期满以后,华人业户如仍持有临时执照以及其他契据,概作无效。一经本署发现,轻则议罚,重则充公,合并布知。

(J0011-1-000002)

52.外交部特派直隶交涉署为拟订中国人在英租界新增、推广两地界内买卖地亩征收税契事呈直隶省长文

1926年5月11日

呈为拟订中国人在英租界新增及推广两地界内买卖地亩由职署交涉征税办法,仰祈鉴核批准,藉资化无为有事。窃查中国人在英租界买卖地亩例应向天津县税契,其税额则为价额百分之十二零六(正税百分之六,官佣及学捐百分之六零六,共十二分零六)。只因所费繁重,遂藉口置业于外国租界,中国官厅无权管理为理由,每不前往投税,仅持其根身白契辗转售卖,而英工部局亦以各户税契与否与彼利害无关,故亦不加干涉,致令天津县坐失该项税收,不可胜数,就今日实情言之,实已陷于无术整顿之地步,县署权力难及,租界势所使然,诚亦无可如何者也。历任交涉员鉴于此种情势,颇思所以救其弊,向亦有向英工部局非正式接洽者,意欲规定以后华人在新增、推广两地界买卖地亩者,须由我国官厅成契或盖印证明,然后始许其到工部局注册,一面由交涉署征收契税,按买卖价额征百分之六正税一项,其余官佣杂捐概不重征。如此办法已属委曲求全,然经与英工部局提议迄未得具体结果,致未能公布实行,长此因循则推广、新增两地界亦必陷于旧英界之地步,征税毫无,至为可惜。兹拟由职署前向英领署,切实交涉,以依照租界内华洋地租由职署征收,暨部定外国人在特别区内永租地亩由

职署发给契纸、代征契税之两项前例，请其同意由职署拟订办法，嗣后凡中国人在新增及推广两地界内买卖地亩，均令到署呈验契据，交纳契税，中国人买自中国人者按价额百分之六，中国人买自外国人者按价额百分之五，完税后由署盖印证明，否则英工部局不得进行注册，并严禁根身白契之过户，如此办理，则隐漏者自必日少，而税源亦得挽回之矣。所拟办法俟奉准后，即与英领署交涉，以便实行，所有拟订中国人在新增及推广两地界内买卖地亩，由职署与英领交涉征税办法各缘由，理合呈请鉴核，指令祇遵。谨呈直隶省长。

外交部特派直隶交涉员祝

（J0011-1-000002）

53.直隶省长公署为中国人在英租界内置卖地亩税契办法事令交涉员（第1220号）

1926年5月22日

呈拟订中国人在英租界新增及推广两地界内买卖地亩税契办法请核示由。

呈悉。该署拟订中国人在英租界新增及推广两地界内买卖地亩征收税契办法，系为整顿公家税收起见，事属可行，仰即与英领事署正式交涉，具报以期实行。一面仍速检同外国人在特别区内永租地亩，由该署发给契纸代征契税之向章，呈送本署，以凭核办，并候令财政厅查照。此令。

褚玉璞

（J0011-1-000002）

54.外交部特派直隶交涉署为遵令抄送外国人在特别区租地契税章程事呈直隶省长公署文

1926年5月31日

呈为摘抄关于外国人在特别区永租地亩由职署发契征税规则仰祈鉴核事。窃职署前呈拟订中国人在英租界新增及推广两地界内买卖地亩税契办法一案，兹于五月廿二日奉钧署第一二二零号指令内开，呈悉。该署拟订中国人云云。此令。等因。奉此，除遵令与英领事交涉以期克日实行外，理合摘抄关于外国人在特别区永租地亩由职署发契征税规则三条，呈请鉴核。谨呈直隶省长。

计呈特别区契税规则抄件一纸。

（J0011-1-000002）

55.外交部特派直隶交涉署为请工部局协助办理华人购地契税事致英国驻津总领事函

1926年6月22日

敬启者:查英租界之新增及推广两界内之地亩,向章凡系华人买自外国人者,应到本署成契,按照买价百分之五收税;其华人买自华人者,应到天津县成契,由本署加印,按照买价百分之六收税,如此办理,虽行之已久,而其中遗漏规避者仍复难免,谅系县署难于稽查之故。兹经本特派员呈明省长,将以上所列两项契税一律并归本署办理,以资划一而利进行。自应请由贵工部局随时协助,嗣后凡遇华人所持买地契纸,未经本署盖印者,应即令其照章来署盖印后再予注册,藉杜规避遗漏之弊。至以前业经注册者,除一面由本署调查外,仍请饬由贵工部局传知各业户,务即来署补行盖印证明,以免将来缪辖。

现又奉省长命令认真办理,相应函达贵总领事,请烦查照,并希饬知贵工部局协助一切,实纫公谊。顺颂日祉。

外交部特派直隶交涉员庄

(J0011-1-000002)

56.外交部特派直隶交涉公署为拟订中国人在英租界新增、推广两地界内买卖地亩征收税契办法登报事致各报馆函

1926年7月6日

径启者:查本署拟订中国人在英租界之新增及推广两地界内买卖地亩统由本署成契征收契税办法,业奉直隶省长批准实行并经商得英总领事之同意,嗣后中国人置买地亩,凡未经本署税契盖印者,一概不许注册。各在案。此项地亩契税仅分两种:(一)中国人购自外国人者,按买价百分之五完税;(二)中国人购自中国人者,按买价百分之六完税,并无其他零捐杂费,手续尤为简便。一经投税,准一星期内即可领回契纸,以凭管业。深恐各业户未知具详,将来所执契纸未经本署税过盖印者,倘遇缪辖,同不生效力之废纸,岂非自误。用特函达贵报,尚希代为公布,俾众周知是荷。此颂撰祺。

直隶交涉公署启。

抄送各报馆登布。

(J0011-1-000002)

57.外交部特派直隶交涉署为中国人在英租界购地契税统限两个月进行交涉藉令领换新契纸事呈直隶省长文

1926年9月6日

呈为严定英租界契税限期并拟制新式契纸进行交涉以昭划一仰祈鉴核备案事。

窃查中国人在英租界买卖地亩,由职署征收契税一事,自奉钧令照准后,曾经多次交涉始获渐有头绪,并于本年六月廿二日函达英总领事查照,转饬英工部局传知各业户遵照在案。惟各业户住居租界,匿不投税,几已相沿成习,虽经传知,类皆置若罔闻,亦有意存观望者,若非严定期限,则隐匿不税,辗转售卖,必至漫无查考。且自实行以来,所以报税者寥寥无几,虽固由观望所致,然大半亦因工部局所发临时执照尚未完毕。现时推广租界临时执照填发将竣,中国人买有地亩者,自应催令到署照章完税。

查外国人永租地亩,向由职署发给联契以凭管业,遇有过户裁租等事,较易勘查,绝少缪辖。而中国人之契纸则不然,皆系自行填写,殊不足以资考核。兹为整齐划一起见,自应并由职署发给契纸,现拟制定一种契纸,以备中国人领用,凡中国人在推广租界所买地亩到署完税,一律填给新式契纸,如此则推广租界亩数究有若干,界内所留马路占用地亩若干,亦得藉以钩稽实数,其在新增租界购买地亩者,并准领用此种契纸。未税者一律补税,已税者亦令换契,换契之费只收纸张手续费十元,如此则未税者易于发觉,务使丝毫不漏。所有新增、推广两界内,凡系中国人购有地亩者,自此次通知之日起,统限两个月以内到署投税,逾期另议办法,或加倍科罚,届时再与英领事磋商。除函向英领事征求同意以便交涉实行并登报公布外,所有严定英租界契税限期暨拟制新式契纸各缘由,理合具文速同契纸式样呈请鉴核备案,实为公便,谨呈直隶省长。

计呈送契纸式样一纸。

特派直隶交涉员庄

（J0011-1-000002）

58.外交部特派直隶交涉署为华人契税统限两个月领换新契纸事致英国驻津总领事函

1926年9月6日

敬启者:关于华人在英租界买卖地亩改由本署征收契税一事,业经于本年六月廿二日函达贵总领事查照,并请转饬贵工部局传知各业户在案。现时推广租界临时执照,填发将竣,华人买有地亩者,自应催令到署照章完税。查外国人永租地亩,向由本署发给联契,以凭管业,遇有过户裁租等事,较易勘查,绝少缪辖。而华人则不然,其契纸皆系自行填写,殊不足以资考核。兹为整齐划一起见,自应并由本署发给契纸,现已制定一种契纸,仿如发给外国人之联契款类,以备华人领用。凡华人在推广租界所买地亩,到署完税,一律填给新式契纸。如此则界内所留马路占用地亩若干,庶得藉以钩稽实数。其在新增租界购买地亩者，并准领用此种契纸，未税者一律补税，已税者亦令换契，换契之户酌收纸张手续费十元。所有新增、推广两界内，凡系华人购有地亩者，自此次通知之日起，统限两个月以内，到署投税换契。逾期另议办法。除呈报直隶省长备案并登报公布外，相应检同新定契纸式样，函达贵总领事，请烦查照，并希转饬贵工部局代为传知华人各业户一体遵照是荷。顺颂日祉。

附送契纸式样一纸。

外交部特派直隶交涉员庄

（J0011-1-000002）

59.外交部特派直隶交涉署会丈处为马承渊购买孙宝山房地由天津县收过契税银两尚非违章可否准予加印事呈署长文

1926年11月12日

会丈处为请示事。窃于本月十二日准英工部局送来积善堂马承渊购买孙宝山坐落英租界科森司路之房地，计地五亩，契据一纸，系本年九月三十日由天津县收过契税银两盖有县印者，请由本署再予加印证明前来。查英租界契税改由本署征收，早经呈奉省长批准有案，并迭次与英领磋商始获承认。今该业户马承渊忽又向天津县投税，实与呈准定案不符，而英工部莱局长亦以此项契税既经直隶省长批准由交涉署征收，何以天津县又为收税，事出两岐，碍难认为有效，拟拒绝其注册。嗣经该局邸局员告知主任，略谓英租界契税既经决定归交涉署办理，则天津县似不宜仍行收税。且此案业经英领事同意，在英工部局方面当然认定交涉署收税盖印方为有效，不能复认其他官厅并行收税。第念马承渊此次在天津县投税或出于误会，尚非故意违章，可否念其无知，请贵署姑准加印证明，以便工部局为之注册。至于此事发生后对外信用颇蒙影响，应请通知天津县，嗣后对于英租界之契税，勿再收受，以符定案，否则失信于商民者事犹小，失信于外交者关系实大。统希转陈署长裁夺。各等语。主任未敢擅专，理合据实转陈，并检同原送马承渊契据一份，呈请察核，可否准予加印送还，藉免对外发生枝节之处，伏候示遵。谨呈署长。

主任郑庆名谨呈

既是误会，姑准盖印。注明"盖印证明"四字以示未收款项，并以署之名义转函天津县知照，俾以后勿再有此事件。

（J0011-1-000002）

60.外交部特派直隶交涉署为马承渊购买孙宝山房地由县税契系误会准加印证明事致天津县公署函(员字第376号)

1926年11月16日

径启者:案据本署会丈处呈称,窃于本月十二日准英工部局,云云。至伏候示遵,等情。据此,除奉敝署长谕饬将马承渊契据姑准加印证明以便工部局注册外,嗣后贵署对于此种契税,应请饬科勿再收受,以符定案,藉免对外两歧发生枝节。相应函达贵县查照办理为荷。此致天津县公署。

直隶交涉公署启

（J0011-1-000002）

61.英商天津协会为延长旧租界皇家租约租期事致伦敦中国协会密电

1927年2月19日

请向外交部提出下列强烈建议:鉴于租界地现状之变更及因而产生之后果,我等冒昧陈辞,建议将皇家契约无偿延期至九百九十九年。英国政府在津出售大量土地获取利益,关于提高该空地达到可居住之水平,其费用均由承租人支付,英国政府并未耗费任何资金。除承租人之合理要求外,本会认为英国政府将这一要求付诸实施,是至关重要的。既能避免日后之麻烦,消除对政府之要求,又能结束对皇家契约之争议。其理由如下:

第一,英国政府以地主身份要求实施地主之权力,是站不住脚的。可以肯定中国政府会争辩说,允许英国政府占有租界地是仅仅使其获得居住权利而已。

第二,如坚持收取延期费,将被中国政府认为,英国政府利用条约所规定之居住权利进行经济侵略,该条约本不是中国自愿接受的。

第三,在津之中国承租人占有租界土地之百分之二十,纵使中国承租人不难交付上述费款,但在中国政府指令下,彼等无疑将对延期费拒绝支付,其结果连同占租界土地百分之十二之其他外国承租人也将拒付。

根据上述理由,依本会判断,如仍坚持收取延期费,则纠纷难望早日解决。

建议解决办法程序如下:

第一步为确保永租权,在与中国政府谈判之前即将现有之皇家永租契延长至九百九十九年。而后建议将此种已延长之永租契交回,换取中国之永租契,以便与英推广租界及在津其他外国租界、特别区暨在华其他地方之外籍持有地契人一致。如此即可消除英国政府中间地主之身份。

本会认为应将上述意见立即呈送外交部,至关重要。

天津中国协会

（据《天津租界档案选编》,第29—30页）

62.英国外交部为天津英租界前途事致英商中国协会函

1927年3月2日

径启者：二月二十一日来函及转来中国协会天津分会强调天津港英租界皇家契约应无偿延长至九百九十九年之电文抄件收悉。兹奉国务大臣张伯伦阁下指示，通知贵会：关于该事件之争论，政府已详细考虑，并于一九二四年作出最后决定——土地业主所提之要求不能成立。由于不久前在汉口发生之事件，此问题又经重新考虑，并再次决定：上述事件不能作为放弃一九二四年所采取立场之理由。因此，似无烦请贵会来外交部讨论已完全解决之问题之必要。

其次，如在同中国政府进行关于租界地地位之谈判开始或终结前，已将皇家契约延长至九百九十九年，无疑将避免许多周折，并大大加强土地业主之地位，此事在汉口是不可能的。但须指出，如天津土地业主对执行现在存于英国工部局之皇家契约之延期计划进行合作，此事在津或有可能。此致伦敦EC4加农街九十九号中国协会主席。

外交部孟色乔治启

（据《天津租界档案选编》，第31页）

63.外交部特派直隶交涉署为英推广界内华人业户
限期换领印契事致英国驻津总领事函

1927年3月26日

敬启者：关于英推广租界换领各项地亩联契业经办理完竣，函送贵总领事查收在案。按照原议，所有从前由英工部局发给之临时执照，应即取消；凡系华人业户，概令换领本署制定之新式印契，以凭管业。凡系外人业户，概另换领向章通用之三联契，以凭管业。（并拟于联契原编号数以下，加编英广字第某号，藉资区别。）兹拟定于四月一日起至四月卅日止，一个月为限，饬令华人各业户来署挂号，换领新式印契，每份只收手续费拾元。倘有意图规避，于四月卅日以后逾限始来补换者，每份加征罚金拾元。至于外人换领联契，亦即同时一律办理。除已呈报直隶省长备案并登报公布外，相应检同华人管业之新式印契样本一纸，函达贵总领事，请烦查照为荷。顺颂日祉。

计送印契样本一纸。

（J0011-1-000002）

64.外交部特派直隶交涉署为英推广租界内华人各业户
换领新契日期事布告

1927年3月28日

直隶交涉公署为公布事。查英界地亩取消临时执照另换新契一案,兹经本署制定带图印契,专待换给。所有推广界内华人各业户,务即于四月一日起至三十日止,一个月限内,将原执契照来署挂号,换领新契,每份收费拾元。其有因特别情形逾限补换者,须具证明,并妥保呈候核准,仍加征罚金拾元。除呈明省长并函知英领署外,特此公布。

（J0011-1-000002）

65.外交部特派直隶交涉署为催交新增、推广两界内暨英工部局界外
本年地租事致英国驻津总领事函

1927年4月5日

敬启者:案查各国租界内之地租,按照约章,皆须预缴所有贵国旧租界内应缴本年分地租,业经照收在案。至新增、推广两租界内,暨英工部局界外地亩,应完本年分地租,尚未照缴。兹因省库需款甚殷,催解孔急,相应函达贵总领事,请烦查照,从速饬催缴齐,函送本署以便汇解。至极公谊。顺颂日祉。

（J0011-1-000386）

66.英国驻津总领事为五月初旬解交新增、推广两租界内暨工部局界外
地亩地租事致外交部特派直隶交涉署函

1927年4月21日

敬复者:准四月十一日来函,为新增、推广两租界内暨英工部局界外地亩应完本年地租,请烦提前催齐函送。等因。准此,当经转饬英工部局查照办理去后,兹据复称,所有前项地租每年系在四月开征,俟收齐后无何不可,即时解送中国官署照收,约于五月初旬预备清单,汇开支票,送请解交。等语。前来。本总领事合先函复贵特派员即希查照为荷。顺颂升祺。

驻津英总领事杰弥逊敬启。

驻津英总领事杰弥逊敬启

（J0011-1-000386）

67.英国驻津总领事为送特纳的永租美租界内地亩联契请会勘事致外交部特派直隶交涉公署函

1927年4月27日

敬启者:英人特纳的在本埠英工部局代管之美租界内永租有地一段,除马路占用外,现实存地五亩六分五厘,收执原业之租契早经驻津美领事署暨本署与英工部局注册者。现据该英人呈到前项租契一纸、绘具地图三纸,请为换发三联契前来,本总领事相应将租契一纸粘连过户,英文批示连同地图三纸、空白联契一份,附抄本署英字卷宗一件,又英汉文抄件一份函送贵特派员,请烦定期派员会勘,填印联契分别存缴为荷。此颂升祺。

驻津英总领事杰弥逊敬启

(J0011-1-000189)

68.外交部特派直隶交涉公署为定期派员会勘英人特纳的永租美租界内地亩事致英国驻津总领事函

1927年5月7日

敬启者:接准函开,英人特纳的在本埠英工部局代管之美租界内永租有地一段,除马路占用外,现实存地五亩六分五厘云云,至分别存缴为荷。等因。准此。兹定于本月十六日下午二钟,派本署会丈处副主任唐春毓前往查勘,相应函达贵总领事,请烦查照,务饬贵工部局派员会勘,并饬该英人特纳的届期到地指勘为荷。顺颂日祉。

(J0011-1-000189)

69.外交部特派直隶交涉公署会丈处为会勘英人特纳的永租美租界内地亩事呈署长文

1927年5月20日

会丈处副主任唐春毓为呈复事。窃奉署长派勘英人特纳的永租地段,在英工部局代管美租界内,遵于本月十六日下午二时,会同邸局员经南随带弓手,前往地所,眼同丈量。查该地五亩六分五厘,核与英工部局图册均属相符,谨将会勘情形并具草图呈候鉴核施行。

计呈草图一纸。(略)

(J0011-1-000189)

70.外交部特派直隶交涉公署为特纳的在美租界内地亩换领联契
业已盖印事致英国驻津总领事函

1927年5月25日

敬启者:接准函开,英人特纳的在本埠英工部局代管之美租界内永租地第一段,除马路占用外,现实存地五亩六分五厘,收执原业之租契,早经驻津美领事署暨本署与英工部局注册,附送租契粘过户批示图件,函请勘丈换给联契。等因。准此。业经本署派员会同英工部局委员查勘完毕,除将原业租契批销,另编列第一千四百三十九号新联契并留中契备案外,相应将其余契图各件函送贵总领事,请烦查收,分别存给。再,该英人应缴印费洋五元、勘丈费洋十四元,特饬如数缴由贵署,函送过署为荷。顺颂日祉。

附送联契二纸、图一纸、租契一纸(粘过户英文批示),抄英字卷宗一件、又英汉文抄件一份、原地图二纸。

(J0011-1-000189)

71.英国驻津总领事为送推广、新增两界本年地租事
致外交部特派直隶交涉署函

1927年5月30日

敬启者:本埠旧界地亩租钱前已函送贵署查收在案。兹又饬据英工部局提前将推广、新增两界各业户应交本年地租,暨去岁尾欠零数并英工部局名下在界内与界外租地应交本年地租,按每亩租洋五角核算,共合洋二千九百六十八元一毛二分,开呈支票一纸,附随收条一纸、清单一纸前来,本总领事相应将前项支票收条清单一并函送贵特派员,请烦查照兑取,并希于收条签字盖印复还为荷。顺颂升祺。

驻津英总领事杰弥逊敬启

(J0011-1-000386)

72.英国驻津总领事为送英人特纳的应交印勘各费事
致外交部特派直隶交涉公署函

1927年6月22日

敬启者:兹将英人特纳的租地新领第一千四百三十九号之联契,应交印费五元、勘丈费十四元,共计十九元支票一纸函送贵特派员,请烦查照,见复收据为荷。顺颂升祺。

驻津英总领事杰弥逊敬启

照抄租契

光绪二十七年十二月二十二日(1902年1月31日)

立永租地契人张珍等共十七人,今将坐落朱家胡同地相连二段,共计地五亩二分,弓口四至另图式一纸粘连,今凭中人等说合,情愿永租与布朗先生名下,三面言明价值五千二百圆。并未绘图。

立永租契人:刘凤池、刘凤春、刘凤起、刘凤林、刘洪来、张珍、林树林、王双起、王兴、李中举、福利堂张、张有德、李中元、钟起发、张富云、李中奎、张富治

地方王高升

(J0011-1-000189)

73.外交部直隶交涉署为请查收英政府及工部局界内外地租收据事
致英国驻津总领事函

1927年7月8日

敬复者:按准函送,英国新增、推广两租界内之本年分地租,及上年尾欠零数,又贵工部局应交本年分之界外地租,共计各洋二千九百六十八元一角二分,计支票一纸,业经如数兑收。惟查贵工部局名下,在界外之地租尚有未曾交齐者,拟俟查对清楚,嗣后再行补收。兹准前因,相应将收据先行签印,函送贵总领事请烦查收为荷。顺颂日祉。

附收据一纸。

(J0011-1-000386)

74.外交部特派直隶交涉公署为请转特纳的收据事
致英国驻津总领事函

1927年7月8日

敬复者:接准函送英人特纳的领有一四三九号契地,交纳印费洋五元,勘丈费洋十四元,共计洋十九元。业经如数收讫,相应缮具收据,函送贵总领事,请烦查收特给为荷。顺颂日祉。

附收据一纸。

(J0011-1-000189)

75.英国驻津总领事为英商黑鸣司将地售与美国花旗银行附契图
请批注事致外交部特派直隶交涉公署函

1927年10月2日

敬启者:联契一四八二号坐落英租界之地业户英商黑鸣司,现由该英商将是契地亩转售与美国花旗银行,除已函驻津美领事署查照另发花旗银行新契外,相应将第一四八二号联契二纸业以英文批销,粘连图件过单,函送贵特派员,请烦饬于契内加批注销为荷。顺颂升祺。

驻津英总领事杰弥逊敬启

附送联契二纸粘连图件。

(J0011-1-000196)

76.美国驻津总领事署为花旗银行永租英人海明斯①地亩请发契证事
致外交部特派直隶交涉公署函

1927年12月10日

敬启者:兹将花旗银行永租英人海明斯坐落英国租界咪哆士路第五段第一零七号地一亩九分二厘七毫图说三纸、空白联契一份,送请贵特派员查照,即希按照花旗银行名下发契为荷。至该英人之第一四八二号联契,据英国总领事来函以该契上下二纸业经批销,径送贵署矣。合并叙及。顺颂日祉。

美国总领事官高思谨启

附图说三纸、空白联契一份。

(J0011-1-000196)

---

① 档案里出现的"黑鸣司""海明斯"等不同译名实为一人。

77.外交部特派直隶交涉公署为花旗银行转租英人海明斯地亩定期查勘饬该银行指领事致美国驻津总领事函

1927年12月19日

敬启者:接准函开,花旗银行转租英人海明斯(即英译黑鸣司)坐落英界咪哆士路第五段第一 七号第一四八二号联契,计地一亩九分二厘七毫,附送契图请发花旗银行新契,等因;并准英领函同前情,附送该号旧联契注销,等因前来。兹定于本月二十二日下午二钟派本署会丈处委员王祖善、于兆麟前往查勘,除函英领饬英工部局派员会勘,并通知该英人指领外,相应函达贵总领事查照转饬该银行,届期到地指勘为荷。顺颂时祺。

(J0011-1-000196)

78.外交部特派直隶交涉公署为请饬英工部局会勘美商花旗银行转租英人海明斯地亩事致英国驻津总领事函

1927年12月19日

敬复者:接准函开,英商黑鸣司领有第一四八二号联契地亩,现该英商将此号契地转租与美商花旗银行为业,附送联契请注销,等因。兹准美领函同前情,准此。兹定于本月二十二日下午二钟派本署会丈处委员王祖善、于兆麟前往查勘,除函美领通知该银行到地指领外,相应函达贵总领事查照,转饬英工部局,届期派员会勘,并饬该英商到地指领为荷。顺颂时祺。

(J0011-1-000196)

79.督办直隶军务善后事宜兼直隶省长公署为现任文武各官吏眷属移居华界事训令内河行轮董事局(第6220号)

1927年12月29日

为令遵事。查军兴以来,需用浩繁,财政支绌,薪饷欠发,所有本省文武官吏固难枵腹从公。惟当此经济困难,若不于生活方面力求节省,实不足以勉维现状。子云:国奢示之以朴。本督办兼省长以身作则,一切用度力事撙节,凡尔百僚亦应体贴斯意,共济时艰。查本省现任文武各官吏眷属多住租界,房金既昂,生活尤奢,汽车往返费用倍增,若不减省,势难为继。况且托庇外人,尤不足为人民表率。为此通令文武官吏,凡住租界者迅即移居华界,既可节省繁费,更可维系人心。克期实行,毋稍观望。倘有碍难移动,准其自行辞职,若仍阳奉阴违,定予军法从事。本督办兼省长为体恤属僚生活困难起见,□惟苦口婆心,特申训令,并派员严密侦查,尚望在职各员司共谅斯旨,即日励行,勿稍延误,自始伊戚,是为切要。切切。此令。

褚玉璞

（J0106-1-000340）

80.督办直隶军务善后事宜兼直隶省长公署为官吏迁移华界事 训令内河行轮董事局（第38号）

1928年1月7日

为令遵事。查现任文武各官吏，凡住居租界者，前经令饬迅即移居华界在案。此案事在必行，合再严令遵照。限于文到十日内迁至华界，崇俭去奢，以矫积习。违者先行撤差，匿报从严惩办。除分令外，仰即一体谨遵办理勿违。此令。

褚玉璞

（J0106-1-000340）

81.外交部特派直隶交涉公署委员王祖善等为查勘花旗银行 租英商海明斯地亩与英工部局图册相符事呈署长文

1928年1月19日

委员王祖善、勘丈员于兆麟为呈复事。窃奉署长委派查勘美商花旗银行转租英商海明斯坐落英界咪哆士路第五段第一零七号地亩一案。委员等遵于十二月二十二日下午二钟偕弓手暨英工部局邸局员前往查勘，经花旗银行及海明斯到地指领，按照一四八二号原联契所载弓口亩数丈量，计地一亩九分二厘七毫，核与英工部局图册均属相符，谨将查勘情形理合呈请署长鉴核施行。

（J0011-1-000196）

82.外交部特派直隶交涉公署为批销送还黑鸣司转租与花旗银行地亩 旧联契事致英国驻津总领事函

1928年1月19日

敬启者：关于英商黑鸣司领有第一四八二号契地，现经该英商将是号契地全数转租与美商花旗银行名下为业，附送该号联契请批销函还等一案，业经查勘完毕，另填印该银行新联契，相应将函送之旧联契批销函还贵总领事查收备案为荷。顺颂时祺。

51

附还旧联契二纸。

（J0011-1-000196）

83.外交部特派直隶交涉公署为请查收花旗银行转租海明斯地亩
填印新联契事致美国驻津总领事函

1928年1月20日

　　敬启者：关于美商花旗银行转租英商海明斯（即英译黑鸣司）坐落英界咪哆士路第一四八二号联契地亩一事，当经本署派员查勘完毕，业将该号旧联契批销函还英领，并编列第一五二六号新联契，留存中契备案外，相应将填印新契图件函送贵总领事，请烦查收，分别存给。再，该银行应交印费洋五元，勘丈费洋十元，转饬如数缴由贵署函送过署为荷。顺颂时祺。

　　附送新联契二纸、图二纸。

（J0011-1-000196）

84.美国驻津总领事为请查收花旗银行永租海明斯地亩附印勘费事
致外交部特派直隶交涉公署函

1928年2月2日

　　敬启者：案查花旗银行永租海明斯坐落咪哆士路第一四八二号联契地亩一事，准一月二十一日函送第一五二六号联契前来，兹附印费洋伍圆、勘丈费洋拾圆，共计洋拾伍圆，送请贵特派员查收。即希赐据以便转给是荷。顺颂日祉。

　　附洋拾伍圆。

美国总领事官高思谨启

（J0011-1-000196）

85.英国驻津总领事为请派员会勘新增界内永租地亩割让八十五亩给体育
场事致外交部特派直隶交涉公署函

1928年2月10日

　　敬启者：驻津英工部局在新增界内永租地亩领有一三零八号联契，除已陆续裁租外，现又于是契内割出八十五亩三分八厘四毫让渡与体育场保管人名下。据呈原领联契请批过割，并据该保管人绘呈新图,亦请给领联契以凭执业前来。据此,除将第一千三百零八号上下联契二纸各粘地图过单等件,以及空白联契三纸、新图三纸,另附过单地图各一纸附送外,相应函达贵特派员,请烦定期派员会勘,并即批明旧契,填印新契,分别存缴。至另附之过单地图,希饬加入该号存查中契内为荷。顺颂升祺。

驻津英总领事杰弥逊敬启

附旧联契二纸各粘图单等件、空白联契一份、过单一纸、地图一纸、新图三纸。

（J0011-1-000196）

86.英国驻津总领事为送旧租界地租收据事致外交部特派直隶交涉公署函

1928年2月22日

敬启者:查旧租界所有地亩应纳西历一九二七年至一九二八年地租,共计制钱六百十七吊九百八十五文,按一千文合洋一元,共计洋六百十七元九角九分,现已收齐,相应汇开前项洋元支票一纸,并备具印收三纸,泐函附送贵特派员,请烦兑取并即将收据三纸签字盖印送还为荷。此颂升祺。

驻津英总领事杰弥逊敬启

附支票一纸、印收三纸。

（J0011-1-000386）

87.外交部特派直隶交涉公署为英工部局一三〇八号契地割租与体育场保管人定期查勘饬该局指领事致英国驻津总领事函

1928年2月24日

敬启者:接准函开英工部局领有一三零八号联契,现由此号契地内割租与英商体育场保管人名下,计地八十五亩三分八厘四毫,附送契图各件,请填印新联契。等因。准此,兹定于三月三日上午十钟派本署会丈处委员王祖善、于兆麟前往查勘,相应函达贵总领事查照,转饬该局暨该英商届期到地指领为荷。顺颂时祺。

（J0011-1-000196）

88.外交部特派直隶交涉公署会丈员为勘查英国体育场保管人
裁租英工部局地亩事呈署长文

1928年3月9日

委员王祖善、勘丈员于兆麟为呈复事。窃奉署长委派查勘英国体育场保管人裁租英工部局第一三零八号联契坐落英新增租界内地亩一案,委员等遵于本月三日上午十钟带同弓手前往查勘,经英工部局邸局员及该场保管人到地指领,按图丈量该地,计八十五亩三分八厘四毫,核其亩数,均属相符。谨将勘丈情形呈请署长鉴核施行。

（J0011-1-000196）

89.外交部特派直隶交涉公署为请查收英国体育场保管人裁租英工部局地
亩填印联契送交印勘费事致英国驻津总领事函

1928年3月14日

敬启者:关于英国体育场保管人裁租英新增界英工部局第一三零八号联契内地亩计八十五亩三分八厘四毫一事,当经本署派员查勘完毕,自应准予填发联契,业将该工部局联契批注裁租亩数,并将新联契编列第一五三八号填注盖印留存中契备案外,相应将契图各件函送贵总领事查收,分别存给。再,该场保管人应交印费洋五元、勘丈费洋五十元,转饬如数照交,呈由贵署函送过署为荷。顺颂时祺。

附送一三〇八号联契二纸粘图单等件、新联契二纸、原图二纸。

（J0011-1-000196）

90.英国驻津总领事为送英国体育场保管人租英工部局地亩印勘各费事
致外交部特派直隶交涉公署函

1928年3月27日

敬启者:准三月十四日来函,送还英国体育场保管人转租英工部局之地,填印第一五三八号新契,暨批注旧契等件。具悉。现经饬据该保管人将印费五元、勘丈费五十元,呈案前来。相应将前项共洋五十五元、支票一纸函送贵特派员,请烦查收并见复收据为荷。顺颂升祺。

驻津英总领事杰弥逊敬启

（J0011-1-000196）

91.外交部特派直隶交涉公署为送体育场保管人领一五三六号联契交印勘费收据事致英国驻津总领事函

1928年3月31日

敬复者:接准函送英国体育场保管人转租英工部局地亩领一五三八号联契,交纳印费洋五元、勘丈费洋五十元,计支票一纸,业经收讫,相应缮就收据,函送贵总领事查收转给为荷。顺颂时祺。

附收据一纸。

（J0011-1-000196）

92.英国驻津总领事为送英租界地租事致外交部特派直隶交涉公署函

1928年6月2日

敬启者:本管旧租界地亩租钱前已函送贵署查收在案。现又饬据英工部局将推广新增两界各地户,暨英工部局名下在界内与界外租地所有应纳之地租按每亩大洋五角核算共计洋二千九百五十一元零三分,汇开支票一纸,连同清单收条各一纸呈交前来,本总领事相应函送前项支票清单收条共三件,即请贵特派员查收,并希于收条内签字盖印,函还为荷。顺颂升祺。

驻津英总领事杰弥逊敬启

附支票清单收条各一纸。

（J0011-1-000386）

93.外交部特派直隶交涉署为送英国新增、推广两界内暨英工部局界外交纳本年地租收据事致英国驻津总领事函

1928年6月4日

敬复者:接准函送英国新增、推广两租界内交纳本年分地租洋二千七百十二元四角九分,又英工部局交纳本年分界外地租洋二百三十八元五角四分,共计洋二千九百五十一元零三分,支票一纸,业经如数呈收,相应将原收条签印函送贵总领事,请烦查收为荷。顺颂时祺。

附还收条一纸。

（J0011-1-000386）

94.外交部特派河北交涉公署为英新增界各业户换新契各节事致英国驻津总领事函

1929年3月16日

敬启者：卷查英国新增、推广两租界内，因各业户所执地契多不一致，遇事难免发生问题。爰于十五年九月，规定换领本署新契办法，历经函达办理在案，现在推广租界行将办竣，新增租界自应赓续进行，换领新式契纸，以归一律而凭管业，兹将本署会丈处王主任赓恩与贵工部局局长面商各节函达贵总领事，请烦查照为荷。顺颂时祺。

附件：

一、查新增租界各业户所执地契，计有四种：（一）外人所执之领事三联契；（一）中国人买外人地而执有之领事三联契；（一）外人所执之中国契纸；（一）中国人执有之中国契纸。现经双方协议，照推广租界例分别换契，使新增租界内地主执有之契纸与推广租界内地主执有者相同。

一、英工部局须按各业户地段备制地亩详图，如现时地主所执契纸上注明之亩数与实在亩数或有不符时，由工部局就所有地段测量，将实得亩数载于新契，但地主须担负测量费。

一、双方同意一切旧契由工部局从业户处收集，送英领馆保存，由交涉署另制新契送工部局，附地亩详图，交领事馆转送交涉署会丈处，注册后送英领馆转工部局发地主收执，并代收费洋十元（外人执有之领馆三联契不在此列）。发新契之时，须将旧契会同注销以杜流弊。

一、执行前开各项由特派员与英领事会衔布告，令地主于限期内将契纸送至工部局，依上述手续办理，倘有逾期不换领新契者，应处以罚金，限期定为六星期。

(J0011-1-000210)

95.英国驻津总领事为英新增租界各业户换领新契节略办法极属妥善予以赞同事致外交部特派河北交涉公署函

1929年3月21日

敬复者：关于英新增租界各业户换领新式契纸一事，准三月十六日来函附送，贵署会丈处王主任与英工部局长面商节略具悉。兹查该节略内载办法，亦属妥当，本总领事予以赞同，惟须由本总领事与贵特派员会衔布告，一俟底稿拟就，送经本署核阅，相合即可照缮正式布告签印颁示，且不但应登华英报纸内，并粘贴该界各处俾众周知。此复特派河北省交涉员苏。

驻津英总领事杰弥逊敬启

(J0011-1-000210)

96.英国驻津总领事为签印奉还英新增租界内各业户地契换领新契布告稿件事致外交部特派河北交涉公署交涉员函

1929年4月3日

敬复者:关于决定英新增界内各业户之地契换领新契一事,三月二十八日准来函附送布告底稿,请签印函还,以便刷印发贴。等因。具悉。除将布告稿件签印奉还外,即希贵特派员查照办理为荷。顺颂升祺。

驻津英总领事杰弥逊敬启

附还布告稿一件。

（J0011-1-000210）

97.河北交涉公署、英总领事馆为英国新增租界各业户旧地契须一律换领带图联契事布告

1929年4月10日

河北交涉公署、英国总领事馆为布告事。兹查围墙以内,英国新增租界各业户所执地契多不一致,遇事难免发生纠葛。现经决定,按照推广租界换契办法,除外人所执领事馆与交涉公署联衔契纸勿庸另换外,所有新增租界各业户旧地契须一律换领交涉公署带图联契,以凭管业。其换契手续如左:

一、所有新增租界之业户,应一律将所执之老契送交工部局,由工部局出具收据。

二、工部局即凭为绘具详图,倘查有不符之处,则为另行测勘重绘,所有费用应由业主承付。

三、工部局代向交涉公署呈领联契,契上附绘勘定之地图与推广租界之联契相同,由工部局发给业户收执。

四、工部局由交涉公署领到联契之后,即通知各业户,凭工部局所发之收据连同换契费,向工部局呈领联契,换契费每份十元,不拘亩数。

五、新联契发出之后,其旧契即由工部局送交英国总领事署存储,在未存储之前,所有该项旧契,应由交涉公署与英总领事署会同加以注销。

以上自本布告实贴之日起,限六星期内换齐,逾限即予科罚。切切。此布。

右布告围墙内英新增租界地户知悉。

中华民国十八年四月十日
西历一千九百二十九年四月十日

（J0011-1-000210）

98.英国驻津总领事为梅乐和在英推广界内永租地亩换领联契请派员会勘事致外交部特派河北交涉公署交涉员函

1929年5月14日

敬启者:现有总税司英员梅乐和在本埠英推广界内永租现业户英人 A.H.F.Adwards 地一段,计二亩四分四厘;又永租相连英工部局一三零八号联契内之地三段,计三亩二分九厘二毫。按上开四段地契所载,共合为五亩六分九厘二毫。现据英工部局丈量,实有地不过五亩一分六厘,梅总税司愿照现丈亩数函请换发一联契以便执业,前来。除将二亩四分余之原业永租印契、根印契各一纸过户凭单四份,三亩二分余之一三零八号旧联契二纸粘连地图等件,以及新绘地图三纸、空白联契三纸附送外,应函贵特派员请烦定期派员会勘,批明旧契割租,填注新契盖印,分别存缴为荷。顺颂升祺。

驻津英总领事杰弥逊敬启

附旧联契二纸粘连地图等件、新绘图三纸、空白联契三纸。

(J0011-1-000210)

99.外交部特派河北交涉公署交涉员为梅乐和永租英推广界地亩转饬英工部局定期查勘事复英国驻津总领事函

1929年5月23日

敬复者:接准函开,现有总税司英员梅乐和在本埠英推广界内永租现业户,云云。分别存缴为荷。等因。准此,兹定于本月二十七日下午二钟,派本署会丈处处员王德恒、罗漾云,勘丈员于兆麟前往查勘,相应函复贵总领事,查照转饬英工部局届时派员会勘,并饬该业户前往工部局,会同到地指勘为荷。顺颂时祺。

(J0011-1-000210)

100.英国驻津总领事为英新增界业户英国教堂由英工部局名下联契租地请领新契事致外交部特派河北交涉公署交涉员函

1929年6月29日

敬启者:现有英新增界业户英国教堂(Union Church)由英工部局名下第一三零八号联契割租地五亩零六厘七毫,请领新契前来。除一三零八号联契前已送达贵署外,相应备具空白联契三纸、随图三纸,另地图三纸并送贵特派员请烦填注新契盖印并批明旧契,将另图附入,分别存缴为荷。顺颂升祺。

驻津英总领事杰弥逊敬启

附空白联契一份、地图六纸。

（J0011-1-000210）

101.英国驻津总领事为安立甘教会在英新增界内租地附送契图请饬填新契事致外交部特派河北交涉公署交涉员函

1929年7月30日

敬启者:安立甘教会圣堂在英新增界由英工部局名下第一三零八号联契内转租得地十一亩零二厘二毫,立有英字约据、绘图三纸,禀据呈案,请为换领联契,并据英工部局绘呈批割地图三纸前来。除第一三零八号旧契尚存贵署外,相应将所呈约据图件暨空白联契一份随函送达贵特派员,请烦饬填新契盖印批明旧契,并将批割地图附入,分别存缴为荷。顺颂升祺。

驻津英总领事杰弥逊敬启

附约据地图六纸、空白联契一份。

（J0011-1-000210）

102.外交部特派河北交涉公署为填印安利洋行及安立甘教会新联契送请分别存给事致英国驻津总领事函

1929年8月7日

敬启者:接准上月十九日函开,英商安利洋行,在英新增界内永租相连地两段,已领第九百号第一一六二号契,换归一新联契。又准上月三十日函开,安立甘教会圣堂在英新增界由英工部局第一三零八号契内转租地公亩换领联契,相应将该新契二份填注盖印,函送贵总领事查收,分别存给。再,该洋行、该教会各应交换契手续费洋十元,转饬照交送署为荷。顺颂时祺。

附送新联契四纸、图四纸、约据一份。

（J0011-1-000210）

103.英国驻津总领事为英新增界管业地户换领新契将及完竣请缴还旧联契事致河北交涉公署函

1930年2月19日

敬启者:英新增界管业地户换领新契一事将及完竣,惟在贵署暂存之英工部局第一二三二、第一三零八两号旧联契未准送回,应行函达贵特派员,即希饬检该两号旧契图件先并缴还为荷。此致河北省交涉员苏。

驻津英总领事翟兰思

（J0011-A-0002-011-000212）

104.英国驻津总领事为英新增界换契将竣英工部局附送清单请核对并将上开联契缴还事致河北交涉公署函

1930年2月19日

敬启者:英新增界换契将竣,据英工部局将其由一二三二、一三零八、一零四九三份联契内裁割地亩分开英文清单二纸前来,除函送前项清单外,应函贵特派员请烦核对分批上开三号联契,即行缴还原送契图各件为荷。此致河北省交涉员苏。

驻津英总领事翟兰思

附清单二纸。

（J0011-A-0002-011-000212）

105.河北交涉公署为查收英新增界英工部局联契事致英国驻津总领事函

1930年2月24日

敬复者:接准两函内开,英新增界业户换契之事将竣,据英工部局呈将由一二三二等号三份联契内裁割地亩分开英文清单前来,兹将清单送请核对,分批该三号联契即行缴还原送契图。等因。准此,除将裁割亩数照单核对清楚并分别批注于该三号联契外,相应将其余契图等件一并函送贵总领事查收,分别存给为荷。顺颂时祺。

附还旧联契六纸、粘附地图等件、图一百十四纸。

（J0011-A-0002-011-000212）

106.天津特别市财政局为各租界地租归本局经收事致日、义、比、英、法各国领事署函

1930年5月1日

敬启者:案查前奉市政府令饬接收河北交涉署移交各案,关于办理各国租界内地租事项归财政局

核收,一切手续暂照历来办法办理。等因。此后各租界内应缴地租即归本局经收,相应函达贵总、正领事,请烦查照办理为荷。顺颂时祉。

（J0054-1-000024）

107.英国驻津总领事署为请将新增、推广租界内暨英工部局名下界外地租收据签字盖印函还事复天津特别市财政局函

1930年5月19日

敬复者:准五月三日来函内开,奉市政府令饬接收河北交涉署移交各案,关于办理各国租界内地租事项归财政局核收一切手续,暂照历来办法办理。等因。具悉。查所辖旧界地亩,应纳本年租钱共洋六百十七元九毛九分,三月十四日函送河北交涉署查收在案,现又将新界新增、推广两界内地租暨英工部局名下在界外地租共三项,核洋二千九百五十九元四毛五分,饬据汇呈开具支票一纸,并收条一纸前来。除将前项支票收条附送外,应函贵局长请烦查照兑取,并希于收条内签字盖印函还为荷。此致天津特别市财政局长周。

驻津英总领事翟兰思

（J0054-1-000024）

108.天津特别市政府为知照第七十二次市政会议议决各项章则事训令特别一区（第1335号）

1930年5月19日

查天津特别市土地局办理三特别区税契规则,及办理三特别区税契事务办事细则,并办理各租界税契规则暨办理各租界税契事务办事细则,均经核定公布,自应通饬施行,除分行外,合行抄发原条文,令仰该区知照。此令。

计抄发:天津特别市土地局办理三特别区税契规则一份、天津特别市土地局办理三特别区税契事务办事细则一份、天津特别市土地局办理各租界税契规则一份、天津特别市土地局办理各租界税契事务办事细则一份。

天津特别市土地局办理三特别区税契规则

第一条 凡特别区内中国人或外国人之房地有转移时均遵照本规则办理之。

第二条 凡中国人得在特别区内典买中国人或外国人之房地,其典买如系外国人房地,应由该原主呈由该管国领事函知土地局派员勘丈,俟核准后方得转移,并须照契约条例向土地局请领契纸完纳契税。如系中国人房地,应按照土地局办理三特别区民产登记及转移税契移送规则办理之。

61

第三条　凡外国人在特别区内按照条约得永租中国人或外国人房地,应将订立租契连同根契,呈由该管国领事函送土地局派员传同原主勘丈,俟核准后,须照租价百分之六向土地局完纳契税,再行发给永租契。此项永租契用三联式,一联交租主收执管业,一联送该国领事署,一联存土地局备查,按月由土地局造册呈报市政府。

第四条　凡中国人或外国人在承受地亩上加盖房屋,应行发给之建筑执照,应归本市工务局行政范围,与本规则无涉。

第五条　凡中国人或外国人在特别区内承受房地,如成约后六个月不遵照本规则投税领契,或不按本规则手续办理,及有匿报产价情事者,均照应纳税额加一倍处罚。

第六条　本规则如有未尽事宜,得提出市政会议随时修正之。

第七条　本规则自公布之日施行。

天津特别市土地局办理三特别区税契事务办事细则

第一条　本办事细则依据本局修订之三特别区税契规则制定之。

第二条　中国人在三特别区内典买外国人之房地,应由原业主呈由该管领事函请本局派员勘丈,并须依照本局税契规则投税,发给官契纸。

第三条　中国人在三特别区内典买中国人之房地应遵照本局登记税契各项规则办理之。

第四条　外国人在三特别区内按照条约永租中国人之房地,该租户应将订立租契连同根契呈明该管国领事,函请本局派员带领原业主眼同勘丈,经本局核准后,须照租价百分之六完纳契税,由本局制发三联式永租契,以一联留本局存查,一联函送该管国领事,一联交该租户收执。

第五条　外国人在三特别区内永租外国人之房地,应照第二、第四两条办理之。

第六条　凡在三特别区内房地转移关系外国人者,应由土地局函知三特别区公署备查。

第七条　中国人或外国人在三特别区内承受不动产,于成约后六个月内应来局投税领契,如逾期或有匿报产价等情事,均按应纳税额加一倍处罚。

第八条　中国人或外国人在三特别区内之不动产登记、勘丈制图、抵押证明等事项,均须遵照本局各项规则办理之。

第九条　凡投税契据自本局收受之日起至税出之日止,不得逾两星期,如有纠葛不清或有其他故障不能依时税出者不在此限,惟须呈明局长鉴核,并须通知该业户或函知该管国领事知照。

第十条　办理三特别区内华洋人税契登记等事项,得由本局关系各股协同办理之。

第十一条　每月月终应将三特别区内税契登记户数暨收费数目造具清册二份,呈明局长鉴核,以一份呈报市政府,一份留本局存查。

第十二条　本办事细则如有未尽事宜,得提出市政会议随时修正之。

第十三条　本办事细则自公布之日施行。

天津特别市土地局办理各租界税契规则

第一条　本局为办理各租界中国人购买地亩、外国人永租地亩、转移税契、会丈加印各事宜制定本规则。

第二条 凡外国人永租中国人地亩,先由双方成立永租契,连同原业印契呈送各该领署,查核相符,各该领署随将租契印契附带空白三联契函送本局定期会丈,由原业主缴纳契税千分之八暨会丈费,并由租主缴纳印费五元。

第三条 凡外国人永租其他外国人地亩,各该领署应将彼方旧印契连同空白三联契先送本局定期会丈,由租主缴纳印费五元并会丈费。会丈费每地一亩十元,每多一亩加二元,不足一亩者,亦按一亩计算,惟加至五十元为度。

第四条 凡中国人购买外国人地亩,先由各该领署将原联契送交本局批销,函还后由买主在本局领换新契,按照工部局估价表缴纳税契费百分之五。在租界外之地亩其手续亦同,惟须遵照本局普通税则纳税。本条所称租界外之地亩等语,三特别区不适用之。

第五条 中国人购买中国人地亩无庸经过各该领署,应由买卖主双方径来本局投税,纳契税费百分之六外,有会丈手续费十元。

第六条 各外国人彼此过户地亩并在该租界内者,只须将旧联契送请本局更名过户,不另换契,亦勿庸再行勘丈,应即免费;如系割租者,应换发新联契,并按照本规则第三条收费办法办理之。

第七条 凡外国人以早年县给印契换领新联契,倘原业主系中国人,因年久无从传问时,其印费勘丈费由外国人负担。

第八条 凡遇勘丈各租界地亩,应由本局先期通知各该国领署转知该国工部局派员会同勘丈。

第九条 本规则如有未尽事宜,得提出市政会议修正之。

第十条 本规则自公布之日施行。

天津特别市土地局办理各租界税契事务办事细则

第一条 本办事细则依据本局租界税契规则制定之。

第二条 各租界联契依照向章仍为三联制,由各领事署印制送交本局填用毕,以一联留本局存查,一联送该管领事署,一联发给业户收执。

第三条 凡外国人永租中国人地亩在某租界内者,应先将双方成立永租契暨原业主印契呈送各该领事署查核,再由领事署将租契印契附带空白联契函送土地局,定期派员会丈,通知原业主眼同会丈,并催原业主缴纳契税暨会丈费。

第四条 凡外国人永租其他外国人地亩,在某租界内者,即由各该管领事署将旧印契连同空白联契函送土地局定期派员会丈,由租主缴纳勘丈费并印费。

第五条 凡中国人购买外国人地亩,无论其地亩在租界内外,均由各领事署将原联契函送土地局批销,俟函还复交由该买主持赴土地局领换新契。地在租界内者,应按照各工部局地亩估价表缴纳契税百分之五,其契税本属百分之六,因该买主已在领事署纳过一分过户费;其他在租界外者,须遵照土地局普通税则纳税。

第六条 凡中国人购买中国人地亩,其地亩在租界内,应由买卖主双方径赴土地局投税领契,缴纳契税百分之六,因不经过领事署方面。

第七条 英国新、推广两租界内由土地局制发新联契,惟契内应附之蓝图由业户自赴英国工部局购买,送呈土地局。

第八条　收受各租界及特别区华洋人投税契据,应将契内开列不动产之坐落、弓口、四至、亩数、价值,分别另录清册存查。

第九条　关于各租界地亩抵押暨请求证明事项,应由本局分别登录注册簿,得收证明费。

第十条　各租界内中国人不动产转移时一并办理转移登记,其手续均遵照本局登记规则办理之。

第十一条　各租界内外华洋人土地如有请求增加绘图者,应照本局勘丈制图各手续及各项收费办法办理之。

第十二条　凡华洋人投税各契据,自收受之日至发还之日不得逾两星期,其纠葛不清或有其他故障依时不能税出者,应呈明局长鉴核,并对业户明白宣示或函知各该管领事知照。

第十三条　办理华洋人税契会丈等事件,得由本局关系各股协同办理之。

第十四条　每月月终应将各租界华洋人税契会丈户数暨收费数目造具清册呈明局长鉴核,以一份呈报市政府,一份留本局存查。

第十五条　本办事细则如有未尽事宜,得提出市政会议随时修正之。

第十六条　本办事细则自公布之日施行。

(J0027-1-000022)

109.天津市政府为抄发天津美侨地租分别征收办法事训令财政局(第207号)

1931年1月23日

为令行事。案查,前据该局呈为美领事征收地租应如何办理请鉴核一案,业经指令并呈请河北省政府核示。各在案。兹奉第五四四号指令内开,呈悉。查外侨交纳地租办法属于市区以内者,由该市征收,其市区以外者,由本府征收。早经分别函知驻津各国领事在案,并未一律笼统办理,且有催租通知书为凭。兹据该市呈称,美领函复各节显系错误,除将关于本府征收之美侨租户姓名租数抄单,暨通知书式样随令并发外,仰即遵照查明核办可也。此令。等因。附发抄件二件。奉此,合行抄发原件,令仰该局查照办理。此令。

附抄原件二件。

天津市政府经征美商永租地契表

租户	亩数(亩)	租额(元)	备考
美孚洋行	10.575	5.29	天津
基督教会青年会	2.20	1.10	又
美以美会	9.5127	4.76	又
	118.83316	59.42	又

租户	亩数（亩）	租额（元）	备考
	0.70	0.35	又
	21.704	10.85	又
公理教会	1.344	0.67	又
	22.183	11.09	又
	5.722	2.86	又
	1.20	0.60	又
爱温斯	2.90	1.45	又
基督复临安息日会	0.70	0.35	又

河北省政府经征美商永租地亩表

租户	亩数（亩）	租额（元）	坐落	备考
柯本多福	15.986	7.99	临榆县境	
	7.785	3.89	又	
费来因太太	2.89	1.45	又	
罗厚敦	2.90	1.45	又	
	6.60	3.30	又	
史尽师	5.20	2.60	又	
	5.00	2.50	又	
培尔	16.80	8.40	又	
常牧师	2.19	1.10	又	
高太太	2.01	1.01	又	
估尼干 美立德	10.88	5.44	又	
戈拉安太太	0.26	0.13	又	
侯雅性	6.50	3.25	又	
高察理	1.836	0.92	又	
	1.50	0.75	又	
宝文贲	3.601	1.80	又	
库罢克	1.94	0.97	又	
包耶西	3.81	1.91	又	
魏林思	3.90	1.95	又	
东伯利	5.38	2.69	天津县境	
	8.70	4.35	又	
	5.84	2.92	又	
	0.7952	0.40	临榆县境	

租户	亩数（亩）	租额（元）	坐落	备考
石岭会	6.00	3.00	又	
	24.132	12.07	又	
	8.20	4.10	又	
	1.00	0.50	又	
	11.252	5.63	又	
	1.063	0.53	又	
	39.00	19.50	又	
	6.981	3.49	又	
	4.11	2.06	又	
	4.00	2.00	又	
	15.86	7.93	又	
	6.69	3.35	又	
	22.34	11.17	又	
	17.23525	8.62	又	
	10.58	5.29	又	
	12.81	6.41	又	
	3.206	1.60	又	
	12.79	6.40	又	
	0.58	0.29	又	
	3.62	1.81	又	
	0.50	0.25	又	
	6.00	3.00	又	
爱温斯	3.10	1.55	又	
	1.75	0.88	又	
柏乐五	4.58	2.29	又	
中华平安公司	2.64	1.32	又	
	2.574	1.29	又	
	3.225	1.61	又	
	2.422	1.21	又	
	12.76	6.40	又	
	9.759	4.88	又	
	2.97	1.50	又	
	7.19	3.60	又	
	5.00	2.50	又	

租户	亩数（亩）	租额（元）	坐落	备考
	26.71	13.36	又	
	5.135	2.57	又	
	3.00	1.50	又	
	10.40	5.20	又	
	8.45	4.23	又	
	4.10	2.05	又	
	8.495	4.25	又	
	2.258	1.13	又	
	2.568	1.28	又	
	2.367	1.18	又	
	1.30	0.65	又	
杨怀德	4.48	2.24	又	
胡恒德	12.10	6.05	又	
顾林	8.60	4.30	又	
公理会	21.42592	10.71	获鹿县	
韩特	3.32	1.66	临榆县境	
傅林克	2.50	1.25	又	
傅英克	1.21	0.61	又	
信孟	5.11	2.56	天津县境	
	11.16	5.58	又	
艾德敷	70.54	3.53	临榆县境	
赫美布 赫亚利	2.44	1.22	又	
中华平安公司	6.00	3.00	又	
	35.52	17.76	又	
	26.74	13.37	又	
	7.847	3.92	又	
	12.50	6.25	又	
	20.279	10.14	又	
胡本德	2.944	1.47	又	
万德志	4.38	2.19	又	
希太太	9.027	4.51	又	
伍乐福	1.9512	0.98	天津县境	
怀雅德	3.24	1.62	临榆县境	

租户	亩数（亩）	租额（元）	坐落	备考
都春浦	0.60	0.30	又	
蔡乐尔太太	1.237	0.62	天津县境	
长老会	3.00	1.50	临榆县境	
拉道	19.87	9.94	又	
陶纯锻	6.37	3.20	又	
阙得乐	9.59	4.80	又	
秦恒瑞	37.93	18.97	又	
许灵毓	2.65	1.33	又	
佐多默	4.073	2.04	又	
阎欠满	4.77	2.39	又	
克绕司太太 色威路女士	2.13	1.07	又	
厚禄宜 厚爱立	2.261	1.13	又	
费特	2.16	1.08	又	
公理教堂	91.86	45.93	天津县境	
美孚洋行	50.00	25.00	宁河县境	
侯理定	10.00	5.00	临榆县境	
	0.666	0.33	又	
文志达	5.87	2.94	又	
	2.53	1.29	又	
华北基督教会	0.3575	0.18	天津县境	
通州公理教会	0.96	0.48	又	
	0.694	0.35	又	
甘雅格	4.12	2.06	临榆县境	
富善	3.63	1.82	又	
	2.33	1.17	又	
狄珠	1.50	0.75	又	
玛利拉道	8.50	4.25	又	
文安思	5.00	2.50	又	
费永清	2.34	1.17	又	
田和瑞	9.00	4.50	又	
万大夫				
满德	5.60	2.80	又	

租户	亩数（亩）	租额（元）	坐落	备考
公会	6.40	3.20	又	
山美力女士	3.073	1.54	又	
	2.75	1.38	又	
东岭公司	11.00	5.50	又	
	8.237	4.12	又	
郝瑞满	6.20	3.10	又	
	2.60	1.30	又	
	4.00	2.00	又	
叶理士	4.779	2.39	又	
	2.75	1.38	又	
韩慕儒	3.10	1.55		
	13.697	6.85		
公理会	6.001	3.00	清苑县	
明丹思	34.00	17.00	临榆县境	
贺牧师	13.329	6.66	又	
高爱理	5.99	3.00	又	
长老会	16.90	8.45	又	
卢克	356.4863	178.24	天津县境	
	126.60	63.30	又	
	12.37	6.19	又	
包森 达维斯女士	3.00	1.50	临榆县境	
柯姓	3.028	1.51	又	
芳泰瑞	6.01	3.01	又	
卫姓	6.945	3.47	又	
刘承恩太太	2.121	1.06	又	
	5.00	2.50	又	
米德	4.218	2.11	又	
柏爱立	2.615	1.31	又	
宋合理	27.541	13.77	又	
	16.00	8.00	又	
厚爱丽	2.66	1.33	又	
达伟福	2.573	1.29	又	
东岭会	4.83	2.42	又	

租户	亩数（亩）	租额（元）	坐落	备考
米德 赫约翰	11.051	5.53	又	
邵凯德	0.983	0.49	又	
	1.836	0.92	又	
康敦瑞	2.18	1.09	又	
长老会	8.022	4.01	又	
美经纪	3.75	1.88	又	
戴伟士	5.31	2.66	又	
	14.59	7.30	又	
花旗银行	4.775	2.39	天津县境	
绕伯琛	4.02257	2.01	临榆县境	
德瑞兰	0.45	0.23	又	
	6.9933	3.50	又	
甘维廉	6.08	3.04	又	
	1.00	0.50	又	
石摩	0.60	0.30	又	
柴柏林太太	2.36	1.18	又	
王普乐	5.00	2.50	又	
经熙义	3.695	1.85	又	
戴卫林	3.127	1.56	又	
卫尔逊夫妇	2.245	1.12	又	
纪美瑞	3.10	1.55	又	
富路特	2.314	1.16	又	
斯密斯	3.20	1.60	又	
	3.22	1.61	又	

　　为签请核示事，查本市各国租界内，全年地租，自交涉署裁撤后，所有英、法、义、日、比各国租项，均应由本局催收。惟对于美领事应缴地租，因案卷不齐，无从办理，当经呈请市府查明有无此项案卷，饬交本局，以便进行，嗣奉指令。美领租项仍饬由本局催收，遵即照办，旋准美领复函，以上项地租已交省府，请向省府接洽。等语。但奉省府指令，以外侨交纳地租办法，市区市征，省区省征，早经分别函知各国领事在案，并未一律笼统办理。等因。双方事实不相符合，以致此案久悬未能解决，现拟请张代科长以口头之询问，向美领询明究竟市区租项是否确已交由省府核收，再行核办。是否有当，理合签请局长核示施行。

第一科征榷股谨签

五月二十六日

(J0054-1-000024)

110. 美国驻津总领事为送爱温斯所付地亩租洋事
致天津市财政局函

1931年6月24日

径启者:兹将爱温斯租自司密思坐落天津第一六四九号联契所括地二亩九分一九三零、一九三一年地租洋贰元玖角送请查收,即希照发收据为荷。此致天津市财政局局长张。

附洋贰元玖角。

美国领事阿其森代启
（J0054-1-000024）

111. 天津市财政局会计主任苏智源为报经收租界契税
数目及款项解送市库事呈局长文

1931年9月5日

为签报事。案查前土地局移交租界契税计大洋一万五千七百八十五元零四分一案,因未解决,留存待解。复查本局经收租界契税自四月二十一日起截至九月五日止,共收大洋五千三百九十八元零八分,两共大洋二万一千一百八十三元一角二分。兹奉钧谕,现因市款支绌,速将此款送交市库备用。等因。奉此,除将租界契税表暨大洋二万一千一百八十三元一角二分送交金库主任及出纳主任外,理合检同经收租界契税数目表具文呈请鉴核存查施行。谨呈局长张。

附呈经收租界契税数目表一纸。

会计主任苏智源谨签
九月五日

天津市财政局经收租界契税数目表

月日	摘要	收入数	备考
7月15日	收土地局移交大洋	15,785.04	
6月30日	收六月下旬大洋	505.66	此数系照旬报或五日报填写,下同。查此旬报尚有印费五元,已随表报解算,特此注明。
7月5日	收七月上旬一至五日大洋	526.32	
7月10日	收七月上旬六至十日大洋	4,059.80	
8月10日	收八月上旬六至十日大洋	31.00	

月日	摘要	收入数	备考
8月25日	收八月下旬二十一至二十五日大洋	20.00	
8月31日	收八月下旬二十六至三十一日大洋	150.00	
9月5日	收九月上旬一至五日大洋	105.30	
			共计：21,183.12

（J0054-1-000051）

112.天津市财政局为租界税契款项已拨归市款账内事
呈天津市政府文

1931年9月7日

呈为接收前土地局移交暨本局续收租界税契款项已拨归市款账内存储仰乞鉴核事。窃查前土地局接办前河北交涉署税契会丈事宜，因与英美总领事争持，至十九年五月始见实行，而领团迄未切实函复，案悬未结，该款未便化为实收，已在李前局长任内呈报。嗣因英领不承认英侨并缴印费及登记费，本局拟取销印费，缴纳登记费，以昭划一。往返交涉，始就范围，亦经呈报，均先后奉钧府指令有案。此项收入结至王前局长任内，共计移交一万五千七百八十五元零四分；本局接收土地局后，截至九月五日为止，计收入五千三百九十八元零八分，二共二万一千一百八十三元一角二分。再查此案，虽未得各该领事书面答复，而实行已久，当无问题，即俟将来交涉，或有进展，或生变化，而已收之款谅不至再有纠葛。现在接收土地局交案亦经本局核算清楚，除即另案呈报外，因念市款支绌异常，本局考量再三，已将是项接收土地局移交暨本局续收租界洋文税契款共二万一千一百八十三元一角二分，拨归市款账内。嗣后是项收入，逐日径列市账，以满要需。所有接受前土地局移交暨本局续收租界税契款项已拨归市款账内各缘由，理合具文呈报，伏乞鉴核，实为公便。谨呈天津市市长张。

（J0054-1-000051）

113.天津市财政局会计主任苏智源为移交租界契税事通知金库主任等人

1931年9月7日

为通知事。案查前土地局移交租界契税，计大洋一万五千七百八十五元零四分一案，因未解决，留存待解。复查本局经收租界契税自四月二十一日起，截至九月五日止，共收大洋五千三百九十八元零八分，两共大洋二万一千一百八十三元一角二分。兹奉局长面谕，现因市款支绌，速将此款送交市库备用。等因。奉此，除呈报存查外，相应检同经收租界契税表暨大洋二万一千一百八十三元一角二分送请查收并祈见复为荷。此致金库主任、出纳股主任。

附租界契税表一纸、边业银行收据一纸、计洋二万一千一百八十三元一角二分。

会计主任苏智源

收　条

今代收到财政局收款处租界契税解交天津市财政局现大洋贰萬壹仟壹百捌拾叁元壹角贰分。除汇报外,用特给此收条专为备案,不能凭此收条取款。即希查照为荷。

天津边业银行
中华民国二十年九月七日
（J0054-1-000051）

114.天津市政府为租界税契款项已拨归市款账内事
指令财政局（第1534号）

1931年9月15日

呈一件。为本局租界契税款项已拨归市款账内乞鉴核由。呈悉。据呈将已收之租界洋文契税款项以及嗣后收入,均拨归市款账内以济要需,所拟尚属可行,应准如呈办理。仰即知照。此令。

张学铭
（J0054-1-000051）

115.天津市财政局为造送接收土地局移交缴存未报租界税款
暨本局收入租界各项税款事呈市政府文

1931年11月4日

呈为造送接收土地局移交缴存未报租界税款,暨本局由四月二十一日接征起至十月底止收入租界各项税款,分析造册,恭请鉴核事。窃查,接管土地局卷内对于征收普通各项税款,均已按月随收历报在案,惟所收各租界税款,计由十九年五月起至本年四月二十日止,共征存未解大洋一万五千七百八十五元零四分,未及报解,旋即奉令裁并,本局接准移交,暨由四月二十一日征收起至十月底止,共征收租界税款一万三千五百二十一元七角七分,两共大洋二万九千三百零六元八角一分。兹已按月分析造册完竣。除以后征收按月汇入普通税款册报外,理合检同清册备文呈请鉴核。谨呈天津市市长张。

计呈送清册一本。

天津市财政局造送接收前土地局移交租界税款暨本局由接收
至十月份各国收进租界税款各数目清册

谨将接收前土地局按月征存租界税款,暨本局由四月二十一日接征至十月份所收租界各项税款分析造册,送请鉴核。

计开:

一、土地局于十九年五月份征收租界契税洋一千五百八十八元三角,又征收会丈费洋二十元;六月份征收租界契税洋六百九十三元五角六分,又征收手续费洋十元;七月份征收租界契税洋一千三百元,又征收手续费洋五十元,又征收制图费洋十元;八月份征收租界契税洋一千九百六十二元八角五分,又征收手续费洋十元;九月份征收租界契税洋一百六十七元四角四分;十月份征收租界契税洋二千三百零六元九角三分,又征收会丈费洋二十三元;十一月份征收租界契税洋一千一百七十七元六角,又征收过户费洋三百五十二元九角五分,又征收制图费洋六元,又征收印费洋五元,又征收登记费洋三十五元九角,又征收手续费洋八十元;十二月份征收租界契税洋四百六十七元四角。二十年一月份征收租界契税洋一千九百零二元七角八分,又征收印费洋五元;二月份征收租界契税洋一千二百九十八元零六分,又征收过户费洋三百六十元,又征收手续费洋二元;三月份征收租界契税洋一千三百二十一元九角五分,又征收过户费洋四百三十二元四角四分,又征收手续费洋八十元,又征收印费洋十元,又征收会丈费洋一百零五元八角八分。以上土地局共收契税各费洋一万五千七百八十五元零四分。

一、本局于二十年六月份征收租界契税洋五百零五元六角六分;七月份征收租界契税洋四千五百八十六元一角二分;八月份征收租界契税洋一百五十元,又征收会丈费洋三十六元,又征收印费洋十五元;九月份征收租界契税洋一百六十八元六角三分;十月份征收租界契税洋七千五百四十三元三角七分,又征收会丈费洋五百零六元九角九分,又征收印费洋十元。以上本局共收契税各费洋一万三千五百二十一元七角七分。

以上二共契税各费洋二万九千三百零六元八角一分。

(J0054-1-004580)

116.天津市财政局土地官产办事处为报前任副科长张同亮提给英工部局
租界税契酬劳费业经移交请备案事呈市长文

1932年8月11日

呈为呈报事。案查财政局张前任因整顿英租界契税,请提给英工部局酬劳费一案,经呈奉钧府提交第一百二十二次市政会议,决准按百分之五提给,并经张前任按月照拨,呈报钧府至三月份在案,兹据张前任副科长张同亮面称,该任本年四月份共收租界税契洋四千四百零三元一角四分,按百分之五,应提给英工部局洋二百二十元一角六分,又五月一日至六月廿八日收租界税契洋二千九百七十元一角七分,按百分之五,应提给英工部局洋一百四十六元五角一分,业于五月七日并十日先后发交英工部局邸经南领讫,未及呈报即经卸事,检送收据,请存查并转报前来。理合具文呈报,祇请鉴核备案。谨呈天津市市长周。

（J0098-1-000241）

117. 天津市政府为嘱查明天津市、县及各租界辖境面积数目事训令财政局

1934年4月28日

案准河北省民政厅公函慎字第七四号开。案准内政部统计司函,嘱将天津市县及各租界占有面积之方里数,分别查明见复。等因。查天津市及各租界特区辖境面积,贵府谅有精确之调查,除令天津县查报外,相应函请分别查明见复。等因。准此。查此案关系本市辖境及各租界面积之统计,非有精确调查不足以供考证,合行令仰该局,遵照详细查明,具报以凭核转。此令。

市长　王韬
（I0054-1-001867）

118. 天津市政府为查明本市面积、人口数目事训令财政局 （甲字第444号）

1936年2月4日

案准河北邮政管理局二十五年一月二十九日第五零号函开。查本局前奉交通部邮政总局通饬内开:奉交通部令开,本部为明了各地人口分布之现状,以供行政计划之参考起见,由邮局办理全国人口及面积之调查,以市县或设治局为单位,根据各市县政府户口籍登记簿,或商请市县政府等设治局调查或估计之。各市县政府户口籍登记簿,或商请市县政府等设法调查或估计之;各市县政府区域之面积,向省政府民政厅、土地局或各省陆地测量局调查之。每年调查一次,于四月底以前汇齐造送。等因。查部颁办法,全赖各机关协助调查,合行饬仰遵照,函请各市县政府及各相关地方机关调查办理,以期准确迅速。等因。奉此,查此项调查,专赖各机关协助,历经函请调查在案。本年又届调查之期,除函请本省民政厅通令各市县政府切实协助外,相应函请贵市政府将所属区域之面积及户口人口数目,分别男女,查明示知。如原无登记,即请设法调查或估计之,以便依限汇报,并希见复,至纫公谊。等因。准此。查上年邮局函请调查本市户口面积,曾令据该局呈报,以本市面积尚未测竣,遂依据本府令发之划界图,并参照前土地局测成之旧市界图计算填报,汇案转复在案。兹准前因,除分行外,合行令仰该局遵照,将本市全幅面积精确数目查明,分区列表具报,以凭函复。此令。

市长　萧振瀛
（I0054-1-001867）

119.天津市财政局为请鉴核天津市旧区域及各特别区租界面积亩数表事呈市长文

1936年2月11日

案奉钧府本年二月四日第四四四号训令内开。案准河北邮政管理局二十五年一月二十九日第五零号函开,查本局前奉交通部邮政总局通饬内开,奉交通部令开,云云。分区列表具报,以凭函复。等因。奉此,查本局增设测量队测量全市旧市界地亩之工作,尚未完竣,而由县新划入之市界正在筹拟计划之际,尚未实行测量,所有全市面积及户口等确数殊无根据,惟有仍依据钧府前于二十二年十月十八日第二号密令颁发天津市划界图,计算全市新旧市界地亩面积,并按照前土地局测成之旧市界图,计算旧市界及各特别区各租界面积,分别列表,具文呈送,敬请鉴核转复,实为公便。谨呈市长萧。

计呈送天津市新旧区域及各特别区各租界面积亩数表二份。

天津市财政局造送本市新旧区域及各特别区各租界面积亩数表

1936年2月11日

新旧区域别	面积亩数	备考
旧市界五警区	六万二千四百五十六市亩	所填亩数系根据前土地局所测制旧市界面积亩数蓝图填列
旧市界特别一区	二千三百零四市亩	同前
旧市界特别二区	九百八十九市亩	同前
旧市界特别三区	五千三百三十四市亩	同前
旧市界特别四区	四百八十四市亩九分二厘六毫	所填亩数系将比租界收回后改为特四区换给新契之市亩数目
旧市界英国租界	五千六百三十市亩	所填亩数系根据前土地局所测制旧市界面积亩数蓝图填写
旧市界法国租界	一千八百一十五市亩	同前
旧市界日本租界	一千九百四十六市亩	同前
旧市界义国租界	七百市亩	同前
新划入市界区域	六万八千一百六十二市亩零七厘四毫	所填亩数系根据天津市划界图比例计算全市共十四万九千八百二十一市亩,除去旧市界八万一千六百五十八市亩九分二厘六毫外,计新划入市界面积应如上数
新旧市界合计	十四万九千八百二十一市亩	所填亩数系根据天津市划界图比例计算

说明:本市新旧市界区域合计十四万九千八百二十一市亩,内旧市界区域占有面积计八万一千六百五十八市亩九分二厘六毫,新划入市界区域占有面积计六万八千一百六十二市亩零七厘四毫。

(I0054-1-001867)

二、组织机构

120.天津英租界工部局历任董事译文(1862—1935年)

年份	董事长	名誉司库	董事
1862	E.瓦勒	J.亨德森	J.汉纳
1863	E.瓦勒	W.M.诺顿	J.汉纳
1864	E.瓦勒	J.利文斯通	J.汉纳
1865	J.汉纳	D.伊斯伍德	J.A.T.咪哆士
1866	J.A.T.咪哆士	J.H.麦尔卢尔 H.C.麦克莱恩 J.利文斯通	S.J.莫里斯
1867	J.A.T.咪哆士	J.利文斯通	J.汉纳,H.G.霍华德
1868	J.A.T.咪哆士	J.亨德森	G.休斯,J.利文斯通
1869	J.A.T.咪哆士	J.汉纳	J.利文斯通
1870	J.A.T.咪哆士 J.亨德森	H.G.霍华德	J.汉纳
1871	J.A.T.咪哆士	M.G.穆尔	E.G.毕比,A.C.科斯
1872	J.A.T.咪哆士	M.G.穆尔	H.贝弗里奇,A.C.科斯,P.基耶鲁尔夫
1873	E.A.索罗门	J.利文斯通 J.A.T.咪哆士	H.贝弗里奇,J.J.海驰,M.G.穆尔
1874	E.A.索罗门	J.J.海驰	W.福布斯,J.A.T.咪哆士.M.G.穆尔
1875	J.A.T.咪哆士 M.G.穆尔	J.J.海驰 S.A.内森	A.C.科斯,W.福布斯,W.杰克逊
1876	M.G.穆尔	A.C.科斯	H.贝弗里奇,W.嘉宾斯,J.亨德森,W.杰克逊, A.麦克弗森
1877	J.亨德森	P.L.雷恩	W.嘉宾斯,J.J.海驰,A.D.斯塔佐夫
1878	G.德璀琳	W.嘉宾斯	J.亨德森,P.L.雷恩,罗道生
1879	G.德璀琳	D.伊齐基尔	W.嘉宾斯,W.福布斯,A.K.库兹涅佐夫,A.D.斯塔佐夫
1880	G.德璀琳	D.伊齐基尔 S.A.哈顿	W.福布斯,W.嘉宾斯,A.D斯塔佐夫
1881	G.德璀琳	S.A.哈顿	W.福布斯,W.嘉宾斯.A.D.斯塔佐夫
1882	W.嘉宾斯	S.A.哈顿 F.戴包威	E.法拉哥,W.福布斯,H.E.霍布森,科林.杰米耶森, A.D.斯塔佐夫
1883	H.E.霍布森	F.戴包威	E.卡森斯,W.福布斯,A.D.斯塔佐夫
1884	H.E.霍布森	F.戴包威 G.C.德圣克劳伊克斯	E.卡森斯,W.福布斯,J.格拉巴姆,A.K.库兹涅佐夫, A.D.斯塔佐夫

年份	董事长	名誉司库	董事
1885	G.德璀琳	W.W.狄更生	E.卡森斯,W.福布斯,A.D.斯塔佐夫
1886	G.德璀琳	W.W.狄更生	E.卡森斯,W.福布斯.A.D.斯塔佐夫
1887	G.德璀琳	W.W.狄更生 A.D.斯塔佐夫	E.卡森斯,W.H.福布斯,A.欧文博士,A.D.斯塔佐夫
1888	G.德璀琳	A.D.斯塔佐夫	E.卡森斯,W.H.福布斯,R.英格里斯.A.欧文博士
1889	G.德璀琳	A.D.斯塔佐夫	E.卡森斯,W.H.福布斯,R.英格里斯,A.欧文博士
1890	G.德璀琳	W.W.狄更生	E.卡森斯,W.H.福布斯,A.D.斯塔佐夫
1891	G.德璀琳	W.W.狄更生	E.卡森斯,W.H.福布斯,A.D.斯塔佐夫
1892	G.德璀琳	W.W.狄更生	E.卡森斯,A.D.斯塔佐夫,J.威尔逊
1893	G.德璀琳	W.W.狄更生	R.A.卡赞斯,E.卡森斯,J.斯图尔特,A.D.斯塔佐夫, J.威尔逊
1894	W.W.狄更生	R.A.卡赞斯 J.威尔逊	A.欧文博士,W.菲希尔,J.斯图尔特
1895	W.W.狄更生 E.卡森斯	R.A.卡赞斯 J.威尔逊	W.菲希尔,D.H.麦金托什,J.斯图尔特
1896	E.卡森斯	J.M.狄更生	W.C.C.安德森,J.斯图尔特,罗斯·汤姆森
1897	E.卡森斯 J.M.狄更生	W.C.C.安德森	W.菲希尔,M.马奇,J.斯图尔特
1898	W.W.狄更生 J.M.狄更生	W.C.C.安德森	W.菲希尔,H.海尔,C.H.罗斯,J.斯图尔斯
1899	J.M.狄更生	E.B.李斯	W.C.C.安德森,E.卡森斯,J.斯图尔特,罗斯·汤姆森
1900	J.M.狄更生 E.卡森斯	E.B.李斯 W.W.狄更生	W.C.C.安德森,E.海尔,J.斯图尔特
1901	E.卡森斯	E.海尔 W.E.骚斯考特	W.W.狄更生,W.菲希尔,J.斯图尔特
1902	W.菲希尔	E.F.麦凯	W.W.狄更生,E.海尔,D.H.麦金托什,W.E.骚斯考特
1903	W.菲希尔 J.M.狄更生	E.F.麦凯 W.A.毛令	A.卡明,E.海尔,W.E.骚斯考特
1904	J.M.狄更生	W.A.毛令	J.博依斯一卡普,G.T.爱金斯,E.海尔,W.E.骚斯考特
1905	J.M.狄更生	W.A.毛令	J.博依斯一卡普,G.T.爱金斯,W.E.骚斯考特
1906	J.M.狄更生	G.T.爱金斯 W.M.豪厄尔	J.博依斯一卡普,E.海尔,C.R.毛令
1907	J.M.狄更生 W.E.骚斯考特	W.M.豪厄尔	J.博依斯一卡普,G.T.爱金斯,C.R.毛令,W.E.骚斯考特,W.A.毛令
1908	W.A.毛令	W.E.骚斯考特	G.T.爱金斯,C.R.毛令,G.W.谢泼德,罗斯·汤姆森
1909	W.A.毛令	W.E.骚斯考特	C.R.毛令,G.W.谢泼德,罗斯·汤姆森
1910	W.A.毛令	W.E.骚斯考特	D.麦克哈菲,C.R.毛令,G.W.谢泼德,罗斯·汤姆森
1911	W.A.毛令	W.E.骚斯考特	E.W.卡特,G.W.。谢泼德,C.L.马科斯维尔,罗斯·汤姆森
1912	C.R.毛令	W.E.骚斯考特	E.W.卡特,C.C.F.坎宁安,罗斯·汤姆森,C.L.马科斯维尔
1913	C.R.毛令	W.E.骚斯考特	E.W.卡特,C.C.F.坎宁安,T.H.R.肖,F.A.舟尼迪(一度任职)
1914	C.R.毛令	W.E.骚斯考特	E.W.卡特,R.罗斯汤姆森,G.W.谢泼德,C.C.F.坎宁安(任职一段时间),T.H.R.肖

年份	董事长	名誉司库	董事
1915	G.W.谢泼德 C.R.毛令	W.E.骚斯考特	R.K.道格拉斯,R.罗斯汤姆森,F.W.卡特(一度任职)
1916	G.W.谢泼德	E.W.卡特	R.K.道格拉斯,C.R.毛令,R.罗斯·汤姆森,R.G.布肯(一度任职)
1917	G.W.谢泼德 E.W.卡特	E.W.卡特 R.G.布肯	R.K.道格拉斯,C.R.毛令,R.罗斯·汤姆森,R.G.布肯(一度任职),G.S.诺里斯,W.W.G.罗斯
1918	E.W.卡特	R.G.布肯	C.R.毛令,W.W.G.罗斯,G.S.诺里斯和F.W.梅兹(均一度任职)
1919	E.W.卡特	F.R.斯科特 R.G.布肯	陈巨熙,W.M.豪厄尔,N.莱斯利,F.W.梅兹,W.S.内森少校, C.M.G.,R.E.,D.B.奈博士
1920	E.W.卡特	W.M.豪厄尔 R.G.布肯	陈巨熙,F.W.梅兹,D.B.奈,E.C.彼得斯,W.J.沃姆斯利和杨嘉立C.B.E.
1921	W.S.内森少校 C.M.G.,R.E. 杨嘉立 C.B.E.	W.M.豪厄尔 F.A.费尔蔡尔德	M.博尔菲斯,陈巨熙,A.C科尼什,F.A.肯尼迪,W.W.G.罗斯,R.H.R.韦德,E.C.彼得斯(一度任职)
1922	杨嘉立 C.B.E.	W.M.豪厄尔 F.A.费尔蔡尔德	R.G.布肯,陈巨熙,A.C.科尼什,C.C.彼得斯,A.E.蒂博,R.H.R.韦德,E.W.卡特和H.A.拉科(均一度任职)
1923	杨嘉立 C.B.E.	W.M.豪厄尔 F.A.费尔蔡尔德	E.W.卡特,陈巨熙,H.A.拉科,E.C.彼得斯,A.E.蒂博,R.H.R.韦德,W.E.莱基(一度任职)
1924	杨嘉立C.B.E. W.M.豪厄尔	副董事长兼名誉司库 E.W.卡特	陈巨熙,H.F.戴亚特,H.A.拉科,E.C.彼得斯,A.E.蒂博,詹姆斯·特纳,以下三人均一度任职:H.贝利,R.G.布肯,E.J.内森
1925	E.C.彼得斯	副董事长兼名誉司库 E.W.卡特	R.G.布肯,陈巨熙,W.M.豪厄尔,H.A.拉科,E.J.内森,霍华德·潘恩,詹姆斯·特纳,A.E.蒂博和杨嘉立C.B.E.(均一度任职)
1926	杨嘉立C.B.E.	副董事长兼名誉司库 W.J.沃姆斯利	G.H.查尔顿,陈巨熙,庄乐峰,H.A.拉科,霍华德·潘恩,E.C.彼得斯,詹姆斯·特纳,R.T.麦克唐纳和R.H.罗拉特(均一度任职)
1927	杨嘉立C.B.E.	E.C.彼得斯	陈巨熙,钟世铭,庄乐峰,R.T.麦克唐纳,霍华德·潘恩,詹姆斯·特纳, W.J.沃姆斯利,A.E.蒂博(一度任职)
1928	杨嘉立C.B.E.	E.C.彼得斯	陈巨熙,钟世铭,庄乐峰,R.T.麦克唐纳,霍华德·潘恩,詹姆斯·特纳, W.J.沃姆斯利,以下三人均一度任职:C.D.狄克逊,卞白眉,A.布雷厄里
1929	杨嘉立C.B.E.	E.C.彼得斯	卞白眉,A.布雷厄里,张公,陈巨熙,钟世铭,庄乐峰,霍华德·潘恩, A.C.蒂博,T.S.杨和J.C.泰勒(均一度任职)
1930	杨嘉立C.B.E.	庄乐峰	卞白眉,钟世铭,胡光澄,梁惠吾,霍华德·潘恩,E.C.彼得斯,J.C.泰勒,A.E.蒂博

年份	董事长	名誉司库	董事
1931	A.C.蒂博	庄乐峰	A.布雷厄里,Chunfa,赵天麟,C.Cheng,陈聘丞,霍华德·潘恩,E.C.彼得斯,孙凤藻,J.C.泰勒,王荷航和包培之(均一度任职)
1932	A.T.蒂博	庄乐峰	A.布雷厄里,Chunfa,赵天麟,C.Cheng,包培之,霍华德·潘恩,E.C.彼得斯,J.C.泰勒,王荷舫,以下三人均一度任职:李达,F.A.佩里,L.R.里斯
1933	A.T.蒂博 E.C.彼得斯	庄乐峰	卞白眉,Chunfa,赵天麟,L.V.Lang,李达,R.D.默里,E.C.彼得斯,L.R.里斯,王荷舫,霍华德·潘恩(一度任职)
1934	E.C.彼得斯	庄乐峰	卞白眉,Chunfa,赵天麟,L.V.Lang,李达,H.H.里德,L.R.里斯, 詹姆斯·特纳,王荷舫,W.F.里德勒(一度任职)
1935	E.C.彼得斯	庄乐峰	卞白眉,Chunfa,赵天麟,李达,C.E.皮考克,H.H.里德,R.K.罗杰, 詹姆斯·特纳,王荷舫,D.D.拉塞尔(一度任职)

　　按:《英工部局历任董事》(1862—1935年)中,1899—1918年有重见之两份英文档案,且人选互有出入,故两份材料一并附印,以资研究参考。

年代	董事长	名誉司库	董事
1899	J.M.狄更生	E.B.里斯	W.C.C.安得森,E.卡森斯,H.施克罗伊特,W.麦克利什,J.斯图尔特,C.D.坦尼,罗斯·汤姆森,蔡绍基
1900	J.M.狄更生 E.卡森斯	E.B.里斯 W.W.尔更生	W.C.C.安得森,J.德劳斯特,E.海尔,W.麦克利什,J.斯图尔特,C.D.坦尼,蔡绍基
1901	E.卡森斯	E.海尔 W.E.骚斯考特	C.丹比,W.W.狄更生,J.德劳斯特,W.菲希尔,W.麦克利什,C.波尔森,J.斯图尔特,C.D.坦尼
1902	W.菲希尔	E.F.麦凯	W.W.狄更生,J.德劳斯特,E.海尔,D.H.麦金托什,C.波尔森,W.E.骚斯考特,C.D.坦尼
1903	W.菲希尔 J.M.狄更生	E.F.麦凯 W.A.毛令	G.鲍尔,A.卡明,C.丹比,E.海尔,A.海德,W.A.毛令,J.H.奥斯本,W.E.骚斯考特,C.D.坦尼
1904	J.M.狄更生	W.A.毛令	J.博依斯—卡普,C.丹比,G.T.爱金斯,E.海尔,J.H.奥斯本,F.萨默尔,W.E.骚斯考特,C.D.坦尼
1905	J.M.狄更生	W.A.毛令	J.博依斯—卡普,C丹比,G.T.爱金斯.H.海德,W.M.豪厄尔,F.萨默尔,W.E.骚斯考特,C.D.坦尼
1906	J.M.狄更生	G.T.爱金斯 W.M.豪厄尔	E.G.亚当斯,J.博依斯—卡普,E.海尔,W.M.豪厄尔,C.R.毛令,F.萨默尔,H.D.萨默斯
1907	J.M.狄更生 W.E.骚斯考特	W.M.豪厄尔	E.G.亚当斯,J.博依斯—卡普,E.海尔,G.T.爱金斯,C.R.毛令,W.E.骚斯考特,F.萨默尔,H.D.萨默斯,J.斯图尔特
1908	W.A.毛令	W.E.骚斯考特	E.G.亚当斯,G.T.爱金斯,C.R.毛令,G.W.谢泼德,F.萨默尔,H.D.萨默斯,詹姆斯·斯图尔特,罗斯·汤姆森
1909	W.A.毛令	W.E.骚斯考特	E.G.亚当斯,J.R.布雷热,W.M.豪厄尔,C.R.毛令,G.W.谢泼德,F.萨默斯,罗斯·汤姆森

年代	董事长	名誉司库	董事
1910	W.A.毛令	W.E.骚斯考特	A.S.阿南德,W.A.阿根特,R.考特曼博斯,内森少校,R.E.,□□□J.特拉沃斯,史密斯,P.S.桑顿,杰斯·瓦茨,C.M.G.
1911	W.A.毛令	W.E.骚斯考特	A.S.阿南德,W.A.阿根特,R.H.钱德勒斯,W.M.豪厄尔,K.F.麦尔彻斯,内森少校,R.E.,J.特拉沃斯·史密斯
1912	C.R.毛令	P.S.桑顿	A.S.阿南德,W.A.阿根特,R.H.钱德勒斯,陈巨熙,W.M.豪厄尔,K.F.麦尔彻斯,W.I.波汀格
1913	C.R.毛令	P.S.桑顿	A.S.阿南德,W.A.阿根特,R.H.钱德勒斯,陈巨熙,W.M.豪厄尔,K.F.麦尔彻斯,W.I.波汀格
1914	C.R.毛令	P.S.桑顿	A.S.阿南德,W.A.阿根特,R.H.钱德勒斯,陈巨熙,W.M.豪厄尔,K.F.麦尔彻斯,W.I.波汀格
1915	G.W.谢波德 C.R.毛令	P.S.桑顿	W.A.阿根特,陈巨熙,I.F.德赖斯戴尔,R.M.加特利弗,W.M.豪厄尔,D.B.奈,W.I.波汀格
1916	G.W.谢波德	P.S.桑顿	W.A.阿根特,陈巨熙,I.D.德赖斯戴尔,R.M.加特利弗,W.M.豪厄尔,G.S.诺里斯,D.B.奈,F.R.斯科特
1917	G.W.谢波德 E.W.卡特	P.S.桑顿 W.M.豪厄尔	陈巨熙,里维,I.F.德赖斯戴尔,R.M.加特利弗,W.M.豪厄尔,G.S.诺里斯,D.B.奈,F.R.斯科特,以下三人均一度任职:R.W.哈姆雷特,D.P.里克茨,A.H.瓦茨
1918	E.W.卡特	W.M.豪厄尔 F.R.斯科特	陈巨熙,R.M.加特利弗,R.W.哈姆雷特,G.S.诺里斯,D.P.里克茨,以下三人均一度任职:N.莱斯利,W.S.山森少校,C.M.C.,R.E.

(据《天津租界档案选编》,第75—82页)

121.天津英租界工部局董事长杨嘉立谈华董问题

1928年4月

　　本年四月十一日,天津英租界举行第十次常年选举大会,此项选举系根据该局一九一八年章程第十五条由秘书长公布被推选人姓名,华人方面之有选举权者凡一百三十八人,选举结果华人之被选为董事者三人:(一)钟惠生(前任财政次长兼盐务署长),(二)庄乐峰(前清山东候补道,现办纱厂及矿务),(三)陈巨熙(现任天津招商局局长)。该会中议案之与华人发生关系者,厥为董事长杨嘉立提议之修改一九一八年地亩章程案。此案经会议通过,兹录其全文如下:

　　鄙人今日请诸君共抒卓见考量之事,即系提议关于一九一八年地亩章程拟稍加修正是也。诸君谅必记忆,当本租界各区管理合并之时,该章程之颁布实属不容迟缓,虽原稿润泽或稍仓猝,其为本埠市政圭臬,业已成效斐然。吾人现虽拟稍事修正,实非对于章程主稿人及给予核准英国官府钦仰有何变易。体察当时核稿人原旨显然有二:即纳捐地亩业主暨本租户选举资格之规定,期以侨民应占多数为前提,俾津埠市政设施与欧西市政要旨仿效媲美;对于中国绅商力避有何歧视,尤为彼所重视者也。

　　查章程原文所列选举人应得权数,任何国籍未分畛域。若按地亩捐选举资格,凡年缴二十两者得选举权一权,八十两者二权,二百四十两者三权,四百八十两者四权,此为权数最高限度。惟中国地亩业主得选举权者,须年缴至少数二百四十两,其应得权数则与他国人等年缴四百八十两者概得四权,鄙人深愿诸君对于此规定注意下列各点:一、选举资格仅计及地亩,凡业主所建房产并不列入,故所缴房产租值捐与业主选举资格无涉;二、凡地亩业主无论其产业如何广阔,每人只得选举权四权而已;三、本章程既规定中国业主每年至少须缴纳二百四十两方得选举,其待遇不一之处似甚明显。

例如,占用房产人选举资格,亦属类似任何国籍无分畛域,凡占用房产之估定全年租值满四百八十两者得选举一权,三千两者二权,一万两者三权,此为权数最高限度。惟中国占用房产人选举资格不得享受一权之利益,其占用房产估定全年租值须满足三千两方得选举权二权,满一万两者得三权。由此可见中国弱小租户概被摒弃,即占用房产人应得选举权亦受限制。敝董事等以为本章程所规定中外房捐人士选举资格条例既不一,未免滋生误会,致伤中国绅商好感,殊非所宜,于本租界纳捐人更无裨益。故以广阔之见解视之,敝董事等管见所及,为本租界将来公众利益计,无论地亩业主或占用房产人,中英绅商国籍虽异,利益则同,即侨居本界他邦人士利益所系亦何尝稍异?惟本界华洋住户间,有限于学识或未能了解本租界公共利益者,所得选举权或不免滥竽之嫌或系事实。兹吾人处此环境,不得不审慎将选举所产生权力委诸在本租界具有切实利益、洞悉大势、明达有识之士,吾人既罄所应言,所有对于中国住户及其他国籍人士待遇不一之处,似无存在之必要。

职是之故,敝董事等提议本章程对于任何国籍选举人规定有何相差概应删除,至业主之选举资格所列地亩捐暨房产租值捐标准应一并合计,任何国籍人士不分畛域,凡每年缴纳地亩捐暨房产租值捐合计满二百两者应得选举权一权,其所缴建筑不足额地亩捐则不在此例。至占用房产人选举资格亦应不分国籍,凡占用房产估定全年租值满六百两者应得选举权一权,再每人应得权数亦不当受任何限制。如此不分畛域公平分配,任何国籍人士于本租界将来具有切实利益者咸得选举权利,谅为诸君乐为赞许者也。

再者,董事会之组织,依据章程原文董事人数至多不过九人,至少须有五人,再此九人之五须系英国人民,另保留一席与美国人民,设此席当时无相当候选者,可由其他国籍一人补充缺额,故考求事实,董事会人数中国董事所占仅三席耳,此为业已履行之事实。查上述之优遇美国人民,缘系酬答昔日美政府将旧美租界移归英租界管理起见,惟历来对于美国人民应有若何特殊待遇别无协定,据吾人所知美国官府视本租界特为美国人民备设董事一席并不提为必要,惟历任美国董事虽侨居异国,处于友邦政府之下,热心公益,当仁不让,本界同人受惠良多,敝董事会中英同事深资臂助,纫佩綦殷,今者有何提议诚非宿愿,尤非忽视若辈功绩,故踌躇再三自有不能已于言者也。吾人侨居中华,而在英租界章程对于美国人民另有特殊规定,则对于本界他国纳捐人士不免蹈歧视之嫌,致招指摘。夫中国政府原具有本租界领土权,则本界章程对于中国暨中国人民有何特殊之点,诚属不能避免之事实。再本租界管理既隶属于英国政府,则章程所列对于英国人民有何特殊之点,亦属不可避免之事实。除此之外章程内再列任何国籍特殊之处,依吾人拙见似非所宜,亦不甚相称也。若董事会亦依此原则而组织,则各界当能谅解英国人民在董事会所占席数自不能少于他国,即董事会董事总数英国须占其半,缘本租界现归英国管理,惟本界地产业主强半为中国人民,即占用房产人亦系中国人民为多,而规定中国董事席数限定为三分之一,似与事理稍差。英国人民既占董事会之半数,则选举人应有推举中国绅商充任其他半数之机会,故敝董事等提议,嗣后董事会人数至多可有十人,至少须有五人,并规定其半数须系英国人民,而所余半数则不规定任何国人。若此则选举人如愿推举中国绅商充任者,其与修正本旨相符也。

　　不期关于董事会组织章程原文细则,有规定不谙英国语言文字者不得担任董事一节,吾人以为此规定似非必须者。盖不能参与董事会会议者未必即被推举为候选人也,既非必须不如删除之为得,许其存在或被真为待遇不一,致滋遗憾。若工部局之通告章程原文仅规定适用英文,似与中国纳捐人诸多不便,且不公允焉。吾人现拟修正规定,所有通告英汉文并用,悬示本局或用传单分送,或登载本埠汉文英文报章。至章程原文另条有中国俱乐部须注册,而其他俱乐部则别无规定,现拟将此歧异取消,凡有俱乐部概须注册。设诸君赞成鄙人即行提出之案,并得敝国驻华公使允准,则本租界地亩章程经此修正,当无因纳捐人国籍而有待遇不一之处,敝董事等深觉,际此情势删除上列待遇歧异各节,乃属洽合公理之举。

　　夫曩之本界状况只坑洼荒芜人烟绝迹,中国商旅裹足不到之区,漂泊寄食于斯仅少数筚门圭窦,鹑衣鹄面猎户渔夫而已。英人煞费经营始得有今日之基础,惟时过境迁,吾人之政策亦随之而改易,迩来中国住户业主卜居于本租界者逐渐众多,吾人政策亦向依本界管理权委诸中国纳捐人者次第加增为旨。鄙人现有请求于各英国纳捐人者,即七十年前诸君之先进肇基于斯,依公理正义,博厚宽达为职志。建设多年,大厦垂成,极须诸君襄助竞此伟业,故请会同具呈英国政府核准施行,俾本界中国纳捐同人享受同等之待遇。

(据《天津租界档案选编》,第82—85页)

122.天津市政府为通过各租界一并划入市参议员选举区议案事训令财政局(第2394号)

1932年10月25日

　　案据本府自治事务监理处刘处长孟扬签称:敬呈者,本市现行各区域除五警区三特别区外,并包括各国租界在内,所有居住各租界内之华人亦均为本市之市民。不过我国对于租界内之警察权,及其他关于当地施行之行政权,为不平等条约所束缚,不能越界推行耳。虽本市教育区已将各租界一并划入,得在租界内设校与学,然教育权所及只能限制于学校以内,学校以外固仍受租界政权所支配也。本市施行自治之初,对于租界是否应划入自治区亦曾经过考虑,当以自治事宜须就地设立各级自治公所,就地实施自治事务,此项制度碍难推行于租界之中,故编制区坊闾邻仍暂及以五警区及三特别区之范围为限施行,坊闾邻职员之选举亦即不能出此范围。现奉国府命令,须即成立市参议会,而市参议会之组织为一市最高之议决机关,与区坊闾邻之就地实施自治事务者不同,所有居住各租界内之华人均可参加参议员之选举,亦可被选为参议员,尚无不便。处长有见于此,拟于举行市参议员选举时,将各租界亦一并划入选举区,并拟仿照本市教育区成案,将法日租界划归第一自治区,将义租界划归第六自治区,将英租界划归第八自治区。以上拟议办法是否有当,理合具文呈请鉴核。

　　提交市政会议议决施行等情,当经提交本府第一百四十九次市政会议,已照原案议决通过,除分令外,合行令仰该局查照,并转饬所属一体知照。此令。

(J0054-1-004119)

123.天津市政府为饬遵纠正租界称呼拟定办法四项

训令社会局（第210号）

1935年1月18日

　　案奉河北省政府二十四年一月十一日第二四三号训令内开：案奉行政院二十三年十二月二十九日第七二二六号训令内开，案奉民国政府本年十二月十九日第九三八训令内开，案据该院会同司法院呈称，查本年九月七日行政院奉中央执行委员会交办浙江省党部呈，据鄞县执行委员会呈，为外人在华之租界，国人往往略去"租"字，简称"某界"，请通饬纠正，以正视听一案，当交外交、内政、交通、司法、行政四部议复在案，兹据该部等会同复称：此案经本部等往复咨商，并集会讨论，佥以我国民众间有将外人在华之租界略去"租"字，简称某界、某大马路或竟称某国地，此非出于疏忽，即属不知大体，无论口头上或文字上均应立予纠正，以免误会。惟外人在华租界之法律地位，各有成案可稽，在稍具常识之民众，及各机关之公文书，向知审慎当无任意混用情事，外人似亦不致因民众用语偶有失检，即引为证据。原提案所虑不无过甚，原拟制裁办法亦似欠妥，洽如通信自由载在约法，非行政命令所能限制。原案关于拒绝投递邮电文件一点碍难办到，又关于契约文件不得认为合法证件之办法，其实行恐于法律与事实上均有困难。

　　兹经本部等公同商拟办法如左：（一）由民国政府通令各院部会转饬各机关各法人，嗣后关于此点概须纠正，并随时晓谕人民使其注意。（二）由交通部通令各邮电机关，于可能范围内随时注意令发邮电人改正。（三）由司法行政部通令司法机关并转知律师公会，关于契约文件使用此项名称之错误随时加以纠正。（四）由内政部通行各省市政府转饬各主管机关，对于广告牌示标记及类似广告之一切文件，随时注意纠正，并饬令新闻纸、杂志等刊物知照。以上四项办法如蒙核准，拟请即由行政院会同司法院会呈国民政府鉴核施行，并由本部等分别督饬办理以正规听。等情。

　　据此查外人在华之租界，国人往往略去"租"字，简称某界、某大马路，或竟称某国界，殊属不合，亟应纠正，以免误会。该部等所拟办法尚属妥洽，应准照办理。合缮同中央执行委员会秘书处原函及附件备文会呈钧府鉴核施行，指令祗遵。等情。据此查原办法第二、第三、第四各项业经指令该院等分别饬遵，办法第一项并准照办。除分令外，合行令仰遵照并转饬所属一体遵照。此令。等因。奉此查原办法第二、第三、第四各项，业经本院暨司法院分别令饬交通、内政、司法、行政三部转行遵照办理。关于第一项办法，除分令外，合行令仰遵照，并转饬所属一体遵照。等因。奉此，除分令外，合亟令仰该市政府遵照，并饬属一体遵照。此令。等因。奉此，除分行并布告外，合行令仰该局遵照，并饬属遵照。此令。

市长张廷谔

中华民国廿四年一月十八日

（J0025-3-000191）

124.天津英租界中国纳税人公会第九届干事收支四柱清单

1937年5月1日—1938年4月30日

计开：

(一)旧管

中南银行欠洋肆佰玖拾肆元玖角肆分；

上海银行欠洋叁佰陆拾元壹角叁分；

自来水、电灯押款洋叁拾元；

现金存洋捌拾伍元捌分；

以上共洋玖百柒拾伍元壹角伍分。

(二)新收

收会费洋壹仟捌佰壹拾元,计一百八十一户；

收利息洋贰拾陆元捌角；

收旧自行车折价洋柒元；

以上共收洋壹仟捌百肆拾叁元捌角。

(三)开除

薪工津贴共付洋陆佰叁拾元；

笔墨纸张、印刷刊刻共付洋壹佰贰拾玖元贰角壹分；

房租共付洋肆佰贰拾元；

邮票印花共付洋拾元零伍角；

杂项共付洋贰佰伍拾捌元肆角；

以上共付洋壹仟肆佰肆拾捌元壹角壹分。

(四)实在

中南银行欠洋叁佰玖拾陆元肆角柒分；

上海银行欠洋捌佰叁拾元零肆角；

自来水、电灯押款洋叁拾元；

现洋壹百壹拾叁元玖角柒分；

以上共存洋壹仟叁佰柒拾元零捌角肆分。

(J0211-1-003754)

125.天津英租界中国纳税人公会第九届重要工作摘录

1937年12月31日

天津英租界中国纳税人公会第九届重要工作摘录如左:

照录本会致估价委员安德森先生函

敬启者:前以本界房产租值捐已届改估之期,曾经汇集各业主房产租价数目报单,分别函达贵会请求减估。各在案。自华北事变以来,本界人口陡增,其新建初租之房或由租户分租者,当不免有临时居奇高抬价值,但此种情形仅系暂时的少数现象,而原有普遍各房产租值悉仍其旧,并未稍涨。兹特重行声明,即希贵会按照原定估价标准实行减估,早日公布,以昭平允,而慰众望,至纫德谊。顺颂时祉。此致估价委员安德森先生。

天津英租界中国纳税人公会干事会启

二十六年十月五日

照录本会致英国工部局董事会函

敬启者:查现代都市莫不注意于园林,岂徒为美化市容适于游观而已,实以其于社会文化、居民健康俱有密切之关系故也。近年本界户口大增而公共花园实嫌太少,是以清晨曝日、傍晚散步于阳光充足空气清鲜之草皮园地,需要极殷。本会有见于此,拟请贵局将敦桥道现已腾出之材料厂遗址改建公园,一切规模不妨力从简单,但将苗圃树株他处花草略为移植,其余不可少之设备稍加布置。似此简易办理,实际上既副需要而公中所费亦属无多,居民受惠实匪浅鲜。所有应用经费即希列入明年预算,以便早日施行。专函陈请伏维采纳。至纫公谊。此致大英工部局董事会。

天津英租界中国纳税人公会干事会启

二十六年十一月九日

照录英国工部局董事会复本会函

敬复者:前奉贵会十一月九日大札,承示关于敦桥道压石场遗址改建公园一案,已列入一九三八年预算内,约于来年夏季即可著手办理。专此敬复。此致天津英租界中国纳税人公会干事会。

秘书长兼工程师巴恩士启

一九三七年十二月三十一日

照录本会致英国工部局函

敬启者:案据本会干事宁彩轩声称,查英租界内现有房产,在建筑以前俱先将设计图解送请工部局核准,及完工后复经工部局派员查验相符方准居住。彼时既经查明并无不合,方加允许,自不得以其与事后所颁新条有所不符,而将以前所发之准许居住执照或效力相等之证书予以推翻。盖条例凡经修改或添加者仅应施用于新建筑物,其旧建筑物或其内之设备纵与现行条例有未尽符,而新条例亦绝对不能追溯既往变更前案也。至一九三六年颁行之营造暨卫生规则固臻完善,惟本界区域内各处情形不同,对于严格奉行条例不无困难之处。良以租户方面对于业主之产业及其内之设备往往漠不关心、任意毁坏,倘设备过于精求,负担不免綦重,此种情形工部局实应加以体谅,不宜过事吹求也。查工部局之收入多赖房地捐税,为维持税源起见,对于业主亟应加以维护方符鼓励业主之意。基于以上原因,应请转函工部局,对于营造卫生各条例意义上之解释稍予宽容,如现有房产修理完善,卫生设备排泄顺利,请勿再向业主另作其他要求,则感荷无既矣。等语。当经本会讨论,金以所提之案洵属实在情形,应函请工部局查核,于可能范围内从宽变通办理,以利业主而资鼓励。等因。纪录在卷。相应函请贵会查核办理,并希见复。至纫公谊。此致大英工部局董事会。

天津英租界中国纳税人公会干事会启

二十六年十二月十三日

照录英国工部局董事会复本会函

敬复者:前奉贵会转示十二月十四日大札,叙述敝局营造卫生条例各节。谨悉。一是此案当即呈请董事会审核并经饬令工程处对于该条例各款予以从宽解释。关于此项条例施行,董事会既令所属出以公允宽大,故对贵会提示各节以为业经照办。惟鄙人愿负责申叙者,即敝局采用各项手续,要在保障本租界住户健康幸福,对于各业主决无故予困难之意。只准前因。专此敬复。此致天津英租界中国纳税人公会干事会。

秘书长兼工程师巴恩士启

一九三八年一月八日

(J0211-1-003754)

126.天津英租界中国纳税人公会第九届会员名单

1937年

丁懋英 大昌和 三让堂吴金鳞 王少溥 王馨逸 王子明 王明德堂代表人张章翔 王敷五 王荷舫 王汉臣 王筱鹤 王幼云 王依斋 王松午 中国银行 中国银行津中里同人宿舍 中国实业银行代表人赵珍 中央银行代表人卞俶成 中南银行 卞白眉 卞俶成 卞锡侯 卞伯巽 天津打包公司 天津航业公司 仁立公司 永立公司代表人赵海岳 永茂堂华代表人华喆生 北宁铁路局代表人孙思敬 四银行储蓄会 四兴堂代表人孙东园 吴莲伯 吴聿修 吴焕之 吴授轩 交通银行代表人李伯彤 延福堂靳 朱作舟 朱洁珊 东云章 世德堂杜又侨 阮兰叔 李次武 李警予 李蓬珂 李志年 李宝时 李问农 李子祥 李立志堂代表人杨星久 李馨代表人杨星久 西中合堂刘代表人刘笠农 吕卫公 沈云甫 沈次量 宋文祥 言雍陶 杜贺孙 杜乐园

佟得一　金城银行代表人徐啸岩　金伯平　松林堂曹代表人曹定中　忠恕堂　林凤苞　建业公司代表人陈伯威　周志辅　周叔弢　周夷希　东亚毛呢纺织有限公司代表人宋棐卿、赵子贞　明仁堂宋代表人宋鸿飞　柴忠兴堂　马仲侯　马承渊　洪业堂刘　相戏璋　俞荫才　陈晋卿　陈秀峰　陈尽仁　陈范有　陈西甫　浙江兴业银行代表人朱振之、相叔翔、朱耀如　徐弢斋　徐世章　徐芷升　徐柏园　徐楚泉　倪幼丹　倪绍忱　陆绍文　陆松年　范竹斋　袁巽庵　索筱田　桐华堂于代表人路少庭　峰泽堂代表人金品三　黄约三　华茂公司代表人曹乾甫　信记公司代表人焦子清　陶茂郑　孙保滋　孙章甫　庄乐峰　唐乐禧堂代表人唐鸿宾　秦秋伯　逵德堂　巢章甫　张嘏臣　张次迈　张拓丞　张祥斋　张炯庵　张直卿　张务滋　张厚记堂代表人陈致中　张章翔　张丙生　张一桐　张贞石　张士骏　许品台　梁荣光堂　崇德堂沈　曹汉臣　常勉斋　郭啸麓　商致美堂　项荣宝　焦子清　宁彩轩　訾钰甫　隆聚公司代表人曹景唐　杨辅卿　杨敬夫　雍剑秋　靳少卿　靳邦彦　董幼岑　福荫堂蔡代表人王子春　福寿堂王　载德堂沈代表人沈青士　郑静远堂代表人郑少堂　郑慈荫　辅德堂　齐协民　粹庵堂代表人杨星久　广发源　赵君达　赵述之　新华银行　蔡述谈　余庆堂蔡代表人杨云溪　积善堂穆代表人穆叔愚　穆叔愚　积厚堂余　积善堂张静山　刘雪亚　刘品卿　刘子兰　刘弼周　刘尊光　臧和斋　阎积善堂代表人阎德民　阎子亨　蒋克生　蒋素存　慈惠学校　兴隆公司代表人高少洲　卢国潆　卢开明　钱翼如　树德堂孟　颜骏人　鸿升堂孟　韩邦祥　韩文友　苏玉德堂代表人苏玉书　盐业银行代表人陈亦侯　谢元龙　龚仙洲

以上共一百八十一户。

第九届干事

主席团干事　宁彩轩　陈晋卿　李次武

常务干事　王少溥　吴聿修　穆叔愚

干事　焦子清　张务滋　朱作舟　蔡述谈　马仲侯　张嘏臣　王子春　李警予　訾钰甫　倪幼丹　杨云溪　吴焕之　陆松年　吕卫公　林凤苞

管理员　吴莲伯

现任董事　庄乐峰　赵君达　王荷舫　黄约三　徐柏园　陈晋卿　金伯平

估价员　阎子亭

（J0211-1-003754）

127.天津英租界中国纳税人公会召开常会通知

1938年2月8日

径启者:兹为耀华学校(即天津公学)预决算及管理委员人选等事,特订于二月十三日(星期日)下午三时,在英租界耀华里后公学道耀华学校(即天津公学)第三校舍讲演室,开英租界中国纳税人常

会,务希准时惠临,幸勿放弃、延误。除分函外,特此函达,即请查照为荷。专此。顺颂台祺。

天津英租界中国纳税人公会启

二月八日

(J0211-1-003754)

128.天津英租界中国纳税人公会召开常会通知

1938年3月11日

径启者:兹因英租界选举人戈登堂常年大会在即,特订于三月二十日星期日下午三时,假英租界耀华里后公学道耀华学校(即天津公学)第三校舍开英租界中国纳税人常会,筹备一切应办事宜。届期务请准时惠临或委托代表出席,幸勿放弃、延误。除分函外,特此函达,即希查照为荷。专此。顺颂台祺。

天津英租界中国纳税人公会启

三月十一日

(J0211-1-003754)

129.天津英租界中国纳税人常会议决案

1938年

(一)预选英工部局华董事,仍请去年现任董事五人(庄乐峰、赵君达、王荷舫、黄约三、徐柏园)继任,如徐柏园先生之承诺书在开会期前未能寄到,即改选林凤苞先生。

(二)华人方面之估价委员仍请阎子亨先生继任。

(J0211-1-003754)

130.天津英租界中国纳税人公会第二次大会议事日程

1938年

一、请推举临时主席。

二、主席宣读召集会议通告。

三、预选董事。

四、预选估价委员。

五、临时动议。

六、散会。

（J0211-1-003754）

131.天津英租界中国纳税人公会干事会送特别声请格式通知

1938年3月12日

径启者:兹查本月九日英国工部局为选举人登记事,曾在《庸报》公布第五号通告,此项登记于纳税人关系至为重要,凡属在本租界居住达六个月以上者,无论是否业主,只须占用之房屋全年租值每足洋八百九十元之谱,即有选举权一权。兹特随函送上特别声请格式一份,务请依限于三月二十三日以前填写并签字或盖章,直接送交英国工部局秘书处,或于期限前二日函送本会汇转亦可。事关个人公权,幸勿放弃。除分函外,相应检同特别声请格式一份送请查照为荷。专此。顺颂台祺。

附送特别声请格式一份。

天津英租界中国纳税人公会干事会启
三月十二日

再启者:声请登记选举权一事,关系华人权利极为重要,而住户姓名及有无选举资格实苦无法调查,敝会发寄声请格式纸自难遍及。倘尊处知有有选举资格而未有声请纸者,务祈通知敝会补寄或代为敦劝,径向英工部局索取,依限填送为荷。

干事会再启

（J0211-1-003754）

132.天津英租界中国纳税人公会候选董事名单

1938年3月20日

二十七年三月二十日,经英租界中国纳税人第二次大会全体一致推定,左列五位为此次中国候选董事,计开:庄乐峰先生、赵君达先生、王荷舫先生、黄约三先生、徐柏园先生。

（J0211-1-003754）

133. 天津金城银行事务课为本行同人登记英租界中国纳税人公会选举权事通告

1938年3月21日

兹启者:接天津英租界中国纳税人公会来函,凡在该租界占用房屋全年租金如满足八百九十元者,即有选举权一权。云云。查本行同人居住英租界者甚多,如全年租金总数在八百九十元以上者,即有选举资格,应预向英工部局登记。特此通知。如要登记者,即希开示每年所交租金总数及所住地点,以便汇总登记,而免放弃选权,是为至盼。此请同仁公鉴。

事务课谨启

廿七年三月廿一日

登记表

径启者:鄙人或同人兹请登记为英租界本届常年大会选举人,特将所具资格详列附陈察核。此致大英工部局登记员台鉴。

请求人王毅灵具

一九三八三月廿三日

占用房屋住址		一 英租界十号路树德里廿号	二	三
占用时期	自	廿五年九月		
	至	现时		
估定租价		壹千捌百元		
*权数				

标有*记号者,请求登记人不必填写

附注:上列房屋住址及占用时期,须请求人自行填写占用英国租界内房屋时期,计至一九三八年三月二十三日止,须满足六整月(惟不限定同一处所)。

(J0211-1-003754)

134. 天津英租界工部局选举人名单通告(第8号)

1938年3月25日

兹将本年四月六日星期三下午三时半在戈登堂举行之第二十次本界选举人常年大会,有选举权投票人之中国名单胪列于次。左列名单如有错误或遗漏,即请于四月一日前通知登记员。此布。

秘书长兼工程师登记员巴恩士

一九三八年三月二五日

有选举权人名称	权数	有选举权人名称	权数
爱莲堂王	一	五桂堂	一
安定堂胡	一	吴保善堂	二
中央银行	十六	吴达记	二
中国银行	七十八	亚记	一
中交两行	四	杨济记	一
交通银行	十五	杨靖记	四
百忍堂	二	杨仲记	二
詹怀德堂	一	杨石记	一
建业公司	二	义德堂訾钰甫	七
张镇芳	一	延福堂靳记	二
张承志	一	阎积善堂	二
张静记	二	延记	二
张仲兰	二	言敦源	三
张厚记堂	六	盐业银行	一
张祥斋	二十	燕翼堂谢	一
张朗轩	二	贻莲堂	一
张松乔	一	义厚堂刘	一
陈尽仁	二	义生堂王	一
陈恩厚	一	怡寿堂	二
招商局	七十六	馀庆堂蔡	四
陈秀峰	九	于姓	二
陈慎思堂	一	于彤宣	一
振业堂	三十七	于永禄	二
承福山庄	一	玉成堂	一
郑敬远堂	一	袁云台	八
锦绣堂林	一	云记	一
吉庆堂	三	云庆堂许品台	四
积善堂石	九	蕴玉同尚义	一
积庆堂杜	二	永立公司	三
积德堂吴	二	永禧堂唐	二
吉厚堂李	二	永茂堂华	三
继德堂张	二	荣光堂梁	一
积庆堂宁彩轩	二十三	永善堂	一
积善堂张	十八	永德公司	二
积善堂马	三	浙江义园	五
积善堂穆	十二	诚记	一
乔秉初	一	积厚堂毕	一
乔赞虞	二	庆和堂	一
乔玉琳	二	敬德堂吴	三
坚白堂宁	二	朱简芳	二
钱维之	二	泉记(刘逸然)	四

有选举权人名称	权数	有选举权人名称	权数
金邦正	一	中记	一
靳少卿	四十五	福寿堂侯	二
中南银行	十五	福寿堂龚	一
电话局	五	辅云堂周志辅	四
邮政总局	二	和记	一
静安堂	四	合德堂	三
勤俭堂裕记	一	郝日增	一
庆羯堂许	一	西中合堂刘	三
敬学堂吴	二	黄益寿堂	四
敬胜堂泰记	六	李德顺堂	五
庆德堂蔡	一	刘锦昌	一
竞业堂庆记	一	平记	一
居安堂蒋	一	牲记	二
榘锦堂杨	一	孙仲英	二
聚德堂李	二	孙耀宗	一
聚福堂李	十一	天恩堂周	一
居易堂蔡述谈	四	载德堂沈	一
福荫堂蔡	九	退省堂方	一
传德堂胡	二	王佐禹	二
传靖记	二	吴熙庚	二
春再	一	绎成堂乔	一
纯庆堂张	三	裕恩永	一
纯仁堂王	一	荣安堂张	一
纯义堂	一	雍剑秋同雍鼎臣	一
忠兴堂柴	一	雍剑秋	四
忠厚堂刘	四	贞吾堂王	一
钟锐铨	三	庆安堂	三
忠恕堂吴聿修	九	敬德堂	一
忠信堂荃记	一	庆德堂张	一
忠义堂王	四	周复善堂	一
庄乐峰	一	张福厚堂	一
范安荣	六	致美堂商	四
奉箴堂吴	一	基本堂郝	四
峰泽堂金	一	进建堂钱	一
冯树翼	一	进德堂	五
福记	三	张朝兴	一
福厚堂王	一	何贤铎堂	一
辅仁堂曹	二	徐善德堂	三
福荫堂	六	恒足堂马	一
福佑堂王	一	兴仁堂王	一
韩华堂	一	馨远堂郑	一

有选举权人名称	权数	有选举权人名称	权数
韩毓慧	一	仁记	二
合德堂陈	一	瑞安堂史	二
协记	四	高存仪堂	一
信记公司	七	积善堂	二
兴隆公司	十八	刘慈安堂	一
绪厚堂徐	一	开滦矿务局	三十八
徐道斋	五	陆朗斋	一
宣德堂宣	一	保善堂刘	四
宣德堂陆	三	保安堂	一
华利公司	四	慎德堂林稚芗	三
华茂公司	六	树德堂杜	一
黄颂频	一	淞记	一
蕙芝堂王	三	孙梦麒	十七
怀荫堂王	一	东亚毛织公司	四十一
鸿昇堂等	五	裕津银行	二
洪业堂刘	三	文德堂振记	二
仁立公司	二十一	义善堂周	一
家彝堂单	一	袁崇虚	一
仁志修	三	永庆堂	一
四银行准备库	二十一	裕德堂张	二
瑞福堂周	二	玉德堂苏	一
瑞生堂	一	永宁堂李	一
濠园记	三	永立堂徐仁德堂刘	一
金城银行	十三	严智实	二十四
雇绍川	一	严智寿	二
克丕堂何	一	严智桐	二十一
关富权	二	庆馀堂王	二
桂馥堂合记	三	孟敬慎	一
宫本仁同宫本义	一	耕读堂訾	三
公善堂	一	恩德堂周	二
郭超然卢	一	荫甡堂	一
邝荣光	二	明德堂刘	一
范磊	一	敦和堂史	二
李吉甫同李志年	十三	耕习堂李	一
李志年	六	茂根堂	四
立志堂李粹庵堂	十二	蔡礼文	一
李清和	十一	赵君达	一
李蓬珂	一	苏玉书	一
李馨	七	陆松年	三
李宝时	二	黄宗法	一
立业公司	五	卞俶成	一

有选举权人名称	权数	有选举权人名称	权数
梁致和	二	贻书堂长记	一
梁孟亭	三	新亚学校	二
梁慎德堂	三	杨敬夫	一
天津打包公司	二十九	倪绍忱	一
立心堂马	二	倪幼丹	九
刘雪亚	四	倪幼圃	一
志道堂刘子兰	四	倪少圃	一
陆仙槎	一	倪炳文	一
旅安堂蒋	一	王理渊	二
禄记	二	韩文友	一
六合堂记	一	徐燕荪	一
卢国潘	三	翁克斋	二
绿野堂孟	一	张务滋	一
隆聚公司	九	张士骏	一
马承渊	二	积厚堂余	四
明仁堂宋	一	仁静堂金	二
绵暇堂	二	徐仙舫	一
明德堂刘氏	二	李警予	十
明德堂	二	李警予同李楚珩	六
明德堂李	三	毕学洪	一
爱莲堂	一	积庆堂朱	二
浙江兴业银行	七	秦伯秋	一
中国实业银行	十五	王敷五	八
潘子欣	一	杜乐园	二
包光铺	一	存义堂田	一
宝墨堂徐	五	王慈荫堂	一
毕俊卿	一	源兴堂徐	三
三槐堂乾记	三	郑锡璋	一
三益堂	三	德善堂王	二
三义堂李	二	松霖堂	二
善庆堂朱	一	万祥堂王	二
尚仁堂李	一	德厚堂	二
尚友堂陆	四	周夷希	二
守善堂张	十二	顺安堂陈	一
寿福堂刘	一	吴焕之	二
寿记	二	慈惠学校	六
绍曾	十	巢章甫	一
邵增禄堂	一	陈晋卿	一
沈琢如	二十四	吴金麟	一
锡善堂卞	一	李次武	一
世德堂杜	二	孙仲山	一

有选举权人名称	权数	有选举权人名称	权数
石天佑	二	卞白眉	一
徐世章	八	杨辅乡	一
树德堂孟	九	林凤苞	一
新华银行	三	沈次量	一
索筱田	一	束云章	一
峙云堂	一	杜袁毓奇	六
忠厚堂李	三	北宁铁路局	一
孙周佩馨	三	徐柏园	二
孙宝琦	一	王荷舫	三
孙章甫	四	杨珩	二
松荫堂卞伯选	四	张嘏臣	一
宋文祥	一	林茂泉	一
宋云汀	三	阮性言	一
世德堂王	四	张仲平	一
大昌和		朱有济	一
大福堂	一	刘品卿	三
大兴工程公司	一	吕卫公	
淡泊堂唐	一	达德堂	一
泰和堂	二	辅德堂	一
唐乐禧堂	二	丁懋英	一
德荫堂宋	一	聚记栈	四
德龙记	七	林寿人	一
邓寿宝堂	二	张次迈	二
棣萼堂	二	福原堂	一
得天堂		刘葵荪	一
德益堂	二	吉有馀堂	四
田本堂	四	周实之	二
蔡福荫	四	周叔弢	二
蔡绍基	四	吴莲伯	三
蔡耀记	一	单允工	一
臧和记		徐国香	
曹恩成	一	王中复	一
曹士骧	二	四兴堂	二
存心堂	一	周立之	二
天津航业公司	十一	张伯箴	一
峻德堂袁	二	黄子诚	一
骏有堂孙	一	李孝全	
崇善堂王	一	卢开瑷	一
敦仁堂马		王毓清	
董幼臣		福庆堂	
同盛堂	二	翁文澜	一

有选举权人名单

有选举权人名称	权数	有选举权人名称	权数
同文堂乐	一	王汉臣	一
桐华堂于	二	陈少云	二
同德堂徐	二	罗旭超	一
王嘉瑞	二	娄鲁青	二
王续荫	一	王崇植	
王述义堂	一	方东	一
王惕庵	一	陶树铭	
王益厚堂	一	孙观圻	一
卫宾别墅	二	袁克安	
翁笏斋	一	罗旭溥	二
五聚堂曹	十	余明德	一
吴调卿管业团	五	李彭年	一

（J0211-1-003754）

135.天津英租界中国纳税人公会关于委托书通告

1938年3月28日

径启者:四月六日为英租界选举人大会之期,关于合伙业主等选举权事,英国工部局业以第十号通告刊登《庸报》第一版,事关选权及中国人利益,务祈按照英国工部局通告:"合伙业主、代理保管财产人、合伙占用人、合股公司暨商行,依章程第六条暨第七条之选举权数规定,应推举同伙一人执行之,并于任何选举人大会期五日前函知工部局登记员,此项选举人务须将推定执行伊等所有选举权人姓名,于四月一日或以前用书面通知登记员。凡适用前列章程之选举人,如业已照章具函申明何人投票,则无庸再事推选"之规定,于四月一日以前将推定执行选举权人姓名委托书通知英国工部局登记员,并务希按照报载选举及开会日期准时前往出席,万勿放弃,以保平等权益。是为至荷。除分函外,专此。顺请台祺。

附委托书一件。

天津英租界中国纳税人公会启

三月二十八日

（J0211-1-003754）

136.天津英租界中国纳税人公会函告上届旧董事人名公启

1938年4月3日

查天津英租界董事会已届改选之期，经由英工部局定期于四月六日午后三时半在戈登堂召集常年大会。窃思人惟求旧，古训昭然，况上届中英董事，俱属异常得力，凡我同人实深感佩。兹据本租界英国纳税人会发表通知，对于人选所持意见，亦与本公会所见相同。我公会会员似应采取共同步骤，一律选举上届旧董事十人，连任本届新董事，以期收驾轻就熟之利。除分函外，相应函达，即希查照，并希准时出席为荷。此请公鉴。

天津英租界中国纳税人公会谨启
四月三日

计开上届旧董事会人名：庄乐峰先生、赵君达先生、王荷舫先生、黄约三先生、徐柏园先生、体伯先生（Tipper）、罗素先生（Russell）、罗杰先生（Rodger）、狄克生先生（Dicson）、柏吉士先生（Burgers）。

（J0211-1-003754）

137.天津英租界中国纳税人公会干事会函询代表人姓名公启

1938年4月4日

径启者：现届本会改选干事之期，务请尊处将代表人姓名于四月十日以前函知本会，以便付印会员名单，俾选举干事时有所依据。事关选权，务祈注意。除分函外，相应函达，即希查照见复为荷。专此。顺颂台祺。

天津英租界中国纳税人公会干事会启
四月四日
（J0211-1-003754）

138.天津英租界工部局常年大会程序通告（第12号）

1938年4月4日

兹为便利议会程序及避免到会签名耽误时间起见，特规定左列手续：

到会登记簿

大会登记簿系按照一九三八年四月五日公布修正选举人名单编列，所有合伙业主之代表，只须在其所代各选举人名之以下签署。

选举票暨投票纸

在登记薄签名之选举人,当接受封套一个,内装选举票一份,暨投票纸二份(一备用于议案,一备用于修正条文),概经标明应有权数。其封套上并注明号数,此号数与登记薄编列号数相同,此封套应于会议时保留之,以备再发投票纸时之需用。

合伙业主

合伙业主、公司保管团等,如已按通告第九号遵照章程第八条规定,将其推定之代表人名称函知登记员者,该代表人当接受其所代各选举人之封套。

特此通告。

秘书长兼工程师巴恩士

一九三八年四月四日

(J0211-1-003754)

139.天津英租界选举人常年大会会议日程

1938年4月6日

天津英租界选举人常年大会,定于本年四月六日星期三下午三时半在戈登堂举行。

会议日程

(一)证实一九三七年四月七日选举人常年大会议录。

(二)接受一九三七年董事会报告,暨通过该年截至十二月三十一日止之全年账目。

附注:选举人对于该账目如有质问,务请至迟于大会期五日前函知工部局秘书长兼工程师,俾免临时答复,有何遗漏或欠周详之处。

(三)审查董事会提出本年(一九三八年)预算,如荷表示同意,即请执行通过手续。

(四)提出关于缴付本年地亩捐暨房产租值捐动议,如荷赞成,即请执行通过手续。

天津英租界选举人在本会议决定,地亩捐应于四月缴纳,房产租值捐应于九月缴纳,并就此授予新董事会以征收上列四月、九月各捐之权。

(五)选举本年稽核员(工部局已往账目由汤生公司担任稽核,本年该公司仍愿候选联任)。

(六)选举本年估价委员二人。

(七)考量其他事件。

(八)选举本年新董事会董事。

附注:为便利会议进行起见,选举人对于上列议题或其他市政事件,如有质问意见,务请至迟于大会期五日前通知秘书长兼工程师,以免临时答复疏略。

(J0211-1-003754)

140.天津英租界选举人第二十次常年大会议录

1938年4月6日

天津英租界选举人一九三八年四月六日星期三下午三时半,在戈登堂举行第二十次常年大会议录。

是日大会系由英国总领事雅斐乐君主席,董事会席次计有董事长体伯君、副董事长庄乐峰君、董事伯志士君、黄约三君、赵君达君、罗素君、罗杰君、王荷舫君,秘书长兼工程师巴恩士君,秘书陈贯一君,议会秘书由英国领事柴博君充任。选举人出席者计有:

安德森　安指南　雅德惠　安德利　巴敦　贝铎　卜理智　卜汉儒　勃立欧尔　白路斯　蒲麟　阒德麟　凯士德　贾佩孟　柯乐克　戴礼穆　戴惠士　台维斯　戴维慎　德维师　德鲁牧神父　黛亚太太　戴悌　伊体　东伯利　艾温士　艾文斯　范菲德　傅谟德　福克纳　费根　傅体　葛特纳　盖苓　霍尔　侯尔登　哈溥　景明太太　霍卜德旅长　郝为乐　胡西香　伊尔文　詹那　约翰生　姜荫士　甘博士　刘维丝　马勘泗　马开士　毛莱维夫　美雅师　那森　奥格孟　欧哈雷　欧尼尔　潘德　派克　裴恩德　潘乃乐　潘纳禄　毕德斯　鲍维尔　普莱驷　雷尔敦　罗思木森　芮德　瑞德乐　劳士　史马克　西门士　森木司　施雷厦　泰莱悌　狄伯奢　汤麦斯　陶墨斯　托雷　德恩若　瑞纳　华尔克　华慈　温荫德　伟克森　吴陶尔　魏柯克斯　吴楼　杨嘉礼　金伯平　高少洲　訾学谦　关富权　岳润斋　甡记　王家瑞　刘静山　刘雪亚　刘葵荪　刘品卿　卢国璿　吕卫公　曹景唐　耿世昌　孟锡兰　孙桐轩　林稚芗　卜锡候　郭幼臣　李哲甫　李志年　李华山　杨星久　李清和　李警予　李楚珩　李伯彤　李次武　梁如浩　林茂泉　林寿人　李玉亭　娄琹斋　穆魁浩　赵珍　倪幼丹　常印海　毕学洪　刘宗林　訾伯扬　王敷五　王汉臣　王更三　王子春　吴金麟　吴熙庚　吴焕之　吴莲伯　许宾安　董夒宸　訾钰甫　吴聿修　柴良宸　程士毅　张恒斋　樊樊圃　焦子清　王希儒　陈伯威　王幼云　周志辅　韩文友　刘笠农　王伟民　项荣宾　徐啸岩　曹景亭　杨春霖　穆叔愚　时运承　赵海岳　商杰忱　金邦正　秦伯秋　靳少卿　余克斋　程次宏　张袭铭　高珍　吴颂平　周实之　周夷希　张占奎　杨敬夫　蔡述谈　朱有济　李振声　西幼林　蔡佩如　张仲平　赵瑞轩　陈致中　张祥斋　张嘏臣　张士骏　张汉仪　张次迈　张务滋　陈晋卿　陈尽仁　陈礼　陈鸣一　赵一琴　宁彩轩　朱洁珊　薛少棠　余保桦　杨云溪　俞荫才　娄昌后　唐志恒　张吉荣　华欣如　阎德民　孙芳仲　孙少轩　卜伯巽　王馨逸　董宗之　唐学政　邓寿宾　丁济南　卢开明　蔡成章　蔡礼文　章巢甫　杜乐园　谢岚西

议会秘书宣读召集会议通告为开会仪式。

议　录

会议日程第一项为证实一九三七年四月七日选举人常年大会议录业经付刊分送,经阒德麟君动议、陈晋卿君附议,按照原纪录通过,别无异议。

主席——在进行会议日程第二项之先,鄙人愿声明,选举董事会投票现时即可执行,选举票已经分发诸君,只须于选举票记号,再将票投入票柜,所有投票手续已注明选举票。查候选董事,共有十二人(参看选举票及台上黑板),而董事缺额只有十人,故诸君对于候选人之当选可随意投票,但以十人为限,至多不得超过十人,否则该票即作废,兹请诸君即行投票,用节时间。

倪幼丹君——依照手续,选举票柜于事先应当众敞开,再行封闭,惟现在已不及照辩(办)。

主席——下次会议当注意此点。会议日程第二项为接受董事会报告,暨通过一九三七年截至十二月三十一日止之账目。鄙人现请董事长报告。

董事会一九三七年报告及账目

董事长——鄙人代表董事会报告一九三七年执管市政经过,愿对于是年所历显著事迹略加声述。五月间,同人庆祝英皇乔治六世加冕典礼,承本界全体市民不分国籍,热烈参加赞襄盛典,敝董事会暨本埠英国人民皆感深切愉快。当时戈登堂万盏灯火,璀烂夺目,各要道灯烛辉煌,彩旗飘扬,有增庆祝盛况,殊非浅鲜。鄙人对于多数业主、住户、公司、商店参与庆典,张灯结彩,增进本界美观,愿藉此机会敬表微忱。不幸另一事迹乃非上述之喜庆性质,即津埠及附近之事变经过是也。查当时局势紧张,致英国总领事于七月二十九日公布警备,嗣后数星期间情势严重,居民靡不感受极度恐慌。因警备之公布,除进行警卫本界之切要设施外,尚有繁剧任务,若筹措本界市民粮食之充分接济,关于保障卫生之各项医务及清洁工作,油刷本界边界屋顶及要道之"国徽标记",俾空中俯视易于识别,暨收容难民以及其他种种任务,不胜枚举。惟际兹急难时期,上列各项设施咸属维护市民幸福切要之图。

今须声叙者,为本局事务得以进行,深荷本埠英国及其他各国领事馆人员之赞助指导,驻军在警备时期之保护本界安全,敝局警备队及辅警备队之协助驻军防务,本局各处人员之不辞劳怨,翕然担任长期间之额外任务,以及多数市民不分性别,热心担任义务工作,吾人至深感纫。又对于董事会同仁不辞艰难,随时竭诚赞助,鄙人愿表示个人谢忱。按自七月二十九日至八月十四日之警备时期,敝董事会可谓有长时期之会议二十四小时不分昼夜,随时有董事一人轮流值班,应付要公。在此时期,各董事不避艰辛,为公操劳,有助于局务进行,至为弘大。鄙人兹并声叙,驻津英军司令霍卜华德旅长,最近接得香港驻华英军总司令巴式耳美上将函,示英国工部局警备队于七月警备时期应付得宜,效率灼然,表示赞许,而于警备队当时协助驻军尤为感激,并愿转向警备队司令瑞德乐上尉道达谢忱。当警备时期,吾人虽备尝困苦,然津埠因事变所受损害,幸不若其他中国城市之惨酷,良堪告慰。虽军事行动已移至西南,然吾人困难,固未尝全盘解决,盖远处战事迟早必影响津市状况,吾人商业因汇兑及货币问题而有困难,至吾人所希冀之健全进展坦途尚多阻碍,固无待赘述也。倘本界住户对于现时及未来一切艰难,能处以沉毅勇敢,如应付去夏警备时期之忠诚合作精神,则吾人可无须忧虑危难,而据合理之自信力注目于将来。

不期因切近,吾人之军事行动烦恼甫获稍苏,九月间复有洪水泛滥之恶耗,其时津西及本埠西南乡洪水积聚,几成泽国,一时本埠颇有被淹险象,举凡防险设施、巩固堤岸、装置抽水机等工事,概经及时执行,幸水势卒未浸入任何租界区域,但内地被淹面积颇广,有称水势所至计达一万英里者。

本局各分处工作梗概(连同图表、统计暨照片等等)概已刊列年报,谅荷诸君披阅。按工程处报告,该处虽因为市民筹措食品接济、执行卫生及消毒手续暨布设铁栅栏门等防范设施,任务颇称烦琐,然其例有工程建设,依然可以志述。查年间工事计有,新筑马路总长计一·六六英里、阴沟布设计长一英里半、新筑便道颇多添建、福发道警务宿舍二楼建造、林莫克道新隔离病院及护士宿舍,暨搬移敦桥道机料场至本界西北角奥克尼道新址等项之成绩。按该机料场之迁移为事实所需要,缘该处(敦桥道旧址)附近住户对于榨石机声及沥青配制机之烟尘弥漫啧有烦言,故有搬至工厂区奥克尼道新址之定议,该敦桥道场址之半(约计十六亩)现已改设公园,其一端并划作儿童游嬉场所。

工程处报告载列一九三七年共发业主建筑准单,估计总值约达洋二百万元,殊堪注意,由此可见,投资家对于本界将来仍富有信赖。花木管理员因年间天时人事不利,故各处园艺设施不无困难,然本界各花园之美观,依然清雅可赏。

一九三七年电务处经营成绩颇堪称意,全年收入总额计洋一百一十万元,其净利超过洋五十六万六千元。年间该处打字员薛利门女士因病出缺,暨赞助处务有年之驻英工程顾问锡拉氏忽然病故,至深愊惜。该处英工程师米勒君因合同期满,已于十二月三十一日辞职,但允诺不即离职,以俟新任人员之接替。同人旋就近聘得马秀士君充任电务处工程师,可称幸事,马君已于一九三八年三月一日视事。

水道处年间售水显有增加,夏季之每日需水量概超过二百万加伦,一九三七年全年售水总量计超过四万万加伦,尤以七月间之需水量增高为显著。盖当时需水须搀加少量过滤河水,以补自流井产量之不敷供应,职是之故,敝董事会决定添凿自流井眼,用增井水产量。该新井开凿合同已由东方铁厂承办,自钻凿工程开始以来,成绩甚佳,同人希望该新井不久能正式产水也。

各化验家报告对于本界各自流井产水之清洁标准,仍称满意,惟对于排除水中氟素暨(沏茶)水味问题,尚无解决方法。查济安自来水公司已在本界沿墙子河布设水管,以便供给特一区需水,该水管最近已经接水。关于与该公司订立合同,每日由该水管供给过滤河水额定数量,鄙人已于上年纳税人大会叙及。至准备分售此水之房屋建筑,暨由该水管之接管工事,现已着手进行,同人希望不久能以此过滤河水供给愿用以沏茶或充其他家常需要之各用户也。

披阅警务处报告可见,凶残绑架罪案绝迹本界已三载,于兹至堪告慰。查一九三七年间,并无凶杀案件,即携械抢案,亦只发现一起。据此事实,警务处全体之效能及供职效率可见一斑。际兹时局多故,本界住户对于本局警务处所致安全保障,鄙人深信必有充分之认识,吾人不惟对于本界居民生命财物应致保护,防范匪人侵犯,对于市民产业并须尽力预防火险。迩来界内房屋建筑高度日增(有高过十层者),故消防机械设备务求精进。本局新近购自英国雷伦厂制之新式转盘天梯一座,业已抵津,准备运用。该天梯上升高度可达一百英尺,有此天梯,连同前购救火机之设置,同人以为本局消防机械设备,在华北堪称首屈一指,比因本界应予防范火险之房屋,产值额数颇巨,敝董事会认为,本局消防队应有专门人才主管,其事不可延缓。藉便训练消防队员,负责保持消防机械,视察本界各处房屋,建议可以减少火险应有之各项设施,暨遇火患时统率消防工作。为此,同人现已聘任哈特卡司君专司其事(该员对于消防工作颇富经验),视事以来,操作堪称干练。

关于本界市民健康,本局卫生医官报告已详述一切,医院主任报告并详列医务统计。鄙人前叙新建隔离病院业已落成,本界现有医院建设堪称齐备。院址虽不甚宽敞,然该建筑皆系耐火材料构造,工事坚实,式样新颖,布设周备,职员得力,敷用以应本界医院设施之需要。同人以为于近年内可不再事更张,查医院主任现由莫立赛女士充任,该员精明干练,主管院务有关市民健康至为重要。

关于学校报告,同人察及年间耀华学校已庆祝成立十周纪念。查该校一九二七年开办,时只有学生四十六人,现已增至二千三百人,此为津埠住户对于该校推崇钦仰之最显明征。关于天津英文学堂,证诸参加本埠剑桥会考,该校学生之优良成绩,其学业程度之优越仍一如已往。

本局一九三七年账目已详列会计处长报告(年报第八十九页),年间经常项下各种收支统计堪称满意。查预算所列经常收支两抵结余,只洋二〇七,九二六元,而收支两抵实在结余计达洋三二八,二六〇.七八元,即结余实数比之预算所列,计增益洋一二〇,三三四.七八元。

此项增收之大部系总务经常收入,计增收洋八六,〇〇〇元(房产租值捐、码头捐及菜市租赁费之增收为要目),又电务处因用户增加,计增收洋四三,〇〇〇元,水道处同此理由计增收洋二九,〇〇〇元。

年间经常支出比之预算计增支洋四八,五〇九元,其主要节目为警备费用,计洋一九,五八八元,防范水灾计洋一〇,二〇〇元,暨依照捐税增收之学校协款增加。

特别支出比较预算所列计减支洋二,〇〇〇元,查特别支出项下预算原列不敷额数,计洋三一四,八九九元,而实在不敷数额只洋一九二,七二七.一五元,因此计至年底止,现款状况计存洋一四九,八六一元,所有未清付之债券连同一九二六年债券,因发行(一九三七年)六厘整理债券,概经按照票面清付或调换新债券。此外该债券之发行额数计洋六三七,六三二元,附此声述。鄙人动议请诸君接受董事会所陈一九三七年报告暨账目。

庄乐峰君附议,全体通过。

主席——会议日程第三项为:审查董事会提出一九三八年预算,如荷表示同意,即请执行通过手续。鄙人现请体伯君提出董事会预算。

一九三八年预算

董事长——鄙人今日提陈一九三八年预算,显示本局经济状况颇形稳固,殊感愉快。查经常收支项下预期可有结余洋四九,三〇五元,此款移入特别项下,再加一九三七年底所存现款,计洋一四九,八六一元,用以应付特别需款之不敷额数(计洋一九二,二二〇元),颇称裕如,无须再事发行任何债券。按现款状况预估本年底约需银行透支计洋一八,〇〇〇元左右。

经常收入本年预算总额计洋二,五八九,九五九元,比之一九三七年之总额洋二,六五三,七三二元,计减列洋六三,七七三元,其主要节目为电务处收入之缩减,盖售予特一区电流已自本年三月一日停止。现该区用电已由特三区新建发电厂供给,因此该处本年收入预算计列洋一,〇〇九,六三九元,比之一九三七年预算所列洋一,〇六一,三四七元计减列洋五一,七〇八元。

水道处收入预算计列洋三五三,六八〇元,比之一九三七年之三三八,三一五元计增列洋一五,三六五元。因本界住户昨年增加颇多,故有此增列之数。

本年经常总务收入预算列洋一,二二六,六四〇元,比之一九三七年之预算所列洋一,二五四,〇七〇元计减列洋二七,四三〇元。查房产租值捐收入项下虽有增列洋三三,〇〇〇元(本年预算计列洋五〇六,〇〇〇元,一九三七年预算计列洋四七三,〇〇〇元),然码头捐收入于昨年下半年因事变影响,商务停滞,减缩颇巨,故本年只列洋四八,七〇〇元,比之一九三七年之一〇八,五〇〇元计减列洋五九,八〇〇元。惟本年第一季三个月之码头捐实收数额颇有起色,比之预算显有增益,良堪告慰。同人希望全年实收总数能超过预算所列,盖年初编造预算时,此项收入之减列自有其理由在也。同人并企望码头捐之增收,大致可以视若预测市面之风雨表,对于数月前因时局变化,遭受严重挫折之商务可呈几许复苏现象也。

无论如何,同人以为,所有一九三八年预算所列各项收入,其编造咸出之审慎稳重。

本局经常支出预算总额计列洋二,五四〇,六五四元,比之一九三七年之二,四四五,八〇六元,计增列洋九四,八四八元。此数包括工部局总务账目之增列,计洋二三,七二二元(一九三八年计列洋一,五八四,四四九元,一九三七年计列洋一,五六〇,七二七元),惟总务管理项下,比较一九三七年计减列洋三二,六八一元,警务处费用则比较一九三七年计增列洋四〇,三〇〇元,消防队计增列洋一五,八五〇元。

电务处支出计增列洋四五,九〇二元(一九三八年计列洋五九五,九三八元,一九三七年计列洋五五〇,〇三六元),其要目为煤价之高涨暨薪工之增加。

　　水道处支出计增列洋二五，二二四元（一九三八年计列洋三六〇，二六七元，一九三七年计列洋三三五，〇四三元），其要目系抽水费用之增加（因本界用户增多，故需水量随之而增，该处薪工亦有增加）。

　　本年特别支出预算总额较为低减，仅列洋二八四，九三六元，比之一九三七年之五二二，八二五元计减列洋二三七，八八九元。

　　总务管理项下预算特别支出计列洋九四，一〇〇元，比之一九三七年之三六九，九五〇元，计减列洋二七五，八五〇元。此项支出之要目为房屋之新建及添盖费用，计洋九，一〇〇元，新布阴沟费用计洋一四，一〇〇元，马路建设计洋五四，八〇〇元，布设伦敦道新建公园计洋八，〇〇〇元，凡此俱详列工程处预算。

　　昨年纳税人大会，鄙人曾声述，本界最早发展区域之多数马路、水沟及阴沟有重修之必要，惟际兹局势，敝董事会已决定从缓，迟至一九三九年办理较为相宜，故本年预算无此项工程费之列入。

　　电务处本年预算特别支出计列洋六三，四三六元，比之一九三七年之七九，一七五元，计减列洋一五，七三九元。查该处昨年特别实支数目只洋六五，八〇〇元，惟现时发电厂推动机暨其他机器之备用料件几无存储，殊属危机。其自英国购办颇费时日，职是之故，本年此项备用料件之购置支出颇需款项，然不致影响本年预算。

　　水道处本年预算特别支出计列洋一二七，四〇〇元，比之一九三七年之七三，七〇〇元计增列洋五三，七〇〇元，因达格拉道机厂添凿自流井，计需洋五五，〇〇〇元，故有此增列，鄙人报告一九三七年账目时业已叙及。

　　查预算总计特别项下有出售地亩收入计洋四三，四一一元，谅诸君已察及。盖本局在推广界内有地亩数段（尚未兴建筑），非系市政设施所需要者，任其空置，殊无收入进益，故敝董事会以为，此项不生利之地亩有应予出售者，用收产值之利，倘购主兴筑房屋，则将来直接间接于局有收入概获增益。现此项地亩已有四段，经债券持有人保管团之同意业经出售，得价比较估计之产值为优，此外尚有数段希望于年间出售。

　　本年经常支出预算总额比之一九三七年比较为低减（计减列洋二十五万余元），鄙人前已叙及。兹须声明者，本年预算如荷诸君核准，各分处之各项支出，在准许各处长动支之先，当经各分处委员会之审慎考核，各该委员会之报告再经董事会汇核。鄙人特此声述之旨乃为郑重指出，敝董事会虽陈请诸君核准本年预算，然此核准并非谓预算所列款额必当尽数动支，盖事实与此相反，鄙人适才已予声述，即本年所有支出尚须缜密考核，严格节制，除按年间财政及其他状况确定为充分正当，敝董事会认为绝对切要设施之费用外，不予准许其他用途。盖同人对于际兹时局不靖本界应事节约理由颇有所闻，故特予指出编造预算已从事削减，如再须撙节仍属可能。

　　附此声述，鄙人动议谨请诸君通过所陈本年预算。

　　庄乐峰君附议，全体通过。

　　主席——在提出次项节目之先，鄙人兹请选举人对于选举董事会有意投票而尚未执行者即从事投票。

地捐暨房产租值捐缴付

　　董事长提出左列议案：

　　天津英租界选举人在本会议决定，地亩捐应于四月缴纳，房产租值捐应于九月缴纳，并就此授予新董事会于四月、九月征收此项捐税之权。

庄乐峰君附议,全体一致通过。

选举稽核员

主席——第五项节目为选举本年稽核员。现任稽核员之汤生公司声称愿意联任,兹詹那君动议,李次武君附议,推举汤生公司担任本年稽核员,全体一致赞成。

估价委员

主席——会议日程第六项为选举本年估价委员二人。

瑞纳君动议,贝铎君附议,推举杨嘉礼君为本年估价委员。

宁彩轩君动议　吴聿修君附议　推举阎子亨君为本年估价委员。

全体一致赞成。

主席宣布杨嘉礼君暨阎子亨君当选为本年估价委员。

主席——会议日程第七项为考量其他事件,诸君有无其他事件,请提出讨论。

选举董事会

主席——诸君既无其他事件提出,会议日程其次节目为选举本年董事会,兹再等五分钟,俾未投票之选举人从事投票,俟五分钟后,鄙人当宣布投票截止。

主席——五分钟已过,鄙人现指定贝铎君、皮德君、李警予君、金邦正君为检票员。所有选举人显已投票,鄙人现宣布会议告终,诸君如愿等候投票结果可以留此,如愿阅看明晨报章揭晓选举结果者,即可随意离会。按候选董事计有十二人,其名单列次:

卞汉儒君、伯志士君、狄克森君、毕德思君、罗杰君、罗素君、体伯君、赵君达君、庄乐峰君、徐博园君、黄约三君、王荷舫君。

主席——宣布当选新董事会董事如次:

柏志士君、狄克森君、罗杰君、罗素君、体伯君、赵君达君、庄乐峰君、徐伯园君、黄约三、王荷舫君。

陈晋卿君——选举结果,当选董事会仍属中英各占五席,聆悉之余,至为欣慰。曩时杨嘉立董事长所阐明之君子合作公允精神依然存在,尤为可佩。已往四年中英合作收获殊多,主席对于市民福利一视同仁,备极关切。鄙人愿代表中国住户表示感谢。

致谢雅斐乐君

体伯君——本日承雅总领事主持会议,鄙人愿藉此机会,动议全体致谢且感愉快。

庄乐峰君——鄙人极愿附议。

主席——此为鄙人第四次主持本会议,深恐是为最后一次,不无惆怅。明年会议谅当有新任总领事担任其事。鄙人愿趁此机会对于各方不吝赞助表示感谢,对于现任董事会与本界市政管理组织之和衷共济、遇事合作,至为钦佩,鄙人忝任总领事因而减轻担负及顾虑,诚非浅鲜。职责所在,诸荷协助,深资便利,尤为感激(鼓掌)。

主席遂宣告闭会(下午四时半)。

(J0211-1-003754)

141.天津英租界中国纳税人公会定于四月二十四日开中国纳税人选举大会公启

1938年4月15日

径启者:查本公会第九届干事一年任满,照章改选。兹定于四月二十四日星期日下午三时,假本租界耀华里后公学道耀华学校第三校舍开中国纳税人选举大会,并报告本届一切事项,务祈届期准时命驾莅会,无任企盼。特此函达,即希查照为荷。专此。顺颂台祺。

天津英租界中国纳税人公会启

四月十五日

(J0211-1-003754)

142.天津英租界中国纳税人大会议事日程

1938年4月24日

时间:二十七年四月二十四日下午三时。

地址:英租界公学道耀华学校第三校舍。

一、请推举临时主席。

二、主席宣读召集会议通告。

三、报告会员名单账目等项。

四、工作报告。

五、临时动议。

六、选举干事。

七、散会。

(J0211-1-003754)

143.天津英租界中国纳税人公会议决案报告

1938年4月24日

一、倪幼丹先生提议。

(提议案)本会章程规定:"本章程如有不适用时,得于常年大会中提议修改之。"本席对于本章程第十五条之规定改选干事之办法似须修改,另以书面(修改条文列后)说明,敬请公决。

议决:此案关系修改章程,似应详加讨论,应即暂时保留,容下届召集大会时再行表决,至此次之改选,则仍照原订章程"由会员一人提出,一人附议"之办法推选通过。

二、改选干事。

议决:本届改选干事,除照章应留上届干事三分之一,计七人继续连任外,其余干事十四人照章推举,所有被选人姓名另附详单。全体通过。

散会。

被选人姓名详单

现任董事五人:庄乐峰先生、赵君达先生、王荷舫先生、黄约三先生、徐柏园先生。

现任管理员:吴莲伯先生、陈晋卿先生、金伯平先生。

现任估价员:阎子亨先生。

第九届干事

主席团干事:宁彩轩先生、陈晋卿先生、李次武先生。

常务干事:王少溥先生、吴聿修先生、穆叔愚先生、焦子清先生(干事)。

干事(以上干事七人,照本会章程第十条之规定"应留上届干事三分之一",故本届继续连任):张务滋先生、朱作舟先生、蔡述谈先生、马仲侯先生、张嘏臣先生、王子春先生、李警予先生、訾钰甫先生、倪幼丹先生、杨云溪先生、吴焕之先生、陆松年先生、吴卫公先生、林凤苞先生。

选定干事十四人:倪幼丹先生、林凤苞先生、王幼云先生、宋斐卿先生、韩益三先生、周夷希先生、张士骏先生、李警予先生、訾钰甫先生、马仲侯先生、蔡述谈先生、杨云溪先生、张务滋先生、朱济圣先生。

倪幼丹先生修改本会章程第十五条,文如下:"选举干事应于大会前一星期开预备会,由会员一人提出,一人附议,经多数通过为预选当选人,再提出于选举大会,经过多数通过为当选。"

(J0211-1-003754)

144.天津英租界中国纳税人公会特刊(第二集)

1938年5月

天津英租界中国纳税人公会特刊第二集序

本会特刊第一集,前经刊行,今更选辑此三年来之工作见诸案牍者为第二集。会中事务,重在洽商,自不尽在于文书之间,而兹编所列又复去复删繁,仅择其尤要者而已。本会成立于今十年,赖诸同志之奔走团结,建议兴革,所以保持吾华居民之利益者,竭尽心力,其所措施亦已昭人耳目,而无待于兹编之作。本会独立今日之基础,同人等自当参集众思,益茂厥猷,断不敢自封于故步。惟是吾纳税人自有此集会以来,凡视为弗便者,可以陈其疾苦;视为可行者,可以条其利益。盖众矢难摧,群谋易济,其理甚易明也。同人等虽在折冲之任,而自致于奔走商洽之间,至于效之所由著,利之所得需,举系全体纳税人之团结力,而非少数人所能为。是以切望本会会员,眷顾已往之成效益坚,来日之意向苟有公益,择其可行不吝建言,俾会务有所推进,则是刊行兹编之微意也。是为序。

目　录

第七届干事会

照录本会致英国工部局董事会对于掏挖界内卫生井将工人数目
工作时间等于签字单上用中文分别注明以明真相一案原函

　　径启者:查贵局派工在本界掏挖卫生井,于掏挖竣事后有一洋文签字单,嘱各业户签字承认,事后由工头报告贵局,即向各业户索要应需工资,至应用工人若干、车辆若干,均未在签字单上分别标明,现据本界各业户纷纷请求转函贵局,拟请嗣后对于掏挖卫生井时,将工人数目、工作时间、车辆数目,于签单上用中文分别注明,以便业户得明真相,前来。查所称各节尚属不无理由,相应据情函请贵局查核施行,并希见复为荷。此致大英国工部局董事会。

天津英租界中国纳税人公会干事会启

八月十三日

照录英国工部局秘书处复函

　　径复者:顷奉八月十三日大札,藉悉关于淘挖脏水井工作一节,承示各项,颇为合理,鄙人当饬令工程处从速遵照施行。专此奉复。此致天津英租界中国纳税人公会干事会。

秘书长兼工程师巴恩士

一九三五年八月二〇日

照录本会接准会员曾和笙函为界内小贩均带有类似赌博器具欺骗儿童
请转函设法取缔等因函请英国工部局董事会查核办理一案原函

　　径启者:顷接本会会员曾和笙来函,为英租界各里小贩往往均带有类似赌博器具欺骗无知儿童此等情事,对于儿童性行影响甚大,请转函工部局设法严加取缔。等语。查所称事件似已在贵局从严取缔之列。准函前因。相应函请查核办理为荷。此致大英国工部局董事会。

天津英租界中国纳税人公会干事会启

九月七日

照录英国工部局秘书处复函

径复者：接准贵会九月七日来函，承示本界内小贩时有携带赌博器具引诱公众从事赌博妄希侥幸一节，殊深感谢。查此项行为，按照敝局条例语意确系认为非法，故敝人已将尊札转交警务处长核办，饬彼颁发严令与所有值班警捕，对于小贩如此行为，务须谨防为要，倘再遇有耽溺此不法行为之小贩，不论何人，定行严惩勿宥。兹承贵会及曾君将此事提出，唤起敝局注意，藉表谢忱。专复。此致天津英租界中国纳税人干事会。

秘书长兼工程师巴恩士启

一九三五年九月十日

照录本会致英国工部局董事会函为关于警务处破获大批绑匪

请转达爱戴之忱以资奖励一案原函

敬启者：最近贵局警务处破获大批绑匪凶徒授首，居民快心，造福地方，良非浅鲜。仰见贵局督饬有方，长警用命，故能发奸摘伏，克奏肤功，引企嘉猷，实深感佩。兹特专函贵局聊致爱戴之忱，并祈转知警务处以资奖励。至纫公谊。此致大英国工部局董事会。

天津英租界中国纳税人公会干事会启

十月十五日

照录英国工部局秘书处复函

径启者：顷奉大札。敬悉。一是敝局警务处此次破获大批绑匪，爱职责所系，谬荷奖许，曷胜感激，承示雅意。业经照转警务处知悉，用资鼓励，并收本界治安维持日臻周密之效。特此驰函申谢。此致天津英租界中国纳税人干事会。

秘书长兼工程师巴恩士启

一九三五年十月十五日

照录本会致英国工部局函请对于房产租值按照实收捐额

更予酌减一案原函

敬启者：案查本租界业主，前以房屋租值大跌收入锐减要求减捐，曾于二十三年十月二十九日由本会转恳贵会，准将房捐减征成分，业蒙贵会于本年四月十日在戈登堂举行第十七次选举人常年大会，提出一九三五年预算案时，报告已将本年房屋租值捐给予十分之一之退捐在案，仰见体恤业主困难之至意，感激实深。原冀本年市面繁荣租价稍涨，即可恢复原来捐额，以谋界内之发展，无如本年市面之不景气尤甚于去年，各处房屋租值更较从前惨跌，各业主益难支持，仅照今年减成办法，仍不足以资救济。此种情形想为贵会所深知，本拟恳请体察现在情形，立将房产租值重新核估，俾与实际状况相符,但因现距赶造预算为期已迫,另行估计,时间上恐难办到,迫不得已,为救济目前起见,无论如何,恳请贵会暂照本年实收捐额更予酌减,编入明年预算,以维业主而养税源。敝会遴据纳税人等前来陈述苦况,不得不代为函达。尚祈俯念群情,特别维护,不胜迫切盼祷之至。此上大英国工部局董事会。

天津英租界中国纳税人公会干事会启

十月十七日

照录英国工部局秘书处复函

径启者:兹准本月十七日大札,藉悉种切。承示业主声请一九三六年房产租值捐额更予酌减一节,鄙人遵当及时陈请董事会审核如何决议,徐当再行奉达。此致天津英租界中国纳税人干事会。

秘书长兼工程师巴恩士启

一九三五年十月二十二日

照录本会致英国工部局董事会函请对于界内所有各胡同之包月电灯及其他包月电灯一律减价以昭公允一案原函

径启者:查本界各电灯燃户应缴电费,业蒙贵局酌予减价收费在案,现据界内各住户纷纷来会陈述,称本界住户有表电灯既经减价,而各胡同之包月电灯及其他包月电灯尚未邀准减价,事同一律,未便两歧,请求本会转恳贵局对于界内所有各胡同之包月电灯及其他包月电灯一律照减,以昭公允等语前来。查核所述不无理由,相应据情函达,即请贵局核查办理为荷。此致大英国工部局董事会。

天津英租界中国纳税人公会干事会启

十一月十七日

照录英国工部局秘书处复函两件

（其一）

径复者:兹准贵会十一月十七日大札,藉悉种切。承示用户声请减收自有胡同之包月电灯及其他包月电灯电费一节,鄙人遵当及时陈交电务委员会审核。如何决议,徐当再行奉达。此致天津英租界中国纳税人公会干事会。

秘书长兼工程师巴恩士启

一九三五年一一月二〇日

（其二）

径启者:前奉十一月十七日大札。承示私有巷弄电灯费率要求核减一节,业经敝局董事会审核佥认,际兹财政困难及未来经济状况毫无把握之时,理应不久即恢复较高电灯费率,藉资调剂。函嘱电费核减一层,实难照办,事出必不得已,尚希鉴亮(谅)。此致天津英租界中国纳税人公会干事会。

秘书长兼工程师巴恩士启

十二月七日

照录本会函请英国工部局董事会对于界内自来水价
减低并将水质改善一案原函

敬启者:查本界自来水质应改善并减低水价事,前由本会主席团巢君九余在本年选举人戈登堂常年大会时提议,业蒙贵董事长允许详予考量,设法使之实现在案,具见虚怀若渴,曷胜钦佩。惟迄今数月于兹,尚未闻贵会对于此事如何改善之处。选据各用户声称,现在界内水味仍带咸味,不适口,且水价反比各租界及华界方面为昂,请转函将水价减低并将水质改善,以昭公允。等语。查所称各节洵属实在兹,特重申前议,务请贵会查核,准将水价减低并将水质改善,以利居民。想贵会对于界内公共事业素极关心,当能俯允所请也。仍盼见复为荷。此致大英国工部局董事会。

天津英租界中国纳税人公会干事会启
十月十五日

照录英国工部局秘书处复函

径复者:前准惠函承示关于本界给水口味暨水价各节,敝局在已往对此详加研究。查所称咸味,依考据证明,乃系水中炭酸盐成分(暂时硬度)而非食盐所致,对此炭酸盐之影响,敝局虽力求一排除方法,然迄今仍未能获得需费经济之有效方法。在化验室中,小量之炭酸盐排除固属可能,然施之于本界巨量之给水,其需费之巨,断难付之实行。但敝局对此问题之研求并未中辍,业经陈请英国专家审查征求意见,倘该专家能指示一合乎经济堪以排除此水味之方法,敝局自当采用施行,否则如认为必要,敝局准备藉其他无水味之水源建立一替代附用给水设备。至水价核减一层,敝局现时实不克办理,良用怅歉。查水道处经营余利极微,倘水价有何显著核减,势须折本经营,致该处经费发现不敷,此非敝局总务款额挹注不可,目下敝局实无此财力。职是之故,本年碍难减费,方命之处,尚希鉴谅。兹后上述问题有何发展,鄙人当随时奉达。专此再复。此致天津英租界中国纳税人公会干事会。

秘书长兼工程师巴恩士启
一九三六年一月十八日

照录本会函复英国工部局董事会对于研究改良自来水味办法或藉用
其他水源建立替代附用给水设备确实日期先行示知一案原函

敬启者:接准贵局一月十八日函复,关于本界给水口味,业经陈请英国专家审查,如能有排除不良水味方法,自当采用施行,否则如认为必要,则准备藉其他水源建立一替代附用给水设备。至水价核减一层,现时实不克办理,希尚鉴谅。兹后上述问题有何发展,当随时奉达。等因。准此,当经提交本会第十次常会核议,金以贵局对于自来水将力求改良造福居民实深铭感,惟对于研究改良水味办法或藉用其他水源建立替代附用给水设备,究竟预计将需若干时日方能成功,甚望将确实日期先行示知,以慰众望。等因。纪录在卷。相应函达,即请察照见复,以便公布周知。至纫公谊。此致大英国工部局董事会。

天津英租界中国纳税人公会干事会启
二月十四日

照录英国工部局秘书处复函两件

（其一）

径启者：兹接二月十四日大札，承示关于本界给水各节至深感谢。该问题当由水道委员会于本月二十日暨董事会于二十六日开会时加以审议，对于处理手续有何进展，徐当函闻。此致天津英租界中国纳税人公会干事会。

秘书长兼工程师巴恩士启

一九三六年二月十八日

（其二）

径启者：本年一月十八日，鄙人曾奉寸函，陈述本租界水味各节，谅邀鉴察。上月（二月二十六日）董事会例会复经加以审核，据所接英美专家意见佥称，对于发生本租界给水口味之炭酸盐排除，现时尚无适切商业实用方法，但董事会仍从事研究。对于另设辅用给水藉应沏茶等之需要，现正予以考量，俟本年大会时并将该问题之一切陈之选举人前。知关廑注，特再函闻。此致天津英租界中国纳税人公会干事会。

秘书长兼工程师巴恩士启

一九三六年三月五日

照录本会函复英国工部局董事会对于研究改良自来水须特设一改良给水委员会一案原函

敬启者：接准贵局三月五日来函，敬悉一一。当经提交本年三月二十九日之本租界中国纳税人常年大会公阅，经公议，佥以水道处一九三五年报告，认为水道工程师对于本租界给水明知氟多味咸，而一无切实改进计划，竟静候专家研究发明，不知须至何年何月方能有办法，对于经济原则及本公会纳税人用户等贡献之意见，并未深切注意，殊为遗憾。凡新机产量与购价之比例，恒较旧机合算甚多，今报告新机产量三·三三倍于前，而购价三·二〇倍于前，相差尚不及百分之五，何能认为满意？又报告称，一九三五年利息、折旧、保险准备金三项共占收入百分之四十，计其各项开支反占百分之五十七有零，较之济安公司销水少四倍，而开支仅少十分之一。至水表无租事，甚细微不足道。若水好价廉，即加表租用户亦所乐闻，水价嫌昂应减不应增，报告乃言未增价，岂尚以为未足耶？公营公用事业不顾及一般普通平民用户，惟于工业用水、充量用水略予折扣，营业上未必能有何大效，因总不如其自己凿井之为合算也。以独占营业售价既昂，且有工部局之种种援助，乃纯益之微几等于无。上年盈余占收入尚不足百分之三，自一九二九年至今，七年盈余累计尚不足九万元，扩充购置，动须局中拨款，若照普通售价每千加伦七角出售，则债息且不保，遑论折旧盈余！且水咸不适于饮料、浇花、锅炉、沐浴之用，含氟多则人怀疑惧，宁用他水。至水价太昂，更与本界繁荣有碍，例如月用水一万加伦者已较华、法等界多费三元，再须购饮界外挑水，每月又须多费三四元，不啻多费一倍矣。是以住户有因给水味咸价昂，不愿住本租界者。设非业主极力跌减房租，恐空房更要加多。何况少一住户，局中便少一份房捐及水电收入，是以非从速积极改革不可。但工程师似无意为根本之改革，会众以专家意见固可考虑，而给水缺点甚多,以及津市地土性质殊非远在国外之学者所尽明了,亦非纯凭学理所能代筹尽善者,且科学方法改良深井或水质,非加资本即增费用,在工程师或不惜此,而就纳税人立场则殊不愿冒险再试。

闻日租界以廉价趸购济安自来水公司之水而零售之,颇为经济且无缺点,本租界何不仿照办理,则味咸氟多立可排除,而经济尤为合算。上年本界销水三五一兆加伦有零,各项开支十八万两千余元,若按日租界每千加伦四角趸购,只须十四万元有零,相差四万余元。即使原有开支不能即时完全停止,则暂时仍必需支出者,其数当亦甚微。此外水既不咸,原来用户当然不购界外之水,则本界销水必增,盈余自亦加多,他界住户亦可望其迁来,房捐水电收入俱可逐渐增加。如试办合宜,并可将原有机器酌量变价,则成本减轻,利息、折旧随之减少,获利更丰,给水售价便可逐渐减低,一举而数善兼备,何乐而不为?至于水源不在本租界似无甚关系,因华界又法义日等租界及特别二三区,均用济安之水多年,未闻有何缺水或味恶之不便,亦未闻用饮料关系发生何等传染病,若谓本租界现用井水可以生饮,此事所关甚细,熟饮又何妨乎?且界外饮生水亦尽有其人,权衡轻重,实利多而无甚不便。惟事关改革,须有详细计划、坚强毅力。现有之水道委员会仅有三人,人数过少且多新进,恐难排除一切阻力,必须特设一改良给水委员会,除原有水道委员外,再邀熟悉津地情形之中外纳税人,及有给水经验或研究者数人加入,使得共同研讨,切实规划,庶可望于短期内实行改善。深知贵会谋本租界之公益素具热心,用特专函建议,谅荷采择施行,并希于本月十五日选举人常年大会时赐予答复。此致大英国工部局董事会。

天津英租界中国纳税人公会干事会启
四月八日

第八届干事会

照录本会致英国工部局董事会函为对于界内墙子河运粪船设法改良饬令各船户于早晚运输以重卫生一案原函

径启者:近查界内墙子河时有粪船于白日往返运粪,值此暑热熏蒸之时,臭气四溢,实与居民卫生大有妨碍,且遇潮落水浅,则在河内停留若干时间,附近居民深感不便。素仰贵局对于公共卫生异常注重,为此函请查照,设法改良,饬令各船户改于早晚运输,以重卫生。至纫公谊。此致大英国工部局董事会。

天津英租界中国纳税人公会干事会启
六月十一日

照录英国工部局秘书处复函两件

(其一)

径复者:接准贵会一九三六年六月十一日大札。承示关于墙子河内粪船白昼往来致碍公众卫生,并提议粪船只限晚间用此河道一节,鄙人遵当及时提陈本届董事会审核,如何办理,再当奉达。惟依鄙见所及,董事会固愿在合理范围内尽种种能力,以期减除如尊函内所示之公众妨害,不过此河道经过区域非独为英租界,亦且为特别一区及法日两租界,故获得邻区合作乃属必要之举,所以鄙人认为须由有关系四区主管官厅采取一致行动,此事庶可得圆满结果耳。专此奉复。此致天津英租界中国纳税人公会干事会。

秘书长兼工程师巴恩士启

一九三六年六月十五日

(其二)

径启者:查墙子河内停泊粪船一事,鄙人业已与特别一区及英、法、日各租界当局接洽妥贴,饬令各该管警捕警告运粪船户,此项船只只准在黑夜时间驶经墙子河,而不许在白天行驶云。专此奉达。此致天津英租界中国纳税人公会干事会。

秘书长兼工程师巴恩士启

一九三六年六月二十九日

照录本会致英国工部局估价委员会函为陈君晋卿提议房产估价及房地产估价应按元位估计提案二件请核办见复一案原函

径启者:四月二十六日,天津英租界中国纳税人第三次大会交到本会陈君晋卿提案二件:一、为本界房产租价惨跌,实为向所未有,而现行房产租值捐仍系五年前之估价,各业主收入减少而负担过重,勉强支撑,苦难持久,人皆视置产为畏途,势必相率裹足,影响地方繁荣。鄙人等有见及此,曾经请准董事会暂将房捐减收一成,以为临时调剂,惟房租跌落成分实际上不止此数,自非根本减估房产租值不足以昭公允而资维持。今届房产估价五年期满,为应改估之时,拟请将以上情形提示新选估价委员特别注意,俾便另估。二、为现行币制既经改两为元,此后关于房地产估价即应径按元位估计,不必再用银两折合,以省手续。复由巢君九余对于原提案第一项补充意见,即旧式房屋与新式房屋,设备完全与设备不完全之房屋,实际租值大不相同,于估价时并须加以注意。经大会公决,交第八届干事会函请估价委员会查核办理。等因。纪录在卷。相应函达,即希查核办理见复为荷。此致估价委员会。

天津英租界中国纳税人公会干事会启

六月十一日

照录英国工部局秘书处复函两件

(其一)

径复者:接准贵会六月十一日大札,藉悉种切。承示陈晋卿君在一九三六年四月二十六日英租界中国纳税人第三次大会席上提付讨论议案两件一节,鄙人遵当早日将台函提出董事会陈请审核。此致天津英租界中国纳税人公会干事会。

秘书长兼工程师巴恩士启

一九三六年六月十五日

(其二)

径启者:前准贵会来函,对于本租界内产业请求普遍重估,以凭核征房产捐一节,业经董事会于六月二十四日开会时加以审核议决。依照董事会指令,对于一九三七年应届满期之五年一次产值重估事,应予办理一层,则此项请求已被采纳。再者,产值重估事业已引起估价委员之注意矣。专此奉达,即希查照为荷。此致天津英租界中国纳税人公会干事会。

秘书长兼工程师巴恩士启

一九三六年六月二十九日

照录本会致各纳税人函为对于估价委员会所估价额认为不满或有任何意见时请径函改估一案原函

径启者:四月二十六日,天津英租界中国纳税人第三次大会交到本会陈君晋卿提案一件,为本界房产租价惨跌,实为向所未有,而现行房产租值捐仍系五年前之估价,各业主收入减少而负担过重,勉强支撑,苦难持久,人皆视置产为畏途,势必相率裹足,影响地方繁荣。鄙人等有见及此,曾经请准董事会暂将房捐减收一成,以为临时调剂。惟房租跌落成分实际上不止此数,自非根本减估房产租值不足以昭公允而资维持。今届房产估价五年期满,为应改估之时,拟请将以上情形提示新选估价委员特别注意,俾便另估。复由巢君九余对于原提案补充意见,即旧式房屋(与新式房屋),设备完全与设备不完全之房屋,实际上租值大不相同,于估价时并须加以注意。经大会公决,交第八届干事会函请估价委员会查核办理。等因。纪录在卷。除函请估价委员会查核办理,并分函相应函请查照。如对于估价委员会所估价额认为不满或有任何意见时,希即径函估价委员会以便另行改估。专此。顺颂台祺。

天津英租界中国纳税人公会干事会启

六月二十日

照录本会致各纳税人函请将现在产业跌落情形租价实数详细开示以便汇转估价委员会注意办理一案原函两件

(其一)

径启者:查本界房产估价每五年举行一次,现届五年期满,照章应重行改估。前经由会函请查照,对于估价委员会从前所估价额,认为不满或有任何意见时,请径函估价委员会以便另行改估在案。现查工部局编造预算之期已近,务请将现在产业跌落情形、租价实数详细开示,如能将数年来之比较开列尤为详尽,否则姑缺亦可。本会接到此项函件后,即当汇转估价委员会注意办理,如由贵处将上开情形径函该会亦可。总之,时机已至,万不可失,若不及早图维,便是五年铁案,事后追悔,已无可及。是用不辞繁渎,至希注意为幸。除分函外,专此。顺颂台祺。

天津英租界中国纳税人公会干事会启

十月二十日

(其二)

径启者:查本界房产租值估价,本年已届五年改估之期,业经函请查照,将房产跌落情形及现在租价实数详函本会,以便汇转估价委员会注意在案。现查为期已迫,仍未准各业主函达到会,诚恐时机一失,即不容易挽回,兹特由会再行制定简明房产租值比较表一种,分送各处查填送会汇转,以便估价时有所依据。除分函外,相应检送表式二纸,函请查照办理。事关业主权益,幸希注意,并希于十一月十五日以前送会为荷。专此。顺颂台祺。

附表式二纸。

天津英租界中国纳税人公会干事会启

十一月二日

英租界　　　路　　　号　　　里房屋租金数目比较表				
房屋号数及每月应收租金	房屋号数	五年前平均每月应收租金数目	本年平均每月应收租金数目	说明
				如五年前租价数目不能记忆时,即请将本年月租应收数目填入便可。

照录本会致英国工部局董事会函为对于四十九号路砂石工厂请从速迁移以维安宁而重卫生一案原函

径启者:案查一九三三年四月中国纳税人陈君晋卿提议,为界内四十九号路工部局所设砂石工厂,每值开工时间,所有附近各户房屋均被震动,居民等深感不便,加以风沙蔽目,流烟扑鼻,尤于公共卫生大有妨害,请将该厂迁至本界工厂区域,离住宅稍远一案。业蒙贵会董事长在一九三三年四月十二日常年大会议录内报告:"陈君所指榨石机震动声音自不能增人愉快,但该工程场设立在前,邻近周围住房多系后建者。至该工程场之将来总须向僻远处迁移,本局固已见及现在场址,与沿格拉斯哥道马路建筑施行工程地段靠近,尚称适中合用,关于来日迁移,希望陈君稍加忍耐。"又查此案于本年四月十五日举行常年大会时,复经娄君翔青提议迁移,亦经贵董事长答以:"新地址已早准备,现时未能迁移者,只限于经费耳,一俟款项有着,当即进行搬移。"等语。各在案。转瞬已有数载,仍未见诸实行,查该厂所在地点,现已为住宅密集之区,震扰尘嚣,殊非所宜,按诸市政原理,实有迁徙之必要。本会迭据附近居民纷纷请求转请迁移,以维安宁而重卫生前来,相应函请贵局查案办理,并将迁移费用列入下半年度预算,以便实行为荷。此致大英国工部局董事会。

天津英租界中国纳税人公会干事会启

十月二十四日

照录英国工部局秘书处复函两件

(其一)

径启者:兹准贵会十月二十四日大札,藉悉种切。承示四十九号路敝局所设之机料场一节,鄙人遵当陈请董事会审核如何决议,徐当再行奉达。此致天津英租界中国纳税人干事会。

秘书长兼工程师巴恩士启

一九三六年十月二十八日

(其二)推广界伯斯道工程机料场

敬复者:前奉贵会十月二十四日大札,承示种切。查该请求书业经敝局董事于十月二十八日星期三开会时加以审核在案,并令鄙人奉陈意旨。关于此事,董事会当在本年年终以前再加讨论,慎重审查。目下因迁移该场需费甚巨，及董事会所期之敝局来年经济活动准备办法尚未完成之故，不能确予答复。然董事会同时对于迁移此场之建议，必将铭记于心而不忘也。谨再奉复。此致天津英租界中国纳税人干事会。

秘书长兼工程师巴恩士启

一九三六年十月二十九日

照录本会致英国工部局董事会函送房产价值比较表请转交
估价委员会注意办理一案原函

　　径启者：关于本界房产租值重新估价事，现准本界各业主将现在租价实数填列比较表陆续送会，请转函估价委员会注意办理。等因。相应检同比较表共四十七份，一并函送，即请查照，转交估价委员会注意办理，并希见复为荷。此致大英国工部局董事会。

　　附表四十七份。

天津英租界中国纳税人公会干事会启

十一月三十日

照录英国工部局秘书处复函

　　径启者：顷准贵会十一月三十日大札，并附各业主填送租价比较表计四十七份，藉悉一是。此项比较表现已照交估价委员会审核。特此函复。此致天津英租界中国纳税人干事会。

秘书长兼工程师巴恩士启

一九三六年十二月二日

照录本会致英国工部局董事会函为对于此次改估务请按照现在价值
状况切实减估以昭公允而免纠纷一案原函

　　径启者：查本界房产价值已届五年改估之期，前准本界各业主陆续将房价比较表送会，业经汇函贵局转交估价委员会注意办理在案。兹闻贵局一九三七年预算计划，关于房捐收入总数约计减少百分之十二，是则房产租值之改估或系按照此种规划以为比例标准。惟查自一九三一年估价以来，历年房价跌落概况较之百分之十二相差犹巨，各业主损失太重，万难支持，若不特减担负，必皆视置产为危途，甚足影响本界发展。为此再行函陈，即希转致估价委员会特别注意，对于此次改估务请按照现在价值状况切实减估，以昭公允而免纠纷。无任感荷。此致大英国工部局董事会。

天津英租界中国纳税人公会干事会启

十二月十日

照录英国工部局秘书处复函

　　径启者：顷准贵会十二月十日大札，承示种切。关于敝局一九三七年预算，虽有向各分处征取估计之举，现时尚未编造。惠函所称一九三七年预算房产租值约减百分之十二一节，似不无误会。查估价委员诸君均系富有经验，素孚公正声望，对于估计定能按目下实价为基数也无疑。无论如何，台函所示，鄙人当陈请董事会审核。专此致复天津英租界中国纳税人公会干事会。

秘书长兼工程师巴恩士启

一九三六年十二月十五日

照录本会致英国工部局董事会函为对于界内压石厂早日搬迁将遗址改建为公园及游泳池并将福发道警察分驻所及时添造完备一案原函

径启者：查十二月九日本界选举人特别大会贵董事长提案说明内开，关于明年发行债券二百七十万元，数内之二十三万七千三百六十二元，列为明年之建设费用。等语。惟建设宜有先后缓急之分。查本届敦桥道工程处材料厂地址现已成为住宅中心，每日该厂机声震动，实妨碍居民安宁，其飞沙流烟更有害于卫生，数年以来迭经本会及各住户函请将该厂移至工业区域在案。本岁四月选举人常年大会，贵董事长并曾宣言，一俟款项有着，当即进行搬移。兹因明年建设费用既已有着，拟请即将该材料厂迁移所需款目，尽先列入明年预算案内，俾便早日搬迁，用慰公众之望。再查本界公共花园尚少，公共游泳池犹未建设。每届暑天，居民沿路乘凉，或赴野外水坑游泳，既不卫生，且有危险。今游泳运动已居世运重要项目之一，为振导市民健康计，为市政设施完美计，似本界游泳池之设置均属刻不容缓，拟请贵会即将工程材料厂遗址改建为公园及游泳池，借游泳收资以补助公园费用，一举两得，实于本界发展大有裨益。又查福发道西端地点空旷，该处警察分驻所按照原图建筑尚未竣工，似应及时添造完备，俾便驻用而保安宁，庶几繁荣可期，贵局收税亦得逐渐增加也。以上数项皆关紧要，如荷采纳，并望将所需费用编列明年预算。本会为谋公众福利起见，特函奉承，即希鉴照施行为荷。此上大英工部局董事会。

天津英租界中国纳税人公会干事会启

十二月十二日

照录英国工部局秘书处复函

径复者：顷准贵会十二月十二日大札，备悉种切。关于特别建设经费一节，遵当早日陈请董事会审核，如何决定，当再奉闻。此致天津英租界中国纳税人公会干事会。

秘书长兼工程师巴恩士启

一九三六年十二月十五日

照录本会准聚福堂李代表人李警予等函为董事道忽改自由通行路而为单行路交通商业均感不便转请英国工部局董事会核办一案原函

径启者：案准本界居户聚福堂李代表人李警予等函，为董事道忽改自由通行路而为单行路，交通商业均感不便，请主持公道，代为呼吁，俾得早日恢复交通而免损失。等因。相应检同原函送请查核办理，并希见复为荷。此致大英国工部局董事会。

附原函一件。

天津英租界中国纳税人公会干事会启

二月九日

照录英国工部局秘书处复函

敬启者:前接贵会二月九日大札,承附示本界居户聚福堂李代表人李警予等一九三七年一月二十七日函开,因董事道施行交通新规定,皆感困难。等因。良用感谢。查敝局于接奉台函前曾接李君等同样函件,业经分别抄送董事会在案,本月开会时定可付之审核,有所裁决。专此奉复。此致天津英租界中国纳税人公会干事会。

秘书长兼工程师巴恩士启

一九三七年二月十五日

第九届干事会

照录本会致估价委员安德森先生函为对于本界房产租值捐
按照原定估价标准实行减估一案原函

敬启者:前以本界房产租值捐已届改估之期,曾经汇集各业主房产租价数目报单,分别函达贵会请求减估,各在案。自华北事变以来,本界人口陡增,其新建初租之房或由租户分租者,当不免有临时居奇高抬价值,但此种情形仅系暂时的少数现象,而原有普遍各房产租价悉仍其旧,并未稍长。兹特重行声明,即希贵会按照原定估价标准实行减估,早日公布,以昭平允,而慰众望。至纫德谊。顺颂时祉。此致估价委员安德森先生。

天津英租界中国纳税人公会干事会启

二十六年十月五日

照录本会致英国工部局董事会函请将敦桥道压石场遗址
改建公园一案原函

敬启者:查现代都市莫不注意于园林,岂徒为美化市容适于游观而已,实以其于社会文化、居民健康俱有密切之关系故也。近年本界户口大增,而公共花园实嫌太少,是以清晨曝日,傍晚散步于阳光充足、空气清鲜之草皮园地,需要极殷。本会有见于此,拟请贵局将敦桥道现已腾出之材料厂遗址改建公园,一切规模不妨力从简单,但将苗圃树林、他处花草略为移植,其余不可少之设备稍加布置。似此简易办理,实际上既副需要,而公中所费亦属无多,居民受惠实匪浅鲜,所有应用经费即希列入明年预算,以便早日施行。专函陈请,伏维采纳。至纫公谊。此致大英工部局董事会。

天津英租界中国纳税人公会干事会启

二十六年十一月九日

照录英国工部局董事会复本会函

敬复者:前奉贵局十一月九日大札,承示关于敦桥道压石场遗址改建公园一案,已列入一九三八年预算内,约于来年夏季即可著手办理。专此敬复。此致天津英租界中国纳税人公会干事会。

秘书长兼工程师巴恩士启

一九三七年十二月三十一日

照录本会致英国工部局函为对于本界营造卫生各条例意义上之解释稍予宽容如现有房产修理完善卫生设备排泄顺利请勿再向业主另作其他要求一案原函

敬启者:案据本会干事宁彩轩声称,查英租界内现有房产在建筑以前,俱先将设计图解送请工部局核准,及完工后复经工部局派员查验相符方准居住。彼时既经查明并无不合方加允许,自不得以其与事后所颁新条有所不符,而将以前所发之准许居住执照或效力相等之证书予以推翻。盖条例凡经修改或添加者,仅应施用于新建筑物,其旧建筑物或其内之设备纵与现行条例有未尽符,而新条例亦绝对不能追溯既往变更前案也。至一九三六年颁行之营造暨卫生规则固臻完善,为本界区域内各处情形不同,对于严格奉行条例不无困难之处,良以租户方面对于业主之产业及其内之设备往往漠不关心,任意毁坏。倘设备过于精求,负担不免繁重,此种情形工部局应加以体谅,不宜过事吹求也。查工部局之收入多赖房地捐税,为维持税源起见,对于业主亟应加以维护,方符鼓励业主之意。基于以上原因,应请转函英工部局对于营造卫生各条例意义上之解释稍予宽容,如现有房产修理完善,卫生设备排泄顺利,请勿再向业主另作其他要求,则感荷无既矣。等语。当经本会讨论,佥以所提之案,洵属实在情形,应函请工部局查核,于可能范围内从宽变通办理,以利业主而资鼓励。等因。纪录在卷。相应函请贵会查核办理,并希见复。至纫公谊。此致大英工部局董事会。

天津英租界中国纳税人公会干事会启

廿六年十二月十三日

照录英国工部局董事会复本会函

敬复者:前奉贵会转示十二月十四日大札,叙述敝局营造卫生条例各节谨悉。一是此案当即呈请董事会审核,并经饬令工程处对于该条例各款予以从宽解释。关于此项条例施行,董事会既令所属出以公允宽大,故对贵会提示各节以为业经照办,惟敝人愿负责申述者,即敝局采用各项手续,要在保障本租界住户健康幸福,对于各业主决无故予困难之意,祇准前因。专此敬复。此致天津英租界中国纳税人公会干事会。

秘书长兼工程师巴恩士启

一九三八年一月八日

(J0211-1-003754)

145.天津英租界中国纳税人公会迁移新址通告

1938年6月6日

径启者：查本会会址已于六月一日迁移至英租界四十七号路源合里五号内，照常办公。如有商洽事项，即请至本会新会址接洽可也。除分函外，相应函达，即请照为荷。专此。顺颂台祺。

天津英租界中国纳税人公会启

六月六日

（J0211-1-003754）

146.天津英租界中国纳税人公会干事会函送英界中国纳税人公会特刊第二集册公启

1938年8月15日

径启者：查本公会第一集特刊前经刊印分送查照在案。兹将本公会第七届至第九届干事会经办之重要事件整理齐全，编为第二集特刊，业经付印成帙，相应检同原书一份送请查照为荷。除分函外，专此。顺颂台祺。

附送天津英租界中国纳税人公会特刊第二集一册。

天津英租界中国纳税人公会干事会启

八月十五日

（J0211-1-003754）

147.天津英租界选举人特别大会议录

1938年12月2日

时间：一九三八年十二月二日星期五下午五时。

地点：天津英文学堂礼堂。

是日大会系由英国总领事哲述森君主席，董事会席次计有董事长体伯君，副董事长庄乐峰君，董事狄克森君、黄约三君、林凤苞君、罗杰君、王荷舫君，秘书长兼工程师巴恩士君，议员职务由卢惺园君担任，议会秘书由英国领事赫博特君充任。选举人出席者计有：

蒲麟、柏志士、贾佩孟、陶墨斯、谭礼士、戴悌、艾文斯、詹那、傅礼、安德森、安德铸、雅德惠、贝铎、霍卜德旅长、费根、白路斯、郝为乐、姜荫士、安指南、甘博士、美雅师、马开示、欧哈雷、裴恩德、毕郭克、毛莱、毕德斯、鲍维尔、拍赉育、芮德、胡佩德、戴乐、端纳①、吴陶尔、吴楼、杨嘉礼、西门士、伟克森、孙少轩、张仲平、张碫臣、张士骏、蔡瑜文、张大海、吴聿修、陈晋卿、赵慕尧、宁彩轩、薛少棠、阮性言、陈伯威、金邦正、徐国香、董幼臣、时运承、杨绍余、周立之、周叔弢、蔡成章、郭翰生、李次武、刘晓言、吕卫公、俞荫才、倪幼丹、高品三、魏际尧、孙周佩馨、孙仲珊、王文蔚、张占奎、蔡礼文、陈天钺、陈礼、金伯平、王德麟、刘思久、李赞臣、蔡述谈、焦子清、王景三、时子奉、王幼云、周志辅、刘笠农、吴叔班、杨敬夫、杨景桂、杨石门、訾钰甫、王子春、杨云溪、娄鲁青、樊樊圃、赵海岳、杜乐园、王崇植。

主席宣布开会,并由议会秘书宣读召集会议通告为开会仪式。

主席——大会今可进行讨论,依据通告所列议题,兹请诸君注意通告内所述之章程第四条第五款,该款载明特别大会所议事件,应以召集该会议本旨为限,故本会所议事件当限于选举新董事二人,其任期为本届市政年度余剩时期,即截至一九三九年四月间常年大会期为止。

查候补董事会二名缺额之候选人计有三人,姓名已详列选举票及黑板上,兹请选举人注意,由选举票所列之候选人三名中,可任意记号推选一人或二人,惟最关紧要者,选举人切勿对于票上之三候选人悉数记号推选,盖投票截止计算票数时,如有发现记号推选三候选人之选举票,即作为废票,不予计数。至于记号推选手续已详注票上,现选举票既在诸君手中,诸君只须各随己意,于票上填加选举记号,再将该票投入票柜。

鄙人兹宣布选举新董事二人之投票现时即可执行,并指派贝铎君、詹那君、娄鲁青君、金邦正君为检票员,愿执行投票之各选举人请即前来将票投入票柜。

主席——在场选举人已得充分时间从事投票,愿行投票诸君是否均已投票,兹再等五分钟容许投票,俟五分钟后,鄙人当宣布投票截止。

主席——现五分钟已过,所有愿行投票之各选举人似已投票,鄙人兹宣布投票截止,并请检票员计算票数,同时宣布会议告终。诸君如愿留此等候选举结果者,无任欢迎。如无暇等候结果者,即可随意离会,当选各董事姓名必揭晓明日本埠报章也。

会议于下午五时十五分闭会。

董事长——鄙人愿在散会之前,代表本租界选举人向新总领事谨致欢迎诚意,今日承总领事惠临主持会议,曷胜感激。同人等忆及数年前哲总领事曾一度驻津担任总领事职务,今者英国政府选任得人,重派哲总领事来津,无任欣慰。同人等深信总领事此次驻津时期当较为长久,此后每年选举人大会主席可得其担任,殊感荣幸。

主席答谢选举人欢迎盛意。

主席——现在选举票已数讫,鄙人宣布本届市政年度剩余时期当选之董事名次列左:安德铸君、柏志士君。

(J0211-1-003754)

---

① 档案里出现的"瑞纳""端纳"等不同译名实为一人。

148.天津英租界中国纳税人公会召开中国纳税人常会公启

1939年2月1日

径启者:兹为耀华学校(即天津公学)预决算及管理委员人选等事,特订于二月八日(星期三)下午准二时,假英租界耀华里后公学道耀华学校开英租界中国纳税人常会,务希准时惠临,幸勿放弃、延误。除分函外,特此函达,即请查照为荷。专此。顺颂台祺。

天津英租界中国纳税人公会启

二月一日

(J0211-1-003754)

149.天津英租界中国纳税人第一次常会议事日程

1939年2月8日

议事日程:二十八年二月八日。

一、推举临时主席。

二、宣读召集会议通告。

三、接受耀华学校管理委员会二十七年度报告。

四、金校长报告。

五、讨论耀华学校二十七年度决算。

六、讨论耀华学校二十八年度预算。

七、预选耀华学校管理委员。

八、临时动议。

九、闭会。

(J0211-1-003754)

150.天津英租界中国选举人常年大会会议程序及报告

1939年2月8日

时间:民国二十八年二月八日(星期三)下午四时半。

会议程序

一、推举主席。

二、宣读召集常年大会之通知。

三、接受耀华学校管理委员会民国二十七年度报告。

四、接受耀华学校校长民国二十七年度报告。

五、接受耀华学校民国二十七年决算案。

六、接受耀华学校民国二十八年预算案。

七、选举民国二十八年度耀华学校管理委员。

八、其他临时议案。

耀华学校民国二十八年预算

	民国二十七年预算	民国二十八年预算	比较增减数
收入			
英工部局协款	$80,000.00	$85,000.00	+$5,000.00
学费	$103,716.00	$103,720.00	+$4.00
总计	$188,716.00	$188,720.00	+$5,004.00
支出			
薪水	$112,068.00	$118,860.00	+$6,792.00
养老金	4,381.00	5,112.00	+731.00
年终奖金	7,370.00	8,520.00	+1,150.00
差役门警辛工	7,142.00	7,620.00	+478.00
差役年终奖金	554.00	580.00	+26.00
修缮维持及添置费	4,800.00	4,200.00	−600.00
医药及卫生设备	1,000.00	1,000.00	——
煤炭，电灯及自来水	9,750.00	9,000.00	−750.00
文具及印刷品	6,000.00	5,500.00	−500.00
保险费	1,343.00	1,420.00	+77.00
电话	600.00	600.00	——
杂项	6,200.00	5,600.00	−600.00
特别费用	1,000.00	1,000.00	——
教科书	450.00	400.00	−50.00
体育费用	4,000.00	3,700.00	−300.00
校舍及家具储金	5,511.00	5,600.00	+89.00
实习费用	3,500.00	3,500.00	——
假期津贴	240.00	240.00	——
奖学金	1,000.00	1,000.00	——
参考图书等	4,000.00	4,000.00	——
总计	$180,909.00	$187,452.00	+$6,543.00
约计余款	2,807.00	1,268.00	−1,539.00
	$183,716.00	$188,720.00	+$5,004.00

耀华学校民国二十七年华部经常费收支账

支出		收入	
	国币		国币
教职员薪水养老金及年终奖金	32,573.02		
校役工资	1,262.00		
修缮维持及添置费	450.46		
煤炭电灯及自来水	1,980.06		
文具及印刷品	1,424.86	学费	43,476.00
杂项	937.40		
教科书	114.17		
体育费用	259.32		
结余转入建设项下	4,474.71		
合计国币	43,476.00	合计国币	43,476.00

耀华学校民国二十七年建设项下

	国币		国币
赵前校长治丧费	3,000.00	民国二十六年耀部结存余款	63,564.81
赵前校长子女教养费	7,000.00	民国二十六年华部结存余款	19,835.24
家具及打字机器	9,708.07	民国二十七年耀部经常费收支相抵后结存余款	22,479.04
科学仪器	327.80	民国二十七年华部经常费收支相抵后结存余款	4,474.71
零星用项	358.53		
建设项下			
办公处建筑费	20,777.79		
办公处暖气电料			
卫生等设备	6,069.03		
	26,846.82		
结余转入民国二十八年新账	63,112.58		
合计国币	110,353.80	合计国币	110,353.80

耀华学校民国二十七年资产负债表

负债	国币	资产		国币
零星债务及年终奖金	10,479.78	地亩(52.945亩每亩价银伍千九百三十元零七分)		313,967.56
学生存款(即书籍保险金)	20,659.94	校舍		
折旧公积金	37,204.25	第一校舍	129,400.86	
穆女教员休假准备金	1,920.00	第二校舍	129,058.34	
英皇奖学金基金	6,000.00	第三校舍	132,281.85	
耀华奖学金	820.00	第四校舍	145,929.90	
建设项下	63,112.58	体育馆	54,985.80	
英皇奖学金基金利息	616.72	校役室	1,482.00	
办公处建筑暖气及电料合同未付清部分	2,113.48	礼堂	254,226.71	
(参照封面)		校院铺砖筑沟及喷水池	19,676.59	
总计	1,393,847.69	办公处	26,846.82	
		院墙及校门	26,191.74	
		总计		920,080.61
		办公处建筑暖气及电料合同未付清部分(参照封面)		2,113.48
		家具		
		科学仪器		89,464.44
		参考书籍		56,835.66
		有价证券(实价)		13,499.42
		零星欠户(学生书籍纸簿账)		41,452.71
		预备售与学生之书籍(实价)		13,812.63
		定期存款		3,018.57
		现款		38,613.42
		英工部局流水账		300.00
				43,615.94
合计国币	1,536,744.44		合计国币	1,536,774.44

耀华学校民国二十七年耀部经常费收支账

支出	预算 国币	决算 国币	预算 国币	收入	决算 国币
教职员薪水养老金及年终奖金	90,911.00	93,393.74	80,000.00	英工部局协款	82,804.75
校役及门警工资及年终奖金	6,379.00	6,119.06	60,500.00	学费	69,250.44
医药及卫生设备	1,000.00	168.33	——	利息	2,862.24
保险费	1,343.00	1,370.56	——	杂项收入	1,036.53
煤炭及电水	7,000.00	5,530.84			
修缮维持及添置费	4,000.00	3,043.50			
文具纸张及印刷品	4,500.00	4,493.59			
体育费用	3,500.00	2,345.77			
电话	600.00	579.26			
杂项	5,000.00	2,766.27			
教科书	300.00	745.51			
特别费	1,000.00	——			
折旧公积金	5,511.00	5,510.79			
实习费用	3,500.00	2,580.51			
穆女教员休假准备金	240.00	240.00			
耀华奖学金	1,000.00	1,000.00			
参考书籍	4,000.00	3,587.19			
结余转入建设项下	716.00	22,477.04			
合计国币	40,500.00	155,953.96	140,500.00	合计国币	155,953.96

耀华学校一九三八年报告

一年来之重要事项

今年为本校成立之第十二年,并为高中毕业之第三届,乃数年来校务之可纪者,以就正于关垂本校诸公幸赐教焉。

本届管理委员会管理委员:本届管理委员会管理委员为:吴莲伯先生、陈晋卿先生、郑慈荫先生、毕达士先生(Mr.E.C.Peters)及邦平五人。至七月间,邦平转任校长,由倪幼丹先生接任管理委员至十二月间。毕达士先生辞职,由英文学校管理委员公推德恩若先生(Mr.James Turner)代表该会为本校管理委员。

庄乐峰先生为本校管理委员会出席英文学校代表:本校创办人庄乐峰先生连任管理委员十一年之久,热心擘划,勋劳卓著。今年二月在英租界中国纳税人大会,以年事日高坚决辞职,公众竭力挽留不获,因另改选。嗣经本校管理委员会公推庄乐峰先生代表本校管理委员会为英文学校管理委员,以便遇事接洽。

赵前校长逝世:赵前校长君达长校四载,热心改进,不遗余力,蜚声士林,群推巨擘,乃以誉重谤生,致被造谣诬陷,竟于六月二十七日晨七时余遇狙逝世,年五十有三,中外人士靡不伤悼,殡于天津万国公墓,执绋会葬者数千人。

管理委员会与保管团联席会议:赵前校长逝世之后,本校管理委员会委员诸先生于溽暑之际不辞劳瘁,对于本校前途以及延聘校长问题屡经开会筹商,并与本校教育保管团甘博士、戴乐、裴恩德诸先生迭开联席会议,商讨本校前途进行诸事宜,全体意见一致,甚为圆满,至今本校得以顺利进行,端赖诸先生热心维护之盛意也。

管理委员转任校长:邦平备位管理委员,迭经同仁敦促继任校长,猥以菲材,屡辞不获,爰于七月二十一日就职任事。以视赵公长才硕学,诚有盛极之后难以为继之感,幸赖管理委员诸公之指导,校中同仁之赞画,黾勉从公,庶免陨越。

倪幼丹先生继任管理委员:管委诸公于邦平就任校长之初,其管理委员一缺经在职委员公邀倪幼丹先生担任斯席。溯幼丹先生迭任本租界中国纳税人公会干事,热心公益,驰誉中外,本校创建之始,慨捐巨款,继乃赞助维护始终不渝,与本校固有深切之关系者也。

今年全校师生人数:本校初成立时,仅教职员五人,学生四十六人而已,今则中小学已有教职员一百二十四人,学生二千零八十二人矣。

办公处之建筑　本校感于本租界学生之向学者日众,学额有限,教室已不敷分配,势不能不扩充学额以宏造就,乃有各校舍尽量充作教室,别建办公处之动议,俾可腾出教室多间收容学生,而职教员亦能集中,效率益增。当经管理委员会议准,计自本年三月中瀚动工,凡四阅月蒇事,建筑费连同设备共约贰万余元。

高中学生文理分科:本校鉴于近年高中毕业学生以种种原因未必均能升学或均愿升入理科,其志欲学文科者,既无须肄习高深算学,而志欲习理工科者,复感理化程度之不足,其无力升学欲就业者,又苦无一技之专长,爰拟将中学普通课程酌加改进,以资适应实际需要,即为高中二三年级文理分科授课,理科则提高理化程度,文科则免习高深算学,提高国文、英语程度,并酌加职业科目,如是则其不宜肄习理科课程之学生,庶免方枘圆凿之苦,且获有一技专长,差足谋生,而欲习理工者,又能供其需要,将来升学自有余裕。乃自秋季试办以来,进行尚属顺利,更当随时研讨改进,切合实用,期收良好之效果也。

中小学两部均扩充班级:本校自本年以来,其原称之第一部改称耀部之中学学生及小学学生,因办公处之落成,腾出教室,乃将男生各设甲乙两组,女生以人数较少,则仍各设一班,名额亦较前增加,共计三十六班。

特班改称华部及提早上课:自去岁七月天津事变以来,英租界居民激增,而学生之失学者尤众。本校原为英租界住户及纳税人子弟而设,乃于九月间筹设特班,聊尽区区服务社会、救济失学青年之微忧。迄来华界各学校虽经恢复,所有肄业本校学生均以设备完全、环境优良、教授热心不欲转学,胅恳继续肄业,本校以其向学情殷,不忍过拂其意,乃决定继续办理,并自九月开学后改称华部,其上学年考试成绩优良学生则择尤提入耀部。故今年华部学生总数较去年为少,至华部授课时间原订自下午三时三十分起,至六时五十分散学,即星期六下午及星期日上午亦照常上班,于教员学生均有不便,乃迭经筹划改进,将休息时间缩短,并将中学耀部及小学理化、音乐、体育、唱游各科教室上课时间匀出,令学生到大礼堂理化讲演室、体育馆、健身房、操场、音乐教室上班,尽量腾出教室。俾华部授课时间提前至晚于下午五时四十三分即可散学,庶师生回家不至过晚,且可增加在家自修时间,而星期日且可休息矣。

教学研究与考核成绩：本校为增进教学效率起见，组织中小学各科教学研究会，指定主席负责考核推动进行，会同该科教员订期举行会议研究改进问题，中小学教务主任均出席指导，并签阅会议纪录，每月由邦平会同樊、孙两教务主任，召集各科主任开会讨论各科联络及促进学生德业有效方法，其各科成绩、作业由各科定期送由邦平会同樊、孙两主任、各科主任暨指定负责诸君核阅，以谋改进。

改订校历：本校每学年第一学期秋季始业向于国历九月一日开学，至阴历年前结束，放年假二星期，翌年正月初第二学期开学，至六月杪结束，故第一学期日期较长，对于招生收费、进退教员各事现感不便，故自本年度起，将校历改订，寒假自明年一月十八日起，至二十四日止计一星期，第二学期一月二十五日开学，仍于六月杪结束，并规定二十八年度第一学期八月二十五日开学，如此两学期授课日期平均，较为便利。

举行恳亲会：本校每年一度之恳亲会及体育表演，于四月二十三日上午八时，以阴雨之故，全部改在体育馆举行。本校管理委员诸公莅会指导，学生、家长到校参观者几近五千人之谱，实为空前盛举，而表演项目共三十四项，均极精彩，颇博来宾好评。

孙周佩馨夫人捐款购置木凳：此次恳亲会孙周佩馨夫人莅会，以来宾过多，看台不敷应用，慨捐国币五百元，以为增置体育馆内看台之需。而以物价昂贵，估价太高，改置木凳四十七条以资应用，本校为置捐款铜牌两方，悬诸体育馆壁用以表扬。

第五届秋运会：本校第五届秋季田径赛运动大会，于十月八日上午八时起举行，男女生共十三组，参加人数计田径赛九百七十三人、拔河四百二十人、竞走三百九十三人，共计一千七百八十六人。各项竞争情况极为热烈，创办人庄乐峰先生，管理委员陈晋卿、倪幼丹、郑慈荫、毕达士诸先生均莅场指导，结果打破本校四十项记录，可谓空前收获。是日适值阴历中秋，庄、陈、倪诸公在体育馆与全体教职员欢宴，觥筹交错，谈论风声，靡不大快朵颐。至十月二十四日由邦平在中小学周会时间，颁发秋运会团体总分与个人总分优胜奖品，并致勉励之词。

购置中英文打字机以利教学：本校中学文理分科，文科自第五学年起，授学生以打字技能，故购置 Remington 牌英文打字机八架，Underwood 牌英文打字机八架，商务印书馆舒氏华文打字机一架，日本万能牌华文打字机一架，俾学生对于无论何牌之打字机，均能运用娴熟，以备异日就业服务之用。

本校教育保管团代约巴克斯爵士审查教科用书：自去岁事变发生以来，各校对于新陈代谢时期之教科用书，殊感无书可用之苦，惟有仍用原采教科书，修改删除其不合环境部分，然此种工作总以第三者客观眼光为宜，当经本校教育保管团主席甘博士先生（Mr.P.H.B.Kent）于今夏代约侨居中国四十载，素以汉学著名之文学大家巴克斯爵士（Sir Edmund Backhouse）代为审查中学史地、小学国语、社会常识各书，其主旨在保存事实而删除无谓之批评。时当酷暑，不辞劳瘁，详为修订。本校得以依据奉为圭臬，嘉惠后学，诚非浅鲜。

学生领取书籍纸簿改订办法及改收保证金：本校中学耀部及小学学生领取书籍纸簿，向系预交保证金，随时签字领取，由本校记账，至学期之末结算，拨付书店。近年学生日多，校务日繁，结算需时过久且学生以不用现款，动辄任意领取，靡费过多，爰改订办法，自下学期起，除初小学生因年龄较幼照旧办理外，其中学耀、华两部及高小均以现款购买为原则，并为便利学生起见，校中仍指定地点嘱书店派人来校售卖，现款用否听便，惟高小估计一学期用数通知家长，以免学生妄费，至于保证金均予减收。高中耀部原为贰拾元，改收拾元；华部原为拾元，仍收拾元。初中耀部初中三年原为拾肆元，初中一二年原为拾元,均改收陆元;华部原无保证金,亦收陆元。高小原为陆元,改收肆元;初小原为肆元,改收贰元。将来毕业或退学时仍将余款发还。

预算合并:本校中学耀部连同小学与中学华部,以性质不同,经费原系各有预算,兹以华部亦改为永久性质,且该部学生大多数为英租界住户或纳税人子弟,亦应享受英国工部局协款利益,故决定自一九三九年(即民国二十八年)起将两部预算合并。

学生人数

本年年终在校肄业者,中学(包括耀、华两部)及小学共有学生二千零八十二名,现有学生五十一班,计中学耀部十八班,华部十五班,小学十八班。

中小学两部详细人数

年级	男生	女生	总数
高中	四三四	一八五	六一九
初中	三六七	二四七	六一四
高小	一五六	一〇九	二六五
初小	三五五	二二九	五八四
总共	一三一二	七七〇	二〇八二

本年学生人数与上年及十年前之对照

年级	男生	女生	总数
一九二七	二九	一七	四六
一九三七	一五〇一	八四二	二三四三
一九三八	一三一二	七七〇	二〇八二

毕业生

本年六月毕业生人数

年级	男生	女生	总数
高中	一四六	九一	二三七
初中	一四九	八〇	二二九
高小	六四	四四	一〇八
初小	七五	五一	一二六

学年考试第一、二名奖品

本校六月学年考试,各级名列第一、二名之学生,本校颁给奖品书籍,以资鼓励,共六十四名,年级及姓名列左:

高中三年男生

萧普智、陈文毅

高中三年女生

娄钟英、沙逸仙

高中二年男生

崔枋、杨逢滨

高中二年女生

张燕馨、徐国庆

高中一年男生

陈文汉、钱宇年

高中一年女生

渠川玲、喻娴士

初中三年男生

徐永强、李绍膺

初中三年女生

曾和琳、秦士谦

初中二年男生

曹锡隽、叶文丘、顾达诚、朱起鹤

初中二年女生

靳桂书、孙家俊

初中一年男生

赵复三、蔡克诚、王显文、秦士全

初中一年女生

冯健美、孙家慧

高小二年男生

何友慎、林承先、李赓铮、马长义

高小二年女生

徐永平、袁家芸

高小一年男生

王祖泽、马祖彭、郑元珂、刘开济

高小一年女生

王华贞、王慧贞

初小四年男生

李国光、陈大鹏、范恩滂、周尧和

初小四年女生

范果明、李美丽

初小三年男生

阎震南、刘保纲、许福超、张曾铨

初小三年女生

林桂英、徐永玲

初小二年男生

马之骢、沈世良、吴克俭、柳惠庆

初小二年女生

魏华、冯忠蕙

初小一年男生

李仲明、李锡曾、顾耀南、胡德疆

初小一年女生

王玉贞、陈琼影

褒奖证书

本校学生于一学年内学业、操行、体育、考勤成绩兼优者,本校颁给褒奖证书。本年获得是项荣誉者为高中男生一名、高中女生二名、初中男生一名、初中女生六名、高小男生一名、高小女生三名、初小男生十一名、初小女生十三名,共三十八名,年级及姓名列左:

高中三年男生

萧普智

高中三年女生

娄钟英、朱湘琴

初中三年男生

徐永强

初中三年女生

曾和琳、秦士谦

初中二年女生

靳桂书、魏铁芬、王敦樑

初中一年女生

冯健美

高小二年女生

徐永平

高小一年男生

马祖彭

高小一年女生

王华贞、王慧贞

初小三年女生

黄玲爱

初小二年男生

马之聪、沈世良、范恩俊、王午年、王秀铭、刘保常、向传灵

初小二年女生

魏华、林颖娴、倪继芳、蔡玉如、罗熹祖、阎钟星、孟金耀、黄钟毓

初小一年男生

顾耀南、胡德疆、邬显义、冯景光

初小一年女生

王玉贞、阎钟明、黄卉芳、吴玉芳

模范生奖

本校高、初中学生德、智、体、群各育均列最优等者,于毕业时授以模范生金质奖章,本年获得此项奖章者为:

初中毕业女生曾和琳

全勤奖

本校第三届高中毕业女生朱湘琴自高中一年至高中毕业,三年以来,勤恳向学,从未迟到、请假、旷课,故本校给予二等全勤奖品手表,以昭激劝。

英皇奖学金

本年六月,初中毕业成绩最优而继续在本校肄业,应得英皇御极二十五周年纪念奖学金,学生之姓名列左:

男生:徐永强、李绍膺

女生:曾和琳、秦士谦

本校奖学金

本校为提倡家境清寒、品学兼优之学生来校肄业特设奖学金,自经常费项下提出国币壹千元以充此用,高中每学期伍拾元,初中每学期肆拾元,高小每学期叁拾元。本年得有此项奖学金者共有男女生十一名。

卫生

本校对于卫生向极注意,每年春秋两季通知学生就近觅医种痘,并自九月开学后,全体学生均经体育课切实检查身体,如查明有疾病者,即谆嘱该生延医诊治,经医士具函证明痊愈后,方准其回校上课。至于患病有传染性者或家庭患传染病者,即使之隔离,在相当时期内不准到校,故历年全校健康状况经过良好,并无重大病症发生。

图书馆

本校图书馆去年图书总数为二万五千三百六十六册,以学生人数日多,图书不敷阅览,乃自去年有增购图书十年计划。实行后,指定每年图书购置费四千元,故两年以来购置图书较多,今年增购及捐赠计二千八百七十一册,连同历年购存图书,共为二万八千二百三十七册,如是则陆续增加,蔚为大观,以供师生之研讨,尚冀热心人士踊跃捐助,尤为感荷。

体育

本校男子初中组参加天津私立学校篮球比赛,与法汉学校于一月九日下午二时举行决赛,结果本校队获得亚军。

本校行健足球队与英文学校足球队,于三月十日下午三时半举行友谊比赛,结果一对一平局,双

方校长均到场。

本校班际篮球投篮比赛于三月十四日起始举行,共分十组,参加人数三百余。

本校班际垒球比赛自五月二日起始举行,共分五组,约计二百余人参加。

本校教职员队与全天津市体育教员联合队,于五月十一日下午四时在本校球场作垒球友谊赛,结果以二十一比四本校大胜。

本校班际排球比赛于五月十八日起始举行。

本校中学耀、华两部篮球联欢赛,于六月五日上午十时在体育馆举行,由赵前校长行开球礼,双方表演均极精彩,结果耀部获胜。

本校中学耀、华两部联合排球队与天津市公开排球赛冠军金银队,于六月十二日上午十时在本校球场作友谊比赛,结果三比二本校告捷。

本学期各种际比赛优胜奖品,由赵前校长于六月十三日周会时间颁发各班,并致辞勖勉。

本校男子高中排球队参加天津市公开排球赛,于九月二十九日下午与市师队在究真中学球场举行决赛,结果以三比零我校获得冠军。

本校班际篮球比赛于十一月二十四日起始举行,共十三组,参加人数六百余人。

校长金邦平

(J0211-1-003754)

151.天津英租界中国纳税人常会开会公启

1939年4月5日

径启者:兹因英租界选举人借用英文学堂开常年大会在即,特订于四月九日(星期日)下午三时,假英租界耀华里后公学道耀华学校(即天津公学)召开英租界中国纳税人常会,筹备一切应办事宜。届期务请准时惠临,或委托代表出席,幸勿放弃、延误。除分函外,特此函达,即希查照为荷。专此。顺颂台祺。

天津英租界中国纳税人公会启

四月五日

(J0211-1-003754)

152.天津英租界中国纳税人公会第二次大会议事日程

1939年4月9日

二十八年四月九日下午三时。

一、请推举临时主席。

二、主席宣读召集会议通知。

三、预选董事。

四、预选估价委员。

五、临时动议。

六、散会。

议决聘任　议决阎君聘任预备候补董事,公决有添选之必要名额,决定四人:雍剑秋、孙启廉、吴焕之、项荣宝。

上届董事:庄乐峰、王荷舫、黄约三、林凤苞、朱继圣。

上届估价委员:阎子亨。

(J0211-1-003754)

153.天津英租界中国纳税人第二次大会中国候选董事名单

1939年4月9日

二十八年四月九日,经英租界中国纳税人第二次大会全体一致推定,左列五位为此次中国候选董事。

计开:庄乐峰先生、王荷舫先生、黄约三先生、林凤苞先生、朱继圣先生。

(J0211-1-003754)

154.天津英租界中国纳税人公会二十八年份改选董事及预选候补董事暨临时提议决案

1939年4月9日

天津中国纳税人公会廿八年份改选董事及预选候补董事暨临时提议议决案分列于后:

(一)改选董事:上届董事五人,原由庄乐峰先生、王荷舫先生、黄约三先生、林凤苞先生、朱继圣先生担任。

本年照章改选议决:联任。

(二)改选估价委员:上届估价委员由阎子亨先生,本年照章改选。

议决:联任。

(三)预选候补董事:英国工部局定于四月廿一日召开常年大会,华人方面所选之董事,倘届时未克出席,深恐权利上有所损失,故应选候补董事四人。

议决:通过。当即选定雍剑秋、孙启廉、吴焕之、项荣宝先生为候补董事。

(四)临时提案

甲、庄董事提议:昨接英工部局报告书关于英文学堂开支概算一案,其常年经费应为85万,因根据保管契约之规定,该校职教员多系英籍人,每年薪金支付英金,照原定法价折合国币,故其开支概算应为列为26.5万,似此情形,英金行市变化无穷,照原定之数目增出一倍以上,均由纳税人担负,似有未便。究如何办理,请公决。

议决:该案关系纳税人担负,应由本会指定纳税人员在英工部局召开大会时提出,请工部局修改契约,并一面由纳税人公会备正函通知英工部局董事会,请其查照。至耀华学校方面之英工部局协饷,倘能亦照英文学堂协饷办法,改为按英金结价,则将来之用途容再共同讨论。

乙、陈主席提议:本租界四拾九号路转角即前堆存石子之地点,前因租界内人户增多,而游戏地方不敷应用,曾由本会为纳税人谋便利起见,要求添设公共花园一处,即现时之皇后花园。至其余转角之一半空地,原拟请求工部局筑一游泳池,以便青年人夏季游泳健康身体。惟工部局本年报告内未将该款列入概算,但该局为敷衍华方纳税人起见,在概算数目以外,另行特别存储贰万元,并未指明用途。据云系备建筑游泳池之用,其对华方敷衍情形,可以想见。该处既有默许之模样,本会为纳税人谋利益,应否根据前案函催工部局办理,以资客观,请公决。

议决:通过。仍请干事会备函,请工部局继续办理,以便实现。

（J0211-1-003754）

155.天津英租界中国纳税人公会干事会询代表人姓名公启

1939年4月13日

径启者:现届本会改选干事之期,务请尊处将代表人姓名于四月十六日以前函知本会,以便付印会员名单,俾选举干事时有所依据。事关选权,务祈注意。除分函外,相应函达,即希查照见复为荷。专此。顺颂台祺。

天津英租界中国纳税人公会干事会启

四月十三日

（J0211-1-003754）

156.天津英租界中国纳税人公会关于合伙业主选举权的公启

1939年4月13日

径启者:四月二十一日为英租界选举人大会之期,关于合伙业主等选举权事,英国工部局业以第八号通告刊登《泰晤士报》,事关选权及中国人利益,务祈按照英国工部局通告"合伙业主、代理保管财产人、合伙占用人、合股公司暨商行,依章程第六条暨第七条之选举权数规定,应推举同伙一人执行之,并于任何选举人大会期五日前,函知工部局登记员。此项选举人务须将推定执行伊等所有选举权人姓名,于四月十六日或以前用书面通知登记员,凡适用前列章程之选举人,如业已照章具函申明,由何人投票则无庸再事推选"之规定,于四月十六日以前,将推定执行选举人姓名委托书,通知英国工部局登记员,并务希按照报载选举及开会日期,准时前往出席,万勿放弃,以保平等权益,是为至荷。除分函外,专此。顺颂台祺。

　　附委托书一件。

天津英租界中国纳税人公会启

四月十三日

（J0211-1-003754）

157.张丙生等为提议修改英文学堂预算案事
致天津英租界选举人常年大会函

1939年4月14日

　　为提议事。读一九三八年董事会报告,暨一九三九年预算册第八七页及第一一七页分刊天津英文学堂两年协款数目。计一九三八年外人纳税者所登记管业之地亩暨房产估价,总额共洋四六,一八九,二〇六元。按每一万元拨付协款十八元计,应拨八三,一四〇.五七元,而实际拨付一六三,〇五六.六〇元,计超过八万元。又一九三九年预算所刊地亩暨房产估价,总额共洋四七,五六四,〇〇〇元,应拨协款之数合八五,六一五元,但刊为二二五,〇〇〇元,计超过十四万元。其两年超过之数,均系因汇兑行市每银一两合二先令八辨士①所致。查每银一两折合二先令八辨士,英文学堂保管团契约内虽有此规定,但在立约当时系因英文学堂有英籍教职员,所有薪金有必须折合英镑汇往本国者,恐镑价涨落不定,乃有以每行平化宝银一两折合英金二先令八辨士为标准之规定,决非英文学堂全部经费,均须汇往外国而全部折合汇兑之必要,此为纳税人犹能记忆,并应以常理推定者也。今因外汇变动,上年增加工部局拨付至八万元之巨,本年又将增加十四万元。若有增无已,则工部局每年经常收入势必不敷,住居界内之纳税人势必又须增加纳税之负担,实有力不能胜之苦衷,故观此预算案而不禁恐惧无已者也。保管团契约规定汇兑标准,当然不系包括一切经费,而限于必须汇往外国之教职员薪水。则此项预算案因折合磅价而超过之十四万元,当然有修改核减之必要。倘因英文学堂保管团基于该契约之规定汇兑标率而有是要求,乃未注意及于立约人之本意,而误解该约之规定有以致之,则此约应须修正或加以说明。纳税人亦有请求修改或增加说明之权。查此项协款系由工部局拨付,凡工部局一切收入均系纳税人负担,则此款系由纳税人经工部局而赠与英文学堂者,赠与人认为支付困难无力担负,有权请求变更,故提出于本日大会为修改协助英文学堂预算案,或修改保管团之契约,或加以说明。并请在未经修改契约或增加说明以前,一九三九年预算案关于天津英文学堂协款二二五,〇〇〇元一款暂行保留,候召集临时大会通过修改,或说明英文学堂保管团契约时,一并提出大会另行编订预算案付诸讨论。是否有当,统祈公决。此上天津英租界选举人常年大会。

　　提议人:张丙生、宋棐卿、王更三、金邦正、张子腾、蔡述谈、吕卫公、积庆堂朱、王少溥、张务滋、王

---

　　① 档案中出现的外国货币单位译名有多种,如"先令""仙令""辨士""辩士""便士",均保持档案原貌,不做统一修改。

新吾、董幼岑、李次武、倪幼丹、李问农、聪启堂徐、阮兰叔、王幼云、沈云甫、巢章甫、陈晋卿、焦子清、盐业银行(李哲甫代)、致美堂商、宁彩轩、张拓丞、桐华堂于、李子祥、杜乐园、吴聿修、杨云溪、中南银行(翟幼之代)、马仲侯、俞荫才、李警予、金城银行(徐啸岩代)、刘品卿、穆叔愚、周夷希、中国银行(孙少轩代)、吴焕之、张碬臣、韩益三、李松坡、张厚记堂、陈西甫、訾钰甫、曹星阁、曹景唐。

中华民国二十八年(西历一九三九年)四月十四日

(J0211-1-003754)

158.天津英租界工部局候选董事通告(第10号)

1939年4月14日

依照工部局一九一八年修正章程第十五条规定,兹将被推举充任下届董事会董事诸君台篆揭晓于次:

安德铸君	推举人:狄克森君	赞成人:希斯乐君
林凤苞君	推举人:庄乐峰君	赞成人:白路斯君
朱继圣君	推举人:娄鲁青君	赞成人:包光镛君
海维林君	推举人:司梯华君	赞成人:费巧尔君
庄乐峰君	推举人:倪幼丹君	赞成人:宁彩轩君
毕德斯君	推举人:费巧尔君	赞成人:蔡国葆君
黄约三君	推举人:陈晋卿君	赞成人:吴聿修君
芮 德君	推举人:纳 森君	赞成人:傅慕德君
蓝 荫君	推举人:郝维尔君	赞成人:白路斯君
体 伯君	推举人:甘博士君	赞成人:白路斯君
王荷舫君	推举人:蔡虎臣君	赞成人:焦子清君

附注:董事会之全体人数,应有董事十人,本界被推候选董事既有十壹人,故须于四月二十一日开会时投票注明,选举人应有权数之选举票,当于会场内分给选举人。此布。

秘书长兼工程师巴恩士

一九三九年四月十四日

(J0211-1-003754)

159.天津英租界中国纳税人公会开会公启

1939年4月18日

径启者:查本公会第十届干事一年任满,照章改选,兹定于四月二十三日星期日下午三时,假本租

139

界耀华里后公学道耀华学校，开中国纳税人选举大会，并报告本届一切事项。务祈届期准时命驾莅会，无任企盼。特此函达，即希查照为荷。专此。顺颂台祺。

天津英租界中国纳税人公会启

四月十八日

（J0211-1-003754）

160. 天津英租界工部局常年大会程序通告（第12号）

1939年4月20日

兹为便利议会程序及避免到会签名耽误时间起见，特规定左列手续：

到会登记簿

大会登记簿系按英文字母次序编列所有选举人名，并经依次列号。

合伙业主

合伙业主、公司保管团等，如已按通告第九号遵照章程第八条规定，将其推定之代表人名称函知登记员者，该代表人名业经依其所代权数同列，故各代表只须在其个人名下签署。

选举票暨投票纸

在登记簿签名之选举人，当接受封套一个，内装选举票一份，暨投票纸二份（一备用于议案，一备用于修正条文），概经标明应有权数。其封套上并注明号数，此号数与登记簿之编列号数相同。此封套应于会议时保留之，以备再发投票纸时之需用。

特此通告。

秘书长兼工程师巴恩士

一九三九年四月二十日

（J0211-1-003754）

161. 天津英租界选举人第二十一次常年大会议录

1939年4月21日

时间：一九三九年四月二十一日星期五下午三时半。

地点：天津英文学堂。

是日大会系由英国总领事哲述森君主席，董事会席次计有：代理董事长伯志士君，副董事长庄乐峰君，董事安德铸君、狄克森君、黄约三君、林凤苞君、朱继圣君、王荷舫君，秘书长兼工程师巴恩士君，秘书陈贯一君。议会秘书由英国领事赫博特君充任。

选举人出席者计有：安德生、巴顿、贝铎、普莱驷、卞理智、卞汉儒、劳瑞旅长、蓝荫、贾佩孟、克拉克、柯乐克、魏柯克思、东伯利、费巧尔、傅慕德、福克纳、傅礼、葛林伦、蓝格雷、白路斯、郝为乐、希斯乐、托雷、弗林特、姜荫士、少甘博士、甘博士、甘成思、美雅师、欧肯那、沙维、鲍维尔、那森、海维林、欧尼尔、裴恩德、潘乃乐、潘纳禄、罗素、毕德斯、德鲁牧神父、芮德、史马克、泰莱悌、白瑞、德恩若、端纳、雷敦、吴楼、杨嘉礼、杨锦魁、郭绳如、胡光泰、高珍、宏利源、金伯平、訾钰谦、金绳其、史春全、李哲甫、杨星久、李子祥、李相璟、李伯彤、李次武、李达、梁孟亭、刘宗林、刘子兰、娄琴斋、陈文毅、吕卫公、冯馨坡、孟锡三、李玉亭、穆叔愚、倪幼丹、卞俶成、李栋材、沈理源、杜云亭、魏际尧、陈西甫、苏佩如、孙介民、阮性言、程次弘、孙少轩、孙家玉、陈达有、陈晋卿、陈秀峰、王少坞、张子纯、陈亦侯、郑锡璋、时运承、周夷希、贾光林、朱简芳、王幼云、王馨逸、蔡瑜文、王更三、丁懋英、张占奎、蔡礼文、巢章甫、杜召勋、杜乐园、袁兰谱、林有堂、路少庭、訾伯扬、王家瑞、王敷五、吴清源、王汉臣、吴莲伯、吴未班、刘绍臣、任鹤年、杨珣若、阎子亨、訾钰甫、张仲平、张峰琪、陈文阁、张祥斋、常小川、张嘏臣、张闵卿、张士骏、陈致中、张次迈、张吟樵、宁彩轩、朱洁珊、薛少棠、张静山、穆伯实、吴泰来、陈伯威、周敬之、沈友眉、秦伯秋、靳少卿、蔡述谈、张拓丞、李赵洁兰、吴聿修、岳润斋、樊樊圃、方指南、焦子清、王子春、韩文友、何廷贤、李锡纯、高少洲、徐啸岩、臧逵、杨云溪、俞荫才、娄昌后、唐学慎、赵海岳。

议会秘书宣读召集会议通告为开会仪式。

议 录

会议日程第一项为证实一九三八年四月六日选举人常年大会议录业经付刊分送,经瑞纳君动议,陈晋卿君附议,按照原纪录通过,别无异议。

会议日程第二项为证实一九三八年十二月二日选举人特别大会议录业经付刊分送,经瑞纳君动议,陈晋卿君附议,按照原纪录通过,别无异议。

主席:在进行会议日程第三项之先,鄙人愿声明选举董事会投票现时即可执行,选举票已经分发诸君,只须于选举票上记号,再将选举票投入票柜,所有投票手续已注明选举票。查候选董事共有十一人(参看选举票及台上黑板),而董事缺额只有十人,故诸君对于候选人之当选可随意投票,但以十人为限,至多不得超过十人,否则该票即作废无效,兹请诸君即行投票,用节时间。

敞口之票柜经职员当众封闭。

主席:会议日程第三项为接受董事会报告,暨通过一九三八年截至十二月三十一日止之账目,鄙人现请代理董事长报告。

董事会一九三八年报告及账目

代理董事长:在陈述敝董事会昨年报告之前,鄙人愿以简言,对于哲述森总领事初次担任吾人常年大会主席,敬致极诚意之欢迎。本租界市政承蒙哲总领事屡屡分神,同人于已往数月诸荷指导襄赞,实深感激,此后并期望时加教益也。

关于一九三八年账目详加披阅,诸君必感昨年经营之经济成绩可称满意,此即经常、特别两项实收之数,比较实支之数,现有盈余计洋一九〇,七七八圆。昨年预算原列收支两抵不敷,计洋一九二,二二〇圆。查各项收入皆现增益,其中有数项较为显著,例如码头捐上年预算原列洋六〇,〇〇〇圆,实收之数计达一七四,〇〇〇圆,其可注意者为进口收入占洋一一五,〇〇〇圆,出口收入占洋五九,〇〇〇圆。倘本年码头捐因出口之收入能现巨额增加,则市面之繁兴,当较为可据,届时吾人皆可感觉愉快矣。再诸君谅已察及年间颁发准照之新建筑,估计总值计合洋五百五十万圆,洵为空前纪录,比之已往一九三三年之最高统计三百十七万八千圆,增加甚多。倘读者对于现时影响商务之情况若不加参考,则此项统计之表现,几可视为不切事实,欲得真象,各选举人须将此种情况同时顾及,诸君对于此点于所得印象当能参想,是为鄙人所深信者也。

本租界年间清查户口所得,市民统计达七万七千人,查上次一九三四年之统计得四万八千人,可征户口当逐年增加。因此户口添增,需要新房屋之建筑,凡新筑房屋概须给予电灯、用水、阴沟、便道、马路等种种便利也。

昨年路政布设因其他建筑支配而经削减,本年马路之建筑,宜较为增多,以应新建房屋需要。至一九三九年终,吾人希望于最需要马路之地段,可筑成新路计长一.八英里,依此预计,本租界之马路布设当可于一九四〇年终建筑藏工。惟吾人须注意本租界马路规划总长约计三〇英里,倘马路之效用年龄以二十年为准,则每年必需筑马路计长一英里半。

查昨年新建筑之繁兴,包括推广界西部多数工厂及工人宿所,因此董事会认旧有工业区四至有扩充之必要。该区新图已附年报。

敦桥道新辟公园已于七月初开幕。查该园占工程处机料厂旧址之西半部,倘诸君一若鄙人曾参观该公园,必同意以该处空气新鲜,适于憩游,地点适中,颇著效用。

年间电务处经营所获成绩颇堪称意。特一区用电向自本局电务处购买,业于一九三八年三月停止。往年特一区用电量几占本局发电厂负荷总量四分之一,发电厂虽顿失此多量用户,然本租界用户之增加已不仅抵补此需电差额,缘昨年该处经营总结收支两抵,计得盈余洋五二四,〇〇〇圆强。鄙人兹愿声叙此优美之收获,亦因该厂经营之效率增高,参观曲线图第四号可见每千瓦小时消耗煤量之减低。年间发电厂凝水柜凉水来源业经改善,直接由海河汲引,此项设计颇获便利成效,因无须再倚靠墙子河取用凉水。

惟本租界电量需要既日增月盛,发电厂机件于最近二三年内须行添增,乃为事实。所必需此项机器之要件,据鄙人所得报告,计有锅炉及涡轮发电机,其发电量合五千千瓦新机件,所用汽压约每英方寸计四百磅,用此汽压当可节省现时之煤量消耗百分之四十。预计此项新机件安置发电厂,厂址之价值约合英金六万镑,对此重要建设之筹款问题,鄙人建议新董事会于考核一九四〇年预算时加以考虑。

水道处昨年经营堪称圆满,获得盈余洋四三,〇〇〇圆,按之预算,该处收支两抵,原列不敷计洋六,五八七圆。

关于上年四月六日大会,鄙人曾加声叙之新凿井眼,业经东方铁厂完成。自开始汲引以来,该井每日产水总量计达七五〇,〇〇〇加伦,水质备极良好。

谅诸君知晓,济安自来水公司现已有总水管经过本租界通接至本局小河道之给水所,由此本局分售过滤喝水予乐用此水之用户以应家常需要。

警务处报告已详列年报第三十七页,鄙人仅当声叙该处之服务,于本租界全体住户倍极重要。查警务处人员皆训练有素,于二十四小时间不分昼夜执行职务,有时备极困难。对于该处官长警员服务成效灼然,董事会殊深嘉许。

关于消防队、卫生股、医院及学校之昨年工作,已经各主管人员详备报告,附入年报,无庸鄙人再加赘述,惟学校举行恳亲会时,学生之表演殊属可观。

关于电话交通恢复以前,交通状况工作已见称意之进步,惟现时尚未完工,同人希望不久可告藏事。

关于一九三八年本局财政状况,得诸君之许可,鄙人兹当述及会计处长报告,对于所列各项节目,当采用整数以免烦琐。

该报告财政统计刊列经常收入项下实收之数,比之预算所列,计增收洋三二三,〇〇〇圆。查预算收入总数计列洋一,二二七,〇〇〇圆,而实收总数达洋一,五五〇,〇〇〇圆,各项节目俱现增益,其要目为房产租值捐计增收洋三五,〇〇〇圆,河坝租金增收洋六八,〇〇〇圆,码头捐增收洋一一四,〇〇〇圆,捐照项下增收洋六二,〇〇〇圆。年间并有特别收入,此处所用"特别"二字,乃表示资产暨收入之不同,所称特别收入即系售卖资产之收入,其"特别"二字无何特殊意义。此特别收入因售卖董事道维多利亚医院房地及其他局有不需要之地亩,产值计洋一四四,〇〇〇圆。

经常支出项下实支之数比较预算所列,计增支洋一五四,〇〇〇圆,查预算支出计列洋一,五八四,〇〇〇圆,而实支之数达洋一,七三八,〇〇〇圆。

此增支数中计有因汇兑行市低落,天津英文学堂协款之增加计洋四〇,五〇〇圆,养老金增加计洋一九,〇〇〇圆强,暨同此缘由之旅费增加计洋三〇,〇〇〇圆,此外尚有给予低级职员因生活费高涨之临时津贴约计一六,〇〇〇圆,暨因昨年状况增加特别保障设施之费用。

查电务处年间实收之数计洋一,一四七,〇〇〇圆,比之预算所列洋一,〇一〇,〇〇〇圆,计增收洋一三八,〇〇〇圆,其收支两抵,实在盈余计洋五二五,〇〇〇圆,比之预算所列洋四一四,〇〇〇圆,计增益洋一一一,〇〇〇圆。

水道处实收之数比之预算所列计增收洋七六,〇〇〇圆,实收总数计洋四二九,〇〇〇圆,预算所列计洋三五四,〇〇〇圆,其收支两抵,实在盈余计洋四四,〇〇〇圆,查预算原列收支两抵,计不敷洋七,〇〇〇圆。

关于本局一九三八年实在收支比较,鄙人前已具述年间未举任何债款,有此成绩,颇堪告慰,此虽时机相当,亦同人之审慎将事也。

最后关于诸君所选董事,鄙人愿略加声述,年间董事会颇有变动,赵君达君惨遭凶害,同人对于其家族敬致吊唁。

体伯君被推为董事长,任职至昨年十二月三十一日,勋劳卓著,年间受赐"英帝国司令"荣衔,同人至深欣忭。罗杰君联任董事四年,今因回国休养辞职。鄙人愿藉此机会,对于董事会同人备极贤劳,并有罗素君与徐柏园君昨年担任董事,统此致谢。

附此声述,鄙人动议,请诸君接受董事会所陈一九三八年报告暨账目。

庄乐峰君附议。

工部局藏书楼

瑞纳君:查账目所列显有一项,鄙人以为董事会不能自矜者,即工部局藏书楼之协款是也。溯自鄙人住津以来,目睹各项公用设施无不与时并进、蒸蒸日上,堪以应付市民所需,惟工部局藏书楼依然简陋,似应重新建设,故鄙人建议新董事会对此加以审核,盖其事颇关重要。

代理董事长:鄙人相信新董事会对于君之意见必予注意。

主席:以伯志士君动议,庄乐峰君附议,接受董事会报告及一九三八年账目议案,付之表决,并无异议,全体通过。

一九三九年预算

会议日程第四项为审查董事会一九三九年预算,如荷表示同意即请执行通过手续。

主席:请伯志士君陈报预算。

代理董事长:鄙人陈报一九三九预算,谨当略加声述,查刊列该预算之年报附有说明,业经早日分送,谅荷各选举人从容披阅,无须鄙人再事详述。谅诸君尚记忆一九三六年十二月九日选举人特别大会,曾核准发行整理借款计洋五,五〇〇,〇〇〇圆,除一九二七年已发行债券计洋二,七〇〇,〇〇〇圆外,尚余洋二,八〇〇,〇〇〇圆。董事会征得选举人同意,可随时发行此余额债券之一部。再者,最近数年前之特别支出全部(新建设暨新机件购置)大概系由举债,即发行市政债券筹措款额,但敝董事会于三阅月前讨论一九三九年预算案时,因当时津埠特殊状况,认现在增加本租界债券,以期市面吸收,殊不适当。据银行家称,如此决议尚属有见,因此同人对于特别暨购置用款决由本年收入项下支付,即由经常收支两抵,盈余暨一九三八年之结余项下支配,如有不敷,再向银行透支小数款额,以应需要。本年之预算编列,即依此为纲要。

查经常项下预算收入计列洋三,〇六七,〇〇〇圆,比之昨年计增列洋四七七,〇〇〇圆,其要目为电务处计增列洋一七二,〇〇〇圆,水道处计增列洋八五,〇〇〇圆,房产租值捐增列洋六九,〇〇〇圆,河坝租金三一,〇〇〇圆,码头捐五一,〇〇〇圆,暨捐照项下四六,〇〇〇圆。

揆之本年第一季之收入,同人颇有理由可以相信一九三九年之实收总数,当比预算所列有显著之增加。盖开年以来,各项收入咸见丰裕,例如码头捐本年第三月之收入,计进口项下洋一七,〇〇〇圆,出口项下洋六,〇〇〇圆,合计达洋二三,〇〇〇圆,为每月统计之最高纪录,比之该月预算额数洋九,〇〇〇圆,增益殊多。

按本年预算经常支出总数计列洋三,〇〇〇,〇〇〇圆,查一九三八年计列洋二,五〇〇,〇〇〇圆,其增列要因有二:(甲)汇兑行市低落,(乙)本租界内建设。

左列各节目因(甲)种或(乙)种理由或二种理由之影响,比之昨年预算所列咸现增加,因此增列之如次:

天津英文学堂计洋一〇二,〇〇〇圆,养老金二六,〇〇〇圆,警务处洋八六,〇〇〇圆,工程处洋九六,〇〇〇圆,电务处洋四七,〇〇〇圆,水道处洋四五,〇〇〇圆,总计洋四〇二,〇〇〇圆。

右列各项为支出增加四十万圆之节目,尚有支出增加十万元之零星节目未经详列。

综核经常收支两抵,预计有盈余洋六六,〇〇〇圆,可以移入特别项下。

关于经常账目天津英文学堂协款,鄙人尚愿略加声述,查年报第一一七页,该校协款预算计列洋二二五,〇〇〇圆,诸君谅已鉴及。暨一九三八年预算所列该校协款计洋一二二,五〇〇圆(见年报第八十七页),惟工部局昨年拨付该校实数达洋一六三,〇〇〇圆,设非董事会与保管团磋商,荷得保管团同意,对于一九三八年下半年之协款,仅依实在金镑用途,按汇兑市价拨付,其协款之余额依一先令二便士汇价支拨,则此项增拨之数更当见加。

当编造本年预算时,同人曾提议仍依此办理,不幸未荷保管团之赞同。因保管团要求协款全数用现时汇兑行市拨付,故此董事会不得已于一九三九年预算内英文学堂之协款,列入洋二二五,〇〇〇圆。

同人建议留此问题,由新董事会研究对此担负最低限度,是否可以获得一部分之解除。

关于一九三七年与一九三八年之支出,董事会皆以严格为旨,惟考核一九三九年预算时,感觉下列各项费用不能再事延缓,即新阴沟布设计洋三九,〇〇〇圆,新筑马路计洋一九二,〇〇〇圆,便道及暴雨水沟计洋二五,〇〇〇圆是也。

关于电务处暨水道处其机件概经保持优美连用效率。

查特别支出项下尚列有"特别存储"一项,计洋二〇,〇〇〇圆,此数列入之意在成立一基本额款,俟所需余额计洋四五,〇〇〇圆有着时,即于毗连敦桥道花园之局有地亩建设本租界居户久需之公共游泳池。盖此公共游泳池之建设问题,于已往数年屡经董事会讨论,其所需款额预计洋六五,〇〇〇圆,并经一度列入初编预算,同人原希望此公共建设能于本年筑造,但为经济起见,决定从缓而列入存储洋二〇,〇〇〇圆,备作此用。

总核特别支出预算,计不敷洋五九六,〇〇〇圆,同人拟用以抵补此不敷款额之方法,已详列年报第一三一页,诸君可以察及。本局兹有现款计洋五十万圆,可移作此项开支。

附此声述,鄙人动议,谨请诸君通过所陈本年预算。

庄乐峰君附议。

天津英文学堂协款

陈晋卿君:关于天津英文学堂协款,按之账目及董事长之声述,一九三八年实拨之数超过预算所列,至本年预算董事会因汇兑行市,不得已而列入洋二二五,〇〇〇圆。再于本日常年大会期以前,中国纳税人约四十八人,曾联名函请董事会对此协款之增多重加考量,盖其增额逐年添加,设或汇兑行市再落,则此增额当更现巨大,最后至纳税人无力任此过重之担负。适才代理董事长曾声明,愿新董事会研究此纳税人之担负是否可以获得减轻,并声述所有本年协款之一部,董事会以拟仿照一九三八年折中办法,按一先令二便士拨付商之保管团未获同意,察其困难是在保管团契约,兹为协助董事会觅得适合实际可以施行办法起见,该保管团契约务须加以修正,故此提议指派新董事会为委员会拟具修正章程条文之报告,否则董事会似无减轻该协款之可能。鄙人如此提议,并非对于中国纳税人暨该校有何成见,只求获得一公允适合实用调整办法,俾便纳税人易于赞同。

阮兰叔君:鄙人对于陈君提议表示同意,对于所陈述预算大致赞成,惟认天津英文学堂协款一项,应予保留。倘现时一并通过,则以后再与保管团商酌调整办法,恐多困难。兹为增进便利计,纳税人应于五月召集特别大会,以便讨论陈君提议之委员会所具报告。

游泳池

阮君声述关于本年预算所列特别存储款额,拟兴筑之游泳池,乃为市民所亟需。董事会既于已往数年加以考量,兹希望新董事会认真早日筹措其建筑费用,盖此公用建设于市民健康颇关重要。

毕德士[1]君:关于年报第一三一页所列特别存储洋二〇,〇〇〇圆,据鄙人所知系建筑游泳池之准备款额,查一九三三年年报曾刊列工程处所绘伦敦道小花园景象,其正面绘有游泳池,并备列假山、花木等项。现时小花园中已筑假山,并有花木点缀,惟游泳池至今尚付缺如,殊属遗憾。查往年本租界中外住户之赴八里台水坑游泳者数以百计,该处坑水殊不清洁,兹因其他显明理由,游泳者已不能前往。一九三三年之董事会似有先见之明,曾建议在小花园建筑游泳池,当时庄乐峰君及赵君达君力主其成,旋经研究觉察:(一)该处地势太窄;(二)工程师估计建筑费需银五〇,〇〇〇两。同人因而踌躇,查其他适用之地点为敦桥道工程处机料场旧址,如果迁移,即可备用。今者该地已腾空,唯经费仍属困难,除此准备数额尚需洋四五,〇〇〇圆。据赵君达君在时常声称,倘工部局准备地址担任游泳池之管理,则中国住户之富裕者,可筹措款额,如得成数,再加各项之撙节,及临时项下之支配,此游泳池之筑造当有办法。无论如何,鄙人建议新董事会设法筹措款额,在本年提早筑造此游泳池,倘预算因而稍为

---

① 档案里出现的"毕德士""毕达士"等不同译名实为一人。

超过,亦属无妨。

耀华学校

瑞纳君:鄙人为耀华学校管理委员会之英国委员,兹代表该校声请董事会及纳税人对于该校需要表示同情。鄙人曩年曾备位董事会,故深信此举不致毫无效用,并稔知各董事于贯彻董事会宏旨以外,对于洛克氏解释之政事最高意义谓"为政在谋人类幸福",靡不竭力奉行。所以鄙人住津历三十余寒暑,目睹路政、公园、空地、给水、电灯、电马力、学校种种公用设施,无不俱臻优美,除学校外并足应付未来需要,每一部分堪称模范,凡此皆系董事会与各部分主管人尽筹硕画之收获,以昭公允。

对于工部局,兹须声述,设非因一九三七年夏季以来居民之迁徙暨教育设施之受有限制,则耀华学校不致以容纳一千学员之校舍教导两千余学生也。职是之故,鄙人将所见各点,谨陈大会鉴察。

倘自成立伊始,诸君曾孜孜经营,俾此学校获得稳固基础,目睹该校发展超过希望者,诸君当感觉愉快。查庄君乐峰为耀华学校之创办人,该校之得有今日,莫非庄君之坚忍不拔创设精神所赐。该校初立时,鄙人曾襄赞其事,故特此声述庄君之力成此优美学校有造于国人,其功甚伟。该校之设立,工部局及本租界市民皆有荣誉也。

查耀华学校最初成立于一九二七年,当时肄业男女学生仅四十六名。学生人数逐年俱有增加,惟一九三七年学生总数忽突然增多至二三四三名,其中有以一千名系迁徙本租界冀求安全之住户子弟。该校能于一年中收纳如此众多之额外学生,诚属教职员于特殊状况下不惜牺牲,毅然担任额外工作之优美象征,其因时制宜、鞠躬尽瘁精神,良可邀市民钦佩称扬者也。

惟"为人类谋幸福"须因时权变,"合者存,不合者亡"乃人生至理。上述本租界住户增多,暨耀华学校学生过剩之外来因由,虽不无变化,然不致使本租界居民减少。揆之一切现象,本租界中国住户当有增无已,因此耀华现有校舍仅备容纳一千学生者,显然不敷应用。再者,校舍建筑既有固定容量,无可伸张,只有筑造新校舍可应现时及将来之教育需要。鄙人为耀华之英国代表,感觉将此事实陈明纳税人大会系本人责任,故请大会对于该校请求添建校舍费用予以同情考量。

或有称保管契约对于加拨耀华学校建筑费用列有限制,据鄙人所知,此项见解于契约之本旨殊属错误,盖该约之成立乃为求得公允办法,其序言且载明:"工部局愿依照(天津英国租界)中英教育制度需要,按公允分配标准制定经费准备,云云。"按此序言,鄙人希望契约条款可得广义宽宏之解释,本租界对于中国学生有给予宽宏教育之机会,其所谓"宽宏教育",其意义业经汉克斯雷教授阐明无遗。

关于工部局之责任,其因汇价低落及新钞所遇困难,鄙人非无所知,并因市民增多,定须布设马路、阴沟、电灯、用水,惟管见以为,给予相当教育便利以应界内中国住户增添之需要,系属道德责任。故鄙人建议得大会之许可,请董事会对此问题加以考量,以便编列次年预算时,耀华学校添筑校舍得有支配也。

倘此项款额支配事属易举,则无须鄙人恳求,唯其艰难,如能实现更属感有价值,因鄙人向所信仰本租界人士,素负光明宏达自治之声誉者也。

值此阶段,诸君尽可质问,鄙人以何资格喋喋鼓吹纳税人多担费用?只因鄙人为天津英文学堂管理委员会推举出席耀华学校委员会之代表,每次莅席聆悉该校之外来困难,教职员之如何牺牲,捐助款额之如何支配,以及校舍之如何拥挤,深感中国委员之称职而自觉惭愧耳。今兹为良知所驱使,并非因人授意而在本日会议为该校故事声请。鄙人仅略尽耀华学校英国代表之责任,盖天津英文学堂对于英国人之期待,鄙人未尝忘焉。倘此声请不当,则以上述理由请诸君原谅。

代理董事长:于已往几分钟,诸君已听见所提之三项款目,即(一)天津英文学堂协款、(二)游泳池、(三)耀华学校。鄙人建议依次讨论,兹请庄乐峰君发言。

庄乐峰君:关于一九三九年预算及阮君所提保留天津英文学堂协款一节,鄙人建议以不称保留某一款目似较为简单。兹以副董事长名义请诸君通过所陈预算,其惟一条件为关于保管团契约依陈君提议办理,即遵照章程推举新董事会,为委员会拟具修正或添加章程条文之报告,如此则袁君对于预算如获通过,可使协款问题不能再加讨论之疑虑可以化除。

主席:兹将陈君提议及袁君附议之决议案,即遵照章程第五十三条,推举新董事会为考核修改有关天津英文学堂保管团契约之章程第十九条甲之委员会付之表决。全体通过。

主席:鄙人愿诸君明确知晓此决议所指,系本会议审核推举委员会之权能,关于游泳池与耀华学校,可于会议日程其他事项下另提议案,鄙人刻当以预算案付表决。

毕德士君:如许可质问,鄙人愿询问,预算是否已将总办经费列入。

代理董事长:预算并未列入。

瑞纳君:现时请求一附带条款,不知是否与会议程序相合,即董事会倘遇款额余裕时,应将此项剩余列为耀华学校添加建筑之用。

主席:此时君之建议乃不合程序,可于其他事项下提出,现在需表决者为所陈预算案。

预算原案遂付表决,全体通过。

地捐暨房产租值捐缴付

主席:会议日程第五项为提出缴付一九三九年地亩捐暨房产租值捐议案。

代理董事长堤(提)出左列议案:

天津英租界选举人在本会议决定,地亩捐应于四月缴纳,房产租值捐应于九月缴纳,并就此授予新董事会于四月、九月征收此项捐税之权。

庄乐峰君附议,全体一致通过。

选举稽核员

主席:第六项节目,为选举本年稽核员,现任稽核员之汤生公司声称,愿意联任。兹费巧尔君动议,李次武君附议,推举汤生公司担任本年稽核员。全体一致赞成。

估价委员

主席:会议日程第七项为选举本年估价委员二人。

傅礼君动议,贝铎君附议,推举杨嘉礼君为本年估价委员。

宁彩轩君动议,吴聿修君附议,推举阎子亨君为本年估价委员。

全体一致赞成。

主席宣布杨嘉礼君暨阎子亨君当选为本年估价委员。

其他事件

主席:会议日程第八项为考量其他事件,诸君有何其他事件,请提出讨论。

毕德士君:关于指派总办一节,旧董事会是否已使新董事会负责。

代理董事长:无何责任,只属一种建议,其采用与否并未决定。

毕德士君:对此是否可以发表意见。

主席:此系内部事务,鄙人以为不宜发表意见。

选举董事会

主席:会议日程最后节目为选举本年董事会,兹再等五分钟,俾未投票之选举人从事投票,俟五分钟后,鄙人当宣布投票截止。

主席:鄙人现指定贝铎君、巴顿君、李警予君、王少溥君为检票员。

毕德士君:关于总办一节,既不能讨论,兹拟提出议案,非经纳税人大会不得指派总办,不知是否合乎程序。

主席:第八项讨论已经过去,谅诸君知晓,依照章程,选举人有随时召集特别大会之权。如有欲召集特别大会审核此事,鄙人当乐于接受此项声请,惟现时不应讨论。

所有投票人显已投票,鄙人现请检票员检票并宣布散会,诸君如愿等候投票结果,可以留此。

检票手续计占一小时,主席遂宣布当选新董事会董事如次:

安德铸君、朱继圣君、庄乐峰君、黄约三君、蓝荫君、林凤苞君、毕德士君、芮德君、体伯君、王荷舫君。

庄乐峰君提议致谢哲总领事暨赫博特领事,众人鼓掌赞同。会议遂告终。

(J0211-1-003754)

162.天津英租界中国纳税人第三次大会议事日程

1939年4月23日

时间:二十八年四月二十三日下午三时。

地址:英租界公学道耀华学校。

一、请推举临时主席。

二、主席宣读召集会议通告。

三、报告会员名单、账目等项。

四、工作报告。

五、临时动议。

六、选举干事。

七、散会。

(J0211-1-003754)

163.天津英租界中国纳税人公会选举大会报告

1939年4月24日

廿八年四月廿三日,中国纳税人公会召集选举大会,并报告本届一切事项,兹将报告事项、工作报告及临时动议议决各案分陈于后,并附开选举干事名单乙份,亦祈赐察是幸。

(一)报告事项

A.报告会员名单　附详单一。

B.报告账目　附清单一。

C.宣读纳税人前上英租界选举人常年大会提议书(英文学堂协款案)　附抄件一。

(二)工作报告(主席团干事)

A.主席团前因四十九号路即敦厚里胡同前马路过狭,时常汽车伤人,曾向英工部局提议,请予加宽马路,当蒙允许约不到两个月,该处工程完全告竣。

B.去年冬季本主席团因煤斤恐慌,势有缺货之虞,曾向开滦矿局请其尽英界内购户予以便利,亦蒙该局特许,凡在英租界购用者虽随市价计算,其运输并无留难之处,谅大家亦必尽知矣。

C.本主席团因租界人户增多,为谋青年人身体健康起见,拟向工部局要求,在四十九号路皇后花园旁添设游泳池一处,已经大会通过,复承庄乐峰先生从中鼓吹,至迟明年即可实现。

临时动议事项:

A.王新吾君提议:按工部局选举权之规定,除产权应工部局估价由估计额应得选举权可不登记外,凡在租界内居住,其全年房租在六百两者(即八百余元)即有选举权一权,应在工部局预为登记,俾可出席投票。鄙人住宅租金已越过六百两,曾向工部局请求登记,而该局所估之价因不足六百两未允登记,故损失一权。本租界住户类此情形大有人在,未免损失权利,应如何办理,请公决。

议决:此案关系估价,如估价增加则纳税之义务亦必随之而涨,似有未便。按本年工部局选举权数计,中国部份共壹千七百余权,英国部份共壹千九百余权,相差不过贰百枚。如为增加选举权数而不牵动估价,似应将六百两之规定改为六百元,因英人方面居住租金均在六百元以上,而华人方面租金均六百两以下,如此变法则一举两得,但届期仍须纳税人努力进行,向工部局常年大会提出,以收奏效。统而言之,此方胜利即系彼方失败,希即和衷共济,以期成功也。

附改选干事名单乙份。

改选干事名单

上届干事名单

主席团干事:宁彩轩、陈晋卿、李次武。

常务干事:王少溥、吴聿修、穆叔鲁。

干事:焦子清、张子腾、王务云、周希夷、宋棐卿、韩益三、李警予、訾钰甫、马仲侯、张务滋、蔡述谈、杨云溪、阮兰叔、张煆臣、吕卫公。

本年选举干事名单

主席团干事三人,常务干事三人,均连任。

干事:焦子清、张子腾、王务云、李警予、张务滋、杨云溪、阮兰叔、张煆臣、吕卫公、王新吾、吴焕之、巢章甫、李伯彤、向仲坚、张吟樵。

候补干事廿一人:宋棐卿、孙保滋、訾钰甫、蔡述谈、项荣宝、王子春、韩益三、杜乐园、徐啸岩、张拓丞、唐鸿宾、徐芷升、刘弼周、郭绳五、王敷五、张丙生、杨星久、朱洁珊、马仲侯、陈西甫、言雍陶。

(J0211-1-003754)

164.天津英租界中国纳税人公会第十届干事会收支四柱清单

1938年5月1日—1939年4月30日

计开:

(一)旧管

中南银行欠洋叁百玖拾陆元肆角柒分;

上海银行欠洋捌百叁拾元零四角;

自来水、电灯押款洋叁拾元;

现金存洋壹佰壹拾叁元玖角柒分;

以上共洋壹仟叁百柒拾元零捌角肆分。

(二)新收

收会费洋壹仟捌百伍拾元,计一百八十五户;

收利息洋玖元叁角捌分;

收杂项收入洋拾壹元壹角壹分;

以上共收洋壹仟捌百柒拾元零肆角玖分。

(三)开除

薪工津贴共付洋壹仟壹百肆拾伍元;

笔墨纸张、印刷刊刻共付洋壹百伍拾玖元贰角柒分;

房租共付洋伍百捌拾元;

邮票洋壹元;

杂项共付洋贰佰肆拾玖元捌角壹分;

以上共付洋贰仟壹百叁拾伍元零捌分。

(四)实在

中南银行欠洋捌拾伍元捌角伍分;

上海银行欠洋肆百叁拾元零肆角;

现洋伍佰玖拾元;

以上共存洋壹千壹百零陆元贰角伍分。

(J0211-1-003754)

165.天津英租界中国纳税人公会第十届会员名单

1939年

丁懋英　大昌和　大中银行　大兴房地公司代表人董振邦　王少溥　王馨逸　王子明　王明德堂代表人张章翔　王敷五　王荷舫　王汉臣　王筱鹤　王幼云　王依斋　王松午　王新吾　中国银

行　中国银行津中里同人宿舍　中国实业银行代表人单允工　中央银行代表人卞俶成　中南银行
卞白眉　卞俶成　卞锡侯　卞伯巽　天津打包公司　天津航业公司　仁立公司　公胜堂李　永立公
司代表人赵海岳　四银行储蓄会　四兴堂代表人孙东园　吴莲伯　吴聿修　吴焕之　交通银行代表
人李伯彤　延福堂靳　朱作舟　朱洁珊　束云章　世德堂杜　阮兰叔　安桂苍　向仲坚　李次武
李警予　李蓬珂　李志年　李宝时　李问农　李子祥　李立志堂代表人杨星久　李馨代表人杨星
久　西中合堂刘代表人刘笠农　吕卫公　沈云甫　沈次量　沈鸿昭　宋文祥　言雍陶　杜乐园　金
城银行代表人徐啸岩　金伯平　金邦正　松林堂曹代表人曹定中　忠恕堂　林凤苞　建筑公司代表
人陈伯威　周志辅　诗礼堂周叔弢代表人向仲坚　周夷希　周立之　周实之　东亚毛呢纺织有限公
司代表人宋棐卿　明仁堂宋代表人宋鸿飞　柴忠兴堂　马仲侯　马承渊　洪业堂刘　相献璋　俞荫
才　陈晋卿　陈秀峰　陈尽仁　陈范有　陈西甫　浙江兴业银行代表人娄琴斋　徐弢斋　徐世章
徐芷升　徐柏园　徐楚泉　倪幼丹　倪绍忱　陆绍文　陆松年　范竹斋　索筱田　桐华堂于代表人
路少庭　峰泽堂金代表人金品三　黄约三　华茂公司代表人曹乾甫　信记公司代表人焦子清　陶茂
郑　孙保滋　孙章甫　庄乐峰　唐乐禧堂代表人唐鸿宾　巽安堂郭代表人郭绳如　逯德堂　巢章
甫　张嘏臣　张次迈　张拓丞　张祥斋　张炯庵　张直卿　张务滋　张厚记堂代表人陈致中　张丙
生　张一桐　张贞石　张子腾　张吟樵　许品台　梁荣光堂　曹汉臣　常勉斋　郭啸麓　商致美
堂　项荣宝　焦子清　宁彩轩　訾钰甫　隆聚公司代表人曹景唐　杨辅卿　杨敬夫代表人王幼云
杨介祉　雍剑秋　勒少卿　义合堂崔　董幼岑　福荫堂蔡代表人王子春　福寿堂王　载德堂沈代表
人沈青士　郑静远堂代表人郑少堂　辅德堂　齐协民　齐少芹　粹庵堂代表人杨星久　广发源　赵
君达　赵述之　新华银行　蔡述谈　蔡景班　余庆堂蔡代表人杨云溪　积善堂穆代表人穆叔愚　穆
叔愚　积厚堂余　积善堂张静山　刘雪亚　刘品卿　刘子兰　刘弼周　刘尊光　刘后同　臧和斋
阎积善堂代表人阎德民　阎子亨　蒋克生　蒋素存　慈惠学校代表人孙介民　毓秀堂徐　兴隆公司
代表人高少洲　卢国潘　卢开明　钱翼如　树德堂孟　鸿升堂孟　韩文友　苏玉德堂代表人苏玉
书　盐业银行代表人陈亦侯　谢元龙　龚仙洲

以上共一百八十五户。

（J0211-1-003754）

166.天津英租界选举人特别大会董事长演说词

1939年

　　今日选举人特别大会乃为备陈本局财政状况,暨筹措补救办法,而召集诸君到会时,谅已接得会议处长编列之清单,显示计至本年底止,预估之透支总数有达洋六七四,〇〇〇元之可能。此系概略之估计,因时间仓卒,未暇计及详数。同人虽希望此估计之透支总数洋六七四,〇〇〇元不致超过,然未敢绝对决其必能如愿。谅诸君洞悉本年灾害频仍,汇兑行市剧跌,洪水为患,工料价格高涨,统为推翻诸君于本年四月廿一日选举人大会所通过预算之因由。查该预算所列之透支,只洋七一,四七六元。

　　现经与本局来往之银行示意,倘吾人亟事切实整理,彼尚愿尽力援助,但除非吾人力谋补救现时状况,彼将不能再予接济,若是则影响所及,有损本局信用,当备极严重。如藉举行债款以抵补此项支出,诚非正当理财之道,职是之故,同人认增加收入为惟一减低此项透支之办法,因之同人提议自本日起至下次常年大会期间,所发之账单一概添列"临时应急附加费",俟常年大会时再审核财政状况。

关于电费、医院费、码头租金及系船费,迩来已经加价,兹提议将此项增加一律取消,而依所拟提出之议案,将所有账单统增附加费百分之五十,此项附加费之收入,计至本年底止仅可得洋一〇一,〇〇〇元,用以抵补预算之透支不敷尚巨。但由此吾人可以对银行表示于收支不敷已设法弥补,查吾人所提之附加费拟施行至下届常年大会期,故所有透支藉此可不逾额定范围。

鄙人愿特予声述,此系临时应急措置,因所处境况紧急,暨吾人可以力事筹措整理之时间短促,致须如此办理。鄙人决不认此系合乎学理之办法,惟依现时论自属最低限度之措置,至常年大会时,同人希望有较详审核之方案备陈察核,俾本局财政得重获稳固也。

附以上述理由,鄙人现提出左列议案:

天津英租界选举人在本会议决定授予董事会权限,对于自本日起至下届常年大会期所发之账单,概按左表添加百分之五十之"临时应急附加费",以代替本年八月一日施行之增加。

一、电费:附加百分之五十,自十月份账单起。

二、水费:附加百分之五十,自十月份账单起。

三、码头捐:附加百分之五十,自十一月一日起。

四、河坝租金、系船费:附加百分之五十,自十月份账单起。

五、驳船:附加百分之五十,自十月份账单起。

六、捐照费:附加百分之五十,自十一月一日起。

七、医院费:附加百分之五十,自十一月一日起。

八、杂项:附加百分之五十,自十一月一日起。除住户雇佣门岗费,仍照现时费率征收。

九、一九四〇年地捐:附加百分之五十(至四月征收)。

十、电表费:每月每表改收洋一元,自十月份账单起。

(J0211-1-003754)

167. 天津英租界工部局会计处预计财政状况表

1939年10月13日

截至一九三九年十二月三十一日止。

截至十月十三日之银行透支		$75,000
地契转移费存储		102,000
预计由十月十三日至年底支出:		
总务	$68,000	
养老金	16,000	

债券利息		124,000	
协助英文学堂款项（按现下规定）		80,000	
协助耀华学校款项		25,000	
警备队		10,000	
医院		18,000	
工程处		100,000	
警务处		182,000	
电务处		150,000	
水道处		75,000	
水灾费用	$250,000		
减去：截至十月十三日之支出止	166,000	84,000	932,000
		总计	$1,109,000
减去：预计由十月十三日至年底之收入			
房捐		$90,000	
河坝收入码头捐捐照费及杂项收入		33,000	
住户雇用门岗警捕费		27,000	
电费		311,000	
水费		114,000	575,000
截至一九三九年十二月三十一日之预算银行透支			$534,000
英文学堂协款如完全用英镑支付可以实现之债务		$140,000	

J.MOULD,　A.C.A,

会计处长

一九三九年十月十三日

（J0211-1-003754）

168.天津英租界选举人特别大会议录

1939年12月12日

时间：一九三九年十二月十二日星期二下午四时半。

地点：天津英文学堂礼堂。

是日，特别大会系由英国总领事白维德君主席，董事会席次计有：董事长体伯君、副董事长庄乐峰君、董事安德铸君、朱继圣君、黄约三君、蓝荫君、资耀华君、福克纳君、王荷舫君，秘书长兼工程师巴恩士君，秘书陈贯一君。议会秘书由首席英国领事高德禄君充任。

选举人出席者计有：安得森、巴敦、侯尔登、裴恩德、贝斯少校、伯志士、贾佩孟、希斯乐、爱文斯、德恩若、弗林特、费根、甘慕隆、少甘博士、狄克森、毛莱、纳森、潘纳禄、安指南、瑞纳、雷敦、吴陶尔、杨嘉礼、甘博士、海维林、达健飞、张务滋、陈晋卿、李警予、高风芝、致和堂、时运承、沈天民、杜乐园、吴聿修、樊樊圃、焦子清、辅云堂、辅荫堂蔡、言次怡、李伯彤、李次武、孙芳仲、倪幼丹、阮性言、孙少轩、孙家莹、王辛获、王更三、高珍、巢章甫、曹士骧、王新吾、王夏辅、崔竹坡、吴叔班、杨云溪、高勋。

主席宣布开会并由议会秘书宣读召集会议通告,为开会仪式:

本总领事今依照驻津英国工部局一九一八年章程第四条规定,特此通告,于本年十二月十二日星期二下午四时半,在天津英文学堂礼堂举行选举人特别大会。此布。

议题:审议左列议案,如认为适当,执行通过手续附以修正或不附议修正。

查本年四月二十一日选举人常年大会通过决议,依照章程第五十三条,董事会被推为考核修改章程第十九条甲之委员会,并董事会担任此项委员会,认章程第十九条甲应予修正并建议修正如次,即:

一、章程第十九条甲第三节甲项修正条文应如左列:

甲、关于天津英文学堂之付款,若当日汇丰银行公布,汇兑支票伦敦付现行市每洋一元不足折合英镑一先令九便士八分之五者,工部局应加拨天津英文学堂保管团洋元折合不敷额数,依照该保管团能购进英镑数目仍若上述汇兑支票伦敦付现行市每洋一元折合英镑一先令九便士八分之五,但规定无论如何洋元拨付之总数(包括本条章程第一节甲项第一款暨第二款下应予拨付之数),不得超过上述第一款暨第二款下应拨款额之一倍。

为此选举人在本会议核准上述所提修正授予董事会权限,并指令董事会呈请英国大使批准上述所提修正。

大英国驻津总领事白维德
一九三九年十一月二十七日

主席——查本日会议为特别打大会而非常年大会,故请诸君注意章程第四条第五款条文规定,此项大会所议事件以召集该会议本旨为限,遵此规定,本日审议事件只能核议适才会议秘书宣读通告所列之议题。兹请董事长发表演词。

赞颂已故毕德士君

董事长——在进行本日议题之前,鄙人愿声述因同事毕德士君不幸作古,敝会惨遭损失綦重。查毕德士君担任本局董事始自一九二〇年,事迹显著,历年屡任董事长职,服务社会公益不遗余力,迩来虽健康不良,然仍力疾出席董事会及委员会会议,竭力襄赞,不辞劳瘁,此次洪水浸淹,于其代理董事长时期干任艰难,尤为可志。毕德士君于董事会外并任天津英文学堂管理委员会委员长,据确讯,毕德士君热心教育赞助殊多,本日会议地点即属之该校也。鄙人兹提议对毕德士夫人痛失所天敬致吊唁,不仅表示鄙意并代表出席本会议全体纳税人也。

提案全体一致通过。

章程第十九条甲修正

董事长——查本年四月选举人常年大会曾推定董事会为审核修改工部局章程第十九条甲之委员会,于保持天津英文学堂正当教育程度适合状况下,减轻付英文学堂教育保管团之协款或制定一种限度,俾纳税人之负担得以稍苏。当时出席会议之选举人曾注意章程第十九条甲之汇兑行市规定暨本埠货币之贬值,多数同意对此应予设法。

按章程第十九条甲规定,协款系以外人管业之本租界地亩及房产估定产值万分之十八为准,此可称为基本协款,此外尚有加拨之款额,即工部局付款当日,银一两不足折合二先令八便士之差额(洋一元不足折合一先令九便士八分之五之差额)是也。因管理委员会须予履行之教员薪金及津贴款项有以英镑为本位者,故认此加拨协款为必要,藉以抵补本埠货币之贬值,虽加拨协款规定适用于该校协款之全部,然须予履行之款项非尽以英镑为本位,其大部份系属本埠货币。

自本年四月以来,敝董事会因本埠货币价值之低落殊感关切,若以镑价计,现时每元不足当时币值之半,故对于拨付英文学堂之协款以为必须有一最高限度,若无此最高限度,不独工部局有不克履行付款之可能,即来年之预算恐亦不能编造。倘工部局之协款认为不足,则管理委员会可增加学费。查现时工部局之协款额数超过该校经营所需费用八分之七,凡工部局协款之外,该校尚有建设款项可以用于改善或增加建设者,现时此项款额计达洋三七,九五三.七八元,另有准备金存储计洋四三,九七六.六五元。

上述基本协款一九三八年之额数为八三,一四〇元,一九三九年为八三,〇六三元,倘须按照现时章程付款,并以每一元折合四便士计,则来年拨付英文学堂保管团之总额当超过基本协款之五倍,约合洋四五〇,〇〇〇元。此数比较本年所收地捐之总数,计超出洋二〇〇,〇〇〇元。鄙人为此提出左列议案。

查本年四月二十一日选举人常年大会通过决议,依照章程第五十三条董事会被推为考核修改章程第十九条甲之委员会,并董事会担任此项委员会,认章程第十九条甲应予修正并建议修正如次,即:

一、章程第十九条甲第三节甲项修正条文应如左列:

甲、关于天津英文学堂之付款,若当日汇丰银行公布,汇兑支票伦敦付现行市每洋一元不足折合英镑一先令九便士八分之五者,工部局应加拨天津英文学堂保管团洋元折合不敷额数,依照该保管团能购进英镑数目仍若上述汇兑支票伦敦付现行市每洋一元折合英镑一先令九便士八分之五,但规定无论如何洋元拨付之总数(包括本条章程第一节甲项第一款暨第二款下应予拨付之数),不得超过前述第一款暨第二款下应拨款额数之一倍。

为此选举人在本会议核准上述所提修正授予董事会权限,并指令董事会呈请英国大使批准上述所提修正。

海维林君——自四月以来,鄙人对于本日议题曾迭加研究并考量各种情形,以董事会之建议为解决此问题之明显办法,故附议董事长之提案。

甘博士——以选举人论,鄙人资格似较深,因初次执行常年大会投票权时在一九〇二年,故对于董事长之称颂已故毕德士君愿诚意赞同,并以英文学堂暨耀华学校保管团主席之资格略致赞词。查毕德士君热心本界社会公益,备极广溥,事迹昭著,尤以其关心爱护两学校迥非其他事业可比,凡与毕德士君公事者无不一致同此感想,毋庸鄙人赘述,要在吾人所表心意诚挚耳。

今日鄙人感觉职责所在,关于天津英文学堂保管团之地位及束缚,其名词释义理应略与声述,其故有二,即凡有见解不同而抱此不同见解者,所处之立场倘不予说明,则恒有滋生意见不和之险,此其一也;有据鄙人所知对此问题所得印象,一部份人以保管团之态度为不合情理者,虽董事会及其他市民曾详加研究而不同此见解,然为事理公允起见,保管团之地位应解释明了以彰公道,此其二也。为此,鄙人当简略解释同人立场。

前有英国闻人名阿格斯丁·毕瑞尔,著业律师,富著作,曾任英国学部大臣,关于保管团员之责任与义务曾被邀演讲。毕氏分保管团员之责任为九项,其第三项述之如次:"保管团员之第三责任,为无论事之巨细紧要或类似不紧要,须遵行保管契约条款",并称被窘保管团员可予之惟一答词为"无法办理"即俗语云"不行"是也。

据管见所及,此严肃之法意虽至今无所变更,然保管团已玷及美德,缘一九三八年董事会突遇汇兑行市跌落之困难,建议保管团赞从其规划结果,是年拨付保管团款额实数比之契约规定额数较少。至一九三九年即本年,董事会复要求保管团赞成其减低协款之规划,鄙人兹发表其事实,当时同人对于所请曾抱相当同情,并切实审核吾人是否可予同意,旋经审慎考量,决定如应所请则于职责不无放弃,遂免不允诺所请,年间董事会既不允依照契约拨付保管团每月应付之全数款额,遂惹起争持,于是保管团势须相持争点,其惟一有效办法只有出之起诉英国法庭以定责任与权限。

主席——君之发言似与程序不合,会议所讨论者为所提修正是否应有变动,依照章程,本席须指明,倘本会议决定认此修正应予施行者,则当呈请大使予以最后决定。故今日所需于君者,为决定董事会之建议,现时该章程宜按所提条文修正是否允当自属明了,至于应如何施行无须本会议决定。

甘博士——倘此系君之命令,鄙人自当遵从,但不引序言,鄙人无从声述结论,数分钟后,当即发表结论。至于已付法庭时事件,鄙人不加讨论,仅对此事件缘起及保管团所取途径愿有所说明。盖各人处此社会应明了其立场,似属非常重要,但鄙人不拟赘及此项细节,适才正声述保管团已起诉讼——一种友谊之举——俾得提出此事并已请求法庭堂谕此为救济之一,可与所提议案有相当同一之趋向。鄙人最后结论为,本日提案宜暂行缓议,因依鄙见论断,通过此议案事属先后倒置,无异马前驾车。据鄙人所知,契约订立在先,本章程为辅助契约者,其制定在后,倘纳税人立意通过此修正,不俟契约先由正当主管法庭处理,则所占立场难以久持。兹因主席指为不合程序,鄙人声辩理由遂不得尽情发表,良用怅歉,惟余之结论乃为保管团已请求法庭堂谕,其趋向与此议案颇有相同之处,故显有不应通过此议案之理由。

主席——鄙人当听取君之言论,然后再定是否合乎程序。

甘博士——鄙人愿声述之点仅为保管团进行诉讼,已请求法庭堂谕,此为保管团感觉可以与本日议案取同一趋向之最高限度。

主席——不幸同人并未讨论保管团如何让步,现时需要者为会议之公意决定该章程现时条文是否宜有修改,至议案已经通过后,董事会能否对于保管团施行其意旨,如有必要,当然由法庭决定之。但鄙人以为,君如果视所提修正为不宜,则君之声辩当有以证明其说,换言之,本会议应决定董事会所提修正是否具有充分理由,鄙人须视讨论保管团契约为不合程序,良用抱歉。

甘博士——如得许可,鄙人拟不讨论保管团契约,仅事声述保管团之见解,其撮要已简括于本案诉讼,业经请求法庭之堂谕矣,可不详述。

主席——倘君以为有关议案请即宣读。

甘博士——鄙人以为,有关因其表示保管团愿请法庭准许之让步程度,此即映照保管团之意见,根本需要工部局协款不应加以限制。简略其说,鄙人仅愿声明保管团意见一致,认此章程修正堪破坏保持英国教育模范之本旨,鄙人拟以选举人资格而不以保管团主席或保管团员之资格投票否决此修正,因十年前在戈登堂会议,选举人曾制定保持中英教育最优良规模之办法,所以愚见认此修正将破坏所述英国教育之模范也。

董事长——答复甘博士,鄙人郑重声述,董事会毫无批评保管团之意向。保管团一切作为谅系遵照职权而行,同人对之毫无争持,此乃指契约而言,为本日会议所不应讨论者也。本会议纯粹为修改章程,至因何需此修正,鄙人当略加声述,即际兹编造预算之时,敝董事会由本界一九四〇年之捐税收入须准备洋四五〇,〇〇〇元。不但此也,因无人能预测汇兑行市之趋势,每元之币值或有跌至二便士之可能,如果实现,则准备之数须达洋九○○,○○○元,此即吾人编造预算须列入一不能知之数,有此情形,预算何能编造,此种预算如经编造无异废纸。查昨年预算曾列入额定款项,但历年未终需款已超出定额,同人因之设法筹措英文学堂实需之额数。现时保管团尚要求拨付该校并无需要之余数,如此要求固属彼等特权,但鄙人以为达理人士不能以此为负责人应有之正当处境。依鄙人忖度,董事会不能再为不知之数编造预算,吾人如何苦难,本年之经验可为前车之鉴。

甘博士曾述马前驾车之说,因鄙人素喜赛马,故颇知马性,马群中固有非驾之车后不移寸步者(笑声),同人以所取步骤并未先后倒置。查公款皆出之纳税人,欲为纳税人谋担负减轻,非呈请大使不可,董事会如果如此办理,大使必先询问纳税人之意向如何,职是之故同人今日开会请诸君赞成将此议案呈请大使批准,如无诸君许可,董事会未便即事呈请,倘诸君不予赞同,则须为协济英文学堂准备此奇异之巨款。余说尚多,鄙人已简述其要因,同人无法预购镑价,更无人能预测年间汇兑行市之变化,故此请诸君表示是否愿现时改正之或继续不顾其额数之多寡,随意拨付。此为处理本事件之第一步骤,故同人并未误将车驾于马前也(鼓掌)。

端纳君——鄙人为纳税人并忝任耀华学校委员,对于议题原拟发表意见,比因主席限制甘博士畅申其声辩理由,鄙人准备之演词恐亦不获许可。但对于议案提出修正,因鄙人认董事会之提案依现时状况论尚不彻底,所述是否合乎程序请见告。

主席——合乎程序。

端纳君——鄙人提出修正即议案所提加拨之额数,应改为不得超过工部局拨付英文学堂基本协款之百分之五十或工部局随时加拨洋员薪金之比率。兹因限制,未便详述理由。

主席——有何不可。

端纳君——如合乎程序,鄙人备有说词可资左证。旋经主席示意,端纳君将文件陈阅,主席遂问有附议人否。

阮性言君——鄙人附议提案修正,具有二种理由:一、工部局为治理本界之最高机关,其洋员薪金系按薪金定率加百分之五十支付,其他机关支出自不应超过此比率;二、所有工部局款项咸出自纳税人,况上次特别大会决定征收之辅加费系百分之五十,以应支出,故应许可之支出增加亦不超出此定率。

吴陶尔君——鄙人系有子女之英国人民并任教授,对于董事会所提议案表示反对,该议案如获通过则……

爱文斯君——关于程序,鄙人起立指陈,现已有修正提出并经附议,故须先付表决,然后再讨论议案。

主席——本席以为,吴陶尔君称辩董事会之建议较为合宜而反对修正。

吴陶尔君——鄙人完全反对董事会之议案。

主席——君须先讨论端纳君之修正。

吴陶尔君——鄙人反对端纳君所提对于董事会议案之修正。倘董事会之议案得获通过,或议案修正得获通过,则现时及将来鄙人家庭可发生严重问题。鄙人家属返津时,愿其得受相当英国教育附有家乡环境,依教育家观察此家乡环境关系至要,试问前途如何?本埠有私立美国学校组织尚佳,吾人子弟就学可获小学程度,至十一岁以上,小儿或须就学法英学校,依该校设备,男生可得中学证书。其校长传道热诚及学问之优博,虽令人钦佩,然小儿所得学业不能认为允当。同此理由,小女或须进本地道院以求深造，故鄙人感觉同人须记忆英文学堂为英租界内之英国建设事业，现时有何设施可与本校英人共同关系抵触者，无异承认本埠英人之失败。本校保持英国最良学风已历三十五载，各国子弟因本校制度之备极优良而获益者甚众，因其为英国教育制度也。

肄业本校学生现在各国大学显其程度优良者，比比皆是，例如英国、加拿大、澳洲、美国、俄国、土耳其及比国大学均有本校毕业生，于已往十二年间曾与鄙人通音问，各该生皆得有本校文凭，其学业基础概为完美之英国教育。请问主席先生，现因十八阅月之不景气象，即示迁就趋取捷径，是否系英人行为。本界市立学校之创设始自英人，谅中国住户必公认此点，英国保护可保证学校得以进行，依管见所及，客居本界住户如此众多，可证此保护之价值。英人之远见已为本界学校制定办法，虽遇环境变迁，仍得继续经营，英人决心须现时应付此问题，不应如议案之含意而示规避，鄙人以为英国之不遵绳墨政策尚有胜于此大众所推许之远东货币新秩序规划，所提议案无异于此。查一九三八年下半年曾如此办理，前已述及一九三九年依然施行，因何不以英国互让精神调整此不遵绳墨事态，履行本校之英镑用途，不令拨付汇兑差额余数有所存积，听工部局于每年初订购英镑准备预算用途，保证按月拨付款额。鄙人虽不业商，倘系本界英国银行家宁为工部局履行允付款额而筹措四五千镑不为失信用之承担，而筹措十五万元或十七万元也。鄙人知窃步毕德士君之后尘，如履薄冰，毕君慷慨朴实，足以代表英国绅士，但鄙人感觉吾人应如毕君于一九三七年当此无价值之提议初次试陈于纳税人前时，自问通过此议是否为必要抑系智者所应为。

董事长——君顷称同人所提议案为无价值殊增遗憾，同人固未尝如此设想以无价值之议案提陈大会，对于君之声述，鄙人本无意批评，兹既经讨问，当略为陈说。君于声辩时迭称本校系英国学校，由英国教授所经营，为英人之事业，但请问肄业之学生为谁，据鄙人所知，英文学堂之英国学生不过百分之五十，故其高贵教育可谓为他国人氏子弟，而非为英人子弟设备者也。吴君尚愿吾人以不遵绳墨处之，而不以吾人现时之正当处理为然，查任何团体或机关，凡以不遵绳墨尝试者，只得一种结果即破产是也。倘诸君采用此议，工部局甚至本租界必因而破产。兹为力求纠正事态稍苏所处困难起见，吾人须修改此章程，若认当时章程之拟稿人曾料及现时情形者，乃属绝对不可能之事，就此纠正，诚属吾人职务。

关于端纳君之修正，鄙人虽未暇与同人加以检讨，然感觉如此修正未免过分。盖同人曾详加审议，以所提之额数尚属合理，倘如端纳君所拟予以削减，则吴陶尔君所述之处境或有实现之可能。鄙人意料董事会同人不愿走此极端，倘拨付款额可如议案所提有所限制，则其筹措可有办法，故请端纳君斟酌撤回所提修正，除非其建议预有多数赞成。

端纳君——答复董事长，鄙人愿声述并无党援，适才所述乃出之已意，并无结援投票情事。依据事实，上次常年大会鄙人退席时有以与中国人完全结合询问者，鄙人虽不明其意义，兹所声述确非为此。惟董事会审核此事谅较为周详，倘于事有益，鄙人愿撤回修正免滋困恼。盖鄙人稔知耀华学校委员会对于英文学堂之困难颇表同情并抱善意也。

附议人撤销附议。

爱文斯君——鄙人对于主要议案不拟发言，惟感觉对于吴陶尔君之意见有须答复者，即本界全体住户无不以天津英文学堂为荣耀。其创设虽属之英人无疑，然为吾人所一致赞助，不论本埠之有美国学校或法国学校也，本界得睹完美之英文学堂，住户无不欢喜，并愿其发展也。但同人不愿有以该校为纯粹英人建设只应得英人之赞助，因英文学堂学生之成功而感光荣者，无过于关切本界繁荣福利之中国住户暨美国住户。鄙人甚不以吴陶尔君或他人称述该校应视为纯粹英人之建设事业为然。关于主要提案,显有认该校之惟一希望为英工部局之协款者,如无此协款,其标准教育即不能保持,故该协款无论其额数如何增高,必须予以维持。愚见筹措经费尚有其他方法,按之事实,吾人深愿尽力辅助该校,惟纳税人之补助已臻极点,该校可藉他法筹款,若增加学费或学费之一部分,如上海之某校可用外国货币缴付或若现时远东颇有热心公益人士慷慨乐予捐助,现时会议之惟一提案为工部局协款定一最高限度。该议案并未提议吾人,亦无意声称天津英文学堂之经费须以工部局之协款为限,该校管理委员会尽可从事查考其他方法筹措经费(鼓掌)。

议案付表决——举手赞成者占大多数,通过议案(赞成者五十三人,反对者四人)。

董事长——在闭会前,鄙人愿代表本界选举人欢迎新总领事白维德君,并致谢其主持本日会议。此为白总领事初次莅席选举人大会,其关心本租界及同人之利益谅必与各前任总领事相同,兹声述希望吾人会议常得白总领事主持,鄙人乃代表出席会议选举人之志愿,是为鄙人所深信者也(鼓掌)。

总领事以简词答谢并声明对于选举人愿有所赞助,对于选举人之利益当备极注意。会议告终。

(J0211-1-003755)

169.天津英租界中国纳税人常会开会公启

1940年2月16日

径启者:兹为耀华学校(即天津公学)预决算及管理委员人选等事,特订于二月二十三日(星期五)下午准二时,假英租界耀华里后公学道耀华学校开英租界中国纳税人常会。务希准时惠临,幸勿放弃延误。除分函外,特此函达,即请查照为荷。专此。顺颂台祺。

天津英租界中国纳税人公会启
二月十六日

(J0211-1-003754)

170.天津英租界中国纳税人公会临时报告纪录

1940年2月23日

(一)陈晋卿校长报告:本席自接任以来,倏已数月,所有各项报告刻已印刷成册分散诸君,谅荷垂洽。兹有各亲友素所悬系而未便付印者,尚有数项口头分述于下。

甲、本校长接任后,各方接洽情形:本校近因各方误会,始终不能谅解,本席接事后,力求整顿内部,对于职教员及本校学生力加教导,实行以来,颇蒙当局所嘉许,足堪告慰称注者也。

乙、整顿内部办法:本校职教员向极简朴耐劳,惟际兹百物飞涨之时,势恐不能维持现状,特在限定开支之下,每月每人津贴拾五元,聊表微忱,以资鼓励。又本校事务繁重,如由本校长及训育主任兼管,恐与教务有碍,特请英文教员兼任事务主任,略加津贴拾元,以资责成。

丙、本校长对于劣等学生本应立即开革,无如办学者之本旨,对于此种学生尤应教之有方,以期改

159

正,如仍不悛改,则即开除。至以前所定之停课办法,其意固属使其自新,最后结果不但不能悛改,反而更使其旷废时光,故本校长对于此种办法略为修正,希望各家长与本校合作庶可奏效也。

(二)倪幼丹先生报告:本校奖学基金为数甚微,对于清寒子弟无力求学者,无法补助。客岁曾邀各同志请求各慈善家捐助款项作为基金,幸经各慈善家慨然惠助,连同本校陈校长每月捐助壹百元,全年捐助壹千三百元,共凑叁万元,商之天津金城银行从优计息,该行因此款关系慈善事业,特照壹分行息每半年付息一次,本校以所得息金作为奖学金,每年可收免费生百余人,将来历年所造就之清寒子弟,实为各慈善家及金城银行之所赐也。

临时提议:

(一)王幼云先生提议:客岁津市洪水为灾几成泽国,兹经调查其紧迫眉睫不及护救之原因,乃系原旧大围墙有所损坏,本年伏泛以前,似应防范于万一以免临时措手之虞,可否由纳税会具名函请英国总领事,会同市当局与各租界当局预为筹办以免人民涂炭。请公决。

议决:由本会函请英工部局董事会及英国总领事请其预为筹办防水办法。

(二)甘博士提议:本席忝为保管团主席,对于耀华学校无不尽力维护,无如近两年各方对于本校误会颇众,本席对于本校所讲之书籍不甚明瞭,无法代为辩护,兹照敝保管团同仁意见,拟添聘视查员一人,请由贝纳森牧师担任,不但对于校方可以帮忙,且与保管团合同相符,可否介绍贝牧师与诸君晤谈。请公决。

阮性言先生云:甘博士所提议情形本可照办,无如甘博士对于新校长进行办法业已赞许,如添聘视查员对于校长是否有所怀疑,况保管团实行职务以来,向无此举,今突然添设此席,未知其意何在。再本校经费已属不丰,该视查员有无报酬亦未谈明,本日为常年大会可不谈此事,应否添用,请向管理委员会商洽可也。

甘博士云:本席提议原系维护本校起见,对于视查员酬谢一层本无问题。贝牧师既为教会要人,且又办学多年,将来酌给小数酬金可也。其职务不过察看书籍有无排外情事,对于校长绝不发生影响。兹特详为补充说明,请即追加表决施行云云。

张士纯先生云:本校所教之书籍谅必预为察看清楚,似毋庸再行察看之必要。此案影响校务关系颇重,应即取消,所有议事纪录亦应删除,以免惹出是非。并请当众举手表决。

议决:通过并全体举手赞同。

改选管理委员名单:龚仙舟先生(特注:原由吴莲伯先生担任,近因吴君辞职,改选龚君。)、倪幼丹先生、曹润田先生。

七时一刻散会。

(J0211-1-003755)

171.天津英租界中国纳税人第一次常会议事日程

1940年2月23日

下午二时。

一、推举临时主席。

二、宣读召集会议通告。

三、接受耀华学校管理委员会二十八年度报告。

四、校长报告。

五、讨论耀华学校二十八年度决算。

六、讨论耀华学校二十九年度预算。

七、预选耀华学校管理委员。

八、临时动议。

九、闭会。

下午四时半。

（J0211-1-003755）

172.天津英租界中国选举人常年大会会议程序及报告

1940年2月23日

民国二十九年二月廿三日（星期五）下午四时半。

一、推举主席。

二、宣读召集常年大会之通知。

三、接受耀华学校管理委员会民国二十八年度报告。

四、接受耀华学校校长民国二十八年度报告。

五、接受耀华学校民国二十八年决算案。

六、接受耀华学校民国二十九年预算案。

七、选举民国二十九年度耀华学校管理委员。

八、其他临时议案。

闭会。下午七时一刻。

173.耀华学校一九三九年报告

1940年

一年来之重要事项

今年为本校成立之第十三年，并为高中毕业之第四届，爰书年来校务之可纪者，以就正于关垂本校诸公幸赐教焉。

本届管理委员会委员：吴莲伯先生、陈晋卿先生、倪幼丹先生、郑慈荫先生、德恩若先生。

本校管理委员会代表出席英文学校管理委员会管理委员:庄乐峰先生。

本校校长及管理委员之更调:金伯平校长于六月间曾因病辞职,当经本校管理委员会力加挽留,并给假休养且与保管团举行联席会议,决定由管理委员中推举一人代理校长,复经管理委员会会议,金以晋卿任职多年,熟悉校务,再三敦促,晋卿固辞不获,遂于八月一日来校视事。近金校长假期届满,仍坚辞职,复经管理委员会与保管团开联席会议,公决照准,即聘请晋卿继任校长并公邀曹润田先生为管理委员。

今年全校师生人数:中小学教职员一百十七人,学生一千九百四十八名。

高中毕业生升学状况:燕京大学规定,凡经其承认之中学高中毕业生,其成绩列全班百分之二十以前之学生,得参加该校保荐升学考试,本校本届高中毕业生由本校保荐与考者共为二十二名,被录取者二十名,其未经录取之两生仍可参加普通升学考试,而其他投考他校者亦大多数录取升学。

高中毕业生就业情形:本年十月天津金城银行函请本校保送高中毕业生六名前往应练习生。考试结果本校文六毕业生张家勤、张本,理六毕业生韩荣曾三名被录取,已入该行练习服务。

中学耀华两部名义取消及提早上课:自本年起将华四、华三、华二六班男生改称中学男生丙组,女生改称中学女生乙组,仍收原华部学费,上课时间除原定在上午不计外,尽量提前,均自下午一时三十分起至四时五十一分止,俾学生散学归家不至过晚,抑且有暇,得以温习也。

文理科男女生分班授课:本校为谋文理科男女生分班授课起见,已设法腾出教室数间,将耀华两部高中二三年级学生实行合并,分为理五、理六男生甲乙各两组,女生各一班,文五、文六男女生各一班,关于授课管理均感便利。

改订小学课程:本校小学课程及教科书以种种关系,历年屡经改订,近年为适应升入本校中学程度起见,故课程间有与部颁标准及他校课程不同,乃对于本校六月间,经小学教务主任孙芳仲主任向各友校征集功课表,详加参考,斟酌损益,妥拟计划,并经营管理委员会讨论通过,务使课程完密,适应需要。

编制家具总册:本校所用家具向来只有英文簿记,自本年起,除用英文簿记外,并另以中文编制总册,将校内一切家具分别款目详细登记,以清眉目而便统计。

注重卫生并举办种痘及注射疫苗:本校对于一切卫生特别注重,为谋教职员暨学校身体健康起见,曾自英工部局领有种痘执照,于五月十八日起至五月二十七日止,由本校家庭看护教员赵文顺女士分别为全校师生种痘;复于水灾后,由本校负责办理医药之唐澧泉先生,又为同人等注射霍乱伤寒混合疫苗以策安全。

本校被水概况:八月二十日津市发生水灾,来势至猛,不容措手防堵,除将重要文件物品及生物仪器、模型、标本、打字机、钢琴等于初上水时先行搬移外,其他校具均不能抢护,至下午水势渐大,桌椅等物亦无法迁出,不免有相当损失,而体育馆地板因水之上压力关系,以致涨起,凸凹不平,又以收容灾民数逾两千,船只出入,篙桨所及,门窗玻璃桌椅什物不无损坏,体育用具之各种器械损失尤多,操场所植树株因水浸袭亦多枯萎。总之,此次水灾本校损失颇为不赀云。

英工部局假用校舍收容难民:八月二十二日,英工部局警务处派警持函到校,并随来灾民数船,向本校假用校舍,尽量收容。晋卿以事关急难救济,自不应加以拒绝,况在宣布戒严时期,英工部局对于界内公私财产有绝对支配之权,且英文学校亦已先借故,即允其借用第一、二、三校舍及大礼堂等处,以资收容。惟是灾民数逾两千人类不齐,本校什物不免损失,然亦无可如何之事耳。

本校教职员一部分及警役人等与少数眷属来校避难：此次水灾，教职员及警役人等并少数眷属亦均以住房被淹，陆续来校避难。惟人数渐多，饮食已成问题，乃由晋卿商请英工部局警务处送来面粉贰百袋，烟煤叁吨，又由会计处暂支银壹千元，以为零用添购之需。如是非但寄居校中之教职员人等生活得以维持，而校务亦得以不致停顿。至此次水灾，英工部局假用校舍收容灾民，本校教职员及警役亦分值帮同警务处，及基督教青年会负责稽查照料，并遇事充分援助，故灾民住校数逾两千，尚未发生任何意外，而于水退之后得以赶即开学云。

开学延期设法补足缺课：本校原定八月二十五日开学，九月一日上课，迨八月二十日水灾发生，各校舍均住有灾民，一时未能迁出，及水势渐退，晋卿与英工部局接洽，拟于十月十一日开学。旋据贾世清大夫及女青年会总干事郑汝铨女士谈称，本校住居灾民儿童中有患麻疹者，因须避风，一时不易迁出。又据卫生医官欧文大夫谈称，麻疹有传染性，难即迁出，故本校开学势不得不再事延期后，由欧贾两大夫尽力援助，并由本校催请英工部局设法早日赶搭席棚，先将打包公司灾民迁入，再将本校灾民迁入打包公司。至十五日灾民迁出后，经用重量药剂消毒，并严密封闭三十六小时，启封后复将一切桌椅用具切实洗涤，至十月十八日正式开学上课。惟以本学期开学较晚，所有功课自不得不设法补足，因将本校年展至明年七月十三日。

今年冬季本校之煤荒：本年入冬以来，英租界燃料缺乏，本校为注意调节起见，一面通知各级学生务著较厚衣服来校上课，以重卫生，一面节制用煤，计日分配，将室内温度始终保持均匀，故未发生任何影响。

取消学费折扣：本校关于学生交纳学费办法，向有折扣之优待，如一家有学生二人同时在校肄业者，减收学费十分之一；三人者减收十分之二；四人以上者减收三分之一。惟以年来百物昂贵，本校经济状况迥非昔比，现经本校管理委员会议决，自下学期起取消学费折扣，以之增加教职员津贴，已分函学生家长查照矣。

清寒学生奖学金：本校为提倡家境清寒品学兼优之学生来校肄业，前曾特设奖学金额，每年自经常费项下提出国币壹千元专充，此用计本年清寒学生免费者共有男女二十四名，惟以款额有限，难期宏济清寒学生，仍多向隅，晋卿有鉴于此，已提请管理委员会通过。自二十九年一月起，将校长薪俸每月减支壹百元，连同养老金及年终奖金之各一部分，全年共为一千叁百六十元捐作清寒学生奖学金，以谋扩充免费名额。

广募清寒奖学基金：管理委员倪幼丹先生为思广庇清寒学生，积极募集奖学基金，多方接洽，不辞劳瘁，际兹水灾之后，百业凋敝之秋，犹能募集巨款约叁万元之谱，若非倪委员之望重交广，及地方人士之爱护，本校曷克臻此，将来本校清寒学生奖学基金若能再事增巨，胥肇端于此，造福寒畯诚非浅鲜。

举行恳亲会：本校每年一度之恳亲会及体育表演于五月六日举行，表演节目二十余项，每项表演均博来宾之好评，尤以女生之舞蹈，男生之机巧运动，及小学学生之表情唱歌为全场所赞美，而学生之各科成绩类多课内外阅读笔记、文艺创作以及其他别出心裁之作品，学生家长来校参观者约数千人，均称满意。

捐助衣物以济灾民：本年十一月，本校将历年保存之学生遗失衣物，又全校中小学各级学生捐助之衣物贰千陆百壹拾贰件捐助救世军英租界难民收容所之伦敦路难民区，俾分发灾民服用，又捐助天津基督教女青年会衣物肆百伍拾件，嘱其分发灾民服用，共计叁千零陆拾贰件，聊尽人类互助之意。

在校肄业学生人数

本年年终在校肄业之中小学学生共为一千九百四十八名,因水灾之故,迁移避难关系,较上年减少一百三十四名;现有学生四十六班,计中学二十八班,小学十八班。

中小学两部详细人数

年级	男生	女生	总数
高中	三二九	二一〇	五三九
初中	三三三	二一七	五五〇
高小	一六一	一一四	二七五
初小	三四九	二三五	五八四
总共	一一七二	七七六	一九四八

本年学生人数与上年之对照

年别	男生	女生	总共
一九三八	一三一二	七七〇	二〇八二
一九三九	一一七二	七七六	一九四八

毕业生

本年六月毕业生人数

年级	男生	女生	总数
高中	一三三	五〇	一八三
初中	一〇九	七九	一八八
高小	五六	五一	一〇七
初小	八一	五五	一三六

学生考试第一、二名奖品

本年六月学年考试,各级名列第一、二名之学生,本校颁给奖品书券,以资鼓励,共计壹百名。年级姓名列左:

高中三年男生

崔枋　杨逢宾　朱国璋　林镜良

刘裕昆　周家良　孙兆录　张玉琪

高中三年女生

姚念瑛　沈槃

高中二年男生

钱宇年　陈文汉　朱敬熙　娄钧昆

宋文林　李经纶　郭寿镛

高中二年女生

渠川玲　金建申　虞庑眉

高中一年男生

徐永强　梁思礼　钱宗澜　董履和

赵志一　王显武　李纶彰　傅毅远

高中一年女生

秦士谦　曾和琳　王希琰　庞文贞

初中三年男生

顾达诚　曹锡隽　高庭梁　李炳光

程毓徵　宁志澄

初中三年女生

靳桂书　张淑兰　陈佩珍　贾锡安

初中二年男生

赵复三　张墨海　王显文　林鸿孙

周符珉　李恩镇　张燕伯　邱澄一

初中二年女生

李晶　冯健美　王元端　张明星

初中一年男生

李赓铮　马长义　娄钊昆　张宝瑞

张瑛善　邵延慈

初中一年女生

徐永平　王观沄　乔舜华　林秀容

高小二年男生

王祖泽　王孟端　郑元珂　冯学文

高小二年女生

王华贞　王慧贞

高小一年男生

范恩滂　李国光　陈大鹏　周尧和

高小一年女生

王家珍　黄奉珍

初小四年男生

阎震南　许福超　刘保纲　张曾铨

初小四年女生

林桂英　黄玲爱

初小三年男生

梁绍周　宣大中　訾祖光　沈世良

初小三年女生

魏华　李燕年

初小二年男生

顾耀南　李仲明　陈延辉　潘若白

初小二年女生

叶雅梅　王玉贞

初小一年男生

胡宗瀛　穆景熙　王宁　张林昌

初小一年女生

杨云　张允凤

褒奖证书

本校学生于一学年内学业、操行、体育、考勤成绩兼优者，本校颁给褒奖证书，本年获得是项荣誉者，为高中男生一名、高中女生三名、初中男生一名、初中女生三名、高小女生二名、初小男生十三名、初小女生十名，共计三十三名。年级姓名列左：

高中一年男生

王显武

高中一年女生

曾和琳　秦士谦　王希琰

初中三年女生

勒桂书

初中二年男生

赵复三

初中二年女生

王元端

初中一年女生

徐永平

高小二年女生

王华贞

高小一年女生

王家珍

初小四年女生

黄玲爱

初小三年女生

张令瑛　魏华

初小二年男生

李仲明　李锡曾　黄文元

任汝铿　柳家瀛　张标

马家邃　马可行　顾耀南

初小二年女生

王玉贞　阎钟明　尚稚珍

胡兆煐

初小一年男生

王宁　张林昌　王肇夑

乔慈忠

初小一年女生

吴明训　吴莲娟　李赓鑫

全勤奖

本年初中毕业女生靳桂书、刘钟兰二名，自初中一年至初中毕业，三年以来，勤恳向学，从未迟到、请假及旷课，故本校给予二等全勤奖品礼券各贰拾元，以昭激劝。

英皇奖学金

本年六月，初中毕业成绩最优而继续在本校肄业，应得英皇御极二十五周年纪念奖学金，学生之姓名列左：

男生　顾达成　曹锡隽　高廷梁　李炳光

女生　靳桂书　张淑兰

图书馆

本校图书馆去年图书总数二万八千二百三十七册，以学生人数日多，图书不敷阅览，乃自三年前有增购图书十年计划。实行后，指定每年购置费肆千元，故三年以来，购置图书较多。今年增购及捐赠计八百六十三册，连同历年购存图书共为二万九千一百册，而水灾损失九百六十二册，实存贰万捌千壹百叁拾捌册。如是则陆续增加，蔚为大观，以供师生之研讨，尚冀热心人士踊跃捐助，尤为感荷。

体育

本校二十八年毕业男女生于四月十七日发起与在校同学作告别联欢赛，男女生分别以足篮球举行联欢，并由毕业男女生合置文房四宝一具，亲授在校学生。本校并代置足篮球联欢杯各一具，以为永久纪念。事前由毕业男女生具名函请管理委员及在校师长莅临训话，各班学生亦均到场，体育馆内几无隙地。首由主席钱明年报告开会意义，次请倪委员、金校长致训词，语多恳挚，闻者奋勉，后由樊主任追述本校经营之艰辛及对学生之热望，尤为剀切，末由毕业学生致谢词毕，即行开始比赛，足球由金校长行开球礼，篮球由樊主任夫人行开球礼，结果毕业班双得优胜，由陈委员夫人发奖，至五时半始尽欢而散。

本校参加市公署体育协会主办之夏季排球赛，于四月二十三日由男子高中组与工商队在本校操场举行决赛，结果以三比一本校荣膺冠军，男子高小组亦以二对一战胜大同，夺得首席，实为本校增光。

本校班际篮球比赛自十一月二十日起始，比赛以来男女生共比赛四十余场，各班队员之竞争角逐备极兴奋，结果各组冠军为理五女生、理六男生乙组、中三男生乙组、中三女生及高小一年男生乙组云。

校长陈晋卿

耀华学校民国二十九年预算

	民国二十八年预算	民国二十九年预算	比较增减数
收入			
英工部局协款	$85,000.00	$94,000.00	+$9,000.00
学费	$103,720.00	$117,390.00	+$13,670.00
总计	$188,720.00	$211,390.00	+$22,670.00
支出			
1.薪水	$118,860.00	$136,500.00	+$17,640.00
2.养老金	5,112.00	5,033.00	−79.00
3.年终奖金	8,520.00	8,389.00	−131.00
4.差役门警辛工	7,620.00	11,208.00	+3,588.00
5.差役年终奖金	580.00	565.00	−15.00
6.修缮维持及添置费	4,200.00	2,000.00	−2,200.00
7.医药及卫生设备	1,000.00	500.00	−500.00
8.煤炭，电灯及自来水	9,000.00	12,000.00	+3,000.00
9.文具及印刷品	5,500.00	5,500.00	——
10.保险费	1,420.00	1,420.00	
11.电话	600.00	560.00	−40.00
12.杂项	5,600.00	5,600.00	
13.特别费用	1,000.00	2,000.00	+1,000.00
14.教科书	400.00	400.00	——
15.体育费用	3,700.00	3,000.00	−700.00
16.校舍及家具储金	5,600.00	5,596.00	−4.00
17.实习费用	3,500.00	3,500.00	——
18.假期津贴	240.00	250.00	+10.00
19.奖学金	1,000.00	2,360.00	+1,360.00
20.参考图书等	4,000.00	4,000.00	——
总计	$187,452.00	$210,381.00	+$22,929.00
约计余款	1,268.00	1,009.00	−259.00
	$188,720.00	$211,390.00	+$22,670.00

耀华学校民国二十八年经常费收支账

支出	预算 国币	决算 国币	预算 国币	收入	决算 国币
教职员薪水养老金及年终奖金	132,492.00	134,967.16	85,000.00	英工部局协款	94,171.95
校役及门警工资及年终奖金	8,200.00	9,382.40	103,720.00	学费	102,856.72
医药及卫生设备	1,000.00	226.88			
保险费	1,420.00	1,416.53	——	利息	3,854.63
煤炭及电水	9,000.00	10,669.67			
修缮维持及添置费	4,200.00	2,874.56			
文具纸张及印刷品	5,500.00	7,045.51			
体育费用	3,700.00	1,908.15			

支出	预算 国币	决算 国币	预算 国币	收入	决算 国币
电话	600.00	591.30			
杂项	5,600.00	6,698.57			
教科书	400.00	54.51			
特别费	1,000.00	1,628.17			
折旧公积金	5,600.00	5,596.09			
实习用费	3,500.00	1,993.27			
穆女教员休假准备金	240.00	240.00			
耀华奖学金	1,000.00	1,000.00			
参考书籍	4,000.00	4,000.00			
兑换贴水	——	7,484.72			
结余转入建设项下	1,268.00	3,105.81			
188,720.00	合计国币	200,883.30	188,720.00	合计国币	200,883.30

耀华学校民国二十八年建设项下

	国币		国币
家具	3,758.00	民国二十七年结存余款	63,112.58
科学仪器	2,887.32	中学新生报名费	234.00
参考图书储金	1,259.90	民国二十八年经常费收支相	3,105.81
零星用项	482.40	抵后结存余款	
小学增建校舍基金	34,752.00		
建筑项下			
办公处建筑费	1,687.50		
办公处暖气电料卫生等设备			
	396.27		
	——		
	2,083.77		
总结	21,229.00		
合计国币	66,452.39	合计国币	66,452.39

耀华学校民国二十八年资产负债表

负债	国币	资产		国币
零星债务	20,168.07	地亩(52,945亩，每亩价银伍千九百三十元零七分)		313,967.56
学生存款（即书籍保证金）	13,467.31			
折旧公积金	44,940.36	校舍		
穆女教员休假准备金	2,160.00	第一校舍	129,400.86	
英皇奖学金基金	6,000.00	第二校舍	129,058.34	
耀华奖学金	1,280.90	第三校舍	132,281.85	
建设项下	21,229.00	第四校舍	145,929.90	
小学增建校舍基金	34,752.00	体育馆	54,985.80	
参考图书储金	4,193.53	校役室	1,482.00	
总结	1,388,353.37	礼堂	254,226.71	
		校院铺砖筑沟及喷水池	19,676.59	
		办公处	28,930.59	
		院墙及校门	26,191.74	
				922,164.38
		家具	83,318.34	
		科学仪器	54,477.22	
		参考书籍	14,425.87	
		有价证券（实价）	48,311.83	
		零星欠户（学生书籍纸簿账）	6,686.11	
		预备售与学生之书籍（实价）	2,381.30	
		定期存款	39,673.40	
		现款		300.00
		英工部局流水账		50,838.54
合计国币	1,536,544.55	合计国币		1,536,544.55

（J0211-1-003755）

174.天津英租界中国纳税人公会开会公启

1940年3月26日

　　径启者：兹因英租界选举人常年大会在即，特订于三月三十一日（星期日）下午三时假英租界围墙道耀华学校召开英租界中国纳税人常会，筹备一切应办事宜，届期务请准时惠临或委托代表出席，幸勿放弃、延误。除分函外，特此函达，即希查照为荷。专此。顺颂台祺。

天津英租界中国纳税人公会启
三月二十六日
（J0211-1-003755）

175.天津英租界中国纳税人公会开会公启

1940年3月26日

　　径启者:兹查本月二十三日英国工局为选举人登记事,曾在《泰晤士报》公布第一号通告。此项登记于纳税人关系至为重要,凡原在本租界居住至本年四月三日已达六个月以上者,无论业主租户,只须占用之房屋全年租值满足洋八百九十元之谱,即有选举权一权。兹特随函送上特别声请格式一份,务请依限于四月三日以前填写并签字或盖章,直接送交英国工部局秘书处或于限期前二日函送本会汇转亦可。事关个人公权,幸勿放弃。除分函外,相应检同特别声请格式一份,送请查照填送,无任企盼。专此。顺颂台祺。

天津英租界中国纳税人公会启

三月二十六日

(J0211-1-003755)

176.天津英租界中国纳税人公会临时提议各项议案

1940年4月1日

　　庄乐峰先生报告:

　　(一)英国工部局去年开支决算数目超过预算过多,其溢出之原因实因同人加薪及添用英籍督察拾人,是以电灯、自来水各费因开支增出之故,各加百分之五十,其地捐亦改为按百分之一五缴纳。然上项之加价原为临时办法,无如按添用英籍督察十人之多,每人月薪虽为五百元,其金磅津贴房费及四年内往返旅费,每人每月不止千元。此项费用全年计算须添十几万元之开支,如将此项雇员酌予缩减,即可减省多多。惟本席既为董事之一,未便发言,四月十七日为英工部局选举大会,各纳税人皆能当场发言,事关纳税人担负,应否提出质问,敬请公决。

　　(二)英工部局之组织如遇警备事宜,得由英总领事发警备命令,交由工部局分别执行。如芦桥事变,一九三七年七月廿九日,英工部局奉总领事命令警备戒严,至八月十四日,因大局已定,取消前项命令。惟去年秋间,因租界内发现水患,当局八月廿一日发下警备命令,由英工部局执行。惟本租界内大水早已退净,而该项命令仍然存在,度其用意,乃系因此项命令在未取消以前,董事长得遇事自行主断,其余华董事一概不得过问。事关华人方面权利,可否由纳税人当场提出,亦请公决。

　　议决:以上两项关系华人方面权益,似难默认,应由纳税人选出代表发言人当场提出质问。其被选人员并经推定倪幼丹、王幼云、张子腾、阮兰叔、苏玉书、吴聿修、李次武、王少溥、王新五九位为代表人,但当时发言应至如何程度及步骤,应由干事会预于十三日召集会谈一次,以资一致而利进行。

　　上届董事:庄乐峰、王荷舫、黄约三、朱继圣、资耀华。

上届估价委员：阎子亨先生。改选后仍均连任。

候补董事：宋棐卿先生、吴清源先生。

庄乐峰先生云：关于英工部局通告之提前钟点及呈报存粉各事请即照办。其用意所在实为被动性质，如存粉一事，除积囤存货者不计外，其存粉过卅袋以上时最好呈报，以免受罚。云云。

（J0211-1-003755）

177.天津英租界中国纳税人公会第二次大会议事日程

1940年4月7日

二十九年四月七日下午三时。

一、请推举临时主席。

二、主席宣读召集会议通告。

三、预选董事。

四、预选估值委员。

五、临时动议。

六、散会。

（J0211-1-003755）

178.天津英租界工部局选举人名单通告（第4号）

1940年4月8日

兹将本年四月十七日星期三下午三时半，在天津英文学堂举行之第二十二次本界选举人常年大会有选举权投票人之中国名单胪列于次。左列名单如有错误或遗漏即请于四月十二日前通知登记员。此布。

秘书长兼登记员巴恩士

一九四〇年四月八日

有选举权人名称	权数	有选举权人名称	权数
万福堂张	一	茂兴公司	五
万祥堂王	三	茂根堂	五
王受培	一	马骏青	一
王楚章	一	马官贵	一
王振维	一	马伯声	一
王子长	一	马月亭	一

有选举权人名称	权数	有选举权人名称	权数
王荷舫	四	美丽照像馆	一
王少溥	二	孟敬慎	六
王者香	一	孟少臣	三
王恩普	五	孟树德堂	四
王敷五	十	苗少卿	一
王汉臣	二	鸣德堂郑	三
王锡桓	一	明昌堂	一
王沁	二	明德堂姒	二
王新吾	一	明记李	二
王绩荫	一	明仁堂宋	三
王理渊	三	明德堂（钟世铭）	六
王瑞安堂	二	明德堂李	四
王慕陶	一	明德堂刘	二
王步洲	一	明德堂刘氏	三
王世俊	一	浙江兴业银行	十一
王树棠	一	中国实业银行	四十六
王述义堂	一	艾复生堂	一
王惕庵	四	倪念先	一
王佐禹	三	倪晋均	一
王桐轩	一	倪绍忱	一
王慈荫堂	一	倪少圃	一
王益厚堂	一	倪炳文	一
王毅灵	一	倪灿墀	一
王依斋	一	倪幼丹	十
王颖宾	二	聂玉琳	一
王幼云	二	聂培元	一
王雨生	三	聂汤谷	一
魏海楼	一	宁宗棠	一
魏翰章	一	宁雨三	一
蔚耕堂	一	东亚毛织公司	六十二
卫滨别墅	一	八福堂杨	一
温香圃	一	潘子欣	一
文德堂振记	二	包光镛	一
温滋泉	一	保善堂张	一
翁笏斋	一	保安堂	一
吴其焯	一	宝墨堂徐	七
吴清源	十一	宝善堂韩	四
五聚堂曹	十二	保善堂刘	五
吴熙庚	二	潘子桢	八

有选举权人名称	权数	有选举权人名称	权数
吴克光	二	白竹贤	一
五桂堂	一	毕学洪	一
吴莲伯	三	卞俶威	四
吴保善堂	二	斌熙堂姚	一
务本公司	四	平记	一
务本堂	四	普安堂	一
吴少权	一	河北省银行	十七
吴熙莹	二	三槐堂乾记	四
吴石佐升	一	三让堂吴	一
吴叔节	一	三多堂	一
吴调卿管业团	六	三益堂	三
吴达记	三	三义堂刘	一
吴泰来	五	三义堂李	三
吴刁氏	一	单允工	一
吴次衡	一	上海商业储蓄银行	一
吴聿修	四	善庆堂朱	二
亚记	一	牲记	三
杨正权	一	尚记堂	一
杨阶平	二	尚仁堂李	二
杨介祉	三	尚慎堂	一
杨志坚	一	尚采记	三
杨靖记	五	绍曾	四
杨静涵	一	尚友堂陆	五
杨仲记	三	绍增禄堂	一
杨慕姚	二	慎诚货栈	二
杨石门	一	沈琢如	三十
杨叔鸿	一	沈鸿昭	一
杨应乾同杨应坤	一	沈礼源	二
姚仲骥	一	慎德堂蔡	三
耀绍辅	一	慎德堂（孙伯延）	一
义德堂誉钰甫	九	慎德堂	五
叶刚侯	一	沈往万	二
叶绪耕	一	沈雨香	三
叶瀛洲	一	沈云甫	五
延记	三	诗礼唐（周叔弢）	一
严智实	十	世德堂王	一
严智寿	一一	食旧堂王	一
严智桐	十	石士杰	三
延福堂靳记	三	锡善堂卞	一

有选举权人名称	权数	有选举权人名称	权数
言敦源	二	世德堂杜	二
阎子亨	一	石天佑	三
言韦叔	四	寿福堂刘	一
燕翼堂谢	一	守善堂张	十二
阎英民	一	守业堂王	一
义安堂周	二	徐世章	九
义庆堂新记	二十九	树德堂孟	十
仪衷公司	六	树德堂杜	一
义厚堂刘	二	顺安堂陈	一
义兴公记	十二	新华银行	三
怡莲堂齐	一	索莜田	二
义生堂王	十	索增崇	三
怡怡堂郭	一	四兴堂	一
逸园陈	四	诗礼堂	四
盐业银行	二	忠厚堂李	三
殷季衡	一	孙仲英	三
荫记	二	孙仲山	一
殷乃元	一	孙周佩馨	十一
荫牲堂	一	孙恩裕	一
荫余堂郭	一	孙鹤宾	一
友爱堂	三	孙明哲	一
女青年会	五	孙保滋	一
玉成堂	二	孙章甫	三
余庆堂戎	一	孙国璋	一
余庆堂蔡	二	孙观圻	一
俞君飞	二	孙冠儒	三
于忠	二	孙世荣	一
于姓	二	孙家震	一
余明德	一	孙芳斌堂	二
俞乃昌	一	孙梦祺	二十四
玉德堂苏	一	孙元懋记	一
裕德堂张	三	淞记	一
于彤萱	二	松茂堂石	一
于永禄	二	宋文祥	一
袁崇虚	一	松荫堂卞	二
袁雪侯	一	宋某卿	一
源兴堂徐	三	宋文郁	一
元德堂刁	二	世德堂王	五
袁云台	三	大昌和	二

有选举权人名称	权数	有选举权人名称	权数
苑友声	一	大福堂	一
裕恩永	五	大兴工程公司	十二
乐钊	一	大德洋行	一
乐达仁堂	一	泰和堂	二
耀德堂王	二	泰岳堂张	一
乐佑申	一	淡泊堂唐	二
阮性言	一	唐乐禧堂	三
云记	一	德聚堂陈	三
云庆堂许品台	一	德厚堂	二
蕴华堂	一	德隆记	四
蕴玉同尚义	一	德隆堂王	一
荣安堂张	一	德本堂李	三
雍剑秋同雍鼎臣	三	德本堂陶	二
永勤堂		德善堂王	三
永禧堂唐	三	德荫堂宋	二
荣光堂梁	二	德本堂乔兆琳	一
永立公司	四	德裕公记	一
永立堂徐同		得天堂	一
仁德堂刘	一	德益堂	三
永茂堂华	三	郑寿宝堂	二
永宁堂李	二	棣萼堂	三
雍剑秋	五	天恩堂周	二
永德公司	二	天津航业公司	十五
荣荫堂张	一	天津电话局	十三
永裕当	一	田本堂	五
范安荣	七	董显光	一
芳庆堂	一	天津打包公司	十二
方震初	一	丁樊英	二
方式	一	天德堂张	一
凤祥金店	一	蔡福荫	五
冯信德堂	一	蔡绍基	五
冯树翼	一	载涛	一
峰泽堂金	十七	翟振声	一
冯东川	一	蔡志武	一
傅靖记	二	蔡硕臣	一
福照堂	二	翟捷三	一
福记	三	载德堂沈	一
復诚信花栈	一	臧和堂	一
福庆堂焦	一	巢章甫	一

有选举权人名称	权数	有选举权人名称	权数
辅恩公司	四	曹成贞	一
福厚堂王	一	曹恩成	一
福厚堂张朗轩	二	曹士骧	二
辅仁堂曹	二	曹士嵩	四
福善堂孙介怡	一	曹士英	三
福寿堂侯	二	曾阜堂	一
福寿堂龚	三	增德堂冯	一
福荫堂	六	崔露华	一
福荫堂蔡	十一	增福厚堂高少洲	一
福英纸行	三	存心堂	一
福云堂周	四	骏有堂孙	三
福义堂魁记	二	崇善堂王	二
蝠佑堂王	一	聪启堂徐	一
家彝堂单	一	涂雨公堂	一
任振采	一	杜乐园	一
仁记	三	屠培成	二
任志修	四	杜袁毓奇	九
仁信堂	一	杜之远	一
仁静堂金	三	段舆望	二
任丰厚	一	退省堂方	一
仁和义生记	一	敦仁堂马	一
仁立实业股份有限公司	五十八	敦和堂史	三
仁寿堂	一	佟兆元	一
仁德堂	一	董景兰	一
日升堂林	七	桐华堂于	四
四银行储蓄会	五十二	同心堂俞保康	一
瑞安堂史	二	同心堂佟得一	二
瑞福堂周	二	董宝鉴	一
瑞生堂	一	佟庠勋	一
开滦矿务局	四十八	同盛堂	二
懋如记	二	同德堂徐	三
康厚堂郭	二	同文堂乐	二
高存仪堂	二	董士恩	三
濠园记	四	同荫堂	八
积善堂	二	董幼芩	一
耕习堂李	一	慈惠学校	八
耕读堂訾铭谦	五	慈德堂	一
金城银行	五十二	爱莲堂王	一
克丕堂何	一	安今堂梁	一

177

有选举权人名称	权数	有选举权人名称	权数
顾绍川	一	安华堂	五
顾温玉	一	安定堂胡	一
蒯若木	一	中国银行	九十
关富权	三	中国银行与交通银行	一
桂馥堂合记	四	交通银行	三十五
骙德堂王	一	百忍堂	三
宫振声	三	卞白眉	一
宫本仁同宫本义	一	中央银行	十八
公善堂	一	翟希仁	一
公德堂王	四	詹陈廓盈	二
公裕号	一	张朝兴	六
郭超然卢	二	张镇芳	二
郭汝巽	三	张承志	二
郭耀五		张静记	四
关肇洪	一	张振铎	一
广善堂	一	张仲兰	二
海同纺毛厂	六	张仲平	一
韩振山	一	张福厚堂	一
韩绣章	一	张福同	
韩华堂	一	张厚记堂	十七
韩自新堂	一	张祥斋	七
韩文友	一	常小川	一
恒足堂马	二	张绪诘	一
和记		张仁义堂	一
和丰公司	二	章以吴	一
何贤铎堂	一	张碬臣	一
和信货栈	一	张公武	一
鹤彭堂杨	一	张伯驹	四
合德堂	四	张士骏	一
合德堂陈	七	张松乔	一
何次衡	一	张宅	一
郝日增	一	张群记	一
西中合堂刘	三	张同德	一
夏采臣	一	张务滋	一
萧宜君	一	张吟樵	一
协记或协记公司	七	张一桐	二
新记号	一	张瑛记	二
信记公司	九	张毓远堂	十
馨远堂郑	一	张元群	一

有选举权人名称	权数	有选举权人名称	权数
行素堂	一	张云波	一
兴仁堂王	二	赵星孙	一
兴隆公司	二十七	赵师章与赵师泉	二
兴业公司	一	赵子贞	四
熊毛彦文	一	赵子馨	一
许金英	一	赵王景英	一
徐楚泉	二	浙江会馆	六
徐均	一	陈晋卿	一
绪厚堂徐	二	陈荩仁	三
徐啸岩	一	陈靖宇	一
徐仙舫	一	陈恩厚	一
徐心初	一	振兴公司	三
徐国香	一	陈秀峯	十二
徐鲁詹	七	陈孔怀	一
许品台	三	陈泊萍	三
徐善德堂	三	陈孙步兰	三
徐树强同徐树溥	一	陈少云	三
徐道斋	六	陈慎思堂	一
徐咏南	一	陈子澜	二
徐端甫	四	真吾堂王	一
徐燕珊	一	振业堂	十一
徐裕如（公平号米面庄）	一	陈绎	一
萱安堂惠记	一	陈荫堂	一
宣德堂宣记	一	陈韵波	二
宣德堂宜	一	郑正冕	一
巽安堂郭	一	郑承益堂	一
胡庆昌	二	诚记	一
胡麟瑞	一	郑敬远堂	二
华利公司	五	承福山庄	一
华茂商行	一	程子明	二
华茂公司	七	正义堂	二
华北实业商行	二	承荫堂杨	二
槐荫堂鸿记	三	程荫南	二
黄颂頍（黄颐安堂）	四	贾世清	二
黄吴氏	一	乔戒本堂	一
惠中堂张	一	乔秉初	一
槐荫堂王	一	乔玉琳	三
宏利源货栈	一	焦世卿	一
鸿升堂孟	三	贾世仁	一

有选举权人名称	权数	有选举权人名称	权数
鸿升堂等	十九	江庸庵	二
洪业堂刘	三	济安堂木记 开记 鼎记	七
黄柏希	一	积庆堂（宁彩轩）	十七
黄子成	一	吉庆堂	四
黄宗法	一	积庆堂朱	三
李养冲	一	吉庆堂孟	四
李东馥	一	积庆堂杜	五
李兆庚	一	志相堂赵	一
李吉甫同李志年	七	其惠堂记	一
李志康	二	吉厚堂李	三
李立志堂	八	积厚堂毕	一
李执一	五	积厚堂余	三
李进之	一	吉效彭	二
李进之	二	齐朗轩	二
李清和	十三	基本堂 郝所裕珍	六
李警予同李楚衍	七	与郝宗谱	
李竹坡	二	吉善堂	一
李蓬珂	一	积善堂张	三十二
李福鸿	一	积善堂石	十一
李赫生	一	积德堂张	二
利厚堂	一	积德堂吴	三
立心堂马	二	致美堂商	一
黎雪桥	二	致道堂刘	一
李怀义	一	志远堂	一
李经湘	一	志远山庄	一
李季芝	一	坚白堂宁	
李林森	一	钱维之	二
李乐群	一	建业公司	一
李勉之	二	谦益堂王	三
李志年	八	至善堂李	一
李吉甫同李志年	十一	金记	一
李伯臣	一	勤俭堂裕记	二
李宝时	三	进建堂钱	一
李少泉	三	锦秀堂林	一
李少庄	二	勒少卿	二十五
李次民	一	晋生货栈	一
李问农	一	勤德堂	七
李文彬	一	秦文起	一
立业公司	六	招商局	九十五

有选举权人名称	权数	有选举权人名称	权数
李伊度	一	中南银行	四十三
李育田	一	电话局	六
李允之	二	北宁路局	一
李杨敬如	二	邮政总局	三
梁致和	二	庆安堂	三
梁孟亭	四	静安堂	六
良席卿	一	庆羯堂许	二
雨益堂	一	经稼蔓	三
林凤钧	一	庆和堂	一
林澧亭	一	敬学堂吴	三
林谷年	一	庆发堂何恩钤	二
林绍怡	一	敬义堂徐	二
林慎德堂	四	清慎堂	一
林寿人	三	敬胜堂泰记	七
麟趾堂云集堂	一	敬思堂安	一
凌冠记	一	庆德堂	一
刘成德	一	庆德堂张	二
刘纪庭	二	庆德堂蔡	二
刘志丹	一	敬德堂吴	四
刘锦昌	一	庆余堂王	二
刘建宇	六	敬业堂吴	六
柳庆华	一	祝重谨	一
刘恒裕	三	周启圭	一
刘锡光	一	周鉴澄	一
刘锡兰	一	周志厚	八
刘晓言	一	周立之	二
刘雪亚	三	周伯桓	一
刘枢	一	周树来	二
刘子兰	一	周颐安	一
刘紫垣	一	周夷希	三
刘慈安堂	一	周愚夫	一
刘和安	一	周复善堂	一
刘逸然	三	朱振铭	一
刘英麟	一	聚记货栈	一
刘元龙	一	聚成货栈	二
刘耀西	一	朱简芳	三
罗长光	一	絮锦堂杨	二
乐记	一	朱作舟	一
罗仲吕	二	聚福堂李	十四

有选举权人名称	权数	有选举权人名称	权数
萝希明	一	聚德堂李	三
卢炳玉	一	居易堂蔡	五
娄鲁青	二	储义明	一
陆仙槎	二	朱应奎	一
罗旭超	一	朱跃如	三
罗旭溥	一	存厚堂蔡	一
旅安堂蒋	一	宗英	一
卢振庭	一	忠孝堂刘树琴	一
禄记	二	泉记	三
卢金山	一	傅德堂胡	二
卢恩铭	二	纯庆堂张	一
卢汉瑞	一	纯仁堂王	
六合堂记	一	春再	一
卢国潘	一	纯义堂	
路效文	一	存义堂田	五
陆德诚	一	中记	一
鲁泽三	一	忠厚堂刘	四
绿野堂孟	二	中信堂荃记	一
吕种德堂		忠兴堂柴	
吕卫公	一	钟锐铨	十二
抡赞宸	一	中英商业公司	一
隆昌兴	一	忠恕堂吴	四
隆记工厂	一	忠义堂王	二
隆聚公司	十一	庄则仁	一
马承渊	三	庄乐峰	一

(J0211-1-003755)

179.天津英租界选举人第二十二次常年大会议录

1940年4月17日

时间:一九四〇年四月十七日星期三下午三时半。

地点:天津英文学堂。

是日大会系由英国总领事白维德君主席,董事会席次计有董事长体伯君,副董事长庄乐峰君,董事安德铸君、朱继圣君、甘慕隆君、黄约三君、蓝荫君、王荷舫君,秘书长兼工程师巴恩士君,秘书陈贯一君。

议会秘书由首席英国领事高德禄君充任。

选举人出席者计有左列诸君：安德生、安德森、贝铎、卜理智、陶灵少校、柏志士、阚德麟、高尔德、奚似乐、史马克、艾文斯、费巧尔、佛令德、富克斯、费根、哈溥、郝为乐、少甘博士、甘博士、狄克森、那森、欧哈雷、裴恩德、潘纳禄、西门士、森木司、端纳、雷敦、吴楼、杨保罗、德恩若、奥克纳、吴焕之、张静山、张静记、叶刚侯、巢章甫、宁彩轩、徐仙舫、程荫南、吴聿修、陈子澜、陈西甫、陈致中、赵恩荣、李千里、王金镛、孟敬慎、峰泽堂金、杨石门、杨仲记、福佑堂王、庆德堂蔡、张祥斋、崔时文、彭盛先、武子洲、李哲甫、曹定辰、曹景唐、魏际尧、杨星六、蔡述谈、王敷五、吴颂平、吴其焯、孙保滋、王景陈、臧逵、朱振铭、李相璟、张仲柔、马伯声、仁静堂金、樊樊圃、李东馥、陈泊萍、蔚耕堂、赵海岳、文德堂振记韩文友、斌熙堂姚、单允工、张务滋、王桐轩、阎子亨、冯信德堂、田本堂、济安堂、孙梦祺、赵子贞、徐燕珊、惠中堂张、宋棐卿、焦子清、高少洲、李次武、三槐堂乾记、朱健珊、曾公赞、张焕文、胡彬叔、孙少轩、严智桐、孙芳仲、张士骏、吴熙莹、倪幼丹、林寿人、逸园陈、常小川、孙伯延、郑冕、苏玉书、孙季鲁、苏铁航、余庆堂蔡、张慰民、蔡朴、何廷贤、郭汝巽、郭绳如、李警予、訾钰甫、李伯彤、焦世卿、刘敬斋、王子长、俞荫才、訾铭谦、德本堂李、孔赐安、赵桂生、娄筑孙、杨固之、赵师复、梁幼臣、周愚夫、福厚堂王、张吟樵、王少堂、徐戭斋、积庆堂朱、陈士杰、王更三、杜亚新、蔡福荫、蔡硕臣、吴次衡、冯馨坡、靳少卿、吴清源、刘宗林、卜俶成、友爱堂、陈晋卿、王少溥、徐心初、于信臣、刘子兰、庄云九、张式虞、宋道生、李文康、周敬之、张碬臣、桐华堂于、李兆康、杜乐园、沈云甫、唐乐禧堂、永禧堂唐、于慎、孟锡三、孟伯铭、严智寿、任振采、赵星荪、张伯驹、梁孟亭、张镇芳、严智实。

主席宣布开会，由议会秘书宣读召集会议通告，为开会仪式：

天津英租界选举人第二十二次常年大会定于本年四月十七日星期三下午三时半在天津英文学堂礼堂举行。此布。

大英国驻津总领事白维德

一九四〇年三月二十七日

议　录

主席——会议日程第一项为证实一九三九年四月二十一日选举人常年大会议录、十月二十七日暨十二月十二日特别大会议录。

端纳君——鄙人动议证实一九三九年四月二十一日选举人常年大会议录，十月二十七日暨十二月十二日特别大会议录。

陈晋卿君附议。

主席——兹经端纳君动议，陈晋卿君附议，证实一九三九年四月二十一日选举人常年大会议录，十月二十七日暨十二月十二日特别大会议录，诸君如表示同意，请举右手。有人反对否？鄙人宣布动议通过。

会议日程第二项为接受一九三九年董事会报告暨通过该年截至十二月三十一日止之全年账目。

董事会报告

董事长——于陈请审核一九三九年账目之先，关于年间重要事端，鄙人愿略加声述，谅荷诸君许可。昨年诚堪称为本租界有史以来最困难之一年。查自六月中旬起，施于出入本界货物之限制，不惟严重妨碍贸易自由，有时且威胁及于本界住户生活需要及食品之供给。当食品情况显趋尖锐化时，物价腾贵，几达不合事理指数，同人幸获英总领事暨领馆人员之赞助，得设法用本局载重汽车运入肉类及新鲜菜蔬至英国菜市出售,因之吾人所需此项切要物品之供给虽不十分充裕以副吾人愿望,然菜市物品之供应于品质显见优良,数量并已增加,同时售价并现适当之减低也。

关于其他食品米面供给问题,敝董事会仍随时切加注意,按现状论,除通告本租界内所存面粉概行登记外,尚无须其他措置之必要。据鄙人所知,迩来运出之数量甚巨,惟行将载至天津已在途中之数量更为巨大,现时价格已降落,与订购新货需价无所轩轾。只因汇兑行市不利异常,此时市价于一般贫苦市民殊增艰困,若折合外币(如英镑或美元)尚称公道,依管见所及,吾人任务是在可能范围保证遏止囤积渔利,设法在本租界内随时保持相当数量,以应本界市民食粮需要,并使内地向赖本埠供给之各县其寻常需要米面数量无所阻滞,运输得以继续,盖本租界向为华北大部之分输中心也。

关于此点,鄙人愿极端郑重声述,本租界当轴从无限制米面外输情事,而对于此项输出反而尽力赞助奖励,俾于本省有所裨益,并于保持本界充分需要之旨无所抵触,查本界需要比之由此输入内地之数量诚属微细。

泊至寒风凛冽,本界发电及用户所需煤炭发生问题,至深忧虑,旋亦获得总领事署官员赞助所需燃料,供给始有办法。

昨年夏季冰块颇感缺乏,现于爱丁堡道左近建有冰窖,存有天然冰块。关于人造冰,敝董事会希望不久有商行能于本界设立机厂制造,现时人造冰之供给殊感不敷,吾人对于此项事业之建设愿尽力之所及,从事鼓励,给予赞助暨便利。

是年八九月间所历洪水泛滥,水势之大堪称空前,对此年报中已叙述一切,谅诸君既经历灾害之严酷,痛遭损失,无须鄙人赘述矣。惟此暗淡环境中,固有一线曙光在也,即本界住户际此急难无不同心一德,奋勇应付,此触目惊心之患难所有艰困本已不胜枚举,洪水之外,虽遇欧战暴发,先后仅隔数日,然本界市民绝不因此丧志,处此环境或感不欢,但最低限度仍毅然镇静坚定,欣然决予应付,殊堪钦佩者也。

洪水期间及水后,本租界灾民充斥,诸荷各界仁人赞助救济工作,至深感谢。于此困难时期,吾人得以进行一切,端赖各善士舍己从公,今者时间仓卒,虽不克一一举名表示谢忱,但对于英军及本局警备队与辅警备队之巡逻本界维持秩序,本局卫生医官尔葛二大夫,开滦矿务总局贾世清大夫,暨其从事各中国西医以及霍爱德大夫、麦克太维司大夫同包爱特女士之经营灾民临时医院,担任医务工作及马大夫医院随时给予有效之切要协助,与开滦矿务总局、天津英文学堂、耀华学校、天津打包公司,暨其他各商行会社及私人之借予房产空地,便利救世军吴昭智少佐与其军佐之担任组织建搭及经营小花园左近难民窝铺,分任此项切要任务,同人咸须表示感忱。

空地保管委员会并予襄赞,尤以该会名誉秘书海维林君之协助为可志。

于此紧急时期,本局职员概皆勤奋尽责,与多数志愿工作人员之尽力协助,鄙人并须致谢本局救济水灾账款,承蒙各界人士慷慨捐输本埠,收集之数计超过洋三十万元。再,伦敦市长慈善款下(此系英国救济中国灾害之款项),并捐助英镑一千镑及巨量切要药品,鄙人特此致谢。

最后鄙人如不提及已故毕德士君之伟大事迹,自不能结束此段声述。查洪水泛滥之初,鄙人在假,毕德士君代理董事长,有董事会同人相辅,鞠躬尽瘁,总理切要任务,与患难相抗争。毕君一旦作古,殊增悲伤,鄙人于昨年十二月十二日特别大会已予志述。

预防本界水灾重现问题,现已获得正当主管机关之注意。所谓"内大堤",位置于本界西靠近新兴路外者,即当增添高度,加强堤身,此项工事期于本年七月初完工,一经蒇事,吾人对于夏令水患是可藉以保护。据闻外大堤之工事须待至一九四一年也。

谅诸君记忆昨年纳税人大会曾令同人召集选举人特别大会审议,关于天津英文学堂协款章程第十九条甲之修正,该特别大会系于一九三九年十二月十二日召集当时纳税人核准之决议,已由敝董事会按正当手续递陈英国大使矣。在此时期关于该校协款事件,教育保管团已向英国法庭对工部局起诉(鄙人相信并期望此可指为友谊之诉讼),吾人希望于下月或可接得法庭之裁决也。

关于纳税人通过之决议,英国大使现欲保留,俟法庭裁决再行批复。查此案仍在法庭,现时鄙人自无须或不宜再加注释,兹仅为报告最近经过及董事会已执行纳税人于大会给予之命令,故有此声述。

关于一九三九年账目,因年间发现当时绝对不能预知之情况,致昨年四月二十一日常年大会所抱之乐观灼然令人失望。昨年十月二十七日纳税人特别大会,鄙人已报告年间灾患频仍,汇兑锐跌,洪水泛滥,工料价格暴涨,在在为推翻上年四月纳税人大会所通过预算之缘由。查十月二十七日特别大会核准之百分之五十临时应急附加费业已施行,当时虽济一时之急难(备极危险之急难),然未能永久解决吾人困难,此后仍须另行开源筹措款项,尤以添购发电厂机件之需款似属切要,宜予进行者也。

按年报一〇八页统计,经常项下各项收入比之预算咸现增益(依千位整数计),总务账目收入计洋一,五六三,〇〇〇元,比之预算所列洋一,四四六,〇〇〇元,计增收洋一一七,〇〇〇元;电务处收入洋一,三六三,〇〇〇元,比之预算洋一,一八二,〇〇〇元,计增洋一八一,〇〇〇元;水道处收入洋四九八,〇〇〇元,比之预算洋四三九,〇〇〇元,计增洋五九,〇〇〇元。故经常收入总计比之预算约计增洋三五七,〇〇〇元,如此成绩可云称意。不期经常支出之增加更形迅速,其概数如次:总务账目实支洋二,四五一,〇〇〇元,比之预算洋一,九四二,〇〇〇元,计增支洋五〇九,〇〇〇元;电务处实支洋七一七,〇〇〇元,比之预算洋六四三,〇〇〇元,计增支洋七四,〇〇〇元;水道处实支洋五三〇,〇〇〇元,比之预算洋四一六,〇〇〇元,计增支洋一一四,〇〇〇元。关于电务处及水道处之支出增加,同人并须注意该二处磨电产水之总量,概经添增亦为支出加多之因,由职是之故,各该处收入并现增加也。

合计上列各数经常支出,比之预算计增支洋六九七,〇〇〇元,由此减除增收之数洋三五七,〇〇〇元,尚余差额洋三四〇,〇〇〇元。查上年四月二十一日核准之预算,经常项下预计盈余洋六六,〇〇〇元,今已易成实支不敷洋二七四,〇〇〇元(依会计处长之详数,原列预计盈余洋六六,一三五元,易为实支不敷洋二七三,六二〇.〇四元),此不敷之数已转入特别项下。

关于上述经常项下之增支洋五〇九,〇〇〇元,其要目为水灾应急开支(三六九,〇〇〇元)、英文学堂协款增拨(三〇,〇〇〇元)、汇兑损失(六八,〇〇〇元),暨因生活增高之职员津贴及其他款目。

特别项下,总务特别支出实支之数只洋一九二,〇〇〇元,比之预算所列洋三一八,〇〇〇元计减支洋一二六,〇〇〇元。查工程处因经费短绌及材料困难,所有拟筑新路未经开工为减支之要因。

电务处建设购置支出,计增支洋二二,〇〇〇元(预算二三九,〇〇〇元,实支二六一,〇〇〇元),其要目为因需电量增加之新电表及其他器械购置。水道处之此项支出,计减支洋一五,〇〇〇元(预算一〇六,〇〇〇元,实支九一,〇〇〇元),因其原定建筑规划未完全实行。

该二处因出售旧房屋及机件计得价洋一七,〇〇〇元。

综核以上各项,一九三九年收支两抵,实在不敷总额,计达洋八〇一,〇〇〇元,比之是年预算所列洋五九七,〇〇〇元,不敷额数计增加洋二〇四,〇〇〇元。

年报一三三页载列,计至一九三九年底止之银行透支计洋三七一,〇〇〇元。

附此声述,鄙人动议,谨请诸君接受董事会所陈一九三九年报告暨账目。

庄乐峰君附议。

主席——董事长之演说词已译成汉文分发,现经体伯君动议,庄乐峰君附议,接受董事会一九三九年报告暨刊布之账目。在提案付表决之前,诸君有何意见。

张子腾君——鄙人视一九三九年开支过巨,倘在往年经费充裕当无此感想,惟吾人迩来所历经过非常艰难,英租界不产米面煤炭及衣料等项,乃人所共知,一切需要咸须付以高贵代价,市政开支一旦增多,影响市民生活当非浅鲜,故希望董事会量入为出,从事撙节,例如职员聘任倘需薪金优厚人员,或能物色资格相似薪金较低者担任其事,修葺旧有建筑或能代替新建工程以节经费。鄙人对于报告无何异议,只期董事会注意所提各点耳。

伯志士君——主席先生,鄙人兹愿藉此机会敬贺体伯君报告昨年董事会工作演词,盖今兹所闻只其往日佳作之一。鄙人有时思及董事长每年演辞,往往包含要点,纳税人应预加研究,俾有所据,如果英文演词得以付刊预行分送纳税人是属相宜。按现时程序对于董事长演词欲聆悉无遗,即予有效之答复辄感困难,选举人藉刊布之报告暨预算得以了解市政经过事实颇资帮助。兹请诸君注意年报第九三页所列公用建设一项,一九三九年预算原指定二〇,〇〇〇元为此建筑之基本款额,鄙人今日莅会,并非讨论公用建设,鄙人个人对此建筑表示赞成,但须请诸君注意者,昨年选举人大会之预算仅列二〇,〇〇〇元,而董事会所费竟达一〇八,〇〇〇元。据此事实,鄙人以为破坏通过预算之原则,夫实支不能与预算如数吻合,乃人所共知,尤为有董事会经验者所洞悉,例如常年大会决置新机件,预计需费五〇,〇〇〇元,倘设置之时需费须增五,〇〇〇元,因而中止设置致不克葳事显系不合,但于前述建筑董事会之措置是不能依此相提并论,嗣后如有类此情事发现,鄙人希望董事会注意拙见也。最后,鄙人建议一切应力事节俭,对于前发言之人意见完全赞同。

董事长——张君意见颇属适当。查昨年本局因试行节省薪金,已损失外籍职员五人(其中二人系分处处长),其悬缺迄今未补,盖同人现时未能由英国聘任。

关于伯志士君之意见,鄙人须请诸君追忆昨年四月同此地点所举行之大会,其时伯志士君代理董事长,自动提出此事,其于结论声称如所需款额有着,此游泳池之建造当即进行,盖此公共建设乃为本租界住户所久需者也。当时并有出席会议著名纳税人二人极力赞成此游泳池之应予兴筑,并云设法撙节其他费用尽力筹款,俾游泳池之建造得以进行。该发言人虽如此表示,然当时会议并无异议,查发言人之一(外籍)为候选董事之一人,旋经投票当选者也。故嗣后,董事会集会时对此经过不能视有其他用意,只有认纳税人已准许游泳池之建造,故此决予进行。其时汇兑行市无何不利,待至滤水机件付价时——该机件为维持池水鲜明清洁所必需者——因非吾人可左右之缘由(汇兑行市剧跌),致须交付巨款,是则非吾人所能预知者也。不但此也,建造此游泳池必需之各项材料价格俱已大涨,故实支之数比较先时认为敷用之数相差甚巨。

伯志士君——鄙人很记得,昨年四月二十一日之大会当日,鄙人所占地位即今日体伯君站立处也。兹请诸君注意,该会议所通过之预算原列二〇,〇〇〇元,为基本款额,当时董事会未尝设想所指建设应于该年度完成。讨论此公共建设时,在会确有选举人二人起立赞成于是年进行,但诸君须注意,当时讨论绝无结果,该二发言人未提任何决议,所得结果只该会议通过预算耳。倘若吾人今日到会,以选举人全体通过预算案详列本年度之某种款项,鄙人以为如所指款项开支超出预算数额过巨,则董事会已违背选举人之命令,希望以后不再发现。

庄乐峰君——主席先生、诸君,鄙人愿代表董事长略加声述,缘体伯君发言颇多,已感疲乏。关于游泳池,鄙人须请伯志士君注意其代理董事长时,昨年四月大会,当时出席之选举人曾声称欲游泳池之即行建造,谅鄙人记忆不误,其时伯志士君以代理董事长资格曾声述,倘可由工部局款项筹得建筑费用当予进行,鄙人记忆此为君之允诺。及至五月,董事长体伯君返津,斯时本局财政状况颇佳,辅捐收入极有起色,码头捐亦超过预算。查选举人既愿进行,于前复经代理董事长于大会允许,如款项有着即行建造,故此进行。是则同人并未违背命令也。(庄君并将其意见译成汉文。)

伯志士君——主席先生,得君之容忍鄙人请再进一词,即鄙人对于游泳池并不反对。盖游泳于二十余年前为鄙人最喜欢之健身运动,本年如有人邀余至游泳池担任公断员,则赏心适意,当无过于此。但筑造此公益建设筹措款项尚有较为适当时机也。

主席——尚有其他意见否?如无有动议,即付表决,赞成者请举右手。有人反对否?动议通过。

一九四〇年预算

会议日程第三项为审查董事会一九四〇年预算,如荷表示同意,即请执行通过手续,兹请体伯君陈报董事会预算。

董事长——兹为陈报一九四〇年预算,谨请诸君披阅年报第一三三页载列之经常收入,其总数计洋四,二四六,三〇九元,比之上年预算(三,〇六六,九五二元)计增洋一,一七九,三五七元,其增加之要目如次:总务账目一六八,五〇〇元,电务处九三四,三五五元,水道处七六,五〇二元,此项增加之得以编列,因有上年十月二十七日选举人核准之附加费,今除本租界用户水费之附加应自本月一日起停止,暨医院费之附加已经停止外,同人请诸君核准前述附加费继续至下次常年大会期为止。

本年支出经常项下计列洋四,一二八,七九一元,比之一九三九年预算(三,〇〇〇,八一七元)计增洋一,一二七,九四七元,其要目如次:总务账目计增洋七〇六,九九〇元,电务处计增洋三一九,〇〇四元,水道处计增洋一〇一,九八〇元。

总务项下之增加,计有总务管理(包括二学校协款)增洋二二八,〇一〇元,医院二二,二〇〇元,警务二八九,〇〇〇元,消防队四,九〇〇元,卫生股二,八〇〇元,工程处增洋一六〇,〇八〇元。

上述增加之要因,为薪工之增高及材料价格之高涨。

电务处经营费用增加之要目,为煤炭及其他物价之高涨——机件(英镑)保险费存储因汇兑行市低落需用较大款额——管理费用因薪工增多而添加等项。

水道处开支增加之要目,为抽水电费之增值,工程人员及办公处费用之增加因薪工必须高涨。

按经常预算总计,收入共洋四,二四六,三〇九元,支出共洋四,一二八,七九一元,收支两抵合计盈余洋一一七,五一八元。此数业已转入特别项下。

查预算所列特别支出,共列洋一,二四七,一三四元,比之上年预算洋六六二,八一〇元,计增洋五八四,三二四元,此项数额几完全属之总务特别支出(一九四〇年八八一,一八〇元,比之一九三九年二九七,八〇〇元计增五八三,三八〇元),此增数之五〇〇,〇〇〇元强,系列作建造新路之用(一九四〇年七〇〇,六四〇元,比之一九三九年一九一,八〇〇元计增五〇八,八四〇元)。鄙人已声述,上年因经历非吾人所能左右之情况,故所定路政规划未能付之实行。前此数年并因从事撙节,路政项下迭有削减。不仅此也,昨年洪水浸淹,海大道及河坝道大部之木砖路面漂流遗失,因之现应筑造道路之繁广可见一斑。如款项可以筹措暨材料有着,此项切要工程应即兴筑不再迟延。

特别开支项下列有"新建房屋",计洋八七,五九〇元,比之上年九,五〇〇元计增七八,〇九〇元,其中五三,五〇〇元系新游泳池更衣室及其他建筑费用。此项工程之进行,端赖建筑材料之有无,如果无着,则届时只可代以席棚或其他临时建筑。

倘若上列工程堪以实现,则依照年报第一三三页所列,吾人预计至本年底止之不敷款额,当达洋一,一二九,六一六元。

按之现在状况,透支如此巨额是不应设想,惟上述工程,如果予以实行,则敝董事会当发行债券以应此特别开支。谅诸君记忆昨年纳税人常年大会代理董事长在此礼堂曾声述,一九三七年债款尚有二,八〇〇,〇〇〇元未经发行,董事会如获得选举人之准许,可随时发行该数额之一部。

诸君披阅年报第一三三页,谅察及现款项下所有预计,至本年底止之透支当达洋一,五八六,九〇八元,故现在时机已至,吾人迫不得已须请诸君核准发行此额数之一部之债券,其发行数目不定,但最高总额当以预算所列透支之数,即一,五八六,九〇八元为度。兹须请诸君注意者,即诸君通过预算时,鄙人并请诸君授予董事会权限,随时认为必要,于本年依照需要发行一九三七年借款之债券(依所需建筑材料能以办到为准)。惟规定本年发行之总额不得超过预算所列之一,五八六,九〇八元限度,同时并请诸君准许董事会继续已经施行之附加费(本租界用户水电暨医院费之附加皆行停止),前已述及。

此外,于本年度或须请诸君另行核准开源办法,惟此事应由新董事会注意,徐当召集特别大会,俾便陈请诸君审核。据吾人现时所知,此开源办法当包括一种分等级之各项营业及专门职业捐,此实系现时每年征收之九元铺捐扩大其范围耳。同人并觉察码头捐当有增加,现时仅按千份之一.五征收之,诚属低微。

关于增加估定房产租值捐问题,敝董事会已缜密考量,拟按房租实数之一种方式核计。现时收集之房租报告虽已逾三千余份,比因时间紧促,未及全数整理规划。一确定建议,提陈本日会议,惟同人相信不久当有一具体方案陈请诸君审核。

依广义论,敝董事会以为本局财政状况虽属稳固,宜应另辟税源更加增强之,殊无疑问,盖揆之事实。鄙人前已声述,计至本年底之透支当超过洋一,五〇〇,〇〇〇元,欲请银行照垫,如此巨额似属不情也。

上列各项开源办法,如营业及专门职业捐之征收,码头捐之增加,暨依照租金实数之房产租值捐,概当受新董事会之考虑,一俟规划细目筹备就绪,当召集特别大会,将具体方案陈请诸君详加审核,获得诸君同意也。

尚有发电厂之扩充,应请新董事会注意,如能设法筹措充分款额,应予进行。盖该厂亟须添置能以磨发五,〇〇〇千瓦或六,〇〇〇千瓦之发电机,此项电机之添置历年,因种种缘由屡经延搁,年复一年,致需电量超过发电量状况之实现日见切近。如果需电负荷一如已往继续显有增加,则除非现时设法添购电机,吾人当陷于须向界外购电之处境,以应本界用电,惟向界外购买电流是否可能并充分供应吾人需要诚无把握。

鄙人深知所需款额(因汇兑行市关系)颇属不资,按现时状况筹措购买此机件之巨款殊属困难,虽然吾人当记忆电务处之盈利诚为本局收入之最大要目,年报第九四页载列,昨年电务处收支两抵盈余计洋六四六,五四六.二八元,年报第一二四页载列,该处本年预计收支两抵盈余当达洋一,一五三,八九五元也。

得获如此成绩、如此利益之事业,实应充分受吾人全力赞助,故所需款项如能设法筹措其亟需之机件是应添置。

鄙人适才所陈报一九四〇年预算，设非尽惬诸君所期，鄙人可保证声述，如此预算断非敝董事会于十二阅月前就任时所能预料者也。

经营本租界市政之费用日增，一若本界其他事业。查昨年津市之经过，无一商行住户及个人不经历物价之暴涨严酷处，此情势市政管理机关何能独异，凡有增高商行暨个人生活费用之经济势力影响所及，本局备受同等压迫。职是之故，所陈市政预算系处此极度特殊极度不良情况下，乃吾人尽力之所及者也。

附此声述，鄙人动议，谨请诸君通过所陈一九四〇年预算。（鼓掌）

庄乐峰君附议。

倪幼丹君——关于一九四〇年预算，昨年特别大会董事长曾声明，所有应急附加费系属临时性质，并允许研究，另筹开源办法，藉便取消附加费。惟此次预算报告已提议此项附加费继续施行一年至下次常年大会为止，鄙人感觉如开支不切事撙节，此项附加费恐无取消之可能，故请新董事会于一九四〇年力事节俭，紧缩各项开支。素仰董事会以维护纳税人利益为前提，倘于一九四一年此项加费，尤以地捐及电费之附加得以免除，则董事会与纳税人之利益得获一致矣。

董事长——关于倪君声称所有附加费完全施行有效，诚非事实。盖鄙人已报告水费及医院费之附加已经取消于该会议，鄙人确曾述及或能另行开源增加本局收入，但决定开征何项捐费事非简易，鄙人并未指定新收捐费当顶替旧有征收此项开源。如果新董事会依此决定，当列为增加收入，盖鄙人视此似甚需要者也。本局财政必须建树稳固，方能举行公债，而举债事在必行，但筹措一，五〇〇，〇〇〇元非属易事。本埠银行除非见稳固本局财政办法已有所实施，决不愿予通融。同人不能完全依赖于举行公债，但于需要公债时，必须证明对于巩固本局财政已有准备，如此方能进行债款。鄙人以为，现行之附加费尚无特殊之处，若与邻区界比较尚属相称，如与上海比较颇现低减，故可以责难之处无多也。至云撙节，鄙人适才答复张君时已声述，昨年试行节约殊遭损失，本局因节减经费已有数分处至感欠缺实需人员，盖因吾人撙节，而辞职之人员遗缺迄今尚无法补充也。

伯志士君——主席先生，鄙人见今日体伯君所陈述之数额，虽不得视为惊人，然已超过吾人所预期者。对于新董事会之困难任务，鄙人固不欲再事增剧，但关于提案，愿动议修正，即董事会发行或准许发行一，五〇〇，〇〇〇元债券，应减至半数，俟该款用尽时，董事会可召集选举人大会陈述清账，再请求选举人增加发行额数。鄙人感觉经费支用必须加以限制，新董事会应权宜分别开支之最要及次要，其非必要者应不予动支。鄙人希望有人附议此修正。

阚德麟君——附议修正。

主席——请伯志士君将修正动议用书面陈说。所提通过预算之动议须暂搁置，现先议伯志士君动议，阚德麟君附议之修正，即"兹为节制费用起见，债券发行应以七五〇，〇〇〇元为限，迨此款用尽时，董事会可召集选举人大会陈述账目，再请求增加。"

董事长——主席先生、诸君，鄙人前已述及预算所列各工程所需材料，欲全数办到殊鲜可能，鄙人并无此希望，除非检查卡口取消，商务复常，决无此可能。查预算所列各项为同人认为紧要应予进行之工程，随时如有机会，董事会愿有购办所需材料之准备，诸君一睹海大道及河坝道水后失修状况，其亟应修整可见一斑。现时尚有吾人预料，诸君可予核准，业已动工之工程，并需款项，鄙人不知给予董事会筹措半数之权限是否合宜，惟个人深信现时需款，当不超过额数之半，盖无此需要也。但如遇时机，董事会应有购办所需材料之准备。

伯志士君——鄙人以为体伯君之声述，乃直接赞同所提修正。

庄乐峰君——主席先生、诸君，关于伯志士君适才所提修正，其声述即鄙人于年报付刊前在董事会所发表者也，吾人深知一若董事长所表示者，因现时状况购办建筑材料诸多困难，谅无动支一，五○○，○○○元之机会。所陈预算虽如所列，然计至年底，透支之数决不达此巨额，因多数节目可事节减，多数材料无法购办，故工程无进行之可能。事实虽然如此，鄙人仍请求给予新董事会发行一，五○○，○○○元强债券之权限，缘鄙人感觉只准许发行半数，俟至需款时再召集特别大会诚非良策，待至二次给予准许之时，金融组合如银行等，是否愿予通融，甚属问题。盖若辈当询问："贵局诚属怪异，何故不要求全数于前，现时又要增加？"故鄙人请求诸君准许董事会发行债券以一，五○○，○○○元为度。（庄君复用汉文声述此意见。）

伯志士君——在所提修正付表决之前，鄙人拟请问董事长发行债款是否全数或其一部分由银行经手，认销暨利率几何。

董事长——主席先生、诸君，银行并不认销此债款，董事会已决定自行发行，其利率系六厘。此次债券为前（一九三七年）债款之一部，其利息规定六厘，董事会此次拟不邀人认销而由本局发行。

伯志士君——如果会议准许发行债券至一，五○○，○○○元额数，请问如不经银行认销，董事会对于发行额数完全销售有何绝对把握。

董事长——处此世界凡事俱不能一定，鄙人何能云其必然。

甘波斯德君——鄙人以为，所计额数应就远处观察，则于董事会方称公允，按此数额于十年前约合银二○○，○○○两，为核准此额数之债款，董事会决无需要二次大会征求选举人之同意也。

主席——如无其他意见修正动议，即付表决。刻再宣读修正动议，即"兹为节制费用起见，债券发行应以七五○，○○○元为限，迨此款用尽时，董事会可召集选举人大会陈述账目，再请求增加。"（举手赞成者只四人，主席宣布修正动议被否决。）

现当讨论原有动议即通过本年预算是也，如无其他意见即付表决。

倪幼丹君——鄙人适才声述仅系昨年之经过，并非对董事会有所质难，鄙人稔知工部局之困难，此项附加费于一九四○年系属必需者，但希望董事会力事搏节，紧缩费用，俾编造一九四一年预算时，所有附加费尤以地捐及电费之附加得以取消，盖此二项征收殊增纳税人之担负也。

主席——谅阁下之意见系予新董事会之一种建议。

倪幼丹君——诚然。

（既无其他意见主席遂将议案付表决。全体通过。）

地捐暨房产租值捐缴付

主席——会议日程第四项，系一九四○年地亩捐暨房产租值捐缴付议案。

董事长提议：

天津英租界选举人在本会议决定，地亩捐应于四月缴纳，房产租值捐应于九月缴纳，并就此授予新董事会于四月、九月征收此项捐税之权。

庄乐峰君附议。

主席——诸君已听见体伯君动议，庄乐峰君附议之提案，对此有何意见。

（既无意见，依举手表示。主席宣布议案通过。）

选举稽核员

会议日程第五项为选举本年稽核员,现任稽核员之汤生公司声称愿联任,兹可进行推举。

费巧尔君——鄙人动议重举汤生公司为本年稽核员。

李次武君附议。

主席——兹经费巧尔君动议,李次武君附议,推举汤生公司担任本年稽核员。

(依举手表示,推举汤生公司为稽核员之动议,全体通过。)

估价委员

会议日程第六项为选举本年估价委员二人。

傅礼君——鄙人推举杨嘉礼君为本年估价委员。

贝铎君附议。

宁彩轩君——鄙人推举阎子亨君为本年估价委员。

吴聿修君附议。

主席——兹经傅礼君动议,贝铎君附议,推举杨嘉礼为估价委员,宁彩轩君动议,吴聿修君附议,推举阎子亨君为本年估价委员。如无其他推举,诸君赞成该二人当选者,请举手。

(依举手表示杨嘉礼君、阎子亨君当选本年估价委员。)

其他事件

会议日程第七项为审核其他事件,纳税人有无其他事件提出。

赞颂体伯君

甘博士——鄙人见礼堂尽处黑板载列,准备服务之各候选董事台篆,惟其中无素孚众望体伯先生之名,谅本会议对此不愿无人表示遗憾并致谢忱也。(鼓掌)

此时,鄙人起立不知是否合乎程序,惟董事会一经主席宣布当选,出席诸君往往即匆匆离会,致鄙人无发言之机会。适在会议开幕之前,有纳税人曾示意鄙人应表示莅会同人之感想似属洽当,兹感抱歉者,为前此未得机会准备得体之措辞耳,现时纳税人已离会者,谅诸君有感疲乏,愿鄙人声说已经完毕。鄙人愿声述者,为体伯君担任本租界董事几历二十寒暑,其中六七载并任董事长。其任职董事长年度堪分为二期,第一期约三载,第二期约四载,按之津地历史诚多事故,惟吾人近三年经历之患难诚非轻微,际此时期体伯君适任董事长,鄙人不欲歌颂其宏才盛德,致体伯君踌躇不安,并使诸君感觉厌倦。体伯君担任董事长,盖筹硕画大展经纶,尤为近三年为然,谅为诸君所共知。近年时局多故,应付美须英断雄谋,鄙人现时声述出席会议人同感体伯君担任董事长,长于外交兼富英断,不仅代表外籍纳税人,并代表中国纳税人也。关于本埠公益事业,鄙人与体伯君共事历有年所,殊感荣幸,因此冒昧发言,认本租界同人对体伯君应深致感谢也。

董事长——鄙人素性惟谨,值此大庭广众,面聆甘博士备加奖饰,极力推许,并闻赞颂译成汉文,益使鄙人惭悚不安。兹承谬奖,至深感激,鄙人为本界服务致有值得称谢之处,殊堪欣慰。为本界市政工作服务,获此酬报,诚足称意,尤深感纫,特此致谢甘博士。

吴颂平君——鄙人居津颇久,自幼,三四十年前即认识体伯君,深信莅会中国纳税诸君对于甘博士之赞扬皆表示赞同。今候选董事名单中未见体伯君列名,殊增遗憾,嗣后体伯君既无市政事务相扰,当能于夏季享受北戴河暑假清福,鄙人并希望届时有走谒之机缘也。(鼓掌)

董事长——谢谢吴君。

煤炭供给

陈晋卿君——昨年冬季煤炭缺乏,幸荷总领事及领馆人员暨董事会之设法,始独获接济,其数量虽不充裕,颇敷度过严冬之用。现时暖气已不需煤炭,惟烹饪燃料尚感缺乏,尤以硬煤末及煤球为然,查多数贫苦中国住户多倚此为日常饮煮之用,迩来界内制造煤球材料殆已用尽,价格因之暴涨。据闻界外存储此项材料颇多,关于此事,中国纳税人公会前曾函请董事会及总领事设法以期获得输入煤球材料之便利,俾本界贫苦中国市民焦虑得以稍苏,并免无以为炊之苦。

董事长——关于煤球问题,董事会已备极关切,谅新董事会必极力设法解除阁下所提之困难,是为鄙人所深信者也。

洪水防范

朱健珊君——昨年本界因洪水浸淹损失綦重,鄙人以为防范水灾应加研究,关于此事中国纳税人曾致函董事会,并荷答复。转瞬七月即至,洪水灾害或有重见可能,要非遥远,故鄙人希望新董事会对此注意。

董事长——鄙人报告内已声述,防水工事业于租界及津市外进行,请君明了。欲在界内建筑土埝有极度困难,并需巨额费用,倘在界内筑堤藉以防御,如昨年之洪水须占用本界沿边马路之大部,不惟费用浩大,且因交通阻滞,殊碍本界住户利便。昨年因排水所筑砂袋土埝,纳税人已啧有烦言,责工部局试行阻止彼辈于界外,因此须添筑坡道,故欲在界内筑堤藉防水患,堪谓事实所不许。本界此项保障是在界外之堤岸,如遇洪水将至,工部局自当随时准备于界内打埝以固防务。

伯志士君——关于水灾,鄙人请问董事长或秘书长兼工程师之意见,对于水道处及发电厂能否有防护办法,依工程专家观察此举是否可能。

董事长——答复伯志士君之质问,如昨年之洪水重现,除非不惜靡费,将发电厂厂址全部提高多尺,实无切实防御被淹之可能。关于水道处,请君注意,该处并未停止工作。其时鄙人不在津地,惟据称洪水期间,该处仍能维持给水,发电厂则较为困难,但鄙人已于报告内声述,电厂是否应由现址迁移之较为适宜地点,自值得新董事会之注意。

主席——现时宜进行会议日程最后一项,即选举本年董事会。查候选举董事只有十人(其姓名已罗列黑板),而董事会缺额亦属十人,故宣布左列各位当选为本年董事。(欢声)

安德铸君、甘慕隆君、朱继圣君、庄乐峰君、费巧尔君、黄约三君、蓝荫君、资耀华君、端纳君、王荷舫君。

张吟樵君——本界多数住户系属房客及业主,昨年因洪水为害,多数房屋颇遭损害,尤以墙壁及卫生设备为甚,此种状况是与公共卫生及健康需要不合,公共道路暨沟渠虽已由工部局清除,然业主似不甚注意,此项亟须修葺工事,任令弃置不加修理。伏暑不久即至,颇有滋生疫病可能,致工部局及本界居户遭受重大损失,故鄙人希望董事会设法经工程处或警务处使业主注意,俾收改善纠正之效。

董事长——张君既提此事使大众注意,谅新董事会必有所措置。倘君之声述系属正确,主管处即进行纠正手续。

主席——倘无其他事件即宣布闭会。

董事长提议致谢总领事主持本日会议,全体鼓掌赞成。

董事长演说词

本局一九三九年董事会陈报一九四〇年预算时,预计至本年底止之透支达一,五八六,九〇八元,甚不愉快。当体伯君陈述此预期之透支,曾称"按之现状透支如此巨额是不应设想",查致本年四月不应有此设想之状况,与八月更形不利,并因吾人全体财政随势推移,日见窘急,为此鄙人今日特为诸君陈述必须筹措增加收入之根本缘由,暨敝董事会所拟筹款办法,要以所提增加捐税期于均摊分级,不使本界住户任何部分有何特殊困难为旨。

谅诸君察及,就现时世界状况及本埠情形,俟至年底,本界财政如何变化实难预测,相当准确无错。惟依本局预算论,欲期收支相抵,同人不但需要一九三七年债款未发行之余额计七八七,〇〇〇元,此外并须另筹巨款,洵属明显。此不惬意之事实,体伯君于上次常年大会已有所表示,不致使诸君惊异也。关于开源办法,昨年董事会已述及梗概,本年大会纪录所载体伯君之声述如次:

"兹须请诸君注意者,即诸君通过预算时,鄙人并请诸君授予董事会权限,随时认为必要,于本年依照需要发行一九三七年借款之债券(依所需建筑材料能以办到为准)。惟规定本年发行之总额不得超过预算所列之一,五八六,九〇八元限度,同时并请诸君准许董事会继续已经施行之附加费(本租界用户水费暨医院之附加费皆行停止),前已述及。

此外,于本年度或须请诸君另行核准开源办法,惟此事应由新董事会注意,徐当召集特别大会,俾便陈请诸君审核。

据吾人现时所知,此开源办法当包括一种分等级之各项营业及专门职业捐,此实系现时每年征收之九元铺捐扩大其范围耳。同人并觉察码头捐当有增加,现时仅按千份之一.五征收之,诚属低微。

关于增加估定房产租值捐问题,敝董事会已缜密考量,拟按房租实数之一种方式核计。现时收集之房租报告虽已逾三千余份,比因时间紧促,未及全数整理规划。一确定建议,提陈本日会议,惟同人相信不久当有一具体方案陈请诸君审核。

依广义论,敝董事会以为本局财政状况虽属稳固,宜应另辟税源更加增强之。殊无疑问,盖揆之事实,鄙人前已声述,计至本年底之透支当超过洋一,五〇〇,〇〇〇元,欲请银行照垫,如此巨额似属不情也。

上列各项开源办法,如营业及专门职业捐之征收,码头捐之增加,暨依照租金实数之房产租值捐,概当受新董事会之考虑,一俟规划细目筹备就绪,当召集特别大会,将具体方案陈请诸君详加审核,获得诸君同意也。

尚有发电厂之扩充,应请新董事会注意,如能设法筹措充分款额,应予进行。"

兹请一察本局支出增加要因:

一、汇兑行市——昨年董事会以每一元折合四便士预计金镑费用。不期本年汇兑行市常在四便士以下,现在仅合三便士八分之三,因之审核各分处之损失,总计当不减于一五〇,〇〇〇元,依目下趋势,实在损失或不止此预计额数。

二、电务处——此收入最大之公用事业,一若其他分处同受工资及主要舶来品价格增高之影响。迩来商业障碍日增,因此本界工厂电马力、电灯需要已削减甚多,此萧涩(瑟)之现象,如何扩展,同人尚不能预测。

节省阳光亦为发电量减少之因由。迨至冬季,倘其他区界继续用新钟点者,本界似不宜独异,设或此竟成为事实,则发电量更当见减,因之电务处收入比之预算所列或减少一五〇,〇〇〇元。

三、经常收入——此项收入（捐照费、码头捐等）计至现时止，尚超出预算，但经常支出及建设工程之价格增高，大概当超过收入之增加甚多。

四、追加开支——虽董事会曾约定撙节，然预算之外，必须追加之开支计达一〇〇,〇〇〇元，其七成系因履行东京协定条款及检查栅栏取消所致。（详清单）

五、英文学堂——本年预算曾列一九三九年应付该校之余数，暨最近法庭诉讼费之一部，惟对于一九四〇年应加拨之款额现已到期者，预算未曾列入此额数，如依三便士八分之三，折合约计三六〇,〇〇〇元，此外尚有未确定之诉讼费及庭费约二〇,〇〇〇元，共计三八〇,〇〇〇元。

六、防水堤岸——吾人虽不原记忆昨年水患，然住所之墙壁木工装修，以及花园树木，在在有其令人不悦之遗迹，吾人因此所致费用现尚不能确计。惟数日前本局已接得此项纪念品，即分担六五,〇〇〇元之声请，称此为建筑新防水堤本局应摊之数目，同人对于此事虽尚未详加核议，然吾人应按本租界之关系，公允分担预防水患费用，此声请系切近事理，自毋庸否认者也。此项支出亦为吾人今日增加之负担。

此项增加负担之概要列次：

一、汇兑损失	一五〇,〇〇〇
二、电务处收入损失	一五〇,〇〇〇
三、经常收入与工程建设	
四、追加开支	一〇〇,〇〇〇
五、天津英文学堂	三八〇,〇〇〇
六、防水堤岸	六五,〇〇〇
总数	八四五,〇〇〇元

同人已得诸君许可，发行一九三七年债款之余额，现时计七八七,〇〇〇元，固属事实，惟鉴于最近发行，因本局特别通告四五〇,〇〇〇元之债券，始独获全数认销，嗣后是否能再发行债券筹措七八七,〇〇〇元之款额，颇有疑问。

实在状况业已备陈诸君，增加工部局收入，即能稳定本局信用，并使此后如有必需再藉债券发行筹措款项较为便易。

同人所拟筹措增加收入之提议如次：

房产租值捐——上次选举人常年大会，体伯君已声述本局曾发出房产实价报告单格式共三千余份，征集房租报告以期房产租值捐得与实在房租相称。惟汇集所需材料曾一再延迟，缘多数报单有不正确处，致须校正。依据所得报告，本租界之房租实数比之房产估计租值按三区域之差别如次：

老租界房租实数比之估计租值计增百分之三十四强；

扩充界房租实数比之估计租值计增百分之四十六强；

推广界房租实数比之估计租值计增百分之六十八强。

披阅房租报告，欲从新估房产租值，显然须先将各房产租值统之于同一比例分母。兹经查得房产估计显有过低者，房租并间有包括暖气、水费、电灯者，查每一房产既须估价委员会校对最低限度，非五六个月本局无从获得确定数目，使此捐税得与房租实数适当相称，谅诸君鉴及。欲期待所需全数殊不可能，故为赞助本局履行诸君负担起见，现决定请诸君同意于统括百分之三十之增加，倘荷赞成，则本年收入即可增加约二〇〇,〇〇〇元。

查此百分之三十之增加,比之老租界内房产估计租值与实租之差额较为稍低,盖此区内之差额系属最低,诸君推举之估价委员会鉴于本租界房租之充分显著增加,建议房产租值捐统括增加百分之三十是属公允。

铺捐及营业捐照费——现时之铺捐殊属滑稽,无论大小店铺每月只纳捐费七角五分,其他大商行、工厂、纺织所及专门职业概从未如他处之照例纳捐。查东方要镇及其他都市皆以凡属营利处所,概应按其经营业务之范围缴纳相当捐费,本局现提议左列费率以便包括店铺及业务捐费:

甲、铺捐:每月一元至十元,依等级征收。

乙、专门职业:每月五元至二十元,依等级征收。

丙、商行工厂纺织所等:每月五元至二十元,依等级征收。

丁、银行房产公司暨大组合:每月十元至五十元,依等级征收。

此项费率如经同意,大概每年可征收七五,〇〇〇元,现时之收入只一四,〇〇〇元耳。其加征小店铺或营业之捐费,诚属微细,每月仅二角五分,任何小铺不能视此为困难,至专门职业商行及公司之征收系新辟税源,比之上海同类之捐税尚属较宽,盖该处之营业捐殊繁重也。但此项捐费如荷诸君核准,其于本年内征收之数不能超出一五,〇〇〇元。今日请诸君通过所提之新捐税,于本年当能筹得二一五,〇〇〇元左右,但诸君处此立场,如期本局将来编制预算收支相抵尚须另增收入,故希望于下次上年大会关于房产估计租值捐之新提案,对于收支不敷当能有切实补助。

上列提议如荷核准,本局仍须考量,再藉发行债券或银行透支筹措一,一〇〇,〇〇〇元强之可能。

此外,关于发电厂尚有须声述者,即为保护本界用户如遇意外,电流供给若有不敷起见,敝董事会已与法国电业公司订立合同,如有必要互相给予帮助,同时并签定两界电马力及电灯依同一费率。因此本界电费当略现增加,但发电厂亟需要添置机件,故此决定所有因此加价之电费征收余利,列为准备购办新发电机之费用,积有成数,再行订购。

附此声述,鄙人提出左列两议案:

第一议案

天津英租界选举人在本会议授予董事会权限,请求估价委员会对于英租界内一切房产之租值估计增加百分之三十,并经委员会估计后,依次增加估计征收一九四〇年之房产租值捐(应于九月征收)。

第二议案

天津英租界选举人在本会议授予董事会权限,自一九四〇年九月一日起,至下次选举人常年大会,按左列费率征收捐照费:

店铺每月一元至十元,依等级征收。

专门职业每月五元至二十元,依等级征收。

商行工厂纺织所等每月五元至二十元,依等级征收。

银行房产公司暨大组合每月十元至五十元,依等级征收。

180.天津英租界中国纳税人选举大会开会公启

1940年4月22日

径启者：查本公会第十一届干事一年任满，照章改选，兹定于四月二十八日（星期日）下午四时（新），假本租界围墙道耀华学校开中国纳税人选举大会，并报告本届一切事项，务祈届期准时命驾莅会，无任企盼。特此函达，即希查照为荷。专此。顺颂台祺。

天津英租界中国纳税人公会启

四月廿二日

（J0211-1-003755）

181.天津英租界工部局关于增加捐税、新捐说明及预期收入的提议

1940年

一、地捐：

老租界、扩充界　产值估计增加百分之三十		
推广界　产值估计增加百分之五十	小计	147,000.00

二、码头捐：

自千分之一.五增至千分之二.五	100,000.00

三、娱乐捐： 120,000.00

四、警务捐：

依房产估定租值百分之三征收	165,000.00

五、给水：

（1）普通暨巨量用户水价每千加伦加二角五分	105,000.00
（2）取销工业用户百分之二五之折扣	9,000.00
（3）轮船用水每吨自四角增至一元	7,000.00
（4）水表租费加价	44,000.00

六、电流：

（1）电灯用电每度加五分		
（2）一角暨一角二分之电马力每度加二分		
（3）六分暨七分之电马力每度加一分	小计	220,000.00

总计　$　917,000.00

预算草案

	收入（$）		支出（$）	
总务收入				
房产租值捐	871,000.00			
地亩捐	534,000.00			
河坝收入	118,000.00			
码头捐	207,000.00			
辅捐	400,000.00			
娱乐捐	120,000.00			
警务捐	165,000.00			
杂项	50,000.00			
各分处来往利息	106,000.00			
	——	2,571,000.00		
总务支出				
总务管理薪工				
养老金			373,000.00	
英文学堂暨耀华学校			126,000.00	
债款项下及利息			384,000.00	
杂项			316,700.00	1,289,000.00
			89,300.00	126,000.00
医院			——	1,011,000.00
警务处暨辅警备队				56,000.00
消防队				14,000.00
卫生股				847,000.00
工程处				1,016,800.00
电务处		2,257,800.00		554,400.00
水道处		713,300.00		200,000.00
临时用途				427,200.00
结余				
		$5,542,100.00		$5,542,100.00

（J0211-1-003755）

182.天津英租界工部局董事长演说词

1940年

　　八月十四日上次特别大会,鄙人曾虑及透支有达一,一〇〇,〇〇〇元之可能,旋觉透支如此巨额殊不可能,敝董事会遂于可能范围将各分处之建设购置费用概行停止,凡属现时非切实必需之动支,咸不予核准,如此严厉措置系属允当,盖事实所在,际今兹情况,同人感觉要求银行家通融要额之透支赞助工部局殊属不智,应付此情势,虽有售卖债券筹得之六九六,〇〇〇元,暨八月间同意之房产租值捐百分之三十之统括增加及铺捐与营业捐之征收,然依会计处长预计,一九四一年之开始,须负有三〇〇,〇〇〇元之透支。

今须予声述者,本年近期电费酌有增加,惟此项规划于本年收入未获得显著增益,其于一九四一年之效用已为最近煤炭涨价所抵销,兹为便利选举人明瞭工部局因薪工、煤炭,暨一切舶来品价值之巨额高涨所受影响起见,特编预算草案如次(参看附单)。

所陈上列约略之预算草案,可见经常、收支两抵、计可得盈余约四二七,〇〇〇元,此乃包括预算草案附单所开各项新提,暨增加捐税预期可得之数共计九一七,〇〇〇元。倘将此项筹措九一七,〇〇〇元,增加收入之各项节目除外,则此项预算草案之收支两抵,当显不敷四八九,〇〇〇元,同人为弥补此预计之收支不敷,同时应付银行透支,并酌筹余款准备移作建设购置需用计,故将新捐暨加捐之提案如此编列。至建设购置究需款若干,现尚不能确定,盖预算细目未及完成,各项节目概须缜密详加审核,何者应立即办理,何者于公用设施效率及安全无所妨碍,可以稍缓,同人要以遵守只为各项最要工程之准备,而不列其次要者为旨,固无庸赘述。但无论此四二七,二〇〇元盈数之任何部份,堪移作建设购置支出,此节同其细目俟一九四一年编定预算全案备陈常年大会时当再请察核也。

职是之故,兹须了解此预算草案暨提案之备陈,并非为一九四一年度之最后建议,仅欲使敝董事会能以即行设法应付,因现有情形暨迩来事实所致之必要增加支出而已。

所拟新捐暨增加捐税各项注释于次:

甲、地捐:老租界、扩充界,增百分之三十;推广界,增百分之五十。预计由此约可增收一四七,〇〇〇元。

乙、码头捐:自千分之一.五增至千分之二.五。预计由此约可增收一〇〇,〇〇〇元。

丙、新提娱乐捐

(一)电影、戏剧、音乐或其他公共娱乐票券,票价一元九角九分或以下者,每张收捐一角;二元及二元以上者,每张收捐二角。

(二)舞厅、夜总会、咖啡馆、饭馆、舞场或旅馆售与顾客之食品饮料账单,概按百分之五收捐,旅馆住客不在此例。

同人期望由此新捐约可得新收入一二〇,〇〇〇元,惟其估计因本局现无切实标准至感困难。

丁、拟开征警务捐,依所有占用房产之估定租值百分之三为标准,由住户或占用人交纳。此捐如荷通过,当从早征收,惟其征收机构组织,或须迟至三月始能就绪,故其收入仅按来年三季核算,除去征收费用,预计一九四一年约可得新收入一六五,〇〇〇元。

戊、普通暨巨量用户水费,每千加伦概增价二角五分,其他用户因取销前有折扣业已增加。预计由此项增价希望可增收一〇五,〇〇〇元。

己、取销给予工业用水百分之二十五之折扣,因此可增收九,〇〇〇元。

庚、增价水表租费依照济安公司租表费率征收。

辛、轮船用水收费,每吨四角增至一元,由此可得收入约七,〇〇〇元。

壬、电费:电灯每度增加五分。电马力按一角二分暨一角收费者,每度增收二分;按六分暨七分收费者,每度增收一分。此项增加预计可增收入约二二〇,〇〇〇元。

同人研究筹款之开源以应增加支出之需要,而于节流亦未尝忽视,敝董事会曾成立委员会考查工部局财政并缮具报告,以期节减各分处经营费用,鄙人现虽未接报告,然知悉报告中具有重要建议备陈,一俟接到,鄙人深信因该委员会勤劳之结果,工部局得施行显著搏节,吾人诚应致谢各委员。

附此概数暨说明,鄙人兹提出议案三起,其一关于增加现有捐税,其他二议案系提议开征新捐税者也。

第一议案:

英租界选举人在本会议授予董事会权限,自一九四一年一月一日起增加现有捐税如次:

一、地亩捐:老租界、扩充界,增百分之三十;推广界,增百分之五十。

二、码头捐:自千分之一.五增至千分之二.五。

三、水费:

甲、普通暨巨量用户(每千加伦)加收二角五分。

乙、取销工业用户百分之二十五折扣。

丙、轮船用水每吨四角增至一元。

丁、水表租费增至与济安公司费率相同。

四、电费:

甲、电灯用电每度增加五分。

乙、电马力一角二、一角,每度增收二分。

丙、电马力六分、七分,每度增收一分。

第二议案:

天津英租界选举人在本会议授予董事会权限,自一九四一年一月一日起开征娱乐捐如次:

一、电影、戏剧、音乐或其他一切公共娱乐票券,价在一元九角九分或以下者,每张收捐一角;票价在二元或二元以上者,每张收捐二角。

二、舞厅、夜总会、咖啡馆、饭馆、舞场或旅馆售与顾客之一切食品或饮料账单,概按百分之五收捐,惟旅馆住客不在此例。

第三议案:

天津英租界选举人在本会议授予董事会权限,自一九四一年一月一日起开征警务捐,按所有占用房产之估定租值百分之三征收,此捐应由房客或占用人按月预缴。

(J0211-1-003755)

183.天津英租界中国纳税人公会开会公启

1941年2月14日

径启者:兹为讨论耀华学校(即天津公学)预决算及管理委员人选等事,特订于二月二十日(星期四)下午准(新)二时半,假英租界耀华里后公学道耀华学校开英租界中国纳税人常会,务希准时惠临,幸勿放弃延误。除分函外,特此函达,即请查照为荷。专此。顺颂台祺。

天津英租界中国纳税人公会启

二月十四日

(J0211-1-003755)

184.天津英租界中国纳税人公会开会公启

1941年3月17日

径启者:兹因英租界选举人常年大会在即,特订于三月二十三日(星期日)下午四时(新),假英租界围墙道耀华学校召开英租界中国纳税人常会,筹备一切应办事宜,届期务请准时惠临或委托代表出席,幸勿放弃延误。除分函外,特此函达,即希查照为荷。专此。顺颂台祺。

天津英租界中国纳税人公会启

三月十七日

(J0211-1-003755)

185.天津英租界中国纳税人公会为纳税人填报特别声请格式事公启

1941年3月23日

径启者:兹查本月十七日,英国工部局为选举人登记事,曾在《泰晤士报》及《庸报》公布第十一号通告,此项登记于纳税人关系至为重要。凡原在本租界居住至本年四月二日已达六个月以上者,无论业主、租户只须占用之房屋全年租值每足洋八百九十元之谱,即有选举权一权。兹特随函送上特别声请格式一份,务请依限于四月二日以前填写并签字或盖章,直接送交英国工部局秘书处或于限期前二日函送本会汇转亦可。事关个人公权,幸勿放弃。除分函外,相应检同特别声请格式一份送请查照填送,无任企盼。专此。顺颂台祺。

天津英租界中国纳税人公会启

三月廿三日

特别声请

径启者:鄙人或同人兹请登记为英租界本届常年大会选举人,特将所具资格详列附陈察核。此致大英工部局登记员台鉴。

请求人:(一)张建廷

(二)金城银行事务课

(三)王毅灵

(四)夏来臣

占用房屋住址	占用时期		估定租价	*权数
	自	至		
一、英租界十号路树德里六号七号	廿四年八月	三十年三月		
二、英中街壹百号	九年八月	三十年三月	全年三万○三百八十七元五角	
三、英租界十号路树德里二十号	廿五年十月	三十年三月		
四、英租界伦敦道敦华里五号	廿六年七月	三十年三月	全年二千一百六十元	

标有*记号者,请求登记人不必填写。

附注:上列房屋住址及占用时期须请求人自行填写,占用英国租界内房屋时期计至一九四一年四月二日止,须满足六整月(惟不限定同一处所)。

(J0211-1-003755)

186.天津英租界工部局估定房产租值捐通告

1941年4月2日

纳税人须注意,每年房产租值捐规定分二期缴纳,约捐数之半定于六月缴纳,其余半数则于九月缴纳,倘至六月三十日或九月三十日应缴之数仍未照缴者,按照本局条例第二十一条,本局得征收额外附加捐,以欠缴捐数之百分之十为标准。

此捐之第一期六月账单当并列本年全年捐数,倘纳捐人对于估价委员会所估全年租值有何不满意处,须于七月三十一日以前函知工部局秘书长,此项要求重行估计全年租值之申请书如过此指定期限递到概不受理。

请求退还捐款:凡已缴纳之捐款,本局得依照下列特别情形或准予退还,惟须详予声明者,此项捐款之应否退还完全由本局权衡决定。

房产租值捐要求退还规定:

(一)凡房产于一年度中有未经占用时期,本局可酌核情形,按照左列计算表将已缴之捐款退还。

计开:

未占用一个月者退还百分之五;

未占用二个月者退还百分之十;

未占用三个月者退还百分之十五;

未占用四个月者退还百分之二十;

未占用五个月者退还百分之二十五;

未占用六个月者退还百分之三十;

未占用七个月者退还百分之三十五;

未占用八个月者退还百分之四十;

未占用九个月者退还百分之五十;

未占用十个月者退还百分之六十;

未占用十一个月者退还百分之七十;

未占用十二个月者退还百分之八十。

(二)凡非出租之房产应作为有人占用。

(三)若房屋内置有家具或货物者应作为有人占用。

(四)凡房屋空闲满足一整月者,即自本月某日空闲至次月之同一日期得要求退捐,惟该房产业主或经租人应即于房屋空出日报告工部局,并每逢满届一个月继续报告一次,一俟租出,应再于租出日立即报告之,倘不依此随时报告,注明每段地空闲房屋住址,其退还房捐要求当即失效。

(五)第一次房屋空闲报告须用特别格式,此种特别格式可向英国工部局会计处索取,该格式内应列房屋号数,系业主用以志别其管业地段房屋定有不同额之租金者。

各段房产类别列次:

甲、多所成排房屋,其租赁以一整所为单位者。

乙、某段地房产系铺面办公室住所或分租楼房暨货栈合成者,其出租以全部或一部分为单位者。

丙、货栈其出租以分截部分为单位者。

丁、菜市建有铺面住房摊位概可分租者。

戊、大所住房其出租以房间为单位者。

(六)业主或经租人于要求退捐时须采用"首次报告"格式,并于该报告内分别详细说明每段房产之出租单位与租金之总收入暨各单位之按月租金数目。

(七)此后业主或经租人再有退捐要求,只须用信函援引首次报告注明产业段数号数,工部局主管退捐要求人员当即于该房屋之首次报告照行注明。

(八)倘每年地捐至四月三十日、房产租值捐至九月三十日尚未全数清缴者,其退捐要求本局概不受理。

(九)凡有退捐要求应函交驻津英国工部局会计处长,并于封皮注明请求退捐字样。

(十)工部局得随时派员查明请求书内所具各节,如查有具报不实或误报情事,其所具要求概作无效。

(十一)证书格式须经业主或经租人签注如下:

"鄙人证明房产租值捐退还请求书内所具各节据鄙人所知所信概系实情。"

特此布告。

秘书长兼工程师巴恩士

(J0211-1-003755)

187.天津英租界选举人第二十三次常年大会议录

1941年4月16日

时间:一九四一年四月十六日星期三下午三时半。

地点:天津英文学堂礼堂。

是日大会系由英国总领事鄂克登君主席,董事会席次有董事长德恩若君,副董事长庄乐峰君,董事安德铸君、甘慕隆君、费巧尔君、黄约三君、芮德君、资耀华君、王荷舫君,秘书长兼工程师巴恩士君,秘书陈贯一君。

议会秘书由首席英国领事高德禄君充任。

选举人出席者计有左列诸君:安德生、巴敦、柏士馨、贝铎、包灵、柏志士、贾佩孟、狄克森、东伯利、傅礼、富克斯、傅尔敦、希斯乐、霍卜森、郝为乐、甘博士、少甘博士、柯莱谟、李士德、雷敦、马秀士、麦克林、海维林、奥格孟、奥克纳、裴恩德、潘纳禄、裴利耶、鲁滨生、史马克、森木司、史美斯、哈华施密士牧师、汤麦斯、吴陶尔、吴楼、杨锦魁、张晋三、张仲柔、张士骏、张拓丞、张子腾、张务滋、张轶群、张一桐、张雨生、赵海岳、赵师复、赵子馨、陈致中、陈晋卿、陈西甫、陈绍宽、陈延熙、程次宏、齐协民、焦世卿、焦子清、钱仲玖、祝嘉鹏、朱健珊、存厚堂蔡、樊樊圃、冯学文、郝秉千、何作艇、新记、熊少豪、徐仙舫、徐鲁詹、徐宝珍、胡楚城、胡翰卿、胡葆廉、盖仲谋、高少洲、高珍、金伯平、孔赐安、宫本仁、郭季缨、郭绳如、李哲甫、李建候、李警予、李海亭、李伯彤、李次武、李蔚章、李文彬、李玉堂、梁幼臣、林梁佩瑜、刘静斋、刘公敏、刘玉田、罗长光、隆信银号、毛学礼、孟锡三、孟伯铭、孟逸民、孟渊之、倪幼丹、宁彩轩、卞伯巽、沈天民、沈稚香、时运承、苏玉书、孙介民、孙芳仲、孙少轩、孙润之、宋道生、谭露庭、德本堂李、蔡福荫、蔡硕臣、巢章甫、曹景唐、曹慕德、曹定宸、崔时文、杜乐园、佟兆元、董耀先、董约儒、訾铭谦、王少溥、王景陈、王汉臣、王锡三、王夏辅、王更三、王秉铎、王益吉、魏经伯、魏海楼、吴其焯、吴熙庚、吴熙莹、务本公司、吴叔班、吴聿修、吴荫亭、杨仲记、杨星久、杨固之、杨云溪、阎子亨、余荫才、岳润斋、永盛公司、永勤堂、訾钰甫。

主席宣布开会,由议会秘书宣读召集会议通告为开会仪式:

天津英租界选举人第二十三次常年大会定于本年四月十六日星期三下午三时半在天津英文学堂礼堂举行。此布。

大英国驻津代理总领事高德禄

一九四一年三月二十六日

议　录

主席——会议日程第一项为,证实一九四〇年四月十七日选举人常年大会议录、八月十四日暨十二月十八日选举人特别大会议录。

德恩若君——鄙人动议,证实一九四〇年四月十七日选举人常年大会议录、八月十四日暨十二月十八日特别大会议录。

陈晋卿君附议。

主席——兹经德恩若君动议,陈晋卿君附议,证实一九四〇年四月十七日选举人常年大会议录、八月十四日暨十二月十八日特别大会议录,诸君如表示同意,请举右手。有人反对否?鄙人宣布动议通过。

会议日程第二项为,接受一九四〇年董事会报告暨通过该年截至十二月三十一日止之全年账目。

董事会报告

董事长——主席先生、诸君,昨年汇成忧患记述,吾人稔知一九四〇年董事会报告之种种困难俱成陈迹,洪水淫威已不存在,粮食缺乏,杞忧已形缓和,煤炭供应亦较进步。本界居民已自起应付隔阂状况,所有市民及货物自由通行之当地阻滞,依广义论概已消除,吾人已近坦途,但本局财政经敝董事会竭力区画,有上年八月十四日暨十二月十八日特别大会选举人核准新捐及增加捐税之响应,已现起色。不期遭遇挫折,故本年或有再加捐税之需要,陈报预算时,鄙人再当叙及今者举世机阢,但此沉静进步之前站,本租界居民自愿赞助服务与准备接受其经济担负,是为恢复本埠健全状况之要素。

兹请诸君注意工部局与天津英文学堂之立场,前此保管委员对于工部局之友谊诉讼,业经法庭给予裁定,保管委员胜诉,工部局依法须履行契约。自裁定递到后,保管委员即动议组织委员会检讨,由何途径搜求法律手续应付此情况。如此建议为董事会所欢迎,遂成立委员会充分代表各关系方面,并有总领事白维德君任主席委员。

友谊诉讼结果既示矫正,委员会遂抱歉抑及善意之精神,迅求问题之解决自无疑义,职是之故左列各点获得全体委员同意:

一、以适合实用为旨,工部局协款务以规定应拨额数之一倍为限,其不敷差数当由增加学费暨减轻学校杂项开支弥补之。

二、修正学堂薪金暨服务待遇,以英工部局职员之待遇为先例。

三、工部局职员待遇如有改善,并当适用于学堂之教职员。

四、关于学堂预算,保管委员与工部局如有争执时,应陈请英总领事暨陪审官裁决。

五、英租界中国住户子弟之学费当与外国选举人之子弟同。

所拟法律文件俾因保管团契约提议之修正暨委员会协议之其他结果得付之实行者,其函稿已递呈英国大使,现尚在审核中,惟该学堂之经营现时假定委员会之提议当获批准。

一九四〇年初,电话设备仍归租界联合电话管理委员会统制,其与租界外通接虽经力事设法,终归无效。当时尚有其他重要困难发生,英国总领事白维德君有租界联合电话管理委员会切实商讨,曾与天津特别市市长交涉,结果成立一九四〇年九月三十日协定书,电话局移交天津特别市市长接收。至此本租界与界外区域和睦关系遂免除一摩擦抵触因由,倘所需材料及机件得以购置,则现时之线路拥挤可期解除。

本年岁首,有时感觉电话可靠效用似有问题,旋为应付万一计,工部局遂设置无线电广播机一架,藉与置有收音机选举人重要份子通达声息,每日广播音乐节目以保随时效用,并由情报委员会(甘博士任委员长)每星期担任广播有意义之演讲一次或二次。所有节目除登报外,概由无线电预报此项设施,似已补充吾人娱乐之所缺,嗣后列入中国节目其效用当广普。

一九四〇年十一月,因处理本租界房屋缺乏发生诸问题,敝董事会为调解房租纠纷曾组织委员会,由芮德君担任主席委员,其他委员为少甘博士暨资耀华君,按期开会。虽其任务仅备咨询及调解,然所获成绩颇佳,已经委员会调解之业主与房客皆表同意并申谢忱者计有数起。

昨年陈报预算时,董事长体伯君曾声述发电厂亟须添置能以磨发五,〇〇〇瓩或六,〇〇〇瓩之发电机,如果往年已感急须,今兹更感孔亟,盖用电需要之增加,已使电量供应达发电厂能量最高限度。本埠法国暨比国之电灯房亦同此状况,故于来冬需电极高时,吾人不能依赖法、比二电厂给予协助,因此届时或须请本界巨量电马力用户于晚间电灯负荷最高峰时停止开用电动机。现时敝董事会已进行交涉,设法由另一方面供应电流准备。

本局所拟增加井水产量规划年间迭遭挫折,缘伦敦道机厂井眼效用向不称意,兹经相当证实,英租界西部凿井不能供给本局所需之产量及标准水质。查年报第三十页,载伦敦道厂址开凿至一,二三二英尺深度之井筒未获成功。关于新井第十二号开凿，于编造年报时之工事进行照片谅荷诸君鉴察，该井因产量及水质关系业告失败而放弃，另由包工人开凿新井。

敝董事会对于已往十二阅月未能由开凿井眼获得产水量增加至深关切，揆之本界需水量之速增，本年夏季给水或须有一种限制之必要。兹已极力设法使此种情势不致发现，但为预防计，先此警告，请用户于伏天不虚耗水量为要。

鉴于年初本租界治安保持状况，英籍住户自动改组辅警备队并备置制服，该队主持人员未雨绸缪，为稳定治安而不惜牺牲吾人，殊深钦佩。盖无此准备，本界处境或有不良变化，惟该队执行任务自始即属切要，故工部局担负其制服及设备之开支。鄙人并愿藉此机会代表工部局致谢加波斯德少佐及其从员编组之伟绩，吾人有此组织与成立多年之警备队，始泰然接受离埠英军所遗维持治安之屏障最后责任。

当罢工事态如疹证之一再发现，吾人中国同侪以为只英人及外国人员可担志愿团员与特务团员，殊深诧异。嗣为解除中国友好误会并使之周知起见，鄙人重述一九三一年工部局通告第十七号与此有关之条文于次：

"三、报名资格

现时仅中英两国成年男子得充任警备队队员，惟遇英国总领事依照章程第二十条甲宣布本租界入警备时期时，本局得权宜招募其他国籍成年男子加入该队。"

自登载招募维持治安志愿人员以来，报名者颇形踊跃，中国人士愿充辅警备队人员者数日间已有百余名，如此情况诚堪称意，有关系者具与有荣也。

近期短时之罢工与增加薪工要求及其他条款如不予允准，再事罢工威吓，经济之影响灼然，证明本租界轻微捐税保持过久，揆之已往数年物价迭涨，本界捐税未予逐渐递增，致现时须见捐税陡增，俾吾人应付不能再事避免之处境。

本局全体职员因本埠通货贬值暨生活费高涨致感困难，诚不能否认尤以外国职员为甚，缘彼辈有必须履行之外币用途也。在编造预算之前，并于预算编制后，中国职员之薪工业经增加，故此可云本局中国职员全体已得够生活之工资，若与局势稳定之其他区域工资比较可称优越。所幸本租界有学识渊博克已称职之一般人员为吾人服务，即负责担任吾人安全所寄暨安定生活需要设备所赖之总务管理、治安维持暨公用事业与市政事务有效率经营之各分处外国部分职员是也。彼辈一若先锋，执行吾人不邀功之任务且无罢工事态，际兹时局因吾人而负重担险，殊值吾人眷顾维护。现时鄙人声述，彼辈薪金问题之合理调整已迟延过期，此乃新董事会为公允计必须首先费神之一问题，谅为全体选举人所赞同者也。

本局秘书马根泰君因病出缺，同人不胜怆悼。鄙人兹须志述殊增悲怀，马君才品兼优，洵为记室典型，每遇繁琐检讨，率能简括撮要、琬琰成章，尤足称道。今其夫人顿失所天，同人谨致吊唁。

鄙人并须代表董事会暨纳税诸君致谢本局中外职员竭诚服务，盖本租界如无若辈忠实任事，今日处境不免困难。

诸君在座位左右谅已见及议会秩序规定之草稿，同人希望诸君加以考量，能于此后召集之会议赐予赞同。查此项秩序规定旨在嗣后会议事务得以迅速进行，免除重复并保证选举人对于检讨问题有重要贡献者，得有相当时间及机会。

鄙人简略陈述一九四〇年账目，为简明计，各项数目当以千位为限。谅诸君记忆昨年四月十七日常年大会诸君所核准之预算，计至年底止之收支不敷，曾列一，一三〇，〇〇〇元，同时并声明新董事会对此不敷必须力事递减至可办之额数。盖吾人不能期望可得通融如此巨额之透支，同人原期年间因建设之支出不敷，可由出售债券抵补。比因市面关系，年报第六十七页已载列一九四〇年发售之债券总额只九二二，五〇〇元，其中一四〇，〇〇〇元归还保管委员。职是之故，并因另有未能预知之开支，敝董事会业加区画，提出筹措增收议案，曾荷选举人于昨年八月十四日特别大会通过。嗣后因工资增加暨煤价高涨等未能预计之开支增加，同人复提出其他开源及开征新捐议案，曾经一九四〇年十二月十八日特别大会选举人核准。其施行之结果，除警务捐尚有所待外，由房产租值捐、营业捐及其他收入之增益与特别支出预算数额之澈底削减（建筑新路工程缓办为其要目），上列预计之收支不敷一，一三〇，〇〇〇元几节减其半，故至年底实在不敷只六二二，〇〇〇元耳，良堪告慰。

一九四〇年经常实收计二，〇〇八，〇〇〇元，比之预算所列一，六一四，〇〇〇元计增三九四，〇〇〇元，其增益之要目为房产租值捐，计增一九八，〇〇〇元（预算六七一，〇〇〇元，实收八六九，〇〇〇元），因昨年八月十四日特别大会选举人核准，此捐加征百分之三十故也。河坝租费增收一七，〇〇〇元（预算八八，〇〇〇元，实收一〇五，〇〇〇元），其要因为租定船位租户之急公好义，同意对于一九四〇年下半年之租费增缴附加费百分之五十；又码头捐计增收五二，〇〇〇元，其预算原列九七，〇〇〇元，实收达一四九，〇〇〇元；辅捐收入（人力车、汽车、大车等）显有增加，计实收三二九，〇〇〇元，比较预算二〇六，〇〇〇元计增收一二三，〇〇〇元，此项增收之总要因为年间六月以来交通限制之取销。

总务经常支出实支共一，三七九，〇〇〇元，比之预算所列一，〇九九，〇〇〇元，计溢支二八〇，〇〇〇元，其增支要目为天津英文学堂计一五五，〇〇〇元（协款增拨以应学堂费用）、辅警备队（服装费等）四六，〇〇〇元，其他如印刷纸张之增价、汇兑损失及细微数项概为溢支余数二八〇，〇〇〇元之因由。

年间警务处之实支共九五八，〇〇〇元，比之预算七七〇，〇〇〇元，计溢支一八八，〇〇〇元，其要因为制服价值之高涨、薪工与津贴之增加，暨汽车行驶费等之高涨。工程处经常费计增支一一三，〇〇〇元，该处年间实支共七四四，〇〇〇元，昨年预算计列六三一，〇〇〇元，虽路政维持因材料高涨致增费用，然其要因尚属工资之激增，盖预算所列系以从前之工费为标准，并未计及嗣后采用之新费率。

电务处经常收入实数共一，九九六，〇〇〇元，比之预算所列二，一一六，〇〇〇元，计减一二〇，〇〇〇元，此收入减少适与支出之节减一一七，〇〇〇元相抵，缘年间实支共八四五，〇〇〇元，比之预算所列九六二，〇〇〇元，计减支上述差数，其全年收支两抵计盈余一，一四一，〇〇〇元，比之预算所列一，一五四，〇〇〇元所减无几。

水道处经常收入实数共五五八，〇〇〇元，比之预算所列五一五，〇〇〇元计增四三，〇〇〇元，其经常实支计五三八，〇〇〇元，比之预算五一八，〇〇〇元计溢支二〇，〇〇〇元，故收支两抵实盈二〇，〇〇〇元，惟预算原列收支不敷二，〇〇〇元。

总核本局一九四〇年经常收入共四，五六二，〇〇〇元，比之预算（四，二四六，〇〇〇元）计增收三一六，〇〇〇元，经常支出共四，六二四，〇〇〇元，比较预算（四，一二九，〇〇〇元）计增支四九五，〇〇〇元，核计收支两抵，经常项下预算原列盈余一一七，〇〇〇元，决算则现不敷六二，〇〇〇元。

当本局财政显然已濒窘迫，敝董事会济急之图只有严厉削减特别支出，此著业经照办。因之，总务特别项下开支只二六四，〇〇〇元，比较预算原列八八一，〇〇〇元，计节减六一七，〇〇〇元。此节减几全系缓筑推广界新路所致，但此项新路待用颇急，鄙人陈报一九四一年预算时再当述及。

电务处购置支出实数共计二二〇，〇〇〇元，比之预算二七三，〇〇〇元，计减支五三，〇〇〇元；水道处购置支出实数共八二，〇〇〇元，比较预算九三，〇〇〇元计减支一一，〇〇〇元，该处特别项下因售卖旧机件得小数收入计六，〇〇〇元。

综核全年经营预计之不敷一，一三〇，〇〇〇元，变成实在不敷六二二，〇〇〇元。附此声述，鄙人谨请诸君接受所陈一九四〇年账目。

庄乐峰君附议。

主席——兹经德恩若君动议，庄乐峰君附议，接受董事会报告暨一九四〇年账目。纳税人对此如有意见，请发表。

柏志士君——主席先生、诸君，按年报九一页一九四〇年财政统计预算不敷原列一，一二九，〇〇〇元，但实支不敷仅六二二，〇〇〇元。董事会昨年行政谨慎将事，遵循前往董事会指定范围，与迩来事实趋势良堪钦佩。惟关于路政建设，年报七五页新布道路预算虽列四〇七，〇〇〇元，碎石马路重铺混凝土沥青列一二四，〇〇〇元，共计五〇〇，〇〇〇元左右，然新布道路实支只一，一一七.〇一元。依常理论，鄙人以为凡愿投资发展本界地产之居民应予眷顾，若辈缴付捐税既经增加，工部局必须修筑马路以资鼓励发展。对此问题，鄙人稔知现时财政及战争时期运费咸使购办沥青困难多费，但鄙人相信于已往二年道路布设固可有较大成绩，故请新董事会予以注意，适才董事长称此点将再述及，鄙人谨当恭聆其词。

主席——对此题目董事长拟再加声述，谅君已耳闻，似无需再事讨论。

柏志士君——诚然。

主席——议案付表决之前，纳税人尚有拟发表意见者否？倘无意见发表，即请赞成者举右手。反对者（无）。兹宣布董事会报告暨一九四〇年账目已经通过。

一九四一年预算

会议日程第三项为审查董事会一九四一年预算，如荷表示同意即请执行通过手续，兹请德恩若君陈报董事会预算。

董事长——一九四〇年年报业于二周前分送，其一一五页所列本年预算总计及自九八页起所列之各项细目，谅荷诸君披阅，鄙人仅当举其要目略加注述。

经常收支项下预算编列收入总数共五，八二六，三〇〇元，比之一九四〇年预算所列四，二四六，三〇九元，计增列一，五八〇，〇〇〇元强，查昨年实收共计四，五六二，二二二，一一八元，故一九四一年之收入预算与之比较约计增一，二六四，〇〇〇元，其最大节目为总务收入，计二，七五一，八〇〇元，比之一九四〇年所列一，六一四，五〇〇元计增列一，一三七，三〇〇元。

其地亩捐收入计列五三三，〇〇〇元，比之一九四〇年预算所列三八七，〇〇〇元，计增列一四六，〇〇〇元；房产租值捐计列一，〇四五，〇〇〇元，比之昨年所列六七一，〇〇〇元，计增列三七四，〇〇〇元；警务捐预期可得一七五，〇〇〇元；娱乐捐可得九五，〇〇〇元；又河坝费率已增高，故本年收入计列一一二，四〇〇元，比之一九四〇年所列八八，二〇〇元，计增二四，二〇〇元；同此理由，一九四一年之码头捐收入预列二〇六，五〇〇元，比之昨年所列九六，八〇〇元，计增一〇九，七〇〇元；辅捐项下之增列较为显著，计增二〇八，〇〇〇元（本年所列计四一四，〇〇〇元，昨年预算计列二〇六,〇〇〇元),其增加要因为新征之营业捐暨辅捐收入如人力车捐等之增收。

关于经常收入尚有一项鄙人须予申述者,即估价委员业于已往数月将本租界产业概行估计藏事,因此安德生君暨其他估价委员之工作备极繁剧,此估计结果于本局效用殊巨,因之得使房产租值捐之征收标准与近数年实在租价较为切近,其总数列次:

租值估计比较

(包括增加一成但不计附加捐百分之三十)

	一九四〇年	一九四一年	增加
老租界	一,一二五,一七九	一,六八五,三三五	百分之四九.七八
扩充界	二,一六五,〇九七	三,二四六,八四〇	百分之四九.九六
推广界	二,八四八,六三七	五,〇二五,九四〇	百分之七六.四三
总数	六,一三八,九一三	九,九五八,一一五	百分之六二.二一

总务账目支出项下共计列一,三七八,六〇〇元,比之一九四〇年预算所列一,〇九九,三六八元,计增二七九,二三二元,其要目为管理项下之薪工增加及增添人员,查一九四一年此项支出计列三五五,六〇〇元,比之昨年所列二三四,四〇〇元,计增一二一,二〇〇元。天津英文学堂一九四一年之协款计合二七〇,〇〇〇元(因界内产值估计之增高),比之昨年协款一八三,〇〇〇元,计增八七,〇〇〇元;同此理由,本年耀华学校协款计合一七〇,〇〇〇元,比之昨年之一〇九,〇〇〇元,计增六一,〇〇〇元。

一九四一年经常支出预算尚有其他要目,如工部局医院,其本年开支预计当达一二四,八〇〇元,比较昨年之九三,二〇〇元,计增三一,六〇〇元,医院费率已经增高,因此次其增加之经常开支得以稍获抵补。

关于警务处、消防队、卫生股与辅警备队,本年预算开支共计一,二一六,六〇〇元,比较昨年所列八二四,六〇〇元,计增三九二,〇〇〇元;工程处预算计列八五七,一〇〇元,比较昨年所列六三一,四〇〇元,计增二二五,七〇〇元,此项预算增加概因薪工及材料之高涨。

年报一〇四页列有各分处临时费用,总额计一七〇,〇〇〇元,诸君谅已察及。

电务处预算计列收入二,三七五,〇〇〇元,经常支出一,〇八一,八〇〇元,收支两抵,盈余一,二九三,二〇〇元。(一九四〇年预算计列收入二,一一六,三七五元,支出九六二,四八〇元,盈余一,一五三,八九五元。)

水道处本年预算计列收入六九九,五〇〇元,支出六六九,七〇〇元,收支两抵盈余二九,八〇〇元。(一九四〇年预算计列收入五一五,四三四元,支出五一七,七四三元,收支两抵不敷二,三〇九元。)

综核经常各项预算,经常收入可达五,八二六,三〇〇元(包括电务处、水道处收入),经常支出总计五,四九八,六〇〇元,收支两抵,计有盈余三二七,七〇〇元,业已声述,此结余当移以开支特别预算之一部。

特别项下,总务特别支出预算计列五四三,〇〇〇元,其中四六六,二〇〇元系备筑造新路之需。查新路筑造业经连年延搁,现时必须进行,盖工部局与纳税人大众对于曾受勉励在推广界内兴筑房屋之业主于道义上负有一种责任,应筑造马路及给予其他主要市政设施,该区业主之建筑,有在五年前完成者,虽捐税迭经加征,然其户外出路至今仍系炉灰土道,无马路之可言,故今年吾人必须从事铺筑。

此外并有电务处建设购置支出预算计列二〇七,〇〇〇元,水道处购置支出计列一一六,八〇〇元,此项购置全系机件,据本局专家意见,洵为保持该两处收入所赖公用事业正当效率所绝对必须之添置也。

总计特别支出共八六六,八〇〇元,由此减去经常项下盈余三二七,七〇〇元,当现不敷数额计五三九,一〇〇元,此乃假定本年建设规划全部实行之估计。倘此建设规划完全实行,则本局现款状况预计至年底止,当现银行透支计七十万元左右(详数合六九六,〇二九元),际兹银行透支之可能性弱如游丝,欲期特别项下建设规划得以实现,其开支筹措似只有左列三途:

一、增加捐税。谅此不为众人所欢迎,因其为将来利益而增重现时纳税人之担负也。

二、再发行债券。际兹时局及其他种种理由,诚不相宜尤以新发债券必增一九四七年之负担,盖一九三七年之债款届期应该开始还本也。

三、出售本局无法之资产。此系合理切乎事实处理现时困难之办法,因此不仅得款,吾人能以实行建设规划且以后相随之发展更当增益收入也。

在结束预算案之先,尚有二点须请诸君注意者,即昨年十二月十八日特别大会纳税人在本礼堂曾通过决议,地亩捐应于四月缴纳,房产租值捐之半数应于六月缴纳,其余半数应于九月缴纳,暨所有缴付工部局之账款包括地亩捐暨房产租值捐,应用当时最高币值之通货交付,本局捐税及其他收入概依此定则核算,故鄙人请诸君核准此预算,同时并请核准依照上年十二月通过之决议条款征收捐税,此其一也。其二为,此预算案已经同人采用付刊年报后复发现必须增加职员生活津贴,因此本年开支当现激增,但此预算所列收入概按紧缩标准编造,故警务捐暨房产租值捐及其他收入吾人有相当理由俱可期望超出预计数额,如按本年第一季之收入论,所收实数皆已超过预算,诚堪称意,但依管见所及,即最抱乐观者亦难保证本年收入增益,按现时标准能以应付上述因职员津贴添增之开支增加,吾人虽略有余地,然是否足用尚不可知。

此问题须由新董事会处理,倘收入确现不敷开支,此项较高之治理费用则显然新董事会须召集特别大会筹措开源方法,以应需要。附此声述,鄙人谨请诸君核准所陈一九四一年预算。

庄乐峰君附议。

主席——兹经董事长动议,副董事长附议,请诸君核准所陈本年预算在付表决之前纳税人有愿发表意见者否?

柏志士君——主席先生、诸君,本年董事会须予应付问题之一为筹措市政建设所需款项,鄙人藉此机会以纳税人资格赞成董事长所提筹款之第三办法,即出售局有无需之资产是也,尤以无需之局有空地宜于出售。此项地亩虽属工部局债券持有人之担保品,但据闻保管委员有接受替代担保品之可能,故其问题在局有余地是否可以出售及所得售价能否投资于工部局可以再充担保之资产,缘其购置可免工部局另筹此项需款之一部。据鄙人所知,此问题之答词为"可办",故希望新董事会于本年依此筹款,若弃置宝贵可以生利之地产于不用,诚不合经济。再者,工部局因有空地难免引起其他建设规划之前进,终为纳税人之累。

主席——诸君尚有其他意见否?倘无意见发表,请赞成动议者举手。反对者(无)。全体通过预算。

选举稽核员

会议日程第四项为选举本年稽核员,现任稽核员之汤生公司声称愿联任,兹可进行推举。

费巧尔君——鄙人动议重举汤生公司为本年稽核员。

李次武君附议。

主席——刻经费巧尔君动议,李次武君附议,推举汤生公司担任本年稽核员。尚有其他推举者否?如无即请赞成动议者举手。反对者(无)。兹宣布汤生公司当选为本年稽核员。

估价委员

会议日程第五项为选举本年估价委员二人。

傅礼君——鄙人推举杨嘉礼君为本年估价委员。

贝铎君附议。

宁彩轩君——鄙人推举阎子亨君为本年估价委员。

吴聿修君附议。

柏志士君——请问杨嘉礼君是否不久返津,否则鄙人提议杨君不在津时由巴根君充任。

阚德麟君附议。

主席——据董事会长所知,杨君不久可以回津,如此鄙人以为最相当之办法莫若选举杨嘉礼君,再由新董事会邀请替代人员。

柏志士君——鄙人不愿争持此点,但相信近年董事会因此已感困恼,际兹世界大局,杨君之返津或无期迟延。

董事长——鄙人以柏志士君之提案乃建议于新董事会者,兹经转告同人颇愿接受新董事会,当遵从柏君意见。

柏志士君——倘新董事会能采纳拙见,鄙人愿遵从所议。

选举杨嘉礼君暨阎子亨君为估价委员。动议付表决全体通过。

选举董事会

主席——既无其他事件宜即进行选举本年董事会。查候选董事只有十人,而董事会缺额亦属十人,故宣布左列各位当选为本年董事:安德铸君、甘慕隆君、贾世清君、朱继圣君、庄乐峰君、麦克林君、裴利耶君、资耀华君、德恩若君、王荷舫君。

主席——会议事务现已完毕,故宣布闭会。

董事长——在诸君离会之前,鄙人愿藉此时机欢迎鄂总领事返津,并希望其常能主持吾人常年大会,每次皆如今日之顺利。兹请诸君同致谢忱。(鼓掌)

(J0211-1-003755)

188. 天津英租界中国纳税人公会改选干事公启

1941年4月20日

径启者:查本公会第十二届干事一年任满,照章改选。兹定于四月二十七日(星期日)下午三时

（新），假本租界围墙道耀华学校开中国纳税人选举大会并报告本届一切事项，务祈届期准时命驾莅会，无任企盼，特此函达，即希查照为荷。专此。顺颂台祺。

天津英租界中国纳税人公会启

四月二十日

（J0211-1-003755）

189.天津英租界选举人大会手续规定

1941年

一、到会各选举人须于签到簿上签名。除特别大会适用章程第四条第六款外，每一选举人须给有一投票纸，注明该选举人应有已登记之选举权总数。任何选举人于任何大会要求并依照章程第四条第六款业经证实之投票权，概不得执行，除非使用秘书长发给之正式投票纸或凭证。

二、至召集会议钟点，英国总领事依照章程为议会主席，应宣布开会，其会务进行须按工部局秘书长于"局报"或报章最近公布议会事件程序，或遵照章程第四十九条声明于会议提出之议案，但此程序如有到会选举人之多数公决得予变更。

三、拟提出常年大会之任何议案，概须于召集大会期之三整日前钞录一份送交工部局秘书长（星期日与假日除外），否则不得提出此项议案。并须于开会日暨会期前一日刊登"局报"或报章，或遵照章程第四十九条业经工部局公布。

四、对于动议通过历年年报暨账目之议案，或动议通过次年预算之议案，不得在议会时提出任何修正，除非：

甲、拟提出之修正已于大会期三整日前抄录一份送交工部局秘书长（星期日于假日除外）。

乙、对于动议通过预算之议案，所提修正直接牵涉市政费用之一种增加或削减，但无论如何本规定不得阻止遵照第六条规定提出与已照章预给通知之修正直接有关及因此发生之修正。

五、任何议案或修正除关于延会或议会程序之动议外，概须用书面方式，由动议人暨附议人签名，方得由主席提交议会，又任何事件除非由主席提交不得认为已经提交议会。

六、关于修正之手续如次：凡一议案之修正须先讨论议决后方许另提其他修正，倘一修正已经通过，则依此修正之原议案应付议会讨论及再受修正；凡修正案之修正乃不合程序，但按照第四条规定此项提议可作为原议案之新修正或已修正议案之新修正；倘再无新修正提出，则原议案或已经修正之议案应付议会表决。

七、选举人对于第二规定所指通告之任何议案，如拟在议会时提出质问，必须将拟质问各节于召集会议钟点之三整日前用书面通知工部局秘书长。

八、议会之表决首次应以举手为准，倘主席不能凭举手决定权数或有选举人要求投票，则应执行投票。

九、执行投票时，选举人之票据须置放投票柜内并由主席指派检票员二人或多人，当主席确信所有出席议会之选举人皆已执行投票，应予宣布投票告终，检票员遂当揭开票柜，计算"赞成"及"反对"

之权数,将所记结果陈报主席,倘赞成与反对之权数相等,则主席于其选举人之票权外应有一表决权。

十、凡提陈议会之一切文件如已先行刊登"局报"或报章或已于"局报"或报章登载通告,声明选举人可以索取此项文件之副本者,概应认为已经在会场宣读。

十一、每一发言人应向主席陈说其对于每一问题,除非系第十二条规定所指之解释,在议会只有发言权一次,凡议案或修正之动议人于提出动议时得发言一次,其给予答复时再发言一次,惟答复时其言论须以其第一次所提或辩论时之事件为限,不得另提新鲜事件。

十二、凡发言人如认其意见有被其他发言人误述者,应有贡献解释之权,惟其解释之点须确切,其首次演说之意旨为限,不得另涉新题目。

十三、议案或修正之第一动议人或反对人之发言应以半小时为限,其他一切之发言各以二十分钟为限。

十四、任何选举人不事声辩有动议要求议题即付表决之资格,其动议如经附议应即付表决,除非主席表示异议,倘其动议获得通过则议会辩论之议案或修正应立即付表决。

十五、主席对于议会一切程序之决定应为最后之裁决,除非出席议会选举人或其代表有四分之三表示异议。

(J0211-1-003755)

三、章程条例

190.天津英租界现行规则①

光绪十三年(1887年)

第一条　本规则应用范围:东由白河,西至大沽公道,北抵法界,南临美国租借地为止。本租界东北、西北(南)、东南以及西南各隅均立石碑,以便分清界限。

第二条　于西历一千八百六十三年十月二十七日署理总领事(几布逊)颁行租界规则施行。于一千八百六十四年六月一日署理副领事(的尼)颁行补救新章。因本规则所定条项诸多未尽之处,嗣后即行裁撤。

第三条　凡本界内各处地区之租借权均归于帝国领事馆保留。该租赁地权之让与否,无论其全部与分部,均须该当事者或受权之委托代理者与领事官员会同办理,并于妥办之后一个月内应声明本领事存案,否则罚洋一百弗以下。其本领事所辖区域之内,订定典当权,无论关于法律及别项规则,均须按照中国订定权限施行,及存案等事亦照现行法律办理。否则除未履行以前,判决合同仍无效力。

第四条　英国臣民并入籍之人(即归化人)在英国租界之内者,一律均有租赁土地之权,但中国臣民则不然。

若外国人,非誓约遵守帝国公使之保持本租界及各住民之安宁而颁行所有规则及附则等项,并嗣后随时颁行各项规则及附则外,非有本国政府之保单,不得享有租赁土地之权。其外国人如有违犯现行规则及附则,帝国领事或副领事及委托者均有收回本租界内租赁土地之权并各项建筑物权。此时该租赁土地之外国人,一切权利全然销灭;如该外国让与土地全部或部分者亦同。

中国臣民如欲租赁土地之人,须照前项土地建造房屋规则他项建筑物之允准,帝国领事当即受权于本人。无论如何,租赁地人均得照前办法,违者议罚。

第五条　预定道路及码头等处,嗣后均得照用。

其租赁地人或代理人须言明各该租赁地区之界限,应即植立碑石,但须禀准英国领事馆官员会同办理。

如在本租界内有土地者,延误不肯植立碑石,议定罚洋二十五弗。并在植立限期之间,亦须每日加罚五弗以下。

第六条　租赁地人应于每年由十一月三十日起三星期间,须将地租每亩铜钱一千五百文输纳英国领事馆。

第七条　英国领事关于租界保持治安、筑造道路码头,以及扫除秽物、点灯、泼水等事,兼办警务并行政官员所需之费用等项,有预定之紧要,应于每年四月间召集租赁地人定期总会,协议筹款办法,该会议有决议租界所有地区估价赋税之权。各租赁地人须照该决议纳征之义务。而该会议又有在本租

---

① 该件档案原载于石小川编辑《天津指南》,1911年初版,原标题为《英国租界现行规则》。刘海岩据英文原稿重新校订。

界内,所有船舶货物以及码头赋税等项,均须照章办理,但该税不得超过该货物价额千分之一。

其定租地人,总会所定码头税及停泊税,应由帝国领事分咨各国领事,并中国官宪核准,方可施行。

第八条　租赁地人,若照前条所定,为总会输纳各项捐款及租税等,并施现行规则,须由投票法或总会同意选举行政委员,均有五名以下三名以上之权。

其行政委员有赋课各项捐款及租税之权。行政委员及书记等须得控告延误捐款及纳税者。如延误者系英国臣民,则由帝国领事馆究办;如系外国人,则由该领事馆处治。

第九条　行政委员任期以一年为限。如期内有欠额之处应即补足。

行政委员得选举议长,随时收支租界经费,并任免职员及役夫。

行政委员须由三名而成方可议决,如两造同数,则议长决之。

第十条　行政委员照第七条所定施行,不得任意管掌租界度支等项,并于租赁地人定期总会以及临时总会所定范围支拨经费,但不准超过决议之额以外。

行政委员应于每届总会之期,至少七日以前任命监理会计官,核查任期之内预算决数,并请该(清核)任期内收支簿册。该簿册决算以后,应于定期总会以前,至少二十四时呈交帝国领事馆,以便租赁地人查核。

第十一条　行政委员为施行本规则起见,须随时颁发附则。然该附则于临总会时取决,并帝国领事允认后,即与本规则一律施行。

第十二条　行政委员有在天津帝国领事馆裁判所由他人被控告之,无论何人为行政委员或职员,倘被损害,须在领事馆上告,该委员索取赔款。然该损害及讼案经费等暂由领事馆代为支拨后,须按照定章交纳。

第十三条　租赁地人定期总会之外,如有紧要事件,须由帝国领事或由行政委员、议长等员至少五名以上,经租赁地人及该代理者之请求,可得随时召集总会,但须关于议事未开会前七日预为宣布。

无论定期总会或临时开议,均以多数所决之权限之事约束本界之内租赁地人以及代理者,但须现住租赁地人或代理者至少以三分之一为率。有地权者,总数到会,于定期或临时开会,投票之权均按界内地亩之多寡定之。就本条所定,无论何项,租赁地人与组合不得超过一票。租赁地人会投票规则详列如左:

一、租界地区全部已经存案之租赁地人及该代理者,于租赁地人会有投票之权,并有于租界委员会之权,但该区只得代表一票。

二、租界地区分有四时,就各部租赁者应即会同公举代理一名,而该代理者代表全区举行投票,并列于委员会。

三、租赁地人届期不到会,受其委任者及带有投票权委任之凭证者,均可认定[为]代理者,但该地区如系有夫之妇或未成年者,已经存案,则于法律之上代理者(男子)得有代投权,并列于委员会。

四、应有权限所开总会之决议,约束各租赁地人及该代理者,但议决可否,以举手为准。如帝国领事或该代理者均不到会,则取决非经领事允认不能效力。

五、在租界之内,让与土地之人于定期总会预告,如出十二日间,则不得存案。

六、未经存案之人欲得投票权,则须于会议前至少七日之内存案。

七、曾经查明委员会决算报告,务须于定期总会议决,并于次年份之预算亦须议决。

以上规则系于一千八百七十四年八月一日已经帝国公使之认可,即于一千八百七十四年八月五日在津领事馆颁发施行。

第十四条 帝国领事应于租赁地人总会每为名誉议长,如领事不到会,则租赁地人即应选举议长,于总会投票同数,则可取决于议长。

第十五条 照本规则召集公会,如议之件未经成议,租界之内,自然关于公益事项,则须禀请领事认可。如领事不允,则该成议不能施行。但该决议之件领事允认并署名,七日之内,如因该决[议]关于损害财产及利益者,得于期内具其理由禀申领事,俟七日期满后,由领事给予允认,则议决事项即可定夺。如领事议驳,租赁地人三名以上,即于七日之内,则由领事禀请驻京公使决定。

第十六条 领事及警察官员雇用之捕巡,于租界之内,如有妨害治安以及暴行,或被控告者,即有查拿之权。帝国领事应引预先讯问,如被告之人系英国臣民,则按照法律裁判;如系外国人,则由领事开据[具]情节,连该犯罪凭证一同押解,余当该国官宪惩办。如无被告之所属领事馆,则帝国领事送由中国官宪审判,须委派帝国领事馆官员一名会同审讯。

警察官非有特别札饬,不能进入有人之地区及其宅第拘获犯人,但有控告者之请求,或于该地区内追捕犯人,不在此例。

第十七条 为轮船长以及船员人等,不准装运枪械及他项危险器具带入租界之内。无论何人,不得在码头及道路疾驱车马及无故招摇市街者,领事及警察官有拘拿此项违犯之责任。该违犯者应即押解帝国领事馆,领事按照罪情斟酌究办。如违犯者系英国臣民,则罚洋十弗以下外,并禁锢一星期;如系外国人,具其违犯罪情,押解该国领事馆,但该违犯者在天津未设领事或代表者之时,帝国领事即请中国官宪审判,仍须委派帝国领事馆员一名会同审讯。

第十八条 欲在租界内开办客栈、酒铺、饭店等,须得帝国领事允准,并纳免许税金。此项房屋如有不正邪淫之行为,或该店之人每出入有不稳之举动以及暴行等事,则领事饬定即行禁正(止)。如有违犯本案(条)者,议定罚洋一百弗以下。

第十九条 凡有船只搭载火药及燃烧危险品物者,不准在英国码头停泊,并不得在租界之内房屋仓库贮藏。如有违犯者,即罚洋二百弗以下。

第二十条 所有在英国码头停泊船只应纳停泊税。警官应随时查看该船之缆,有无窒碍树木道路情事。

第二十一条 行政委员或书记等员,先于帝国领事未办以前,照本规则及经驻京公使允认颁发附则,施行征收罚银。帝国领事应于犯罪所需款以外得须加征罚银,如该罚银补足,即照租界规则开支。如经费之不敷,但被罚者及不肯纳税者,或在天津未设领事而代表者,则行政委员经租界官宪允认之后,得有委任之权,当可押封财产,或售卖货物,并施行征收公费租税外,其罚银照需措置。

第二十二条 行政委员或承其命办理之合同,如系以善意照办,则本规则关于私人不负其责。行政委员之于施行权限所费经费,仍照本规则所征款项支拨。

第二十三条 如有违犯本规则者,及办理他项,酌以驻京帝国公使署名押画之刊本为凭证,然不须另自署押画之凭证。

附 则

第一条 因租界会计已经整备,嗣后所有船只停泊税,定为每吨纳银五分。

第二条 行政委员会会计员不得亲躬保管银一千两以上。如超过项额之上,应存置上海银行,但临时支拨时,不在此限。

第三条　有土地四亩以上并于该处居住者,得有投一票权。但于租界地区之内不在此限。非租赁地人或该代理者,而于英国租界之内有住所、每年纳码头税一百两以上者,于英国租界租赁地人会得投一票。

该投票权不得让与他人。如在英国界内租赁地人或该代理者,则不同有投票权。

第四条　一千八百八十七年十二月二十一日以后,租界之内禁止使用一轮车及荷车,但点灯马车不在禁例。

总规则

第一条　于一千八百六十三年十月二十七日,署理领事几布逊颁发规则之于现行总规则内所定,嗣后废撤。现行总规则一律通行。在天津总领事馆所辖区域之内,并约束在该辖境住居人民并在留所有英国臣民等。

第二条　英国臣民欲在英国租界以外租赁华人所有土地者,务须记明该地主姓名并图示,该地位置境界以及面积几亩方尺等,一一申请帝国领事。俟帝国领事查明租地无碍后,可与华人协订卖价立契等约,申请制备文凭二本,记明每年应纳中国官宪税额及与中国人买妥之事,连同该地境界地图均由领事咨送中国官宪查核,而中国官宪画押咨复,接受代价。该地如有坟茔(茔),则关其移转,应另立合同照办。

第三条　按照前条买卖土地,应于买卖以后一个月内在帝国领事馆存案,否则罚洋一百弗以下。于天津领事所辖境内布订抵当权,无论关于法律与否,应照租界规则第三条所定存案办理,否则该法律于未履行以前,判决合同以外,不能效力。

第四条　在帝国领事所辖境内,英国臣民之买卖,让与英国租界地区以外,须各当事者或该代理者,在天津则与帝国领事,于大沽(沽)[与]帝国副领事会同办理。该让与应于一个月内申请帝国领事或署理领事存案,否则议定罚洋一百弗以下。

第五条　英国臣民欲在天津、大沽等领事所辖域内开办客栈、酒铺、饭店等事,则须得该领事或副领事之允准,并纳免许税。此项房屋如有不正淫邪之行者,或同居者每出入有不稳之举动以及暴行者,则领事即行禁止。如有违犯本条所定者,罚洋一百弗以下。

第六条　进口天津、大沽所有英国船只应停泊港[内]或海关指定之处为限。出口应于开去前至少二十四时间挂开船旗。如有违犯者,罚洋五十弗以下。

第七条　英国船只进口时,应挂船旗以报知之,将其文凭交付在大沽副领事或在天津总领事,不得放下船旗。除溯航轮船抵津外,所有进口大沽英国船长应将上装凭单连同进口文凭呈在大沽副领事。但停泊港内则于四十八时内,停泊港外则于七十二时内报官。如礼拜日以及条(假)日不在此例。如有船长违犯以上情事者,议定罚洋二百弗以下。

第八条　英国船只无论是否到津,应禀报大沽副领事,并交付文凭。但该船到津时,即将装货单交付天津领事查核。但该单回航时仍交还船长,并由大沽副领事发给文凭及出口允准凭证。

第九条　停泊天津之英国轮船,不须在大沽处禀报,须得在天津办理进出事务。但到津之轮船如在大沽停泊超过三时之外,应即具情禀报副领事并呈交文凭。如有违犯者,议罚洋二百弗以下。

第十条　英国臣民之船只,未经存案,发给凭证及其他项允认证,应于停泊期内挂国旗或酷似之国旗。如船长违犯,则议罚洋一百弗以下。

第十一条　英国船只在停泊期内禁止演放枪炮及其他项火器。如有违犯者,即罚洋五十弗以下。

第十二条　英国船只搭载火药及他项炸弹爆物者不准停泊,并应离天津租界一英里以外。

第十三条　停泊在天津之英国船只不得由船内抛弃石块及燃烧等物,无论船只停泊在天津、大沽等处,并不准投弃尸体。如有违犯即罚洋五十弗以下。

第十四条　英国船长及其船员如登陆路诸凡行为,均按英国法律范围之责成,其他人员未经正副领事允准,不准任意侵入天津、大沽内地。如有违犯者,船长罚洋一百弗以下,其他人员拟定禁锢一个月或罚洋一百弗以下。

第十五条　英国船员非经帝国领事允准不能任意在陆上作生计,并不得此地罢佣抑或因事罢佣。仍请公众救助者,该船主关于臣民生计及川资等费应有责任。但该船主须在驻清帝国领事所辖境内。

第十六条　照得本总规则,驻京公使原为保持天津租界居留英国臣民治安起见,颁发附则。所惩罚银应由帝国领事查收。而该款项存留于帝国政府,并编入正副领事每期决算之内。

第十七条　租界规则所定第二十三条,亦有究办违犯总规则者之效力。

第十八条　租界规则及本总规则刊本,咨分天津帝国领事馆及大沽副领事科房,以便公众阅览。如误此项备置,不供众览月余时,即处罚违犯之人。

第十九条　英国公使嗣后如有将现行租界规则及总规则改变紧要之时,应即随时酌量修正。

（据石小川编辑《天津指南》,1911年初版）

191.天津英租界工局部条例

1919年

一、危险之建筑

危险之建筑云者,即包含一切房屋墙壁或他种之建筑以及各种附属品,或由房屋墙壁或其他之建筑品,经本工部局测量员认为对于该建筑之主人或其邻居,或对于来往行人有危险者是也。本工部局一经收到测量员之报告,即致危险建筑通知书于该主人或住户,及比较该事之性质与轻重,以定应用之办法如左:

(一)以木撑之、以板护之或以篱绕之。

(二)令该主人或住户以木撑拖,或将此种危险建筑物或其他建筑物之受其危险者环护,如该主人或住户不克遵守通知则须参看本条第三项之规定。

(三)拆卸之、修理之或将此不完全之工程改造或修治坚固。

关于此项改造及修治,本工部局所垫出款项须由该主人担任偿还,但若该主人对于通知视为必要办理之事有所质驳,可与七日内函请本工部局,将之交付公断,本工部局同时将派一独立之测量员,会同本工部局之测量员,在收到此项报告七日内详细复核报告,此两测量员于讨论此项争端之先,须指定一公断人,此公断人亦或由英国总领事选派,该公断人须于十四日内为之判定。

但虽有此种禀报,英国总领事如接有工部局之控诉,认为危险之必要,亦可令将该建筑物立时拆卸或改修坚固。

如该建筑物之主人无处寻觅，或不肯照付此项费用，或迁延不付，本工部局均得于三月限期之告示后将此建筑物出售，即将所得之价值偿付费用后，如有盈余可于该主人请求时交回给领；若所得之价值不敷偿还费用，非俟所欠清缴后，不准在此地段内建筑房屋或别种之建筑品，或本工部局可以抄押，或以其他法律手续取偿之。

二、欠修之建筑物

欠修之建筑物云者，即包含一切房屋或其他建筑物之颓败者，或不宜居住者，或有损于该产业者，或危机邻舍者是也。本工部局得令该主人限期将之拆卸，或修理其颓坏处，或就该建筑物所立地点围护篱栏，务于指定相当期限内得工部局之满意，如不遵令办理，本工部局即代为执行，将所拆下材料运至便利地点，若此项费用不于十四日内偿付，本工部局可将此项材料变卖。

三、关于住户内之集居人数过众

本工部局为防范住户过于拥挤起见，应测量各小住户之容积及限定所能居住之人数，凡有住户以一人之年龄在十岁以上，能容四百立方尺之面积为比例，如用以居留过多人数或十岁以下孩童，每名所占面积如少于二百立方尺者（穿堂、厕所及壁龛由地板至天花板及由墙至墙不完全显明在二尺内者不在此内），每人如此居住或容忍之者，每一日应科以十元以内之罚金，由居住或容忍之日起算。凡本工部局派出执有权务之人，如查有违犯此项条例者，可随时入此住户检视，凡一住室或合居一宅之住户，而另有出入之门户或分居者，均在此项内所认为之住户。

四、棚架或掘凿等项之工程

凡搭造棚架及关于一切掘凿或建筑等项工程，应遵照本工部局之意旨加意预防意外事之发生，对于附近公共道路尤宜注意防范灰土、瓦砾抛弃坠落公共道路或便道之上，违者每次科以二十五元以内之罚金。如不为相当之预防，经本工部局查出，得以饬令停止其工程。

五、杆柱或管子、阴沟、电线等之植于街上或安置于地底者

凡受工部局管理而安置街上之杆柱等物，或一切水管、阴沟或电线之安置于街道地底者，必须遵照本工部局一切之用法，倘本工部局视为必要取缔时，得出示通知该主人或管理人，使该物改换位置，该主人等应即酌量迅速遵行，总期不致永远伤及水管或碍及他物之正当用处，如有人于相当时间内故意违犯或抗不遵行者，本工部局可自行办理此项工程，若因此永远伤及所有物之正当使用，得照本律例科罚，责令该主人等赔偿之。

六、公共道路及人行便道上之障碍物

无论何人，如未得本工部局书写之特许证，不得在公共道路或人行便道上建立或抛弃各种障碍物，此项障碍物之类即指无论何种墙垣之建筑，或其他之建筑或附属以上之建筑物，或突出物或开出物等，凡高出于道路凸处七尺三寸以下者（其为本局建筑章程所允许者不在此例），及堆积货物材料与掘凿物等类。

本工部局对于此项之障碍物得通知该主人或利用或管理此项物件者，将之运至安全适便之地点，沿放何处之街道，该主人等应即遵照本工部局所规定，相当时间内将该障碍物搬去。

凡属各种障碍物如建筑之材料、棚架或掘凿等物，曾至本工部局请求认许其存放若干日者，为便利工程起见，不得逾本工部局所规定必要之期限，届期即发告示令其搬去，后此更须整治之俾保公共安全，或/并以栅栏为合宜之掩护，且在此项栅栏外，本工部局如认为必要，或使之建设一便利交通便道，亦须遵守本工部局之指令建筑之。在此项障碍物安置地点，于日落后日出前，必须照以充足之灯

光，凡关于设立或留存此项经本工部局认许之障碍物，一切费用以及迁移用款均由该主人或经理人担任之，如该主人或经理人等不遵此令，或有违背条例之处，科以二十五元以下之罚金。本工部局为公共便利与安全起见，如视为必要时用相当之办法及/或饬令停止其工程，至此项办法执行后，或将该障碍物搬去后，再行责令该主人偿还损失或留存此物为一切费用之抵押品，或将该物出售用以偿还所有费用及罚款，此外如有余款留给该主人领取。如因该主人不遵告示致伤及人口、牲畜或其他物件等，该主人应将此一切费用偿还本工部局。如此项障碍物为房主所造成或放置者，该住户得于所付该房主之租金内扣出所有罚款一切之费用。

七、关于街道、河坝或埠头上所兴办之工程

如有人为自己便利起见，欲自出款项，在其指定地点属于本工部局所管辖之街道上、河坝上或埠头上办理各项之工程者，应先具请愿书于本工部局，陈明该项工程之情形，此项工程或得本工部局允许者，本工部局可承请愿人之前意见办理，此工程之全部或半部，由该请愿人认付费用或/并受本工部局之监督，使其办理满意。如有未得本工部局之许可书证之人，任意移去或设置或更换，无论何处街道、河坝或埠头上之铺砌或他种之材料，以及与本工部局所管理之阴沟接通者，则科以二十五元以下之罚金，并于移去或更换每方尺之铺砌或材料，科以一元以下之罚金。

八、商业所用之汽锅、火炉以及/或大炉

凡属商业或制造厂所用之汽锅、火炉、大炉不得安放于新造或旧有房屋之木制地板上，除非在此项汽锅、火炉或大炉与地板之间安置至少六英寸厚无燃性之材料，及须安置合法。在此项汽锅、火炉或大炉四周，至少须有十八英寸之余地，并须在灰锅与安置合法之地点至少相隔二英寸之距离以通空气，若此项汽锅、火炉或大炉距离其上之天花板约在三英尺以内者，则须设法在汽锅、火炉或大炉等熏及之处至少有十八英寸之地位周围防护之，使不能火烧。

九、传达烟汽或热气之汽筒、水管

近街房屋之上不得安置传达烟汽或热汽之筒管，或近易于燃烧材料之所在以下所列距离之远近者：

烟囱，九寸；

热气筒或汽筒，六寸；

热水管，三寸。

但此等限制并不包含每方寸压力低于五十磅之自来热水管以及较低于天气压力之蒸汽管。

十、滴水或流水于公共道路

各房产之主人应严防自屋脊、楼板、水沟、晒台以及同等突出之建筑物上所用水管或他种水沟流出之水滴沥或流浸于公共街道之上。如有违犯，在接到本局正式通告十四日后仍违此规定者，每一日科以十元以下之罚金。

十一、妨害公众之事

凡属商业或制造厂所用锅炉相连之烟筒，最低应与一百尺以内平常房屋之烟筒顶同。

附注：如有关系之人来本工部局请求，本工部局得指令将此(旧有或新建)烟筒加高，庶防焚烧烟灰不至妨害左近房屋之住户。

十二、商店招牌

下列条例事，指在公共街道悬挂能移动之招牌：

（一）凡各铺招牌至少须离地七尺六寸之高。

（二）街道之旁有人行便道者，一切招牌不得突出边石界线之外。

（三）无行人便道之街道，即边界石与墙基齐者，各招牌不得突出墙垣三尺之外。

（四）所有招牌不准过四尺六寸长一尺六寸宽。

（五）招牌悬挂之所在不准遮及公共电灯。

十三、栈房以及他种房屋火灾之预防

为防免制造厂栈房、货店、住宅以及他种房屋火灾计，如该房屋主人或管理人到本工部局请求者，本工部局得出示禁止在该处吸烟或划用自来火柴或他种惹火之物质，或引火之方法，并准将此项告示粘贴该房屋之大门或易于触目处。如有违犯禁令者，处以一百元以下之罚金或监禁并罚两月以下之苦力或准免。

十四、汽锅等之安置

（一）凡在本工部局管辖区域内华人所有之汽锅以及机器等，若无合格之外国工程师为之管理，则每年须受本工部局正式委任之工程师监查及试验一次。

（二）如经本工部局工程师检查之后报告本局，认为该汽锅或机器有不安全或危险等情，本工部局得立即通知该主人，如该主人外出即通知该项汽锅或机器之管理人，使立刻停止工作，俟遵照本工部局所派工程师指示修理妥协得其认可始许继续工作。

（三）如有违抗不受该工程师检查试验，或接到本工部局通告之后仍将该汽锅或机器照常工作者，处以五百元以下之罚金或两月以下之监禁。

十五、搬运石灰、泥土等事

如先期不得本工部局颁发之允许执照，无论何人在本工部局区域内之街道上，不得搬运石灰、泥沙以及其他建筑所用之材料，犯者每一次科以一百元以下之罚金。

十六、清理街道

（一）凡在本工部局所辖区域内之街道及人行便道，本工部局得随时饬人扫除其上之积土或秽物，并于本局视为相当时间及规定钟点之时令，将本辖区域内各住宅中之灰土、污秽等物拉去，以及本区域内之厕所、脏水沟本工部局得随时派人清理使归洁净。

（二）如在必要之时得本工部局通告后，各房地主人应将其前后门之便道扫除干净，以及前后左右之水沟浮面、之阴沟内所聚积之泥土、灰屑与其他污秽物必须清理净尽。如居住房屋之人将各该沟道任意蹧蹋者，每一次科以五元以下之罚金，如房屋出租犯以上之禁令，该房主人应视同居住人一例任罚。

（三）如本工部局视为适当时间，对于在此条例中有应行清理便道之责者，得限以相当时刻指令按本条例清理扫除之。

十七、脏土箱以及阻碍清道夫等事

（一）在本工部局所辖区域内之房主或地主，每家须预备一铅铁或木质或铅铁箍连之脏土箱，专备储放脏土、灰屑以及各种抛弃物。

（二）如经本工部局正式通告二十四小时后不遵守此例者，本局得代为置备此项脏土箱，而令该住户偿其价值。

（三）各地主、房主或他人，如有对于本工部局雇佣之清道夫在此条例内准有搬拉脏土等物之权，不令其搬拉该项脏土、灰屑或各住户之抛弃物等物，或阻碍清道夫应行之职务者，每犯一次科以二十五元以下之罚金。

十八、粪土之堆积

不论何时，如有将马号、牛棚、猪圈或他种之粪秽堆积于本工部局不许之地点至七日之久，或两日之后堆积即过一吨之数，若经本工部局人员通告二十四小时后仍不搬开，则此种粪土即认为本工部局所有，本工部局即与定有搬运粪土合同之人处分变卖之，所得价值充公，并得由该地或房屋之管理人索取搬运该项粪土之资为赔偿损失费。

十九、死水池

无论何人不准在其住宅内之地窖或他处，或在其所有管理之地段上存留臭味之秽物或死水以妨害公众卫生。如接到本工部局限定四十八小时内指令清除通告之后，即不得将该项臭污之死水仍留至四十八小时之久；如由私家之污水沟溢出或湿透，以致妨害邻近房屋住户，或在住宅内养猪以致妨害公众者，每次科以十元以下之罚金，如继续不将各该污物秽水清除，每迟一日照科以二元以下之罚金；如犯以上种种事项，本工部局并得派员及工人随时径赴该住宅或地上代行抽除其死水沟池或妨害公众之污水及施行各种必需之手续，所有种种费用即由犯此条例，或住居该处或地主担负责任，如系空宅、空地，则该房主或地主亦须担任其损失费之赔偿。

二十、搬运有臭味之物质

本工部局得随时规定一搬运脏物或清理有臭味物质之合法时间，一经规定公布施行后，如有人在规定时间外，无论何时清除厕所或于来往要道中搬运有臭味之物质，及无论何人是否在规定之时间内所用各种器具，或提桶、或手车、或车驾搬运脏物，而不用一相当之盖预防内中物质或臭味之外溢，或任意搬运此类有臭味之物质时使之泼洒，或不将此类有臭味之物质存放或泼洒之地方，谨慎扫除洁净者，均科以二十五元以下之罚金。如未查出犯事人，即以管理该手车或车驾之夫役作为犯事者惩办。

二十一、卫生官之证书

无论何时，如经卫生官证明何处有粪土秽物，以及种种有臭味物质之堆积，认为妨害居人卫生者，本工部局局长立即通知该地主或该处之住户，于限定二十四小时内将该项粪污搬去，如不遵办，则此项粪土秽物即为本工部局所有，即与本局订有搬运各种粪污合同之人将该项粪污处置变卖，所得价值即行充公，且限令该粪污之地主或住户偿付搬运费用以为赔偿损失。

二十二、传染病症

（一）所有下列各种传染病症如霍乱、喉痧、麻疹、猩红热、天花、伤寒、横痃毒、肺炎、瘅疽、脑膜炎，以及一切在本条例认为传染病症，在诊断明决后十二小时内，即由所请医士通告本工部局局长，如未延请医士则发现该传染病之宅主或租赁人必须赴局报告。在病终时，亦必须于十二小时内由医士报告本局局长，如未延请医士亦须由发生传染病之宅主或租赁人来局报告，本工部局如认为必要时，得于适当之时间为该宅迅速办理一切消毒手续，此项费用概由本工部局按章征收之税捐项下提出供用，如该宅主或医士违章不报，则在该宅内用出所有消毒费用，必令该住户缴呈本局视为损失之赔偿费。

（二）违犯或破坏本条例此项章程者，处以罪典或科以五十元以下之罚金。

二十三、应行清洁或刷灰之房屋

无论何时，如有本工部局卫生官指明何处房屋居户或住宅一部份之情形认为污秽有害该屋居人或邻居之卫生，或指何处房屋其建筑之全部或一部份，如须加以刷灰清洁便可防止传染或蔓延之病症，或无论何处之沟渠秽水以及厕所，查有不完全清洁危害邻近之卫生等情，本工部局当立即饬令该房屋或房屋一部份之住户使之刷灰清洁，或令该沟渠、污水沟或厕所之主人随时整顿，并遵照本工部局之指示与之适当情形及一定时间内办理。如该住户或该房主违不遵令则处以罪典，或迁延不办即每一日处以十元以下之罚金。本工部局并得自将该房屋或房屋之一部份施以相当之刷灰与清洁，或将该沟渠、污水沟、厕所等整理清洁，所有以上费用即令该房主或该住户偿还与赔偿损失费同。

二十四、医士营业

（一）凡外国医士曾在各该国领事署注册者，或中国医士曾在各该工部局注册者，始准在英国工部局区域内营业。

（二）如有未经上述办法注册而在本区域内行医者，如接到本局催令呈出注册证书之通告后仍不遵行者，每日营业科以十元以下之罚金。凡赴本工部局请求注册，发给证书，概不收费。

二十五、牛奶试验

本工部局所委派之人员在本工部局所辖区域之内，对于贩卖或运送牛奶之人得随时拘留，并可令将所携之牛奶交出，施以相当之试验。如在本区域内查有贩卖或运送之牛奶内含水量过于百份之十，或含有不宜人用之污秽物质者，得处以罪或科以一百元以下之罚金。此项搀杂之牛奶即行充公毁弃。

二十六、食料之运送

无论何种宰割之肉食、面包、牛奶、果品或各种食料，如未包裹于洁净之布、或纸、或提桶、或瓶、或匣内、或篮，以及有相当之盖，可以防止泥土及他种秽物之污及食料者，不准在公共街道或来往大道上运送。违犯此条例者，或处以罪，或科以十五元以下之罚金。该项食料或充公或准免。

二十七、虐待牲畜

（一）无论何人，凡苛打虐待、过于载重、逾量驱驶（此字包涵过份骑驶）、凌虐或鞭挞苛打牲畜，及有人于运载重物使牲畜有额外之痛苦等事者，初犯处以三十元以下之罚金，或一星期以内之监禁；再犯者，则处以一百元以下之罚金，或一月以内之监禁，兼罚或不兼罚充苦工。

（二）如查有虐待情事，本工部局得将该牲畜交与相当人之管理，或以极少痛苦之法将该牲畜处毙。

（三）凡一切管理、喂养、安置、治疗等相当之费用，均得令该牲畜之主人偿还。

二十八、施放鞭炮焰火

（一）无论何人，如未经本工部局之许可，不准在何种街道、码头、小巷、船桥或其他公共之地方抛放爆竹焰火，若炸炮则常在禁列。

（二）无论何人，凡查有违犯此项条例者，应处以罪，或科以一百元以下之罚金，若迁延不付则处以一月以内之监禁。

二十九、妓馆与赌场

（一）在本工部局所辖区域内，无论何人不准开设妓馆、娼寮败坏风俗之举或赌场，及其他扰乱治安之场所。倘有违犯此项条例者，科以五百元以下之罚金，或六个月以下之监禁。

（二）无论何人，如执行此项营业，或等于此类场所之男或女主人，或该场所之管理人，即照该场所当事人办理。

三十、游妓

（一）在本工部局所辖区域内之往来大道以及各公共地方，不准有鬻技卖淫之妇女流行街市，扰害居人或有碍行人。

（二）如有违犯此条例者，每次处以五十元以下之罚金，或一月以下之监禁。

三十一、乞丐

在本工部局所辖区域内各街道上，不准有行乞求账之人，违犯者或科以罚金，或拘罚一礼拜以下之监禁。

三十二、扰乱公安

（一）无论何人，凡在街道或公共地方，如有不合法行为，认为扰乱公安之情形者，应立予逮捕，处以罪典，或科以十元以下之罚金，或处十二日以下之监禁。

（二）无论何人，均不准在行人来往道路上，或在或由公共车辆任意吐唾。

（三）一切人等，若无故吵闹，或肆意骚扰一切，或为不合法之驾驶，或于来往大道牵溜马匹运动，或所为之事认为扰乱公安之列者，每次科以一百元以下之罚金，如迁延不付，则罚以一月以下之监禁。

三十三、新闻纸

无论何人或团体，在本工部局所辖区域内，未先得本工部局之执照并经英总领事之签字者，不得随意印发报纸。报馆经理人、印刷人及临时或现在之发行人，均应遵例每年一月须到本工部局请领执照，每年一次，将下列各节详细开具：

（一）该报之名称。

（二）该报所有经理人、该报印刷人及各人所执职业、营业地点与居住之地址。

本工部局发给此项执照应缴之费用，当与纳捐人每年由特别会议决定之。如有违犯此章程者，每犯一次处以五百元以下之罚金，或处以两个月以内之监禁，或兼充苦力或准免。

三十四、印度守卫人

（一）凡属印度籍人民，有欲在本工部局所辖区域内受私人或洋行之雇用充当守卫人者，必须于受雇之先到总巡捕官处开具下列各条，如本人之姓名、年龄，及前曾雇用本人之私人或洋行之姓名，以及现时本人受雇之私人或洋行之姓名，并一切应有详节。以上各节即经总巡捕官详注册中，以便利私人或洋行欲查究守卫人之事由者得以检阅。

（二）无论何人，属于印度籍者，如犯此条例者，当予以惩办或科以十元以下之罚金，或处以一礼拜以内之监禁。

（三）所有印度守卫人，于此条例通过时受私人或洋行之雇者，限于一月内将上列情节具报，违者处以同等之罪状。

三十五、入本租界之规例

（一）凡在本租界所辖区域以外或附近本租界置有或占有房地之人，如不先期到本局领取执照，不准由一处或多处入本租界居住。

（二）对于此项执照，如本工部局视为必要时，得予以相当条件，并按照事实之性质索取保证或令缴相当之费用。

三十五A、

凡运出进口货物者或商号须缴纳码头捐，本条例所云之[货物]系指各种货物而言，凡在码头装卸或由码头经过者，一律缴纳码头捐。本局为便宜收纳该捐计，得有下列权限：

（一）令各经理或代理轮船公司或船行，无论何项船只停泊在河坝码头，装运出口或进口货物，必须将该货物之舱口单及一切要紧单据全份呈送本局。

凡进口货之舱口单,须在该进口船到埠后二十四点钟以内呈送本局。

凡出口货之舱口单,须在该船开去后至迟不得过二十四点钟之内呈送本局。

(二)令各经理或代理轮船公司或船行,凡从河坝码头装卸收发货物,务候该货物之提单、舱口单及下货单据等,曾经本局盖有图记,证明该码头捐业已付讫,方可将该货物装船放行,否则不许装载或扣留停送。

(三)令各运货人或货主,须将海关已纳税之总数或应报未缴关税之总数凭据呈送证明,以便本局照核征收。

如有违犯此项条例者,则处以银洋五百元以下之罚金。

三十六、交通规则

(一)凡置有车辆者,常须靠路之左边行走,经过他种走动之车辆时,应靠其右边行走。

(二)凡一切行人与执管车辆之人,对于管理车马往来之巡捕应恪遵其指令,如巡捕令其停止,或关于行人,或该使用车辆之人有发生意外之事时,均应立刻停止。

(三)凡使用各种车辆或骑坐各种牲畜之人,无论在何处道路,均不准任意驰骋致速度太过危及道上行人。

(四)凡管理车马之人,无论其马或其他牲畜是否套在车上,若不交与相当人为之管理,不得弃置于道路,此管理之人并须有随时用缰绳管理该马或牲畜之能力。

(五)凡载运笨重车辆或人力车之夫役,须常靠路旁行走而留当中之路与较快之车马行之。

(六)凡执管一切车辆之人,当过桥或过十字路口或转角时须减低速度,如转角向左应愈速愈妙,如向右则应审慎快转。

(七)凡载运一切车辆之人,如过十字路口时,不准走差路线,或对于同一方向之车辆,如未先看明白不许冲过。

(八)凡载运一切车辆之人,在各处道路上行走,如欲停止或左或右转湾(弯)时,应对于前后左右之车辆,先于数秒钟之前举手,使之看见,至私人之包月车,坐车之人即认为执管车辆之人。

(九)凡载运一切车辆之人,当搭坐或放下搭客时,应将其车辆放近步道。

(十)凡车辆为上下坐客停放路旁时,如遇巡捕指令所向地位即须遵守。

(十一)凡载运笨重车辆或大车之马及其他牲畜,在路上驱赶不得过于平常行走之速率。

(十二)凡管理无论是否套在车辆上骡马之人,在路上不准磕(瞌)睡以免危险。

(十三)凡运载一切车辆之人,如在本工部局布告认为狭窄之街道一部份上,不准停放车辆。

(十四)凡各种车辆,无论是否套于骡马之上,除装卸货物搭下客人必需之时间外,不准将车辆拦街停放为时太久,致妨碍交通,至于路旁受雇之车辆,亦只许在本局指定地点停放,无论何人不准故意将车辆或牲畜阻碍行人来往或故意为道路上之障碍。

(十五)无论何人,不准在何等街道训练或驰骋骡马致妨碍交通,或扰乱行人,或致该路附近之住户有来往不便发生危险等事。

(十六)凡在街道牵拉骡马或其他牲畜之人,应牵其左缰顺路之右旁行走。

(十七)无论何人,若非遇意外特别情事,不准在路上套驾骡马或取下其套具。

(十八)凡在海河及墙子河用码头浮桥者,应听该地巡捕之指令。

（十九）凡驾驶车辆者,照章必须配以发声器以警近前行人,惟用此发声器时不准连连不断,或于非必要时用之此种警人记号,只宜于短促时间用之,非遇急切危险之事,用此等警号时间不准过长。

（二十）凡路上如遇救火车或他种运送车之鸣有警钟响铃者,一切来往车马皆应立刻停止,所有行人车辆亦须让开留出路之中央,俾该救火车或他种运送车行驶。

（二十一）凡载运一切车辆之人,如遇日出日落之时间行于道上,照章该车应行携带灯火。

（二十二）凡在路上牵拉骡马或牲畜之人,于日落之后亦应随身携带灯火。

（二十三）凡违犯此项条例者,经审讯后应予以惩罚或科以五十元以下之罚金,如迁延不缴,则处以一月以内之监禁,或罚充苦力或准免。

三十七、临时犯

（一）本工部局人员或有主动职权者,以及所调用之助役人等,得有逮捕权或拘留违犯此项条例之人,若该被捕犯人之住址、姓名均难得悉时,得以便宜手续,将该犯送交该管领事,无须拘票,即以此项条例为依据。

（二）如有此等扰乱公安或以上各节之犯法行为,经该管领事命其在停止或改悛之时间或该时间以后,而行为此种扰乱公安之该执事或助行之人竟仍继行违犯,则每一日科以二十五元以下之罚金。

三十八、各项惩罚与起诉之办法

按本条例所施行各种之惩罚,或没收于别处,并未备有起诉之法,可以上控于英国各法庭,办理该犯事者之法庭,若判决罪状属实,该犯事者仍须偿付罚金或没收之款,以及法庭视为必要之庭费。

三十九、欠付税率之利息

各选举人于每年会议时指定某某月份为应付地房等捐之月份,自决定之后,本工部局即向各捐户于限定月份内收捐,如各捐户未在该指定月份内将税款缴讫,本工部局得合法征收额外加税,按照未缴款数之百分之十起算,如逾应付原捐日期已过三十日以上,仍不能将所欠捐款与所加收之额外税缴清者,本工部局得用查抄或他种法律手续将该款全数追清,至关于此项手续之用费,亦应归该捐户账目之内核算。

四十、敌国侨民

自本条例订定之地亩章程施行之日起,凡在一九一八年中曾与大英国为敌者,或在合约签定之前曾隶此种国籍之人民或公民者,若未经本工部局所发出具有英国总领事签字之允许状者,概不准在工部局所辖区域内置有、或租借、或购买、或居住、或营业、或受商号之雇用。

四十A、敌侨之注册

凡属敌国侨民即德、奥、土或普各籍人民,如未经本工部局发给特别执照或除另行公布外,无论何时或藉何事故,概不准擅入本界何处地方,犯者登即由本局巡捕逮捕递交中国官吏处治,初次犯者罚款二十五元或监禁三日,再次违犯者,处以十四日之监禁并不得以罚款抵充。

凡领执照者须亲至本工部局请领,并在执照上贴领照人之相片,此项执照本工部局并不预先通告可随时取消之。

四十一、告白

（一）无论何人,若不先期得本工部局之允准,不准黏贴招帖、布告、告白于来往要道之树木、电杆或各种木杆、墙垣、木板或房屋之上。

（二）如违犯此项条例者,则每犯一次科以十元以下之罚金。

四十二、条例

凡在本条例所包涵各节,无论何人,如有行为在普通法律上视为妨害公安者,不得用本条例故意为之解释,使成为合法或发生上控等事,亦不得按普通法律各项手续,藉其所得之判决为依据,而用本条例以解释之使成为合法。

四十三、条例之公布

此项条例将付印颁行,本工部局局长对于各捐户之来索者,皆送予一份并不取费,并将一份悬挂于本工部局前或易于触目之所在。

(W0053-1-001296)

192.天津英租界中国纳税人公会章程

1937年3月28日

第一条　本公会定名为天津英租界中国纳税人公会,以在英租界有选举权之中国纳税人组织之,但纳税而无选举权之中国人经会员二人以上之介绍照章缴纳会费亦得加入为会员,惟在本公会无被选资格。

第二条　本公会以团结纳税人共谋自治之发展及拥护纳税人在英租界之公共利益暨平等之待遇为目的。

第三条　本公会因谋公共利益及平等待遇,对于英国工部局之措施有建议或抗议之权,并得同时通知中国董事于董事会一致主张。

第四条　本公会有预选英国工部局中国董事、估价委员及耀华学校管理委员等候选人之权。

第五条　本公会有审核耀华学校预算及决算之权。

第六条　本公会有监察耀华学校学务之权。

第七条　本公会会员每人每年应缴纳会费拾元。

第八条　本公会会员应以其姓名或户名及住址开送本会存查,迁移时亦应报告。

第九条　凡本公会会员对于本公会有提案之权。

第十条　本公会应就会员中选举干事二十一名常川执务,代表本公会行使第二条、第三条、第六条之职权,其任期为一年,期满得连推连任。

选举干事时,应并推出同数之候补干事,以推举之次第为递补之先后;每届改选干事时,最少应留上届干事三分之一,其人选由大会公决之。

会员至迟应于选举干事十五日前缴纳会费,以便取得选举及备选资格。

第十一条　本公会每年开中国纳税人常年大会三次,办理左列各款推选事务并讨论其他事项:

(一)于英国工部局开改选耀华学校管理委员之中国选举人大会前一月内召集,预选耀华学校管理委员候选人并审核耀华学校预算及决算。

(二)于英国工部局开选举人常年大会前一月内召集,预选董事及估价委员候选人。

(三)于英国工部局选举人常年大会后一月内召集,改选干事及报告全年经过及收支账款。

第十二条 本公会遇有会员五人以上、中国董事管理委员二人以上或估价委员,用书面向干事会提议,或干事会认为必要时,得召集中国纳税人临时会。

第十三条 本公会召集大会时,应于一星期前登报或用书面通知会员。

第十四条 预选董事、管理委员、估价委员候选人时,应由会员一人提出,一人以上附议,经大会多数通过后,于英国工部局开选举人大会时,按照预选名单正式选举之。

前项提出候选人时,每一会员不得一次提出一人以上。

第十五条 选举干事应由会员一人提出,一人附议,经大会多数通过为当选。

第十六条 现在干事与董事及英工部局职员,俱不得互相兼任,干事与管理委员互相兼任时不得超过一人。

第十七条 本公会开常年大会或临时会时,得请求中国董事、估价委员、管理委员、干事等出席说明。

第十八条 干事会于每届第一次会议时,于干事中互推三人为主席团,三人为常务干事,主席团轮流主席,其轮流方法由干事会自定之。

每届干事会负责期间,应自本界干事会成立之日起至下届干事会成日之日止。

第十九条 干事会主席团认为必要时,或遇有会员三人以上,或中国董事、管理委员、估价委员一人。以上提议,得邀请中国董事、管理委员、估价委员等开联席会议。

第二十条 干事会认为必要时,得邀请会员列席干事会议或联席会议陈述意见,但无表决之权。

第二十一条 干事会得聘请专家及有学识经验者为顾问,于必要时并可邀同列席干事会议但无表决之权。

第二十二条 干事会得酌用秘书或雇员夫役,其一切经费由会费内核实开支,报告第十一条第三款之常年大会审核通过。

第二十三条 本章程经中国纳税人大会通过后发生效力,如有未尽事宜,得于常年大会中提议修改之。

(民国二十六年三月二十八日第二次大会修正通过。)

(J0211-1-003754)

四、市政营造

193.天津海关档案中关于租界的文件抄稿一组

光绪八年(1882年)

一百十九号

敬启者:前于初七日接准来函,嘱租界河图希饬绘送。等因。查现在水势甚大,深浅不易测量,兹先将英法租界一带河面宽窄绘具粗图一幅,注明尺寸,送请贵道查阅为荷。此颂升安。

[七月]十七日

一百五十二号

敬启者:昨日厚扰郁香,感谢之至。委询砖石价,当向英工局问明,碎石每方价洋七元,碎砖每方价洋一元六角五分。又嘱向英工局借用压地铁碌碡,据云该工局仅有一个常需使用,俟用竣时自可随时借给也。又面谈英工局拟购就造路之地一事,现询达委员,该地主出外未回,一时难以定局,只得稍迟再办,暂请贵道不必屡催委员为荷。此颂升祺。

[九月]初二日

一百六十号

敬启者:昨准来函,以高林行铅子八百四十斤,希查明数目相符见复。等因。本税司已饬查明相符,即查照贵道免照放行矣。又另收赛马彩洋一百元,当即转交,费神绍谢。此复。即颂升祺。

[九月]十四日

(W0001-I-0013-048-002136)

194.天津海关档案中关于各租界架设电话线的档案一组

光绪三十一—三十二年(1904—1906年)

津海关道咨照录俄国来领事馆来函

径复者:接准来文,以蒙北洋大臣袁札,据电报局禀,因德律风已由京创设至津,请照会各国租界派人指地,许电局借地竖杆挂线,以达电话。等因。本领事查本租界业经设有德律风,在租界内竖杆挂线可以适用并能达至车站,勿用再行添设,亦不得以通车站在本租界内竖杆也。用特布复,即请贵道查照。顺颂日祉。

三十年十月初五日到

津海关道咨照录日本伊集院总领事照复

为照复事。接准来文内开,蒙北洋大臣袁札,据电报局张道禀称,德律风由京设至天津,于各租界亦应设立电话杆线,按照各国租界章程办理。等因。前来。本总领事准照前因,一俟电报局张道派员定于何日勘立电杆线,先期知会过馆,以便派人同往指定竖立处所也。为此照复。须至照会者。

三十年十月初六到

津海关道咨照录比国嘎领事来函

敬复者:兹准贵道十月初三日照会内开,德律风已由北京设至天津新车站,所有各国租界内竖立电话杆线,自应按照各国租界章程办理。等因。倘德律风设经比国界,本领事决无反对之举,惟起工之前彼此商酌可也。特此函复。顺颂勋祺。

三十年十月十三日到

津海关道咨照录德国爱领事照复

为照复事。案准贵道照会内开,现蒙北洋大臣袁札,据办理天津电报局张道禀称,德律风已由洋参赞吉田正秀自北京创设,兹于九月二十七日设至新车站,应将天津关厢接设所有各租界内,拟请札饬津海关道照会各国领事官派人指地许电局竖杆挂线,按照租界章程办理,等情。蒙此,除俟电报局派员前往各国租界内勘定竖立杆线地址再行照会外,相应先行照会贵领事查照饬知为荷。等因。准此。本领事查电话杆线可否在本租界内安设,非本领事之责任,乃本国工部局之责任。而刻下本国工部局尚未设立,是以不能定妥办法,惟本租界内若有人欲用此电话,本领事可与电报局暂为核夺。特此布复,请烦贵道查照为荷。须至照会者。

三十年十月十二日到

津海关道咨照录英国禄署总领事照复

为照复事。照得接准来文,以现蒙北洋大臣袁札开,创办电话杆线现已由京设至天津,所有各租界内应照从前电报办理,一律设立,饬即照会各国领事派人指地借给电局竖立杆线以通电话。等情。蒙此,除俟电报局派员前往各租界内勘定地址再行照会外,相应先行照会查照饬知。等因。查本国租界章程所有立杆设线之事,均归本国工部局管理。兹准前因,合行照复贵道查照。转知电报局应与本租界工部局商酌办理可也。须至照会者。

三十年十月十三日到

津海关道咨照录法国弥总领事照复

为照复事。照得昨准贵道来文内开，现蒙北洋大臣袁札，据办理天津电报局张道禀称，德律风已由洋参赞吉田正秀自北京创设，兹于九月二十七日设至新车站，应将天津关厢接设约数日即可竣事。惟天津为华洋通商巨埠，所有各租界亦应设立电话杆线以通彼此语言，拟请札饬津海关道照会各国领事官派人指地，许电局借地竖杆挂线。等因。前来。本总领事均已阅悉。查此乃工部局应行商办之事，本总领事未便一人专主，除俟与工部局商董等会议后再行答复外，理合先行照复。请查烦贵道查照为荷。

三十年十月十八日到

照录电报局与璞尔生共立起首合同

中国电报局、璞尔生共立起首合同：

第一条　璞尔生拟于西历一千九百五年四月一号将电铃公司交于中国电报局接收管理，或俟伊与各工部局及各公使办妥交接之日再行交接。

第二条　中国电报局允给璞尔生行平银五万两正，分期二年半给清。计从交接之日起算，每次满六个月付银一万两正。

第三条　璞尔生入中国电报局充当头等顾问官。

第四条　璞尔生本人合同三年，自交接之日起算。

第五条　中国电报局允给璞尔生月薪英洋八百元，不给房租。

第六条　电铃公司所租办公房屋须至西历一千九百六年二月一号为满。如交接时仍应在于该处办公，该房在天津英租界惟（维）多利亚他利士第三号。

第七条　璞尔生原有中国执事人等如果办事合宜，照前留用至随璞尔生合同期满为止，惟应遵中国总办差派。

第八条　北京柯乃尔留用一年，届期如于公事合宜再行续订。

第九条　璞尔生必须力任与天津各工部局及北京各国公使和平商办交接各事。

第十条　璞尔生听总办中国电报总局差遣，惟不归洋员节制。

所立起首合同代中国电报局签字人　道台张振棨、黄开文

天津电报局函致英、法、德、俄、义、奥工部局（稿）

敬启者：敝局本年西二月一号曾函致贵局总董，请允许在租界内竖杆设线，承贵局于是月十八号见复。现敝局业与电铃公司璞尔生先生和平商妥，一俟贵局允行，即将该公司交与中国电报局接收，为此将本年西二月一号，敝局函请贵局总董之件再行声明，并将所拟办法开列于后：

第一条　敝局电话本以最善之法办理，以期惬于贵局总董及众人之意，并用通晓英语之人接线以免舛错。

第二条　现有之电话应分层次逐渐改良，凡已立电杆或应更换，当用新式之杆俾合时宜。

第三条　凡有工程或类如工程，敝局当先商明贵工部局再行开工。

第四条　各租界内现同津城本境,每户每月一律租洋四元,此不过开办时之价,以后尚须加增,惟连所加之费统共每月不逾六元之谱。

第五条　以上价值系指线路不逾五英里而言。

第六条　津、京、塘沽、大沽长途通话价值除前定章程外,现在添列以下办法任凭选用,计开:

一、按季包费系照前电铃公司章程不限时刻。

一、津京两处用户包费,每处每季收洋七十五元,两处共洋一百五十元。

一、津、沽两处用户包费,每处每季收洋五十元,两处共洋一百元。

一、京、沽两处用户包费,每处每季收洋一百元,两处共洋二百元。

第七条　若每家用户所安出境之电话(沽至津、津至京、京至沽)三路,每路有安两处以外者,由第三处起之租费欲比前两处之租费稍减,可与本局另行商订其租户线路,在五英里以外须照路程远近另定租费。

第八条　凡包租出境电话之用户不许与他人合用,或与不包出境之本境租户商通,令其借线通话以省出境租费。设有此种妄为之事,一经查出,即令按照传话费章程按次缴费。

第九条　工部局办公房安设电话免收租费。

以上各节乃敝局所拟办法,合即知照贵局总董查照为盼。专此。敬请台祺。

名正具

华五月二十四日

天津电报局致英工部局函

敬启者:敝局西六月二十六号为电铃公司归并中国电报局奉呈一函,计已仰邀台览。兹因前函内第六条京、津、塘沽、大沽长途通话价值,除前定章程外,现在添列办法,内叙按季包费,照前电铃公司章程不限时刻一款,系专指从前电铃公司已安设之用户可照旧章付给包费而言,其未向电铃公司安设长途之用户,自应照敝局所定,按次数章程办理,以合各国通例,免致积压,理合再行申明,即祈查照为荷。专肃。祇请台安。

名正具

华六月初十日

天津电报局致英工部局参赞函

敬复者:西八月十一日贵参赞来函备悉一切。查本局现办电话系照最善之法办理以期利便,至租界内如有工程或类如工程并将来应办各事,工部局与本局均可举代表人互相商订。此复。祇颂日佳。

名正具

华八月廿二日

照录英工部局回信

总办天津电报局事宜张戟门观察大人阁下:敬启者,前奉尊处西六月二十六号及七月十二号公文二件，内皆附有璞尔生先生之信函。其所论大英租界德律风之事均已诵悉，但大英工部局各员现在颇有议论，因尊处七月十二号之文内指定，前文中所定价表系专指现在电铃公司已设之户，将来新设之户必须按照电话局新定之价目收价，即系之以次数计价（其价目系照尊处来文，在敝局译出之英文）。工部局各员皆欲于复贵西六月二十六号公文之前，先请阁下将定价之缘由详细示知，因敝局非仅须查明电铃公司已设之户之价目章程并须查明新设之户之条例也。总而言之，须知电话局所以定价之缘故。敝处所以迟迟未复贵西六月二十六号之文者，因内中尚有紧要之处须斟酌细思以致稽迟时日，务祈原宥为荷。肃此。恭请勋安。

大英工部局参赞马克利维许顿首

西历一千九百五年七月二十二号

照录英工部局参赞回信

敬复者：八月九号接奉尊函，所述电话价目，工部局会议所拟现时之价目可照准暂时通行。惟新办电话尚未有成效，日后办法一切及价目等项，倘有尚须斟酌者，工部局仍有随时重订之权。此请张大人台安。

西八月十一日

照录璞尔生交来法国工部局回信

敬启者：兹照贵六月廿六号来函，内含总办电报官局张大人所言之事，法界工部局均已读悉矣。该工部局阅过后，判曰：自贵所准于电话自由之便者并无不便之处，乃刻下移交中国官局，但该局须依本工部局之章程，若不豫先在本工部局内请准者，不得在法租界内办各项之工程。虽如此而该工部局须要求自由之便，于总处内中国官局须预备电话机器与总处接通，且须准其免去连线之费，其应连之各处如左：

一、法领事府至天津、北京及塘沽；

一、本工部局各处；

一、总巡捕所；

一、新租界内将设之中巡捕所；

一、电灯房。

特此，并请璞尔生福祉。

法领事兼工部局总统绕者顿首

西八月廿八号

照录德领事复璞尔生回信

德律风公司执事大人阁下：敬复者，西历一千九百五年六月廿六日及前月廿六日两奉惠函，因悉

种切。查德租界内设立德律风之权经已赏给该德律风公司,设或该公司将其德律风归并中国电报局接办,相应按照左列按款答复:

一、其有电话费及月租等价目章程以及工程事宜,德工部局应可随时与电报局互相商订,但工程事宜必须用欧美国人督理。

二、查本年二月十六日德工部局经已赏给德兴公司安设电灯之权,其所有之电灯杆线等,该电话公司必须小心,不得于建设电话杆线之时与德兴公司之电灯杆线有相犯之虞。

三、凡电话公司遇有于德租界内工作之事,先须知照德工部局准而后行。

四、倘电话公司代各国租户安设电话机之时,必须谨慎将事,毋使有电气伤人或产业之虞。

五、所有在租界内之德领事署工部局及各捕厅,均须该电话公司代为安设电话机免收租费。

查现在德工部局规模未备,其有上列各节,暂由本领事代批代行。

以上各节电话局是否照从,即请详明示复。此布。即颂日祉。

德国领事文苏顿首

西历一千九百五年九月十八日

照录璞尔生交来义大利回信

兹奉义大利领事复函如下:

一、伊允遵照第一次信中所议之条例办理,但义界现在尚未设有工部局,领事即可享各事自有之权。

二、照第二次信中限制之条,伊允倘他国租界遵守,伊亦遵照拘守。

三、倘他国租界有别项优待章程,伊亦得以在义国租界照样要求。

四、伊欲凡义界领事署与电话局及义国钦使署、奥军营等处相接,均须一律免费(倘他国有此办法)。璞曾私自与伊讲解,并允凡大人前次应许之事,璞可照办,俟璞由北戴河回津之日再行与伊面商。此外,凡小租界一切办法均可由本局照大而紧要者择而行之。

西历一千九百五年七月二十号

璞尔生由北戴河客次发寄

照录璞尔生来函接奥国领事回信

敬复者:前接来函,送去德律风归并章程各节均已许可,惟内有第八条一款尚须斟酌,兹列于下:

如有租户擅自允许外人时常或多次用其电盒说话者,一经查出即照电话章程按次缴费。

照录天津电报局与璞尔生续订合同

立合同人:电学公(工)程司璞尔生、中国电报局。

兹因璞尔生在天津租界内外并北京及北洋各处设立电报及德律风即电铃公司,办理已有数年。中国电报局现已设立电话,彼此应允将璞尔生设立电铃公司之电气事业及原立电杆、水线、旱线、机器、存物材料并该公司原作生意等项，交与中国电报局，作价银五万两，按后载章程付给，为此中国电报局办理此事之代表人张道台、黄道台与璞尔生订立合同，将璞尔生所设电铃公司之电气事业及原立天津租界内外并北京及北洋各处设立电杆、水线、旱线、机器、存物材料及该公司原作生意及各项利益等事尽数出售，交与中国电报局。由中国电报局给予璞尔生或伊之嗣业、承业、管业等人天津行平化宝银五万两，匀分五期交付，计每半年为一期，付银一万两，即由中国电报局出给期票十张，计三千三百三十三两三钱三分及六千六百六十六两六钱六分各五张。其第一期付银一万两，应于一千九百零六年四月一号交付，并各按照一千九百五年三月二十三号所订之起首合同办理。为此将起首之合同一概作实，计开：

中国电报局，璞尔生共立起首合同

共计十条见前。

再未接收前，璞尔生与各处原订按季收租合同内之租费，至交接时倘有限期未满者，该限内之租费彼此应允仍归璞尔生收用外，其一千九百零五年十月一号起以后之租费则统归中国电报局收用，合并声明。

华历光绪三十一年九月初三日

西历一千九百五年十月一号订于天津

见证人：中国电报局道台、电铃公司璞尔生

照录天津电报局付给璞尔生期票

中国电报局为给发期票事。照得本局收回电铃公司事业一案，应付第一期一万两内之六成六分卖价，允于一千九百零六年四月一号付给璞尔生或伊之嗣业、承业、管业等人，计天津行平化宝银六千六百六十六两六钱六分，合行发给期票为据。

光绪三十一年九月　日

西历一千九百五年十月　号

中国电报局为给发期票事。照得本局收回电铃公司事业一案，应付第一期一万两内之三成三分卖价，允于一千九百零六年四月一号付给璞尔生或伊之嗣业、承业、管业等人，计天津行平化宝银三千三百三十三两三钱三分，合行发给期票为据。

光绪三十一年九月　日

西历一千九百五年十月　号

又，第二期一万两内之六成六分卖价，天津行平化宝银六千六百六十六两六钱，允于一千九百六年十月一号付给。

又，第二期一万两内之三成三分卖价，天津行平化宝银三千三百三十三两三钱三分，允于一千九百六年十月一号付给。

又，第三期一万两内之六成六分卖价，天津行平化宝银六千六百六十六两六钱六分，允于一千九百七年四月一号付给。

又，第三期一万两内之三成三分卖价，天津行平化宝银三千三百三十三两三钱三分，允于一千九百七年四月一号付给。

又,第四期一万两内之六成六分卖价,天津行平化宝银六千六百六十六两六钱六分,允于一千九百七年十月一号付给。

又,第四期一万两内之三成三分卖价,天津行平化宝银三千三百三十三两三钱三分,允于一千九百七年十月一号付给。

又,第五期一万两内之六成六分卖价,天津行平化宝银六千六百六十六两六钱六分,允于一千九百八年四月一号付给。

又,第五期一万两内之三成三分卖价,天津行平化宝银三千三百三十三两三钱三分,允于一千九百八年四月一号付给。

以上共期票十张。

天津电政局启

径启者:本局禀准邮传部,俟罗泰期满后仍行续用二年,业将札稿送部核定,另文抄稿照会在案。惟此次续用该洋员,仍照旧支薪未经加给,该洋员向支车费不敷应用。前据来函禀请加给,所有该洋员车费,准自西历本年八月一号续用之月起,每月发给洋四十元,由津话局按月支册,希即查照可也。此颂升祺。

电政局启

三年三月二十四[日]

钦命督办电政大臣太子少保直隶总督部堂袁、会办电政大臣商部右丞堂杨接收璞尔生电话紫局批

据禀接收璞尔生电话紫局情形均悉。原设分局七处自应酌量裁并,以节靡费。此河西务、通州、京西城三处分局,候饬北京局接管,洋总管施米士、洋文案曾、管账黄耀文,拟酌送两月薪金,一律辞退。所拟甚是,应即照经仰将裁并情形随时奉报核夺,并行总局查照。缴。(卅二年九月十六日到天津电报局)

(J0092-A-0006-006-004823)

195.天津英租界工部局书记人马礼士为修葺海大道事致天津海关道梁敦彦函

光绪三十二年四月初十日(1906年6月1日)

敬启者:本局前拟请修葺大沽道(即海大道),现在未知尊处有决定办法,以保通衢要路否?窃以此路今时漫无布置,实似无主之地,匪特有失其利用,且于来往行人以及收捐之项多未便,缘此路为往来津城之大要通衢,时有货车满载由河滨转经此大路,可见养路之费巨且难矣。前于一千九百零三年因

修此路动用公项银三千一百十九两一钱六分，零四年又用去银一千一百九十五两三钱五分，零五年又用去银一千零五十三两六分，如此用款此路现仍不免有险阻之虞，因致人啧有烦言，时常投诉本局。惟本局以此路事权尚未定归何人责任，碍难再开销公项为之修理。且往来此路各手车、货车历来无抽捐款项以充经费，于是小工人等得以擅作工场往来之地，常由河滨装货，到此转换无牌捐之货车，径往津城，近日更见挤拥，几至途为之塞。而车捐之项遂至减少十分之一，似此于收捐经费不无关碍也。兹将本局前致前任唐关道各函抄呈鉴核。查当日已订定此路暂由本局经理，所有支过修路之项亦暂行记帐，俟华官收回管理，即应照数请还本局等因。今者本局实欲知此路究竟作何办法，相应函询各件如左：

一、贵道为中国政府代表，是否要收回该大沽道自担其责任？

一、如果要收回，可否请将前一千九百零三年至五年三年之内代垫修路之项，共银五千三百六十七两五钱七分缴还本局？

一、如不欲收回该路，可否准由本局领管以专责成，即便由本局谕令所有需用该路之人捐纳牌费，以助修路之需。本局虽则前经认许华人应得同沾此通衢之益，惟以整顿此路事宜现尚无定见，华洋人之公益因之而受亏累，谅已蒙洞鉴之中。仍望贵道与商人同情，必能熟思而审处之，实为公便。即请升祺。

英国工部局书记人马礼士敬启

英工部局费萨致唐前关宪函

1902年11月22日

敬启者：现在大沽道（即海大道）经由本租界一带，路甚形不佳，相应函达，拟请贵道设法修葺。闻日法两租界官有拟请嗣后此大沽道不能照前视作公共路之说，第以仆所知，本租界官并无此议，亦无附和之意。查此路向由华官修葺，本租界现仍视为公共之路，如果准如彼两租界所请，则本租界之大沽道一带，亦万难认为公共之路矣。惟此路险坏之处不得不从速整顿，兹谨拟一章程如后。

一、此路由本工部局代为妥修，如仍照前定章认作公共之路，则须俟尊处收回管理之日，由尊处工程总工照数交还本局修路经费，即希查照察核为荷。

英国工部局主席董事费萨敬启

译天津工程总局巴士致费萨函

1902年11月28日

费萨主席大人阁下：昨按阁下于本月二十二日致唐观察一函，内言大沽道亟应修葺之事，经已阅悉。至来函内开各节并估拟修路需费银三千一百零八两，均已蒙唐观察允诺照办。专此奉复，即希查照为荷。

天津工程总局总工师巴士敬启

（据《天津租界档案选编》，第69—70页）

196.德国驻津领事文硕为催修海大道事致天津海关道梁敦彦函

光绪三十二年五月十二日到（1906年7月3日）

敬启者：查海大道大营门地方，向有车马人等来往之冲途，年久失修，道途坍塌，以致阻滞车辆往来。此后大雨时，行若不加修理，此道更属断绝。现在凡有往来之货车人马等，皆绕僻静小路，致使住户烦扰不便。查光绪二十七年六月初五日所订之德华推广租界合同内载，海大道一路应归中国国家修理，相应函请贵道转饬该管查验该道，速即修理，俾得平坦而便往来。即希查照施行，并希见复为荷。顺颂日祉。

驻津德国署领事文硕敬启

西七月初二日

（据《天津租界档案选编》，第71页）

197.天津海关道梁敦彦为海大道暂由英德两工部局代修事禀直隶总督袁世凯文

光绪三十二年五月十五日（1906年7月6日）

敬禀者：窃查天津紫竹林后原有往来通衢大道一条，直通大沽海口，名曰海大道。本在租界之外，嗣因英德等国相继推广租界，此道即夹在新旧租界之中。因系通海要路，议定仍归中国管辖，由工程局经理岁修。庚子变乱，百度废弛，此道系无人经理，历由英德两工部局为之代修。收回天津，要政俱举，亦无暇议及于此，以致道途坍塌，车马避途，中外官商同称不便。迭准英德两领事函催修理，以便行人。职道伏查该道分跨英德等国租界，两旁房屋均系洋商，经管者工部局，保护者领事，派有站岗者各国巡捕，仅留中间一道仍归中国自修，既不克实行管理之权，徒虚糜岁修之费，不特目下津郡路政待款孔殷，亦无从筹措巨资重加修葺，即使筹款重修，而管理无方，不久将仍成芜秽。思维再四，此道乃通海冲途，中外官民所当共由，固不能让人管理，致失路权，似不妨请人代修，俾节糜费。昨经职道与英国总领事金璋会晤议及此事，拟将此道暂由英德两工部局分段代修。按照租界内章程，凡往来货车、人力车各项，无论华商详商概行抽收捐用，作为养路之费，所有官差、兵差以及粮饷、车辆、邮政等项，经过此道概免抽捐，亦不准拦阻行走。倘中国将来仍欲自修，应即查明英德两工部局代修道费若干，除将捐项抵还外有无盈余，届特核算清楚，仍照原订合同办理，以符原议。金总领事面允照办。似此量为变通，庶路政免致久弛，而路权仍不虞旁落。愚昧之见是否有当，理合禀请宫保查核批示祗遵，实为公便。肃此具禀。虔叩崇安，伏乞垂鉴。

职道梁敦彦谨禀

（据《天津租界档案选编》，第71—72页）

198.英国驻津总领事金璋为修葺海大道等事致天津海关道梁敦彦函

光绪三十二年十一月初六日(1906年12月21日)

敬启者:查本界海大道拟由工部局修筑马路、派捕巡查、抽收车辆各项等捐一事,曾于本年闰四月二十七日与贵道在本署面谈,当承允详北洋大臣袁批准示复在案。惟今逾数月未准回音,相应函请贵道查照,即希将奉到批示如何见复为盼。此颂升祺。

驻津英总领事官金璋敬启

津海关道梁敦彦复函

光绪三十二年十一月初十日(1906年12月25日)

敬复者:接展来函具悉。查海大道修筑马路管理路权一事,前奉北洋大臣袁面谕,当饬工程科派员估计修费,俟估定后再行核办。等因。兹接来函,当催工程科早日勘估禀复核办,相应函复,即希贵总领事查照为荷。顺颂升祺。

津海关道梁敬启
(据《天津租界档案选编》,第72—73页)

199.天津巡警总局为奉饬修筑海大道勘估工料价目事复天津海关道函

光绪三十二年十一月十九日(1907年1月3日)

敬复者:昨奉尊函,饬令工程科勘估修筑海大道马路。兹据该科勘估开折前来,相应函送查核。专此复请勋安。

附送清折一扣。

天津巡警总局

清折

谨将估修日、法、英、德各租界内海大道石子马路约需工料价目开呈宪鉴。计开:

一、日本租界沿河马路计长二千六百四十尺,均宽四丈五尺,渣石厚一尺,合共工料洋一万三千七十元。

一、法租界海大道马路计长二千一百十二尺,均宽四丈五尺,渣石厚一尺,合共工料洋一万四百五十五元。

一、英租界海大道马路计长四千三百八十五尺,均宽四丈,渣石厚一尺,合共工料洋一万九千二百九十五元。

一、德租界海大道马路计长一千七百四十二尺,均宽四丈,渣石厚一尺,合共工料洋七千六百六十五元。

以上共合洋五万四百八十五元。

查该路两年须大修一次,以上所估系大修之价,若次年岁修按照六折,只需三万二百九十元可也。

(据《天津租界档案选编》,第73页)

200.天津县议事会为请收回马家口至东营门大道事申天津海关道蔡绍基文

宣统元年十二月初九日(1910年1月19日)

为申请事。据查天津东南乡马家口至东营门大道一段,向由海河一带居民每日用车马捆载薪蔬,路经该道入城贩卖,藉图生活。讵自庚子以后,该道被洋人把守修筑马路,终日往来驰骋,若见华人经行其上,非鞭挞横加,即勒交罚款,而欲从两旁绕越,又苦两侧偏颇多阻,泥泞不通,致令该处居民进退维谷,视若畏途。议员等每值该乡议员到会提议及此,非特民情叫苦,而且主权失败,举步堪虞。再四筹思,保全无术。因思我宪台廑念民艰,必亟筹挽回之策。拟查马家口至东营门大道一段是否划归租界,应请遴员勘明核办。如能将该道收回,自当加宽修筑,由中国派人看守,无论华洋均得往来无阻,共涉坦途。惟恳据情照会该各领事,委婉磋商,仍将该道归华官管领,一切修理该道工程以及洋人来往该处当如何保护之处,均候酌自钧裁,群相遵守,冀以崇路政而固主权。所有马家口大道是否划归租界,据请设法收回各缘由,理合备文申请宪台查核施行,实为公便。须至申者。

津海关道蔡绍基批

宣统二年正月二十三日(1910年3月4日)

来申阅悉。查海大道虽夹在英德新旧租界之中,因系通海要路,当时定议仍归中国管辖。及至庚子变乱,此道无人经理,遂由英德两工部局代修,曾准英工部局函称,已代垫修路费银五千三百余两,如归中国收回,即将垫银缴还本局等语。即经梁前升道函致工程局派员勘估,据称约需修费洋五万四百余元,若次年岁修,亦约需洋三万二百余元之谱,当因款无所出,暂作缓议。明知主权所关,极应从速收回,然现在公款支绌,如此巨数何能咄嗟立办?该会如能筹措款项,本道即可与该领事商议收回,仰即查照核办。抄由批发。

(据《天津租界档案选编》,第74—75页)

201.天津电话局借款文件汇集

1928年5月

天津电话局扩充电话借款始末略记

天津电话局前以经济支绌，路线话机不能随市面之发展为相当的扩充，以致求过于供，请装电话者无不失望，兼以旧式人工电话管理困难，接线或错或慢，贻误甚多，各租界当局初则叠（迭）有责言，继则正式要求改良电话，否则各租界当自设话局。查中国各埠租界内电话由中国自办者，只天津、汉口二埠，今天津租界内电话以设备不周复归租界办理，非特体面攸关，损失国家权利，尤大天津华洋杂处，言语诸多隔阂，欲免人工电话各种缺点，当以采用自动机电话为最宜，天津电话局乃多方商请银行借款，银行方面以事关市政，且涉外交，亦愿竭力协助，遂由电话局于民国十四年呈准交通部，与天津大陆、盐业、新华、中南、金城五银行订立合同，经募扩充营业，短期债务二百五十万元，专充装设自动机电话及整理人工机电话之用（东局由四百号人工电话扩充为一千号自动电话，南局由三千号人工电话扩充为五千号自动电话，总局由五千号人工电话扩充为三千号自动电话、三千五百号人工电话，北局由二百号人工电话扩充为二千二百号人工电话，预算全局每月收入可由八万增至十四万余元）。后以金价腾贵预算不敷，加以时局多事，工程误期，自动机货价不能清偿，扩充工程停顿，使天津电话局与各租界所订改良加价合同不能如期履行（各租界承认自动机合同签字后三个月，每号电话加价二元，自动机通话每号再加二元，但电话局必担保一九二七年一月南局自动机通话，三月东局自动机通话，五月总局自动机通话），电话局遂又呈准交通部暨直隶省长于十五年八月与天津汇理、大陆、新华、金城、盐业、中南等中外银行订立二次合同，陆续发行期票一百七十余万元。此项合同均经律师签证，部省及各租界联合办事处备案，其用途载明合同内专充完成各扩充工程及装设自动机之用，所有美商、法商、德商从前货物欠价亦均先后解决，给予长期分年归还，期票即由银行团及外商分别举华、法、美、德各一人为稽核及副稽核（华稽核员黎世薪、法副稽核员 L.Moors、美副稽核员 I.F.Rhame、德副稽核员 Arthur alt），按照合同根据预算代收款项，经理出入在案，并另设审查会，由电话局与银行团公同聘会计师一人，会同电话局总工程师、会计课长及银团正副稽核组织（现聘会计师谢霖、总工程师 Schli-chtiger、会计课长周祖谟、正副稽核员名见前），凡预算外临时应需款项，交其审查后，方可支付。自续订合同成立以来，即按照办理，话局收入款项完全充局用及各项工程费，余者收入偿债基金户，并无流作他用之事。现在东局自动机已于十六年十月一号通话，南局自动机定于十七年五月通话，总局自动机及北局人工机扩充工程皆定于十七年六月完工。此天津电话局扩充电话借款始末之大略也。兹为便于核阅起见，将重要关系文件摘要列左：

　　甲、电话局扩充自动电话与各租界交涉要件。

　　乙、部省核准中外银行借款合同与各租界联合办事处备案要件。

　　丙、电话局发行债券期票数目及收支预算表。

　　丁、第一次及第二次中外银行借款合同。

　　戊、中外银行代收款项委托书。

　　己、银团稽核员办事细则。

庚、审查会规则。

辛、德美商添派德美人为副稽核员及解决美商借款文件。

甲、电话局扩充自动电话与各租界交涉要件

译英工部局秘书赖乃士致天津电话局函

径复者:昨接贵局来信,敬悉一切,若贵局同意左列:

(一)电话由欧美专家监督,照敝局本月廿七日去信办理。

(二)自动机合同签字九个月后,请装电话者,当于信到后三十日内装好。

(三)自动机合同签字廿个月后,南局自动机必通话廿二个月后,东局自动机必通话廿四个月后,总局自动机必通话。

(四)住宅电话每月至多通话九百次,营业电话至多通话一千二百次,此数之外电话局当收额外通话费。

(五)裁判员即照贵局一九二五年一月六日来函办理。

(六)除以上五条外,其余则照新合同办理。

则敝局及各租界局当同意左列:

(一)自动机合同签字三个月后,住宅营业电话每月各加租二元。

(二)自动机通话后,住宅电话月租九元,营业电话月租十元。此致天津电话局。

英工部局秘书长赖乃士启

一九二五年四月三十日

译英工部局秘书长赖乃士致天津电话局长吴悌青函

径启者:根据今日下午与贵局司提格工程师谈话,鄙人兹郑重声明,前函所定三个月后加价及九个月后装电话限制,皆自动机合同签字后一日起。专此奉复。此致天津电话局吴悌青局长。

秘书长赖乃士启

一九二五年四月三十日

译天津电话局长吴悌青致英工部局秘书长函

径启者:贵局四月三十日两函均悉。所提各条大致同意,其他条件当于行将签字之新合同内详订之自动机及电缆,日内即可签字。特此奉闻。此致英工部局秘书长。

天津电话局吴悌青启

一九二五年五月五日

乙、部省核准中外银行借款合同与各租界联合办事处备案要件

译十五年八月十二日英工部局秘书长赖乃士致东方汇理银行信

径启者:前奉贵行及其他借款,各银行共同签署之信及贵银团与天津电话局所订合同副本一本,

鄙人已悉。此合同已经天津电话局签字,但尚望将与此有关之交通部及直隶督办兼省长训令抄示为荷。此致东方汇理银行。

秘书长赖乃士启

译十六年三月三日律师甘博士致电话局借款银行团信

径启者:查银团与电话局订立合同一案,敝处参照十五年十二月七日复函,又与各租界联合委员会秘书讨论一切,并将关于此案之交通部及直隶省长训令抄交该秘书,敝处并据电话局声称承认此项合同有效,由直隶交涉员于十五年八月二十日正式函达英领事,此项公文已由联合委员会秘书承认满意,并据情转达汇理银行查照。附抄交涉员致英领事公函一件。此致银行团。

律师甘博士启

译十五年八月十七日直隶特派交涉员致天津英领事信

径启者:关于天津电话局因购买材料向银团借款一案,敝交涉员曾函达台端借款条件及手续须再经商榷,同时复据天津电话局函称,本月二日奉直隶省长训令内开,该局与银团订立合同以及付款方法,仰径禀呈交通部核示办理。同日,该局复奉交通部训令,签订与银团所订合同十四条,并将该项文件送部保管,电话局奉令后,已于本月十四日与银团签订合同,并呈报交通部暨直隶省长备案,并由该局寄到合同副本一件。此事现已告结束,应请查照,通知各领事为祷。此致天津英领事。

直隶交涉署启

丙、电话局发行债券期票数目及收支预算表

计开(截至十七年三月底有案者):

(一)发行中外商民无记名债券二百五十万元(内第一期已还本二十五万,现余二百二十五万元),按发行章程,此项债券应于民国十九年还清。

(二)发行中外商民无记名第一次债券还本期票二十七万零一百五十六元二角一分(原期票二十五万元,又十六年底付息期票二万零一百五十六元二角一分),按合同应于二十二年六月三十日还清。

(三)发行银行记名期票五十一万八千七百元(原期票四十八万,又十六年底付息期票三万八千七百元),按合同应于二十二年六月二十日还清。

(四)发行法商记名期票三十三万零四百八十八元六角三分(原期票三十万五千九百元,又十六年底付息期票二万四千五百八十八元六角三分),按合同应于二十二年六月三十日还清。

(五)发行德商记名期票六十一万二千一百六十四元四角三分(原期票五十六万六千元,又十六年底付息期票四万六千一百六十四元四角三分),按合同应于二十二年六月三十日还清。

(六)发行美商记名期票,美金三十三万二千四百零三元三分,按中国电气公司及电话局函,应于二十三年十二月三十一日还清。

(七)发行中外债权人加工工程垫款期折洋四万九千三百元。

共:债券二百二十五万元、期票及期折款一百七十八万零八百零九元二角七分、美金期票三十三万二千四百○三元三分。

　　按自动电话尚未完全装成,截至现在止,增加收入有限,故十六年底债券第二次还本延期,期票第二次应付之息亦延期付现。一俟自动电话装齐,收入加增(预算每月可收十三万元),逐渐还本债务清偿后,此项话局盈余为数甚巨也,兹将借款合同所订收支预算表摘列于左。(表略)

　　附注:以上期票皆于十七年三月底前话局有案者,话局近因向美商中国电气公司购北局电缆以用户押租作抵,由五月一日起分三次发行期票美金三万五千九百七十四元八角六分,按合同应于十九年十二月三十一日还清,文件见辛项内。

丁、第一次及第二次中外银行借款合同

一、第一次借款合同

立合同:天津电话局(以下简称话局)

　　　　天津新华、金城、盐业、中南、大陆(以下简称银团)

今因话局为扩充营业增设自动机需用资金起见,奉交通部戊字第二三九四号训令,发行扩充营业短期债券银元二百五十万元,委银团代募及经理保管此项债券还本付息之基金,两方订立条件如左:

　　(一)电话局以债券二百五十万元全数委托银团代募,银团允即按债券章程第八条之规定,于民国十四年九月一日全数募齐。

　　(二)话局以百分之五给予银团为经募债券之经手费,即经募票面每百元银团应得经手费五元。

　　(三)依债券章程第五条之规定,债券发行价格每百元实收九十元,除本合同前条所定之经手费五元及债券章程第八条规定预扣四个月之利息三元外,话局发行之债券实得银元二百零五万元正,但话局购置材料均系分期付款,另附用途表一纸,银团根据用途表办理。

　　(四)话局发行债券所得之款,悉数存在银团,除按照用途表分期付拨款外,其暂存银团之款,均按周息六厘计息。

　　(五)话局应将逐日所收用户有号月租费悉数交存银团,除按照债券章程第七条之规定,在人工电话月租内每户提出四元,自动电话月租内每户提出六元收存,债券基金户外余数悉存话局,往来户照向章办理,前项债券基金户按照周息三厘计算。

　　(六)每届月终如债券基金户所存之数,与本合同所附债券本息及基金预算表不敷时,得在话局往来户拨款补足,有余时即行发归话局,以昭平允。

　　(七)银团应推举稽核员一人常川驻局,会同话局职员在电话用户月租收条上逐户签章,以资查核,所有该员薪金由话局支给。

　　(八)银团经理债券还本付息,话局应给千分之二五佣金酬劳银团。

　　(九)本合同之效力至债券本息清偿之日为止。

　　(十)本合同照缮七份,一份存交通部备案,一分存话局,五份存银行,以资存证。

交通部直辖天津电话局

大陆银行

金城银行

新华银行

盐业银行

中南银行

中华民国十四年五月九日

交通部天津电话局扩充营业短期债券章程

第一条　本局为扩充营业增设自动机需用资金起见,奉交通部戊字第二三九四号训令,发行短期债券,定名为天津电话局扩充营业短期债券,发行此项债券所得款项,除前项规定之用途外,不得移作别用。

第二条　此项债券定为银元二百五十万元。

第三条　本债券分千元、百元、十元票三种。

第四条　此项债券利率定为周息九厘,每半年付息一次,息随本减。

第五条　此项债券发行价格每百元实收九十元。

第六条　此项债券期限定为五年,即自民国十五年一月一日起至十九年十二月三十一日止,第一年只付利息,第二年至第四年每半年付还本银十分之一,第五年每半年付还本银十分之二。

前项还本付息以每年六月三十日及十二月三十一日为期。

第七条　此项债券以本局所购之自动电话机器及其扩充工程产业为担保,并指定自电话租费加租之日起,在人工电话用户月租内每户提出四元,自动电话月租内每户提出六元,随时拨存经理银行保管,作为还本付息之基金,倘有不敷,在本局收入项下尽先拨款补足。

第八条　此项债券自民国十四年九月一日开始募集,所有是年九月一日起,至十二月三十一日止之利息,得在交款时预付。

第九条　此项债券得作本局职员保证金、包工人押金及电话用户押租之用。

第十条　此项债券由新华、中南、金城、大陆、盐业等五银行经募及经理还本付息事宜。

中华民国十五年五月九日

二、第二次借款合同

立合同交通部直辖天津电话局(以下简称津话局)为第一方,大陆、中南、金城、新华、盐业五银行(以下简称五银行)为第二方,东方汇理银行(以下简称法银行)为第三方。

前因津话局扩充营业,呈奉交通部训令于民国十四年五月九日颁布天津电话局扩充营业短期债券章程,发行债券面额银二百五十万元,并于同日由津话局与五银行缔结经募债券合同,由五银行经理还本付息,此项债券收入现尚不敷清偿扩充营业货价及建筑等费之用,致工程停顿,其结果使津话局与各租界当局前订加价改良合同有不能如期履行之虞,又因债券付息还本之期即届,迭经五银行代表持券人请准交通部暨直隶省长,由津话局切实履行发行债券章程及经募合同所定条件,以维债券之信用。

兹为完成工程践行信约起见,津话局续向五银行商订垫款办法,而法银行因巴黎工业电机厂货款关系,愿与五银行合作(以下简称五银行及法银行为银团),特由三方协议订定条款如左:

第一条　津话局担任与西门子电机厂及巴黎工业电机厂协商,即日将订购材料继续照交装置,其未付余价由津话局开给期票,预算总额以不过银八十四万六千元为度,由银团代津话局经付此项期票。自应付之日起,按月息一分二厘五行息,其支付利息日期于债券付息之日行之,即每年于六月三十日及十二月三十一日各付息一次,其还本办法由银团与西门子电机厂及巴黎工业电机厂协商分期摊付。

第二条 津话局待付建筑费、关税及其他杂项,其数不过后附预算表总额银四十八万元为度,届付款时即由银团垫付,于垫付以前先由津话局开给银团同额期票,此项期票与前条期票一律待遇。

第三条 津话局以民国十四年五月九日银团所经募之债券及本合同期票项下所购左例之财产,以供债券期票付息还本之担保。

(甲)扩充营业完全敷设自动电话之南局、东局全部自动电话及其附属机器配件,暨一切动产及不动产,及总局、北局内之自动电话及附属机器配件。

(乙)坐落英、法、日、比、义各租界及特别一、二、三三区内一切营业收入包括各电话用户租费、分机费、长途电话费、装机费、赔偿费等在内。

(丙)除前款外,津话局于其他区域内之一切营业收入。

前项(乙)、(丙)两款收入,其预算表附于本合同之后。

(丁)上开甲款财产,津话局应造具清册,检同契据交银团收执,并应在本合同存续期内继续向殷实商公司保险,保单归银团收执,其保险利益同时立据让与银团代津话局承收。

本条(甲)、(乙)款供第一次担保之财产,在本合同存续期内,非经银团同意,不得更供他借款之担保。

第四条 津话局应将现设总局内之会计课、收租课即出纳处,在本合同存续期内,移设于坐落天津英租界之南局局所以内办事,自动电话完工时,经营自动电话之业务课亦应设在南局。

第五条 银团委派稽核员、副稽核员各一人及应需助手常川驻局,会同津话局办理各局内各电话用户之租费,并指挥监督与本合同第三条(乙)款收入有关系之各职员,并得随时查阅话户清册,稽核津话局账目。所有稽核员及其助手薪费归津话局开支,但开支数目须先得津话局同意。

第六条 本合同第三条(乙)款收入,津话局于合同签订时,同时出具收款委托书,委托银团代收其费用,由津话局负担该委托书,在本合同存续期内,非经银团同意不得变更。

本合同第三条(丙)款收入,由津话局南局派员收取,逐日将收入解交银团所派稽核员,连同本合同第三条(乙)款收入存储银团指定银行。自本合同签订之日起,所有津话局一切营业收入之收据,应由津话局及银团双方规定式样,交银团所派稽核员印刷保管。届收款时,稽核员应按所造收租清册或其他报告填具收据,其应归银团收取者,由稽核员派人直接收取,应归津话局收取者,交由津话局经收人员收取,上项收据非盖用银团审定印章不生效力。

第七条 前条存款应由银团给津话局周息三厘,左列各款支出依所定先后顺位,对于前条存款章程享受优先权。

(甲)津话局每月开支及工程维持费,此项支出以不过后附预算为限。

(乙)津话局债券届期应付之本息。

(丙)津话局期票届期应付之利息及届期摊还之本。

(丁)津话局往来账。

前条存款为保顺位权利并便利计算起见,应立局用债券期票往来四项专户所有存入之款,先入局用户至足敷该季内局用,再入债券户至足敷该期内应付债券本息时,再入期票户至足敷。该期内应付期票本息时方入往来户,往来户存储之款,得由津话局随时支取,如专款存储债券或期票户不敷付给,到期债券或期票之本息,其衍期之款应依原定利率每六个月结算一次,计算复利。

第八条　前条债券专户存储之款,届时如不敷偿付到期应付本息时,津话局为维持债券信用计,如商得银团同意,得与银团续订垫款办法。

第九条　津话局遇须扩充长途电话线路或改良其设备时,得提出预算,向银团商议垫款,其垫款办法另定之。

第十条　本合同第六条第三项协定之收据,其式样应于签定本合同时,由津话局呈请交通部核准,并呈报直隶省长备案。一面并得由银团请求津话局,或径行通知所有各电话用户及函报银团经收区域内中外官厅存查。

第十一条　遇津话局有违反本合同第三条第三项、第四项及第六条各项之一时,银团得即将本合同第三条供担保(甲)款之东局、南局财产接收经营,即以经营电话事业所得收入偿付所欠本息,至债券或期票末次清偿之日为止,并得将敷设于总局、北局自动电话及附属一切机器配件拆移,于其经营东、南两局区域以内,且得将本合同第七条第二项(甲)款之局用额数变更,改为以经营本条所需费用为限。

第十二条　关于本合同解释之歧见,或因本合同发生之一切争议,应由津话局及银团移付公正人仲裁之,此项公正人由津话局及银团各选一无利害关系之人充之,双方所选公正人于受任之始,即须会选一第三公正人,遇双方所选公正人意见不一之时,以第三公正人决之。此项仲裁有拘束双方之效力。

第十三条　民国十四年五月九日,五银行与津话局所订代募债券合同及津话局发行债券章程与本合同不相抵触者,仍继续有效。

第十四条　本合同共缮中英文八份,每份附预算表四种,除津话局、五银行及法银行各执一份外,一份由津话局呈请交通部核准备案,英文合同一份由津话局及银团会送天津租界联合办事处备查,另缮中文合同二份,由津话局分呈直隶省最高军、民政长官核准备案。

中华民国十五年八月　　日

交通部直辖天津电话局局长

大陆银行经理

中南银行经理

金城银行经理

新华银行经理

东方汇理银行经理

盐业银行经理

见证律师

见证律师

戊、中外银行代收款项委托书

收款委托书

交通部直辖天津电话局为出给委托书事,照得本局为业务便利起见,现经委托大陆、中南、金城、新华、盐业、东方汇理银行为本局共同及单独代理人(以下简称代理人),代表本局在英、法、日、义、比

租界及特别第一、二、三三区经收本局一切营业收入,兹为便利代理人处业务计,将其权限开列于后:

(一)向所有用户或其他使用本局电话之人,随时收取人工或自动电话租费、分机租费、各项长途电话费、装机费、损坏赔偿费及其他应征费用。

(二)遇收到款项时,给以收款收据。

(三)遇有欠费得用催告或诉讼或其他适当方法强制其履行。

(四)遇有难收账目,亦得用和解方法或仅收一部分款项或酌予展缓或令提供担保。

(五)为执行上项各事务,代理人得转委他人处理之,此项受委人员之任免,由代理人行之,惟须得话局之同意。

本局声明,本委托书于本局与代理人所订本年八月　日合同存续期内不予变更撤销,并允诺凡由代理人基于上开权限处理各事宜,本局悉予承认。合亟出给此委托书,盖用本局关防并由本局局长签署,以资证明。

中华民国十五年八月　日

交通部直辖天津电话局局长

见证人

见证人

己、银团稽核员办事细则

根据第二次借款合同第五条、第六条之规定,银团稽核员应办之事如左:

(一)电话局租费、长途及一切营业收据(除京奉长途费中日通话费在外),皆由稽核员核对签章。

(二)电话局局用材料及其他付款支票,皆由稽核员根据借款合同预算表核对,并由其副署。

(三)每日各特别区及各租界由银行团直接经收之租费等及话局交来华界之租费,皆由稽核员保管,存储银行团指定银行。

(四)除以上三条外,凡与话局收入有关之事宜,稽核员可随时指挥监督之。

庚、审查会规则

天津汇理、盐业、中南、金城、新华、大陆会设审核会规则。

天津电话局

(一)本会专以银团与电话局于十四年五月九日所订合同及十五年八月四日续订合同范围以内,关于工程及局用之预算事实上发生困难时,由双方交付审查会审查。

(二)审查会地点在银团稽核室或电话局。

(三)审查会之组织如左:

会计师,电话局总工程师,电话局会计课长,银团正、副稽核员。

(四)审查会开幕时以会计师为主席。

(五)交付审查会之件,审查员应根据提出理由详细审查,在不损害双方先后所订合同上利益范围内,经列席审查员全体同意后,将审查意见作成报告,分别缮送电话局及银团酌定后实行之,如有不同意者,可再付审查,但以一次为限。

(注十六年四月二十三日,经交部指令第九零一号批准成立)

辛、德、美商添派德、美人为副稽核员及解决美商债款文件

一、美商中国电气公司

照抄天津电话局十七年一月三十一日致五银行函

径启者:案奉交通部第八六六号训令内开,据中国电气公司函称,关于天津电话局公电式话料欠款,接津局函允付洋二万元,并自本年十月起,月付洋四千元,查该款二万元仅能还陈欠利息之一小部分,而月付四千元实不足以偿还,截至九月三十日新本之利金,恳请转饬津局,出具定期支票六十张,将所欠本利分载其中,自十七年一月起,每月兑付一张,且须经银行团担保其偿付。等语。前来。兹将该公司原译函抄发该局,仰即径与该公司妥为磋商情形详切报部,以凭核办。此令。等因。饬与中国电气公司磋商妥议办法,遵与中国电气公司总经理雷穆会商多次,兹将所议各节分述于左:

(一)天津电话局旧欠中国电气公司料价,结至民国十六年十二月三十一日止(即西历一九二七年十二月三十一日),共计美金三十三万二千四百零三元三分,由话局于民国十七年一月一日(即西历一九二八年一月一日)发行期票六张,统交公司收执。其第一张期票定于民国二十一年六月三十日(即西历一九三二年六月三十日)到期,以后每半年为一期。此项期票到期时,由银团经理代话局支付。

(二)所有期票票面均系美金数目。除第一张外,其自第二张至第六张,应由话局认给年利九厘,自民国二十一年七月一日起算,每半年付息一次,均载明票面。

(三)所有民国二十一年七月一日(即西历一九三二年七月一日)以前应付公司之利息,仍按原定周息七厘五之利率计算。该款仍照现在办法归入话局局用经费节省项下开支,计每月应付利息美金二千零七十七元五角二分,由第六条规定之稽核员,根据预算及此次协商办法办理,公司可委托银团代收。

(四)如话局收入增加确有余裕时,对于此项期票得提前付给;但期票开始付给之时,其第三条应付之利息即行停止。

(五)倘期票到期不能支付,应如何补偿,须与话局出给银团及德、法商之期票一律办理。

(六)话局为对于各债权人同等待遇起见,允由公司亦派稽核员一人到局,其职权与银团及其他债权人所派者一律。

(七)所有此次商订办法,应由话局商请银团同意,并呈候交通部核准实行。以上各条均曾与中国电气公司总经理面商,彼此均已同意。除再函中国电气公司查照外,相应函请查照予以同意,以便呈候交通部核准后再为实行。此致天津新华、中南、大陆、金城、盐业银行。

交通部直辖天津电话局启

一月三十一日

银团为中国电气公司事复电话局信

径复者:接准一月卅一日大函内开,遵照部令与中国电气公司总经理雷穆会商多次,兹将所议各节分述如左:

（内容同前文，此处略）。等因。准此。敝银团当照来函所附条款，依据民国十五年八月四日所订垫款合同内，关于期票，从前贵局所发给银团及德、法商各种期票一律办理。至第六条所称稽核员一节，德商请求加派者为副稽核员名义，应请照改，以期一律。相应函复，即希查照。一俟大部核准，应请贵局将实行日期见示，以凭办理。此致天津电话局。

天津金城、中南、盐业、大陆、新华银行启

十七年二月九日

译中国电气公司致电话局信

径启者：关于本年三月十四日贵局与敝公司所订之电缆合同第六条所载用期票还付料款一事，日前敝公司曾与贵局为再度协商，兹将当日所议之办法再行声明。简言之，即该项期票所用之利率与贵局前所发给他商家期票所用之利率相同，及贵局允将用户押租作为该项期票之担保品两项，今再分言之如下，即希贵局予以同意，作为三月十四日合同之一部分。

（一）话局允将用户押租作为此次所出期票之担保品，自本年五月一日实行，在五月一日以前，话局允将现下所收入之押租拨存四千元交付银团保管，所有此款及五月一日以后经银团保管之押租，均作为三月十四日电缆合同全价所发行期票本利之基金。

（二）话局允将所收押租内除退还撤机用户押租外，在本电缆合同全价所出期票本利未还清之前，不得提作别用。

（三）话局许允公司委托银团所派之稽核员代为收管该项押租，并于押租收据上签字盖章，收据无该员签字即为无效，提用押租收据之支票亦由该员签字盖章，并托该员对于押租收入及支出有关事宜代为稽核。

（四）根据合同付款办法，期票之发行及支领分配如下：

（甲）第一期期票发行日期为一九二八年五月一日，计美金一万一千九百九十一元六角二分，月息一分二厘五，该期票于一九二八年十二月三十一日到期。

（乙）第二期期票为美金五千九百九十五元八角一分，月息一分二厘五，以话局收到电缆提单时为发行日期，该期票于一九二九年六月三十日到期。

（丙）第三期期票为美金五千九百九十五元八角一分，月息一分二厘五，以话局收到电缆提单时为发行日期，该期票于一九二九年十二月三十一日到期。

（丁）第四期期票为美金五千九百九十五元八角一分，月息一分二厘五，以交货时为发行日期，该期票于一九三〇年六月三十日到期。

（戊）第五期期票为美金五千九百九十五元八角一分，月息一分二厘五，以交货日为发行日期，该期票于一九三〇年十二月三十一日到期。

（己）第一期期票话局应于本年五月一日发交公司，其第二期、第三期期票于交付提单时发交公司，其第四、第五期期票于交货时发交公司。

（五）如押租有余时，话局得将期票本利提前拨还，利随本减。

（六）话局不仅对于上述各款同意，即合同第六条所载各节，如话局允与银团妥商支付此项期票不加折扣，及话局对于此项期票本息偿付完全单独负责，仍予同意。

（七）以上办法应由话局通知银团查照办理。敝公司为此事早日进行起见，务请贵局查照迅予赐复,声明同意为荷。此致天津电话局耿局长。

中国电气公司启

四月二十六日

电话局复信

径复者:顷准贵公司四月二十六日来函,备悉。一是关于本年三月十四日,敝局与贵公司所订立电缆合同第六条所载还付料款期票之利率,及指用户押租为该项期票之担保品办法七条,敝局认为同意。除函达银团查照办理外,相应函复声明同意,即希查照为荷。此致中国电气公司。

天津电话局启

四月三十日

(注:经交通部四月三十日指令第一八四七号批准。)

中国电气公司派副稽核员致天津电话局信

径启者:接准贵局二月二十五日函开,所商偿付公电式话料欠款办法七条,业经银团复函同意,请查照见复,当经敝公司于四月十五日函复同意。各在案。查所议办法第六条规定,敝公司亦派副稽核员一人到局,其职权与银团及其他债权人所派者一律,兹特预先指派敝公司雷穆(J.F.Rhame)充任。除已径函银团外,相应函请贵局再行转知银团查照办理为荷。此致天津电话局。

中国电气股份有限公司启

五月四日

(注:右函及该公司欠款偿还办法七条,经交通部指令第二〇〇三号批准。)

二、德商西门子公司

西门子公司致电话局信

敬启者:窃查贵局与敝厂所订供给自动机合同,其货价本应由贵局付以现金,而于上年十二月三十一日,贵局对于开给敝厂之货价期票利息竟未能如期拨给现款,以致银行方面要求敝厂代为拨给现款。兹为避免此等纠葛,并维持敝厂在该项期票上之权利及货款未清自动机所有权仍属敝厂所有起见,拟添派副稽核员一人驻在贵局办公,以便贵局于营业收入及局用支出方面有所疑虑之时,可随时贡陈刍荛,以备采择。除商得银团同意外,相应备函恳请贵局俯准,不胜感祷。此上天津电话局局长。

天津西门子电机厂

十七年三月二十七日

西门子公司致电话局信

敬启者:前为维持敝厂在贵局所开给期票上应享之债权起见,业由敝厂于本年三月二十七日缮具津字第三十三号公函,提议添派副稽核员一人驻在贵局办公在案,今特派敝厂艾尔德君(Mr.Arthnr Alt.)在贵局为副稽核员。克日履新,务乞赐予接洽,不尽感感。此上天津电话局局长。

天津西门子电话厂

五月三日

津字第七十七号

（注：经交部五月七日戊虞快邮代电批准。）

（J0001-2-000435）

202.天津市政府为邮包统税局呈送英、日、法三租界办事处经常费预算书事训令财政局

1930年12月16日

案据邮包税局呈称：窃查英、日、法三租界邮包统税迭经钧府派员与邮局磋商收回自办，业已妥协，并于本月二十一日起先由职局派员监督收税在案。现由职与邮局一再商洽，决自十二月一日起，正式各派二员实行收回自征。查职局原有员司本无冗员，此次收回英、日、法三租界邮包统税，自应另行添派干员前往接办。计英、日、法三租界办事处拟各派调查员一员，月各支五十元；稽查员一员，月各支二十元；公役一名，月各支十元，计二百四十元；办公费月各支十元，计三十元，每月开支共洋二百七十元。此系就最低核实数目估计，将来如有不敷，再行呈请追加。复查在邮局代征期间，原准提十分之一为办公费，以过去事实计之，每月约在三百元左右，现既收回自征，若以此项办公费移作各该办事处经费当可敷用。惟动用正税究属不甚相宜，似以正税仍归市库，而以英、日、法三租界办事处经费改由标签费项下，自十二月一日起，饬财政局按月如数拨给，或于标签费增收一分，即以此项作为追加预算，不独无关预算，而且增加库收较为妥当。是否有当，理合检同英、日、法三租界办事处经费预算书四份备文呈请鉴核，提交市政会议祗候示遵施行。等情。据此，除指令呈悉，查此案业经本府提交第九十一次市政会议之决，照原预算通过每月经常费由标签费项下截留。等因。除令财政局查照外，仰即知照预算书候分别存转。此令。等因。印发外，合行检同预算书令仰该局查照。此令。

附发预算书一本。

（J0054-1-002647）

203.天津市政府为邮包统税局呈送英、日、法三租界办事处开办费预算书事训令财政局

1930年12月18日

案据邮包税局呈称：查本市英、日、法三租界邮包统税收回自办一节，业经钧府派员与邮局商给（洽）妥当，自本年十二月一日起即由职局派员前往征税。现已届期，业经派员分别前往接办，所有家具文具自应搏节购办。兹将英、日、法三租界开办费预算书赶造齐备，理合具文送呈鉴核，提交市政会议审核饬发，以便购办而资应用，实为公便。等情。据此，除指令呈悉，查此案业经本府提交第九十一次市政会议议决，照原预算通过，开办费由标签费项下截留。等因。除令财政局查照外，仰即知照。预算书候分别存转。此令。等因。印发外，合行检同预算令仰该局查照。此令。

附发预算书一本。

（J0054-1-002647）

204. 天津市财政局为邮包统税局新增三租界办公处经费事呈市长臧启芳文

1930年12月20日

呈为呈请转饬事。案准钧府第八二零号训令内开，案据邮包税局呈称，云云。合行检同预算书令仰该局查照。此令。等因。奉此，查此项追加预算，每月二百七十元，既经通过市政会议，自应按月照发，以利进行。惟领款手续，仍应饬令按月造具预算凭单，呈由钧府核转。另备领款总收据，向职局领款，以符定章。至该三租界办公处所收邮包统税及标签费，均应经解局，勿庸截留，以免另办抵解手续。除函知外，理合备文呈请鉴核，转饬遵行，实为公便。谨呈天津市市长臧。

天津市财政局致邮包统税局公函

径启者：案奉市政府第八二零号训令内开，案据邮包税局呈称，云云。合行检同预算书，令仰该局查照。此令。等因。奉此，此项追加预算既经通过市政会议，应自十二月份起，按月造具支付预算书及请款凭单送由市政府核明转发到局后，再备领款总收据来局照领，无庸截留标签费款，以免另办抵解手续。所有三租界办公处经收各市政府转饬遵行外，相应函请查照办理是荷。此致邮包统税局。

（J0054-1-002647）

205. 天津市财政局为三租界办公处开办费请款凭单送府核转事致邮包统税局函

1930年12月25日

径启者：案奉市政府第八五七号训令内开，案据邮包税局呈称，云云。合行检同预算，令仰该局查照。此令。附发预算一本。等因。奉此，查贵局应领三租界办公处每月经费一案，业经敝局呈明市政府转令按照向来领款办法，另送书单，按月来局支领，并经函请查照办理在案。此项开办费，事同一律，未便两歧，除预算书已奉转发到局外，仍请另备请款凭单送呈市政府，俟核转后再备领款总收据来局照领，无庸截留标签费，以符定章，而省抵解手续。相应函请查照办理是荷。此致邮包统税局。

（J0054-1-002647）

206.天津市工务局为拟借吹泥铁管以便抽泄事
致天津海河工程局函

1934年8月18日

　　径启者:查河北西窑洼抽水房因河水暴涨,原有暗沟堵塞,所有该处一带积水不能抽泄。兹为救急起见,拟借贵局吹泥铁管按装出水沟管以便抽泄,经派员前往接洽,承贵局准予惠借吹泥管十六节。等因。除派员前往美国坟地附近运取外,相应函请查照并希将该项吹泥管应用螺丝及法兰垫尽数借用,俾资装置而应急需,至为纫感。此致海河工程局。

(W0003-1-000204)

207.天津市政府为工务局请为派员会同勘估佟家楼、海光寺间路线事
训令财政局(丙字第510号)

1937年2月3日

　　案据工务局本年一月十三日第一六号呈称:案奉钧府二十五年十一月二十七日乙字第二六九八号训令略开,案查关于勘定佟家楼至海光寺间路线一案,现准日法两国总领事先后来函允予协助,除函复定于十二月七日由该局测绘人员携带测夫前往实地勘测外,抄发译函,令仰遵照办理具报。等因。计抄发日法两国总领事译函二件。奉此,遵派本局技士应大钮、科员樊鸿簏带同测夫如期前往实地勘测去后,兹据报称:遵于二十五年十二月七日带同测夫并会同法国工部局副工程司欧阳推、英国工部局副工程司卢惺园、日本租界局山本总工程司等,偕往老西开一带详细勘验。查应行勘定由佟家楼至海光寺一段路线内,在英租界二号路口处,有英国工部局所设铁丝栅栏一道圈围,并于南口修有砖路一条,名七十四号路。如果本局另行修路时,此段必须绕越勘定路线方能通过。并查由佟家楼至海光寺全部地势洼地较多,其由英租界二号路口往南则尤多水坑,且靠近马场道一带复多外商房屋,是以不但地势较北段尤低,路基难期坚固,诚恐将来修路时当多困难,遂由各该工部局派定人员之协助,先将该路全部附近地形测勘完竣,其路线应如何划定之处,理合绘具地形图呈报鉴核。等情。据此复查,所呈各节尚属实情,惟该路地势既多地洼且路线过长,而南段复多水坑及外商房屋,如果全路同时修筑,诚恐多费周章。兹为便利早日兴修起见,拟即分段修筑,当饬该员等将由海光寺南营门起至英租界二号路口止一段线先行划定,并在该路中线插立木桩以资标识,俾易着手修筑。其余一段则拟暂缓兴修,除俟路线呈准再行拟具工程预算另文呈核外,所拟是否可行,理合检同路线图备文呈请钧鉴核定。如蒙核准,并请分令财政局派员俾便会同勘估应行收用民地,以便编造工程预算实为公便。等情。经审核可行,除已令准照办外,合行令仰该局遵照派员会同勘估应行收用民地具报以凭核办。此令。

市长张自忠

(J0055-1-004354)

208.天津市财政局为海光寺至英租界二号路口一段路线收用民地事致工务局函(第934号)

1937年2月26日

案查,奉令派员会同勘估关于由海光寺至英租界二号路口一段路线收用民地一案,业经本局遴派测绘股主任赵庆潭会同贵局应技士大鈗前往实地查勘在案。惟查该路线所占民地,有沿用旧道修筑者,亦有另开新路者,按照前与贵局商定办法,除新开路基占用之民地应予发价外,至沿用旧道修筑者,一概免于发价,以免引起其他纠纷。此案既经查勘完竣,相应函请贵局将该路线所占地基,何者为旧道,何者为新路,详细查明见复,以便会衔布告各业户遵照办理为荷。此致天津市工务局。

(J0055-1-004354)

209.天津市工务局、财政局为修由海光寺至英租界二号路口一段马路新开路基所占民地亟应会丈发价事布告(第35号)

1937年3月20日

案查,本工务局呈请勘定佟家楼至海光寺间路线一案,业经遵令派员将附近地形测勘完竣,并将由海光寺至英租界二号路口一段路线,先行划定,以便分段修筑,呈奉天津市政府指令准予照办,本财务局并经奉令派员会同勘估应行收用民地具报。各等因。奉此,当经派员会同查勘,除由海光寺南营门起,至吉祥南里以北止,所占地基,均系沿用旧道,应按照本工务局历来成案办理,免于发价外,其由吉祥南里以南起,至英租界二号路口止,新开路基所占民地,亟应会同勘丈,以便呈请发价,而利工务。合行粘附路线图一线布告周知,仰各业户一体遵照,限于四月底以前,持同管业契据前来本财政局声请登记,以便会丈批裁发价。事关产权,切勿自误为要。此布。

附粘路线图一纸。(图略)

(J0055-1-004354)

210.天津市财政局第三科测绘股主任赵庆潭为会同调查日本公益会地基与工务局新修路线重叠事呈局长文

1937年4月6日

为签请事。窃于三月二十七日上午九时,准工务局电招会同调查日本公益会地基与工务局新修由海光寺至英租界二号路口一段路线重叠一案,蒙派当即会同工务局派员应大鈗、樊鸿篪及日本租界局工程师山本、翻译刘如庵等,前往实地查勘。经山本工程师关于修路事项询问要点四项,当经樊君鸿篪

随时答复,兹将问答事项开列于后:

问:兴修该处马路势必将小土埝拆除,土埝关系各国租界防水綦重,倘若拆除,如何防水?且此项堤埝与各租界均有关系,应事先通知方妥。

答:关于防水事项,中国官府早经筹划周详,已在郊外修筑大围墙一道,系由南运河小园村迤东起,经过大湾兜、王顶堤至津浦四号房建筑大围堤,再由津浦四号房至陈塘庄一段,系利用铁路路基作为防水堤埝。且防水事项每年七月间,经本局筹备成立防险委员会,函请各国工部局派员来会,共同讨论防险事项,历办有案。此项小土埝现置无用。

问:兴修此项马路为何不在小土埝以外另辟马路?

答:在该处兴修马路系为便利乡民,仅就通行大道稍行展宽,不便另改他路。

问:兴修该处马路至老西开法界六十四号路处,为何不用法国已修成之道路?何必在相近该路另辟新路成为平行马路?

答:法国所修道路事关老西开问题,已由外交部另案办理,此次另辟新路专为乡间大车来津通行,免生阻碍以利交通。

问:兴修此项马路路线以内,有日本公益会所租地基,可否稍缓动工,俟交涉完竣后再行开工?

答:兴修此项马路已呈奉市府准予兴修,并粘贴布告由财政局购地,工务局修路,并于本月二十日,由本局已电知日本领事馆西田长康副领事开工日期矣。

以上四点问答完竣后,据山本称,嗣将公益会地亩图查明后,再行会勘。等语。谨将会勘情形理合呈请鉴核,谨呈科长转呈局长付。

第三科测绘股主任赵庆潭呈

四月六日

(J0055-1-004354)

五、工商同业

211.天津海关档案中关于租界的文件抄稿一组

光绪八年(1882年)

一百五号

敬启者：初九日接准来函，以应拨英法工局银两已转饬银号开票。等因。今日始据委员会交来库平白宝银票二纸，本税司因查码头捐新征系关平所拨，自应亦系关平，若以库平转送，诚恐该工局不肯照收。除将原票仍退还外，合行函致贵道查照，饬为另写关平银票交由本税司转付为荷。此颂升安。

[六月]十二日

一百八号

敬复者：连奉初九、十三、十五日来函，均已阅悉。法英工局应分捐项已定拨付关平，俟该工局日内备具尽押收据来关领银后，即将收据送至贵署存案。兹将库平银票二纸送还，乞查收。每月开支银号薪工纸草等费十二两，本税司当即照办矣。此复。顺颂升安。

[六月]十七日

一百三十号

敬启者：昨准贵道函开，码头捐拨英法工局银两将收据送署等因。当经函复，俟该工局来关领银画押后，即将收据送署在案。兹将八十七结送英工局银五百二十二两八钱八分二厘，法工局银三百四十八两五钱八分八厘，收据各一纸送请贵道备案是荷。即颂升安。

[八月]十一日

一百八十一号

敬启者：兹将八十八结送英工局关平银一千八百八十二两七钱七分一厘，法工局关平银一千二百五十五两一钱八分一厘，收据各一纸，送请贵道备案是荷。此颂升祺。

[十月]十一日

（W0001-I-0013-048-002136）

212.天津救国储金会志详

1915年

本月二日下午一钟,英界绅商联合德法等租界众绅商,假英界行商公所旧址开储金同意大会一节,已略志昨报。兹将是日会场情形录纪如左:

会场门首松牌高支悬灯结彩,横匾为储金同意会,又斗方四字为"勿忘国耻",其对联文曰:输财助边愿与汉卜式同怀斯志,毁家纾难勿让楚子文专美于前。院中影壁四字为慨解义囊,院中芦棚高撑,凉爽异常,棚柱对联二副,一为:见义勇为当仁不让,民皆如此国岂难存;一为:体上天心援天下溺,以国家事作家身观。事务所对联一付为:有志者事竟成看人心踊跃如斯何功不举,重任而道非远期吾侪始终弗懈虽柔必强。便门对联为:倾厦共支持匹夫有责,储金谋建设中国不亡。场中桌凳及一切布置皆热心诸君捐助。是日,计与会男女来宾千余人,届时振铃开会,首由恒太庆铺掌刘俊卿报告开会宗旨,并由唐君道平在讲台上招待众演说员,及报告各事后,请储金团演说员宋则久、王伯宸、刘潜卿、杨筱林、王卓忱、王兰亭、曹祝久、夏芹溪及来宾萧竹亭诸君相继演说,其词意不出激动人民种种爱国之要义,听者为之动容,更有杨筱林、王卓忱二君问答演说,互辩爱国储金之喻,言[者]痛快淋漓,闻者无不鼓掌。又有英界首善街公教幼稚小学校全体女生唱救国爱国等歌,声韵优雅,亦能振起爱国真精神(并闻该生等平日由点心钱内积存铜元八百四十五枚,亦于当日携交该会充作储金)。场内外并由英巡捕长周君偕同巡捕弹压,次序并然。且在场中售西瓜、点心、汽水及各种药品者颇伙,本利悉归储金。又有体育社诸君到场售茶及手巾把,所入之钱全归储金,洵属热心爱国。计是日,共收储金中国银行收现款合大洋一千一百三十六元,盐业银行收现款合大洋七百五十四元,二共现款大洋一千八百九十元;预认者百余元,总共二千有零。时至六钟振铃闭会,诚为租界内第一次盛举也。

（J0128-2-002683）

213.天津英租界工部局征收码头捐布告

1919年4月29日

为布告事。照得本年三月十五号本局之通告,各运货人、货主及有此关系者,其原议凡装卸货物经过本界码头须缴纳之码头捐,在该货物应报缴之关税以百分之二计算。本拟请由中国海关代为征收,惜未能与中国海关得有适宜之同意,是以本局议定在本界领事道东首河坝设立码头捐务处,以备在该处自行收纳该捐。其该处将即布置完备,从本年五月一号起即行开办,以便征收。为此布告,仰各运货人、货主及有此关系者一体知悉。此告。

（据《天津租界档案选编》,第42页）

214.天津总商会为请取消英租界工部局码头捐事呈直隶省长文

1919年5月13日

为呈请事。窃查英国工部局突发征收码头捐公布一节,以致各商帮行业纷纷来会声明反对,请会维持,当经敝会长晋谒省长面陈在案。兹复据广帮、建帮、潮帮、福州帮、江西帮、延邵帮合词投帖,窃商等云云无既矣。等情。又,姜商永立号、万有导、元丰泰、源顺祥、瑞益祥、同义善、中昌源、润庆成、德润昌记、同发成、泰昌源记、隆昌海味店等各盖水印投帖陈请前情。又,绸缎、布匹、棉纱各商帖称,前接云云商业。等情。查各商陈词慨愤,意气激昂,商业前途深滋可虑,是此项码头捐一议当然不能成立。敝会领袖群商,对此情形难安缄默,理合呈请省长察鉴,俯予严重交涉,务将码头捐转令取消,以顺舆情而安商业,实为公便。谨呈直隶省长曹。

绸缎布匹棉纱同业公会公函

绸缎、布匹、棉纱同业公会为英界轮船码头收捐,公同议决实力抵抗以维国权事。前接英工部局布告,在英界领事道河坝收纳码头捐一案,业经函请大会开会评议,转呈省长设法力予维持。等因。在案。现查该界收捐日益急迫,敝会同业各号已运到码头之货姑不具论。兹已公同议决:同业各号自今伊始,已纷纷电致大阪华号及沪号,对于布匹、棉纱等货暂行停装。实因近年运销各货获利本属极微,我国家尚不忍加征捐税,重累商民,而英人反在我国土以内国权之下竟公然自行收纳捐款,丧失国权莫此为甚。不但此也,今又闻法界亦有提议加收码头捐款之举,层层剥削,商民利益尽矣。此种码头捐款,敝会同业各商誓死不能承认。如承大会转呈省长,设法取消,不但保持国权,即各商亦属万幸。否则惟有实力进行停运货物,虽商业从此衰退,亦属无可奈何。此为最后对待之举,理合再为函请大会继续设法维持,以保国权而安商业。此致天津总商会公鉴。

绸缎布匹棉纱同业公会书束

民国八年五月十一日

茶行公会请议书

具呈。茶行公会为码头收捐累商害国,恳请即日召集全体董事开会评议转呈,设法力予维持以保商业事。现据英工部局布告,自本年五月一日起,在英界领事道河坝自行收纳码头捐等情。伏查敝行各号近年运销茶货,其利甚微,加以各种捐税已属力有未支,若再加征码头捐,将来商人拖累,必致裹足不前,商业势必停顿,不但商民坐以待毙,即国家收入亦必锐减。况当年该处码头乃系中外合修,征收捐款定有年限,弥补亏累业已弥补清楚,码头捐早已停收。今该工部局起意自行征收,未得中国政府同意,实与公理未合,决难承认。不得已惟有恳请大会即日召集全体董事开会评议,转呈省长设法力予维持,以重商业。此请天津总商会公鉴。

众行董:裕升茶叶店、正兴德茶叶店、天津泉祥鸿记茶庄、天津汪正大茶叶庄、天津元兴号茶叶庄、天华泰茶店

建、广、潮帮等说帖

具说帖。建帮、广帮、潮帮、江西帮、福州帮、延邵帮等,乃恳请保护主权维持商业事。窃商等因四月二十九日见英工部局传单布告,自五月一日起在该租界河坝自行抽收码头捐,商等闻信,当即公同缮具说帖,呈请大会开全体会议,设法维持。不意法国租界于五月五日亦仿行之。伏思英法两界均系中国领土,竟在中国租借地收华商捐税,实与我国主权大有妨碍,夫主权岂能任其侵占哉?商等所以不敢承认者此也。况英法行之不久,俄、日、意各界亦必效而行之。天津租界有码头捐名目,将来各省凡有码头者亦必如法泡(炮)制,则无论何商均必裹足不前,将来大局何堪设想,商务永无发达之一日。商等复公同会议,惟有再恳大会提倡,以津埠全体商行因与国权有关,极端否认此捐,呈请省长向英法两领事力争,以期取消此捐。倘英法两领事不肯容纳,再请省长呈请政府与英法两公使交涉,庶可以保我国主权,维持全国商务,不胜感戴大德无既矣。须至说帖者。

中华民国八年五月　日

(据《天津租界档案选编》,第43—45页)

215.天津总商会为取消码头捐事呈直隶省长文

1919年5月30日

为呈请事。窃查英国工部局强制征收码头捐,众情反对,请求严重交涉取消原议,以舒商困一案,兹于本年五月二十二日奉令:呈悉。仰候令行交涉员酌核办理。此令。等因。奉此,当即召集会议,佥以英国工部局突发布告,强制征收码头捐,扰累商民,且不得中国政府之同意,更多藐视,似此不但有害众商,实系侵及国权,必须严重交涉,即为收回成议,方足以保国家威信而顺舆情,当即公决。理合呈请省长察鉴,俯念商情,即予严重交涉收回成议,以保国权而舒商累,实为公便。谨呈直隶省长曹。

天津商务总会

指令

民国八年六月二十三日令:天津总商会呈英工部局强制收捐请严重交涉由。呈悉。仰候令行交涉员严重交涉。此令。曹锐。

(《天津租界档案选编》P45-46)

216.北洋政府农商部为转知租界内华人实行贴用印花办法事训令天津总商会(第1200号)

1919年11月11日

为令行事。准财政部咨称,查租界内华人实行贴用印花一事,迭经本部拟具办法,咨由外交部照会各国驻京公使从速商定。现准外交部来咨,照录领衔英使照会附开意见,本部完全予以承认,复将原拟办法另行逐条订定。兹定于民国九年一月一日,所有各处租界均按照本部此次订定办法一律施行。至有开商埠及通商口岸未经划定租界者,关于警察及司法本归我国管理,仍照印花税普通法令办理。相应刷印本部订定租界内华人实行贴用印花办法,咨请查照,转饬各省区商会通告各商民遵照。等因。到部。合即抄录原送订定租界内华人实行贴用印花办法一纸,令仰该总商会转知各商民一体遵照。此令。附抄件。

农商总长田文烈

订定租界内华人实行贴用印花办法

一、凡居住租界内之华人,应依照中华民国元年十月二十一日公布及三年十二月七日修正公布之印花税法,又四年一月十八日公布之关于人事证凭贴用印花条例所载各种契约、簿据及证凭,贴用中华民国印花税票。

二、检查租界内华人应贴印花之契约、簿据及证凭,委托该管外国警察官执行,其检察时发见不贴印花之契约、簿据及证凭,得依照税法条例处以相当之罚金,随时交由该管领事代收。

前项罚金每届三个月结成总数,由领事馆代用中国政府名义,以一半捐助工部局经费,其余一半交由交涉员公署解归国库。

三、租界内华人契约、簿据及证凭不贴印花,或对于所贴印花未盖章画押加以注销,遇诉讼时本不能认为合法之证据,兹为维持对手人利益起见,由会审公堂或地方官衙门或审判厅,但将出立契约、簿据及证凭之华人处以罚金,并令依法补贴印花及盖章画押,而原立之契约、簿据及证凭仍认为有效。

四、租界内发行印花税票,由中华邮务局在租界内办理专任销售印花税票,不涉及他项之任务。如将来须在租界内添设发行印花之邮务分局或特别机关,先与各国领事接洽后再行照办。

(J0128-2-000719)

217.直隶省长公署为租界内华人实行贴用印花事训令天津总商会

1919年12月29日

案准财政部数电开,租界内华人实行贴用印花一事,经将订定办法并施行日期咨达在案,并由本部提交国务会议。兹准国务院函称,经国务会议议决,租界商民对于完纳印花税既已一律赞成,所商议者仅于检查方法,应即责成商民联合各国[一]体公共订立检查方法,倘有遗漏,分别从重议罚。其执行议罚机关,凡有商事公勘处者,即归公勘处执行,其无公勘处由商民自行组合执行机关互相检察。应即由财政部电知各省财政厅及印花税分处会同各商会即日讨论办法,俟办法决定,财政部认为可行,再行咨明外交部取消检查办法。等因。准此。查前订办法及施行日期,嗣准外交团照复承认,应请将第一、第三、第四各条查照前咨转饬印花税分处,即日公告,于九年一月一日实行。至关于检查议罚等办法,既由阁议决定,既由该分处体察各地情形,会同商会遵照院议,酌量拟订款部核办,并希饬知各交涉员,以资接洽。等因。准此。除分行外,合就训令该会查照。此令。

(J0128-2-000719)

218. 天津总商会为请收回印花税成命事呈北洋政府农商部、直隶省长文

1920年1月2日

为呈复请事。窃于八年十一月十二日接奉大部、农商部训令内开,为令行事。云云。附抄件。等因。奉此,遵即开会核议,金以此种办法于国权有失,更多妨碍。查租界华商无一业不与洋商交接,而华商遵奉,洋商则否,不能统一,殊多窒碍难行之处。况以现在国民关于外交正在争回权力之不暇,而政府以此区区印花之收入授检察权于外人,且由领事馆代用我国政府名义,以所收罚金半助工部局经费,半归国库。原来租界内居住商民,时有不肖之巡捕刁难,至无故遭其苦罚者,今政府将此权(畀)与外人,假手于巡捕,使其有可乘之机,则租界内之商民更不堪其扰累。更以此种办法,如果实行,势必尽驱华商为洋商,深可滋虑。敝会职权所关,明知窒碍难行,不能不切实陈请,伏乞大部察鉴舆情,收回成命,另筹相当办法。省长察鉴,俯予转咨,收回成命,另筹相当办法,以维国权而符民意,实为公便。谨呈农商部、直隶省长曹。

附呈省长文钞送农商部印花税办法。

天津总商会会长卞
(J0128-2-000719)

219. 直隶省长公署为租界内华人实行贴用印花事训令天津总商会

1920年1月8日

案据交涉员呈称:案奉钧令,准财政部数电开,租界内华人实行贴用印花一事,经将订定办法并施行日期咨达在案,并由本部提交国务会议。兹准国防院函称,经国防会议议决,租界商民对于完纳印花税既已一律赞成,所商议者仅在检查方法,应即责成商民联合各团体,公共订立检查方法,倘有遗漏,分别从重议罚,其执行议罚机关,凡有商事公勘处者即归公勘处执行,其无公勘处由商民自行组合执行机关互相检察,应即由财政部电知各省财政厅及印花分处会同各商会即日讨论办法,俟办法决定财

政部认为可行,再行咨明外交部取消检查办法。等因。准此。查前订办法及施行日期,嗣准外交团照复承认,应请将第一、第三、第四各条查照前咨转饬印花税分处,即日公告,于九年一月一日实行。至关于检查议罚办法,既由阁议决定,即由该分处体察各地情形,会同商会遵照院议,酌量拟订报部核办,并希转知各交涉员,以资接洽。等因。准此。除行财政厅印花税分处外,合就训令该员查照。等因。

奉此,查此案前奉财政部合发租界内华人实行贴用印花办法,并现行印花税法令刊本饬由本署与租界各国领事接洽办法,当将前项刊本分别函送各管有租界国领事查照,转饬工部局先行接洽,嗣于十二月二十四日准天津领事团领袖总领事函开,接准函送租界内华人实行贴用印花刊本,查此事关于中国印税在租界施行,本领事需妥与拟议其办法,施行日期未便延促,应展至三月一日,并所拟办法等条仅具华文,不足以资研议,应由中国照缮法文或英文刊本为便。除已详陈公使团查照外,相应函复贵特派员查照。等因。经本署据情分别电请外交、财政部核示,兹奉十二月二十九日财政部艳电,以租界贴用印花办法及现行印花税法令,本部现正赶译,至所请展缓至三月一日施行一节,应即照准。等因。现由本署函复领袖领事,暨函致直隶印花税务分处查照,一面电复财政部请饬催承译专员赶速译就,印定成本,颁发下署,以凭转送领团研究。各在案。兹奉前因,所有天津租界内华人贴用印花日期,现奉艳电核准,改定于九年三月一日实行。各缘由。除分函财政厅印花税分处查照外,理合呈报鉴核备案。等情。据此,除指令并分行外,合就训令该会查照。此令。

(J0128-2-000719)

220.直隶省长公署为租界内华人贴用印花办理情形暨实行日期事训令天津总商会

1920年2月6日

案准财政部咨开,本部具呈租界内华人贴用印花办理情形暨实行日期一案,于本月十八日奉大总统指令,准如所拟办理。此令。等因。相应印刷原呈咨送查照,并希转饬交涉员、印花税分处暨商会遵照办理可也。等因。准此。除分行外,合就训令该会即便会同查照办理。此令。

计抄发原呈一件,又办法四条。

呈大总统

呈为租界内华人贴用印花办理情形暨实行日期恭呈具陈仰祈鉴核事。窃维国家税法公布,全国凡属本国人民及外国侨民具有遵行义务。我国印花税法施行之初,即经与外交团议令洋商一律贴用,迄未允办。法国康公使仅表示须华人先已办到实行,而后再及洋商,影响所至,即租界内华人以定章检查,租界无从执行,亦复相率观望,希图规避。比年以来,内地税务由本部督饬各省区印花税分处及兼办印花税之财政厅,切实进行,渐趋普及,而预为推及洋商计,惟有先从租界内华人入手,且同属国民,居住租界者便得免纳税款,准情酌理,岂得谓平,而内地观感所资,尤未便听其放任。爰咨由外交部与外交团再四磋商,订定租界内华人贴用印花办法四条,销售税票仍由中华邮务局发行,惟检查处罚等事,以租界警权尚未收回,本部原定由我国官吏会同租界警察执行,未得外交团之赞同,遂暂行委托租界内该管警察办理。其自开商埠及通商口岸未经划定租界者,关于警察及司法,本归我国管理,仍照印花税普通法令办理。嗣以推行伊始,势须格外慎重,当将此案提交国务会议,旋准国务院函开,经国务会议议决,租界商民对于完纳印花税,既已一律赞成,所商议者,仅在检查方法,应责成商民联合各团体公共订立检查方法,倘有遗漏,分别从重议罚,其执行议罚机关,凡有商事公断处者,即归公断处执行,其无公断处,由商民自行组合执行机关互相检察。即由财政部电知各省财政厅及印花税分处,会同各商会,即日讨论办法,俟办法决定,财政部认为可行,再行咨明外交部取消检查办法。等因。查检查等事,系于拟订办法第二条内规定既经国务会议议决,量予变通,自应查照办理,除由本部电知各省区将原订办法第一、第三、第四各条公告,于九年一月一日实行外,关于检查议罚办法,即由各该财政厅印花税分处,体察情形,会同商会酌量拟订,报部核办,庶于体恤商情之中,仍有推行新税之望。所有办理租界内华人贴用印花情形,暨实行日期各缘由,理合连同拟订办法另缮清单,呈请大总统钧鉴。谨呈大总统。

(J0128-2-000719)

221.直隶全省印花税分处为租界内华人实行贴用印花事致天津总商会函

1920年2月9日

径启者:案奉财政部训令内开,准农商部咨开,据天津总商会呈称,奉部令开,租界内华人实行贴用印花一事,遵即开会核议,金以此种办法于国权有失,更多妨碍。租界华商无一业不与洋商交接,而华商遵奉,洋商则否,不能统一,殊多窒碍,难行之处,现在国民关于外交正在争回权力之不暇,而政府以此区区印花之收入,授检查权于外人,且由领事馆代用我国政府名义,以所收罚金半助工部局,半归国库。原来租界内居住商民,时有不肖之巡捕刁难,至无故遭其苦罚者,今将此权畀与外人,假手于巡捕,使其有可乘之机,则租界内之商民更不堪其扰累,此种办法,如果实行,势必尽驱华商,为洋商深可滋虑,乞收回成命,另筹相当办法。等情。咨请核办见复。等因。到部。查本部,前据上海总商会电称,租界华人贴用印花窒碍滋多,等情。当经电复该商会详为解释,并抄录电稿,咨达农商部查照在案。此次天津总商会呈述各节,与上海总商会前次来电意旨大致相同,除咨复农商部,将前复上海总商会电文抄示该商会,并饬将检查等办法依照阁议会商印花税分处从速拟订外,合行令仰该处长迅即会同该商会将检查议罚各办法体察情形酌量拟订呈候核定,以便施行。等因。并附致上海总商会电稿到处。

奉此,查印花税一项为国家最良税法,创自欧美,推行全球,我国内地各省均已行有成效,此番因推行租界,经大部一再筹议,并已咨由领衔英使照复承认,法使且表示须华人先已办到实行,而后再及洋商,影响所至,断无中途取消,贻笑外人之理。贵会呈部所持各节自系熟筹审顾,并恤商情起见,惟检查方法,现由国务会议改由商民联合各团体公共订立,倘有遗漏,其执行议罚机关由公断处执行,无公断处者,由商民自行组合执行机关互相检察。各等语。是于国权商情,暨新税之增益均已兼筹并顾。相应函请贵会将此项检查议罚各办法遵照阁议,从速酌拟函复过处,以便会订呈复,听候核行,毋任盼切。此致天津总商会。

计附抄部复上海总商会电稿一件。

直隶印花税分处处长方政

致上海总商会电

上海总商会并转各路商界联合会、法租界各商联合会咸电,并各路联合会敬电、法界联合会来电均悉。综绎要旨,顾虑者三:一则谓华洋不能一律,再则谓授权外人,三则恐驱华商为洋商。其实本部用意,国民有纳税义务,究与洋商有别,检查之权系委托性质,与主权无关,印花税本极轻微,断无因此而致归洋藉,冒挂洋牌,唯既据各商再三陈请,本部为慎重起见,当将此案送交国务会议,兹准复称检查方法应责成商民联合各团体公共订立,倘有遗漏,其执行议罚机关由公断处执行,无公断处者,由商民自行组合执行机关互相检察,即由印花税分处会同商会拟具办法,经部认可,再咨外交部取消检查办法。等因。当经本部电知各省,将前订办法第一、三、四各条仍于明年一月一日实行,检查办法另订报部核夺。即仰该商会等转知各商遵照办理,以重税务。财政部。宥。

(J0128-2-000719)

222.北洋政府农商部为请将收回租界内华商实行贴用印花成命事
批天津总商会文(第209号)

1920年2月11日

呈一件。请将收回租界内华商实行贴用印花成命另筹相当办法由。

呈悉。当经本部据情咨请财政部核办去后,兹准复称,现在关于检查议罚等办法,业由本部依照国务会议转电印花税分处,体察各地情形,会同商会酌量拟订,报部核办。在政府体恤商情之苦衷,已可概见,希将前复上海总商会之电抄示该商会,并饬由该商会速即会商该省印花税分处,将津埠检查议罚办法,妥行拟订呈送本部,以凭核定,咨请查照。等因。前来。除将财政部前复上海总商会之电抄给阅看外,合行批示遵照。此批。

兼署农商总长田

(J0128-2-000719)

223.直隶全省印花税分处为租界内华人贴用印花税事
致天津总商会函

1920年4月7日

径启者:顷准财政部印花税总处函开,租界内华人贴用印花一事,经本部令派佥事查凤声前往汉口,会同湖北交涉员印花税分处处长,将关于检查议罚等办法,悉心拟订呈部核办。兹据该签事等呈,据汉口商会遵拟检查议罚办法四条呈复前来,详加查核,所拟办法尚属妥协,用特抄送贵分处核阅。所有天津租界内华人贴用印花检查议罚各办法或即照此拟订,抑应如何参酌办理之处,即希贵分处会同交涉员迅与天津商会接洽妥速拟订,呈部核办。此案延宕已久,幸即努力进行,克日蒇事,无任企盼。等因。并附件到处。准此。查此案前奉部令,展至本年五月一日实行,亟应妥速拟订,以便举办,除函致直隶交涉员外,相应照录办法四条送请贵会查照。希即迅予妥拟见复,俾敝处遵照派员会同开办也。幸勿迟延,毋任盼祷。此致天津总商会。

计附件。(略)

方政

(J0128-2-000719)

224.直隶全省印花税分处为派田铭、夏斌两员参列评议会事致天津总商会函

1920年4月16日

径启者:案查租界内华人贴用印花一案,前准财政部印花税总处来函,关于租界内检查议罚一切事宜,在商事公断处未成立以前,由商会暂设评议会,并由印花税分处派委参列,遇有临时发生事件,会同集议执行。等因。查此案现奉部令,展至本年五月一日实行,亟应派员参列,以便举办。兹查有田铭、夏斌两员,堪以派委参列。除分行外,相应函达贵会查照为荷。此致天津总商会。

方政

(J0128-2-000719)

225.直隶交涉公署、直隶全省印花税分处为租界内华人实行贴用印花事布告

1920年4月24日

直隶交涉公署、直隶印花税分处为会同出示布告事。案奉财政部训令内开,案查租界内华人实行贴用印花一事,迭经本埠拟具办法,咨由外交部照会各国驻京公使从速商定。现准外交部来咨,照录领衔英使照会附开意见,本部完全予以承认,复将原拟办法另行逐条订定。兹定于民国九年五月一日,所有各处租界均按照本部此次订定办法一律施行。至自开商埠及通商口岸,未经划定租界者,关于警察及司法本归我国管理,仍照印花税普通法令办理。除咨复外交部分咨内务部、司法部、农商部、交通部,并各省区行政长官查照,暨通令各交涉员遵照外,合行刷印本部订定租界内华人实行贴用印花办法,并现行印花税法令摘要,令仰遵照办理。等因。并附刷印办法各件。奉此,附奉省长令,同前因。本署、处查,印花税法创自欧美,推行全球,我国自民国元年奉大总统公布印花税法暨实行细则以来,各省遵

行,著有成效,因其取诸商民者为数甚微,而其保护商民者获益实大。惟居住各通商口岸租界内之我国商民,迄今尚未普及。现经中国政府决定,于民国九年五月一日为各处租界内华人实行开始贴用印花日期。除遵由本交涉公署通函驻津管有租界之各国领事一体查照外,合就会同出示布告,并将订定租界内华人实行贴用印花办法暨现行法令摘要一并抄录于后,仰居住租界内商民人等一体知悉。

须知印花税法为政府现行法令,凡属国民对于施行法令,理应一律遵守。且查社会进化日见文明,财物交涉备臻繁琐,举凡契约、簿据及证凭各项为常时往来交易所必需,如不依法贴用印花,无论遇诉讼时发现应处以相当之罚金,即平时查有不遵贴印花情事,亦须依法处罚。是关于契约、簿据及证凭各项,如不遵贴印花,所省有限,而贻累无穷,此不能不谆谆告诫者也。自示之后,所有居住租界各商民人等务须遵照后开现行法令摘要各条,分别实行贴用印花,无得任意故违,致干罚办。切切。此告。

交涉员黄荣良

处长方政

现行印花税法令摘要

一、税额

第一类：

发货票、寄存货物文契之凭据、租赁各种物件之凭据、抵押货物字样、承种地亩字样、当票、延聘或雇用人员之契约,以上七种各贴印花一分。

铺户所出各项货物凭单、租赁及承顶各种铺底之凭据、预定买卖货物之单据、租赁土地房屋之字样、各项包单、银钱收据(兑换银钱单年节账单等均属此),以上六种价值银元一元以上未满十元者,贴印花一分;十元以上,贴印花二分。

支取银钱货物之凭据、各种贸易所用之账簿,以上二种每个/册每年贴印花二分。

第二类：

提货单、各项承揽字据、保险单、各项保单、存款凭单、公司股票、汇票、期票(庄票、划票、支票、向票等均属此)、遗产及析产字样、借款字据、铺户或公司议定合资营业之合同,以上十一种,银元一元以上未满十元者,贴印花一分;十元以上未满一百元者,贴印花二分;百元以上未满五百元者,贴印花四分;五百元以上未满一千元者,贴印花一角;一千元以上未满五千元者,贴印花二角;五千元以上未满一万元者,贴印花五角;一万元以上未满五万元者,贴印花一元;五万元以上,贴印花一元五角。

出洋护照,贴印花二元(游学出洋者,贴印花一元;侨工出洋者,贴印花三角)。

国内游历护照,贴印花一元。

免税单照,贴印花一元五角。

电气事业及铁路、轮船执照,贴印花二元。

新闻发电执照,贴印花一元五角。

高等官吏试验合格证书,贴印花二元。

普通官吏试验合格证书,贴印花一元。

考准医士证书,贴印花一元。

专门学校以上各学校毕业证书,贴印花五角。

中学校毕业证书,贴印花三角。

高等小学毕业证书,贴印花二角。

国民学校毕业证书,贴印花四分。

留学证书,贴印花二角。

检定小学教员证书,贴印花二角。

受试验教员科目成绩证明书,贴印花一角。

专门学校以上各学校入学愿书及转学证书、修业证书,贴印花一角。

中学校入学愿书及转学证书、修业证书,贴印花四分。

高等小学校入学愿书,贴印花三分。

人民投递官署之呈文及申请书,贴印花一角。

取得国籍之许可执照,贴印花二元。

请入国籍志愿书及保证书,贴印花二角。

婚书,贴印花四角。

二、贴用方法

(甲)契据。立契据人于授受前贴用,如系合同两造各缮一纸,各贴印花。

(乙)账簿凭折。立账簿凭折人于使用前贴在开首,将某年字样半写于票面,每本每个以一年为限,如仍旧接写,应再贴印花作为新立账簿凭折。

(丙)护照、单照、证书、愿书。先缴税价由发给之官署或学校贴用。

(丁)呈文申请书。人民于投递之时在书面开首之处贴用印花。

(戊)婚书。两造主婚人各缮一纸,各贴印花。

以上(甲)、(乙)、(丙)、(丁)、(戊)等项贴用印花时,均加盖图章或画押于印花票与纸面骑缝之间。

三、罚则

(子)第一类契约、簿据(即发货票至账簿共十五种)不贴印花或未盖章画押,罚金二十元以下十元以上。贴不足数,罚金十元以下,五元以上。

(丑)第二类契约、簿据(即提货单至合同共十一种)不贴印花或未盖章画押,罚金二百元以下二十元以上。贴不足数,罚金一百元以下十元以上。

(寅)护照、单照、证书、愿书,如不先缴税价,请贴印花罚金二百元以下二十元以上,发给或收受之官署、学校,如不征收税价贴用印花,该长官或校长以违背职守义务论,如系私立学校,该校长罚金二百元以下二十元以上。

(卯)呈文申请书,如不贴印花或贴不足数者,官署概不受理,如收呈人员未能觉察,以违背职务论。

(辰)婚书,不贴印花罚金二百元以下二十元以上,贴不足数罚金一百元以下十元以上。

(巳)业经贴用之印花票揭下再贴,罚金一百元以下十元以上。

(午)伪造或改造印花,按照刑律伪造纸币例罚办。

(J0128-2-000719)

226.直隶全省印花税分处为黄宗伦参列评议会事致天津总商会函

1920年5月4日

案查,租界内华人贴用印花一案,前准财政部印花税处来函,关于租界内检查议罚一切事宜,在商事公断处未成立以前,由商会暂设一评议会,并由印花税分处派委参列,遇有临时发生事件,会同集议执行。等因。查此案,现奉部令,展至本年五月一日实行,亟应派员参列,以便举办,当即派委夏斌、田铭两员会同办理在案。但租界事件不免有与洋人交涉,必须谙习洋文语言,熟悉洋务情形者帮同办理,庶不虞彼此隔阂,有所误会。兹查有黄宗伦洋务谙练,堪以派委参列,除分别呈报令行外,相应函达贵会查照为荷。此致天津总商会。

方政

(J0128-2-000719)

227.直隶全省印花税分处为迅即成立评议会事致天津总商会函

1920年5月18日

径启者:案奉财政部指令内开,据呈,租界内华人贴用印花改定五月一日实行一案,已由该分处会同交涉员公署出示布告,一面传知租界各商店,并由驻津各国领事分别出示办理,尚属妥协。至自此次出示布告后,所有执行检查议罚等事,当已悉照汉口商会所拟办法办理。该分处参列商会评议会人员既经派定,应即迅催商会将该会赶速成立,专案呈报。等因。奉此,查此案前经函请贵会迅将执行机关遵照部令赶速成立,续将本分处派委评议各员照会在案。事经多日,未准答复。现各租界内贴用印花已于五月一日实行,此项评议会尤属紧要机关,未便久稽成立,致违部章。奉令前因,相应函达贵商会请烦查照,务将评议会迅即成立,俾参列各员列席,共筹进行,并希见复,以凭呈报,实纫公谊。此致天津总商会。

方政

天津租界华人贴用印花检查议罚章程

计开:

一、执行议罚机关由天津总商会设立一评议会,执行租界内华人贴用印花检查议罚一切事宜。其评议员即以商会之会董评议员充之,并由印花税分处派委员参列评议会,遇有临时发生事件,会同集议执行。

二、检查商会并印花税分处设有检查人员,拟先劝导其于交易时互相稽查,如有违背税法情事,得随时向商会告发,照章处罚,以罚金五成给告发人充赏。

三、罚则仍遵原定罚则办理。

四、罚款除一半留会作为办公经费外,其余一半解交分处核收转报。

五、本章程如有未尽事宜,随时增改。

(J0128-2-000719)

228.天津总商会为评议会业已成立拟定简章事 致直隶全省印花税分处函

1920年5月20日

敬启者:案准贵处公函,以租界内华人贴用印花,业订五月一号实行,务将评议会迅即成立,俾参列各员列席共筹进行。等因。准此。查此案敝会前蒙贵处委员田铭、夏斌、黄宗伦三君到会接洽,研究进行手续,敝会业经派员会同劝导。惟此项评议会业已成立,拟订简章四条,其评议员即以商会评议员兼充,会同贵处委员,遇有临时发生事件,共同集议。执行其检查议罚一节,俟三个月后,查看情形,再为酌夺办理,相应检同简章函送贵处查照为荷。此致直隶印花税分处。

附简章一扣。

天津总商会会长卞

(J0128-2-000719)

229.直隶全省印花税分处为派员检查租界内华人贴用印花事 致天津总商会函

1920年9月29日

径启者:案查租界内华人贴用印花一案,前准贵会来函,建议三个月后再行检查。等因。嗣因京津战事发生,以致宽延至今未即举办。现在迭奉财政部令一再饬催,自应遵照办理。兹订定十月一日起派员检查一切。查日、比、义三租界派定田铭、阎凤翽、李宗祥三员,英法两租界派定夏斌、陈家懋二员,除函请直隶交涉员照会驻津各领事查照外,相应函请贵会转知评议会一体查照可也。此致天津总商会。

方政

(J0128-2-000719)

230.直隶全省印花税分处为派李景铭来津接洽印花税事
致天津总商会函(第32号)

1922年10月31日

径启者:案奉财政部令开,查租界内华人贴用印花一案,以各该地商会尚多观望,以致迁延日久,迄未实行,于本部推行税务计划,障碍实多。兹派本部印花税处总办李景铭前往天津,会同该处就近与该地商会接洽进行事宜。除分行外,合行令饬遵照并转行天津总商会查照接洽办理。等因。奉此,相应备函奉达贵会,烦为查照。此致天津总商会。

方政

(J0128-2-000719)

231.直隶省长公署为租界内华人贴用印花事训令天津总商会

1922年11月22日

案准财政部咨开,查租界内华人贴用印花一案,前由本部与外交团议决实行,业经通行照办在案。惟以各该地商会尚多观望,以致迁延日久,迄未认真实行,于本部推行税务计划,障碍实多。现在吁求切实进行,惟有按照原定四条办法办理,于租界内一律实行检查,以杜漏免,应请饬令直隶交涉员,即照原定办法四条,转商天津领事团,正式委托外国警察实行检查罚办,其余通商口岸所有租界地方亦本一律办理,并请由贵省长一面转饬警察厅、印花税处。现值本年十一月应行第二届检查之期,关于租界以外各地,并应同时举行检查,以昭划一,而免口实。相应咨行查照。等因。准此。除分行遵照外,合就训令该会即便查照。此令。

(J0128-2-000719)

232.外交部特派直隶交涉公署为查明各租界内公司是否依照
公司条例及规则注册事致天津总商会函

1923年5月10日

径启者:案奉外交部训令内开,准农商部咨称,现在各项公司未经呈请注册者,恐亦不免,本部特再严重申明,嗣后凡在各项公司,无论何种名义,如系公司组织,均须依照公司条例及公司注册规则来部注册。其已经开业尚未注册者,限于两个月以内补行注册,免予处罚,倘逾限不遵,一经查出,应即从严惩办,以符法令,而杜流弊。除咨司法部及令行各省实业厅、总商会外,请转饬各省交涉员遵照办理。等因。查公司条例暨公司注册规则颁布以后,租界内各华商公司是否遵照办理,合行令仰该交涉员详查呈复,以凭核办。此令。等因。奉此,除分函详查外,相应函达贵会请烦查照,迅予查明本埠各项公司开设在各租界内共有若干家,并已否依照条例及规则赴部注册,详细见复,以凭呈复,实纫公谊。此致天津总商会。

祝惺元

（J0128-3-005525）

233.天津总商会为调查租界内公司是否注册事致天津华商公会函

1923年5月25日

径启者:案准直隶交涉公署函开,案奉外交部训令内开,云云,公谊。等因。准此。相应函达贵会查照,即希查明贵租界内各项公司共有若干家,是否均依公司条例及规则赴部注册,及已否开业,均望详细调查示复,以凭转复为荷。此致天津华商公会。

天津总商会会长卞

（J0128-3-005525）

234.外交部特派直隶交涉公署为调查租界内公司是否注册事致天津总商会函（隶字第242号）

1923年6月2日

径启者:案奉外交部训令内开,案准农商部咨称,公司条例第五条、第六条,及第二百四十八条第一款规定,公司非在本店该管官厅注册后,不得着手于开业之准备,又公司之设立非在本店该管官厅注册后不得对抗第三者,又不照本条例所定期限呈报注册者,科以五元以上五百元以下之罚金。各等语。现在各项公司虽多,依法呈请注册而未经注册者,恐亦不免,倘不严加取缔,其公司性质及组织内容是否尽能合法,无从查核,一旦破产,贻害社会,实非浅鲜。兹本部为保障人民权利,防止藉端影射起见,特再严重申明,嗣后凡各项公司,无论用何种名义,如系公司组织,均须依照公司条例及公司注册规则来部注册,其已经开业尚未注册者,限于两个月以内补行注册,免予处罚,倘逾限不遵,一经查出,应即从严惩办,以符法令而杜流弊。除咨司法部及令行各省实业厅、总商会外,请转饬各省交涉员遵照办理。等因。本部以为,公司条例暨公司注册规则颁布以后,租界内各华商公司是否遵办,此次限期饬令注册能否责其遵守,至查出未经注册各华商公司应如何处罚,似应预为审虑。当经函请农商部核复去后,兹准复称,公司条例暨公司注册规则颁布后,租界内各华商公司遵章呈部注册者业有多数,而未经来部呈请者度亦不免,本部为保障人民权利,防止藉端影射起见,是以咨请转饬,凡在租界内之华商公司未经呈报注册者,亦应按照此次限期一律呈请注册,至逾此次限期仍不依法呈请,一经查出,即依照公司条例第二百四十八条第一款规定办理。等因。合行令仰该交涉员遵照办理。此令。等因。奉此,查此案前奉外交部令，当经于本年五月十日函请贵会查照，迅予查明在案，尚未准复到。兹奉前因，相应再行函达贵会，请烦查照先今去函，迅予并案查明，本埠华商各项公司开设在各租界内共有若干家，如有未依照公司条例呈部注册者，务即遵照限期，一律呈请注册，并希将查明办理情形详细见复，以凭呈报，实纫公谊。此致天津总商会。

祝惺元

（J0128-3-005525）

235.天津总商会为办理调查租界内公司注册事致天津华商公会函

1923年6月16日

径启者：案准直隶交涉公署函开，案奉外交部训令内开，案准农商部，云云，公谊。等因。准此。查此案前准交涉公署来函，曾经函请贵会查照办理在案，迄未见复。兹准前因，相应再行函达，务希贵会查照，迅赐办理见复，以凭转复为荷。此致天津华商公会。

天津总商会会长卞

（J0128-3-005525）

236.驻津棉商公会为税单不予存查有碍商货批运再请设法救济事 呈财政部河北财政特派员公署文

1931年5月12日

呈为税单不予存查有碍商货批运用再申请恳乞设法救济事。窃自钧署责成统税天津查验所于万国桥派员驻守查验，并饬令存堂批运事务所，遇有已盖万国桥查验员验讫戳记之税单，不得再予存堂各节，商等认为此种设施有碍商货批运，曾将困难情形具呈天津查验所转呈。各在案。嗣以未奉钧令，商情焦急万状，敝会复公举秀峰等代表赴平声请，当将注销税单不便商运详细情形面禀一切，深荷钧宪谅解，允为设法变通，并认棉货为例外，复饬代表等返津候示，惟事届兼旬，迄未奉到批令，致商货积存累累，无法起运，长此迁延，不但税收有关，且背懋迁本旨，想钧宪素恤商艰，绝不漠视商情，用再渎陈，伏恳钧署迅予变通办法，沿用存堂旧例，抑赏发批运执照，商等无不遵从，为此迫切上陈，不胜屏营待命之至。所有税单不予存堂，有碍商货批运，恳乞设法救济。各缘由。理合呈请钧鉴，□令遵行。谨呈河北财政特派员公署署员荆。

驻津棉商公会会长张

（J0129-3-000987）

237.财政部河北财政特派员公署为积存商货变通办理事
批驻津棉商公会会长张秀峰文(第88号)

1931年5月19日

呈一件。以经过天津万国桥运入租界堆存待售之棉花,不准再予存堂,商困万状,恳请迅予变通,或沿用存堂旧例,发给批运执照由。

呈悉。查此案,前据天津统税查验所及该会先后呈请到署,经令据天津商货存堂事务所详查议复前来,正核办间复据呈前情。查特种消费税自五月二十一日停征,存堂事务所裁撤,所有存堂未了事务业由本署令饬糖类产销税局暂行接管办理结束在案。既据声称,积存商货无法起运,姑准格外通融,酌予变通办理以示体恤。兹经规定:(一)凡运入租界待售之棉花,经本署天津统税查验所在万国桥地方验明于税单上盖戳者,限于二十年五月三十一日以前,由原商持原税单到河北糖类产销税局报明注册。(二)前项经过注册手续堆存待售之棉花,准于注册后一个月期内运入华界,但以售入纱厂者为限。(三)上项棉花于起运入华界纱厂时,须持原注册税单到糖类税局报明批运件数,并须取具华界妥实铺保,由局验明确系原运之货,方准发给批运单,仍在原税单上注明批运件数,发交商人。(四)上项棉花于运到纱厂时,须经本署驻厂员验明,于批运单上加盖图章,始得入厂。如查有单货不符或顶运情事,即照章按偷漏处罚。(五)以上变通办法自二十年五月二十一日起施行。除分令河北糖类产销税局、天津各纱厂驻厂办事员暨统税天津查验所一体遵照外,仰即知照并转饬各棉商一体遵照。此批。

(J0129-3-000987)

238.驻津棉商公会为单随货走勿限日期事
呈财政部河北财政特派员公署文

1931年5月21日

呈为单随货走,随时登记,恳恩酌予变通,勿限日期,以利商情而示体恤事。案查弊会前以经过天津万国桥运入租界堆存待售之棉花,不准再予存堂,恳恩变通办法,或沿用存堂旧例发给批运执照各节,业将商困情形上尘清听。各在案。旋奉批令第八八号内开,呈悉。(内容同前文,此处略)奉此,仰见钧署轸念商艰,无微不至之至意,商等爱戴德音,何敢再四渎陈。惟细绎钧令规定之第一项,似与商货起运之手续上微感不便,不得不将其中情形略陈颠末,幸垂鉴焉。查津市为各省来棉之总枢,所有各行栈堆存待售之棉,未必划卖纱厂,亦未必划量出口,要在卖方临时权衡自由交易者也,如按钧批第一项之规定,于税单盖戳后,即须报明注册,注册后一个月内运入华界,售入纱厂,是税单于盖戳注册后,棉货非运入华界不可,又非售与纱厂不可,设使当地售与洋行或出口者,原税单即不发生效力矣。此商情不便者一。又如津市仓库地址,在租界者十之七八,在华界者十之二三,假使各省来棉划入华界仓库,匪特华界仓库无地容存,且恐影响金融,紊乱市廛。再堆存华界仓库之棉,未必指定售与纱厂,而租界仓库之棉,亦未必指定出口,如按钧宪规定第一项履行,商务于无形中即受束缚矣。此商情不便者二。

综之,商人懋迁有无,端赖钧宪维护,拟请将来原定(一)改为,凡运入租界待售之棉花,经本署天津统税查验所,在万国桥地方验明税单盖戳后,准由原商于原货起运时,持原税单到河北糖类产销税局,随时报明注册。其余钧宪各项,商等情愿遵守,弗敢或渝,再申言之。钧署属局林立,密查星罗,对于稽查单货,殊属轻而易举。我棉业向为诚实商家,从不敢应鼎偷漏,自干戾咎,伏乞钧宪矜悯愚诚,俯予变通,则感大德无既矣。除代表等叩辕听候示遵外,理合将商困情形,恭呈鉴核,只令遂行,谨呈河北财政特派员公署署长荆。

驻津棉商公会会长张

董事陈、郭、张

(J0129-3-000987)

239.天津银行业关于新棉批运不适用变通办法仓库营业实受打击节略

1931年5月26日

窃查银行业务本以流动经济、圆活市面为责职,故营业范围,凡属稳固而可以助长社会之经济者,均得为之。现在新银行法颁布,一方固为安定金融起见,一方则含有拘束取缔之意思。应营业务如条文所列举者外不得兼营,而营业范围乃因限定而缩小,惟仓库营业则在条文列举以内,为新法所许。原来银行对于仓库业务,本为附属营业,而在现在乃视为主营业矣,故仓库之盛衰与银行本身具有密切之关系,因而一般银行对于仓库不得不力求发展,其未有仓库者亦亟谋设立。前读报载,钧署发布新章,天津万国桥统税查验所派员驻守,专司稽查货物,并规定查验员验讫之税单不得再予存堂,而棉业公会会长张秀峰以税单不予存堂,有碍商货批运,赴平向钧座请愿,钧座亦洞明利弊,允予变通办理。等语。倾据棉业公会声称,已蒙钧署批准,更变办理其积存租界仓库之棉,应准于自六月一号起至六月三十一日止,一个月内运入华界。云云。侧闻之下,似钧批系专指积存旧棉而言,其以后新棉仍不能享有批运之利,实与银行业务一重大之打击。查棉货一项为存栈大宗货物,而销路又以本埠纱厂为主,出口实属寥寥。棉商以存入租界仓库,如运入华界销售,又须重缴捐税,则此后棉花必不寄存,以避重缴,而银行仓库失此重大货物,不啻夺其生活。在钧署之意,以棉花存入租界仓库以后,稽查不易,有掉包顶税之弊,故设此新章以绝其弊。其实,棉花一项包皮均有号码及戳记,绝不能单货不符,原包批运历来从未发见任何弊病,实与他种货物绝不相同。设棉花运送向有流弊,非有防止新章不能避免,则商行业务虽因此而大受损失,亦岂敢稍持异议以妨国课。惟以棉花向无弊病,率由旧章决不至有妨课税而又与银行之主要营业生重大之不利,则商行为保持业务计,不得不恳请钧座俯赐察核,于不害国税之范围内,体念银行业务有新银行法之限制不易发展,而此新法所许之仓库营业不使再生损失,则感戴恩施靡有既极。谨略。

(J0216-1-002243)

240.财政部河北财政特派员公署为请予改订棉花运售华界变通办法第一项事批驻津棉商公会文

1931年5月30日

呈一件。以本署前对经过万国桥运存租界待售棉花所订运售华界变通办法第一项于商尚有不便请予改订由。

呈悉。查本署前订变通办法第一项之意义,系对于运入租界堆存尚未售出之棉花,凡经本署天津统税查验所在万国桥地方验明,于税单上盖戳者,不问其将来是否倒运华界,售与何人,均可于五月三十一日以前,由原商持原税单到河北糖类产销税局报明注册。嗣后,如欲运入华界,即向糖类产销税局请领批单,如径行出口,即向糖类税局报明销号,并非限定注册后即非运入华界不可。察阅来呈,解释显有误会,既据呈请,特再予格外通融,将原订办法第二项,准于注册后一个月期内运入华界之一个月限期,宽展为三个月,以示体恤。除令天津各产销税局驻纱厂办事员、统税查验所一体知照外,仰即遵照,并转饬各棉商一体遵照。此令。

(J0129-3-000987)

241.天津市货栈业同业公会为棉花经过万国桥运入租界新章规定事致各货栈公启

1931年6月1日

敬启者:关于新章规定,棉花经过天津万国桥运入租界,即将税单注销,设原货再入华界则须更新缴税一事,曾由棉商公会两次呈请河北财政特派员公署酌予变通办理,惟能否即奉批准尚不可知,即使变通或竟不能与华界货栈享同等待遇,则租界内各货栈业务上仍将极感不便,同业等兹为维持业务计,亦拟委托精通文墨之友人或律师撰拟呈文,联名向财政特派员公署据理力争,或推举代表前往,藉作棉商公会之声援,以期早日达到目的,倘荷赞同,敬祈签章于后,以凭办理,如有高见,亦请详为批注,或另函示为荷。

此致中国货栈、平和西栈、平和北栈、大生货栈、上海货栈、中国垦业货栈、金城货栈、德泰货栈、聚记货栈、美丰新记货栈、浙江兴业货栈、盐业货栈、大陆货栈。

同业公启
二十年六月一日
(J0001-3-001079)

242.驻津棉商公会为请变更棉花批运章程以兴商业事
呈财政部河北财政特派员公署文

1931年

呈为沥陈下情,恳请变更章程以兴商业而裕税收事。窃○○等前以经过天津万国桥运入租界堆存待售之棉花不得再予存堂,商困万状,请予变通,或沿用存堂旧例发给批运执照,以舒商困而利运输,在案。旋奉宪批略开,始准格外通融,酌予变通办理,所有堆存租界待售之棉花,准于注册后一个月内运入华界。等因。奉此,仰见我宪体念商艰,力予救济,○○等感且不朽,何敢再事哓渎。惟念天津为中外贸易市场,全埠商业均集中于租界,凡殷实商行仓货,半皆设立于此,与外商贸迁交易,百年于兹矣。○○等于购办棉花堆存待售,必慎择殷实货栈寄顿棉花,就便抵押,递遭用款,转辗采办,流通财货,实以一资本作数资本之用,以谋经济之活动而图商业之发展,其有利于○○等者实非浅鲜。今新章对于租界与华界交界之万国桥,派员驻守,查验已税各货,经过该桥入于租界,即便将税单注销,设原货再运华界,则须更新缴税,似以租界地域视同外国,租界商人视同侨民,同是天津区域,天津人民而划分吴越,使国家法令异其措施,殊其待遇。在○○等负两重之税捐,虽受痛苦而所失在私,其弊犹细,设使外人藉兹口实,以租界为领域,而扩张其司法行政之权能,则所失在公,其害滋大。衡之中央政府亟谋收回租界,消泯畛域一视同仁之主旨,似不相侔,即方之我宪财政行政普及全省之意旨,亦难符合。溯自我宪下单以后,力谋国税之饶益,商务之繁兴,食旰宵衣,不遗余力。○○等属在治下,莫不欣欣鼓舞,喁喁望治,盖财货流通则商务繁兴,商务繁兴则国税饶益,循环连络,互为因果。○○等经营棉业,半恃殷实仓库,为之挹注,藉以支持于不敝,已如上陈各节。今依照新章,则棉花即不能通过租界,虽蒙恩典准予变通,限期销售存棉,但售主之有无,非可预期。设限内无法销售,岂非有负我宪成全之盛德,实深惶悚。即使缴幸如期售罄,而此后棉花仍不能堆存租界仓库,使○○等减少购办之资力,则货物之输入衰落,即地方之税额短削,是不特商业因之疲敝,恐税收亦大受影响,实与我宪整理税务维护商务之初衷不无矛盾。为此不避横议之讥,敢贡刍荛之见,伏乞我宪俯赐矜全,恩准变更章程,使租界地域租界商民在财务行政上受同等之待遇,不分畛域,准予自由堆寄,仍采存堂旧例,凭单批运,俾○○等得货财流通之利,获商业蒸盛之机会,而公家得税收增长之益,苫收回租界之萌芽,则不特○○等感戴鸿慈,即全国人民亦馨香供奉者矣。临禀不胜迫切待命之至。谨呈。

（J0216-1-002243）

243.天津市财政局捐务牙税办事处为运入租界牛羊应呈验放行证书事
训令第二十一、二十六征收所

1932年6月3日

为令遵事。案查以前凡运入租界之牛羊,经过该所必先呈验屠兽场发给之临时检验放行证,方准照纳牙税放行,历经照办在案。现在屠兽场事务已归并财政局税务电业办事处,仍照向章办理,兹为整顿税收并严防偷漏起见，所有运入租界之牛羊行经该所，应令呈验该办事处所发之放行证，再行饬令缴纳牙税放行。如无此项证书，即以漏税论，由该所先将人货扣留，一面报告本处核办。除分行外，合函令仰该所遵照办理，勿违。切切。此令。

（J0058-1-000249）

244.天津市政府为法国驻津领事函询英租界屠兽场征收屠宰税事训令财政局

1933年2月16日

案准驻津法国正领事李毕丽来函译开：径启者，财政局对于本国人祁同拉佛黎君在英租界所立之屠兽场发生纠葛一事，本领事曾于本年一月九日函请贵市长注意在案。关于施行肉铺之牲畜税费，祁同拉佛黎君无论如何不得承认格外办法，本领事前函曾经叙明并嘱其对于不分国籍实行于各外国屠兽场之一切章程，可能照办不加反对。在此项章程未发现以先，本领事曾以日义两国屠兽场准予工作，而同样办法之利益竟拒绝法国屠兽场享受，函知贵市长，故请改正此项滥用并请对于此事立即妥为取缔。查贵市长一月二十五日复函，只云令行财政局详加核议，容俟呈复专函达知。各语。此后关于此项问题，本领事并未接有若何公函，本领事对于贵市长一月二十五日之复函未能满意且于如是延宕办法，不能认可为歉，盖中国该管官府深能尽时详细研究，对于未必施行于一切外国屠兽场之新章。然至此时间，与外国同业者同样办法之工作能力，本国人竟被禁止，断难允许。因此对于此项反理，本领事再请贵市长严加注意并切请贵市长急速发令，俾祁同拉佛黎君立即得与其他外国屠兽场同样之待遇，以便工作。为使本国人获得正义，本领事不愿勉求他途矣。等因。准此。查此案前准法领来函，当将原件批交该局税务电业办事处核议呈夺去后，尚未据呈复前来。兹准前因，合行令仰该局遵照，转饬该处迅即并案妥议办法，呈候核夺，毋延。此令。

（J0054-1-003972）

245.天津市财政局税务电业办事处为祁同拉佛黎在英租界所设屠兽场应准照其他国家同等待遇事呈市长兼领财政局局长周龙光文

1933年3月4日

为呈复事。案奉钧局第六十九号训令内开：法国正领事来函，要求法商祁同拉佛黎在英租界所设屠兽场应准照其他外国屠兽场同等待遇。奉批妥议办法呈复。等因。奉此，查前准市府第一科移交日本领事来函，要求照义和公司运屠猪只先例一案，当遵批议订外商屠猪通行办法，每口征收检验费一元二角六分，每月数目不过一千六百头。业经呈复市府核示施行在案。兹准前因，理合呈复，伏祈鉴核。谨呈市长兼领财政局局长周。

帮办兼领税务电业办事处事务李琛谨呈

(J0054-1-003972)

246.天津市政府为税务电业办事处核议各租界屠宰场征收检验放行费事训令财政局

1933年3月25日

　　查关于各租界屠宰场运屠猪只征收检验放行费一案,前经本府令据税务电业办事处呈称:为呈复事。查义租界义和公司运屠猪只损失税收,拟改订办法,业经于上年十二月间呈报钧府,并通知义和公司各在案。兹准钧府第一科移交日本领事来函,要求援照义和公司之例运屠猪只一案,奉批交处核议具报。又准钧府第二科移交法领事来函,并第二科签呈两件,奉批催令该办事处赶速妥筹解决。等因。奉此,查义和公司每月运屠猪只一千六百口,每口收放行、费活牙税四角二分,较之各场屠猪收税每月损失二千二百四十元,每年损失二万六千八百八十元,倘日本租界大田及英租界纪通公司援例要求一律允许,每年损失税收八万零六百四十元。

　　关于本市屠宰检验费税费比额甚巨,故欲谋救济,非将义和暂行办法改定不可。查前拟改订义和公司办法每月限制屠猪三百口,每口收费一元四角二分。原留有交涉余地,兹拟将该办法略加变通,每月仍允其照旧屠猪一千六百口,但每口收费必须增至一元二角六分,统名为检验放行费。请由钧府派员与义领事交涉,务饬义和公司遵办,一面即由职处再行通知该公司限期实行,届期如不遵办,应暂行停止该公司运屠猪只,不予放行。英租界纪通公司亦即照此办法一律待遇。并恳钧府派员知照法领事,转饬遵照如此办理,或于应付优待外商之中,尚可稍图补救税收之损失。复查日本租界屠宰兽畜成案,每月牛六十头,猪一百五十只,羊一百五十只。现该租界大田屠场每月仅屠牛只而猪羊向未运屠,兹该领事来函,要求援照义和之例屠猪,欲将原来定案推翻,似可将暂定该租界现行屠牛办法提出修改加费,以相抵制。所有遵批议复各情由是否有当,理合呈请鉴核。等情。

　　据此,除指令呈悉,查此案关于日租界大田屠场请援例屠猪一节,应准如拟,将现行屠牛办法由处妥为修正呈送核夺。至关于义商义和公司及法商纪通公司征收检验放行费问题,兹经本府派沈科长迪家,按照所呈情由与义、法领事分别交涉去后,旋据复称,遵经分头接洽关于义和公司增收验检放行费问题,据义领表示,并不反对,惟须华洋商一律缴纳且所宰猪只不得加以限制。科长已面嘱税务电业办事处派员与义商直接洽办。至法商纪通公司拟与义商一律待遇一案,亦经科长与法领商妥每口缴纳税费一元二角,该法商亦已承认,愿向主管机关具呈订定办法。此种情形并经科长面达法领及该处查照,理合签请鉴核。等情。前来。合行令仰该处遵照,迅速分别妥办具报。此令。等因。印发外,合行令仰该局知照。此令。

(J0054-1-003972)

247.天津市财政局税务电业办事处为拟定本市中外屠商一律办法事呈市长兼领财政局局长周龙光文

1933年4月26日

为呈请事。查职处兹拟定外商屠猪办法,前经钧府核定施行在案。查该办法分为限定数目收放行检验费一元二角,不限定数目收放行检验费一元八角二分两种。前法商纪通洋行愿遵限定数目办法,而义领事坚持不能限定数目,义和公司竟仍狡不遵办,遂致前定办法不能彻底实行。兹拟重行规定津市中外屠商运屠猪只之划一办法,每屠猪一口收入市放行检验费一元八角三分,无论中外屠商均应于运猪入市之际一律遵缴。此外,所有屠宰税、检验费、肉牙税、活牙税、整理协助警饷、肉市整理等费一概免收,亦不限定数目。拟请钧局通告中外各屠商一律遵守。是否有当,理合呈请鉴核施行。谨呈市长兼领财政局周。

帮办兼领税务电业办事处事务李琛

（J0054-1-003972）

248.天津市财政局为重行规定本市中外各屠商一律办法事致各国驻津总领事函

1933年5月6日

径启者:案据本局税务电业办事处呈称,查本处前拟外商屠猪缴费办法,原分两种规定,一为限定数目,每猪收费一元二角,一为不限定数目,每猪收费一元八角二分。为适合商情,兹重行规定划一办法,所有津市中外屠商运屠猪只,每猪一口,应于运猪入市之时征收入市放行检验费一元八角三分,无论中外屠商一律遵缴,概不另收其他费用,亦不限定运屠数目,请予通告中外各屠商一律遵守。等情。本局复查该处所拟划一收费办法,平允可行,手续亦极简便,自应照此规定实行,以免分歧。除指令照准并分函驻津各国领馆外,相应函达查照,即希转饬贵租界屠猪商人遵照办理。至纫公谊。此致日本驻津总领事、英国驻津总领事、法国驻津正领事、义国驻津领事。

（J0054-1-003972）

249.天津市财政局营业税征收处为租界内各商号照章登记交纳营业税事布告

1933年5月

为布告事。窃维营业税本系世界各国公认通行之良税。自我国民政府为澄清税源起见,毅然撤销类似厘金之杂税,并经颁布营业税法,由各省市依照厘定税章设处征收营业税,专为额补裁厘之用。本市营业税奉令开办以来,迭经晓谕各商共体斯旨,以尽纳税之义务。现在内地商户均已遵章纳税,而各租界内各业商号深明大义,遵章纳税者固属不少,其意存观望尚未申请登记者尤居多数。在商人营业上,既受不平等之担负,在市库税收上,尤受莫大之损失。本处有鉴于此,特派专员前往汉口市调查,各国租界商号均已遵章缴纳营业税。本市事同一律,自应照办。除呈请市政府函转各国领事查照外,迭经函商本市商会及华商公会暨各业同业公会讨论办法,拟定先行公布,一面派员劝导申请登记,以便遵章纳税。为此,布告各租界内各商号一体知悉,务于本年五月三十日以前照章申请登记,并于接到通知书后,即行遵照来处交纳税款,毋得延误。自此次通告以后,倘再观望迁延,定即强制执行,以重税政。仰即知照。此布。

计开申请登记手续:

(一)本处备有申请书,随领随发。

(二)领到申请书,照式据实填写。

(三)申请登记应到河北月纬路营业税处办理。如各该商自愿就近前往英租界广东路本市营业税租界办事处办理,或有愿请由华商公会或各同业公会代为汇办均可。

(J0129-3-002223)

250.天津市财政局营业税征收处为妥议办理推行租界营业税事致干鲜果品业同业公会函

1933年5月15日

径启者:前因推行租界营业税事宜召集开会,本处委托事项如何进行,务请于五月二十五日以前,各邀各业商户妥议办理。仍希速将办理情形函复为荷。此致干鲜果品业同业公会。

计开,开会注意各点如左:

(一)贵公会于五月二十日以前开会时,召集华租两地在会与不在会同业商号讨论进行办法。

(二)请将华租两地及各特区同业商号之铺名、铺址,依照前发同业公会调查表及表列说明各项分别查填,务于五月廿五日以前汇送到处。

(三)租界同业商号务请贵公会代办申请登记。如不能代办,亦请函复,以便本处自行派员催劝直接办理。

(四)各商号欠缴税款务请依限交纳,以免加罚。

天津市营业税征收处启
五月十五日
(J0129-3-002223)

251.天津市财政局营业税征收处租界办事处主任刘濬源等为到处任事事致干鲜果品业公会函

1933年5月15日

径启者:本月十日奉天津市营业税征收处委令第四九号开:兹委任刘濬源为营业税租界办事处主任,又委任王憬生为租界办事处稽征专员兼办交际事宜。各等因。奉此,濬源、憬生遵即于本月十一日到处任事。除分别呈报外,相应函请贵会查照,并希随时指导协助一切为荷。此致干鲜果品业公会。

天津市营业税征收处租界办事处主任刘濬源

天津市营业税征收处租界办事处稽征专员兼办交际事宜王憬生

（J0129-3-002223）

252.天津市商会为营业税征收事训令干鲜果品同业公会(第163号)

1933年5月19日

为令行事。案准天津市营业税征收处第一零○号公函内开:案查前准贵会第四○六号公函附册内列,华新振、华馨、德记、魁顺、永振北、锦章、玉明斋、文义和、义远、荣华顺、德发顺、丰记、盛兴、广茂、源兴合、义德祥、同发成等十七家,请复查。等因。当经派员复查,兹据分别调查报告前来,复核尚属实在。又查源兴合、义德祥两号现已歇业,源兴合欠缴税洋一百四十四元,义德祥欠缴税洋一百五十三元九角六分,亟应补缴,以凭截止。税额除华新振、华馨、文义和、义远号四家,按资本更正,德记、魁顺、永振北、玉明斋、德发顺、丰记、盛兴号、广茂、同发成九家照复查营业额分别更正,锦章一家已将通知书领回无凭更正外,相应检同各该号通知书,函送贵会查收。即希转饬各该号,务于限期十五日内遵照纳税,以免改照新率,并饬源兴合等补缴欠税,幸勿稽延为荷。计送清单一纸,通知书十五纸,完税照一纸,旧通知书九纸,限期单八纸,等因。准此。查文内所载德发顺、盛兴号、广茂、丰记号、源兴合、义德祥、同发成号,乃系该会陈请之案。准函前因,合函摘录清单,并检同通知等件,令行该会仰即查照,迅速饬知,勿稍稽延。切切。此令。

附清单一纸、通知书七纸、完税照一纸、旧通知书四纸、限单二纸。

主席张仲元

（J0129-3-002223）

253.天津市政府为征收法商祁同拉佛黎屠兽场放行税待遇不平等事训令财政局

1933年6月8日

　　案准驻津法国正领事李毕丽来函译开:径启者,关于征收法商祁同拉佛黎君屠兽场之牲畜通过税一事,迭经本领事口头及书面干涉在案,而贵市长可于此案中查悉,本领事对于一切尊意恒以美意使之圆满。至于贵方所适用之税费,本领事从未置辩。曩者,贵市长一经要求,本领事曾饬该商按照新税率交纳,其结果惟该商受有牺牲。且特于此案所采之决定,表面伪为普通之取缔,而实际则对于该商因此特殊待遇,该商受有损害,难以继续其营业。然中外同业屠兽场及享受其优待,对此不公且显然反对法国利益之办法,本领事应行严重抗议,定在贵市长洞悉之中。本领事为此坚请对于祁同拉佛黎君之屠兽场立即予以普通之待遇,同时要求将历经五阅月所征收该商不当之税费退还,并保留该商所受其他损害之赔偿。再,本领事将财政局对于本署显著仇视之情形,正在进行陈明该管中法高级官宪间。相应函达贵市长,请烦查照为荷。等因。准此。查此案迭准该领面称,该济通公司首先承认照新税率缴纳放行税,原为赞助财局实行增税,俾意国屠猪公司亦可照办,不料意公司拒绝增税,而财政局则听其自然,无相当处置方法,转使法商单独适特殊待遇,蒙无为之牺牲,受重大之损失。该局等中外同业屠兽场无普通划一之待遇,竟置法商之利害于不顾,不平孰甚。各等语。综核以上情形,该意、法两商既系同业,自应征收同样税率,方足以持平衡而昭公允。为今之计,该法商既自动承认缴纳新税于前,该局对于意商方面亦当强制实行于后,否则对法商之单独征收新税,即当比例核减,以免待遇歧异致资责难。兹准前因,合行令仰该局遵照,迅即妥筹应付办法,具报核夺。此令。

(J0054-1-003972)

254.天津市商会为铺业商号多在租界营业税办理棘手事致天津市财政局营业税征收处函

1934年1月10日

　　敬复者:案准贵处函开,案据天津市铺业同业公会,云云。为荷。等因。准此。查营业税施行之初,因租界铺商经该公会劝导,一律投纳,故有按成折收办法,以示奖励,而励来兹。然彼时铺业铺址之在华界者尚居多数,嗣因时局影响,逐渐迁移,今则几乎完全尽在租界之中。故该业去年税款之收集,公会曾已费尽唇舌,始能勉强缴纳。本年度之办理棘手,更不待言。此种情形,均已早在处长洞鉴之中。此次该业各商允按六成缴纳,诚属公会劝导之效力,似应准予变通,以资解决。准函前因,相应奉后,即希贵处查照为荷。此致天津市财政局营业税征收处。

(J0128-3-007102)

255.天津市各业同业公会为请转呈各级政府主张公道缓征市区营业税事致天津市商会函

1935年5月20日

径启者:窃查国家设税原为裕课便商,人民负担必须平等待遇,本市自民国二十年八月创设营业税以来,迄今三载,各业商人于市面凋敝商力疲惫之余,勉力缴纳,亦已三年,而反观本市各国租界,不但外商均向未遵章缴纳营业税,即寓居各租界之本国商民亦均未尽纳税之义务。伏查本市市区与各租界地本毗连,不可强分,以咫尺之密接受两种之待遇,担负既殊,货价自异。人非至愚,孰不知避昂而就廉,同货异价,殊不宜并列于一市,以故租界之市面日渐繁荣,华界之市区一蹶不振,哀我商民日处于水深火热之中,奄奄待毙,辗转呻吟,非一日矣。而商民于此种状态下,亦已尽三年纳税之义务,毫无异议,不独尽国民之天职,兼亦顾市库之奇绌。

惟三载以来,商民日盼我营业税推行租界,俾资平衡货价,而担负划一。然迄今尚无实行之期望,惟有恳请我当局体念华界商民之困苦实情,迅速推行租界营业税。设不能于短期间实现,务恳在营业税未推行租界以前,准予援照上海市之例,暂缓征收营业税,其不敷之款另筹其他弥补方策。查河北全省营业税每年不过五十余万元,本市每年在三十余万元之谱,在政府少收有限,而人民苏困良多。况淞沪战区,政府为休养民力,实行缓征营业税。本市为近国防第一线之区,处境之危险,民生之疾苦,更十倍于淞沪。窃维天津淞沪同隶政府帡幪,国家施政平等必不忍独陷我津市商民同归绝境。

为此,合词吁恳贵会依据前情,分别转请中央、地方政府及河北省捐税监理委员会主张公道,体念商困,在营业税未推行租界以前,准予援例缓征市区营业税,以保市厘而维持民生。至纫公谊。此致天津市商会。

(J0128-3-007237)

256.天津市政府为驳回缓征市区营业税事批天津市商会文(第585号)

1935年6月4日

呈一件。为呈请营业税在未推行租界以前准予缓征以苏商困由。

呈悉。查营业税与其他苛杂性质不同。溯自裁撤厘金之后,中央以此种税则合于经济原理,无碍工商发达,明令推行,及于全国,数年以来,成效颇著,并无缓免之区。虽上海市曾开停征之端,但以淞沪战役,兵燹之余,创巨痛深,其情形迥非本市现状所可比拟,未便援以为例。且查本市各租界之营业税,现仍积极办理,从未停顿。英租界所设之劝导处已着手调查,逐渐施行,更不容以此为藉口。仰由该会传知各行业,共喻斯旨,仰体时艰。国人既能踊跃于前,外商自当则效于后,尚有何避就之可言,本府有厚望焉。据呈各节,仍候财政部批示。此批。

市长张廷谔

(J0128-3-007237)

257.南京国民政府财政部为缓征营业税应毋庸议事
批天津市商会文（赋字第5863号）

1935年6月13日

呈一件。呈请营业税在未推行租界以前准予缓征以苏商困由。

呈悉。查营业税一项为地方合法税收，据称津市每年税收达三十万元，已蔚为地方收入之大宗，至租界营业税，本部正谋推进之中，将来华租界一律征收，自无畸轻畸重之弊。所请援例缓征，应毋庸议。既据分呈，并仰静候市府核示可也。此批。

部长孔祥熙

（J0128-3-007237）

258.天津市各业同业公会为请在未推行租界以前援例缓征营业税事
致天津市商会函

1935年7月2日

径启者：案准贵会函开，以前准各业公会函请求本市营业税在未推行租界以前拟请准予援例缓征一案。兹奉市政府第五八五号批示：不准。等因。准此。阅悉之下，群情惶惑。窃查津市为华北门户，绾水陆交通五十年来，久为繁盛商埠，近年以还，外受列强之压迫，内苦苛杂之剥削，兵燹事变纷至迭乘，市面凋敝不堪言状。昔日繁盛市街，今已十室九空，商民早呈创巨痛深，奄奄待毙之现状。自民国二十年八月本市创设营业税以来，商民虽于市面凋敝已达极点之余，以为营业税为世界公有之良税，绝无违抗之言，不独尽人民纳税之义务，兼亦顾公家之政费，是人民已尽三年纳税义务矣。不意税虽良税，而办理不良种种，苛扰商民，不堪其苦。公认自有税以来，未有似营业税之黑暗者，商民日盼营业税推行租界，以期担负划一，货价平衡，不图三载以来，如泥牛入海，消息杳然。不独外国商人均未遵章缴纳营业税，即寓居各租界之本国商民，亦均未尽纳税之义务。伏查本市市区与各租界地本毗连，不可强分，以咫尺之密，接受两种之待遇，担负既不平均，货价自不一致。租界商民不纳营业税，货价自廉，市区商民缴纳营业税，货价自贵，兼之营业税苛扰太甚，调查员查账每至终日高据账桌，徐徐计算，一日不完，继之明日，恒有调查员二人或三人携带身着制服之警察，调查一商号之账簿，至二三日或五六日不等，此数日光阴，该被查商号之经理同人完全供调查员之咨询奔走，无法顾及营业，废时失事，营业上损失不赀。而不肖商人见调查员苛扰太厉或行贿于调查员，则此种苛扰又可完全摆脱，并可不查账簿，甚至以多报少，以有作无，其程度又视贿金之多寡为准则，公正守法商人不肯行贿，其苛扰之外，更有以少报多，以轻作重之危险。

三载以来，除二十二年度由天津市商会代征汇缴，商民于纳税之余稍有苏息外，其余税率税额之纠纷案件不可数计，迄今未解决者，有如山积。商民痛心疾首，怨声载道，商号稍有力者，无不群趋租界以避之。如先施化妆品公司多年在北马路白衣巷胡同，前年竟移至法租界。竹竿巷、针市街、估衣街、宫南北一带大棉纱庄、大银号多数迁移租界,是其明证。以故租界之市面日趋繁荣,华界之市区一蹶不振,哀我商民日处于水深火热之中,奄奄待毙,辗转呻吟,非一日矣。

况自东北四省失陷,本市为国防第一线,处境之危险,较任何地方为急迫。惟有恳请贵会迅赐转呈财政部、市政府俯鉴民隐,迅速推行本市租界营业税,俾资平衡货价,而担负划一。设不能于短期间实现,务恳在营业税未推行租界以前,准予援照上海市之例,暂缓征收市区营业税,以资苏息而保元气。况上海市天津市同隶政府蚌蠓,国家施政大公,必不忍独陷我津市商民于死地。

为此,合辞吁恳贵会据情分别转请财政部、市政府主张公道,俯鉴民隐,在营业税未推行租界以前,准予援例缓征市区营业税,以保市厘而维民生。至纫公谊。此致天津市商会。

(J0128-3-007237)

259.南京国民政府财政部为按前批行事自毋庸议事
批天津市商会文(赋字第6745号)

1935年8月17号

呈一件。为呈报本市困难情形,各商几将破产,请缓征营业税以恤商艰由。

呈悉。查此案前据天津市各业同业公会呈同前情,当以原呈既称,此案已奉市府批示不准,所请自毋庸议。至所称查账人员舞弊骚扰一节,如果属实,应检同证据径呈主管机关,依法惩办。等语。于本年七月三十一日,以赋字第六五零四号批示在案。据呈前情,合再批,仰知照。此批。

部长孔祥熙
(J0128-3-007237)

260.河北印花药酒税局税务课为天津租界内华人违反印花事
致天津市财政局函

1936年2月18日

案准河北印花药酒税局税务课函开:准财政部税务署来函,以民国八年所订之租界内华人贴用印花办法,现在已难适用,拟酌予修改。天津租界内关于华人违反印花案件,其检查及送罚手续如何,嘱详细查明见复。等因。函请就近查明核复。等由。准此。查关于租界内华人违反印花案件,所有检查送罚事宜,现嘱贵局主办,究竟手续如何,相应函请查照,惠予见复,以凭转复为荷。此致天津市财政局。

(J0054-1-000597)

261.天津市财政局为天津租界内华人违反印花事
致河北印花药酒税局第七区药酒稽征分局函（第210号）

1936年3月6日

案准贵局第六七四号公函，以接奉总局税务课函嘱，将天津租界内华人违反印花案件，关于检查及送罚手续查明核复。等因。函请查照见复，以凭转复。等由。准此。查天津各租界内。云云（照录原签）。自新印花税法施行后，对于租界内华人违反印花税法案件尚未发生。准函前由，相应函复，查照为荷。此致河北印花药酒税局第七区药酒稽征分局。

（J0054-1-000597）

262.天津市政府为租界内绸布纱业各商暂按五成纳营业税事
批天津市商会文（甲字第302号）

1936年4月30日

密呈一件。为租界商号缴纳营业税一案，绸布纱业各商拟请在租界尚未普遍推行以前，暂按五成纳税。密呈鉴核施行由。

密呈已悉。该商等深明大义，殊堪嘉许。营业税在租界尚未普遍推行以前，应准租界内绸布纱业各商暂按五成纳税，以示体恤而资提倡。除令财政局转令营业税征收处遵照外，仰即转饬该业各商知照。此批。

市长萧振瀛

（J0128-3-007379）

第三部分　沦陷时期租界的局势及国际纠纷

263.伪天津市治安维持会为拟设平津通信总局电报收发处事致英、法、义等国总领事署函

1937年9月13日

径启者:平津因事变影响邮电,交通阻滞,兹为谋通信迅速起见,拟在贵租界内设平津通信总局电报收发处,即请贵署予以便利,并乞加以协助,至纫公谊。相应函达,即希查照,见复为荷。此致英国总领事署、法国总领事署、义国总领事署。

驻津义国领事复函

1937年9月14日

径复者:接准本月十三日第廿三号来函,拟在敝界内设立邮电总局一处。在此非常时期,敝市政局已经决定,不能再设立新邮电机关,相应函复查照为荷。此致天津治安维持会高委员长。

驻津义国领事官札弼

驻津英国领事复函

1937年9月15日

敬复者:准九月十三日贵会来函,以拟设平津通信总局电报收发处于英界内,请予便利。等因。查本市法租界内早经中国政府交通部设有电报总局,相应函复,即希查照为荷。此致天津市治安维持会。

驻津英总领事雅斐乐

驻津法国领事为复函

1937年9月16日

径复者:准贵委员会长本年九月十三日公函内开。等因。具悉。本领事方面对于平津电报交通之恢复不胜欣悦。惟电报收发处之组织在法租界内非属本领事之权内。此项问题因有国际关系乃属政府之问题,故此事未便在津办理。至未能予贵委员长以满意之处,本领事深以为歉,尚希遇有其他机缘,本领事愿予协助也。此致天津市治安维持委员会长高。

法国驻津正领事官李毕丽

(J0001-3-000586)

289

264.伪天津市商会为汽车业同业公会请予展缓车捐三个月事
致天津市治安维持会函

1937年9月18日

　　敬启者:案准本市汽车业同业公会函称,敬启者,自本年七月十八日本市发生事变以来,百业停顿,汽车商号所受之损失尤为重大,失落车辆者在在皆是,且有将车辆寄存英法租界者亦复甚多。然因华租两界交通不便之故,均已不能照常营业,事实所在,自难讳言。今以财政局捐务征收所业经开始收捐,各车商感于本身之困窘,对于纳捐一节,苦于力与心违,纷来本会请求转请展缓三个月,再行征收,藉资维持。各等情。前来。经查,所称情形确系实在,相应据情函请大会查照,即希准为转请天津市治安维持会,俯将津市汽车捐一项展期征收,藉恤商艰,至为公感。等因。准此。查该汽车业所称各节确系实情,相应据情函请查照俯准,将该业车捐展缓三个月征收,以恤商艰为荷。此致天津市治安维持会。

(J0001-3-000458)

265.伪天津市特别第一区公署为报拆除与英租界交界路口铁线电路网等
障碍物事呈天津市治安维持会总务局文

1937年9月22日

　　窃查事变期内,所有英租界与本区交界毗连各路口,英工部局均安设铁线电网及障碍物等件,其海大道交界处并设置铁门,东面一扇侵入本区管界范围之内,主任接事后,迭向英国租界当局严重交涉,于近日已将各路口铁线电网及障碍物全部撤去,仅余海大道交界路口铁门一处及海河路铁丝网一段尚未拆除,刻正与英国总领事继续交涉,并限期撤去。除俟有结果再行另文呈报外,所有交涉拆除铁网经过情形,理合先行具文呈报鉴核,实为公便。谨呈天津市治安维持会总务局局长孙。

天津特别第一区公署主任曹朴

天津市治安维持会总务局指令

1937年9月24日

呈一件。为呈报英租界与本区交界口设置铁丝电网及铁门等障碍物交涉拆除经过情形请鉴核由。呈悉。仰将交涉情形随时具报。此令。

(J0001-3-000065)

266.伪天津市治安维持会为准缓征汽车捐三个月事致天津市商会函

1937年9月23日

案准贵会廿六年九月十八日文字第六〇二号公函,以准汽车业同业公会函请转请缓征车捐三个月以恤商艰一案,请查照办理。等因。准此。除令饬财政局核办具报外,相应函复查照。此致天津市商会。

天津市治安维持会为准缓征汽车捐三个月事训令财政局

1937年9月23日

案准市商会廿六年九月十八日文字第六〇二号公函内开:敬启者,案准本市汽车业同业公会函称,云云。以恤商艰为荷。等由。准此。除函复外,合行令仰该局查核办理具报。此令。

(J0001-3-000458)

267.伪天津市治安维持会为请斡旋在英、法、义各国租界内设平津通信总局电报收发处事致日本驻津总领事署函

1937年9月25日

径启者:查事变之后,在租界内之电报局,因办理手续异常迟缓,且对于日本、满洲、欧美方面往来电报阻碍不通,以致中外住民及新闻界均感不便。本会平津通信总局为谋通信上迅速畅达起见,曾拟在贵国租界内设立电报收发处,俾资联络,务祈赐予照准,无任感荷。再英、法、义各国领事署曾皆专函通知,尚有不甚了解之处。素仰贵总领事名望隆重,遐迩钦佩,顺以函请鼎力斡旋,使该收发处早日成立,至纫公谊。此致大日本国驻津总领事堀内干城。

(J0001-3-000586)

268.伪天津市治安维持会为拟仍在各租界内设置电报收发处事致英、法、义领事署函

1937年9月27日

径启者:接准贵署复函,关于本会本月十三日函请拟在贵租界内设立天津治安维持会平津通信总局电报收发处一案,以有困难情形,未便许诺。等因。查贵租界内现存之电报局,不能与北平、塘沽及本

埠附近各地并日本、满洲等处通报,即与欧美方面之连络亦感迟延,是以住居贵租界之商民暨新闻记者拍发电报时,非一一特赴平津通信总局电报收发所不能拍发,其感不便,可想而知。现在本埠地方治安已臻恢复原状,本会为便利商民计,拟仍于贵租界内设立一范围较小之电报收发所,办理平津及日、满、欧美等处电报收发事宜,此不特事实所需要,抑亦民众所期望者也。尚希贵租界局于困难情形中,特别设法惠允,俾克早日成立,不胜感祷之至,并希见复为荷。此致英、法国驻津总领事署、义国驻津领事署。

天津市治安维持会致日本驻津领事署函

1937年9月27日

径启者:本月廿五日拟于贵租界内设立平津通信总局电报收发处一节,曾照会贵领事在案。兹已向英、法、义各国领事发出如另纸抄件之文书,诸希贵领事予以援助,是为盼祷。此致大日本国驻津总领事馆。

附致英、法、义各领事文书抄件一纸。

(J0001-3-000586)

269. 日本驻津总领事堀内干城为在租界内设置电报收发处事致英、法、义各国领事函

1937年9月28日

敬启者:顷准天津市治安维持会委员长九月二十五日函请本总领事,准许在日租界内设立电报收发处,并附送九月十三日及二十三日所致贵总领、领事及其他关系领事函抄件,请求同样准许并请本总领事对于此事予以协助。惟查日本军事当局不能容忍在其检查权力外,及在军事机要上必要之统制范围外之电报收发机关,收发有害军事行动之有线或无线电报,而现在电报总局因战事影响,线路中断,并无供给公众交通充分有效之适当方法,在此种情况下,对于一般欲与中国、日本、满洲国及欧美各处通电之公众,利用其他路线,如由新京等等,作为现状下之临时办法,似尚可行。因以上理由,本总领事已准许在日租界伏见街设立总处,本总领事不以为此种性质办事处之设立,即含有将来比较具体之体系成立之成见在也。

由上述见地,本总领事已准许在日租界设立总处,所有其他租界或城内居民可径利用该收发电报,或者若经贵总领、领事准许在贵租界内成立同样办事处,收集电报转送总处拍发,居民均感便利。至关于日本租界内总处及此种分处间之联络,自应予以充分之便利。

此致英国驻津总领事雅斐乐、法国驻津正领事李毕丽、义国驻津领事沙皮。

日本驻津总领事堀内干城

九月廿八日

便函(第51号)

案查,贵局拟在本市各租界内分设电报收发处一案,曾送蒙天津市治安维持会分函英、法、义驻津各国领事,请予协助,并函请日本驻津总领事查照,向英、法、义驻津各租界当局力予斡旋,俾期早日成立各在案。兹准日本驻津总领事函过会转行到局,相应照抄原函,送请查照,即希缮造设置请愿书二份送会,以备存转为荷。此致天津通信总局。

附抄送原函乙件。

天津市治安维持会总务局

(J0001-3-000586)

270.伪天津市治安维持会为售卖《庸报》小贩遭巡捕殴打事致英国驻津领事署、英工部局函

1937年9月28日

径启者:查本市《庸报》零售小贩每在贵租界内叫卖时,受巡捕干涉,近更于八月二十三日发现四十一号路值岗巡捕(肩章第六〇号)殴打售报小贩,暨撕毁《庸报》情事,用特函请贵署局予以取缔。至纫公谊。此致英领事署、英工部局。

(J0001-3-000095)

271.伪天津特别市第一区公署为报英租界与本区交界口铁门已撤去事呈天津市治安维持会总务局文

1937年10月6日

案查,本署呈报英租界与本区交界路口设置铁丝电网及铁门等障碍物交涉拆除经过情形一案,兹奉钧局本年九月二十五日第七号指令内开:呈悉。仰将交涉情形随时具报。此令。等因。奉此,此案迭与英国总领事馆及英工部局严重交涉,英租界当局初尚设词,希图延宕,复经严加驳诘催促,已于十月一日将东面侵入本区管界铁门一扇撤去,计仅余洋灰门柱二支。除仍继续交涉拆除外,理合具文呈报鉴核备案,实为公便。谨呈天津市治安维持会总务局局长孙。

天津特别第一区公署主任曹朴

天津市治安维持会总务局指令

1937年10月9日

呈一件。为呈报大营门交界口铁门侵入本区管界东面一扇已于十月一日撤去,请鉴核备案由。呈悉。准予备案。此令。

(J0001-3-000065)

272.天津英租界工部局警务处为取缔未登记小型报纸事
复伪天津市治安维持会函

1937年10月6日

高委员长勋鉴:本年九月二十八日惠函,略以未经登记之小型报纸任意刊布消息,淆惑听闻,希随时加以制止。云云。业已收到。最近六七星期以来,敝处对于此类不良报纸之小贩取缔綦严,拘捕罚办者甚多,所售报纸亦被没收焚毁。良以当此时局,此等报纸每易发生不良影响,激起仇视之心,敝局自不能任其在界内存在也。专复。敬颂勋祺。

天津英租界工部局警务处处长邓尼士

(J0001-3-000133)

273.伪天津市治安维持会总务局为补抄日本驻津总领事原函事
致平津通信总局函

1937年10月9日

案查前致贵局十月四日总字第五一号便函附送抄件,因缮写书记一时疏忽,误将日本总领事原函附件译文抄送,殊深抱歉,应请将前函及附件取消。兹因本局于九月二十九日,接准日本总领事馆公函略称:在日本租界内设立平津通信总局,或必要之收发所,应提出正式请愿书,以便指示条件。等语。相应将原函补抄一份,送请查照。并请迅即缮造设立请愿书二份送会,以便转请日本驻津总领事查核办理为荷。此致平津通信总局。

附抄送日本总领事第二五七号原函乙件。

日本总领事函（第257号）

1937年9月30日

径复者：案准贵会本月二十五日安字第四零号公函，为谋通信迅速拟在日本租界设立电报收发所并于英、法、义各国领事请予斡旋一案。复准贵会安字第四三号抄致英、法、义各国领事函一件。等由。均悉。当即按照来意，函请英、法、义各国领事查照矣（函如附件）。至在日本租界内设立之总局及拟设立必须之收发所应俟贵会正式提出设立请愿书后再行指示条件，相应函复查照，并请从速提出请愿书以利进行。此致。

(J0001-3-000586)

274. 伪天津市治安维持会为准英租界工部局警务处函复取缔记载不实小型报纸情形事训令天津市新闻事业管理所

1937年10月13日

为令知事：案查本会前以津市英、法、义各租界内出售之小型报纸，率多记载谣言，眩惑人心，因与治安有关，曾分函该各租界当局，请予取缔，以正观听。在案。兹准天津英租界工部局警务处处长邓尼士十月六日函开：本年九月廿八日惠函，略以未经登记之小型报纸。云云。敝局自不能任其在界内存在也。等因。准此，合行令仰该所知照。此令。

(J0001-3-000133)

275. 伪天津特别市公署财政局第三科为请英国工部局查照上半年事变后新、推租界转移地亩情形事呈财政局局长文

1938年1月24日

为密签事。查华人在英国新增及推广租界置买房地，例应先在英工部局购买蓝图，再向本局投税，本局会同英工部局勘丈后，按产价百分之六征税（原业主为外国人者征百分之五），交纳后制图填契登记，发给业户再赴英工部局注册。本局为防止漏税起见，与英工部局取得联络，凡业户购图后，必须在本局税契，英工部局方予注册，故所收税款按百分之五提送英工部局协助之办事人员酬劳，历经办理有年。本市自经上年事变，华人在英国新、推租界购产投税之案颇属寥寥，职科各方探询，缘英工部局于津市事变后在治安维持会时代，关于华人购买房产发给一种临时契据，收取税款，业户遂不向本局投税，虽未获得实在证件，但人言不为无因。现在正式市政机关成立，与维持会时代不同，此项租界税契与主权税收关系綦重，未便稍涉放弃，拟由本局函请英工部局，查明上年事变后华人转移房地户名

295

住址见复,以便催令照章投税,以复常轨而保主权。是否可行?理合密签敬请鉴核示遵。谨呈局长王。

第三科谨签

(J0055-1-002180)

276.伪天津特别市公署财政局为请查明上年七月事变后新、推两界转移地亩已购领蓝图尚未会丈者情形事致英租界工部局函(第21号)

1938年1月27日

径启者:查本市英国新增、推广租界内,凡有地亩转移,无论中外人民均应先在贵局购买蓝图,再向本局投税过户,经会丈后发给契证,再赴贵局注册,历经办理在案。自经上年七月事变以来,中外业户照章办理者固属有之,因一时情势特殊未来本局过户投税者,或恐在所不免。查是等地亩转移如无本局发给契证,不能发生完全效力,既在本市政权成立,自应循旧办理,以符定章。相应函请贵局查照,希即查明上年(即西历一九三七年)七月事变后,凡有新、推两界转移地亩在贵局购领蓝图之户尚未经过本局会丈者,开明地段坐落及新旧业主户名、国籍、现在住址见复,以便分别催令照章办理过户投税为荷。此致大英国天津租界工部局。

天津特别市财政局局长王

(J0055-1-002180)

277.伪天津电业股份有限公司为收回英租界以外马场道售电区域供电权事致天津特别市电政监理处函

1938年2月18日

敬启者:关于英租界以外之马场道一带售电区域,依据敝公司营业范围及民国二十五年十二月十二日贵处所拟定之办法,应由贵处通知英工部局,将前保留之供电权收回移交敝公司,以符手续。兹检同拟定函稿随函奉达,敬希查照,赐予办理为荷。此致天津市电政监理处

附致英工部局函稿一件。

天津电业股份有限公司启

二月十八日

抄件

案查一九三六年八月十五日贵函及民国廿五年十二月十二日天津市长复函,所保留在贵国租界外之区域之电气供给权,业经移辖于天津电业股份有限公司。特此通告,即希查照为荷。此致大英国工

部局。

天津市政府

（J0083-1-000291）

278.伪天津特别市电政监理处为准电业公司收回马场道售电权事呈市长潘毓桂文

1938年2月23日

为呈请事。案准天津电业股份有限公司营字第四八号函称：敬启者,关于英租界以外之马场道一带售电区域。云云。敬希查照,赐予办理为荷。等因。前市政府致英工部局函稿一件:准此,查马场道一带原系由英工部局暂时供给电流,一俟政府组织电厂或让渡之电业公司电流到达时,工部局供给之电流应即撤销。此案前监理处曾与英工部局商有条件,因卷宗焚毁,无凭考稽。应否由职处特函英工部局即将该处售电权由电业股份公司收回之处,理合照抄原函附件具文,呈请鉴核示遵。谨呈市长潘。

附抄呈前市政府英工部局函稿乙件。

全衔李

（J0083-1-000291）

279.伪天津特别市公署外交秘书为收回英租界以外马场道一带供电权事呈市长文

1938年3月4日

为签报事。据电政监理处呈转天津电业股份有限公司,函请关于英租界以外之马场道一带售电区域,依据该公司营业范围及民国二十五年十二月十二日前市政府所拟定之办法,应由钧署通知英工部局将前保留之供电权收回,以符手续。等情。奉批:此案先派潘秘书向英工部局将商定条件抄来补入卷内,按照条件由本府直接交涉。等因。职遵于本月二日前往英工部局与巴局长晤面。惟据该局长称,须备有本公署正式公函方能进行谈判。等语。兹谨拟致该工部局函稿一件,如蒙裁可,职当持函再与该局长交涉。仰乞示遵。谨呈秘书长转呈市长。

外交秘书潘钟文谨呈

三月四日

（J0001-3-000965）

280.伪天津特别市公署为准天津电业股份有限公司收回马场道以外一带电流供给权事致天津英租界工部局函

1938年3月8日

径启者:查贵租界马场道以外一带电流供给权,经前天津市政府电业监理处与贵工部局订有保留条件。兹准天津电业股份有限公司函,拟将该项租界以外电流供给权收回,以符定章。等由。准此。相应特派本署外交秘书潘钟文趋赴贵工部局面商一切,务祈赐予接洽。此致大英国工部局。

(J0001-3-000965)

281.伪天津特别市公署财政局第三科为报天津县政府未查出华人在英租界新、推两界置地税契事呈局长文(第101号)

1938年3月10日

为签报事。窃职奉派往天津县政府考查关于本市英新、推两租界税契关系文件,据该县府承办人员声称,事在远年,未能查出华人在英租界新、推两界置地与英领协定应在天津县税契明文。民国十五年以后,税契事务归交涉署办理,县中无可查考。等语。理合签报鉴核。谨呈局长王。

第三科地政股主任屠潮谨签

(J0055-1-002180)

282.天津英租界工部局秘书长为马场道以外一带电流供给权事致伪天津特别市市长潘毓桂函

1938年3月15日

径启者:兹准本年三月八日市字第一百二十号贵署函开,关于英租界外用户电流供给各节,备悉种切。查天津电业股份有限公司之卢南生君暨古川三郎太郎君于本年二月十六日曾来局接洽此案,鄙人当即释明须有天津特别市市长函件,俾便进行商议,承卢君等允于日内照办,惟事隔多日,迄今未见卢君或古川三郎太郎君之音信。鄙人现须请示者,即贵市长是否决定敝局与卢君及古川三郎太郎君之磋商应即停止,另由贵署秘书潘钟文君专任其事。据大函称:准天津电业股份有限公司函,拟将该项租界以外电流供给权收回,以符定章。等由。查此节内有误点二,鄙人或可陈述于次:

一、是案非系收回该地段任何电流供给权问题,缘该地段除英国工部局外,从无其他机关供给电流。

二、与卢君及古川三郎太郎君讨论之问题，只限于供给佟楼一带用户电流而已，英租界外之其他地段用户乃不在其例。

祗准前因。特此函陈，敬祈早日赐复为荷。此致天津特别市潘市长。

秘书长兼工程师巴恩士启

一九三八年三月十五日

（J0001-3-000965）

283.伪天津特别市公署财政局为恢复英租界税契旧制事密呈市长文

1938年3月18日

呈为密呈事。查中国人在本市英租界之新增、推广两界置买地亩，例应在天津县税契。自民国十五年兹前交涉员与英领署交涉后，凡中国人在新增及推广两地界内买卖地亩，均令到交涉署呈验契据，交纳契税。中国人买中国人者，按价额百分之六；中国人买自外国人者，按价额百分之五。完税后由交涉署盖印证明，否则英工部局不得径与注册。至民国十九年交涉署裁撤，是项英租界华人税契事务，即由天津市政府土地局办理，并订有办理各租界税契规则，于民国十九年九月四日函送美国驻津总领事处兼领袖领事查照。民国二十年土地局裁撤，归并财政局接办，又改为天津市财政局办理。各租界税契事务规则曾经驻津各领事同意公布实行，历年照办在案。上年七月事变后，中国人在英国新增、推广两界购买房地，来本局投税者事仍有之，如刘西中合堂及王静贤等户，惟为数寥寥。局长到任后，各方探询，英工部局于津市事变后，在治安维持会时代，关于中国人购买房产，发给临时契据，亦照中国旧例收税，局长以本市政权成立，与维持会时代不同，此项租界税契与主权税收关系綦重，未便放弃。后查中国人关于英租界房地交易，向须先在英工部局购买蓝图，本局前往会丈，故以探询购图户名口吻，函请英工部局查复，嗣准函复译开。径复者，云云。无任盼祷。等由。前来。

查本市英国租界本分三段，一为原有租界，二为新增租界，三为推广租界。新、推两界之地亩，经民国十五年我国交涉员与英领协商同意后，所有外国人永租之地亩，仍照向章由交涉员发给联契，中国人购买地亩，亦到交涉署完税，一律填给新式契纸，历年办理无异。本与原有租界办法不同，绝不能与法义租界相提并论。历史悠久，成例具在，未便率任推翻，丧失固有之权利。局长后经详查，此次英工部局发给临时契办法，系经英租界董事会议通过实行，现在英工部局复函讳而不言。兹事关系重大，自应向英领据理交涉，以复旧制。查北京临时政府已宣告成立，居于中国最高政权继承之地位，组织虽有变更，主权未便放弃，而英租界董事会华董皆本市知名之士，于社会均有相当地位，拟请钧座一面派员与英领先行口头交涉，仍照向章办理，一面联络英租界各华董设法挽回，想各华董当能同情共鸣，以增加折冲之效。是否有当，理合抄同关系文件及租界契税各年收数表密呈，仰祈鉴核施行。谨呈天津特别市市长潘。

计抄呈财政局办理各租界税契事务规则二件、摘抄交涉署及土地局旧卷文件七件、财政局第二一号公函稿一件、租界契税各年收数表一纸。

天津特别市财政局局长王

英国新增、推广两租界各年契税收数表

二十二年份共收四万四千二百九十二元六角六分；

二十三年份共收六万八千八百五十九元八角六分；

二十四年份共收六万二千七百二十九元三角四分。

查二十五、六年租界契税收数案卷及表则在上年七月事变时均遗失，无法查填，理合声明。

交涉恢复本市英国新增、推广两租界税契旧制节略

一、历史

查中国人在本市英租界之新增、推广两界置买地亩，例应在天津县税契，自民国十五年庄前交涉员与英领署交涉后，凡中国人在新增及推广两地界内买卖地亩，均令到交涉署呈验契据，交纳契税。中国人买中国人者，按价额百分之六；中国人买自外国人，按价额百分之五。完税后由交涉署盖印证明，否则英工部局不得径与注册。至外国人永租者，由该管国领事函送空白三联契，由中国交涉署定期会丈印发，其原业主系中国人者，照租价缴纳千分之八之会丈费，如系外国人者，由租主缴纳会丈费每地一亩十元，每多一亩加二元，不足一亩者，亦按一亩计算，惟加至五十元为度。至民国十九年交涉署裁撤，是项英租界税契事务即由天津市政府土地局办理，并订有办理各租界税契事务规则，于民国十九年九月四日函送美国驻津总领事兼领袖领事查照。民国二十年土地局裁撤归并财政局接办，又改为天津市财政局办理。各租界税契事务规则曾经驻津各领事同意公布实行，历年照办在案（各关系文件另录全文共十件）。

二、事实

上年七月事变后，中国人在英国新增、推广两界购买房地，来本局投税者事仍有之，如刘西中合堂及王静贤等户，惟为数寥寥。局长到任后，各方探询，英工部局于津市事变后，在治安维持会时代，关于中国人购买房产，发给临时契据，亦照中国旧例收税，局长以本市政权成立，与维持会时代不同，此项租界税契与主权税收关系綦重，未便放弃。复查中国人关于英租界房地交易，向须先在英工部局购买蓝图，本局前往会丈，故以探询购图户名口吻，函请英工部局查复，嗣准函复译开。径复者，接奉一月二十七日所发第二一号公函，敬悉。一是关于英国新增、推广租界区域内地契登记一案，兹特将敝局意见略陈如下：查天津各国租界地契登记，应根据同一原则办理。兹查天津法义两国租界内地契，向不在贵局登记。根据此种情形，敝局以为，各国在津租界地位相同，无分轩轾，敝局亦应与法义租界当局采取同一步骤、同一手续，未便独异也。倘荷将贵局重要缘由示及，无任盼祷。等由。前来。

三、理由

查本市英国租界本分三段，一为原有租界，二为新增租界，三为推广租界。新、推两界之地亩，经民国十五年我国交涉员与英领协商同意后，所有外国人永租之地亩，仍照向章由交涉员发给联契，中国人购买地亩，亦到交涉署完税，一律填给新式契纸，历年办理无异。本与原有租界办法不同，亦不能与法义租界相提并论。英国新、推两租界，既向有税契制度，自应循旧办理，历史悠久，成例具在，当年税契办法系双方协定，未便由一方推翻。

四、目的

恢复上年事变前旧制，凡外国人永租地亩，仍由财政局印发联契。中国人卖买房地，仍到财政局税契。其事变后，英工部局所发临时契由英领事饬知该工部局，按照发出业户户名住址知会财政局，通知来局换发联契，其英工部局原收税款并先悉数交还财政局收清，以后一律恢复旧制，以敦时谊。

（J0055-1-002180）

284.伪天津特别市公署为租界外供给电流权事致天津英租界工部局函

1938年3月28日

径复者：接准三月十五日贵工部局函，以关于交涉英租界外供给电流一事，究应由电业股份有限公司卢君及古川三郎太郎，抑由秘书潘钟文专任其事，并开列误点两项，函嘱查复。等因。准此。查租界以外电流供给权原属诸天津地方政府，贵工部局售电系属临时代办性质，俟天津地方政府组织或指定之电业公司电流到达时，贵工部局售电应即撤销，业经前天津市政府所属电业监理处函达在案。查该天津电业股份有限公司，即天津地方政府指定在租界外地段供给电流之公司，并非只限于供给佟楼一带电流，是以本署认为贵租界外地段任何电流供给权，俟本署指定之电业公司电流到达时应即撤销。至卢君与古川三郎太郎君彼时谈话，据云并未谈及只限于收回佟楼一带用户。准函前因，特派本署外交秘书潘钟文代表本公署与贵局长洽商收回租界外地段售电权，并令该秘书偕同本署所属电政监理处科长刘月如与贵局主管部分磋商具体接收细则，希查照定期接洽为荷。此致大英国驻津工部局局长巴。

（J0001-3-000965）

285.伪天津特别市公署为接收电话局事致英国驻津总领事署函

1938年4月2日

敬启者：关于接收电话局事，屡经派员与该局接洽，均藉口拒绝，兹再于四月四日下午二时，派财政局长王彦农带同护员赴电话局为最终商洽接收手续，除业经通告电话局外，相应函达贵总领事查照。此致英国总领事署。

（J0001-3-010723）

286.伪天津特别市公署委任令

1938年5月16日

兹派夏炜为天津电话局局长。此令。

市长潘毓桂

兹派王燮洲为天津电话局副局长。此令。

市长潘毓桂
(J0001-3-010723)

287.华北汽车公司为拟开驶公共汽车事致天津英法租界工部局函

1938年6月16日

敬启者:敝公司拟在贵租界内开驶公共汽车,行驶说明书内指定路线,如荷贵局允发执照,敝公司当遵守租界内一切法规,并计划开驶新车,以便公众而美化贵租界之市容。关于特别一区境内,因该处公共汽车行合同满期,敝公司已呈准天津特别市公署在该区行驶公共汽车,相应函请贵局为公众便利及增进本市各国之交通计,对于敝公司之函请赐予考虑。再者,除上开计划外,敝公司已与租界内公共汽车行商洽转移问题,并以奉闻。此上天津法租界工部局局长李毕丽、天津英租界工部局秘书兼工程司巴恩士。

附说明书。

华北汽车公司经理启
六月十三日

说明书

公司名:华北汽车公司

地址:日租界福岛街四号

公司代表:Hirssaburo Sugi(在北京总公司内)

天津经理:Muneaki Amakata

一、路线(现为租界公共汽车行驶者):

(a)第一路线:法大沽路至英海大道。

(b)第二路线:旭街、杜总领事路、达文波道。

(c)第三路线:芙蓉街、德大夫路、盛茂道、威灵顿道、达克拉道、牛津道。

(d)由国民饭店至马场道(以路线仅于赛马季节之星期六及星期日行驶)经过达文波路之马场道。

二、共用公共汽车五十辆。

(J0001-3-000986)

288.伪天津特别市公署为华北汽车公司拟在租界内行驶公共汽车请发执照事致天津英法租界工部局函

1938年6月17日

径启者:据华北汽车公司呈,以该公司拟在贵租界内开驶公共汽车,附有行驶路线说明书,并计划开驶新车,以便公众而美化贵租界之市容。如荷贵局允发执照,该公司当遵守租界内一切法规,关于特一区境内原行驶之公共汽车行合同满期,已经该公司呈准本署,由该公司在该区内行驶公共汽车,并由该公司径与租界内公共汽车行商洽转移问题,请本署转函贵局,对该公司之请求赐予考虑。等情。查该公司在市内行驶公共汽车共计划开驶十三路线,业经呈准本署备案,兹据前请,相应检同原件函请查核办理见复。此致天津法租界工部局局长李毕丽、天津英租界工部局秘书兼工程司巴恩士。

(J0001-3-000986)

289.伪天津特别市公署总务科为拟发展英法租界内运输业务事呈市长文

1938年6月22日

为签报事。查华北汽车公司为拟发展英法租界内运输业务,呈请本署转致英法两工部局函稿一件。奉批。奉谕缓发,询问该公司内部组织是否健全,有无其他问题。等因。当由人事科阎科长请示石桥顾问,承面嘱,俟该公司与特一、特三区汽车行收买交涉成立后再议。等因。此案拟请批暂存字样先行归档,理合签请鉴核。

总务科科长谨呈

六日廿二日

(J0001-3-000986)

290.伪天津特别市公署经收吹垫费数目表

1938年9月—1939年2月

类别	全年			半年		
	辆数	款数	加二成 款数	辆数	款数	加二成 款数
自用汽车	129	3,127.50	625.50	27	247.50	53.50
营业汽车	127	7,500.00	1,500.00	88	2,100.00	420.00
三轮汽车	16	344.00	68.80			
合计	272	10,971.50	2,194.30	115	2,367.50	473.50
附记	车牌价款共$16,006.80					
主任:	组长: 制造员:					

附注：业主缴垫土费按每方八角五分核收；付海河工程局吹垫费以每方六角计；扣归修路费以每方二角五分计。

（W0003-1-000204）

291.伪天津特别市公署财政局地政科为交涉英租界税契事呈局长文

1938年12月20日

为签请事。案查，本局前因上年事变后，英租界税契发生障碍，于本年三月十八日密呈市署，请派员交涉恢复旧制，并联络华董设法挽回。嗣奉市长派潘秘书交涉，又与钧座接洽，由局开具节略，送交潘秘书在案。后闻英工部当局于十一月起改变办法，停止收款，而华人之愿赴本局税契者，英工部局有时既可购给蓝图，亦不拒绝会丈。计本年三月以后办理者，有崇厚堂申等十余户，所收税款已按月呈报在案，惟华人在英工部局所领过户执照，即密呈所称之临时契，现经觅得原件，另纸照录呈鉴。查该过户执照第一条规定所收之款，系用保证金名称，并声明俟本埠稳固，政府重行成立，再行移交，云云。其语气似系对前天津治安维持会所发。现在天津市政机关业已成立，在该工部局应履行移交之责任，拟请钧座转呈市长进行切实交涉，以期恢复旧制。惟此种过户执照，业户因产权关系赴法院登记，则以无本局契证碍难办理，若移送本局又须照章另交税款，业户陷于进退维谷，在法院办理亦感觉困难，而因未曾为保存登记即不能为抵押登记，甚至诉讼发生，因未曾合法登记而受败诉之影响者，种种纠纷不可胜述。若不酌拟变通办法，则业主无以资保障而维产权。兹经职科股审核，在英工部局保证金未移交以前，拟由本局核发土地转移临时证书，以资救济。业户持此证书得向法院声请为不动产之登记，一俟交涉妥协，恢复旧制，再行另换正式契证。兹拟具暂行办法五条及证书式样一纸，是否有当，理合签请鉴核，函商天津地方法院同意后再行呈请市署核示遵行。谨呈局长王。

附呈抄英工部局过户执照式样一纸、暂行办法一份、临时证书式样一纸。

地政科科长孙善昌
地政股主任屠潮
谨签
十二月二十日

天津特别市公署财政局核发本市英国新、推租界土地
转移临时证书暂行办法

一、凡在天津英国新增、推广租界租买土地，持有英国工部局过户执照（民国二十六年七月天津事变以后所发），曾在英工部局缴纳保证金，并未向天津市财政局遵照租界税契规则办理税契登记者，其契证不得认为完备。但业户为保存所有权或须设定抵押权等事，照例须赴法院为不动产之登记，在英工部局保证金未移交以前，得请求财政局发给转移临时证书，以凭持赴法院声请登记，其转移证书式样另定之。

二、凡业户请求财政局发给转移临时证书，应由业户先行呈验英工部局之过户执照及保证金收

据,声请订期会丈并出具切结声明,将来英工部局将保证金移交天津地方政府,或其他办法时,遵章另行请换正式契证,交足税费。是项证书由财政局会同英工部局丈量清楚后发给之,每件收手续费二元并附发蓝图一份,照本局土地登记规则第十八条乙款分等收取制图费,均发给印收,但制图费于将来换给正式登记蓝图时得以作抵。

三、凡持有英工部局过户执照,曾经缴纳保证金,如业户为完成契证手续,自愿向财政局遵照租界税契规则交纳税费办理税契过户者,财政局照章进行会丈,收税发给联契,并办理登记,其原交英工部局保证金或自向领回,或俟移交到局时由本局通知业户凭据领取。

四、凡持有英工部局过户执照而未曾缴纳保证金者,不得请发临时转移证书,应向本局投呈契照,照章会丈,交纳税费,发给契证,以凭管业。

五、本办法系经会商天津地方法院同意呈奉市公署核准施行,俟英工部局停发过户执照,或保证金移交清楚,完全恢复租界税契旧制后废止之。

天津英国新增、推广租界地亩转移临时证书(存根一联加存根二字)

天津特别市公署财政局局长　　为发给天津英国新增、推广租界地亩转移临时证书事。兹有国人　　声称于　年　月　日经中人　　经手,得　　之地,计　亩　分　厘　毫,每亩价　　,共合价　　正。坐落天津英国　　租界　　路第　　段第　　号。于　年　月　日经英工部局发给第　　号过户执照,已缴保证金　　元　　角　　分。兹在英工部局前项保证金尚未移交以前,请求发给转移临时证书,以便赴法院声请为不动产登记并据具结,候英工部局保证金移交清楚,或定有其他办法时,遵章来局请换契证交足税费。等情前来。经本局会同英工部局勘丈相符,并据呈交手续费二元,制图费　　元,到局合行发给转移临时证书,并粘附蓝图以凭赴法院声请登记,将来遵照切结办理,毋得违延。须至证书者。

右给(业主)　　收执

中华民国　　年　　月　　日

注意:此照背面印核发证书暂行办法全文。

　　此照用两联骑缝编号,一联发给业户,一联存根备查。

(J0055-1-002180)

292.伪天津特别市公署财政局为酌拟核发英国新、推租界土地转移临时证书暂行办法事致市长函

1938年12月26日

为呈请事。查职局前因上年事变后英租界税契发生障碍,于本年三月十八日密呈钧座,请派员交涉恢复旧制,并联络华董设法挽回。嗣奉钧座派潘秘书与职局接洽,即经开具节略送交潘秘书在案。后闻英工部局于十一月起改变办法停止收款,而华人之愿赴职局税契者,英工部局有时既可购买蓝图,

亦不拒绝会丈。计本年三月以后办理者,有崇厚堂申等十余户,所收税款已按月呈报在案。惟华人在英工部局所领过户执照,即密呈所称之临时契,现经觅得原件另纸照录呈鉴。查该过户执照第一条规定,所收之款系用保证金名称,并声明俟本埠稳固,政府重行成立再行移交,云云。其语气似系对前天津治安维持会所发。现在天津市政机关业已成立,在该工部局应履行移交之责任。拟请钧座继续进行切实交涉,以期恢复旧制。惟此种过户执照,业户因产权关系赴法院登记,则以无职局契证碍难办理,若移送职局,又须照章另交税款,业户陷于进退维谷,在法院办理亦感觉困难,而因未曾为保存登记即不能为抵押登记,甚至诉讼发生,因未曾合法登记而受败诉之影响者,种种纠纷不可胜数。若不酌拟变通办法,则业主无以资保障而维产权。兹经再三审核,拟在英工部局保证金未移交以前,暂由职局核发土地转移临时证书,以资救济。业户持此证书得向法院声请为不动产之登记,一俟交涉妥协,恢复旧制,再行另换正式契证。酌拟暂行办法五条及证书式样一纸,业已持商天津地方法院,表示同意所有酌拟核发英国新、推租界转移临时证书暂行办法。缘由是否有当,理合抄检附件,具文呈请鉴核示遵,实为公便。谨呈天津特别市市长潘。

附呈抄英工部局过户执照式样一纸、天津特别市公署财政局核发本市英国新、推租界土地转移临时证书暂行办法一份、本市英国新、推租界土地转移临时证书式样一纸。

局长全衔

(J0055-1-002180)

293. 天津英租界工部局过户执照式样

1938年12月29日

驻津英国工部局颁发过户执照事。

(甲)兹据　　　　(今后简称卖主)声称,该户已将天津英国工部局于　　年　　月　　日发给地契,执管坐落天津英租界第　　段第　　号之地亩一段,计地　　亩　　分　　厘　　毫,转移与　　　(今后简称买主)为业,请予登记等情。除应遵照左列规定外,合行准予登记。

(乙)查此登记业经执行载列英国工部局地亩登记簿册第　　页内,并于上述地契内照行签注,为此发给执照,以凭管业。

秘书长兼工程师　　签字

工程处工程师　　签字

年　　月　　日

执照规定

一、买主如接工部局要求时,须向本局缴纳保证金计　　元　　角　　分,该款额数系按已往地产转移章程应缴天津市财政局之税契费相等数额计算。该款皆归本局保管,一俟本埠稳固,政府重行成立,再行移交,倘若保证金额不敷支配税契费及其他过户一切费用时,则买主应负补足缴付之费。当买主依照上述担承缴纳款项时,其缴付之数应列入本局往来银行存款项下,如银行给予利息,一并列入之,至该款一部分或其全数应予支付,或该款一部分或其全数之支付责任解除时为止。

二、卖主与买主应将双方于　　年　　月　　日所成立之转移草契一份,连同双方签证为该契之副本一份,陈请本局查验,邀本局验契职员之满意,此项签证之契纸副本须存本局作转移管业凭证,本局方免于地亩簿册内登记,该产业已自卖主之名下过户与买主名下为业,至本执照内(甲)项所指财政局领发之地契当视作根契,并与根契上加注登记过经事实,其转移草契亦当照加签注。

三、本局因此项登记所负之一切损失费用等项,买主须负责偿还,并由卖主保证买主之履行下列义务。

四、买主为应付因此可致之一切税契费及损失费用时,须将按照上列规定转移之地亩作为合法负担之主体或抵押品,买主担承办理各项必须手续,使此项抵押或合法负担得以执行,其卖主遇有要求,只因系为上述根契之法定持有人担任予以同意。

五、此项规定暨上述负担,按照卖主、买主暨受托管华人之各该管法律,对于其承继人或代理人概属有效,惟此产业之任何让与,不得释为买主个人对于上述应缴一切款项缴付之责任业已解除,须俟此项责任之履行邀得工部局之满意。

卖主(签字盖章)　　　　　中证(前字盖章)

买主(签字盖章)　　　　　中证(签字盖章)

(J0055-1-002180)

294.伪天津特别市公署警察局为嘱发市民应用英法租界通行证事给呈市长潘毓桂文

1939年1月1日

呈为呈请事。现准友军宪兵队赍送出入英法租界通行证,嘱由本局分发市民应用。等因。查本局经发此项通行证,应需印制通行证备查表及通行证手续、通行证证明、通行证须知等四种各一万八千张,凡请领通行证者应先发给以上四种,俾资具领而昭慎重。兹已招商,估计共需价洋二百五十三元八角,理合检同估单一份、表样四纸,具文呈请鉴核,准予饬局照发,实为公便。谨呈天津特别市市长潘。

附呈估单一份、表样四纸。

天津特别市公署警察局局长周思靖

请领出入英法租界通行证手续

一、资格

请领人只限中国人或已归化中国之外籍人民(此项人民以住居本局辖境者为限,其在租界者应到宪兵队请领)。

二、保证

1.请领人应备具七等捐以上之妥实铺保二家,或八九等捐者三家担保;请领人确系正当商人(工人或学生），或确系安善良民，绝无其他轨外行动及宣传共产与政治活动等情事；但每家铺保所具保证不得超过四人，铺保商号应在本局辖境及各特别区者为限。

2.请领人如能觅有本市各机关主要职员二人担保，则可免去铺保，但此项人保以本局认可者为限。

3.请领人应在住居之该管区署请求办理此项保证，经该管区署核对后须由署长盖章证明以昭慎重。

三、像片

四寸免冠半身像片三张。

四、限期

此项通行证上日期以六个月为有效期间，经本局填写后，如有过期，仍应按照手续重行请领，并应将过期之通行证呈送本局注销，否则拒绝发给新通行证。

五、领取

1.请领人将所填之备查表送该管区署，即派差对保，如所具之铺保捐额等级或人保核对相符，即送由本局办理填发手续，经过三日后，该请领人应亲自来局领取。如过一星期延不来局领取，即将通行证作废，若所具铺保捐额等级或人保不符，仍须另觅保证。

2.领取通行证每户不得超过二张以上，如有匿报或冒名顶名等事项，除取销通行证外，并依法严惩。

（J0001-3-011259）

295.伪天津特别市公署警察局为核发市民出入英法租界通行证办法及式样事呈市长潘毓桂文

1939年1月5日

呈为呈请事。窃查奉谕核发本市人民出入英法租界通行证一案，遵即详拟办法，于便利一般安善良民之中，仍注重考核限制之意，以杜冒滥而免流弊，是否可行，理合抄同所拟通行证核发办法及通行证备查表、通行证式样各一件，备文呈请鉴核示遵。谨呈天津特别市市长潘。

计呈送核发通行证办法、通行证备查表、通行证样式各一件。

天津特别市公署警察局局长周思靖

天津特别市公署警察局核发出入英法租界通行证办法

一、宗旨

为便利本市一般安善良民出入英法两租界起见，规定由本局发给通行证。

一、请领手续

甲、凡本国人及入中国国籍之外国人，住在本局辖境以内者，均得依照本办法请领。

乙、请领人应觅具殷实商保二家，并备最近二寸照片二张，填造备查表，呈递所在区署，核对相符后转呈本局核发。

丙、此项通行证暂定为两个月期限,过期由请领人持赴该管区署或本局缴销,以昭慎重。

丁、请领人呈递备查表,经该管区署核对,呈局并发给规定之备查表收据,饬原请领人于二日后径到本局领取通行证。

(J0001-3-011259)

296.天津租界工部局联合电话保管委员会为请签发电话员工证明执照事致伪天津特别市市长潘毓桂函

1939年1月17日

径启者:据本月十四日贵署潘秘书之要求,鄙人兹将拟行修理各特别区有障碍电话之南局(电话)工员相片、籍贯等附上,即请台端将前所请求之证明执照迅予签发,俾修理工事得以进行。至深感盼。此致天津特别市市长。

联合管理租界电话委员会秘书长巴恩士启

(J0001-3-003533)

297.伪天津特别市公署为请发修理电话员工证明执照事致日本天津陆军特务机关函

1939年1月19日

径启者:查天津英租界电话局已由本署接收,亟待派工接线,惟津市刻正在警备时期,所有修理电话之员工证明执照,拟请由贵机关填发,以利工作。兹检同人名单六纸、相片二十二张,送请填发,迅复为盼。此致天津陆军特务机关。

附人名单六纸、相片二十二张。

市长潘毓桂

(J0001-3-003533)

298.伪天津特别市公署财政局为奉令查报本市外商运售货物暨英国新增、推广租界内华人房地转移情形事呈市长文

1939年1月

呈为呈报事。案奉钧署市字第二六七七号训令内开,查本市因有租界关系,云云。令仰该局迅速分别查照,详细列报,以凭核办。此令。等因。奉此,遵即详查档案,并转令所属经征捐税各所暨各特区捐务科一体查照列报,以资参考。去后,旋据该所、科等先后呈报到局,经详细汇核,计有不能课税及应行整顿之案数起,谨为钧座缕陈如下:

(一)航轮载运出口各货如在应行征税范围以内者,本局现就货物入市时征收税款,惟对于舶来入口之货如大米等,若在特一区各码头卸运,尚能照章收税,若在英、法、日各租界码头径行卸运,则因我方行政权有所不及,迄难派员进入租界收税。

(二)鸡卵一项本为津市出口大宗货品,比年以来税收锐减,推厥原因,皆由一般蛋商径赴产地,就近制作蛋品如蛋黄蛋白等,售与洋商转运出口,不纳鸡卵牙税,致近年该项税收已成为一大漏卮。业经拟具征收蛋黄蛋白牙行营业税办法,于本年一月间专案呈请核示,冀图补救。

除以上两案外,复查有天津英国新增、推广租界内中国人房地转移,在二十六年事变以前,均经前财政局会同英工部局会丈,按价额百分之六在财政局纳税,并附带交费办理转移登记。自事变后,英工部局发行一种过户执照,即在该局缴纳约与契税相等之保证金,业户即不来局纳税。先经函询英工部局过户户名,该局答复否认本局契税办法,即经呈奉钧署派潘秘书交涉在案,其后探得英工部局于上年十一月起停收保证金。又经拟具核发英国新、推租界土地转移临时证书暂行办法呈请核示,以资救济,尚未奉到指令。复查前项英租界契税自经英工部局发给过户执照后即未能征收,间有数户自愿来局投契,设法在英工部局购买蓝图会丈者,为数寥寥。

计自前年事变后,至上年年底止,征收税款数目较诸以往相差甚巨,此为本市外商运售货物暨英国新增、推广租界内华人房地转移,屡经交涉尚未依章课税之大概情形也。奉令。前因。理合具文呈请鉴察核办。谨呈天津特别市市长潘。

全衔局长王

(J0055-1-003507)

299.伪天津特别市公署为凡市署及各机关职员均须即日迁出英法租界事训令公用处(津字第776号)

1939年3月13日

为训令事。顷准天津陆军特务机关属意,凡市署各机关职员,如有居住英法两租界者,须即日迁出,以免将来严重检查时发生不便,等语。查本署所属各局处职员居住英法租界者,虽多数均早迁出,而少数未能迁出者亦复有人。倘一旦再行检查时,将较上次更为严重,不但往返不便,且足贻误公务,

如迟到而以检查稽延为藉口者,决不宽恕。合行令仰该处转饬所属遵照。切切。此令。

市长潘毓桂

（J0083-1-000303）

300.伪天津特别市市长温世珍为抗议天津联合准备银行行长程锡庚被狙殒命事致英国驻津总领事函（建字第32号）

1939年4月10日

径启者:顷据报告,中国联合准备银行天津分行经理程锡庚,昨晚七时许在英租界大光明影院观剧,猝遭狙击,中枪殒命。查数月以来,英租界境内暴徒不法事件层见迭出,业经本公署函请注意取缔,并准贵总领事复允扩充租界警力,加紧缉凶各在案。今为时不久,竟又发生当众刺杀高级官吏之案件,足征不法分子在英租界横行无忌,更甚于前。本市长对于英工部局警队保障公安能力之薄弱,实不胜遗憾之至。相应备函严重抗议,除要请贵总领事转饬英工部局负责严缉本案主从各犯,克日引渡法办外,并为防止类似事件之发生起见,特提出办法两项:

（一）英工部局对于所属警队须于最短期内切实改进加强。

（二）本公署警察局官警今后得随时进入英租界,与工部局官警协力执行检查或侦捕之工作。

即希查照转饬遵办,并早见复。至纫公谊。此致大英国驻津总领事。

市长温

（J0001-3-012439）

301.伪天津特别市市长温世珍为程锡庚遇狙殒命事致中华民国临时政府行政委员会电

1939年4月10日

北京行政委员会委员长王钧鉴:联合准备银行津分行经理程锡庚,昨晚七时在英租界大光明影院观剧,猝遭狙击,中枪殒命。除向英领事严重抗议切实交涉缉凶法办外,谨电肃闻。天津特别市市长温世珍叩。蒸。

（J0001-3-003213）

302.英国驻津总领事为程锡庚遇刺事复伪天津特别市公署函

1939年4月12日

径复者:贵公署四月十日来函,业经阅悉。程锡庚先生于本月九日在大光明影院被暗杀一案,本总领事深为抱歉。关于此案,贵公署当然深知,当日被击毙者不只程君锡庚一人,瑞士国籍人格劳塞尔君亦被击死,又俄籍人满索洛夫亦受重伤,以上两外国人皆因逮捕凶犯而致死伤。关于此案,本总领事愿对贵公署声明竭力逮捕凶犯,俟捕获后即当将凶犯引渡与贵公署审讯。对于贵公署提议之两种意见,本总领事愿声明,英工部局警察向来欢迎并继续欢迎贵公署警察局警察,在英租界内担任协助侦探工作。本总领事恳切请求贵公署对于此案,如有任何关于凶犯之消息,随时通知英工部局,是所至盼。关于贵公署提议英工部局加强警力事,本总领事不能接受对于英工部局警察能力之任何批评。该警察系一极有效能之团体,肇事之时,工部局警察并不在场。其实,英工部局警察因政局情势有非常之需要,刻已正在从事加强之中。此致天津特别市公署。

(J0001-3-012439)

303.伪天津特别市公署警察局为报程锡庚遇刺案情形事呈市长温世珍文

1939年4月13日

呈为呈报事。案据侦缉总队报称:为呈报事。窃查,据职属侦缉第一队队长胥锦凯报告,英租界大光明电影院内,于九日下午七时余发生中外籍观客被暴徒开枪狙击一案,业将大致经过情形呈请钧阅在案。复据该队详报,查英租界朱家胡同河沿大光明电影院,于本月九日下午七时二十分,有一身着咖啡色西装少年,年约二十余岁,身体瘦小,至该院柜房声称,打玻璃版找人,旋在玻璃书"程经理外找"五字。将字映放后,未见有人出来,该少年即行上楼进入。至八时三十五分,于幕上映片紧张之间,楼上忽闻枪声,观客紊乱,夺门而逃。后经英工部局捕探赶到,方悉中国联合准备银行天津分行程锡庚被击身死。邻座一李姓及一俄籍少年名满索罗夫受伤,又一瑞士籍人被枪毙命。比经搜索,则凶犯已乘间逃逸无踪。当将受伤者异往医院,至程氏等尸体,分别电请法院检验等情报前来。查该暴徒于影院广众之下,乘间狙击要人,实堪痛恨,除责令侦缉第一队队长胥锦凯限日踩缉凶犯,务获送究外,理合具文呈报鉴核。

又据特高科报称,据英租界驻在员陶宗山报告,本月九日晚七时五十分,英租界大光明电影院有联合准备银行经理程锡庚被匪狙击殒命事情,当即驰往秘密调查。是日该影院映演《为国干城》一片,片内有战争事件,又系有声片。是日晚五时半至七时半(旧)一场,程经理携眷前往。正当片中演至战争紧张时,枪炮齐鸣,匪人即乘此时机,于黑暗中突以手枪向程经理连发两枪,均中头部、项部要害,即应声倒地身死。旁坐有一西洋人(闻系法租界电灯房总办),见有人发枪,即向匪人手中夺枪,至触匪怒,复向此西洋人腹部连发两枪,亦倒地而死。匪即乘隙逃逸,弃枪于地。事后英工部派警探临场检查,并拾得行凶手枪,系新式黑色六轮手枪,木把崭新,一若第一次使用者,其木把上亦无汗液泥垢,于此可推测此案当非私人仇恨，想系有组织之党共暗杀机关派遣党徒所为。除仍继续侦查案中线索设法缉凶外，谨此报告鉴核。各等情。

据此，查此案自发生后，当经局长面禀钧座，并奉面示机宜，遵即饬属加紧踩缉。据呈前情，除通令所属一体认真严缉外，理合具文呈请鉴核。谨呈天津特别市市长温。

天津特别市公署警察局局长郑遐济

（J0001-3-003213）

304.伪天津特别市公署为重申市属各机关职员向在英法两租界居住者须一律迁出事训令公用处（建字第6号）

1939年4月13日

为令遵事。查市属各机关职员向在英法两租界居住者须一律迁出一事，迭经通令转饬遵照在案。兹据调查，各该职员等遵令克日迁出者固占多数，而徘徊观望阳奉阴违者亦不能谓为绝无。用特重申前令，凡我市属公务人员今后概不得在英法租界居留，悬为厉禁，其原在两租界居住尚未迁移者，自令到之日起限于三日内一律迁出，不准再事迟延。倘有故违，即以藐视功令论，各该机关长官尤须以身作则，督促所属恪遵，自经此次诰诫之后，如再查有抗不遵照或托词蒙蔽情事，惟该主管长官是问，仰即遵照并转所属遵照，毋得玩忽致干未便。切切。此令。

代理市长温世珍

（J0083-1-000303）

305.伪天津特别市公署财政局为英国新、推租界税契拟请派员交涉由英工部局移交保证金事呈市长文

1939年4月17日

为呈请事。案查接管卷内王前局长，因上年事变后英租界税契发生障碍，于廿七年三月十八日密呈钧署请派员交涉恢复旧制，并联络华董设法挽回。嗣奉前市长潘派潘秘书与王前局长接洽，即经开具节略，送交潘秘书进行交涉。其后王前局长闻英工部局于廿七年十一月起改变办法，停止收款，而华人之愿赴职局税契者，英工部局有时既可售给蓝图，亦不拒绝会丈，业已办理有案。王前局长并觅得英工部局过户执照原件，阅其第一条规定，所收之款系用保证金名称，并声明俟本埠稳固，政府重行成立，再行移交，云云。其语气似系对前天津治安维持会所发。现在天津市政机关业已成立，该工部局自应履行移交之责任。呈请钧署进行切实交涉，以期恢复旧制。惟此种过户执照，业户因产权关系赴法院登记，则以无职局契证碍难办理，若移送职局，又须照章另交税款，业户陷于进退维谷，在法院办理亦感觉困难，而因未曾为保存登记即不能为抵押登记，甚至诉讼发生，因未曾合法登记而受败诉之影响

者,种种纠纷不可胜述。若不酌拟变通办法,则业主无以资保障而维产权。又经王前局长审核,拟在英工部局保证金未移交以前,暂由职局核发土地转移临时证书以资救济。业户持此证书得向法院声请为不动产之登记,一俟交涉妥协,恢复旧制,再行另换正式契证。酌拟暂行办法五条及证书式样一纸,持商天津地方法院表示同意,于廿七年十二月廿六日呈请钧署核示,尚未奉到指令。局长莅任后,接准移交。查英国新、推租界土地转移,无论中外商民均由中国主管官厅印发联契,主权所关,未便放弃。在英领方面,初以事变后中国尚无稳固政府,暂收保证金,原系一种过渡时代之变态,现在天津市政机关成立已越年余,因交涉尚未就范,较国家主权及业户产权多受影响,而英租界当局久已停收保证金,若不乘此时机据理力争,积久之后,尤恐中国人民亦将习非成是,忽视纳税义务,辗转思维,惟有恳请钧署派员积极进行交涉,由英工部局克期将新收保证金悉数移交职局核收,再行补办一切手续。一面自即日起,英工部局应停发过户执照,照章由财政局会丈征税发契,以维主权,而复旧制。所有呈请派员交涉英国新、推租界税契事宜缘由是否有当,理合具文呈请检核示遵。谨呈天津特别市市长温。

全衔局长李

（J0055-1-002180）

306. 伪天津特别市公署为英租界大光明电影院发生暴徒狙击程锡庚案呈中华民国临时政府行政委员会文

1939年4月19日

为呈报事。案据警察局呈称,案据侦缉总队报称,云云。理合具文呈请鉴核。等情。查此案发生后,本署立即饬属缉凶,一面向英总领事提出抗议,并于蒸日电呈鉴核,并准英总领事函复在案。据呈前情,除指令继续严缉凶犯外,理合抄同抗议往复函件,备文一并呈请鉴核。谨呈行政委员会委员长王。

市长全衔
附抄呈英领事函及译英领事复函各一件。

（J0001-3-003213）

307. 伪天津特别市公署为英租界大光明电影院发生暴徒狙击程锡庚案令警察局

1939年4月19日

呈一件。为据报英租界大光明电影院发生暴徒狙击天津准备银行行长程锡庚一案情形请鉴核由。

呈悉。候据情转报行政委员会鉴核,仰仍督饬所属严密侦缉,务获本案人犯,破案法办。切切。此令。

（J0001-3-003213）

308.伪天津特别市公署财政局为请交涉恢复本市英国新增、推广租界税契旧制暨索还积存保证金事呈市长文

1939年4月24日

谨将拟请交涉恢复本市英国新增、推广租界税契旧制暨索还积存保证金一案,开具节略,恭请鉴核。

查天津市英国新增、推广两租界华人置买房地自民国十五年经庄前交涉员与英领交涉后,在交涉署呈验契据,与英工部局会丈相符,交纳契税百分之六,其买自外国人者,纳税百分之五,由交涉署发给印契。外国人永租者,亦在中国官厅办理过户,发给联契,交纳会丈费。交涉署裁撤后,归天津市土地局办理,土地局裁撤,并归财政局接办,订有租界税契事务规则,曾经驻津各国领事同意,历年施行在案。

民国廿六年七月事变后,在天津市治安维持会时代,英国工部局对于华人购买土地之案,发给过户执照,征收与税额相等之保证金,声明俟本埠稳固,政府成立后,再行移交。嗣于廿七年十一月起又停止征收保证金,而华人之愿赴天津市财政局投税者,有时英国工部局既可售给蓝图,亦不拒绝会丈办法,颇不一致。迄今英工部局发照如故,此种过户执照,业户赴法院登记,则以无财政局契证,碍难办理,若将该执照移局税契,已交保证金者又须另交税契,若不办登记,又于诉讼上发生问题,而未交保证金之业户,若不赴法院登记,则产业实际上久已管有而未尽丝毫纳税义务。

查英国新、推租界土地转移,无论中外商民,均由中国主管官厅印发联契,主权所关,未便放弃。在英领方面,初以事变后中国尚无稳固政府,暂收保证金原系一种过渡时代之变态。现在天津市政机关成立已越年余,因交涉尚未就范,较国家主权及业户产权多受影响,而英租界当局久已停收保证金,若不乘此时机据理力争,积久之后,尤恐中国人民亦将习非成是,忽视纳税义务,亟应积极进行交涉。探闻英工部局收存保证金约有三四万元,应由英工部局悉数交由财政局核收,再行补办一切手续,一面自即日起停发过户执照,照章由财政局会丈征税,恢复旧制,以维主权。除另文呈请核办外,谨再略陈梗概,伏乞垂察。谨呈市长温。

全衔局长李

（J0055-1-002180）

309.伪中华民国临时政府行政委员会为程锡庚在津遇狙致毙案令天津特别市公署

1939年4月27日

呈一件。呈报程前经理锡庚在津遇狙致毙情形,并抄同向英总领事抗议往复函件请鉴核由。

据报程前经理锡庚遇狙情形,并抄同该市公署向津英总领事抗议往复函件,请鉴核等情。查所报

办理此案经过已悉,仰仍饬属继续缉凶归案法办。此令。

行政委员长王克敏

(J0001-3-003213)

310.伪天津特别市公署为英租界大光明电影院发生暴徒狙击程锡庚案训令警察局

1939年4月29日

为令遵事。查前据该局呈报,英租界大光明电影院发生暴徒狙击程前经理锡庚一案,业经指令缉凶并转呈行政委员会在案。兹奉指令内开,据报程前经理锡庚遇狙情形,并抄同该市公署向津英总领事抗议往复函件,请鉴核。等情。查所报办理此案经过已悉,仰仍饬属继续缉凶归案法办。等因。奉此,合行令仰该局遵照,转饬所属继续侦缉,除将凶犯弋获归案法办为要。此令。

(J0001-3-003213)

311.伪天津特别市公署财政局为办理租界税契公文转工部局事致外事处便函(第23号)

1939年5月4日

径启者:捧读大稿,妥洽周详,至深钦佩。惟敝局办理英新、推两租界税契事务,往返公文均与英领事交涉,此函可否亦致英领转知工部局之处,尚希卓裁,附还原稿一件,敬请察收为荷。此致市公署外事处。

附稿一件。

局戳 启

五月四日

(J0055-1-002180)

312.伪天津特别市公署外事处为接洽代收保证金移交财政局事致英工部局函

1939年5月6日

径启者:查贵局新、推租界内关于地产转移事宜,无论中外商民,向由中国主管官厅印发联契,缴纳税费,历经办理有案。惟自事变以后,贵局为便利新、推租界内之一般中外商民转移产权起见,曾规定一种过户执照，按已往地产转移章程应缴市财政局之税契费相等数额，暂收保证金，代为保管。此系权宜办法，现在时过境迁，天津市政日趋明朗，人民财产已有保障，所有在贵租界业户产权转移，自应恢复旧制，以清权责。查本案在潘前市长任内，曾派潘秘书钟文数度往洽，已荷贵局于二十七年十一月以后，改变办法，停止收款，如华人之愿赴市财政局税契者，贵局既可售给蓝图，亦不拒绝会丈，足征贵局已深悉津市地方政权步入稳固状态，无任荣幸。兹为完成本市税收，统一并尊重旧章则履行起见，特再派本署外事处秘书蔡天尧赍函前往贵局，务希赐予接洽，请即将前此代收保证金悉数移交市财政局核收，由局补给手续，以明权责。一面请自即日起，勿再发行过户执照，并请通饬新、推租界内中外商民，此后遇有产权转移情事，应照章赴市财政局请求会丈征税发契，以复旧制，实纫睦谊。此致大英国工部局。

（J0055-1-002180）

313. 天津租界工部局联合电话保管委员会秘书巴恩士为电话移交事致伪天津特别市市长温世珍函

1939年5月8日

敬启者：兹将工部局联合委员会所拟致贵市长函稿一件，送请核阅，以便答复证实。

此函可信，已将去年十二月廿三日，贵前任与工部局联合电话保管委员会间同意之节略内第五段所开之待决事项均包括在内。

查收电话移交与阁下，其正式资格为天津特别市市长，此种举动，已逾越严格中立之范围。其惟一之理由，只可诏为公众利益之必要起见，采用可行之办法将电话交通恢复而已，此则须为了解者也。基此理由，必求可以维持此种态度之一切保障，俾便于战事终了时，倘其结果有恢复以前状况之必要时，可以恢复之。惟有似此办法方可保障各工部局之态度，敝委员会确信贵市长的承认此种见解之为不谬也。此致天津特别市市长温。

工部局联合电话保管委员会秘书巴恩士

一九三九年五月八日

（J0001-2-000435）

314. 伪天津特别市公署财政局为拟华人在英国新、推租界购买房地暂免会丈办法事呈市政府文

1939年5月11日

为签呈事。查华人在本市英国新、推租界购买房地，按照本局办理各租界税契事务规则第四、五两条之规定，由买主在财政局领契纳税，惟手续上先由华人在英国工部局购买蓝图投呈本局，由本局函

致英领事转知英国工部局定期会丈后,再行通知纳税印发新契,历经办理在案。局长到任后,调查华人在英租界购买房地自前年事变后,未经来局投税者为数甚多,其原因由于经过会丈耽延时日,业主以契据久存官厅,设遇意外,恐有遗失之虞,是以相率观望,如能随税随发,则投税之户必可日见踊跃,公家税款亦能畅收无疑。局长悉心筹划,查英租界地亩本局向以该国工部局蓝图为凭,会丈等于形式,徒以主权所关,未便废弃。惟查租界税契事务规则第六条规定,各外国人同一国籍地亩过户即不必再行会丈,以此例彼关于中国人者,似亦可参照办理。局长为便利业户增进税收起见,拟请嗣后凡中国人购买中国人房地,业户已在英工部局购买蓝图,自请免丈,照图税契,审核原投契图并无瑕疵者,准予免丈制图税契,业户领到本局契证后,自向英工部局办理注册。其裁买及购买外国人者,英工部局所发蓝图亦经批明,本局亦可照制登记图,暂不会丈。至中国人购买中国人产业,其房屋向不绘入图内,应由业户据实自报间数房价,照章收税登记。但本局对于中国人投税案件,如认有疑义者,仍得随时会丈,或派员调查以昭核实。此项办法与原规则并无抵触,如奉核准,拟暂行试办三月,果无其他窒碍,将来察看情形,再行呈请核示遵行。其关于外国人永租案件,仍行照章办理,不在此例。所有华人在英国新、推租界购买房地暂免会丈缘由,是否可行,理合呈请鉴核示遵。谨呈市长温。

附呈办理租界税契事务规则一份。

天津特别市公署财政局局长李鹏图谨呈

五月十一日

天津特别市公署财政局办理各租界税契事务规则

第一条 本规则为办理各租界中国人购买房地及外国人永租地亩转移、税契、会丈、加印各事宜制定之。

第二条 凡外国人永租中国人地亩,先由双方成立永租契,连同原业主印契呈送各该管国领事,查核相符,随将租契、印契附带空白三联契函送财政局,定期会丈,由原业主缴纳会丈费千分之八,并由租主缴纳登记费十元、绘图费五元。

第三条 凡外国人永租其他外国人地亩,各该管国领事应将彼方原联契连同空白三联契函送财政局,定期会丈,由租主缴纳登记费十元、制图费五元,并缴纳会丈费(会丈费每地一亩十元,每多一亩加二元,不足一亩者,亦按一亩计算,惟加至五十元为度)。

第四条 凡中国人购买外国人地亩,先由各该管国领事将原联契函送财政局批销函还后,由买主在财政局领换新联契,按照工部局估价表缴纳税契费百分之五;其地亩在租界外者,亦由该管国领事将原联契函送财政局批销,惟须遵照本局普通纳税规则办理,外国人方面并不缴纳各费。

第五条 中国人购买中国人房地,无庸经过各该管国领事,应由买卖主双方径来财政局投税,缴纳契税费百分之六。

第六条 各外国人同属一国籍、同在该管国租界内,彼此全数地亩过户者,只须将原联契函送财政局更名过户,批明后仍将原契交现租户收执为据,不必另换新契,亦不必再行会丈暨交纳各费。如系割租,应由该管国领事将原联契与空白联契函送财政局,定期派员会丈后,将原联契批割,仍归原业主收执管业,其割租地由财政局填印空白联契给分租户存执,并由分租户交纳登记费、制图费、会丈费。

第七条 凡外国人以早年县给印契换领新联契,倘原业主系中国人,因年久无从传问时,其登记费、制图费、会丈费应由外国人担负。惟按照外国人会丈费缴纳,免纳八厘费。

第八条　凡遇勘丈各租界房地,应由财政局先期通知各该管国领事,转知该管国工部局派员会同勘丈。

第九条　本规则如有未尽事宜,得提出市政会议修正之。

第十条　本规则自公布之日施行。

（J0001-3-002400）

315.伪天津特别市公署为华人在英国新、推租界购买房地拟暂免会丈暂行试办三月事指令财政局（建字第1896号）

1939年5月15日

签呈一件。为华人在英国新、推租界购买房地,拟暂免会丈以期便利,并拟暂行试办三月,是否可行,检同租界税契规则请核示由。

呈件均悉,查核所拟对于华人在英国新、推租界购买房地暂免会丈办法,系为便利业户、增进税收起见,事属可行,应准如请暂行试办三个月,俟期满再由局察酌实际情形,另呈核夺,仰即遵照。附件存。此令。

市长温世珍

（J0055-1-002180）

316.伪天津特别市公署为饬遵棉花、棉系、棉布在英法租界外交易办法事训令天津市商会

1939年5月15日

为令遵事。查关于棉花、棉系、棉布交易,业经日本军部方面决定,在英法租界外开始交易,并规定实行办法六条,绝对迅即施行。合亟检同原办法,令仰该会即日召集有关各公会切实遵照实行,并各取具切结,从速具报为要。切切。此令。

附发办法六条。

市长温世珍

关于棉花、棉系、棉布在英法租界外开始交易事

一、棉花、棉系、棉布之交易,统在日本租界及中国地行之。

二、华方交易者,以在日本租界或中国地居住者为限。

三、交易银行以日本系银行及外国租界以外之银行或为金融业者为限。

四、商品储藏地点以在日本租界或中国地为限。利用已往在日本租界及中国地内所有相当设备之仓库存货,如不足时亦可利用纺织会社之仓库。

五、对于英法两租界内需用者,棉花方面由北支棉花协会,棉系、棉布方面由日本纺织同业会天津支部或天津棉系、棉布同业会发给许可证后,方能认可向外国租界搬运。

六、棉花不准囤积居奇,一切须指导其卖与协会。

以上由昭和十四年五月九日施行。

为关于棉花、棉系、棉布在租界外开始交易办法
召集有关公会紧急会议纪录

时间:民国廿八年五月十六日下午四时。

地点:本会会议室。

出席人:商会常董纪仲石、焦世卿,棉业公会代表张秀峰、李景溪、赵慎之,绸布呢绒棉纱业公会代表曹祝久,门市布业公会代表王焕章。

列席:银行业公会代表金菊园、钱业公会代表王秉衡。

主席:纪仲石。

纪录:朱厚叔。

一、报告事项

首由纪常董报告,奉令发关于棉花、棉系、棉布在英法租界外开始交易办法六项,即由各业切实遵照实行,应请各出席代表研究办法。云云。

二、讨论结果

各行商业及金融业在租界内营业者,实缘民国以来地方频经变乱,以致逐渐移入租界,本非得已。兹奉市公署令,发关于棉花、棉系、棉布在英法租界外开始交易办法六条,裨益中国市面甚大,各业商人对于原则上当然乐于遵行,惟有数点困难:

(一)目前华界地方繁荣,房舍稀少,骤然变动各大商号,对于大量仓库,实属一时无从寻觅。

(二)棉花、棉系、棉布各项交易多在银行银号押款,牵涉金融,各商拟即迁与中日各大银行号接洽抵押借款办法。当经决议,即由到会各代表分别回至本业报告,急速研究各项更张办法,一面呈请市公署商同日本军部转商中日各银行,从速建筑能储藏大量棉花、棉系、棉布之仓库,俾商人等即可遵照,逐步迁移。

三、闭会。下午六时。

(J0128-3-008297)

317.伪天津市商会为研讨棉花、棉布在英法租界外交易事致钱业同业公会函

1939年5月15日

径启者:顷奉天津特别市公署面示,关于棉花、棉布在英法租界外交易要案,亟应研商以免抵触。等因。奉此,兹定于本月十六日下午四时(新分)在北马路市商会与有关各公会详加研讨。除分行外,特此函请贵会会长及全体常务董事准时出席会议,以凭呈复为要。此致钱业公会。

天津市商会启

(J0129-3-005051)

318.伪天津市钱业同业公会助理秘书为棉花、棉布在英法租界外交易会议情形事报告常务董事

1939年5月17日

为报告事。本月十六日,按准市商会函开,以奉市公署面示,关于棉花、棉布在英法租界外交易要案,定于十六日下午四时在商会研讨,函请出席会议。等因。奉常务董事电示,派世铃前往商会代表出席。奉此,世铃届时赴会与议,莅会者计银、钱两业、棉业、绸布纱业、门市布业,共五业代表。开始由纪仲石报告市署原令大意,并分交照抄原令一件及办法六条,并谓初则。市署派员面示此案急待具报。当即函知各业公会,训令以后按到之故耳。此事虽表面无银、钱两业关系,而实际尤为重要,是以必须函请列席,至具切结。银、钱两业纵不欲加入□可,惟本身问题甚为重大,应请各业代表回复,召集会议以备下届会议时提出研讨。今日先以遵即筹设各项办法具报,以便延期再议。遂即决议,至六时散会,理合据实陈报常务董事鉴核。

助理秘书王世玲

(J0129-3-005051)

319.伪天津特别市公署财政局制请免会丈声请书

1939年5月18日

具声请人　　,现年　　岁,原籍　　,职业　　,现住　　街门牌　　号。

为声请免丈税契登记事。窃业户于民国　　年　　月　　日,凭中　　买得　　坐落本市英国租界第　　段第　　号,地　　亩　　分　　厘　　毫,每亩价洋　　,并附建筑物　　,作价洋　　,共计实价洋　　元　　角　　分。业经书立契约,并在英国工部局购买蓝图　　张,理合检同契图呈请钧局鉴核,准免会丈,核发通知,交纳税费,制发契图登记证,将来业户领到契证后,自向英国工部

局办理注册,以凭管业。谨呈天津特别市公署财政局。

    计呈新契   张、根契   张、蓝图   张。

(J0055-1-002180)

320.伪天津特别市公署财政局为自本月起三个月内英租界中国购房地者暂免会丈事通告

1939年5月18日

    为通告事。查中国人在本市英新、推租界购买房地者,向须会同英工部局勘丈。兹为便利业户起见,自本月十五日起,三个月以内暂免会丈,仍照向例先在英工部局购买蓝图三张,可连同新契、根契至本局收契处,免费索取空白免丈投税声请书,依式填明。投税后制给收据,经本局审核契图并无瑕疵者,准予免丈制图,一经交纳税款,随即填发契证。其地上如有建筑物,应由业户据实填报种类、间数、房价,以凭照章收税登记,不得隐匿。但本局如认有疑义者,仍得随时会丈或派员调查以昭核实,仰各业户一体知照。特此公布。

贴于本局收契处窗口

(J0055-1-002180)

321.伪天津特别市公署为转知各同业公会禁止运入英法租界商品种类清单事密令天津市商会(建字第15号)

1939年5月25日

    为密令事。查棉花、棉系、棉布在英法租界外交易事宜,业经令行遵照在案。兹规定禁止运入英法租界商品种类,合行抄发清单一纸,令仰该会转知各有关公会一体遵照为要。此令。

    附清单一纸。

市长温世珍

禁止运入英法租界商品清单

一、纤维及同制品

棉花、棉系及棉线物(含人造丝类)、羊毛、麻类。

二、兽皮及皮革

牛皮、马皮、羊皮,其他一切兽皮及皮革。

(J0128-3-008297)

322.伪天津特别市公署为抄发棉类在英法租界外交易施行事项及检查处分办法事训令天津市商会

1939年5月26日

为令遵事。案查关于棉类在英法租界外开始交易一案,兹已规定交易施行事项及检查处分办法,合行抄发原文,令仰该会迅即通知各棉商,切实遵照,毋违干咎。此令。

附抄发关于棉类在英法租界外交易施行事项三条、关于检查处分办法三条。

市长温世珍

关于棉类在英法租界外交易施行事项

通知各棉商遵照事项:

一、各棉商在英法租界内棉花棉系棉布等迅速迁出。

二、前项之现存数量应先分类报明。

三、各棉商所存棉类,应指定其卖与北支棉花协会。

关于检查处分办法

一、非蓄意偷运向英法租界运入者,予以扣留,并通知棉花协会收买之。

二、前项有蓄意偷运行为者(如改变包装等),予以没收,由市署拍卖之。

三、对于偷运之密报及查获者,规定奖励办法。

(J0128-3-008297)

323.伪英国驻津工部局秘书长为英租界推广界地产投税须时日考量不能自事更改事致伪天津特别市公署财政局函

1939年5月26日

径启者:兹准五月廿五日第二一三号大札,承示关于英租界推广界地产投税各节,备悉种切。所提更改,敝局是否可以赞同,尚须时日考量,俾便确定答复。刻据台函声称:近有华人在英租界购买房地,照章来局声请投税,惟为迅速办理起见,请求参照外国人同一国籍地亩过户不必再行会丈之例,云云。敝局既未接本界此项中国地主之请求,贵局可否将该声请人之姓名、住址见示。又关于同一国籍外人地产转移,鄙人兹须指明事非与此同例,因此项外人地产之转移不经天津特别市府地亩处办理,故无须会丈,尤无免去会丈之必要。再者,自鄙人在英工部局任职以来十有五载,历年例行会丈,颇著成效,即市府丈量人员与敝局工程处丈量人员之间,从未发生争执或异议。此项会丈办法既行有年所,极称顺适,倘无充分理由,鄙人不愿多事更改,除非现时施行确有不合宜之事实,或免除会丈于例行手续可获改善有所证明。依管见所及,免除会丈对于地产转移未必即能转速,缘会丈需时甚暂,至多数小时而已。惟鄙人在奉到大札之前(五月廿四日),已见《庸报》登载免除会丈暨通知本租界住户依此投税之启事,故不得不声述,关于三联契地契投税之全部手续,系多年前经天津特别市府与英国工部局协定者也,未得双方同意自不应且不能即事更改,其于事前鄙人与敝局既无所闻,忽见中国报章登载上述通告,不免深为惊异。祗准前因,专此函复。此致天津特别市公署财政局局长李。

秘书长兼工程师巴恩士
(J0055-1-002180)

324.伪天津特别市市长温世珍为停止电话南局内无线电台事致英国驻津总领事公函

1939年6月1日

径启者:案查贵租界电话南局内无线电台,曾经与贵总领事交涉于华北电电公司开始海岸业务时应即停止播发,并已得贵总领事同意在案。查近日,华北电电公司已于当地开始海岸业务,设备极为完善,商民均称便利,而已得到完满之工作,该无线电台并未停止业务,抑且加强电波,肆意播放,作有意之扰乱,而妨正式之工作。本市长主掌津市,对海上之生命财产当负有安全之保障,于华北电波之统制尤应作有秩序之管理,似此任意播发电波,非但于秩序与营业有碍,抑于海上之生命实有莫大之危险,兹特提出抗议,请贵总领事于接到抗议书时,立即饬令该电台停止工作,是为至要。相应函请查照,并希见复为荷。此致大英国驻津总领局。

市长温
(J0001-3-003494)

325.伪天津特别市市长温世珍为引渡四名杀人犯事致英国驻津总领事函

1939年6月1日

径启者:案查贵租界前经捕获之暗杀犯人四名,曾经交涉引渡在案。惟贵总领事一再藉词推延不予引渡,虽经本署迭次派员交涉,迄未得有相当结果,并声言须呈请大使核示,复谓大使远在重庆,电信难通,以至对此严重人犯案迟迟未得解决。本市长对贵总领事之信望,素极尊重,然对此四名暗杀人犯一再延不引渡,显与彼者声言协力保护地方治安之本旨不无违背,本市长对此实不胜遗憾。现贵国大使已返上海,电信数时可还,应请致电催闻,从速引渡,以惩凶顽而保治安。在未引渡之前,对该四犯之保管仍须由贵总领事负完全责任。相应函请查照,并希见复为荷。此致大英国驻津总领事。

市长温

（J0001-3-012439）

326.英国驻津总领事为引渡四名杀人犯事复伪天津特别市公署函

1939年6月3日

径启者:案准贵公署六月一日函开,关于在数星期前业被逮捕之该四名犯人一案,刻正竭力从事,能于最近期间解决中,该犯等刻仍妥为监护。相应函复,即希查照为荷。此致天津特别市公署。

大英国驻津总领事

（J0001-3-012439）

327.伪天津特别市公署外事处译伦敦海通电

1939年6月3日

照译伦敦六月三日海通电:英政府已决定将英租界之政治犯引渡与日方,但英总领尚未接到该项命令。为表明英日亲睦起见,英政府已决定将在津英租界所逮捕之二十名暴徒引渡与市公署。

党府驻英大使郭泰祺昨午访问英外交次长卡都干时,卡氏当将英政府之决定对郭已说明,同时重庆之英大使馆已将英政府之该项决定正式通知党府矣。

此间各政治方面相信英政府此种举动,纯系为谋英日亲善而产出。(以上海通电)

查上述消息,昨据英总领事馆称,该领馆刻尚未接到此项命令云。

伦敦六月三日海通电:日方最后通牒之说不可尽信。

据报告称,日当局致津英总领馆之最后通牒,要求将程锡庚案之犯人立刻引渡事,据关系方面之观察,此项报告未可尽信。据称关于此案,津英总领与日当局刻正在交涉谋速解决中,并谓已授意英总领饬其作某种提议,但该项提议之性质尚未公布。

（J0001-3-012439）

328.伪天津市棉业同业公会为调查会员仓库存货后再行确定租界外交易办法事复天津市商会函

1939年6月3日

径复者:前奉贵会公函第一八六四号内开,径启者,查关于棉花、棉系、棉布在英法租界外开始交易一案,前奉天津特别市公署指令并附规定实行办法六条。等因。到会。曾经本会于本月十六日召集棉业、绸布、纱业、门市布业及银行钱业等公会负责人紧急会议议决,各行商业及金融业在租界内营业者实缘民国以来,地方频经变乱以致逐渐移入租界,本非得已,兹奉市公署令发关于棉花、棉系、棉布在英法租界外开始交易办法六条,裨益中国,市面甚大,各业商人对于原则上当然乐于遵行,惟有数点困难:

(一)目前华界地方繁荣,房舍稀少,骤然变动,各大商号对于大量仓库实属一时无从寻觅。

(二)棉花、棉系、棉布各项交易多在银行银号,押款牵涉金融各商,拟即径与中日各大银行号接洽抵押借款办法,当经决议,即由到会各代表分别回至本业报告,急速研究各项更张办法,一面呈请市公署,商同日本军部转商中日各银行从速建筑能储藏大量棉花、棉系、棉布之仓库,俾商人等即可遵照,逐步迁移。等由。业已录案,呈报在案。兹奉市公署建字第二一五八号指令内开,呈暨会议纪录均悉。查棉花、棉系、棉布在英法租界外交易一案,必须绝对迅即实行,仍仰转知各有关公会迅将如何更张办法详细声复,勿延为要。纪录存。此令。等因。奉此,相应函达,即希查照,迅将贵业如何更张办法克日见复,以凭呈复为荷。此致。等因。到会。

查棉花在英法租界外交易一案,自应绝对遵守,业经通知各会员,奉行在卷。本会现正调查各会员仓库存货,一俟手续完竣,再行确定更张办法,相应先行函复台察汇转为荷。此致天津市商会。

天津市棉业同业公会启

(J0128-3-008297)

329.伪天津特别市公署财政局为华人在英新、推租界购买房地暂免会丈事呈市长文

1939年6月7日

呈为呈请事。查职局签呈,华人在本市英国新、推租界购买房地拟暂免会丈,并拟暂行试办三个月,是否可行,检同租界税契规则呈请核示一案,于本年五月十五日奉钧署建字第一八九六号指令内开,呈件均悉。查核所拟对于华人在英国新、推租界购买房地暂免会丈办法,系为便利业户、增进税收起见,事属可行,应准如请暂行试办三个月,俟期满再由局察酌实际情形,另呈核夺,仰即遵照。附件存。此令。等因。奉此,当经登报通告并分函英国驻津领事署及英租界工部局查照。兹于五月三十日准英工部局秘书处译函略开,所提各节是否赞同,尚须时日考量,惟多年协定未得双方同意不能即事更改。等语。局长查该处来函所称各节,证以近年事例颇多矛盾误会之处,另具详细意见书附呈鉴核。可

否据理交涉，伏候钧裁。惟此次呈请暂免会丈，原为便利业户、增进税收起见，该工部局既以时日考量为言，则实际情形势必因未曾会丈而妨碍注册，于业户反感不便，拟请在钧署交涉未解决以前暂仍照旧办理，以免阻碍，是否有当，理合检同意见书并照抄局函稿及译函，呈请鉴核示遵。谨呈天津特别市市长温。

附呈意见书一份、抄局函稿一件、译函一件（略）。

天津特别市公署财政局局长李鹏图

意见书

民国二十八年五月三十日准驻津英工部局秘书处复函略称：关于财政局函达华人在英国新、推租界税契暂免会丈一案是否赞同，尚须时日考量再行确定答复。等语。查原函内所述各节，按诸该工部局以往所办税契案件事例，实不免有自相矛盾之处，谨就原函分节陈述意见如下：

一、原函称：刻据台函声称，近有华人在英租界购买房地，照章来局声请投税，惟为迅速办理起见，请求参照外国人同一国籍地亩过户不必再行会丈之例，云云。敝局既未接本界此项中国地主之请求，贵局可否将该声请人之姓名、住址见示。等语。

查本局此次呈请暂免会丈，其动机实起于华人麟趾堂等八户，又四勿堂剑记等八户之请求，虽无正式公文，然各户之代表人李剑秋现住英租界十号路，确曾向财政局口头请求，并非无因而发。然此系中国人向中国官厅陈请之事，其姓名住址对外无发表之必要。

二、原函又称：又关于同一国籍外人地产转移，鄙人兹须指明事非与此同例，因此项外人地产之转移不经天津特别市府地亩处办理，故无须会丈，尤无免去会丈之必要。等语。

查租界税契规则第六条规定，各外国人同一国籍全数地亩过户，虽不必另换新契，但仍须将原契函送财政局更名过户批注，来函谓不经天津特别市府地亩处办理，则与协定规则不合。至财政局去函，参照二字无非谓事类相近，本非谓绝对性质。

三、原函：自鄙人在英工部局任职以来十有五载，历年例行会丈，颇著成效，即市府丈量人员与敝局工程处丈量人员之间，从未发生争执或异议。此项会丈办法既行有年所，极称顺适，倘无充分理由，鄙人不愿多事更改。等语。

查英工部局地亩图籍分明，此次暂免会丈，正以工部局当局在事最久，所发蓝图极为准确，以前会丈绝少谬误，前拟免丈，依样制图，正表示信任工部局当局之诚意，初非别有怀疑，原函所云似涉误会。

四、原函：除非现时施行确有不合宜之事实，或免除会丈于例行手续可获改善有所证明。依管见所及，免除会丈对于地产转移未必即能转速，缘会丈需时甚暂，至多数小时而已。等语。

查免去会丈本系暂时办法，并明定试办三个月，并非长期。况会丈关系中国主权，岂能放弃。其实因该工部局自二十六年事变后，所有租界华人税契自由发给过户执照征收保证金，事前绝未与地方当局接洽，因而华人未向财政局办理税契过户者甚多。此种案件，在英工部局当局，久认为地权经界已无问题，而在我国立场，则手续尚为欠缺。中国人以拥护临时政府之决心，多数业户愿将未税契据来局补税势必纷至沓来一案。会丈虽需时甚暂，而事前行文知会英领转知工部局，至少得须一星期之准备，且财政局办理税契非仅英国租界，其他华界特区勘丈案件，每日十余起不等，就最近情形确有改善之必要，故三个月以后，如果案件并无留滞，亦仍有恢复之可能，本非根本取消会丈也。

五、原函谓：惟鄙人在奉到大札之前（五月二十四日），已见《庸报》登载免除会丈暨通知本租界住户依此投税之启事，故不得不声述，关于三联地契投税之全部手续，系多年前经天津特别市府与英国工部局协定者也，未得双方同意自不应且不能即事更改，其于事前鄙人与敝局既无所闻，忽见中国报章登载上述通告，不免深为惊异。等语。

查英租界税契自二十六年事变后等于中断。二十七年一月，财政局曾经向英工部局函询，嗣接复函，以英国新、推租界土地登记应与法义租界取同一步骤，不在财政局登记。等语。财政局当时尤为惊异万状，其后历次呈请市公署交涉，迄无结果，不胜遗憾。今英国工部局谓事未前闻，但英工部局之发给临时执照征收保证金，财政局事前亦未接工部局何种知会。今英工部局既郑重声述三联地契手续，谓系多年前经天津特别市府与英工部局协定，未得双方同意，自不应且不能即事更改。不过此种协定在二十六年事变以后，破毁不知始自何方，现在英工部局既能尊重协定，此则我市政当局所不胜庆幸者也。自今以后，双方正可订定相当日期，所有从前英工部局发给执照，各户不论业户为中国人、外国人，一律补行会丈，双方遵守协定之租界税契规则办理，彼此回复常轨，交谊益臻亲睦，岂不甚善。

以上意见可否采酌，以为交涉之资料，伏祈钧裁。

天津特别市公署财政局局长李鹏图

抄公函

径启者：查华人在本市贵国新、推租界内购买房地，向由买主在财政局领契纳税。手续上先向贵国工部局、贵局购买蓝图，投呈本局，由本局函致贵英领事转知工部局、贵局定期会丈，历经办理在案。近有华人在英租界购买房地，照章来局声请投税，惟为迅速办理起见，请求参照外国人同一国籍地亩过户不必再行会丈之例，经本局呈奉天津特别市公署核准，凡华人在英国新、推租界购买房地暂免会丈试办三个月。等因。其余一切手续仍照向例办理，但本局认有疑义者，仍随时函请会丈。除函英国领事署外，相应函达查照是荷。此致大英国驻津总领事署、天津英国租界工部局。

（J0001-3-003500）

330.伪天津特别市公署为重申职员在英法租界居住者须一律于两日内迁出事训令市属各机关

1939年6月8日

为训令事。查禁止本署所辖各机关职员居住英法租界一案，业经一再通令遵照。乃近查各该职员等遵令迁出者固属甚多，然阳奉阴违，意存观望者仍复不少。似此藐视功令，殊属非是。兹再重申前令，限本署所辖各机关职员于令到两日内，一律迁出英法租界。如再玩忽故违，定行严予处分不贷。合行令仰转饬遵照勿违。切切。此令。

市长温世珍
（J0115-1-000750）

331.伪天津市商会为奉令转知各有关公会绝对实行棉花、棉系、棉布在英法租界外交易事呈天津特别市公署文

1939年6月9日

呈为呈复事。案查关于棉花、棉系、棉布在英法租界外开始交易一案，曾经本会将召集有关各业公会紧急会议议决情形呈报在案，旋奉钧署建字第二一五八号指令内开，呈暨会议纪录均悉。查棉花、棉系、棉布在英法租界外交易一案，必须绝对迅即实行，仍仰转知各有关公会，迅将如何更张办法详细声复，勿延为要。纪录存。此令。等因。奉此，业经本会分别转函棉业、绸布、呢绒、棉纱业、门市布业等公会迅即实行，并将各该业如何更张办法，克日见复，以凭呈复去后，兹准棉业公会复称，本会现正调查各会员仓库存货，一俟手续完竣，再行确定更张办法；又绸布纱业公会复称，敝会前于出席紧急会议之后，随即召集全体会员到会报告，并嘱迅速筹设相当办法，敝会会员等均表示乐于遵行，旋经各号分别在华境营业街巷内寻觅交易处所，惟本市自上年繁荣以来，所有铺房已为各业商号完全租用，更因津市居民日众，即连住房亦绝少空闲，各商号皆殊为束手，除再催各商迅即设法迁移外请查核；又门市布业公会复称，敝会在会之布店，咸系门市零售，皆在华界住居设立各等情到会。理合具文呈复，仍祈鉴核。谨呈天津特别市公署。

（J0128-3-008297）

332.伪天津特别市公署为报日军防卫司令部自十四日起对英法租界实施严厉检查办法事呈中华民国临时政府行政委员会电

1939年6月13日

北京临时政府行政委员会委员长王钧鉴：窃关于天津联银程经理锡庚被刺一案，本署向英总领事严重交涉，提出办法两项，以及英方复函表示接受各情形，节经呈报在案。兹查此案凶犯四名，虽早经英租界工部局缉获，而英总领事始终设词支吾，迄今延不引渡。现由友军防卫司令部布告，自本月十四日早六时起，对英法租界实施限制出入交通，检查往来行人之严厉办法，以促其反省。除将来情形随时呈报外，谨电奉陈，敬祈垂察。天津特别市市长温世珍叩。元。

（J0001-3-003213）

333.伪天津特别市公署封锁英法租界布告（建字第94号）

1939年6月14日

为布告事。查此次友军对于本市英法租界交通施行严密检查，实为防杜乱源，安定地方之不得已

而最切要之自卫办法，凡我市民允能洞察大势，端定趋行，掬诚团结，一致协力，以达我最高之目的。在此期间，市民行动须特加检束，勿故相惊扰，以妨碍公安，勿滋生事端，以招致不祥，尤不得轻率出入于英法租界，以加重在勤友军之劳苦。为此晓谕周知，其各凛遵勿违。切切。此布。

市长温世珍

中华民国二十八年六月十四日

（J0001-3-003213）

334.伪天津市米业同业公会为英法租界封锁造成困难请予救济事节略

1939年6月14日

具节略人天津市米业同业公会。为节略事：窃自本日当局封锁英法租界，敝公会同业各商号感受困难颇多，河坝市场完全停顿。兹特列举情由，伏乞俯念商难，设法救济，以恤困窘，而维民食。

（一）自各租界口本日严厉检察，赴河坝市场买卖客商皆不得前往，故市场交易中断，即或有少数客商洽商买卖不能成交，运转拨付货价亦所不能，因之完全停顿。

（一）向来米面来源皆由大连、太古、招商、怡和等公司承运，即卸入各公司所组织之货栈，各商号唯负缴纳火险、栈租等费责任皆在英法租界之内，一旦封锁，受此严厉检察，同业各商号所购之米面专恃流通资金，借贷于各银钱行号以为透支活动，倘不能消售来货，市场断绝，各银钱行号所欠不能归还，不特信用坠地，且恐生法律问题，必至同归于尽。长此中断，商业固属停顿，民食亦必无法维持。

（一）如本日所买日本面粉，该日商行发存英法租界各货栈后，坚须索取正金、朝鲜两行支票或现票，各同业商家所交之银行钱号拨码支条皆不适用，而各家与正金、朝鲜向无来往，一时所感困难，颇为痛苦。

（一）既如是严重检察，各商家米面不能买卖，转运不通，银钱价款不能拨付，如此困难情形不一而足，则申汇一切当然断绝来货，自属无望。

以上各条皆自本日实行封锁英法租界发现之困难情形，同业各商处兹倒悬之下如何救济之处，为此肃具节略，缕叙情由，恳乞钧会特予维持，以救众商而顾民食。无任感祷待命之至。须至节略者。

具节略人天津市米业同业公会

（J0128-3-008285）

335.伪天津市三津磨房同业公会为英法租界封锁造成困难请予救济节略

1939年6月15日

具节略。三津磨坊同业公会为英法租界出入口施行检查，敝同业感受困难情形略陈如次：

一、本市所存面粉米粮大多数存在英法租界,即面粉一项,全市现存总在三百万袋,而存于英法租界者竟占二百九十万余袋之多,此次施行检查办法之后,敝同业等数百家均不得到法租界河坝市场觅购米面,各家存货无几,均不足供应门市,遂使一般市民感受食粮缺乏之恐慌,诚恐此种事态延迟一日,则隐患亦更深一日。

二、全市银行号多数均在租界,敝同业等来往款项在租界者无法收取,在华界者收入之款无法存放,应付之款因在租界银行号之支票划条均不适用,亦感无法支付。今日方为施行检查之第一日,敝同业等已多数感受无法周转,又值端午节关,则此项金融问题影响于市面者尤重,深盼当局顾虑大局,体念全市商艰,准予缓行检查办法,实为德便。

(J0128-3-008285)

336.伪天津特别市公署教育局为经过英法租界的学生制发通行证事致河北省立天津师范学校函(丰字第87号)

1939年6月16日

径启者:查本市市、私立各级学校学生,居住市区须往租界学校求学者,或寄住英法租界向市区学校求学者所在多有。现值各校办理学期考试之时,所有各校学生每日往来须受检查,不免贻误课业。兹为体恤必须经过检查之学生起见,特制发通行证,以利通行。惟此项通行证关系重要,应由各该校长负其全责。凡各校学生每日必须出入英法租界者,限于文到五日内(逾期即行截止)先行开具请领名单,及每人备置二寸半身像片四份送局汇核以便转请验印发还,俾资应用。兹特规定名单式样随函发去,即希查照办理。事关学生求学便利,务望依限送局,勿自延误为要。此致河北省立师范学校。

附发请领名单格式一份。

市、私立　　学校学生请领通行证名单

姓名	性别	年龄	籍贯	最详细地址	备考

(附注)学生像片后面务请书明姓名、年岁及住址。

(J0252-1-001801)

337.伪天津市商会为米业、三津磨房业两公会因英法租界封锁造成困难请设法救济事呈天津特别市公署文

1939年6月16日

呈为呈请事。兹接米业同业公会节略内称,窃自本日当局封锁英法租界,敝公会同业各商号感受困难颇多,河坝市场完全停顿。兹特列举情由数则如下:

(一)自各租界口本日严厉检察赴河坝市场买卖客商皆不得前往,故市场交易中断,即或有少数客商洽商买卖不能成交,运转拨付货价亦所不能,因之完全停顿。

(二)向来米面来源皆由大连、太古、招商、怡和等公司承运,即卸入各公司所组织之货栈,各商号唯负缴纳火险、栈租等费责任,皆在英法租界之内,一旦封锁,受此严厉检察,同业各商号所购之米面,专恃流通资金,借贷于各银钱行号以为透支活动,倘不能销售来货,市场断绝,各银钱行号所欠不能归还,不特信用坠地,且恐生法律问题,必至同归于尽,长此中断,商业固属停顿,民食亦必无法维持。

(三)如本日所买日本面粉,须索取正金、朝鲜两行支票或现票,各同业商家所交之银行钱号拨码支条皆不适用,一时颇感困难。

(四)各商家米面不能买卖转运,银钱价款不能拨付,如此困难情形不一而足,则申汇一切当然断绝来货,自属无望。

以上各条如何救济之处,为此肃具节略,恳乞钧会转呈赐予维持,以救众商而顾民食。

复准三津磨房业公会节略内称,为英法租界出入口施行检查,敝同业感受困难情形,略陈如次:

(一)本市所存面粉米粮大多数存在英法租界,即面粉一项,据上月底调查,全市所存面粉总数约计三百万袋,而存于英法租界者二百八十四万袋,存于华界者不过十数万袋,仅敷十日之需。又闻本市各粉厂所存原料为数不多,不能长期工作。适值寿丰公司由美国运到小麦七万余包,可磨麦粉三十余万袋之谱,估计足供市内民食二十余日之用。惟该麦船甫到大沽口外,又因检查关系,驳船不能装运,倘我当局设法特许驳船起运,此项小麦来津无阻,则于维持本市民食不无裨益。

(二)此次施行检查办法之后,敝同业等数百家均不得到英法租界河坝市场觅购米面,各家存货无几,均不足供应门市,遂使一般市民感受食粮缺乏之恐慌。诚恐此种事态延迟一日,则隐患更深一日。

(三)全市银行号多数均在租界,敝同业等来往款项在租界者无法收取应付之款,因在租界银行号之支票划条均不适用,亦感无法支付。今日方为施行检查之第一日,敝同业等已多数感受无法周转之苦。又值端午节关在迩,则此项金融问题影响于市面者尤为巨大,深盼当局顾虑大局,体念全市商艰,对于起运小麦驳船俯准设法通行,运至义租界码头,以济民食。对于检查办法酌于变通,予以便利。各等情。到会。查该公会等所陈各节确系实情,理合据情呈请钧署鉴核,俯念商艰,赐予转商友邦当局准将通过英法租界各出入口,检查办法设法变通予以便利,并赐将起运小麦驳船准予通行,运至义租界码头,以维民食而资救济。实为公便。谨呈天津特别市公署。

天津市商会谨呈

(J0001-3-003213)

338.伪天津特别市公署为劝谕米业等各重要公会及各大商店迁移市区事训令天津市商会(建字第1047号)

1939年6月16日

为令遵事。查英法租界中之国人商业迭经谕令迁至市区营业在案,现在因英租界当局缺乏诚意,致促成此次严密检查,所有该两租界内商店难免蒙受损失,本署为特加体恤起见,合再重申前令,仰该会劝谕米业、银钱业等各重要公会及各大商店迅速遵从功令迁移市区。所有迁出各商由该会呈报本署,当特别予以便利并加保护。仰即遵照并将办理情形具报为要。此令。

市长温世珍

(J0128-3-007966)

339.伪天津特别市公署财政局为棉花、棉系、棉布在英法租界外交易遵照规定办法六条办理事训令牙行税稽征所

1939年6月17日

为训令事。案查前奉天津特别市公署建字第六二七号训令内开:查关于棉花、棉系、棉布交易业经日本军部方面决定在英法租界外开始交易,并规定实行办法六条,绝对迅即施行。除分令社会局、警察局外,合亟令仰该局各就主管范围切实遵照,积极协力进行。仍将办理情形迅速具报为要。附办法六条。等因。当查奉发办法内棉花一项,本局向负查验征税之责,现既规定一律在英法租界外交易,关于输入市区数量及存入地点,皆与实施前项办法有切要关系,自当将查验手续益加审慎,藉收分工合作之效。即经酌订查验入市棉花暂行办法并附报告表式样,呈请核示在案。

兹奉市公署建字第二八八八号指令内开:呈悉。查核所拟查验入市棉花暂行办法尚属平妥,准予照办,仰将报告表及办理情形按周具报,备查为要。件存。此令。等因。奉此,合行检同办法及报告表令仰该所迅即转饬各所卡一体遵照认真办理,并将报告表及办理情形按日报由该所汇齐呈送来局,以凭转报为要。此令。

计发查验入市棉花暂行办法一份、报告表五本。

局长李鹏图

天津特别市财政局查验入市棉花暂行办法

一、本办法依据近奉市公署令发棉花、棉系、棉布在英法租界外开始交易实行办法规定之。

二、凡入市棉花均应报请经过财政局稽征所卡照章查验。

三、棉花押运人报请查验时,须持左列证件:

(1)商运:发货单或其他正式证明函据;

(2)公运:机关或团体正式证明文件;

(3)军运:军部或其他部队"有商定印鉴之"证明书。

四、各稽征所卡对于入市棉花验明相符后,除按照向章办理征税或免税各项手续外,应按日填表呈送财政局,转函北支棉花协会天津支部,备查表式另定之。

五、棉花押运人对稽征所卡之查询应为诚实之答复,倘有含混支吾,或所报运送地点违背本市现行规定及单货不符、证件不合或不服查验者,该稽征所卡得随时通知该管警所协同查验,或将人货扣送相当地点,就漏税及违令部分分别处理之。

六、稽征所卡如查觉棉花押运人有偷漏绕越或对于运货存入地点及经过路线与原报不符各情事,得会同警所将货物扣留,呈请依法究办。

七、本办法于呈奉市公署核定后实行。

(J0061-1-000157)

340.伪天津市商会为租界施行检查商民不便请谋和平解决途径事致英国驻津总领事馆函

1939年6月20日

径启者:兹据本市各业商人纷纷来会述称,此次英法租界各路口施行严重检查,推其原因,皆由于贵总领事未能了解东亚新秩序现况,以致酿成断然处置之状态,深为遗憾。伏维贵总领事素以维持邦交保护商民为职志,自限制交通严重检查以来,为期仅及几日,不但华界商民感觉不便,即居住租界之中外商民,其困难与痛苦亦不堪言状,所有责任应由租界当局负之,仍祈贵会转请英租界当局体察目前大势,本和平敦睦之精神,念商民之艰苦,翻然省悟,改变以前态度,用诚意谋和平解决途径,以解倒悬,不胜企盼之至。等语。相应据情函请贵总领事查照办理,是所切盼。此致英国总领事馆。

(J0128-2-000331)

341.伪天津特别市公署为华人在英新、推租界购买房地暂免会丈一案英工部局尚须时日考量事指令市财政局(建第3170号)

1939年6月20日

呈一件。为华人在英国新、推租界购买房地暂免会丈一案,现准英工部局秘书处来函,谓是否赞同尚须时日考量,拟请据理交涉,在未解决以前暂仍照旧办理,以免阻碍。检同意见书并照抄函件请核示由。

呈件均悉,应准如请,据理交涉。在未解决以前,并准暂仍照旧办理。仰即遵照。附件存。此令。

(J0001-3-003500)

342.伪新民会天津都市指导部为援助商民反英事 致天津市商会函(指字第132号)

1939年6月20日

径启者:查本部所属旅栈业分会昨召开反英讲演大会,据关系方面传说,贵会对全体旅栈业此举似表不满。按时至今日,中国之所衰弱者、人民之所以穷困者,究其症结皆为白人侵略之结果。我国自七七事变以来,一方面幸蒙友邦之援助,一方面竭力更生,正于建设恢复不暇之际,乃英人欲使我国一蹶不振,以种种之卑劣手段阻碍新中国之发展,因此惹起我全国民众之反感,致有此次反英运动之高涨。凡我商民自动反英者,乃觉悟之应有行为,亦可谓为真理而斗争,为国家而努力。似此情形以后尚希贵会竭力相援,以期达我新国家建设之完成,促进我东亚新秩序之实现,在反共之立场上共同努力迈进,实现我新民之精神也。相应函请查照。至纫公谊,实为至荷。此致天津市商会。

温世珍

(J0128-2-000331)

343.伪中华民国临时政府行政委员会为派员赴津交涉英法租界事 致天津特别市市长密函

1939年6月21日

径密启者:兹有向英法驻津领事交涉之件,另具公牍,希即妥办,并由外务局岳局长开先赴津面洽,请随时商榷,应付为要。此颂台安。

王克敏启

六月廿一日

(J0001-3-003415)

344.伪中华民国临时政府行政委员会为天津各租界应遵照五项要求事 密令天津特别市市长温世珍(密字第616号)

1939年6月21日

为密令事。兹有致英法大使馆公函乙件,仰将函中意旨转达各该国驻津总领事为要。办理情形并仰随时具报。此令。

行政委员长王克敏

抄件

敬启者：兹将下列各项奉达：

（一）民国二十六年十二月十四日临时政府成立以来，以安定华北之民心与大众之安居乐业为施政之根干，与友邦日本互相提携，努力于建设东亚新秩序。但在天津英法租界当局，至今不能认识东亚新事态，使天津租界成为重庆政权破坏华北治安之前卫，经济谋略之策源地。因此，对于华北二亿之民众，治安上、经济上遂生不当之苦痛，此临时政府所断难默视者也。

（二）租界本因文物制度等之不同，特设为外国人之居留地域，仅外国人之诸事项委其自治而已，绝非享有行政之自由者也，即外国租界以顺从包含该租界地域行政权，所实施政策协力于保持一般之安宁秩序，为存立租界之条件。因此，若租界成为周围地域之治安、经济及其他一般秩序之扰乱根源，或于乱徒加以袒护，实逸出租界之本质矣。

（三）此次中日事变勃发以来，既经两战，蒋政权已落为四川一隅之地方政权，天津地方自不待论，对于华北实力亦毫不能达到，华北之安宁秩序完全由本政府维持增进。乃蔑视此等事实，继续上述之态度，是即对于本政府及二亿民众怀有敌意，破坏其福利而不顾本政府为维持华北之治安及增进大众福祉作为应急办法。对于英法租界当局提出左列五项之要求，切望谅解本政府之意旨，立即承诺于临时政府关于治安及民生之施政，从而顺应之。

再，本件所列五项，鉴于目前紧急事态，为临时政府最低限度之要求，若租界当局仍不接受，依然容许蒋政权扰乱华北之行为，违背临时政府之施行政策时，本政府不得不追朔问题之根源，而讲求必要之措置。

一、租界内恐怖及共产份子应立即引渡于临时政府。

二、于临时政府之通货政策，应加协力，更应与临时政府协力禁止租界内流通旧法币且协同搬出现银。

三、于租界内中国方面银行、钱庄及商店、公司加以检查、取缔，应加协助。

四、与临时政府政策违反之设施、言论、行动、出版物等应严重取缔。

五、为确认履行以上四项及期待今后取缔之实效起见，在租界内应协同实施取缔之。

此致大英、法国驻中华民国大使馆公鉴。

中华民国临时政府行政委员会委员长

中华民国二十八年六月廿一日

（J0001-3-003415）

345.日本天津陆军特务机关长柴山兼四郎为租界对策宣传事致伪天津特别市市长温世珍函(天机宣发第325号)

1939年6月21日

关于上项事件,祈依下开方法实施为荷。此致天津特别市长温。

天津陆军特务机关长柴山兼四郎

六月二十一日

关于租界对策华方工作实施上注意

一、方针

以日本军官当局之英界隔绝工作方针为基础,而密接并行之华方,亦实施对租界诸项工作,尤以华人民众之对英观念,使其确乎反英协日,领导诱掖之,以演成所期目的之贯彻,于划期的分担,而随东亚新秩序建设,使新中国国家并人民觉醒东亚的自负之伟大性。

二、工作实施上注意:

1.以上项方针为根据,概由特务机关指导之下,分官民二方,依如左办法,以明工作实施主体。

甲、市公署为中心政府方面之工作

临时政府当地代表机关之市公署,与日本军官当局协调,由政治外交的见地,对于对英及市民(包含英法租界内华人)行诸项工作,对英方讲膺惩手段,并特保护及督促民间之反英工作,必要时以合法的手段谋民众动员。

乙、新民会都市指导部为中心之民间方面工作

统一与日本及政府方面密接,并行之民间各团体举反英舆论扩大之气势,并反英民众组织长期抗争的充实。特别注意之(即谋反英民众组织合法化),使表面上全天津民众均领导诱掖之于反英的,如必要时,得受中国政府方面(市公署警察等)援助,以期达成目的。

2.使中国人确信非亲日反英则中国无再兴之途,此乃新中国国家及人民惟一应进之方向。信此跃起于表面活动者优待之(其优柔寡断而仍旧不变者,予以精神的苦痛),以使其他之发奋。

3.依据上项要领,挑选各界有为活动分子为中心,结成有统制反英组织,须重视就中内部人的构成,期细胞组织之万全,训练到如一经当局指令,立能全部彻底发动。于右反英组织(全天津反英会中委—地委及各界委)设立后,以本组织为中心而统一全部民众运动,以新民会及辅治会等为内面的推进力,而谋运动之展开。

4.民众中下层(文盲劳动阶级)部分之向背,完全在于指导阶级之上、中,智识层之操纵,恐或须用某种强制的手段要之,须少数(约百分之二十)上、中层阶级彻底的引导或打破之,此乃充分之对策也。

5.此次租界隔绝工作目标只在英国,对于法美等与目下方针无关,须注意。

6.为工作实施之正确及全面的情况判断之必要,须严守历行左列事项:

甲、在工作实施前,须充分连络,不但文件发送,并需口头接洽,并实施前,须得四五日期间犹豫。

乙、在工作实施工作后之处置。

工作实施状况报告(可以日报每日提出之)报告内容须简明,尤其反响(民心之动向)与将来之处置等附加意见。

丙、公众电话(特别是六局)须注意严防间谍

关于其他工作实施之计划及详细事项,随时指示之。

天津陆军特务机关

六月二十一日

(J0001-3-003213)

346.日本天津陆军特务机关长柴山兼四郎为租界宣传工作事 致伪天津特别市市长温世珍函(天机宣发第326号)

1939年6月21日

关于上项事件,希依据另纸所开要领实行。如有意见,请附加具体计划,速即提出为荷。此致天津特别市长温。

天津陆军特务机关长柴山兼四郎

六月二十一日

对租界宣传工作实施要目(案)

一、实施要目及说明

1.对于学生之宣传

在市公署管理下之各学校教职员,由市教育局及新民会协力对之。此次日华协力对于英租界行膺惩工作之原因,使其充分认识其目的之何在,由该教职员教训学生,使知排英运动之正当性,以促中国人之觉悟,尤其对于中、大学生之亲英依存的学生(所谓国共支持),展开强力的弹压排击运动以对抗之。

2.对于服务英工部局华人职员之弹压

以反英会及市长名义,对于服务英工部局华人职员,交予强硬文字,使其阐明此时敌(亲英所谓国共支持)或友(日本及临时政府)之态度,且新中国方面对于敌之毅然处置以恫吓之。

3.对于在英界居住之华人怂恿其搬出

此项以反英会及市长名义通知之(方法在英界周围高扬轻气球,书名标语,利用无线电新闻,旅客机利用及利用通过检问线之民众等),但依目前之状况,不施恫吓,而由市当局等准备对于搬出者谋职业之斡旋及其他保护方法之必要。

4.对于抗日的英国系学校及学生之弹压

对于英界耀华学校及其他有抗日色彩之学校及学生,告以临时政府方面(市长)弹压的意向(英国系抗日学校卒业生,乃中国人之敌,故不为谋社会上供职及其他用途),且促其改悔等之宣传。

5.关于以上各项新闻记载及无线电放送等,事前务须与本间部队参谋长或特务机关连络。

天津陆军特务机关
六月二十一
（J0001-3-003213）

347.伪天津特别市公署为报本市英法租界检查实施后经过大概情形事呈中华民国临时政府行政委员会文

1939年6月22日

呈为呈报事。关于驻津英领延不引渡刺杀联银津行经理程锡庚凶犯一案,经友军防卫司令部于本月十四日,对于英法租界实施限制交通及检查往来行人之严厉办法,业于本月元日代电呈报钧会鉴核在案。当此案发动之初,市长曾以地方官资格,屡作外交之折冲与友谊之劝告,无如英领漠置不理,一意孤行,以致造成事态严重之局势,其观念之错谬,态度之傲慢,实属不胜遗憾。

计自检查实施以来,关于治安救济诸端,市长迭与关系方面积极协商办理,日来地方各界举行各项集会,筹议对付方法,秩序幸尚安谧。食粮一项,调查日华界内存面十余万袋,大米杂粮为数亦非充足,租界存面闻有二百八十余万袋,现正设法劝导输出并予以便利。又本市寿丰面粉公司订有小麦七万袋,现已运抵大沽,因交通检查关系,尚未到津,此项小麦可磨粉三十万袋,仅敷一月之用,亦正设法运津,暂事搘拄,此后惟有特别注意,多方设法,冀以维持民食。至于失业工人,查明女工约五百名,现由冬赈会所存赈粮,逐日发放,为目前之救济,一面商由华界各工厂分别雇用,失业男工人数较繁,现正分别登记,商由日华各工厂设法安插,以免流离失所,除暂饬警察社会两局妥慎办理,并将经过一切情形随时呈报外,理合将检查实施后本市概况先行具文呈报,伏乞鉴核训示,俾资遵循,无任企盼。谨呈临时政府行政委员会委员长王。

市长（全衔）
（J0001-3-003213）

348.日本天津陆军特务机关长柴山兼四郎为转发电报七件事致伪天津特别市市长温世珍函（天机宣发第323号之二）

1939年6月22日

为转送电报七件,另纸抄奉,希查照为荷。此致天津特别市长温。

天津陆军特务机关长柴山兼四郎
六月二十二日

电报

一、排斥英国蒋可凋败，蒋亡而兴亚大业易举矣。期待隔绝英租界之余，对于贵市长深表敬意，并祈奋斗。

王克敏

二、友军封领租界乃新政权确立东亚和平所绝对必要之处置。希阁下与友军协力努力，使获其效果。

河间县知事

三、贵市各种排英运动诚属快举，不胜欣幸。援蒋宿怨，今始于贵市，实行猛烈排英运动，可谓适合时期。本会愿表明全面的后援，尚祈奋斗。

救国和平委员会

四、以援蒋贪利而阻碍兴亚进路之英国，贵市对之猛烈排击运动，我等不惜尽最大之援助，并对于劳心之阁下表最大之敬意，尚祈奋斗。

北京银行公会

五、我等期待贵市排英运动彻底的成绩，愿全部援助并祈健斗。

北京教育会

六、专为拥护自国之利权而始终搅乱兴亚机运之老狯英国须彻底打倒，北京市民谨表最高敬意，愿为最大后援并祈奋斗。

北京特别市市长

七、错误东亚趋势之认识而迷于援蒋之英国，贵市予以炽烈排击运动，余愿始终后援。谨对各位之劳心深表敬意并祈奋斗。

北京商务总会长

（J0001-3-003414）

349.伪河北省公署参事暂理天津县知事李少微为响应收回英租界事致天津特别市市长温世珍电

1939年6月23日

天津特别市市长温钧鉴：英租界包庇党共，潜匿匪盗，扰乱金融，妨害治安，凡有血心，莫不发指，市县毗连，唇齿相依，少微不敏，愿追随左右在一条战线上，促进收回英租界，建设东亚新秩序。谨率四十万县民以作后盾，不达目的不止。敬肃电陈，伏维鉴察。河北省公署参事暂理天津县知事李少微率所属同叩。梗。

（J0001-3-003414）

350.伪塘大特种警务局局长吴宁靖为响应封锁英租界事致各省市长电

1939年

全国各省市长官、各机关团体、各报馆均鉴：顷阅天津温市长本月十四日发表促起英租界当局最后觉悟，纠正其错误之声明书一文，足见义正辞严，洞烛巨奸。盖以英国之老奸巨猾手段殆为应酬世界各国之一种传统惯技，稍有识见，应速猛省以矫前非。回忆吾国与友邦日本为东亚同文同种之国，文明礼仪之邦，民风尚乎朴厚，政治崇于道义，此为世界各国所共知共见之事实也。潜乎民元以还，欧风东渐，学者纷纭，而教育既已失之统制，则青年尤深误诸歧途，于是矜奇立异之辈邪说千出，而苏联政府乃利用吾国弱点，以维妙维肖之假善面具，灌输共产思想，无非欲使吾东亚民族旧有之道德精神摧毁无余，藉以完成其赤化政策。而蒋政权冥顽不灵，于西安事变成立妥协，以远交近攻之说受人愚弄，乃竟掀起卢沟战波，以焦土抗战政策而使天下之玉石俱焚，以联俄亲英主义而使全国之都市粉碎，此固一面由于蒋逆之祸国殃民所成，而一面不实出于英俄援蒋为上之所致，此目前天津英租界之实行封锁政策乃为根除抗日份子老巢之必然的手段。盖天津英租界之动向实有在援蒋条件之下，有掩护华北抗日本部之愿。然事实例如"经济报复""放送抗日份子无线电宣传""拒绝引渡杀犯"之种种情形，均足以使东亚新秩序之心脏部多一赘瘤。然欲使东亚新秩序日臻佳境，似非铲除心脏部之赘瘤实不足以使东亚新秩序之大体上日趋康途也。宁靖不敏，愿国人共起图之，铲除心脏部之赘瘤，完成封锁天津英租界之最终目的，不胜盼切待命之至。谨电响应，伫候明教。塘大特种警务局长吴宁靖叩。养。

（J0001-3-003414）

351.伪天津市商会为澄清旅栈业同业公会反英讲演大会相关传言事致新民会天津都市指导部函

1939年6月23日

径复者：案接贵指导部指字节一三二号公函内开，查本部所属旅栈业分会昨召开反英讲演大会，据关系方面传说，贵会对全体旅栈业此举似表不满。云云。

实现我新民之精神也，相应函请查照。等因。准此。查自本市英租界当局未能了解现在东亚新秩序，以致酿成施行英租界严重检查，断然处置之状态，藉以促醒英总领事对于新中国之认识，本会正追随友邦及市政当局共商对策，曾经本会推派代表迭次参加贵指导部召集之座谈会，并于本月廿日以抗议书送达英总领事，声明此次施行检查所有一切责任应由该总领事担负，促其翻然省悟，改变方针。各在案。本会办理此案情绪至为热烈之际，突接贵指导部来函，以据传说本会对全体旅栈业反英讲演大会之举表示不满一节，良深诧异，不胜引为遗憾。总之传闻之言，原无损于本会正大之旨，诚恐蜚语流传，致滋误会。准函前因，相应据实函复，希即查照并请协助本会进行一切，至纫公谊。此致中华民国新民会天津都市指导部。

（J0128-2-000331）

352.蒋子香等为转令办理反英大会事呈伪天津市商会常务董事会文

1939年6月26日

为签呈事。顷承社会局第二科杨主任景燕来会云,本局接到天津陆军特务机关来函,并附细则数条,嘱令本市商业团体对于反英应有表示,即由商会组织反英大会,并领导各同业公会,亦各有反英运动之表示,必须切实去做,倘有思想行动上表示不纯实者,各该负责人应受精神上之痛苦,嘱即转达各常董从速办理。等语。前来。理合据实签请常务董事鉴核。

职蒋子香、王文藻呈

(J0128-2-000331)

353.伪天津特别市公署正告陷于英租界内之中国商民书

1939年6月29日

中日协力,实行英租界严密检问,是新国家自卫上不得已之手段,是当局确固不动之决意,在英国人对东方事态从新认识彻底觉悟以前,检问政策只有加重并无缓和,换一句话说,英租界当局态度不改,英租界的交通,是永远得不到正常状态的。十数日来,随形势之推展,天津市的繁荣中心,已经由英租界转移到英租界以外来了,现在如河北省银行、大中银行等,均已迁到河北开始其繁荣的业务了。事实告诉我们,英租界已化为狂风暴雨中孤岛,南市一带,河北一带,已成为金碧灿烂的不夜天了。

商人目的是什么?难道真与孤岛的英租界结不解之缘?最后还要为它尽命而殉节吗?"守株待兔","胶柱鼓瑟",是愚蠢人做的事,目光敏锐,手腕灵活,"鉴察机先","不作牛后",是时代商人必具的条件。

至今尚关闭在英租界里面的中国正当商人、产业权威以及各大企业家,其遭遇之痛苦何似?这是政府对你们最为关怀的。

陷于英租界内的中国商人们,如果不愿以多年血汗之所得丧送到人间孤岛自救的良策,惟有赶快迁出,翩然归来,政府与友军对于识时爱国的商人们,必然奖誉保护之不暇,对于你们未来的一切,当尽力抚慰,不会有丝毫困难了你们的,再说扼要一些,现在虽当严密检问的时期,只要是出于黑暗区域,迁于明朗地带的中国商人,在勤友军必能与政府协力,对迁出者谋无上之便利,诸君何爱于英租界,在这最紧急的关头还不为自己的前途打算吗?善良而亲爱的中国商人呵,现在到了不容犹豫观望的时期了,快快打一打利害安危的算盘罢!最后再诚恳的警告你们几句话,是——

(一)英租界不是乐土是坟墓!

(二)亲爱的中国商人要发真智慧下大决心!

(三)时机当前稍纵即逝!

天津特别市公署

(J0001-3-003213)

354.日本天津陆军特务机关长柴山兼四郎为对英租界问题宣传事致伪天津特别市市长温世珍函(天机宣发第330号)

1939年6月29日

关于上题事,希依照另纸所开要领实施,惟其具体的实施事项程序决定时,尚希赐知为荷。此致天津特别市长温。

天津陆军特务机关长柴山兼四郎

六月二十九日

关于对英租界问题宣传实施要领

一、方针

与日本军官当局及临时政府对英工作密切追随之华人,务使其认识租界隔绝之真意,以唤起排英的舆论,举激昂之气势,而由各团体结成反英运动会,向长期抗争之途迈进。

二、实施要领

1.全般的以新民会天津都市指导部现有组织为中心,以其余地方的总括,全天津所结成之全天津反英运动最高委员会为基干,行各官民团体及民众之总动员,政府方面对之予以须要之庇护及督促。

2.现有反英运动组织之外,使左记各机关、各组织反英运动委员会(限华人),决议参加全天津反英运动会。

甲、天津铁路局

乙、天津交通股份有限公司

丙、华北电信电话股份有限公司

丁、内河航运公会

戊、在华日本纺织同业会

3.由右各委员会各推代表一名,使参加全天津反英运动最高委员会,担任统制连络(但事务的连络,新民会天津都市指导部任之)。

4.铁路局除局方外,当利用所辖铁路之爱护组织,对于该村民如有机会灌输排英思想之深入强化,以诱导于兴亚建设全面的跃进运动之展开。

天津陆军特务机关

六月二八日

(J0001-3-003213)

355.河北邮政管理局为退回《告商民书》宜按刷印物露封邮寄事 致伪天津特别市公署秘书处函

1939年6月30日

径复者：接准贵处本月廿九日公字第五二号大函，附正告陷于英租界内之中国商民书二千份，嘱为饬差赴英租界投信时随信附送，以广宣传。等因。准此，查邮局信差职务止限投递邮件，该项告商民书，既关政治宣传，果如遵嘱办理，似出邮政范围，诚恐引起英租界当局之责难，对于本局及本局员工发生严重纠纷。此种苦衷，谅邀洞鉴。惟该项告商民书，如实必须寄送，似以装入信皮，书交某商号或某人并粘贴邮票，按刷印物露封交邮寄送较为相宜。相应奉复，并将原件退回。方命之处，尚希鉴谅为荷。此致天津特别市公署秘书处。

附告英租界中国商民书二千份。

河北邮政管理局启
（J0001-3-003213）

356.伪天津特别市公署警察局特务科特高股工作报告一组

1939年

英、美、法今后取一致互卫

1939年6月1日

英、美、法三大使（英柯尔、美詹森、法柯士穆）自沪电天津英、美、法三领事，谓：刻下国际情形已趋向紧张，鼓浪屿、上海事宜尚无头绪处理，天津方面之防御策划，仰各该三领事互相研究，以求严密。其关系之谍报事务办理颇佳，仍希将各类杂项要务电告，以求参考上之周密。

英法两警务处长严尽搜索谍报网

英警务处长谭礼士、副李汉元，法巡警局长德司唐，连日联络所属，派人各方雇员，已组成谍报网，对于一切谍报之搜求，益觉紧张。五月卅一日该以上两处，已分发活动费甚多，同时并已令新雇员向市区及日本租界发展，搜索友邦及各地情形中。

英国兵营军事准备情形

1939年6月3日

为呈报告事。据英租界联络人据英国兵营透出消息,英国兵营近三四日内有军事准备,驻在英国兵营之联队长(即带队提督),夜间时常召集兵营士兵作警戒集合演习,兵营军器弹药库内弹药积极运转增加,并对于北京、山海关一带驻屯营团军队弹药亦补充实力。近来英国兵营兵力实数列后:

一、天津英国兵营驻有步兵一联队,辖属两小队,每小队士兵一百五十人,计三百人;混合兵约二百人,混合兵计炮兵、机关枪、化学兵组合而成。

二、北京驻步兵一小队,计一百五十人。

三、山海关驻步兵一小队,计一百五十人。

谨呈科长鉴核。

党共在津联合办公处内部组织

1939年6月4日

英工部局特息,各组分设英法界内暗中活跃中,办公处地点英租界张庄大桥义庆里九号。党共在津联合办公处最近曾规定内部组织计划如下:

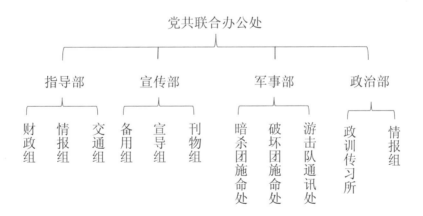

津市英军开始白昼布防

1939年6月7日

查本市英法两租界自上月底分别施行戒备,英租界方面迄今尚在继续施行中,至最近二日来,戒备益严,但白昼只对特一区入境之行人加以检查,在各街要路口,派有便衣探捕协防而已。在军队方面,仅夜间出勤巡查,乃自六日下午三时起,因日方限期英当局对暗杀人犯及无线电台之具体答复,业已届满,英当局并无答复之意向,故市上谣言日盛,空气渐呈紧张。英国驻军共步、炮、机关枪、装甲车、坦克车等队组成之联队，约五百人之众，于六日下午三时出发，携有坦克车四，装甲车四，军械汽车、救护车各一，分布于英租界西部、南部一带，另一部分则在各马路往来巡查，公然作军事配备，又英军司令部（达文波道）、兵营（五十六号路）等处，门内均派有兵士多人，持手提式及机关枪隐伏门内，英国电灯房、电话南局等处楼上，亦各有守护士兵值守，均为前所未有者。入夜防范尤严，另有中外探捕在值守兵士之附近，对往来行人一律检查，英义勇队亦全部通知，逐日赴队报到候命云。理合谨呈科长鉴核。

电话南局开始移交准备

1939年6月8日

据电话南局稽查员范君谈，英租界当局对本局之保护工作，办理极为周密，曾派工部局警务处长李汉元及电灯公司英人，充任本局对内对外之负责人。兹因市公署方面主张接收本局问题，交涉颇见眉目，实行在即，李汉元以代理局长名义于六日下午六时余，在本局礼堂召集全体员工训话，略谓本局系统由国府交通部移交津市领事团接管，原为临时维持交通之作用，最近因种种之原因，将行变更，但各部分员工大都为技术方面供职有年之老人，以服务为宗旨，故今后系统虽有改变，各员工仍照常安分供职，一切待遇亦完全相同，万勿误会畏缩，英当局仍负保障之责。各等语。训话后即在局长室开会，计张子奇、李汉元及英总领馆、法国公议局、中外银行界、义国领馆等均派代表出席。旋在局进膳后，继续会商，会商内容不详，但确知为研究如何移交监督等事，至夜间十时许始散。七日上午，由局方派庶务稽查等人，将局内各处文件、书籍、家具等逐一查点，凡有政治上关系者完全取出，除员工等私有书报外，连同两年来文件电报档案等，一律由英工部局汽车运往英工部局保存，一部分用火焚烧。局内前后门及楼上等处，原有种种部署以防范发生意外者，七日亦分别取消；局内所驻之工部局探捕等，本日已奉令撤出半数，俟领事馆颁发昭令时，再撤其余半数；惟局外附近各处，七日夜间仍照常严密戒备。至于局内所装报警之特殊电话，日内亦拟全部拆除，而无线电台尚未闻如何处理云。

英国负责官长表示动态

1939年6月9日

本市路透、合众、哈瓦斯、《泰晤士报》等英美记者六人，八日下午五时许，偕赴英租界达文波道英军司令部，原拟访问参谋得拉门，未晤。旋经司令部劝导饬赴英总领事署，晤工部局秘书长巴恩士，对津市时局问题作下列表示，但声明，如在中外新闻纸发表时，本人即不负发言之责任。因近来报纸披露者，倘由英国方面发表时，均由总领馆以书面公布，方能负责。兹纪巴氏谈话要点如后：

（一）津市局势，并非津市现实问题所引起，盖上海、鼓浪屿等问题为因，津市引渡政治犯为果，致形成紧张之状况。但英、美、法当局之动态，均根据本国政府或大使之令示而行者，其间若干权益范围之事故，英政府于三四五等日连续来电，责令坚决不阿，保持地位。如因之而发生不幸事件，驻津英军政官员，亦可不负责任。反之，倘委曲求全时，即须负责到底。

（二）英国租界对市署方面之数项交涉，自向有相当诚意，但节[外]生枝而妨碍及英国政权职责时，亦惟有坚决拒绝之。凡此问题，将来均可以事实证明之。

（三）英国只知以市公署为交涉之对手，其他任何国家之意见，均无考虑之余地。

（四）日方自上周起限制多种物品运入英法租界，今后尚有更严厉之计划，英、美、法等国〈下残〉，即分别提抗议，所有津市外侨所受之损失，要请负担。

（五）津市租界倘不幸发生更严重之压迫时，民食问题在一年内可不致恐慌，其他问题租界当局亦已有统盘之计划。支持至何程度，尽力而为，尤以各国侨民决不至有何困苦，因两租界内中外居民之消耗量均经查明，如何供给亦经计划，故近日来对于界内所存之各项货品，有一部分不得不限制其运输出境。

（六）津市英、美、法现有驻军，仅能维持界内公安之用，既无意对任何方面作战，亦不需要，但对于非法侵扰，而两租界警务实力不足维持应付时，亦只有起而周旋，但非至万不得已，不容再忍，而绝无一线通融者，亦不欲出此。是以英法藉租界为隐匿处所，起而活动，惟原则上必须保持英法自动进行之立场。虽结果将清查户口状况，照会市当局查阅，亦无不可。

（七）英租界如有需要，日内再发一更严厉之布告，继之以清查户口，倘有不逞之徒暗中活动，一经市当局查实照会时，凡有刑事上之罪责者，即一律逮捕引渡，免滋误会。

（八）英租界电台问题，其间有军用关系，驻军有此权益，亦有因输运关系。

凡事实上不克变更者，则不便取消，将来可由专家切实查核，方可明了上述简略意旨。即为英国今后整个动态之原则，非政府明令，不易变更云。

英租界各方面举动调查，津中里地道通达仁立公司后场

1939年6月9日

据英工部局官员向英文《泰晤士报》记者马鸣桐君透出消息，以日来本市状况逐渐紧张，英当局对于较有关系之华人，先后派员示意，或召见面谈。计各方情形如：

一、五十七号路津中里，确为若干党府关系者及其家族所居住，不特内部布置周密，各号房屋均能由内通行。工部局派有探捕十六人，日夜值守，并有自备机关枪四架及手枪等。近日又在院内挖一长形地道，竟越过马路沟通至仁立毛毯工厂之后院空场，津中里各号房屋均有入地之口。此项工程，由工部局派可靠之员工担任，严禁泄露者，以防发生空袭时或其他事故时之逃匿。

二、英工部局在界内先后捕获之亲日系侦查人员及嫌疑犯二十余名，已全数以"国际间谍"之名义，于上月下旬由换防之英军舰运往香港。

三、达文波道英军司令部对过，有英人设立之"天津学院"，后楼有密室三四间，英军当局利用学校出入之师生人多复什（杂），近来凡有与本市居住之党府关系者，或冀鲁各县来津之英方关系者等，需要会晤密谈者，一律假用该校密室会晤，盖司令部内普通华人出入诸多不便。

四、英国已运到最新式之高射机关枪四五千架，星期一派军官四人，另由工部局派官员四人，携带地图仪器等，分为两路，乘汽车至西部、南部边境各处视察设置地点。惟究竟规定何处房屋，尚无所闻，防空办法亦已拟定，通知外侨知照云。

英领告诫英侨摒除娱乐，两租界外侨均令加入义勇队开始接洽

1939年6月10日

特讯。英商卜内门洋行同人缪先生谈，津英总领事馆曾于八日接准英军部公文，特于九日上午七时派员在英国义勇队部内，召集英侨领袖即义勇队负责人等谈话，谓目下时局紧张，已届非常时期，凡我英侨暨英领各地侨民等，应一致摒除玩乐、宴会、跳舞等行为。因全体队员集合时已至星期日，谕诫不及，而环境关系，总领事馆亦不便以书面令行，故请各领袖按区域或业别，分别传谕各该侨民遵照。其余关于整饬队务等事，另有英军部专员办理，希望各以国家为重，努力迈进。云云。另悉，英当局对于唐山、济南、保定等处英侨，定十日颁发通令密电，令各即日撤回津市或北京待命。又英法两租界内之比、荷、瑞、丹麦、西等国外侨，决请全体参预英法租界之义勇队工作。九日起，英法各派官员一人，偕同往各该国领事馆访问接洽，进行办理且极秘密云。

英侨领袖昨商定之重要问题

1939年6月11日

英商新泰兴洋行翻译王吟秋谈，津市英侨领袖多人，十日下午三时在英中街英国球房会晤。因津市情形紧张，对全市英国义勇队有领导加紧工作之必要。兹经规定十一日（星期日）上午七时在二十一号路队部内，召集本队全体下级官佐谈话，指示领导策略。特于本日由各高级领袖预先交换意见，除关于指示全体队员，努力协助英军维持租界安全之事项外，尚有重要问题四项，计：

（一）对于普通英侨之对外拍发电报问题，曾经通知改向英中街邮局内附设之"电电"电报局委托。乃近来仍有一部分英美商行交天津印字馆委托拍发者，决责成该印字馆，不特美侨发电应予拒绝，即普通英侨亦不论其持有何种电报纸亦一律拒绝。至于领袖阶级之发电事宜，亦必须由总领馆规定之若干户有此权利。但普通电报，亦仅先交电电拍发。

（二）遵总领事面谕，由商会（英国）各委员分别通知全市英侨，凡在华界及各特别区、日租界等处置有房地产或商行股本等权益，未在总领馆报请备案者，统限于下周一周内向商会以书面呈报，不得延误。

（三）各处英商如向来雇用有日人或台湾人等员司者，不论有无雇佣契约，凡各该日台籍员司自动提出请即解雇之要求时，应立即准其解职，不得留难，决由商会分别通知。

（四）凡英侨住宅及商行等雇用之管事、苦力、车夫等，凡服务不足五年者，应防止其受人利用，得令另觅妥保。云云。

英义勇队部昨日训话，军部征集租界防务意见令队员提议

1939年6月12日

据英工部局同人透出消息，十一日上午七时，英国义勇队部召集全体下级军官训话。工部局派便衣探捕六人在附近戒备，英军部总领馆均派官员出席，义勇队各领袖均到。事后得悉，本日训话要点计军部总领馆双方之表示，为希望本队官兵共同以担任，倘遇变故发生时，根据军政当局指定之工作方针，率领各关系人等维持秩序为目标。至于协助防务问题，则俟英法两租界所有外侨加入服务规定办法后，再行分配。尚有希望各下级军官督率士兵，逐日加紧训练。末又略予陈述津市环境之恶劣状态之真相。后由本队领袖嘉纳等分别致词，除星期六商定之问题外，并主张在此非常时期，全体队员绝对不得请假及规避职责之行为。英军部设有征集防务意见部分，凡各队员有何意见时，均可以书面向本队提出转贵军部。云云。余均勉励之词，最后对军器问题，彼此研商甚久，至九时许散会，队员开始练习。

英国昨夜召集领事团会议商对日方策

1939年6月14日

特讯。法工部局福煦分局法籍警官等谈，本市法、美、比、荷各国领事，为日方已发出布告，自十四日起，检查车马行人，限制交通一事，均相当恐慌。根据英总领事之邀请，特于十三日下午十时，在英中街戈登堂内召开会议，共商应付方法。并悉津市英国商会及法国商务参赞，各根据本国侨商之请求，对于盛传日方拟令津海关及海关仓库，一律迁往特一区办公等语，一致表示坚决反对，英法两国领事，预备用多数领事之同意下，坚决主持之。又悉去年日方施行限制英法租界交通时，仅由英法两国领事对日提出抗议，此次情形较前严重，故拟请各国领事一致提出抗议，声明因限制交通致各国侨商受有直接或间接损失时，应由日方负担。等语。昨夜各国领事会议时，英中街、法中街均大举戒备，两租界探捕均完全加勤，以策安全。云云。

租界各校防止亲日系青年入学

1939年6月15日

据南门外汇文中学学生教员等谈，英法两租界境内各中学，除一部分因教职员眼光正大，严禁学生参预反日工作，或聘有日籍教员，相互督查，或在市公署立案等校外，其他各校完全以租界当局或教会方面为护符之学校，实际上均依然任令学生活动，充耳不闻，且随时予学生以爱国思想之刺激。总之，一切非法言行，绝不使落有痕迹，然影响颇大。英租界之耀华、志达、进修、伯特利、天津学院、工商学院，法租界之法汉、大同、培才等，两月来先后发生学生请求校方藉词开除有亲日嫌疑之学生的学籍之情事。校方允为考虑，按所谓亲日学生者，系指学生中有由新民会主使其来校上学者，兹悉耀华、法汉等校，因日界限制交通，往来不便，已决令住居华界、日租界等处各生，拟令中止赴校，即在家将学年

考试之试卷答复后竣事。下学期乃可拒绝彼等入学,名正言顺。但实际用意,仍为谋各生有爱国思想者,不至枝节横生云。

英租界传日军即藉词入境紧急戒备

1939年6月17日

特讯。英工部局检查员夏君,昨对英中街天津航业公司同人王某(夏与王为至亲)秘密表示,英工部局本日(十六)情形特别紧张,因根据英军部饬遵,谓接情报,日军当局已拟于十七或十八日以"日本驻屯军官兵公祭庚子殉职之日军坟墓"之名义,遴选精锐部队五百人,全副武装开入英租界广东路坟地。等语。英军当局认为此讯果即实行时,亦即英、美、法对日开始冲突之时期,故十六日正午十一时许,急速邀请美法军部负责人在英军部开紧急会议,至下午三时许始散。即对英工部局饬谕协防问题,在本局原有戒备路线外,在出入口各街要路口,一律派官警在民房内隐伏。每一防守地区,至少有官警二十人,机关枪两架,由英军官一人率领,其重要地方,较此增加两倍。本日特又补发械弹、手榴弹等项外,并各分发水壶两具、毛巾、卫生用品、食物等,均为战时之军需品。至军队方面,计英国军舰四艘,预定今夜驶津,有陆战队数千人,如有必要,即可登陆。法国之坦克车队等,定十七日清晨由东局子法兵营调一部分赴法租界协防。凡两租界通达日租界、特别区、华界等处马路,虽目下不能通行者,两国当局亦均一律预备各种障碍物,万一发生不幸之事件时,均能于五分钟内完全布置竣事。英国驻军亦定昨夜派队一部分开入英租界协防,英国义勇队定十六日下午六时在民园集合,由英司令官检阅。十七日约有半数不能赴洋行办公,须继续在队服务。两租界边境之铁门,俟十七日上午决定有无完全关闭之必要。云云。

英军部一部分官员迁地办公

1939年6月18日

据卜内门洋行同人王某谈,据本行英员表示,英国驻军当局已将怡和、太古两洋行常期雇用之苦力人等,征用三百五十人,每日在军司令部及英国兵营等处搬运物件,布置防御物,挖掘地洞等工作,颇为忙碌。英国司令部一部分工作,因将一部分房屋挖成空底,故于本月十五日令绘图员、军需处人员及卫兵等一部分,迁往马路对过之天津学院内办公。又英国电灯房方面亦挖有极大地窖,已将发电机两架装入地下,以备不时之需。英军之需用品,两日来共用驳船由塘沽方面运入十余船,均卸在卫利韩栈房,大小计五六千箱。此项物品,目下每日由军用汽车转运边境各处,经军部指定之外侨商店住宅等处,并不完全运存军部云。

检问实施后反响之调查

1939年6月20日

对于英法租界实施检问后之调查如后：

在华人方面之反响，政治部份，分：（一）不满英法当局因庇护反动分子而发生种种之痛苦。（二）主要之不良分子，实际上未受何种拘束。（三）投机分子因检问工作而经营投机事业，大得其利。（四）物价昂贵，民生困苦。（五）英法租界之饭店、食物铺，大多数已停业，因缺乏天然冰、人造冰。（六）际此端节，账款不能催收。华租界一部分商店，节后均须停业。（七）失业陡增，租界各洋行颇多解除华员。亦因交通之不便，未能赴租界作工之华界居民，大批失业。

又经济部份：旧法币申水大减，租界内经营者，亦有卖无买。（一）因英美商行限用旧法币，故英、美、法等商货销路大减，一落千丈。（二）华商股票等市价减落十分之二至十分之四。（三）租界极力抑平物价，尤以米面价格较华界为低，菜蔬等亦已开始由英法当局购运。

妨碍及破坏部份：英、美、法驻军以往来东站之机会，不时出入界口，凡服制服者不予检问。租界内菜蔬等物，亦由外国驻军以军用之名义向华界大批购进，猪肉等由义国驻军护送。又日方对义国当局发给之臂章不予检问，因之租界华人纷纷设法借用此项臂章，便利往来。

英租界封锁后一般情形调查

1939年6月22日

关系方面确息：

最近各国领事访英结果，经英方提出设立仲裁委员会，请求美国方面参加事，已蒙美允诺，努力进行缓和英日双方关系。最近英方对封锁确实态度，系拟将引渡犯人新证据，只提出仲裁委员会由各国公决，故英方之真实态度，只不过继续仍求交涉，无坚决之报复手段，仍希归于和平，刻对此亦曾与各国磋商，无拟扩大之。不过和平恐难实现，故不得不暂时戒备以应付不测。目下在津英国兵力约四千余人，所用机械齐全，驻英兵营及英商洋行。英国侨民约二千余人，兵营发给器械，担任民团一切戒备。

一、根据英方表示，日内决派遣英兵护送妇孺归国，所有各地、沪、港、天津及鼓浪屿等地侨民，纷纷组后援会，对英军一切需用物资刻正积极戒备，以为英军备战。

二、英法双方领事秘密勾结，益趋紧张。英方曾向法方述及，目下物资以及其他食料品已完备整齐，可无恐慌之事实。此外一切防空及界线防御，已正式派英军司令总负其责，与工部局共同保卫地方，故对地方种种已有把握取一致步骤。其他对日和平交涉，此间已奉到大英帝国政府命令，保持尊威，决难受日本种种侮辱而抵抗之。不可丧权辱国，以及违反一切条约，刻正依此进行中。

三、反动方面，共党刻只余北方政治局，及国共联合办公处、党府办公处，以及其他民族解放先锋，暗杀、恐怖各团体不下十余，仍在受英方护佑之下努力工作中。惟终因封锁关系，以致失去一切效能，刻只停留于租界以内，待机行动。一切行动，均取决于英工部局首脑之指导云。

四、此外一般商民刻因感受种种困难，对于友邦方面及新民会方面所指示随意迁往华界不可长此勾留之劝导非常感激,已决定日内将全部货品银财等动产向华界集中。以往曾不敢迁移者,刻已放心预备迁出。

五、一般观测,英方状态已难缓和。各国刻已决定表示中立以冷静态度视之,以备乘机维护,按今后所订之和平步骤试行演进中。

六、此外英法当局在尽力维持租界之原来状态与力持镇静,禁商民迁出,故一般民众处此两难之下,焦急状态谥(溢)于言外,刻正各方设法先行移出界外一切物资及不动产,将另谋妥当办法应付云。

英当局之庸人自扰

1939年6月21日

为报告事。据实地调查所得,英租界当局本日(二十一日)接得该局密探报告,谓日本方面自检查后,更进一步之积极破坏英租界秩序安宁,集合大多数白俄,给予相当训练及爆炸物。等情。据报后,已令警务处,除毗连华界口(中街除外)一律自动封锁外,并将英法交界各口铁门关闭,只留一小孔能通行,并加派探捕□名,遇有可疑者即行检查,尤对白俄人入境特别注意。又刺□犯四名,拘押在第二分局内,该局后院墙不高,内一犯人系学生,□练习跳高,于前数日内,乘其不备,由后墙逃去。英方遂将□垣加高,特令所属一体查缉。等情。谨呈科长王。

(J0218-1-001990)

357. 伪天津特别市公署外事处情报一组

1939年

英方秘密接济党府游击队枪械由

1939年6月6日

据英工部局张督查密谈,谓现因英日国交恶化以来,经英领业将津市恶劣情形屡次电请驻华大使夏尔。等语。近日,由英兵舰运津各种枪械很巨,已于前几日英领秘将党、共驻津各首脑召集某处——大致开滦矿务局内——会议,称据,业将各种枪械运到,请速将应用何种枪械,并将输送地点告知,以便将转发云。查上项情形党共如何具领,俟继续秘查再为报告。

英法租界居民表现恐慌状况由

1939年6月6日

英法租界民众及各商号目前表现极度恐怖。此外，口头上均有询问状况，大致情形如下：1.日方是否在短期内收回租界；2.短期内是否有不幸之冲突；3.日方是否对英法租界加以封闭；4.英法戒备是否为对付日方之防范；5.向华界迁移者连日甚多。

其他一般临时不能找得房屋者，均现愁虑态度。一般民众心理表示，希望和平，英日交涉趋向圆满，以免发生不测，而致商民遭其大损害云。

据确实消息英工部内职员与党府秘（密）切连络者之调查由

1939年6月7日

天津英工部局消息，工部局内部英籍、华籍各职员秘（密）切与党府有所勾结者，经月余之调查结果得悉，内部连络党府人员或受党府嘱托而关照在津之党府反动者之英工部局职员详列如下：英警务处谭礼士、（华籍）李汉元；警务视察长劳勒士；密探长哥任士勒得、鲍泽姆、马奇芝、书荷可夫、（华籍）韩国忠；书记官王鲁士；巡捕长张松年（华籍）、萧志勤、王宏宇、张书恒、吴穆周。

以上各员除直接关系者外，均间接有密切关系，均代党府重要份子掩护一切保护责任，党府方面对之除在英大使柯尔方面致力外，并秘密加以津贴，以求事机顺利及一切工作上之便利云。

英军借用英行仓库存放弹械及装载小型土飞机由

1939年6月7日

英兵舰自六月初以来运津之大批武器已分别陆续运往兵营外，其他尚有一部武器于六月四日以载重汽车两辆向英界英籍洋行太古洋行、怡和洋行以内仓库存放，共载十余辆车，约百余箱。据息，该箱内均系机械之零件及简便飞机之零件等，其兵营装机时地势太少，故暂借该英行仓库存放械弹与装成小型简便飞机之工作进行，连日已运载完毕，正拟装置中。

英美轮运津之飞机零件暨最大之重炮由

1939年6月7日

据英工部局张督察秘谈，近日英美兵舰运津各种武器甚夥。闻其中最要之件即系小型飞机零件，约数十箱，计可装小型飞机十余架。闻此项飞机并不需要机场，由原地随便起落。此外，尚附有类似重炮两尊，该炮口径约英寸为二十英寸之大，击线又类似迫击炮，该炮何名尚不得知。其运法由海河沿英码头运至英国兵营,非大型载重汽车难以运往等云。

法当局禁止售卖党府书籍由

1939年6月13日

法工部局息,本月十三日,法驻军总领事命令各分局查界内所有各书店,所售卖党府教育部审定之各种党义、新生活及抗日一切书籍,一律禁止售卖。嗣后凡有新出版之图画书籍,一律须先呈送法当局审阅后方准出版。

英当局通知绅商开会内容由

1939年6月15日

英工部局于本月十三日上午十时,通知英界绅董、各学校及商民主要人,定十四日上午十时假英工部局第二分局开会,其内容系征求民众自卫团,而该团手枪由英军司令部接济。组成后,每日假英界民园训练两小时。对于人数现正征募中。所组织该自卫团之目的,系严防戒备云。

英法租界最近动态由

1939年6月17日

余查英法租界封锁后之经济趋向及英法两租界警备情形一节,据职连日向各方面有关系侦查之结果,据英工部局内勤张督查谈称,自日前提出最后通牒者,英总领事曾于六月七日召集第一次英法居留民联席会议,除由英总领事宣读英政府训令(刺程政治犯四人,如无较确实之证据,绝对予以拒绝引渡。关于其他政治犯二十人,予以妥送出境。如日方有不法行动时,除临时自卫外,须随电告外部先取外交途径解决,一方面远东舰队及伊库儿号船航空母舰相取联络云)外,复由法国领事提出不幸封锁后之租界饮食问题、经济问题、警备问题,当决定者:

一、饮食问题。一面节留,一面开源。除每日由英法美陆军随时经特一区及中国地各处用军用汽油大量购买,并奖励小菜贩偷运;再方面,由英法美侨民组织合作社,由英法保护赴中国地购外,则用英法兵舰由汕头、香港运输大量咸鱼、海菜、碱、油等日用品。关于米面在英法决可食五年。再一方面,组织食品统制委员会,由英法两工部局当局组织之,按平日之户口将每日所入之饮食品集中于英法两菜市,由英法两工部局所发给之购买证而分多少购之。并自六月十日起,所有英法两租界内之居民无英法两工部局特许,一律不许移出租界(日鲜人不限)。所有英法两界内之货栈、商号所存之货物,除外商之出口货,一律不许出租界。在英法两租界所存之面粉、大米等食物品一律不许出租界。

二、经济方面。(1)限制对日汇兑;(2)统制公私银行银号之存款出界;(3)组织英法美居留民日用品购买委员会,所有英法两租界之一切货物,均由各商号向该委员会购买或购代运。该委员会利用英法美兵舰运送,而藉此推销西洋货,而无形抵制日货;(4)必要时提高中国交通中国政府之法币价格;(5)英法美居留民组织请愿团,利用无线电向各该本国政府人民宣传日方压迫西洋人,侵占英、美、法人民在华利权。

三、警备方面。(1)所有英法两工部局之巡捕一律停止休息;(2)加增各租界边境之车警及手枪队、便衣警;(3)调查英法租界日鲜人行动及户口;(4)调查英法界内所住之各机关公务人员行动及其户口;(5)调查界内人民之动向及言论;(6)必要时限制卖报入界,增设英法武装兵及便衣武装兵在界内巡查;(7)所有英界四周之各铜铁门于夜间及发警报时通电流;(8)增加警备车之次数;(9)英法商团至本月十五日起全部武装动员;(10)必要时增设中国保商团及民众自卫团,由英法兵营供给枪械子弹;(11)英法工部局工作人员一律移入租界;(12)英法两界当局人员不得潜出租界(有工作者不限)。

据云,英法领事曾于本月十五日召开秘密会议,并有中央之共同委员会华北分会之国共两方面军政要人亦参加之。现正秘密调查中。

检查开始后英法租界各学校之反动分子之动向由

1939年6月22日

据英工部局传出消息,自日方施行检查后,租界内抗日分子之学生以英法恐不免步鼓浪屿之覆辙,倘然如是,各学校暨抗日分子终难幸免,顷均纷纷向英当局请愿,拟自编敢死队等情。复又向党方请求输送各游击队者。闻上项请愿学生计约数百人。闻英当局对此项请愿学生甚为嘉奖,允为稍俟时日,亦必有相当安插。等语。党方对于此项学生,闻有允许编制敢死队云。其编制之情形如何,俟秘密详查后再行呈报。(阎)

英当局通告法美谓英已确实戒备打破目前封锁由

1939年6月22日

英当局十九日午后由领事司令具名通告法美双方称,刻英方奉到直接长官命令,谓日本方面对英方之压迫,确已感到大英帝国严(颜)面之侮辱,已积极戒备武力对策,取缔反英分子之反英运动,各舰队及其他陆战[队]已向华北集中。惟在短期以内尚有对日最后之外交手续进行,如仍无良好圆满结果,当以相当非常对策应付之云。(刘)

英舰十余艘预备来津(英法侨民结束商务,限月底为期)

1939年6月22日

英工部局息,在大沽口外停泊之英国军舰,今晨有十余艘左右,正用驳船、舢板装载各种食物、煤斤等,预备于日内驶津。英当局已请怡和洋行派小轮前往视察,同时并由码头本局人员迅速清除岸上车轮等,仍以利顺德后码头接续停泊。另悉,英法领事以日方对两租界封锁问题,拟于本月二十八日及二十九日并进一步,除通行证外,一律断绝往来。等语。故曾于十九日晨,示意本国商界领袖转咨各侨民结束商务,以本月底为最后期限。预料英法当局如有必要时,将于六月上旬①实行云。(任)

英侨民最近决议由

1939年6月23日

英在津侨民于廿一日在居留民团召集会议。据关系确息:

1.英日关系日趋紧张,恐难获得往常佳果。派英兵护送妇儒(孺)回国或香港等安全地带。

2.天津方面对于保卫问题及外交问题,仲裁委员会促第三国(美国)参加,各海口增加远东主力舰队,增加英兵及陆战队,组侨民自卫团及中国自卫团,使内外实力一致,应付目前紧张局面(一切布置及组织,遵照舰队司令及大使严命)。

3.英界内食粮问题,应与法国取同样步骤,联合一致,组购置囤积会,派专员负责及派工部局之食粮专员听候专员使用。

4.为便利一切,令太古、怡和两商行之运输轮渡留津或烟台、威海卫,听候使用而利运输。

5.增加无线电人员,时常与各华北口岸取联络及向香港、上海、鼓浪屿报告(报告书)。

6.英工部局谍报员加紧活跃,由党府工作员协助搜汇谍报,每日呈报英政府及沪港各地首脑部分(注意有关反英及增兵谍报)。

7.在津英侨民华语较便利灵通者,担任对华界机密工作。

8.在津英军司令研究租界内外防御之相当办法,大众一体遵守。

9.散会。

开会廿一日午后二时,散会七时。

出席者:英司令杜拉民、参谋领事哲述逊等、民团各部首脑、工部局长谭礼士等。

讨论详细如上述。

英界封销(锁)后近日之布置动态由

1939年6月24日

英当局认为此事严重而难解决,惟恐日方武力收复租界,发生意外事件,在其界内竭力布置警戒工作。各港口均制栅门及铁丝网实行堵塞,加倍岗位,英兵梭视各处,尤其于本月23日情形更严重,各路口对于出入行人均加以讯问检查,并制有紧急警笛,声闻数十里,以资必要时与其境内义勇军和郊外游击队取联络之用。闻游击队于其发生事件时,决予扰津之援,而党府亦决来机相助云。

英法护送现银出口由

1939年6月24日

英工部局息,英军司令部将界内所存现银均用棉布包裹,每包系千元,共计五百包,每批系一百包。有用墨色大木箱装好,由外面看来系炮弹箱,有用小形黑色木箱,由外面看来系小铳弹箱。并有种种方法装运,共五批,由英兵保护,用小汽轮向英舰运送,已备出口。据闻已于本月20日运去一批,此系第二批云。

党方在津召开最高会议之决议

1939年6月26日

据英工部局方面消息,自当局开始封锁租界以来,除共党华北政治局驻津办事处曾于日前召开各党部干部紧急会议,而重新布置工作外,国民党方面所领导之下平津工作同志联合会,亦于昨日在英租界民园大楼召开最高紧急会议,而讨论租界问题恶化后之工作问题。

据闻,以上国民党之最高会议决定者为:(一)扩大反间英、美、比、法等国在津之居留民及军人政界与日本之感情尖锐化,于必要时促成英日之武力斗争,继则使法英参加战团,而使中国在国际间地位强化,并使英、美、法决心援华;(二)关于在津之高级人员,如无重要工作性者,可尽量到乡间加强游击队领导,所有中下级工作人员须加入英、美、法属之职业团体内而掩护之;(三)加强华界各学校之学生运动及工人运动;(四)以后应以华界及义租界为活动中心;(五)大量吸收华界警界人员云。

(J0218-1-001946)

358.伪天津特别市公署秘书处报告一组

1939年

天津特别市市长封锁英租界声明书

1939年6月

本署为促津市英租界当局彻底觉悟,昨特发表声明。兹谨将市长声明书照录报告于左:

划时代的新中国,肩负着东亚新秩序共同建设之大任,踏上了光明发展之长途,已经是两年于兹了,在此两年中间,充分获到友邦之支援,得以拨乱反正,百废俱兴。自中央以至各地,从政治经济以及诸般设施,都呈示着畅茂崭新、根本改革之体势。天地日趋于明朗,人民日进于康乐,本市之一切繁荣即为最大之明证。但是,新中国心脏之间附着一种病癌,其在往昔已妨健康,时至今日更觉危害。其病为何？即本市之英国租界是也。只因英租界当局不认识新东亚之大势，抹煞了新中国之实质，一味的固执其旧观念与策略，不断的对新中国作种种之梗阻。他姑不论，仅就忍无可忍者言之，在过去三四月间，忠勇之友邦兵士突遭阻击，海关监督程莲士先生惨遭杀害，这两种事件之发生，激动了全中日民族之愤慨，及至凶徒逮捕，现场证实英当事者亦予确认之后，我方曾再四要求引渡，英当局始则百计延宕，继则藉口证据不足，终予拒绝了我们的要求。此事件经过之大略情形世人尽知，无待复述者也。当新中国建国之始，军事未定之秋，位居后方之天津英租界，乃有此危害国家之特异作用，其为我举国上下所震怒，友邦所难忍，自不待言。然犹隐忍期待者，只以顾念英租界内之三十万华人与第三国人居住之安全耳。在此过程中间，鄙人以地方长官的资格，迭次向其作外交之折冲与友谊之请劝，而英当局抹煞一切，置若罔闻，因而造成事态严重之局势。英租界当局态度之傲慢，固深遗憾，其观念之错谬，尤堪惋惜。兹将其重大错误之点分述如下：

一、中日两国为谋东亚民族之福利与永久之和平，共同担当起东亚新秩序之建设，其发源实俱有雷霆万钧之力，任何障碍不能梗阻其发展，如有梗阻之者，敢断其结果并无幸理。此种趋势最为显明，聪明的英租界当局何独固执成见，乃欲以一身而阻东亚之大势耶？此其欠缺认识而致错误者一。

一、狙击日军士兵与程监督之凶犯，实系杀人越货之暴徒，受金钱的收买，以暗杀为生涯，社会蟊贼，人人得而诛之，乃英租界当局独认为政治犯而保护之。滥用国际法规，不顾大国体面，此其重大错误者二。

一、前已言之，东亚新兴之总力量，决非任何势力所能撼动所能阻止者，英人士以善应环境、重视现实、手腕灵活著称于时者，就其立场言，处于新中国之心脏地带，当新中国畅茂发展之时，应付一切事态，当权轻重缓急。无论如何，首应以界内治安之确保为目的，随时随事与我地方政府与友邦协力，既可以联日华之感情，复足以保令名于不坠，为英租界当局计，此最贤明之办法也。今不此之图，乃以袒护三数匪徒之故，而激动起中日两大民族之愤慨，实为不智之甚。中日双方为打（达）成神圣之目的，计为现状之自卫计，自不得不出于有效之措置。是严重之局，英当局故意酿成之；界内数十万居民之安全，英当局故意破坏之。因小失大，此错误之一点也。

语云：星星之火，可以燎原。解铃系铃，其责仍在英租界之当局。事态至此，不容多所论列。再迟十日，演变至如何状态，亦是不容预测。鄙人为地方着想，为界内之居民着想，一线希望仍是切盼英租界当局权衡轻重，作最后彻底之觉悟也。

天津特别市公署布告

1939年6月

本署布告市民，于日军当局施行检查时期，行动务各特加检束。

本市日军当局因英方无诚意而行恶化之天津租界问题，十四日突趋严重，于忍无可忍之事态下，乃为确保全市之治安计，不得已而施行严密之交通检查。本署因鉴于此举，纯为友军正义之对我援助，不仅保障津市人民之安全，更有支撑我国政府体面之深意，用特于日昨发出布告，晓谕市民于施行检查时期，一切行动各特加检束。兹照录布告原文报告于左：

为布告事。查此次友军对于本市英法租界交通施行严密检查，实为防杜乱源、安定地方之不得已而最切要之自卫办法。凡我市民允能洞察大势，端定趋行捌诚、团结一致，协力以达我最高之目的。在此期间，市民行动须特加检束，勿故相惊扰以妨碍公安，勿滋生事端以招致不祥，尤不得轻率出入于英法租界，以加重在勤友军之劳苦。为此晓谕周知其各凛遵勿违。切切。此布。

新民会天津都市指导部座谈会纪实

1939年

津市应付租界问题，昨由新民会天津都市指导部等开座谈会公决，组织强力民众团体为后援。

查新民会天津都市指导部、《庸报》社、《新民报》社及《东亚报》社等，于本月十六日特假市商会开座谈会研讨应付租界问题一节，已于昨日情报报告在案。兹查该会到场者，计有本署代表赵聘卿，警察局代表贾长慧，市商会代表徐新民、王文藻，教育界代表曹荃荣、姚金绅，新闻管理所代表赵作舟，《东亚报》华连营、李燕踪，津海道指导部代表钱震，《庸报》代表于心民、邵澜章，天津都市指导部胡遂良、蔡锦轩、郑启栋，来宾有某部队宣抚班阿部班长及各报记者共约二十余人，临时由第一区署派往干警十余人担任警备，宋介部长因病未克参加。由徐新民主席开会后，首由主席阐述此次座谈会之意旨，继由各代表开始解剖现阶段之租界阴谋，及研究应付租界问题之适当对策，缜密讨论，颇多真知灼见，结果甚为圆满。最后由全体公决，产生一强有力的解决租界问题的民众大团体，其名义尚未决定，由当日参加座谈者为该团体之筹备委员。因新民会为各阶级民众之领导机关，故公决由该会负责起草此项民众团体之组织草案，此后与记者协会、商会、教育机关（教育局及教育分会）密切联络，并当场通知各报馆代表转知记者协会，商会代表转知商会，教育各代表转知教育局，新民会代表转知新民会，各即开会选决此次进行筹备代表一员，以便负责进行联络，并定于十七日下午三时后在都市指导部会议室开会，议决通知此次民众团体之组织草案，俾便早日实现云。

天津特别市公署为米业、银钱业迅速迁移市区事令天津市商会

1939年

令饬市商会劝谕在英法租界内之米业、银钱业等各大商店迅速迁移市区。

查因英租界当局缺乏诚意，致促成此次严密检查等情，迭经报告在案。惟所有在该两租界内之中国商店难免不蒙受损害，本署为体恤该商等起见，昨特令饬市商会劝谕米业、银钱业等各重要公会各大商店，迅速遵从功令迁移市区，本署当特别予以便利。

环绕英法租界铁网通放电流布告

1939年

本市日军当局日昨将环绕英法租界铁网通放电流已告布市民注意。

查本市日军当局为实施英法租界交通限制,迭经颁发布告阐明意旨,昨以毗连日法交界所按(安)设之铁条网,目前实有通放电流之必要,故特发出布告,略谓:我军于十九日晚十时开始对于环绕英法租界方面所设之铁条网一齐通放强烈之电流,务希一般良善商民各自注意。此布。云云。

各地响应温市长声明书电昨复有多起

1939年

温市长日前发表声明书,冀促英租界当局最后觉悟一节,业将各地方政府及其他团体机关响应情形,略于昨日(十九日)情报报告在案。兹查复有山西省苏省长,津海道谢尹,临榆张知事,滦县张知事,吴桥县孙知事,青县蔡知事,滦县东亚新秩序建设会,交河县商农教育各会、各学校、各同业公会,静海县全体商民、农民等,纷纷致电到署,词多义愤填胸,誓作后盾云。

津市教育界反英委员会昨通过大会宣言及各项章则

1939年

查本市新民教育分会于本月十九日召开临时会议,发起组织之"教育界反英运动委员会",日昨已报告在案。兹悉该会于二十二日假津市指导部召开首次会议,当场决议组织章程等要案数项,并决定发表宣言。兹将该会宣言照录报告于左:

溯自鸦片战兴,英吉利人对我国之侵略得寸进尺,予取予求,历史俱在,斑斑可考。迨至卢沟桥事变发生,英人推其故智,雄其野心,藉助蒋之名,收渔人之利,援助共党,鼓吹抵抗,推波助澜,延长战祸,无非欲摧残我国家之命脉,消耗我国家之物质,设计奸险,用心狠毒。凡属血气之伦,莫不闻之发指,近复利用租界为万恶之渊薮,操纵金融,抬高物价,庇护不逞份子,暗杀事件层出不穷。

当兹开始建设东亚新秩序之时,吾人欲排除障碍,奠定国本,断不能再容此畸形阻力之存在。本市中日当局洞彻奸诈,断然处置,限制英租界之交通以促其最后之醒悟。旬日以来,全市民众反英情绪日益高涨,将由狭义之租界问题转入英国侵华政策之问题矣。本会同人厕身教界,忝为知识分子,为争取国家之体面,摆脱英国之侵略压迫起见,自应领导民众扩大运动,爰组斯会,为民众之先驱,作政府之后盾,视情势之需要,为适当之策动,誓与英吉利奋斗到底,以完成排除障碍之目的,实现东亚和平而后已。谨此宣言,诸希公鉴。

报告各省市县等响应温市长声明书情形

1939年

查各省市县及民众响应温市长发表声明书情形,迭经报告在案。兹计本月二十一、二两日,复接有唐山市市长于文成、冀东道道尹韩则信、安徽省省长倪道烺、财政厅长唐少侯、代行济南市长朱桂山、冀南道尹王季章率三十三县知事、庆云县知事王兆康率全体职员暨十五万民众、抚宁县商会会长赵振纲率全县商民、景县知事陈玉虎、河南省祥县知事白雪亭、新海设治局局长周显文及所属各机关全体民众、宁河县知事王启文率县属各局科处长、各团体民众、乐亭县知事张树森、大城县知事刘其昌率全县民众、文安县知事王崇武、新民会青县指导部等来电,电文均慷慨陈词,愤不可遏,并以贯彻初衷、坚持到底相期勉云。

通告各人民团体不拘会址或会员应一律迁出英法租界

1939年

查此次检查出入英法租界行人,原为防杜乱源,安定地方,凡属本市人民团体既俱系依法之组合,自应将严厉检查之意义各向其会员剀切传述,俾使共知趋向。本署为谋社会之安宁起见,昨特通告各公益团体、慈善团体及各同业公会等,凡在英法租界住居者,不拘会址或会员等,自通告后务仰一律迁出共谋乐利云。

报告本月二十六日各地响应温市长声明函电情形

1939年

自本月十四日温市长发表隔绝天津英租界之声明书后,各地响应函电情形业经逐日报告在案。兹查二十六日复接到雄县知事李赞廷、宁晋县知事邢香圃、津海道盐山县民众、汤阴县知事刘龙光、商务会长刘兆瑞暨各法团丰润指导部、滦县指导部、署理交河县知事张廷一、卢龙县新民会、武邑县知事姚鸿连、徐水县知事方步云暨各界联合反英大会、柏乡县知事暨柏乡全县民众代表魏金斗、三河县知事吴嚣皋率全县三十万民众等函电十数通,痛陈英租界藏垢纳污、庇党护共种种罪恶至详且尽,均愿作后盾,誓收租界,为国增光云。

津新民劳动协会劝民众脱离租界受影响者登记可予救济

1939年

本市新民劳动协会职业介绍部为救济因被隔绝租界而失业之男女华籍人员起见,特印制大批壁报,在本市特别一二区、日租界、河北城里等处贴粘。大体谓,凡因租界问题而影响职业者,或因爱国心之热诚而辞职失业者,可来本会登记,在短期内予以相当之安置。如欲迁出租界而不能,或迁出后一时找不到相当住所者,本会可予以协助。登记地点计河北大经路新民劳动协会及特别一区十号路劳动会办事处两地。按此种救济工作实对一般市民利益莫大云。

本署为便利大量市民迁入市区，特令警察局饬属调查全市空房

1939年

本署以本市对于英法租界实行交通限制以来，所有各该租界中工商业均形停滞，迭经促令迁至市区，其租界中居住人民亦因生活不便亟愿迁出者甚多，惟骤然大量迁入市区，适当之空闲房屋一时实不易觅得。兹为便利市民计，特令饬警察局转饬所属迅速切实调查各该管地面之空闲大型住宅、门面市房，或其中仅有少数人占住者，及有无歇业工厂或宽敞庙宇房屋空地，可供设立工厂、建筑仓库之用者，均分别列表填明地址、面积、房屋、间数、原业主、现有设备、适宜用途及其他事项，克日汇呈，不得稍有遗留隐瞒致妨功令。

报告本月二十八、九两日各地响应温市长声明书情形

1939年

本月二十八、九两日，各地反英函电仍如雪片飞来，兹计有香河县公署顾问铃木主计、济宁县民众排英运动大会、青州民众反英运动大会、涿县知事杨开明、济南市全民反英运动大会、通县知事冉杭、新民会通县指导部、通县商务会、宝坻县指导部、津市同义道德会员反英会、蓟县知事游伯麓，河北省盐山县知事孙永茂率全署职员、各机关、各法团、各联乡长、各乡长副及阖邑民众，昌平县公署新民会、昌平县指导部、昌平县商会，昌平县学界代表王士莘、民众代表孟从宜等，平谷县全体商民人等各电文，均词气愤慨，誓以敌忾同仇之热诚，愿作后盾并勖以贯彻既定之方针，坚持到底，力求最后胜利云。

本署劝告英租界之中国商民迁出，昨特印就大宗传单散放

1939年

查本市近来反英怒潮汹涌澎湃，对彼漠视民意之英当局威胁殊大，惟有一部分中国商民脑筋愚鲁，未能果断迅速迁出租界，本公署深为遗憾。兹为贯彻既定之方针与尽力造福于市民之责任，特印就《正告陷于英租界内之中国商民》传单多份，已分别函送天津邮局、各报社及警察局饬属散放，促令住居英租界内犹豫不决之一般商民，早日迁出共享乐利。（检附传单一份）

正告陷于英租界内之中国商民

中日协力实行英租界严密检问，是新国家自卫上不得已之手段，是当局确固不动之决意，在英国人对东方事态从（重）新认识、彻底觉悟以前，检问政策，只有加重，并无缓和。换一句话说，英租界当局态度不改，英租界的交通是永远得不到正常状态的。十数日来，随形势之推展，天津市的繁荣中心，已经由英租界转移到英租界以外来了。现在如河北省银行、大中银行等，均已迁到河北开始其繁荣的业务了。事实告诉我们，英租界已化为狂风暴雨中孤岛，南市一带，河北一带，已成为金碧灿烂的不夜天了！

商人目的是什么?难道真与孤岛的英租界结不解之缘?最后还要为它尽命而殉节吗?守株待兔,胶柱鼓瑟,是愚蠢人做的事;目光锐敏,手腕灵活,鉴察机先,不作牛后,是时代商人必具的条件。

至今尚关闭在英租界里面的中国正当商人、产业权威以及各大企业家,其遭遇之痛苦何似?这是政府对你们最为关怀的。

陷于英租界内的中国商人们,如果不愿以多年血汗之所得丧送到人间孤岛,自救的良策惟有赶快迁出,翩然归来。政府与友军对于识时爱国的商人们,必然奖誉保护之不暇,对于你们未来的一切,当尽力抚慰,不会有丝毫困难了你们的。再说扼要一些,现在虽当严密检问的时期,只要是出于黑暗区域、迁于明朗地带的中国商人,在勤友军必能与政府协力,对迁出者谋无上之便利。诸君何爱于英租界,在这最紧急的关头,还不为自己的前途打算吗?善良而亲爱的中国商人呵,现在到了不容犹豫观望的时期了!快快打一打利害安危的算盘罢!最后再诚恳的警告你们几句话,是——

(一)英租界不是乐土是坟墓!

(二)亲爱的中国商人要发真智慧,下大决心!

(三)时机当前,稍纵即逝!

天津特别市公署

(J0001-2-000015)

359.伪天津特别市公署警察局特务科特高股工作报告一组

1939年

英法关系日疏远英界恐慌亦甚

1939年6月22日

检问工作实施后,法国当局因不满津市英当局之策略,故一切措施颇予英租界之打击。兹经调查,法工部局于二十日下午七时起,对由英界赴法界之车马行人,悉加以检查,同时英租界华商在华界购买之菜蔬牛羊肉等约五吨之多,分装两载重汽车(德商汽车有德人押运者)运入法租界后,法当局乃令运往法国菜市,明令商人强行分散,照价给款,禁止运往英租界。一面饬令法菜市华捕及英法交界处岗捕等,严禁英租界商人向法租界特购大宗货品,阻止出口。英当局乃大为不满,特于二十一日上午六时起,将英法交界处所有铁门完全关闭,各留一小道,每路派有探捕五六人,对入境华人亦全体临时检查,不准大批物品出口,全日并未变通,致英租界内民生日用品等乃特别缺乏,英国菜市及各处什货店食物店等,几已全部停顿,居民之恐慌乃日益加甚。英租界董事会,二十一日接到中文或英文函呈多起,均系请求特饬工部局,对居民迁移出境问题勿予阻止。云云。于此可见一斑矣。经济部分,计中交等旧法币,已两三日无申水行市,各银号只卖不收,各种股票包括英商之开滦济安等,亦均一再低落,并悉英租界房地市价亦呈不振,不特空房无人租赁,其有买卖房地亟待成交暨空地筹备盖房或修茸等工程者,日来亦完全停顿。英租界之厂如仁立、东亚、海京等,目下一律停止五分之三工作,亦因工人食事问题、货运问题、煤斤颜料等缺乏而大涨等问题不得不然耳。至于法租界内之反响，除食品仍求过于供，价值续涨外，尚有茶叶、洋货、糕点等业，亦继饭馆等业之后，无货可售，形同停业，其皮革鞋业等，两租界内预备端节后歇业或合并者，有百余家之多。其妨碍检问工作部分，英国商会廿一日下午，又在英中街戈登堂开会讨论，将以"各中立国外侨"名义，请日当局规定一通融办法，此项主张决定并严密计划后，即径由各国使节向日政府交涉云。

检问工作实施后之调查

1939年6月21日

一、关于检问实施后之反响，据法工部局高级同人透出较重要之消息，志后：（一）法租界内除饭馆业大都均已停业外，今日又决定继起停业者为娱乐场所，如预备前日开幕之屋顶花园及戏园影院等，而业务大衰，预备节后缩小或暂时停业者，有煤业、鲜货、纸烟各业，均有大多数实行。（二）经济方面所受最大影响者为银号、金店，如今后半月内不能解决检问工作者，亦有半数迁移或停业者，故各号刻正积极结束清理对外账目。（三）租界煤斤有中断之虞，英当局已令开滦设法大量运入，否则对煤商高抬市价无法平抑。

二、关于排除妨碍检问实施部分，经调查所得：法国当局得义工部局之援助，已令法租界各业商号，凡有任何商货，欲由华界运入租界时，统令先行运往义租界五马路交通货栈对过之黄大夫院内（即义国饭店旧址），在货物上各标号条，由法国军用车随时往来驳运，不收运费，致早经禁止运往租界之生熟皮革、麻织物等，亦能大批偷运出境，至于牛羊猪肉等，则由义国军用车代运，因义和公司屠宰场原为供给义国粮台之作用，故藉此代运。英租界方面，在马厂道附近电网处，每日有菜饭用麻袋满装菜果给予英界华捕相当代价（每袋由一元至五元）即可大批输入，由网上交接。鱼虾海产等物则完全由英美军舰陆续运入，惟各物仍求过于供，不若法租界之足用。

三、其他租界内反动分子，迩来除住所大都往来迁移外，在内活动，反较妥当，除派其爪牙潜入华界侦探一切消息外，其首要者并无移入华界之意云。

英军警当局对通过租界行人戒备情形

1939年6月20日

据查，英军警当局对中日双方之实行严厉检索，通过租界之行人（无形中封锁）已有相当戒备，各重要隘口设有军事布置，于特一区交界处，计佟楼（马场道）电网密布，于隐秘密处设有警楼二座，内有英兵十六人及华捕数名，备有机枪三挺，大枪、手枪数枝，于山西路口仅有四名（一班）英兵武装戒备，并无其他异动，于大营门路口（已由日方置电网及文记汽车行一带），于袁公馆（袁大总统宅内）有英兵十二名武装戒备，亦有机枪二挺，海大道一带交界处多备有华人警捕戒备，中街并无英兵踪迹，而军用汽车上载武装英兵数名来往各地巡梭，以致遇事联络。再，于每晚小巴黎道上往日游人如蚁，而今则人烟稀少，各娱乐场营业稍欠，菜蔬米面价高涨云。

英法租界经济情形

1939年6月23日

1.昨据英工部局密探瞿长年叙述之消息,工部局得到之情报谓,日当局检问租界,曾有于本月二十五日开放之消息(通行五日),至三十日停止开放,即开始封锁,如七月一日封锁后,党军各地游击队,亦开始进攻天津与日军,以相当之扰害。云云(消息如此,确否待证)。

2.英法租界之经济状态:

英法租界中,街市冷落异常,以佛界劝业场一处而论,检问前之繁荣,已达津市之最高峰,现在该场内之出入人氏,全盘统计,亦不足四十人左右,其他如大小饭馆之冷落状况,已成无形之停业也,商民日常用品,除米面无稍变更外,对于佐食之日常生活用品,极端缺乏,虽有假英法当局由华界输入之少许菜蔬及肉类,惟价格特别激增,谨将调查实况缕列如左:

猪肉,每斤八角;鸡子,每角二个;牛肉,每斤九角;黄瓜,每根一角;鸡,每只二元;咸菜,每斤三角;豆角,每斤四角;葱,每斤二角;蒜,每斤二角。

附记:

法租界布告

大法国驻军正领事官高为布告事:近为维持本租界居民生活起见,所有本界商店不得任意抬高食物价格,倘有故违,一经查出,定予严惩,决不宽贷。切切。此布。

一九三九年六月十四日

3.英工部局住华界职员向当局请愿:

又息。英工部局住居华界之职员,近日家中接到日方之劝告(大意谓赶速脱离英机关等情),于本月二十二日凡住居华界在英工部局供职之人员,联名向英工部局警务处副处长李汉元请愿,请求向日方交涉。等情。结果李副处长汉元,曾据情转请处长(英人谭礼士),闻亦无具体解决之方策云。谨呈科长王。

英保险业实行暂停经营,妨碍检问工作部分日益扩大

1939年6月23日

查本市检问实施后所惹起之反响,除英法租界食物大感缺乏,致市价秘涨,计牛羊肉无货,猪肉每斤一元二角,鸡每只二元五角,菜蔬等均较华界高贵二三倍外,两租界各业商号,实际上一律异常不振,门可罗雀。外商方面,所受影响亦极大。英商保险行凡最近满期之保险,均已声明中止继续保险,进出口贸易凡有批订期货者,亦一律拒绝交易,即因英当局密令英商行结束对外商务之结果。法、美、比等商行,其有不能中止经营者,则正在华界、特别区等处觅房,改委华人负责,以便必要时迁出租界继续经营,但大多数亦均已陆续清理。往来财货之中(英总领馆已派定专员十余人,组织"英侨食用品分配委员会",凡每日所需之食用品,每日由英军部派员向租界外大批购入或由军舰装运来津者,按人口

分给。至于妨碍检问工作部分,其范围有日益扩大之势),经调查所得,计英军部每日派载重汽车出马厂道,在东楼地方大宗购买食用品运入英租界,交各商号售卖,各商号自在华界买妥之货物,军部汽车亦可免费代运。法军部方面亦同样办理,其较大商行则雇赁法商瑞德运输公司载重汽车,由德籍(或白俄同人员司)押运入租界。凡上述官商汽车出入租界者,因贿赂关系,不特任何货物可自由运输,而普通华人亦可登车渡运,故英法租界内任何华人乃得自由出入,未受拘束,而不良分子等之往来华租界,自亦在难免之例。二十一二两日,且有大宗皮革、皮张、猪鬃、麻织品等禁止出境物品运入租界,一律分装木箱,但在检问所附近,利用外国人押运关系,竟能安然通过。以此类推,英法租界居住中之富有者,实际上并未受检问工作之任何痛苦。英、美、法官民往来华租界,亦无甚大痛苦。廿二日英法交界处之英租界铁门,仍开启半面,中街等处且新增电网等物,寄存商号内云。

华北新民同义道德协会召开紧急大会

1939年6月23日

为呈报事。职等奉派赴大舞台参加华北新民同义道德协会紧急大会,该会计到理发同义道德会员、北洋火柴职工同义会员、铁业职工组会员、油漆职工组会员、邮包运输组会员、抬埋组会员、华服缝纫组会员、火柴职工组会员、合津水会会员等九个单位约计人员五百余名。又该会于十时三十分开幕,首由主席王德泉股长代表致开会词及报告近年来之一切会务,及报告终了,由演讲员蔡锦轩等四名陆续演说及演说毕,复由主席向全体会员征求会务意见,由该会会员徐静波提议成立反英大会并打倒一切英国之在华组织,当由全体赞成且通过。复由会员提议组织委员会,计委员八名,主席一名(崔宝钰),该委员会复经通过成立,首由委员会主席崔宝钰宣誓就职,亦向全体会员征求反英大会之意见,由委员会议决五项:

第一、全体会员一致参加反英运动;

第二、通电全国用邮代快电;

第三、援助当局肃清英租界不逞分子;

第四、劝租界华籍民众全体移出;

第五、实行彻底之封锁英租界。

及一切终了,乃由大会主席宣布闭会,计十一时三十分。理合具文,谨呈科长王。

六月廿四日英租界种种之情况

1939年6月24日

根据六月廿四日英租界所得确实状况详列于后:

1.英租界封锁后一般反动机关恐怖状况已十足表现,纷纷推代表及主□往与英当局联络者,请求英当局设法维护,一方派代表赴香港请示党共首脑,报告天津封锁经过及将来之工作计划,在津反动大众意见等研究适当措置。

2.英工部局华警务长李汉元连日乘汽车两辆、武装警备六人,汽车码号系十余个随时更动,防止外间注意。在租界以内游动,"确息"系与各反动团体联络,讨论大众反动份子出路问题及成立"自卫团"事宜行动密切。

3.英国妇孺归国已准备竣事,静候舰队到津后乘坐妇孺返回。

4.英国各商团刻积极结束各项商务事宜,准备停止一切贸易。

5.驻沪远东舰队司令诺布尔电天津英领詹米逊,英司令□称,已派第十四舰队向华北各口岸集中待命。

6.英当局召集被封锁租界以内无[工]可作之华人苦力约有余人,刻仍继续召募中。闻系清理太古码头以及其他英国兵营应用土袋工作以及其他苦力工作甚为积极。

7.英警务处长李汉元家眷与党府驻津办公处人员四人、李家眷十二人,于廿二日离津乘舰赴香港,马厂道住宅封闭,李刻居住英工部局内。

8.李汉元刻令各捕探,谓工部局将发补助饷三个月,所有人员仍居住华界,希呈报以备移住租界,忠勤值务,其迁移手续英工部局负其责任。

9.英工部局户口警奉令呈报封锁后两月来迁往租界住户以备详查,并负责通告新旧住民不得任意迁往租界□外□□苦者当谋办法。

英侨决先撤退妇孺已通令准备,检问工作英侨所受刺激特甚

1939年6月24日

查检问工作实施后,英法租界已普遍入于惨淡之中,而英侨官民所受之刺激为最甚。迩日以来,义国桥、中街、梨栈等处,美、德、义、法各国侨民载重汽车,凡有一该国外侨在车上随行者,出入界口时各有相当便利,独英商汽车,如利顺德饭店、山海关、马记等汽水公司,永丰洋行、平和洋行等车,虽未载货物,亦莫不严禁通过。英总领馆自本月十九日迄今,先后接到英侨书面或电话报告被阻情形请求交涉之件计三百二十余起,兹悉英当局已请英国商会分别答复全市英侨,大意为"遵限结束商务静候政府处理"云云。故全市英商各业,截至二十三日止,确已有十分之七以上正式停止营业,货物财务亦均限本月底为清结之期。并悉英当局于二十一日曾密谕全市英侨,凡未在英法租界居住者限三日内迁入,所有英国籍及英领各地外侨之妇女,及未成年之儿童,暨七十岁以上之老人等,一律自作准备,以二十五日为限,如目前进行中之调解工作无效时,英当局决于二十五日颁布"英侨妇孺全体撤退"之明令。等语。现在秦皇岛、青岛、威海卫等处已集合有相当军舰及英商轮船等,随时可供装载英侨之用,英商汇丰银行已与美国花旗银行商妥,对于一部分往来存户,拟全部拨交花旗接管,目下正在核对账目中,俾一旦明令撤退时便利成行。惟各方判断,英当局既决定先令妇孺撤退,显见对华北及津市方面,尚有军事上之计划实施。法侨方面筹备撤退问题虽亦在普遍进行,但官府尚未明令一次,并不积极。又妨碍检问工作部分,美国、比国等领事日来数度与义总领事协商,拟请义当局每日派军用车押运各种物品入租界,应不限于猪肉一种。云云。义当局原则上表示同意,但须候政府令准及拟定方法后始可照办云。

白俄游行问题英当局已照准

1939年6月24日

据英工部同人李文晋谈，英国军政当局自本月十五日起，每日各派有负责官员数人，在总领馆内随时共商军政合作，应付时局问题。现悉，关于津市白俄拟于二十五日入英租界游行一事，英当局商洽结果，已准其入境，但（一）必须遵守英当局指定之经过路线，（二）须列队整齐不得紊乱，（三）在英租界内经行时禁止唱歌及任意谈话，（四）禁止战车炮车马匹等入内。等语。英当局决在指定路线范围内，施行军事上之配置，以防意外。并悉英当局之用意，如白俄队伍能安守限制通过本租界他往时，决不有所举动，否则即以武力解除其全体武装，美国驻军亦允作英军后援。又法租界当局在梨栈马家口义国桥南，三十一号路北头等处，所有胡同已一律明令关门，禁居民在上列各路上出入，但实际在各该处两旁胡同内均派有探捕，每胡同至少十余人潜匿，以防不时之需。云云。

英租界行政机关统由军部主持

1939年6月25日

一、据英工部局技士刘继勋谈，英国当局以津市时局日益紧张，为维持安全并便利指挥统一起见，凡在津市之英国所有机关，自本月二十日起完全实行"战时制度"，由军部遴选大批军官，分发总领馆及工部局各处课、董事会、电灯公司、自来水等，但原有负责官员并未更调，对各机关中级以下员司亦未发表用意，故表面均仍旧惯。据悉，英军当局预备俟时局再入紧张一步时，即可颁布戒严令，彼时英租界一切行政统用军部统制之方法行之。戒严令业已拟妥，电呈英政府核准者。近三日来，英军部派专门人员在英租界二十一号路义勇队部内，考查全体队员枪支等武器，是否灵便准确，以备不时之需。云云。

检问以来英租界当局之对策

1939年6月25日

检问以来已逾十日，英租界当局除于二十四日布告严禁集会游行及印发刊物宣传文件外，并将所有各路口铁门关对（闭），仅留一人之行路口（中街照常），派有官警三四人驻守，随时检查可疑行人，工部局派有警备汽车四辆，每车由督察率警探五六人巡游，英兵营亦派有汽车三十余辆，每辆兵士四人，昼夜梭巡界内。因工人苦力缺乏，各公司洋行工厂多互相调易工人工作，食物中以海味咸味有断绝之势，肉类则每日由意商义记公司每日载入两汽车。至关于经济状况，则上海汇完全停止，因接申电，沪地各银行号对存款只限每星期提百分之五，故所有津地之汇款在沪全被扣留，津申汇因而全停。华界因现钞缺乏，各工商业收入现钞皆不肯再为放出，用备现购原料及零批货物之需，各钱商投机竟对现钞加水每千元约加四五十元云。

英法租界一般情形

1939年6月27日

侦查英法租界一般之情形综合呈报：

（一）英租界毗连法租界之英界铁门均开（闭），只留一口能通过汽车、人力车、行人，铁门口由英华捕把守，对于出入英法租界之行人施行检查。

（二）英租界内之警戒近由英兵武装戒备，英兵乘战车，车上架设机关枪，每车上英兵四五人，巡哨英租界各号路。

（三）英租界近一二日谣传甚盛，谣传谓英国侨民有于七月一日回国消息，日本于六月三十日施行封锁，英法租界对于英租界华人一概不准出租界等传说云。

英法租界调查旧法币及白银数量

1939年6月28日

按金融界消息，英法两租界当局近五日来各派外籍官员偕同汇丰、花旗、麦加利、中法（尚有中央银行同人在内并未明言）等代表多人，先后赴英租界银行公会、法租界之银钱业公库（新华大楼上）等处，访晤各负责人，商外汇问题，仅交换意见性质，旋即分成四批，每批二人或三人，划分区域，分赴两租界内各银行银号等处，查询各该行号共存白银及旧法币等数量，及中外各种有价证券等数目，最后并询问往来存放款项中日韩侨民商号之数目若干，结果令各行号谓旧法币在未有相当行市时，可扫数交汇丰、花旗等外国银行保管，嗣后应绝对暂停买卖白银之交易，候令通盘处理。等语。言外之意，即禁止私兑白银出手。云云。日内尚须派员调查各金店存银数量云。

检问以来英租界情形

1939年6月28日

排除妨碍检问实施事项：义租界义国义华洋行原先只负运送猪肉入法租界之责，近经若干义侨之要请，决集资扩大营业，添置载重汽车多辆（预定为十辆），各有侨津之义兵押运，利用往来便利之地位，大举承揽英法租界一切商货，负责保运，规定运费为每一市斤收洋七分（原价一角），但如系禁止出境之物品另加保险费，已派员分向各商号接洽，运务极为冗忙云。

调查侦察检问实施所惹起之反响（政治经济及其他一般舆论等）：英当局以检问工作实施后，界内中外居民痛苦日甚，近闻界内居民中有以种种团体名义参与华界之反英运动，又谓英租界居民之参预乃法租界之一部分亲日系各界领袖华人间接绍介者，特于前日派专任探员五人赴界内各处秘密调查，究有何人参加，随时具报，将来决对该参加反英运动者予以游街示儆。同时，并由全体探捕及电灯房、自来水公司、电话局等同人饬令对外散布空气,以安定人心。二十六日并密函法领事,亦请调查此项工作之参加者云。

施检后,租界内反动分子阴谋策略根据地点有无迁入华界情事,英租界工部局同人李文晋向人表示,在租界办理反日刊物"小电报"者,主张利用封锁租界之时机,在租界内大规模印发该项刊物,公开售卖以利反日宣传,并可辅助英当局维持公安之宣传,效率当极宏大,但一度由英董事会英籍董事某君(不详)口头向工部局巴秘书长请示,经巴氏当时驳回,谓反日政治犯引渡问题尚未解决,决不能再生枝节,增加困难。云云。

地点:义国桥、英马厂道等路线。

英法租界内外侨情形

1939年6月28日

排除妨碍检问实施事项:法租界教堂各神父连日在法界崇法堂内会商,法领馆、军部、公议局均派有代表参加,讨论问题为如何利用公教地位向日方高级官员交涉,俾取得运输各种食用品入租界之特权。因法神父颇多与中日教友要人交谊极厚者,故法当局授意进行,惟尚未实施云。

调查侦察检问实施所惹起之反响(政治经济及其他一般舆论等):英文泰晤士报记者马鸣桐谈,英法租界内居住之外侨,如荷、瑞、比、丹、芬等侨民中之一部分及少数美侨,对检问工作所受之商务及精神上之损失颇多不满,英法当局之策略者,日来迭有投函本报要求披露之匿名信,均谓英法当局之所为,为损人不利己之不智行为,亦有主张鼓吹劝令英法两国以外之侨民可一律自动移出租界,仍继续经商等语,怨言毕露。各函虽均未公布英当局认为日方关系者所发者,但实际确然如此,英当局正分别研究发信者之侨民云。

检问以来英法租界各情形

1939年6月29日

排除妨碍检问实施事项:英商怡和洋行商轮一部分遵英当局之命令,自二十七日起一律停运客货,专由上海运牛羊猪肉、鸡鸭及菜蔬、鲜果罐头等来津,以军用品名义不受检查约束。故二十八日起,英租界食物价目大落,物品供过于求,同时英法驻军及德商瑞德、义商义华两洋行逐日往来承运租界各业又呈活跃。

调查侦察检问实施所惹起之反响(政治经济及其他一般舆论等):检问工作之反响,自英法租界一切食用品既已大宗运入,供过于求,同时一部分禁止运出华界之物品,暨禁止运入华界之违警品等亦能利用外商特殊地位,任意往来运送,只须给予相当运输等费用者,立可达目的,故英法官民及两租界供职之探捕等莫不大肆向各界散放空气,认为检问工作结果对租界当局官民并无何等效用,只贫苦华人受相当痛苦。云云。故英当局竟传播空气,谓英租界人民可不需要外界之接济。等语。云云。

施检后租界内反动分子阴谋策略根据地点有无迁入华界情事:英租界当局近数日来,对于英侨领袖等询问是否引渡抗日政治犯之问题时,均答以"义难办到"。云云。因之,界内若干不良分子日来反有更趋活跃之状况,拟俟英法租界实行自动封锁时,决进行:(一)公开反日宣传刊物之印行;(二)领导两租界青年作集团行为,实施军训。云云。

(J0218-1-001991)

360.伪天津特别市公署反英运动情报一组

1939年

本署昨通告天津梨园公会及京津游艺员协会
在租界问题未解决前一律不准应约赴租界内献艺

查公共娱乐场所对于市面繁荣关系甚巨,如本市英法租界内娱乐场所向较华界为多,在平素一般市民之印像即乐于趋赴,故造成租界无限之繁荣。兹以租界施行交通限制以来,对于租界内该项繁荣重心自应谋适当之对策,以示抵制。昨特通告天津市梨园公会及京津游艺员协会转知全体会员,在本市租界问题未解决前一律不准应约赴租界内献艺,如有意存观望者,定予严行处分云。

津市地方辅治会昨开会报告归并新民会经过并决定反英议案七项

查本市地方辅治会自徐主任新民主持该会事务以来,对于市民组织领导改善不遗余力。顷为期协助国家建设并视时势之需要,曾于上月二十三日与新民会天津都市指导部协议决定合流,将辅治会改组为"新民会天津都市指导部地区分会"。辅治会为向会员报告合并经过及(改)组办法,昨(三十日)特假本市东马路国民大戏院召开全体大会,计到会者约有两千余人,首由徐新民报告合并经过及改组变法后,当提出议案七项,计:(一)全市商民一致奋起参加反英运动;(二)援助当局肃清不逞份子确立治安;(三)华籍民众全体迁出租界完成封锁;(四)对交持旧法币之英系银行停止交易;(五)打倒操纵物价之英国银行商店;(六)铲除甘心为英商走狗的投机卖国奴;(七)选举代表赴英工部局直接请愿。当经全体会员一致通过,遂发表津市新民地区反英会宣言(宣言文从缺),并分别电呈北京临时政府暨日本内阁总理大臣、陆军大臣、外务大臣、兴亚院总裁、国民精神总动员中央联盟鉴察矣。

天津市反英最高委员会昨已成立

查津市各界反英运动大会组织情形迭经报告在案。兹以天津市反英最高委员会昨已准备就绪,于本月一日,特假市公署会议厅举行全体委员首次会议,当决议公推前地方辅治会主任徐新民为委员长,即席就任,并经通过要案多项,即日宣告正式成立,并发表声明书及通电,情形极为热烈云。

报告六月三十日暨七月一日各地响应温市长声明电情形

查六月三十日以前，各地响应温市长声明电情形，业经报告在案。兹计自六月三十日至七月一日两日，复接有新民会玉田县教育分会、新民会玉田县商务分会、新民会玉田县各乡镇分会、玉田县知事王统一、兴隆办事处处长闻骧翮率全境各界民众、山海关反英誓死团、霍县知事王傑三、警务局长龙振江、南宫县知事率各机关法团及三十万民众、宝坻县知事刘静山、冀县知事金镕率全县民众、满城县知事那延栋、定县知事高砚龙、文安县商会、山西洪洞民众反英运动大会代表朱培羽、来钰、郑义清及洪洞县知事、署理新河县知事朱能云、署理怀柔县知事胡联恩率全县官民、安国县知事刘国学、汾城县维持会长、烟台市排英民众大会、厚和特别市长贺□温等来电二十余通，其电文均痛诋英租界当局执迷不悟、一意孤行，愿率各界民众誓作后盾，不达目的不止云。

为制订指导各人民团体组织反英运动要项通告遵行

查此次对于英租界问题民情沸腾，纷纷组织反英运动之空气日渐高涨。本署为指示市民反英运动步骤起见，特制订指导各人民团体组织反英运动要项，已通告本市各人民团体及各工厂遵照要项，迅即自行组织并饬将办理情形随时呈报本署备查。

津市民众反英大会决于鸦片纪念日（七月七日）扩大举行

查全天津市反英最高委员会日昨筹备成立情形业经报告在案。兹查各种团体组织反英运动，至此已完全一元化，将以愈强硬之态度展开反英斗争，盖因英国方面以顽迷不逊之态度，引出之租界隔绝问题，现已移转至日本国都东京交涉，前途殊值重视，故本市民众以七月七日系鸦片战争百年纪念日为期，与强化兴亚周间之意义，将于是日举行全天津十二万工场劳动者之反英运动大会，同时本市纺纱厂以及其他各大中小工场二百余处，亦将一体结成组织反英委员会，出以全力支援云。

天津市商民反英大会定于七月五日举行

查天津市商会原定于今日举行反英大会，兹悉因参加之各同业公会过多，一时筹备不及，遂改订于明日（七月五日）举行，开会地点即在市商会大礼堂，届时中日各机关当局均被邀参加，闻该会主办之反英大会系完全根据各业商民之总意云。

天津中华海员协会筹组反英会昨已发表宣言并通过五项议案

查本市中华海员协会前为协助新秩序建设起见，曾于上月间，经与海军协议实行合并，兹悉该会全体会员于昨日特假本市北马路大观楼召开全体大会，筹组反英会，计到会会员及轮船民船代表约有两千余人，当场表决五项反英大会要案：（一）要求英国轮船公司方面承认本会为中华民国海上从业员之代表团体，嗣后遇事应以本会为交涉团体；（二）凡中华民国人民服务于英国轮船者，所有待遇应较现在提高二倍;(三)英国轮船上之高级船员应以中国人充任;(四)新中国发展英租界应立即缴还以期肃清乱源;(五)英国商店洋行雇佣中国船只时,运费应较现在增加三倍等。并同日即以大会名义发表宣言及通电中日最高当局,表示中华海员全体之决心云。

指导各人民团体组织反英运动要项

一、英国之罪恶

1.从来英国对华系采取经济榨取政策;

2.英国援助党共破坏东亚和平图使黄种民族无法生存;

3.英租界包庇反动份子扰乱华北金融令我民众生活不能安定;

4.英租界拒不引渡刺杀我政府大员之人犯显无丝毫之诚意。

二、日本友邦之大义

1.友邦仗义兴师以绝大之牺牲,慨然扶助我领土之完整、国家之独立;

2.友邦为建设东亚新秩序之提携者;

3.友邦封锁英租界为扫除东亚根本障碍之正当初步工作。

三、民众须明了事项

1.必须亲日反英始能保持中国之独立,共同建设东亚新秩序;

2.欲完成东亚和平,必须扩大反英运动;

3.必须与政府一致协力,方能受到反英运动之实效;

4.必须铲除东亚和平之障碍,方能使全人民生活彻底安定。

四、组织之程序

1.各人民团体首领者依照指示事项,向全员宣传,克日召集会议作各个反英运动之小组织,并作成刊物宣言等援助政府工作;

2.各个反英运动组织完成时随时参加反英大会;

3.各团体组织情形随时呈报市公署备案。

津市商民反英大会已揭幕

查天津市商会为定期召集各同业公会举行津市商民反英大会一节,业经报告在案。兹悉,该会于昨日(五日)上午十时特在该会大院内举行盛大之反英会,参加者计有各机关代表与银行业等六十二业公会代表约达百余人。当由该会常务监事年光尧任主席致词,开会旋由本署代表赵参事聘卿致词勖勉,继由该会秘书长朱厚叔朗读宣言,遂全体高呼反英口号,至午正始行闭会云。

津市民反英大会豫代表已来津参加

自本市英租界当局妨碍东亚新秩序之推进,致使华北中日当局实施交通隔绝以来,连日各地反英气势愈益高涨,如晋冀鲁豫青各省市民众在此全国怒涛澎湃现状下莫不群起响应,组织反英大会,誓作政府后盾。昨日（五日）有河南省之民众反英大会代表程希贤、洪荣升、邢剑杰等三十二人，据称循数百万豫民之请求，特来津视察津市反英气运之实况，并就便与豫省在津人士谋得紧密之联络，一面决定于本月七日参加津市市民反英大会，以便报告豫省反英之经过云。

津市劳工反英大会决于七月七日集合出发

查津市劳工反英运动大会，鉴于英租界问题即将在东京开始谈判，为表示劳工对该事之关心及促起市民明了英人祸华阴险罪恶计，已决定于明日（七日）召集旅栈业分会会员五十名、同义道德协会会员百名、胶皮业公会会员八十名、小工厂工人联合会会员五百名、运输业分会会员八十名、裕丰纱厂工人二百名、公大第六纱厂工人三百名、北洋纱厂工人五十名、上海纱厂工人二十名、天津纱厂工人二百名以及其他自动参加之各界市民约合计一千七百名，组成反英游行队，闻于是日上午十一时三十分在特一区中街、河北省立女子中学、第六号路、管理局路、海大道、苏州路一带游行至新兴路口为止云。

津市民昨开大会一致决议反英并愿援助政府巩固治安

本署与新民会津市指导部联合主办之"兴亚运动大会"原定昨（七日）晨十时假公共体育场揭幕，嗣因场内雨水泥泞，临时改在市公署前热烈举行，市警察局于事先派遣武装警队于附近严密戒备，场内由市公署及新民会双方派员分组布置，形式整齐肃穆。届时，温市长代表赵聘卿、本秘书长新民会津市指导部胡俊委员、市商会代表徐新民、新闻管理所阎家统所长、薛铁铭主任及赵仙舟等联袂莅场，友邦方面某部队长代表、臼井民团长代表前田助役出席。此外，尚有河南省代表邢幼杰（河南省署宣传室主任）及全市各劳动民众团体学校陆续到会参加，约达两万余人。宣告开会后，奏国歌，全体肃立，向国旗会旗行敬礼毕，随由温市长代表赵聘卿致开会词，次由本秘书长新民会津市指导部胡俊委员相继致词，再由河南省代表邢主任向大会中民众披沥陈述，本人代表河南省三十余万民众来津参加此大会，支援解决租界种种问题之决意，后乃由友邦某部队长代表、臼井民团长代表前由助役氏分致祝词，末由大会主席赵聘卿领导全体静默三分钟，并即席提出议案五项：（一）全市商民一致奋起参加反英运动。（二）援助当局肃清不逞分子确立治安。（三）彻底封锁英租界完成兴亚圣业。（四）对英经济绝交，中日满建设新经济集团。（五）通电全国坚决到底。当经大会议决通过，随由徐新民宣读反英决议文，复由某部队长代表领导全体民众高呼口号，至此方奏乐礼成，斯时已至正午十二时，乃由新民会派员率领全体民众由会场出发游行示威，计经过大经路、金刚桥、大胡同、官银号、旭街至新兴路，高呼反英口号始散，声势极状云（该会宣言读词及告英租界学校同人学生书从略）。

报告本月九日各地响应温市长声明电情形

兹查，本月九日如外人团体暨各市、县、局等机关响应温市长声明电仍络绎不绝，计于是日接有神户商工会议所会头江波光藏、长崎新华侨民团、大沽在乡军人会、唐山市公署、完县县知事赵子恒、北戴河海滨风景管理局、固安县知事钱仲仁暨全体职员、武清县知事王文琳反英宣言等电，均词气激昂，誓非达到收回英租界目的不止云。

天津铁路局员工今日(十一日)召开反英会

查天津市各界反英运动刻仍在积极演进中,大有不达目的决不中止情势。兹悉,天津铁路局为表示反英工作起见,特定于今日(十一日)上午十一时假北宁花园大礼堂召开反英大会,届时全局各部均须派员参加,沿路各爱护村代表亦须出席。现开会秩序已规定,除邀请中日各机关团体来宾参加演说外,并拟当场发表反英宣言以收实效云。

本市教育局主催兴亚诵演大会昨在国民戏园热烈举行

查本市兴亚运动最末一日之兴亚讲演大会于昨日(九日)晨上午十时(新时间)特假国民大剧院举行,由市教育局主催下大会进行情绪异常状(壮)烈,参加各校单位颇多,计有天津市立师范学校、河北省立师范学校、河北省立天津中学校、私立中西女子中学校、私立汇文中学校、私立中日中学校、河北省立天津中学校、私立河东中学校等均有大量学生参加,约达一千余人,并各争先恐后升台讲演,尤在大会进行中间,更有河南省反英代表团男女代表临时参加讲演,于此兴亚周末期间纪念情况反盛于前,足征我新国民反英气势旺盛兴亚意志坚决云。

报告本月三日至八日各地响应温市长声明电情形

查本月三日至八日六天,各地响应温市长声明电仍如雪片飞来,兹计有遵化县新民会指导部、安次县知事涂孟颓、枣强县知事刘雁行、晋县知事修国英、天津县警务四分局局长霍钟岳、山东周村反英大会、容城县知事史凤岐、河南陈省长静斋、天津中华海员协会、香河县知事唐祖熙、密云县民众反英大会、永清县知事朱颐、衡水县知事马文蔚、南皮县知事朱荫福、徐州反英大会、霸县知事程德权、遵化县反英大会全体民众、平山县知事何再万、香河学界各团体、饶阳县知事沈德昭、豫北道尹陈静斋、新城定兴容城雄县四镇反英会及宣抚班班长藤井晋、蒙古联盟政府盟长卓尔特巴札普、武清县知事王文琳、武清县指导部、武清县兴亚大会、安新县新安镇办事处处长熊莞东、桓台张店反英大会全体民众、新乐县知事宋嘉会、定兴县知事田家鼎、东光县商会会长刘书田等不下三十余通,均痛诋英夷侵略我国,早为世所共弃,愿率所属誓作后盾,并对温市长发表声明特致敬意云。

日比野中将昨(十一日)到署访晤温市长

日本某舰队司令长官比野中将于本月十一日上午十一时偕参谋长冈少将以下幕僚十四人至本署拜访温市长,当经市长在外宾室亲自招待。作陪者有参事方若、赵聘卿、外事处长蓝振德、财政局长李鹏图、教育局长何庆元、工务局长林涵、卫生局长傅汝勤等。宾主款谈,备极融洽,日比野中将对温市长之出拯时艰、坚忍不拔之意志深致奖佩,温市长对友邦道义之支援,陆海空军之劳苦功高亦竭表谢忱,尤其对津英租界问题更阐明其既定之方针。倾谈良久,至十二时余。全体在本署前院摄影,始兴辞云。

津铁反英运动大会昨热烈举行

天津铁路局定于昨日（十一日）召开反英运动大会，业经报告在案。兹查，该局开会情绪异常激昂，当场推定周庆满局长为委员长，王焕文副局长为副委员长，董乐轩、孙学修、王选、梁镇英、刘家骥、李之毅、岳环、赵雷等为委员。闻到会会员及各界来宾约达五千余人，会场秩序异常整肃，除由委员长致开会词，后旋由温市长代表胡遂良演说，对于反英要义发挥尽致，嗣由会员曹尔骥、冯家铸等六人提出议案六项，计：（一）援助当局肃清不迁分子，确立华北治安。（二）打倒操纵物价的英系银行与商店。（三）铲除甘心为英商做走狗的投机奸商。（四）对支持旧法币的英系银行一律停止来往。（五）华籍民众全体迁出租界完成封锁工作。（六）全体华人从业员一致奋起参加反英运动。当经全体一致通过，并通电政府及日本政府各机关作精神总动员，打倒专横之英国云。

通告本市各大工厂应随时向工人讲解反英意义
以期增加民众声援力量

查本市工人在一百以上之各大工厂计有四十一处，其中工人约为数不下数万。值兹各地民众团体先后继起激烈反英运动之际，虽市内最大工厂已有热烈之组织，然一般工人往往因知识不足，难免此次事件有不明了或误解之处，自应饬其负责人随时向其讲解反英意义，俾一致努力充分表现民意之伟大，作政府后援。本署已于日昨通告各大工厂遵照切实办理。

通告英法租界内利华制版各工厂等须人认清现势权衡利害速行迁出

查本市英法租界内各种工商业自津市租界隔绝以后，莫不陷于孤立，日渐衰落，尤以各种工厂，如利华制版场等，平日生产能力端赖居住市区之华人工作，兹经隔绝，既不能通过到厂工作，势必停歇，厂方既蒙受重大损失而工人亦均告失业，本署前为解除此项痛苦起见，曾印制正告陷于英法租界内之中国商民书，劝其速行迁出。现因租界问题日趋严重，一般无知华工自应格外体恤，昨特通告所有在英法界内之利华制版工厂等计十五家，应即认清现势，权衡利害，速行迁出，以免自误云。

津市反英运动最高委员会将协议实践反英有效办法

查津市之反英运动日来如火如荼极为激烈，全天津市反英运动最高委员会以处于领导地位，对于宣传工作颇为积极，近为期获得最后之胜利计，除厉行宣传工作外，拟以民众之力量，实施一切有效之反英手段，决严格策动全市市民与英人绝缘，并闻该会为讨论此问题之具体事项起见，最近期内决召集各最高委员举行会议，同时对于汪精卫先生之和平声明，亦将有所表示云。

津市中国航运公会昨开筹备反英会

本市中国内河航运公会近为对英租界当局之不觉悟作恶助乱极为愤恨，为唤起全体会员及社会一致奋斗起见,特于昨日(十二日)假市内东兴楼召开反英筹备委员会,当场到会干部职员及主要会员共三十余人,结果推定吴会长鹏举为正委员长,副会长张英华为副委员长,赵科长、牛科长、杨科长、刘秘书及各理事顾问等任委员,各咨议等任干事,内部计分总务宣传联络三组,即日起开始筹备反英大会事宜,并预定日内开幕云。

津铁决扩大反英拟计划成立六处地委会

查天津铁路局组织反英运动委员会情形,业于昨前情报分报在案。兹悉,该局从业员反英情绪异常冲动,拟计划成立该会各驻在地委员会,专事各驻在地反英运动之领导。闻已按管辖区域,将京山、津浦路各站段择要搭配,分为六处:(一)山海关地委会、(二)唐山地委会、(三)天津地委会、(四)廊坊地委会、(五)唐官屯地委会、(六)沧州地委会。一俟正式筹备成立,便实行各从业员全面反英大运动之推行,期收重大反英效果,为政府后援云。

日比野中将昨离津

日某舰队司令长官比野中将于本月十日来津,业经报告在案。兹悉,比野中将已将天津隔绝租界后之状况视察完了,并与现地军部及外务关系当局施行重要协商,于昨日(十二日)下午二时在多数军官民欢送之下,乘第十六号扫海艇赴塘沽,改乘某旗舰转向任地出发矣。

本市教育界反英委员会将刊反英运动日报

查本市教育界反英委员会早已成立,业经报告在案。近该会鉴于津市民反英运动之热烈,为激发民众反英情绪日渐向上而期获得最后之胜利计,拟发刊反英运动日报,记述反英事实并刊载反英文字,同时该会并拟从事救济事业,凡租界内之教育界人员,因迁出租界以致失业者,均可由该会设法予以安插,或施以相当救济。现该会为研讨具体之办法起见,定于本日(十四日)上午十时召开教育界反英运动委员会第三次干部会议以决定云。

津市印刷业分会定期举行成立典礼并讨论反英事宜

查本市全体印刷业近为结成巩固之团体,以便参加反共战线,排除一切压迫,力谋同业之福利及事业之发展计,特组织天津市新民印刷业分会,闻定于明日(十五日)上午十时特假东南城角草场厂庵市立小学校内举行正式成立典礼,并有紧急动议讨论反英事宜云。

津市反英宣传戏剧定期公演欢迎参观

新民会天津都市指导部近为使社会一般人士正确明了英帝国侵略中国剥削人民之种种事实计,特约请津市著名之导正新剧团全体团员定于本月十五日下午二时,假本市鼓楼北福仙戏园公演《鸦片毒害》。闻演戏之前，先由市指导部宣传股长蔡锦轩及讲演员宗麟生、张振宗三氏分别讲述《鸦片毒害》剧情及英国历来侵华之种种事实，藉以促省观众之觉悟云。

为加强隔绝力量严禁伶人影片入租界

查津市各界此次举行反英运动纯系由于民众觉悟英国对我之侵害而爆发者，故其声势日渐澎涨，无与伦比。日来关于天津租界问题，虽已于东京举行日英会谈，但民众反英运动气势毫不因之稍有转移，本署因鉴于此种民众运动之正当及其机能之雄厚，自应表示予以协力，故近为加强隔绝租界力量起见，特饬警察局对于各种影片及一切伶人运进租界者应严行禁止。

本市日本桥将通载重车

按本市连系日意租界交通之日本桥，对于载重汽车，日前曾准通行，嗣因该桥之通行量及其他关系，一时禁止通行，现日当局鉴于租界隔绝以来，日华界与特三区方面车辆往来突形频繁，尤其货物输送量日趋增加，故有拟自本月二十日起，特再准许一般载重汽车通行该桥以利交通之说云。

报告本月十一日至十三日各地响应温市长声明电情形

查本月十日以前，各地响应温市长声明电情形业经报告在案。兹计自十一日至十三日，复接有河南淇县知事甘兴珍、蒙疆察南民众反英会、豫北民众反英委员会委员长张允行等、厚和特别市兴亚民众大会、新镇县公署暨全体绅民、北京兴华职业学校、博野县知事刘忠福、唐山市兴亚大会、河南三千万民众反英大会、博野防共妇女会、山东博山县知事曲化如、河南教育厅长王大经、晋北民众反英大会古冶林、西唐家庄反英大会、文安县治安维持会、同义道德协会反英会、日本群马县民大会、彰德反英大会及河间县反英大会等先后来电数十通，词意均表示英人肆虐，薄海同仇，誓非达到最后胜利目的不止云。

本署救济失业工人已介绍一批入公大纱厂工作

自英租界被隔绝后，本署为顾念一般失业工人起见，曾令饬警察社会两局分别调查失业人数，藉谋适当救济方案在案。截止最近，据调查，需要救济者约有一千三四百名，昨已饬由社会局与公大第六第七两厂接洽妥当，该厂允予尽量容纳，工资从丰，现第一批已介绍四十余人入厂工作云。

天津电电反英会昨已宣告成立

华北电电公司在津服务华人，为增强反英阵线，彻底排除英国一切之恶势力，以期早日完成建设东亚新秩序起见，前曾共同发起组织"天津华北电电反英会"。自开始筹备以来，经连日积极进行，结果于昨日已宣告成立，闻当场推定王燮州为代表委员，罗柏林等十余人为委员，分别负责进行一切反英事宜,其反英会章程已议决施行,并表宣言誓作政府后盾云。

天津交通公司反英委员会昨亦成立

天津交通股份有限公司因鉴于津市各团体民众纷纷组织反英会为政府后援,自身未便落后,特于昨日(十四日)亦正式成立反共反英运动委员会,其会内全系华人组织,分运转、车辆、总务三班,设委员长一人、副委员长一人、干事若干人,委员长闻已决定推举刘兴汉担任,副委员长由于鸿才担任,会员约计有四百余名,该会工作将悉听从全天津市反应最高委员会之指导计划进行云。

津市反英最高委员会将开会讨论实践有效反英工作已拟定三项办法

查全天津市反英运动最高委员会将协议实践反英有效工作情形,业于本月十三日报告在案。兹悉该会拟具实践反英办法大致分为三项:(一)关于讨论实施不买卖英国货办法。(二)关于讨论促使英租界劳工尽量退出办法。(三)关于讨论在英租界内教员学生退出办法。至关于以上反英三项办法,在未开会决定前尚须作详密之调查,俟得其整个之状况后,再采取切实有效之工作云。

温市长为贯彻中国政府对英要求昨特分电友邦政府长官折冲

温市长以东京日英开始正式会议,为贯彻中国政府对英提出四项要求起见,昨(十五日)特发出专电,分致友邦政府各部主要长官,敬希发挥新秩序之精神,作划时代之折冲。兹将原电录呈报告于左:

东京大日本帝国内阁总理大臣阁下,对英交涉明日开始,会议虽移东京,问题实起津市,此种划时代之折冲,乃东亚复兴中国再建之契机,敬希阁下发挥新秩序之精神,基于敝国政府对英提出四项要求,为支援之骨干贯彻到底,东亚之福,中国之幸,临电不胜企祷之至。天津特别市市长温世珍叩。寒。

本署为谋强化海口防务已饬由海警局拟有对策

迩来租界问题迁延不决,地方治安綦关重要,除市区方面已饬由市警局筹得相当对策外,至于海防方面,如大沽口一带,洵为水路要冲,华北咽喉,帆樯林立,商贾辐辏,外国军舰商船不断,往来行驶,一般不稳分子难免不藉轮舰出入,作种种违法行动,以图破坏新事态之进展,而期最后之一逞。本署有鉴及此,前曾令饬海警局将所有舰艇报请修补,务求坚固以利防务在案,兹为谋强化海防藉以增强租界隔绝效力并严防宵小乘机滋扰起见,复饬由海警局拟定临时对策数条,转饬所属各舰艇队,以不眠不休之精神切实奉行。

津市反英最高委员会暨津市指导部于十五日均致电东京激励

查日英东京会谈于本月十五日业已揭幕，全天津市反英最高委员会为促进现地代表奋斗计，曾向日外务大臣及现地代表武藤少将、太田大佐、太田少佐、田中领事等拍发激励电，又新民会天津都市指导部为与反英最高委员会相呼应，亦向现地代表发出激励电，兹将该两电电文分别录以报告：

一、切望贯彻溃灭英国之目的，天津百七十万市民反英气势愈趋旺盛。全津反英最高委员会

一、妥协即等于使中日两国灭亡，切望赌死奋斗，天津反英运动愈趋激昂，势如烈火。新民会天津都市指导部

津市实行有效反英办法已决定

自本市反英运动最高委员会开始活动以来，经各团体努力宣传之结果，全市民众对英已具有相当认识，前为彻底排除英帝国一切恶势力，以为膺惩起见，曾拟具实施有效方策，预备提交大会讨论，业经报告有案。兹悉，该会于昨日（十七日）下午一时，特假市公署旁辅治会旧址，召开最高反英运动委员会连络会议，出席者计有最高委员会委员长徐新民、本署徐秘书、济市商会王文藻、华北电电公司王燮州、天津铁路局曾作舟、交通有限公司于鸿才、旅栈业分会张竹生、钟纺公大六厂郭麟阁、郭子纲、纺织公司刘树云、上海纱厂程以润、杨金生、公大第七纱厂孙鸿儒、教育界代表钱宗贻、印刷业分会张育庵、双喜纺织厂郝金贤、同义道德协会崔家钰、中国内河航运公会刘耀庭、新民劳动分会杨树甫、市民代表玉泽荪，以及地区分会各分会等四十余人，当由徐新民委员长致词开会，并决定实行有效反英办法。今择其重要者录呈报告：

一、对英货实行不买不卖主义；

二、提出英国系银行之存款；

三、向政府及新民会供巨款数百万元建筑民宅以备应用；

四、惩罚与英人有贸易关系之日华商人；

五、呼吁在英帝国主义压迫下各弱小民族掀起反英运动；

六、以种种有力之方法制止英人之猖獗。

津市中国内河航运公会反英会已筹备就绪定期举行

查本市拥有会员数百万人之中国内河航运公会，为促进英方之彻底觉悟，期待东京会谈之圆满结果，前拟筹备反英大会情形，业于十三日情报报告在案。兹悉该会为扩大反英运动起见，已定于本月十九日在南市大舞台举行成立大会，同时并决定印发宣言并致日军感谢状，对市署亦上请愿书云。

报告本月十四日至十七日各地响应温市长声明电情形

查本月十三日以前各地响应温市长声明电情形迭经报告在案。兹查自十四日以后，各地响应电仍纷至沓来，计有日本京都反英市民大会会长田中弘、日本小仓市会议长林敬之助、山西河东道属三十

六县民众、山东诸城县兴亚运动大会、山东青城知事李鼎铭、日本秋田县县民大会、日本大阪中华总商会等数通,均词气激昂、义深敌忾云。

津市反英最高委员会各委员均被聘广播反英讲演

天津反英运动最高委员会鉴于反英工作已至紧要关头,为期民众同心戮力实施有效之排英手段,计现已决定推请该会各委员于本月二十二日起,在天津广播电台讲演反英之意义及民众之使命等问题。兹录其讲演日程报告如左,计:

七月二十二日,系新民会天津都市指导部委员徐新民讲演;

七月二十六日,系本秘书长讲演;

七月二十九日,系本署参事方若讲演;

八月二日,系本署参事兼代社会局长赵聘卿讲演;

八月五日,系新民会天津都市指导部委员胡俊讲演;

八月九日,系本市教育局长何庆元讲演;

八月十二日,系本市警察局长郑遐济讲演;

八月十六日,系中国联合准备银行天津分行唐卜年讲演;

八月十九日,系新闻事业管理所所长阎家统讲演;

八月二十三日,系回教联合会天津分会委员长刘孟扬讲演;

八月二十六日,系内河航运公会会长吴鹏举讲演;

八月三十日,系东亚报社长郑云渠讲演;

九月二日,系庸报社社会部长于心民讲演;

九月六日,系新民报社张鹏讲演;

九月九日,系天津铁路局长周庆满讲演;

九月十三日,系华北电信电话株式会社王燮洲讲演;

九月十六日,系纺织业代表王法三讲演;

九月二十日,系华北交通株式会社刘兴汉讲演。

津市中国内河航运公会昨特派代表到本署请愿希望贯彻反英目的

自温市长上月十四日发出声明书后,政府方面暨全国各省市县地方官署及各团体响应函电有如雪片飞来。昨日上午有津市中国内河航运公会反英运动委员会正副委员长吴鹏举、张英华特具呈温市长,并派代表刘耀庭、赵维贤、牛麟、赵仁甫等四人到本署请愿。温市长因在开会,当派外事处秘书代见。该代表等表示英人不明新中国之大势,假藉租界供反动份子之活跃,破坏我地方之治安,阻挠我新秩序之建设,种种诡谲行动,词严义正,愤不可遏,愿率安清同道数百万人及全国航运同业向温市长表示谢意,并希贯彻宗旨,努力到底,即日对英经济绝交,抵制英货,收回英租界,非达到此项目的不止。等语。秘书当答将请愿来意转陈市长,该代表等遂兴辞而去云。

津市英界华人因迁出被阻已掀起反英激昂情绪

据闻,本市英租界内华捕及英侨英商雇佣之华人,现因英在津势力将告崩溃,纷纷请求辞退。惟英租界当局对此现象极端恐慌,最初尚用利诱方法,许以增加薪饷以安人心,近则黔驴惯技已被一般华人揭穿,该当局乃又变更手段,除利用印兵补充警力,监视华捕并派英兵昼夜加紧戒备外,最近又特颁密令,凡为各英侨英商服务之少壮华人,不准出外,以防逃逸。据悉,数日前曾有一般少壮华人被英当局强迫拉去充当苦工,以致华人咸感不安,同时华人因鉴于本署之救济失业市民颇具热诚,故无不思早日迁地为良,闻日昨有联名呈英租界当局请求准予迁居者,已遭英工部局批驳,是以引起居民莫大之反感,怨声不绝于耳,并声言决作反英之先锋,其情绪颇为激昂,大有一触即发之势云。

津市新民旅栈业分会拟日内举行反英宣传大会并组不买卖英货同盟

本市新民旅栈业分会近为筹划反英对策,以资彻底抵制而救中国脱离英人压迫起见,特于昨日(二十一日)上午十时,假新民会天津都市指导部会议室内召开第三次常务委员会议。闻讨论结果通过要案甚多,其最重要者计有八项,兹录以报告如左:

（一）为扩大宣传计定日内举行反英宣传大会;

（二）向东京拍发激励电报;

（三）为强化情报工作,决将全市各旅栈组成情报网,逐日呈报;

（四）对英租界工部局提出请愿书;

（五）为实行有效反英运动,计决组织排斥英货纠察队实施办法,交旅栈业反英委员会拟定;

（六）由所属各支会通知全体会员,劝告亲友迁出租界;

（七）为便利工作进行,决于最近将分会迁回原旅栈分会旧址;

（八）为彻底抵制英人,计组织不买卖英货同盟。

津市反英最高委员会已决定实施反英具体方案
领导各反英团体逐步进行

本市反英最高委员会为增强反英运动实力,并研讨目前领导民众逐步进行反英实际工作计,特于昨日(二十日)上午十一时召开第二次会议。兹悉当场决定反英要案六项,录以报告如左:

决议具体方案原文

（一）压迫英国权益及英人。

1.英货及英人办理商品之不买卖同盟。

2.日华商品与英断绝贩卖关系运动。

3.合法的压迫与英商交易之华商。

4.采用其他之适当手段与方法。

（二）强压亲英之华人。

1.对亲英华人名之为英奴。

(三)击破英人之利用共产党暴击并援蒋政策。

(四)救济因反英运动而蒙受损害之华人。

1.于最高委员会设置救济部,俾救济反英斗士及一般市民。

2.为迅速解答因反英运动而资(滋)生之种种问题起见,于最高委员会设置问事部,以便应付之。

(五)反英意识之彻底工作。

1.发行反英印刷品,各反英会得各自召开轮读会。

2.悬赏征求反英歌并设法普及之。

3.以各反英会为单位,或由一般市民组织座谈会讲演会等须为有计划性之连续工作。

4.举办反英戏剧,利用电影院之字幕实施反英宣传。

5.利用新闻及定期刊物。

6.训练分会员为宣传要员使实行口传式的宣传(即利用"一传十,十传百"而俾众均有反英之意识也)。

7.利用行商人之反英宣传。

8.利用市内之公共汽车、电车、汽车悬挂反英漫画布幕等以收宣传之效(劝告各反英会、汽车、公司、官厅、商店及个人使自动实行之)。

9.英奴之笔诛,反英斗士之表彰。

10.选择接近英界边境之新兴路及特一区二三处,利用扩音机,每日于一定时间对租界内民众讲述反英之理由,租界外之反英状况,俾怂恿迁出租界。

11.对于东京会谈之经过情况应以冷静之态度观察之,俟时机至时举行全市大示威游行并使不买卖运动之气势高昂。

12.关于反英之连络及反英运动之现况,使人人知悉起见,选择适宜之集会场,以为反英运动之中心集会所(附设于最高委员会内,欢迎民众来所)。

(六)对外运动宣传并煽动英殖民地民族之独立运动。

1.扩大宣传英国侵略世界各国之历史,英国之殖民地政策等。

2.宣传煽动独立运动,务使积极化。

津市小学教员讲习班昨开座谈会决训练儿童永久反英

新民会天津都市指导部为使本市小学教员知识向上,俾便培养优秀之第二代国民起见,特选拔本市优秀之青年教员组成暑期讲习班。其第一期学员共五十名,业于本月十七日开始训练。全体学员于受训之暇,为表示反英决心起见,特于昨日(二十日)下午八时在市师会议室内举行反英座谈会。出席者除学员五十名外,新民会津市指导部代表郑处长,该训练班董训育长以及全体职员等均莅会参加。当场全体对"英国挑拨国际战争之概况""英国援蒋祸华之阴谋""英国利用租界阻碍建设新中国之情形""反英之有效方策"等范围各发表意见颇多,结果全体除将英国历来之为恶事实痛述外,并决定拥护政府收回租界,训练儿童永久反英,最后由郑处长致词勖勉云。

津市反英最高委员会昨特发表告市民书

本市各界民众自中日当局隔绝租界为契机，一致奋起参加反英运动以来，为时虽仅月余，而各地民众相继通电表示支援者势如潮涌。日前津市反英最高委员会迭次开会研商具体反英工作办法，曾决定压迫英人放弃在华权益，唤起英国殖民地之民众迅速反抗暴英等方案，经已分别报告在案。兹悉，该会刻正继续考究实施细目，将于最短期内依照实行，非达到反英最后目的决不终止。昨日（二十二日）该会为唤醒市民明悉此次发动反英之要旨，特颁发告全天津市民书并谆谆晓喻国民对于英人应采用不合作办法，务望同舟共济，解除国家束缚云。（告市民书从缺）

津市廉价大米已全数售罄

本署温市长前为救济市内贫民食粮，曾购买大批白米，责由市区暨日租界殷实米面商号二十余家廉价售卖等情，曾经报告有案。兹悉该项食粮业已扫数售罄，按目下津市情况，食粮已极充裕，绝不致发生恐慌，是否尚须继续举办，将俟视察社会情形而定云。

津市新民会地区分会筹组反英委会定期召开分会长会议

查津市新民会地区分会自由地方辅治会改组成立以来，对于整顿工作不遗余力，现内部组织异常充实，关于人事阵容更形整齐，兹值全天津市反英运动已步入第二阶段之际，该分会为发动民众实力，筹备组织反英会起见，特订今（二十四日）日假津市反英最高委员会会议室内召开各地区十二分会会长会议，闻讨论事项有地区分会反英运动联合委员会章程，各地区分会反英运动委员会章程及地区分会反英运动问事处章程等项云。

津商会为实践不买卖英货将组纠查班

查天津市商会为实践不买卖英货运动，前已通令各同业公会转各商业会员填报本号之英货交易，以为断行经济绝缘之基础。兹悉该会鉴于各该会会员其挚诚反英，据实填报者固不乏人，但惑于私利未能切实履行者亦复不少，近为彻底实行此项有效之反英工作起见，已决定再行通告各商号，务须自行照实填报，闻日内将与全天津反英最高委员会密切联络，着手组织纠查班，实行调查。其调查事项除注意现货期货之数量外，尤注意期货之内容，凡呈报不实者决予严惩，而对于既成事实（如期货之批定成立者），将根据纠查班之暂行规则处理之云。

津市最高反英运委会昨召各业开会已决定实践反英具体工作五项

津市反英最高委员会为商讨实践反英方策，以资彻底膺惩狡英起见，特于本月二十五日下午二时，假辅治会旧址会议室内召集各同业公会举行会议。闻当场决议事项颇多，其重要者计有下列数件：

（一）今后决尽量从事实践反英工作，宣传工作为次要；

（二）各同业公会领导各所属会员参加不买卖英货同盟；

（三）组织纠查队；

（四）劝告与英人作事或交易之会员立即辞职并不与其交易；

（五）劝告会员及各界人士不准买卖英制纸烟。

津市内航会决定与英经济绝缘昨已通令各会员一律拒运英货

中国内河航运公会为华北唯一之航运团体，该会会员痛感英国之狡黠，前曾成立反英运动委员会，以为实践反英之基础，业经报告有案。兹悉该会因鉴于英人所以如此跋扈，实因英货之充斥内地，现为彻底反英工作计，惟有先实行与英经济绝缘，闻该会昨已通告各会员一律拒运英货云。

津反英最高委会为扩大商人反英工作特召开商会委员协议

津市反英最高委员会为领导民众等扩大反英运动计，特召集各同业公会协商对策，其研讨实践情形业于日昨报告在案。兹悉该委员会更定于今日（二十七日）下午二时仍假前辅治会旧址会议室内，召集市商会执行委员、监察委员、后补执行监察委员等举行会议以资商讨扩大商人反英工作云。

津市旅栈业反英委会召开宣传大会

津市旅栈业反英运动委员会近为使一般会员彻底明了英帝国侵略中国之种种事实，俾资唤起全体会员积极铲除狡英之恶势力起见，特定于本月二十八日上午十时假北大关第三新民教育馆召集全体职员举行旅栈业反英宣传大会。闻届时除举行简单之仪式外并约请会员陈家栋、年光尧、甄秀山等氏施行反英讲演云。

津市反英最高运委会昨特发出警告书劝告济安自来水公司
暨义华洋行华籍职员勿再供英人驱使

查津市反英运动因各界市民洞悉大义，奋起参加，其气势之热烈已足使英人胆战心惊。迩者反英最高委员会为领导市民准备实践第二阶段之反英工作起见，曾连日召集各业公会代表开会，如议定对英经济绝交并组织不买卖英货同盟，以资监视各商号遵行各节迭经报告在案，兹昨日（二十八日），该会鉴于市内英人开设之洋行及公司均聘有大批华籍职员供其驱使，在今日英人尚在妨碍新中国建设之际，已无异为虎添翼，闻会方已发表警告济安自来水公司同胞书，盼其大家自动离职，与国人合作反英，争取最后胜利。同时，该会又对于义华洋行华人亦发出警告书，劝其对英实行断绝屠宰交易，以免将来受惩云。（警告书从略）

（J0001-3-000011）

361.天津租界工部局联合电话保管委员会为移交电话节略事拟致伪天津特别市市长函稿

1939年

敬启者：案查关于恢复因卢沟桥事变后经战事毁坏或阻碍之电话交通一事，贵前任市长与工部局联合电话保管委员会曾于去年十二月廿三日会议有同意节略一件，共有五款。

（二）兹为使本委员会对于此事之态度获得明瞭（了）起见，不得不于此回忆往事。盖不列签名者，曾与中国政府电话局于一九二五年九月八日缔有协定，此项协定使吾等所代表之各工部局受有某种义务。又因将手动电话改装自动电话，各贷款银行与电话局于一九二六年八月四日缔有协定，故对于银行团亦负有一重义务。

（三）因此为公众利益计，电话交通应予恢复，并于战事期间采取"暂时办法"，固属适当，然为达到此种目的，应勿使吾等各工部局受破坏信用之责难及任何要求，亦属必要。再，吾等各工部局对于电话局之权限应仍旧维持，亦属必要。

（四）其初步办法，即缔结上开之同意节略，规定一俟当地接线完竣并能使用时，市长即由本委员会将电话局收回，依照下开条件办理：

甲、英工部局应派一视察员，于联合电话保管委员会认为必要时随时视察电话机构。

乙、市长允认不将电话局移交第三者。

丙、为保障市政府之其他必要各点，尚未有确切协定者，兼由市长与委员会讨论之，以便于接线完竣后，双方已将凡关于天津电话局一切事件缔结完全协定。

（五）此项协定现经成立，兹将各点记列于下：

甲、电话局现交于市长之后，市长即派一有合宜资格之官员继任前局长之位，其他任何官员或所属职员，于移交时自愿退职者，其遗缺应递补之。

乙、关于上开之视察员，为便利起见，吾人得指派轮流视察员照现时情形与电话局维持接触，并按照吾等意见作需要之视察与报告。其适当酬金，仍照现时办法由电话局支付。

丙、现任局内职员，应按照现支薪额予以留任，并得享受加薪权利及同样服务条件。尤须了解者，此项职员应留任现职，不得迁调他处服务。

丁、吾等在各自市区内之权限，须一概仍旧，不得损害。倘于现有职员之外须要外人咨询或协助之处，无任为技术的或其情形，当由联合委员会举派一适宜人员充任之。

戊、在上开协定下，该电话局所有之一切借款及其他债务，应照旧继续偿付，尤其借款协定下之收款、付款办法均应维持。

己、交还一节，原拟应视各特区及全天津特别市之电话恢复以及长途电话线接完竣后为定，但现经同意因恢复长途电话之困难，由即日起应予以六个月为恢复之长途接线期限。

庚、电话机构一经照此恢复，并按照上述规定，经将管理移交于市长所派之员后，应仍保持一九三七年七月以前同样之效率。倘有任何部分缺乏效能时，委员会得就各自辖区内，将其管理权重行收回，于是市长即将所派之员撤回。

辛、上开办法应不损害各工部局与中国政府电话局间之协定，其协定之条件应予维持，以待常态恢复及俟至和平条约决定其最后地位时为止。

壬、除市长担任关于分派职务或授权或依据规定所享之权外,在战事未终了及电话局之前途未经条约决定前,未经我方书面之同意,不得变更机构及由英义租界内之电话局将任何设备迁移。

癸、市长应声明此项办法业得有关系之当局认可及其赞助。

子、兹又声明此项办法对于市长及吾等双方之继任人,及贵我双方所各代表之行政机关均有拘束效力。

丑、本函中英文本均经核对无讹,如在意义上双方发生异议时,应以英文文义为准。

签署:英国工部局董事长

法国工部局秘书长

义大利总领事义国工部局局长

（J0001-2-000435）

362. 伪天津特别市公署为接管电话局条款须加解释事致英、法、义三国租界工部局董事长函

1939年

敬复者:查本署接管天津电话局一案,蒙贵委员会于本月十三日来文一件,其内容各款业经本市长详为核阅,兹有加以解释者二点,千祈注意来文第一款内所提,由贵三国工部局派一代表充任稽查或视察员,在局担任考查报告等事一节,本市长认为该项名目即定为视察员可也,声明该员不得干预该局任何管理权,即该员之待遇如以及其他等亦与该局不生关系,其职责之限度,仅许其随时到局视察而已。至第五款所定工作接线程序一节,本市长为便利工作起见,亦请贵委员会先行接受本署所派该电话局局长夏炜、副局长王燨洲等员,即日到局视事,行使指挥或补充内外员工职权,俾便工作接线事宜,一俟此项工作完毕,再行办理该其他移交事宜,想贵会亦必以为合理耳。此外各款,本市长认为大致不差,尚均属可行,希即示知,以便双方同时举行可也。专此奉复。此致工部局联合电话保管委员会、大英国工部局董事长罗素、大法国总领事兼工部局董事长李毕丽、大义国皇家领事官兼工部局董事长施体芬。

（J0001-2-000435）

363. 伪天津特别市公署警察局为自七月三日起派警士携犬警戒新兴路事训令警察总队第二、六区署

1939年7月1日

为令遵事。案查本市租界问题,值此严重时期,新兴路防线广泛,亟应充实戒备,以免不虞。兹为加

强警力协助防御起见,定于本月三日起,每晚自九时至翌早六时,派警犬训练所警士七名,随带警犬四头,由上原技正及川岛训练士率领,在新兴路施行警备,并防制私运肉类菜蔬及其他物品至租界,以示周密。除与友军军部及宪兵队取得联络并分别令遵外,合亟令行该署遵照,仰即饬属切实协助为要。此令。

(J0040-1-000116)

364.伪天津特别市公署为迅将英法租界内愿移出商号详情列单汇报事令天津市商会(建字第3328号)

1939年7月1日

呈一件。为准天津养(氧)气制造厂函,以遵从功令,拟将英租界分销处及职员眷属等迁移市区,请转请予以便利并发给迁移执照等情,请鉴核示遵由。

呈悉。查请求迁出便利手续应由该会迅将英法租界内所有愿迁出之商号名称、原设地址及迁出地点并东伙人数、姓名、年岁、籍贯、住址以及所带物品种类件数,暨拟迁出日期一并迅速详查列单汇报,以凭核办。勿延为要。此令。

市长温世珍

(J0128-3-007966)

365.伪天津特别市公署警察局家畜防疫科为拟订警犬租界警界线警备计划事呈局长文

1939年7月3日

为签请事。案查本科前以新兴路防线广泛为加强警备起见,拟自七月三日起,每晚九时至翌早六时,派警犬训练所警士七名随带警犬四头前往警备一案。业经签奉钧座批可,并由总务科商请警察总队发给手枪四支,子弹二百粒应用,并令行警察总队及第二、六区署饬属切实协助在案。兹特拟订警犬租界警界线警备计划,拟令行关系科处及各区署队一体知照,并分别协助,是否有当,理合检同计划签请鉴核示遵。谨呈局长郑。

附呈计划一份。

家畜防疫科科长焦锡经

警犬租界境界线警备计划

一、方针

英法租界隔绝以来,在严重警戒中之境界线夜间配置警犬,以之发挥原有之警戒能力,同时使协力于军部及警察当局之警备。

二、日期及实施时间

自民国二十八年七月三日开始,自午后九时至翌晨六时。

三、实施地址

新兴路一带。

四、编织

监督:上原技正;指导:川岛训练士;率领者:盖副班长;第一班:警士三名,警察勤务犬二头;第二班:警士三名,警察勤务犬二头;外加李技佐为翻译。

五、实施要领

互相交换实施警戒(自山西路至佟楼)及巡逻(新兴路重要地点),依其状况于当地由上原技正指示之。

六、经费

由警犬训练所杂费支付办理。

（J0040-1-000116）

366.伪天津特别市公署警察局为警犬警备新兴路拟定计划事训令各科处区队

1939年7月3日

为训令事。案查本市租界问题,值此严重时期,新兴路防线广泛,亟应充实戒备,以免不虞。前为加强警力协助防御计,定于本月三日起,每晚自九时至翌早六时,派警犬训练所警士七名,随带警犬四头,由上原技正及川岛训练士率领,在新兴路施行警备一案,业经通知友邦军部及宪兵队取与联络,并令行警察总队、第二、六区署切实协助在案。兹特拟定警犬租界警界线警备计划,除送请军部及宪兵队查照,并分别令发各区队遵照外,合行检发计划,令仰该知照,并饬属一体知照。此令。

附发计划一份。

（J0040-1-000116）

367.伪天津市商会为定期召集全市各同业公会开反英大会事呈天津特别市公署文

1939年7月3日

呈为呈请事。查自英租界当局为未能充分了解东亚新秩序之真实状态,以致酿成此次通行英租界各路口之严重检查,原期促其省悟,改变方针,抛却以往包庇党共之下策,以于新中国谋真诚之亲善,乃该英总领事执迷不悟,毫无诚意表现,竟置租界内中外商民生活经济于不顾,全市商民同深激愤。本会兹定于本月五日上午十时召集全市各同业公会开反英大会,藉以唤起商民反英情绪,作政府之后盾,除分函外,理合检同开会秩序单,并反英大会宣言各一份,呈请钧署鉴核备案,并请届时推派代表莅场致词,藉资策励,实为公便。谨呈天津特别市公署。

附呈反英大会宣言、开会秩序单各一份。

天津特别市商会召集各同业公会反英大会宣言

自英租界当局缺乏新中国之真正认识,未能充分了解东亚新秩序之真实状态,以致酿成此次通行英租界各路口施行严重之检查,原期促其省悟改变方针,抛却以往包庇党共支援蒋政权之下策,以与新中国谋真诚之亲善,乃英国租界当局执迷不悟,仍复一意孤行,竟置租界内中外商民生活经济困难于不顾,全市商民同深激愤。查英租界为窝藏党共扰乱金融之策源地。近年以来,天津市方面,民众生活上、社会安宁上呈现极度之恐慌,以及政府要员之被害,皆由于英租界当局助长祸害之所致,凡我商民均应一致奋起扫除东亚永久障碍,为政府后盾并支援友军实施断然之膺惩。我商界不乏明达之士,惟望现住英租界各商号,本其爱国热诚从速迁出黑暗租界,返还市区明朗乐土,为国家争体面,为人类争生存,各具决心与英国断绝经济关系,不买卖英国货品,拥护政府收回英租界。期收最后之实效,更聘各界随时指导,一致声援。国家前途实利赖之。谨此宣言。

开会秩序单

一、振铃开会

二、向国旗行最敬礼,一鞠躬、再鞠躬、三鞠躬

三、主席致开会词

四、特务机关长致词

五、市公署代表致词

六、天津宪兵队本部代表致词

七、新民会天津都市指导部代表演说

八、读宣言

九、呼口号

十、闭会

天津市商会反英大会标语口号

一、商民起来一致反英

二、不买英国货

三、拥护政府收回英租界

四、与英经济绝交

五、铲除党共的巢穴英租界

（J0128-2-000331）

368.日本天津陆军特务机关长柴山兼四郎为反英运动注意事致伪天津特别市市长温世珍函

1939年7月4日

关于标题之件,希对于左开事项充分考虑后施行为荷:

一、关于反英运动之结果,已进于外交折冲之阶段,务期对于第三国人避免引起不利影响计,应严禁非法行动,使民众彻底认识英国之不合法,并应特别考虑,勿使排外运动涉及其他第三国人。

二、临时政府关于天津租界问题向英法所要求迄未答复之点,其声明内容及要求事项务使民间绝对支持,并应作为运动要领指导之要(但于此时应只以英国为对象实施之)。

临时政府行政委员长对驻华英法大使之要求事项如左:

1.应急速将租界内之恐怖犯人及共产分子引渡于临时政府。

2.禁止租界内旧法币之流通,现银运出等应与临时政府之通货政策相协力。

3.应协力临时政府对于租界内中国方面之银行、钱庄及商社之检查及取缔。

4.应严重取缔违反临时政府政策之施设、言动、出版物等。

5.为期确定以上四项且期待会议收取缔之实效计,应于租界内施行共同取缔。

（J0001-3-003213）

369.伪天津市商会召集各同业公会反英大会纪录

1939年7月5日

日期:民国二十八年七月五日上午十时。

地点:市商会大礼堂。

出席:米业、旅栈业、戏园业、转运业、磁业、竹藤檀木业等六十二业公会代表。

司仪：王文藻。

纪录：蒋子香。

行礼如仪。

临时主席：年光垚。

市公署代表：赵聘卿。

新民会天津都市指导部代表：蔡锦轩。

读宣言：朱厚叔。

呼口号。

闭会。

附演说词。

新民会代表蔡锦轩演说

在反英运动澎湃之时，又值兴亚运动周举行反英大会，意义极为重大。租界为党共策源地，尤其是英租界为尤甚，诸位只要彻底反英，就是兴亚的第一步。云云。

反英大会主席年光垚致开会词

英租界当局缺乏新中国真正认识，援助党共，支援蒋政权扰乱华北安宁秩序，助长祸害，使黄种自相残杀，得坐收利益，我商民应一致起来作反英运动，与英经济绝交，作政府有力后盾，更望到会代表领导各业商号一致奋起作反英运动。云云。

市商会反英大会市公署代表赵聘卿致词

天津英租界当局对于新中国及东亚新事态缺乏理解，援助党共，无形中将英租界造成扰乱华北治安大本营。虽经本公署协同友军方面再四开诚交涉，而英租界当局始终执迷不悟，遂激起新中国民众之反英运动，为时不及一月，华北及蒙疆各地反英高潮澎湃，华中、华南亦均纷纷响应。是殆中华民族一世纪以来，蕴藏胸中未能发泄之一种自卫的情绪，今已忍无可忍，万难抑制，一遇相当机会勃发，莫可遏止，更因各地民众对于英国之为祸，吾华咸有彻底之觉悟，人同此心，心同此理，故反英运动一经开始，多地进行之步调以及揭橥之主张，不必相谋而自能一致所表现之力量伟大，无论最近英国要求友邦拟在东京以外交方式解决天津租界封锁问题，英方此种策略自中华民众观之可谓避重就轻，不敢与我全国一致之民众运动正面相向。我各地民众既已洞鉴英人肺腑，自尤须加紧反英工作，决不可轻易妥协，将来租界封锁问题纵能早日解决反英运动亦不得中止，盖此次展开对英之民众阵线，其唯一目的系欲将一世纪以来之中英问题做一总结算，租界之收回乃总结算中之一小节目，自不能认租界封锁问题之解决为中英整个问题之解决也。反英运动意义之重大，既如上述其工作之烦难艰苦，与夫前途障碍之繁多，自不待言。各地合法团体负指导民众之责，皆反英运动最前线之斗士，务宜认清目标，奋勇迈进，办事须有步骤，组织须有条理，尤须掺坚持恒，不为威屈，不为利诱，方能唤起五万万民众一体参加,增厚实力,以达中英总结算之目的。天津市商会及各同业公会对于爱国运动素具热忱,为阖市商民所倾服,愿于今日大会之后,继续努力,领导商民作政府之后盾,不胜翘盼之至。

（J0128-2-000331）

370. 新城县、定兴县、容城县、雄县、白沟河镇各伪团体联合
第一次反英大会决议文

1939年7月5日

东亚是东亚人的自由世界,然而,英国近百年来以绅士的面孔之下来使东亚人为奴隶,计求自己的利益,近之更来援助新中国的敌人——国共两党,阻障新中国发展。

今以英国过路诸侵略的一切行为,从此一扫改废第一步,预先收回天津英租界。

右决议。

新城县、定兴县、容城县、雄县、白沟河镇反英大会

主催:四县治安维持会、白沟河商务会、白沟河镇公所、白沟河妇女会、白沟河青年会、白沟河小学校、白沟河回回教会、白沟河佛教会、白沟河万国道德会。

后援:容城县白沟河分局、新城县白沟河分局。

一、状况

会同本镇区各团体并有志五百余名,于南镇大寺境内盛大举行各团体代表反英演说及朗诵决议文后,为宣抚班长之时局演讲,此等演说,讲演与来会者以多大感铭,是为振起建设新阶段,向好处递进之新热意也。

二、大会标语

1.收回天津英租界;

2.打倒假面的绅士国;

3.抗日援蒋的温床是英租界;

4.回想过去的英国对中国的侵略。

三、大会决议文,如另纸。

（J0001-3-003415）

371.伪天津特别市公署为饬办理日本陆军特务机关函事
密令社会、警察、教育三局（建字第24号）

1939年7月6日

为密令事。案准天津陆军特务机关天机宣发第三三二号密函译开，关于反英运动注意之件。等因。准此。合行照抄原件，除分令外，令仰该局查照办理，并转饬所属查照办理为要。此令。

计抄发原函一件。

（J0001-3-003213）

372.伪天津特别市公署为复英租界问题宣传实施各项程序事
致日本天津陆军特务机关函

1939年7月8日

敬复者：案准贵机关长天机宣发第三三零号公函，为关于对英租界问题宣传事，嘱依照另纸所开要领实施，至具体实施事项程序决定时尚希赐知。等因。准此。查此案已由新民会天津都市指导部会同本署于七月一日下午一时（新）在市署会议室召开反英运动会议，当经决定组织全天津市反英运动最高委员会，以本署秘书长陈啸哉、参事方若、参事兼代社会局长赵聘卿、教育局长何庆元、警察局长郑遐济、专员胡俊、救济院长刘孟扬、新闻管理所长阎家统、天津市商会代表王文藻、联合准备银行天津分行经理唐卜年、庸报社社会部长于心民、新民会委员徐新民、东亚晨报社采访主任华连瀛、新民报天津分社张鹏等十四人为委员，即席推定徐新民为委员长，旋通过组织章程并由新民会天津都市指导部负责，一面拟定具体实施程序切实施行，一面依据宣传实施要领第二项，联合天津铁路局、天津交通股份有限公司、华北电信电话股份有限公司、内河航运公会及在华日本纺织同业各团体，使各推代表一名，参加反英运动最高委员会，担任统制连络。本署除以地方政府立场，随时予以须要之充分庇护及督促外，所有承嘱办理此案情形，相应函复，即希查照为荷。

此致天津陆军特务机关长柴山少将阁下。

（J0001-3-003213）

373.伪天津特别市公署警察局为予备查所报警犬训练所领用枪支号数事
令家畜防疫科（总字第12151号）

1939年7月22日

签呈一件。为派遣员警随带警犬赴新兴路警备，由警察队拨到自来得手枪四支，附带子弹二百粒，开具枪支号码,呈请鉴核备查由。

签呈已悉。应予备查,仰即知照。此令。

局长郑遐济

(J0040-1-000116)

374.伪天津市商会为督促调查各商户现存英货情形事致各同业公会函

1939年7月22日

径启者:本会兹为实践反英运动厉行不买卖英货促英反省认识新事态起见,即日开始调查各同业公会所属各会员商号现存英货及批定期货种类数量等项,以期彻底与英断绝交易,施行有效方法,相应检同调查表格一纸函请贵会查照,依式照印,即日督促各商号,于文到五日内填写送会,以凭核办为荷。此致各同业公会。

附调查表一纸。

天津市 业同业公会现存批定英货调查表

二十八年七月

商号名称	业别	现存英货种类	数量	批定期货种类	数量	契约内容	备考

公会盖章填表

(J0128-2-000331)

375.伪天津特别市公署财政局征收科为暂减迁出英法租界商号铺捐事呈局长文

1939年7月26日

为签请事。查津市英法租界实施检查以来,该租界各商号多有迁移至警特各区营业者,各商民深明大体,殊堪嘉尚,兹为奖励商贾,藉广招徕起见,凡由英法租界迁移至警特各区之商号,拟请准将原估铺捐暂减十分之三。其有已由各该租界迁出营业,现在警特各区缴捐者,一经提出足资证明之证据,经查属实,亦准一律按成减收,以昭公允。是否有当,理合签请鉴核施行,倘蒙俯准,拟请分令照办,并呈请市公署备案并登报宣传,俾众周知。谨呈局长李。

征收科科长贾宗献

（J0055-1-000309）

376.伪天津特别市公署财政局为暂减迁出英法租界商号铺捐事呈市长温世珍文

1939年7月27日

呈为呈请备案事。查津市英法租界实施检查以来,该租界各商号多有迁移至警特各区营业者,各商民深明大体,殊堪嘉尚,兹为奖励商贾,藉资提倡起见,凡由英法租界移至警特各区之商号,拟于照章估定铺捐等级后,暂予减收十分之三。其有在六月十四日实施检查以后,已由各该租界迁出营业,现在警特各区缴捐者,一经提出足资证明之证据,经查属实,亦准一律按成减收,以昭公允。所拟是否可行,理合具文呈请鉴核令遵。谨呈天津特别市市长温。

全衔局长李鹏图

（J0055-1-000309）

377.伪天津特别市公署财政局为拟照章估定迁出英法租界商号铺捐等级按成减收事呈市长温世珍文

1939年7月29日

呈为呈请备案事。查津市英法租界实施检查以来,该租界商号多有迁移至警特各区营业者,各商民深明大体,殊堪嘉尚,兹为奖励商贾,藉资提倡起见,凡由英法租界移至警特各区之商号,拟于照章估定铺捐等级后,暂予减收十分之三,其有在六月十四日实施检查以后,已由各该租界迁出营业,现在警特各区缴捐者,一经提出足资证明之证据,经查属实,亦准一律按成减收,以昭公允。所拟是否可行,理合具文呈请鉴核令遵。谨呈天津特别市市长温。

天津特别市公署财政局局长李鹏图

（J0001-3-003213）

378.伪天津特别市公署财政局为拟议从速恢复本市普通营业税事呈市长温世珍文

1939年8月1日

呈为呈请事。案查普通营业税一项，本为裁厘后举办之正当税务，用以抵补地方款因裁厘所受之损失。本市自二十年开办后，历年税款收入均在数十万元，颇着(著)成效。迨至二十六年本市发生事变后，商业凋敝，经前天津市治安维持会令饬将营业税暂行停免，以纾商力，原系昭示来苏之意，并非永远废除。二十七年八月间，本局曾以迭奉钧署训令，以据前营业税征收处职员代表侯宗夏等，呈请恢复营业税以裕市库等情，饬核议具复以凭核办。等因。经详加考察，事变年余以来，市面已复常态，商业亦见好转，议请恢复征收有案。兹查，近以本市二十八年度岁入预算与岁出预算比较，不敷甚巨，业经列入前项营业税年额五十万元，以资抵补，是恢复前项税务既为势在必行，筹征自不宜缓。况自英法租界交通限制后，华界市面日臻繁荣，推行自属较易，将来租界问题解决后，能以普及推行，收数尤必激增，俾益市库，当非浅鲜，拟即由局速筹进行，藉裕收入。所有拟议，从速恢复本市普通营业税缘由是否有当，理合具文呈请鉴核示遵。谨呈天津特别市市长温。

天津特别市公署财政局局长李鹏图

（J0001-3-002342）

379.伪天津特别市公署第二科为审慎办理迁出英法租界商户减捐事呈市长温世珍文

1939年8月3日

为签请事。据财政局呈为奖励英法租界商号迁移警特各区营业，拟于照章估定捐等后，暂予减收十分之三，其在六月十四日实施检查以后，已由租界迁出，现在警特各区缴捐者，如提出证据，亦准一律按成减收，是否可行，请核示。等情。查此案意旨系为奖励商号迁出租界，用意自属甚善，第实行时，偶一不慎，易予奸商以影射取巧之机会，对于调查证明等手续，似应切实注意，审慎办理，以免发生弊窦，至减成征捐之期限，似亦应酌予规定，以示限制。以上拟议，是否有当，签请钧示。

第二科谨签

八月三日

（J0001-3-003213）

380.伪天津特别市公署为拟减成征收迁出英法租界商号铺捐事令财政局

1939年8月7日

呈一件。为奖励英法租界商号迁移警特各区营业，拟于照章估定捐等后，暂予减收十分之三，其在六月十四日实施检查以后，已由租界迁出，现在警特各区缴捐者如提出证据，亦准一律按成减收。是否可行，请核示由。

呈悉。查来呈意旨，系为奖励商号迁出租界，用意自属甚善，第实行时，稍一不慎，易予奸商以影射取巧之机会，对于调查证明等手续，应切实注意，审慎办理，以免发生弊窦，至减成征捐之期限，亦应酌予规定，以示限制，仰即遵照拟办具报。此令。

（J0001-3-003213）

381.伪天津特别市公署为暂减迁出英法租界商号铺捐事
令财政局（建字第4420号）

1939年8月7日

呈一件。为奖励英法租界商号迁移警特各区营业，拟于照章估定捐等后，暂予减收十分之三，其在六月十四日实施检查以后，已由租界迁出现在警特各区缴捐者，如提出证据，亦准一律按成减收。是否可行，请核示由。

呈悉。查来呈意旨系为奖励商号迁出租界，用意自属甚善，第实行时，稍一不慎，易予奸商以影射取巧之机会，对于调查证明等手续，应切实注意，谨慎办理，以免发生弊窦，至减成征捐之期限，亦应酌予规定，以示限制，仰即遵照拟办具报。此令。

市长温世珍

（J0055-1-000309）

382.伪天津特别市市长温世珍为报封锁英租界已见成效事
致日本陆军大臣、外务大臣电

1939年8月7日

东京大日本帝国陆军大臣、外务大臣阁下，并请转天津现地代表诸公勋鉴：自英租界检问以来，市民鉴于英人之狡狯，反英情绪万分激烈，英租界住居之民众，多数自动迁出，因之该租界已成死街，市区极呈活跃，一切货运均形畅旺，食粮准备尤为充足，用特电达，请释远系，万望贯彻伟抱，坚向所期目的迈进，百七十万市民同深企祷。天津特别市长温世珍叩。虞。

（J0001-3-003213）

383.天津中国银行为报日本宪兵队检查英法租界银行号现状表事复伪天津市银行业同业公会函

1939年8月12日

径复者:奉八月一日台函,附下市商会转来之天津宪兵队本部调查本市英法租界银行号现状表格二纸,兹已照为填就,随函附上,即祈查收存转为荷。此致天津市银行业同业公会。

附表二纸。

		廿八年七月底	廿八年五月底
津行	同存	2,336,626.79	4,240,772.38
	透同	67,218.49	124,553.47
	往存	9,969,192.12	9,262,330.17
	定存	23,805,582.46	23,820,853.71
梨	往存	1,103,848.77	1,005,481.68
	定存	1,841,809.84	1,836,762.13
楼	往存	459,260.27	448,061.17
	定存	599,232.30	583,957.76
		40,182,741.04	41,322,772.47
津行	同透	404,058	310,956.32
	存放	6,898,422.80	7,664,139.98
	往透	2,019,571.26	2,033,780.42
	押透	3,831,981.13	3,124,337.94
	活押	305,544.91	305,544.91
	贴现	0	0
	进口	0	0
	出口	0	0
	期票	36,846.28	29,742.23
	定放	272,380	272,380
	定押	2,695,346.74	3,023,530.20
	押租	2,168	2,168
	过欠	249,951.99	249,951.99
	中欠	0	0
	地欠	0	0
	催收	2,385,975.13	2,395,395.67
	没收	140,464.50	141,943.20
楼	存放	1,399.59	3,646.98
	定押	5,400	300
	押租	272	272

		廿八年七月底	廿八年五月底
梨	存放	7,855.35	9,238.04
	押透	0	26,906.17
	定押	15,000	17,725
	押租	255	255
		19,272,892.68	19,612,214.05

天津市银行业同业公会会员银行调查表

一、英法租界内银行							
名称	界别	资本金	积立金	营业种目			保有现银
				预金高	贷付高	存费	
天津中国银行	法租界	总行资本金四千万元（天津分行资金由总行调拨）	总行积立金四百八十一万元	四〇，一八二，七四一.〇四元	一九，二七二，八九二.六八元		原存现银一七，〇一三，一六六.〇七元，已于廿四年十二月间归发行准备管理委员会天津分会保管

（J0161-1-002414）

384.伪天津特别市公署财政局为拟租界迁出商号铺捐减成办法以三个月为限事呈市长温世珍文

1939年8月14日

呈为呈报事。本局呈为凡由英法租界迁移至警特各区之商号，拟于估定铺捐等级，暂减十分之三，请鉴核一案，兹奉钧署建字第四四二零号指令内开，呈悉。查来呈意旨系为奖励商号迁出租界，用意自属甚善，第实行时，稍一不慎，易予奸商以影射取巧之机会，对于调查证明等手续应切实注意，审慎办理，以免发生弊窦，至减成征捐之期限，亦应酌予规定，以示限制，仰即遵照拟办具报。此令。等因。奉此，仰见钧座对于奖励商民之中，仍寓防止影射之意，自应遵照办理。兹经详加研讨，所有减成征捐期限，拟请以三个月为期，满期后，仍照向章征收，至对于调查证明等手续，自当以原在租界交捐凭证为准，以杜流弊。奉令，前因。理合具文呈报钧署鉴核，俯赐指令祗遵。谨呈天津特别市市长温。

天津特别市公署财政局局长李鹏图

（J0001-3-003213）

385.伪天津特别市公署为列明回迁英法租界公务员名单事密令所属各机关

1939年8月19日

为密令事。查本署暨所属各机关人员居住英法租界者迭经令饬一律迁出在案,近闻本市公务人员又有迁回情事,殊属有违功令,着各该管长官讯予查明列单呈署议处,以儆玩忽。除分令外,合行令仰遵照办理为要。此令。

市长温世珍

（J0115-1-000750）

386.伪天津特别市公署为对由英法租界迁出商号拟定限期及证明方法事令财政局（建字第4820号）

1939年8月22日

呈一件。为遵令对于由英法租界迁出商号拟定限期及证明方法请核示由。

呈悉。查所拟减成征捐以三个月为期,其证明手续以原在租界交捐凭证为准各节,尚属妥协,应准照办,仰即遵照。此令。

市长温世珍

（J0055-1-000309）

387.伪天津市商会为由英法租界起运面粉脚行脚力事致陈友发、白云生函

1939年9月30日

径启者:查本市自发生水患,灾民食粮极感缺乏,本会为救济灾民食用起见,曾分函英法两租界工部局,准许各业主由租界起出面粉运往华界在案。刻因华界灾民众多,必须陆续起运以资充分接济。惟查租界内起运面粉之脚行,恒因脚力较事变前迭有增加,各米面商因售卖价格之限制,担负过重,以致起运诸多困难,影响民食至深且巨。素仰执事热心公益,当仁不让,用特函请登高一呼,对于英法租界内各脚行之脚力赐予协助办理,以期公平解决而利起运,至纫公谊。此致陈友发先生、白云生先生。

（J0128-2-001529）

388.伪天津市商会召集解决由英法租界起运面粉脚力问题会议录

1939年10月5日

日期:民国二十八年十月五日下午四时。

地点:本会。

出席人:孙冰如、纪仲石、焦世卿(纪代)、刘静山、刘耘青、孔瑞卿(斗店公会)、屈秀章、张文轩、岳福臣(米业公会)、李国珍(福星公司)。

列席:朱厚叔。

主席:纪仲石。

纪录:蒋子香。

甲、报告事项

本会交际委员会主任委员刘静山报告,奉派携带本会致陈友发、白云生二君函件面洽,陈、白二君当经召集英法租界脚行首领再四研究,结果规定暂时通融办法:

(一)由租界运粉至特三区倒车,每袋五分,卸东站货厂或启泰栈,再贮栈加二分。

(二)由河坝装船,每袋三分,如用地车拉至河坝再装船,每袋七分。码头费船客自理。

(三)由租界运至日界或华界各处,每袋一角。

以上规定均以解除租界检查日期为止,至租界开放后,仍恢复原状。惟在特一区所存之面,必须有特务机关许可证方能起运。至于由租界运面,已由本会发给运输车旗十面,船旗五面。惟运面苦力必须照像,以备通过时查验。此项苦力均系临时雇用性质,因今日雇用明日即须解雇,照像殊感困难,拟请由防卫司令部发给臂章。刻尚未蒙照准,拟预备继续前往洽商。如本日出席各代表认为所规定脚力无异议时,本人即进行交涉,请发臂章以资应用。至于运米脚力再另行交涉云。

乙、讨论事项:

关于由租界搬出面粉分配各业商号事,拟在启泰栈内雇用职员三人办理事宜,每月酌给辛(薪)金可否,请公决案。

决议通过,每面粉一袋抽洋二厘,作为雇用职员每月辛(薪)金开支,计三十元者一人,二十五[元]者二人,除开支辛(薪)金外,所余之款解送商会为补助费。每日出入面粉情形,造表二份,送呈商会存转。

闭会。

(J0128-2-001529)

389.伪天津市商会为由英法租界搬出面粉办理经过并拟订此后陆运、船运及标志办法事呈天津特别市公署文

1939年10月13日

呈为呈请事。查本市水患以后,曾奉天津防卫司令部令,将英法租界内存贮面粉搬出,以资调剂民食。因交通不便,当蒙发给职员通行证四张,赴租界向英法当局交涉,许可搬出面粉计一万袋,系由军部派车装运。嗣以军部代运非长久之计,改由军部发给运输面粉旗帜并夫役通行证。原计划为许可民船五只、地车十辆,惟因船只水手照像较易,车夫未能同时拍照,故先发给船夫通行证二十三张。业于本年九月廿九日起至十月九日止,共运出面粉一万零零四十七袋,又玉米三百五十八包。现因河路检问所对于此项船夫通行证不甚明了,时常发生误会,刻已不能起运。复于本月十日,承补给部千田少尉面示,关于由租界搬出面粉事,改由特务机关办理。等因。本会以事关接济民食,自应继续进行,谨拟订运面办法三项:

(一)陆运用地车十辆,每辆运夫五名,共五十名外,管理人四名。

(二)船运用船五艘,每艘水手四名,共二十名外,管理人三名。

(三)标志车船旗帜由市商会制备,送请特务机关盖印,并附盖商会钤记,以资识别。

以上三项办法是否可行,理合具文呈请钧署鉴核施行。谨呈天津特别市公署。

(J0128-2-001529)

390.伪天津市商会秘书处为由英法租界搬出面粉办理情形事呈常务董事会文

1939年10月19日

为报告事。顷据本会交际主任委员刘静山来会称,关于由英法租界搬出面粉一案,已与天津防卫司令部千田少尉接洽妥协,嘱由本会制作面粉杂谷运搬车旗帜十面,及搬运苦力袖箍三十个,以资应用。等语。前来。除觅工制做交由刘主任委员静山领收备用外,理合检同车旗及袖箍图式并做旗工料单据各乙纸,并办理经过情形,报请常务董事会鉴核。

秘书处呈

议决。准垫付。

十月十九日

(J0128-2-001529)

391.天津中国银行为日本便衣闯查英租界津中里同人宿舍情形事
致卞白眉函

1939年10月19日

　　白眉经理大鉴：敬肃者，本行英租界津中里同人宿舍于九月廿八日晨八时许，突有便衣日人四人，带同英工部局制服及便衣华警援（探）闯入，先在大门禁止一切人等进出。张副经理住所适在里口，闻声出视，问找何人，该四日人及一制服华捕即一拥登楼，举枪对之，禁其下楼，并询以何姓所住系几号，张副经理据实答之，该日人等互谓非是。旋即拥至后面四号沈副经理宅检查盘问，知否沈同其人（据其口音所谓沈同系如此，是否即此"沈同"两字不得而知），沈副经理答以不知，又问子女年龄及在何校读书，答以两男已于两年前赴沪，其母及女四人则于上月杪因避水赴沪。来人当将阖寓箱笼皮包一概打开，遍查无遗，历一小时始去，并未携走物件，于行务亦无牵涉。就表面观察，似专为侦查所谓沈同者而来。检查时均系日人动手，英工部局华警援（探）则均旁立。以上经过情形当时除已报告英工部局并电陈外，用再详报，敬祈鉴查为荷。此致公绥。

（J0161-1-002414）

392.伪天津特别市公署财政局为拟恢复营业税意见事呈市长温世珍文

1939年10月25日

　　为呈复事。案查本局拟议从速恢复本市普通营业税一案，业经呈奉钧署八月十七日建字第四六六号指令略开，以案经交由参事室审核，据复称津市特殊情形，故该项税收在前维持会时代拟办旋辍，向日历任市长辄格于租界不行，无形停顿。今虽时异势异，先租界而后内地则可，先内地而后租界则不可，如内地不能因噎废食，似应令财政局按四十余种杂税中详加研究，何者类似则去，何者性别则留，然后乃得行之。等情。令仰再行详陈意见具复核夺。等因。奉此，遵查参事室核复各节，自系为统筹兼顾起见，但就本市办理普通营业税经过情形及现时财政状况而论，仍有分别办理之必要，谨为钧座缕陈如下：

　　按此项税务本市二十年开办时，本推己及人，行远自迩之旨，始从华界着手实施，嗣于英租界设营业税劝导处逐渐推进，英租界一部份商民已经照章纳税，全市历年税收皆在数十万元，颇着成效。迨至二十六年本市发生事变后，经前天津市治安维持会令饬暂行停免，本系昭示来苏之意，原非永远废除。本年水患发生以前，距事变已阅二年，市面已复原状，自宜筹议恢复以裕收入。复查此项营业税，系因裁厘所举办，用以抵补地方款，因裁厘所受之损失，与原有税捐不相牵连，且此次系恢复征收，亦非创办可比，原有税捐之应否变更，似宜于将来改革税制案内统筹办理，未便与此案相提并论。惟奉令前因，适值本市洪水为灾，百业停顿，此项营业税自难率议启征，故未即行拟复。现在本市积水业将排尽，市面已渐复兴，而此项税收复经列入概算，关系度支，似应于全市积水排尽后即行着手筹备，期于二十九年一月一日开始征收,俾资兼顾。管蠡之见,是否有当,理合具文呈请鉴核示遵。谨呈天津特别市市长温。

天津特别市公署财政局局长李鹏图

(J0001-3-002342)

393.天津中国银行为日本便衣闯查英租界津中里同人宿舍英工部局董事长建议改善办法事致卞白眉函

1939年10月30日

眉公钧鉴:关于九月廿八日津中里被日方检查情形,业经迭函陈报。此事发生后,英工部局董事长体伯君曾致函英总领事詹姆士,以此次检查美国电台(American Radio Service)及津中里均属办理失当并建议以后改善办法四点:

(一)英工部局应增加英籍警员,嗣后遇有检查事项,须由英籍警官率领办理;

(二)日方应于事先将检查地点及人名告知工部局警务处处长谭礼士接洽;

(三)检查时日方所带人数应预先确定报告工部局,不得临时随意增加;

(四)检查时,除有抗拒情形外,不得持枪威吓。

以上四项建议,詹姆士总领事案已函复体伯君予以采纳,并将复函印分寄英驻华柯尔大使及驻日克莱琪大使接洽。此系日前工部局开会时体伯君对列席各董事宣布并经电询明体伯君,得据情向尊处报告者。用特函陈,敬乞鉴核为祷。肃颂钧绥。

林○○、沈○谨启

(J0161-1-002414)

394.天津中国银行为日本便衣闯查英租界津中里同人宿舍英工部局处理情形事致卞白眉函

1939年10月30日

白眉经理赐鉴:关于九月廿八日津中里被日方检查情形已于前函详陈计荷。鉴于本月廿六日英工部局分局局长英人P.J.EDMUNDS君偕同华督察张君至津中里访晤沈副经理,据称上次日方检查事前未据指明地点,乃日方临时忽至津中里检查,该华警等遽予随同前来办理,实属不当。工部局方面甚表歉意,已将当时随来之警士予以处罚。现在工部局已增加英籍警员,将来界内若再有检查情事,均由英籍警员率领办理,以后本租界内知名人士与公务员及有合法职业者当不致再受此等惊扰。等语。此事在英工部局方面当已算告一段落,用特函陈,敬祈公绥。

(J0161-1-002414)

395.伪天津特别市公署财政局局长李鹏图为送英租界税契变通办法事致市署秘书长陈啸戡函

1939年10月30日

啸公秘书长勋鉴：查英租界税契事务，先因租界当局发给过户执照，继因交通隔绝，会丈发生困难，以致税收大受影响，为市收前途计，亟应切实整理。而英工部局所收保证金尤宜从速移交，刻已备文呈请钧署派员继续交涉。此事务恳我公鼎力主持，俾得贯彻进行，克收实效。至在租界隔绝尚未开放以前，业主往来不便，为便利计，已计划变通办理之方法，兹将预拟之变通办法照录一份，附送核阅。专此奉陈，敬颂勋绥。

附变通办法一份。

弟李鞠躬

变通办法

在封锁租界未解放以前，业户住在租界出入不便者，特定变通办法：

1.业户得照向章购取英工部局蓝图三份，邮函（挂号）本局声明新旧契纸户名、住址及代办人姓名，请本局定期会丈。本局接阅后，即行定期通知业户，并函英领事转饬工部局届期会丈。

2.业户接到通知后，即邀同原业户执持契据，在英工部局地亩处等候本局去员到达后，领同前往会丈。业户应缴勘测旅费，得由本局预开收据，交由测量员收取带回呈缴。

3.业户应投契据可自行设法投寄本局查收。其测量员出测时，每案带填户空数之收据一张，如业户愿交测量员带者，当时掣给收据，否则测量员告知自行投寄，原带收据回局时缴还。

4.业户应缴款项（如工部局保证金已交到本局，准其抵算），指定在英租界小白楼河北省银行办事处交纳，掣取临时收据，邮寄本局换给正式收据，交邮局寄付业主收执。但领契关系重要，业户应仍持据来局领取，以免错误。

5.其他如有可以便利业户之事，随时再定办法。

（J0055-1-002180）

396.伪天津特别市公署财政局为请向英领事交涉新、推租界税契事呈天津特别市市长温世珍文

1939年10月31日

呈为呈请事。案查本年四月间，职局为英国新、推租界税契事务呈请钧署派员交涉，由英工部局移

交保证金,并停发过户执照恢复旧制一案,嗣准外事处抄送函稿。谨悉。已派蔡秘书天尧前往接洽。其后租界隔绝,人民来局投税极端困难,会丈人员亦不克前往,以致英租界契税收入分文无着。继因洪水为灾,更属无从进行。现在租华各界排水幸已蒇事,而本市牙税等大宗收入,即在九、十两月免税期间,运销之货仍不见畅旺,前途更可想见。而临时政府两月补助已满,此后一切政费全赖自给自足,若不积极筹维,将有仰屋兴嗟之日。查英租界契税本为固有收入,如能交涉妥协,将过去两年未税之契补办,则收数尚有可观。现租界隔绝,虽未开放,但为业户便利计,职局已计划有变通办理之种种方法,拟请查案派员向英领事切实交涉,转饬工部局克期将所收保证金悉数移交职局核收,再行补办一切手续,并自即日起英工部局应停发过户执照,将未收保证金各户开具新旧业主姓名、地址及地段、亩分清单交付职局,以便查催投税,俾裕库收而济市用。所有呈请交涉英租界税契事务缘由是否有当,理合具文呈请鉴核示遵。谨呈天津特别市市长温。

天津特别市公署财政局局长李鹏图

（J0001-3-002400）

397.天津租界交通委员会提增汽车捐通知

1939年11月7日

为通知事。启者,案查天津联合交通委员会所规定之津市汽车捐费征收办法业经施行在案。近因物价腾贵,为适合需要,拟自一九四〇年起,将所有汽车捐额略予提增。兹为施行便利,将该项拟定捐额及征收办法附录于次,是否赞同,即候答复。

计开:

一、座车及客车:按原规定,座车及客车每辆每年征收捐洋八十元,今改定为年捐一百元,其按月认纳者,每辆每月应缴纳捐洋九元,请求退捐者每月按八元计算。

二、载重汽车:按原规定,载重汽车每辆每年征收捐洋一百二十元,今改定为年捐一百四十元,其按月认纳者,每辆每月应缴捐洋十二元,请求退捐者,每月按十一元计算。

三、电自行车(有无偏座均同):按辆每年征收捐洋六十元,其按月认纳者每辆每月应缴捐洋五元,请求退捐者每月按四元五角计算。

凡以上要求退捐各户,应于退捐前一月一日声请备案,须将所领之捐照及捐牌一并呈缴。以凭查验。

交通委员会会长巴恩[士]

一九三九年十一月七日

（J0001-3-001079）

398.伪天津特别市市长温世珍为派专员交涉英租界税契事致英国驻津总领事函（建字第497号）

1939年11月10日

径启者：查英租界推广区域税契事务，系属本公署财政局职权。民国二十六年天津事变生后，迄今两载有余，暂由英租界工部局代收保证金，核发过户执照，乃一时权宜之计。兹为整顿起见，特派本公署邓专员中莹向贵总领事商洽，即希惠予延见，转饬英租界工部局将所收保证金克日悉数移交本公署财政局核收，以便按户补办一切手续，并饬该工部局自即日起停发过户执照，将未收保证金各户开具新旧业主姓名、地址及地段、亩分清单函送财政局，以凭查催投税。至纫公谊。此致大英国驻津总领事署。

市长温世珍

指令（建字第6691号）

1939年11月

呈一件。为请求派员向英领事切实交涉英租界推广区域税契事务以裕库收由。呈悉。已派员向英总领事切实交涉。仰即知照。此令。

便函（建字第104号）

1939年11月

敬启者：查英租界推广区域税契事务，自民国二十六年事变发生后，即由贵局代收保证金，核发过户执照，乃一时权宜之计。兹为整顿税收起见，特派本公署专员邓中莹前来贵局商洽，即希查照，将所收保证金刻日悉数移交本公署财政局核收，以便按户补办一切手续，并自即日起停发过户执照，将未收保证金各户开具新旧业主姓名、住址及地段、亩分清单函送该局，以凭查催投税。至纫公谊。此致天津英租界工部局。

（J0001-3-002400）

399.伪天津特别市公署财政局为拟恢复营业税程序请核示事 呈市长温世珍文

1939年11月28日

呈为呈复事。案查本局拟从速恢复营业税,先行着手筹备,期于二十九年一月一日开始征收一案,经呈奉钧署建字第六七八五号指令略开,案经交由参事室审核,据复称,营业税如必须克期举办,除应设法纠正查账、处罚两项商民痛苦外,下列两点似亦有斟酌之必要:

一、如征收营业税,必须华界与租界一律施行,否则为渊驱鱼,殊足以影响华界之繁荣。

二、营业税原为地方正当税收,但本市现征苛捐杂税多至三十余种,今为推行良税计,总以不扰商民、不增加负担为主旨,似可以将铺捐改为营业税,暂行试办,照额征收。至警察局所收营业牌照捐,亦应同时取消。

参事等考虑地方特殊情形,深知商民痛苦,对于营业税原则自所赞同,但鉴诸已往事实与现时环境,不能不为详晰呈明意见。究应如何施行,仍候钧裁。等情。应如议由该局参照,妥慎办理,仰即遵照。等因。

奉此,查参事室核复意见,权衡商情,顾恤商艰,自属无微不至,惟就市政立场及税务原理而言,实施营业税而不以商店账簿为依据,则避重就轻,勾串作伪,流弊所及,将至不堪设想。按吾国营业税法本采取东西各国先例,各国对于商业簿记莫不有相当之稽考与统制,故投机欺骗之商业不易发生,社会一般之经济得资稳固。而征收营业税与上项方策实有相互为用之效,是征收营业税之以账簿为根据,不仅在收税之平衡,尤与市面商情有莫大关系。惟治法贵有治人,因噎未便废食。本局此次恢复该项税务,自当督饬所属力祛前弊,妥慎办理,期使恪守定章,不滋扰累。至本市苛杂税捐,如前之菜市捐、入市车捐、晓市摊捐、广告捐、大红桥码头捐、戏园捐、警区四五等妓捐、特区摊捐及游行捐、特一区船捐及木船过期费、特二区船捐及民船码头费摊地租、特三四区大小船日捐月捐、梁家嘴闸捐、四口起卸脚行税、木炭、苇席、牙行营业税等二十种,均于二十五年间先后呈准废除有案。现征各项捐税皆系曾经审查,具有攸(悠)久历史,载在预算,定有正当用途。丁兹建设伊始,预算不敷之际,似宜仍旧办理,俾免影响施政。至参事室谓铺捐营业税不能并存,诚属不无理由,但近之北京市营业税铺捐尚在,同时并征,远之满洲新京、奉天各市,则国家营业税之外,复有地方营业税附加捐及特别营业各捐,亦即铺捐之变相,盖由财政环境之所限,势不能不迁就事实。兹经参照参事室意见,详加斟酌,拟具试办程序如下:

(一)先遴选少数人员在本局附设营业税办事处,自二十九年一月一日起,凡华界新开业商店一律按照二十六年事变时旧章课征营业税,不收铺捐,一面劝导租界商店照章纳税。

(二)旧商店营业有变更时,即予改征营业税,免除铺捐。

(三)其继续营业之旧商店,酌就营业种类分期改征营业税,免除铺捐。

(四)不及营业税课税标准之商店仍征征铺捐,俟营业税办理就绪后,另订特别营业捐章程改征之。

如此统筹兼顾,庶几税制渐趋正轨,度支不致减额。除营业税办事处组织概算,另行拟订呈核外,所有拟议恢复营业税程序,是否有当,理合再行具文呈请鉴核示遵。谨呈天津特别市市长温。

天津特别市公署财政局局长李鹏图

(J0001-3-002342)

400.伪天津特别市公署财政局为送拟订营业税征收处组织章程草案开办经费概算书事呈市长温世珍文

1939年12月11日

呈为呈请事。案查本局前以本市普通营业税业已编列岁入预算,拟于二十九年一月一日起实行,恢复征收。经呈奉钧署建字第六七八五号指令略开,饬即参照参事室核议意见,妥慎办理。等因。遵经拟具恢复营业税程序,呈报在案。惟现距恢复期间为日无几,亟应积极筹备,以利进行。查稽征营业税事务股繁,需人甚伙,故二十六年事变前营业税征收处虽归财政局管辖,但系另行组设。本处处长以下,计设两股四组一收款室。此外,尚有收款分处、租界劝导处、营业税评议委员会各附属机关,每月经临各费预算额达九千元以上。本局编列二十八年度预算之际,极力节缩,每月尚拟订需俸给费三千三百三十三元,办公费一千二百一十二元,设备费四十元,共计四千五百八十五元。又营业税评议委员会经费四百元,统计五千三百八十五元。惟现在既拟分别步骤,逐渐推进,自当再事紧缩,以节公帑。兹拟就本局附设营业税征收处,置主任一人,酌设总务、稽征、调查三股,至收款分处、租界办事处、营业税评议委员会均暂缓设,税警巡役皆由局内随时抽调应用,不另添募,租赋设备等费概予删除,其办公费用亦切实核减,计每月将俸给费减为一千七百五十五元,办公费减为五百零二元,共计二千二百五十七元,比较二十八年度原拟预算减少三千一百二十八元。在开办之始,事务较简,拟派少数人员先行试办,月支人事费九百三十元,办公费就必需情形在预算范围内核实动支。俟日后工作繁忙,再行察酌情形,陆续添派人员。按照核定预算开支,以期事无偏废,款不虚糜。是否有当,理合检同拟订营业税征收处组织章程草案,开办费及每月经费概算书,暨拟暂时试办经费清单,一并具文呈请鉴核示遵。谨呈天津特别市市长温。

计呈送:营业税征收处组织章程草案一份、开办费概算书一份、每月经费概算书一份、暂时试办经费清单一纸。

天津特别市公署财政局局长李鹏图

天津特别市公署财政局营业税征收处组织章程草案

第一条　本局为稽征本市营业税征收事务附设营业税征收处,依本章程之规定组织之。

第二条　营业税征收处对外一切事宜悉以本局名义行之。

第三条　营业税征收处设主任一人,承局长及主管长官之命综理全处事务。

第四条　营业税征收处设总务、稽征、调查三股,分掌左列事务:

甲、总务股

（一）关于收发文件及编管档案事项；

（二）关于撰拟文稿章则及缮校事项；

（三）关于职员考核进退记录事项；

（四）关于票照公物之承领管发稽核事项；

（五）关于申请书调查表之审核事项；

（六）其他不属于各股事项。

乙、稽征股

（一）关于营业种类税额税率之核拟事项；

（二）关于营业调查证及纳税通知之填发事项；

（三）关于税款之征收管解事项；

（四）关于税款之登记及商铺业类纳额之报表簿册编造事项；

（五）关于漏欠税款之稽核催收及处理违章事项；

（六）其他属于稽征事项。

丙、调查股

（一）关于商铺营业额、资本额及公积金、护本金，并其他供营业用各项金额之调查事项；

（二）关于商铺漏税及歇业之调查事项；

（三）关于商务状况之调查事项；

（四）关于整理调查报告表及编制事项；

（五）关于举行年度总调查事项；

（六）其他属于调查事项。

第五条　每股置股长一人，酌设股员、办事员、调查员各若干人，承长官之命，分理各项事务。

第六条　营业税征收处因缮写文件得酌用雇员。

第七条　营业税征收处办事细则另定之。

第八条　本章程如有未尽事宜得随时呈请修正之。

第九条　本章程自公布之日施行。

（J0001-3-002342）

401.伪天津市汽车业同业公会为请收回增加租界汽车统捐捐额成命事呈天津特别市公署文

1939年12月18日

呈为租界统捐增加捐额恳请鉴核迅予转请收回成命以维商艰事。窃据属会各会员车行纷纷报称，现因将届新历岁首，原为换领捐照之期，风闻英法租界当局对于二十九年（即一九四零年）之汽车统捐有增加捐额之讯，计乘客汽车原捐八十元，拟增为一百二十元；载重汽车原捐一百二十元，拟增为一百六十元。此种捐额已增至三分之一至二分之一。在此租界隔绝，营业萧条，又值灾后余生之际，实属力难担负,恳为转请体念商艰,收回成命。各等情。前来。查自租界隔绝之后,车行营业异常萧条,兼以本年洪水为灾,十九均遭浸毁,损失之大,空前未有。我政府怜民恤商,痌瘝在抱,对于各种捐税,曾经豁免两月,仰见嘉惠群黎之德意,至今民困为苏,涸鲋待救,乃英法租界当局竟有增加捐额之讯消息传来,群深惶恐,利害所关,难安缄默。为此据情恳请钧署鉴核,迅予转请收回成命,免为增加捐额以维商艰,不胜迫切待命之至。谨呈天津特别市公署。

天津市汽车业同业公会会长朱昌荣

（J0001-3-001079）

402.伪天津特别市公署为请收回增加租界汽车统捐捐额成命事批天津市汽车业同业公会文(建第2367号)

1939年12月26日

原具呈人:汽车业同业公会会长朱昌荣。

呈一件。为租界汽车统捐增加捐额恳请转请收回成命以维商艰由。呈悉。查租界交通委员会酌增汽车统捐,系以近来物价腾贵,为适合需要起见,每车每年仅增二十元,数额尚不为多。前据各特别区公署呈报到署,业经令饬对于该会提议予以同意在案。来呈所请,应毋庸议。此批。

（J0001-3-001079）

403.伪天津特别市公署警察局为租界交通委员会发给汽车车牌征收汽车车捐妨害主权税收请交涉事呈市长温世珍文

1939年12月30日

为呈请事。查本市汽车车牌之发给及汽车车捐之征收向系由英法租界为主干之交通委员会主持办理。依照该委员会规定办法,关于汽车车牌手续费及汽车车捐均由英法租界局征收,而将所征收之捐费按成分配于各租界局及各特区之间,此种办法殊欠允当,亟应加以改善以杜流弊而挽主权,兹将应行改善之理由略述如次:

一、津市系我国领土,关于在领土内施行之各项捐税系属我国主权范围以内之事,应由我国办理乃系当然之事实。今本市汽车车牌之发给及汽车车捐之征收乃由于英法为主干之租界交通委员会办理,事事仰其鼻息,喧宾夺主,损失国权,莫此为甚。此应亟行改善者一。

二、汽车捐款关系市库收入,今完全委诸租界交通委员会征收,听其支配,分其余滴,其于市库之损失实属甚巨。此应亟行改善者二。

三、汽车车牌之发给原为便于管理稽考起见,系属警察范围以内之事,今汽车车牌由租界交通委员会发给,一遇交通事故或其他案件发生,往往须辗转调查,以致事前防范,事后处置,均感困难,影响治安交通甚巨。此应亟行改善者三。

四、汽车车牌及车捐既由租界交通委员会主持办理，本市为挽回权利起见，复由财政局捐务征收所另行发给车牌并征收车捐，于是本市同时乃有两种以上汽车车牌及两重以上汽车车捐，不但事权不一，抑且有捐税重复之嫌。此应亟行改善者四。

基于以上理由，拟请钧署派员协同日领事馆转向租界交通委员会交涉，将此项汽车车牌及车捐办法予改善，以完主权而重捐收。是否有当，理合具文呈请鉴核示遵。谨呈天津特别市市长温。

天津特别市公署警察局局长郑遐济
（J0001-3-004554）

404.伪天津特别市公署为同意租界交通委员会提议酌增汽车捐额事指令特一、二、三区公署

1939年12月

指令（建第7760号）

令特别第一、二区公署。

呈一件。为准各区界交通委员会通知，拟自一九四零年起将汽车捐额酌予提高是否赞同请答复一案，应如何办理，请核示由。呈件均悉。查该会因物价腾贵，拟将各种汽车捐额略予提高，系为适合需要起见，事属可行。原拟增加数目，查核尚不为多，应予同意。仰即遵照答复可也。附件存。此令。

训令（建第2939号）

令特别第三区公署。

为令行事。案据特别第一、二两区公署先后呈为准租界交通委员会会长巴恩斯通知，近因物价腾贵，为适合需要，拟自一九四零年起，将汽车捐额略予提高，是否赞同，请答复一案。事关通案，应如何办理，请核示。等情。到署。当以该会因物价腾贵，拟将各种汽车捐额略予提高，系为适合需要起见，事属可行。原拟增加数目，查核尚不为多，应予同意，指令遵照答复在案。该区事同一律，合行令仰遵照，援案办理为要。此令。

中华民国二十八年十二月
（J0001-3-001079）

405. 天津地图各租界路名对照表

1939年

JAPANESE CONCESSION

Road No.	Roads Alphabetically	Road name Romanized	Road name in Chinese
	Akashi Road	Ming-shih-chieh	明石街
	Akebono Road	Shu-chieh	曙街
	Akiyama Road	Chiu-san-chieh	秋山街
	Asahi Road	Hsü-chieh	旭街
	Awaji Road	Dan-loo-chieh	淡路街
	Azuma Road	Wu-chi-chieh	吾妻街
	Chahkou Road	Tsa-kow-chieh	闸口街
	Fukushima Road	Fu-dao-chieh	福岛街
	Fushimi Road	Fu-chien-chieh	伏见街
	Fuso Road	Fu-shang-chieh	扶桑街
	Fuyo Road	Fu-yung-chieh	芙蓉街
	Hanazono Road	Hua-yuen-chieh	花园街
	Hashidate Road	Ch'iao-li-chieh	桥立街
	Hohrai Road	Peng-lai-chieh	蓬莱街
	Ishiyama Road	Shih-san-chieh	石山街
	Kamo Road	Chia-mao-chieh	加茂街
	Kasuga Road	Ch'un-jih-chieh	春日街
	Katori Road	Hsiang-chü-chieh	香取街
	Komatsu Road	Hsiao-sung-chieh	小松街
	Kotobuki Road	Shou-chieh	寿街
	Matsushima Road	Sung-dao-chieh	松岛街
	Mishima Road	San-dao-chieh	三岛街
	Miyajima Road	Kung-dao-chieh	宫岛街
	Momoyama Road	Tao-san-chieh	桃山街
	Naniwa Road	Lang-su-chieh	浪速街
	Okitsu Road	Hsing-tsin-chieh	兴津街
	Sakaye Road	Yung-chieh	荣街
	Shinkotobuki Road	Hsin-shou-chieh	新寿街
	Suma Road	Hsueh-mo-chieh	须磨街
	Sumiyoshi Road	Chu-chi-chieh	住吉街
	Tachibana Road	Chueh-chieh	橘街
	Tokiwa Road	Ch'ang-pan-chieh	常盘街
	Yamaguchi Road	San-kow-chieh	山口街
	Yamato Road	Ta-ho-chieh	大和街
	Yoshino Road	Chi-yeh-chieh	吉野街

FRENCH CONCESSION

Road No.	Roads Alphabetically	Road name in Chinese	Road No.	Roads Alphabetically	Road name in Chinese
8b	Amirauté, Rue de l'	水师营路	2	Juillet, Rue du14	七月十四日路
4	Baron Gros, Rue du	葛公使路	20	Laville, Rue	拉大夫路
29	Chabaneix, Rue	沙大夫路	26	Maréchal Foch, Rue du	福煦路
21	Chaylard, Rue du		28	Marne, Rue de la	
3	Chevrier, Rue	石教士路	25	Mesny, Rue	梅大夫路
	Clemenceau, Place	克雷孟梭广场	5	Paris, Rue de	巴黎路
10	Consulat, Rue du	领事馆路	8a	Pasteur, Rue	巴斯德路
9	Courbet, Rue	古拔路	34	Pétain, Rue	白丹路
31	Depasse, Rue	德大夫路	30	Pélacot, Rue de	贝腊扣路
6b	Dillon, Rue	狄总领事路	23	Picquerez, Rue	毕格海路
37	Dixmude, Rue du	狄米得城路	6a	President Doumer, Rue	杜麦路
27	Favier, Rue	樊主教路	15	Quai Auguste Boppe	柏公使河坝大法
32	Fontanier, Rue	丰领事路	16	Quai de France	国河坝
7	France, Rue du	大法国路	17	Quai de France	大法国河坝大法
39	Gaston Kahn, Rue	甘总领事路	18	Quai de France	国河坝
24	G.Devéria, Rue	窦总领事路	19	Quai de France	大法国河坝
11	Henri Bourgeois, Rue	宝总领事路	35	Sabouraud, Rue	萨工程师路
40	Joffre, Cours	霞飞路	12	Saint Louis, Rue	圣鲁易路
36	Somme, Rue de la	苏莫河路	14	Verdun, Rue de	威尔顿路
1	Takou, Rue de	大沽路	33	Ypres, Rue d'	一坡城路
22	Trêve, Rue	泰纬路	38	Yser, Rue de l'	李泽河路

BRITISH CONCESSION

Road No.	Roads Alphabetically	Road name in Chinese	Road No.	Roads Alphabetically	Road name in Chinese
34	Avon Road	怡丰道	57	Derby Road	大北道
54	Bombay Road	孟买道	28	Dickinson Road	狄更生道
2	Bristow Road	宝士徒道	43	Douglas Road	达克拉道
22	Bromley Road	博目哩道	41	Dublin Road	都柏林道
14	Bruce Road	博罗斯道	68	Dumbarton Road	登伯敦道
1	Bund	河坝道	53	Eastbourne Road	益世滨道
39	Cambridge Road	剑桥道	37	Edinburgh Road	爱丁堡道
6	Canton Road	广东道	29	Elgin Avenue	园墙道
52	Cardiff Road	加的夫道	8	E-Wo Road	怡和道
58	Clyde Road	克兰特道	47	Forfar Road	福发道
35	Colombo Road	克伦波道	66	Glasgow Road	格拉斯哥道
4	Consular Road	领事道	13	Gordon Road	戈登道
24	Council Road	董事道	61	Greenwich Road	格林威道
26	Cousins Road	克森士道	74	Hai Kwan Ssu Road	海光寺道
32	Creek Road	小河道	31	Hongkong Road	香港道
70	Cumberland Road	康伯兰道	30	Kailan Lane	开滦胡同
11	Davenport Road	达文波道	23	Kung Hsueh Road	公学道

Road No.	Roads Alphabetically	Road name in Chinese	Road No.	Roads Alphabetically	Road name in Chinese
62	Delhi Road	德列道	59	Limerick Road	林莫克道
21	Liscum Road	利斯克目道	46	Severn Road	西芬道
45	London Road	伦敦道	19	Seymour Road	盛茂道
9	Macartney Road	马开内道	48	Shannon Road	三安道
16	Macartney Road	马开内道	33	Singapore Road	新加坡道
18	Magdala Road	麦达拉道	38	Sydney Road	西德尼道
50	Malta Road	马尔他道	5	Taku Road	海大道
20	Meadows Road	咪哆士道	64	Tipperary Road	体伯瑞道
42	Mersey Road	摩西道	56	Tunbridge Road	敦桥道
15	Napier Road	内比尔道	36	Tyne Road	泰安道
72	Orkney Road	奥克尼道	3	Victoria Road	中街
40	Oxford Road	牛津道	44	Wellington Road	威灵顿道
60	Paisley Road	培斯类道	63	Windsor Road	文赛道
12	Pao Shun Road	宝顺道	55	York Road	约克道
10	Parkes Road	巴克斯道			
51	Peebles Road	匹博利道			
49	Perth Road	伯斯道			
7	Race Course Road	马厂道			
17	Recreation Road	红墙道			

EX-GERMAN CONCESSION

Road No.	Roads Alphabetically	Road name in Chinese	Road No.	Roads Alphabetically	Road name in Chinese
23	Barrack Road	营盘路	24	Shansi Road	山西路
6	Bureau Street	管理局街	21	Shantung Road	山东路
8	Canal Road	墙子河路	10	Soochow Road	苏州路
29	Chefoo Road	芝罘路	31	Szechuen Road	四川路
4	Chekiang Road	浙江路	19	Taku Road	海大路
22	Foochow Road	福州路	27	Tangshan Road	唐山路
30	Garden Road	花园路	28	Tatung Road	大同路
2	Haiho Road	海河路	14	Tongku Road	塘沽路
26	Haining Road	海宁路	33	Tsingtao Road	青岛路
9	Hangchow Road	杭州路	16	Tungchow Road	通州路
18	Hankow Road	汉口路	1	W.Wilson Street	威尔逊街
12	Honan Road	河南路			又名中山路
25	Hupeh Road	湖北路	7	Wuchang Road	武昌路
20	Kaifeng Road	开封路	3	Wusih Road	无锡路
5	Kiangse Road	江西路	32	Yingkow Road	营口路
11	Kirin Road	吉林路	15	Yunnan Road	云南路
17	Newchwang Road	牛庄路			
13	Ningpo Road	宁波路			

ITALIAN CONCESSION

Road No.	Roads Alphabetically	Road name in Chinese	Road No.	Roads Alphabetically	Road name in Chinese
9	Banchina d'Italia	义租界河沿	7	Regina Elena, Piazza	西圆圈
4	Conte Gallina, Via	四马路	5	Roma, Via	五马路
6	Dante, Piazza	东圆圈	20	Salvago Raggi, Via	医院小马路
3	Ermanno Carlotto, Via	三马路	14	Torino, Via	南西马路
12	Firenze, Via	南东马路	10	Trento, Via	义俄交界路
17	Fiume, Via	中交界路	15	Trieste, Via	义奥交界路
8	Marchese di San Giuliano, Via	六马路	18	Tripoli，Via	小马路
			2	Vincenzo Rossi, Via	二马路
13	Marco Polo, Via	西马路	1	Vittorio Eman.III, Corso	大马路
19	Matteo Ricci, Via	工部局对过小马路	16	Zara, Via	栅栏路
11	Principe di Udine, Via	东马路			

EX-RUSSIAN CONCESSION

Road No.	Roads Alphabetically	Road name Romanized	Road name in Chinese
13C	Alexandra Road	Shih San Ching Lu	十三经路
14C	Alexis Road	Shih Ssu Ching Lu	十四经络
11W	Amur Road	Shih I Wei Lu	十一纬路
16C	Baikal Road	Shih Liu Ching Lu	十六经路
4W	Bund Road	Ssu Wei Lu	四纬路
10W	Caucasus Road	Shih Wei Lu	十纬路
11C	Consulate Road	Shih I Ching Lu	十一经路
9W	Crimea Road	Chiu Wei Lu	九纬路
5C	Frontier Road	Wu Ching Lu	五经路
3W	Harbin Road	San Wei Lu	三纬路
8C	Irkutsk Road	Ba Ching Lu	八经路
6C	Korestowetz Road	Liu Ching Lu	六经路
15C	Kostroma Road	Shih Wu Ching Lu	十五经路
2C	Lapteff Road	Erh Ching Lu	二经路
9C	Linevitch Road	Chiu Ching Lu	九经路
3C	Moscow Road	San Ching Lu	三经路
6W	Nicolai Road	Liu Wei Lu	六纬路
5W	Park Lane	Wu Wei Lu	五纬路
12C	Park Road	Shih Erh Ching Lu	十二经络
1W	Petrograd Road	I Wei Lu	一纬路
2W	Pokotiloff Road	Erh Wei Lu	二纬路
7W	Poppe Road	Chi Wei Lu	七纬路
Tung C	Romanoff Ave.	Tung Chin Lu	东锦街
Dah C	Russian Road	Dah Ching Lu	大经路
12W	Siberia Road	Shih Erh Wei Lu	十二纬路
7C	Tomsk Road	Chi Ching Lu	七经路
8W	Ural Road	Ba Wei Lu	八纬路
4C	Vladivostok Road	Ssu Ching Lu	四经路

Road No.	Roads Alphabetically	Road name Romanized	Road name in Chinese
10C	Wogack Road	Shih Ching Lu	十经路
	cont.of Romanoff Ave. after the proposed market	Hsi Ching Lu	西锦路
	Diag. road from cor. of Nicolai & Kostroma Roads to proposed market	Nan Ching Lu	南锦路
	cont. of this road from the proposed market to railway	Pei Ching Lu	北锦路
	oblique road joining end of Poppe Road to railway	Hsiao Hsieh Lu	小斜路
	road parallel to Russian Road and passing behind the Head Post Office	Hsian Ma Lu	小马路

（W0025-A-0017-004-002213）

406.伪天津特别市公署为缓期实行加增汽车捐事令特三区公署
（秘贰第33号）

1940年1月4日

　　呈一件。为报各区界交通委员会拟加增汽车捐额一案,因各租界方面会员多不承认,缓期实行,请鉴核由。

　　呈悉。此令。

中华民国二十九年一月

（J0001-3-001079）

407.伪天津市商会为送请领通行证人员清单及照片事致各业商户函

1940年1月13日

　　径启者:查现届旧历年关,本市各业商号通过租界催收账目,诸感困难。本会为谋商民结账及度岁便利起见,业经呈请市公署在旧历年关准将租界检问暂予解除在案。惟在未奉明令核准之前,自宜早为预备请领通行证之照片。查此项通行证每一公会会员限发十份,每一商号会员限发两份,在本月十八号以前将请领通行证人姓名、年龄、籍贯、职业、生辰、住址开具清单两份,连同本人最近二寸半身照片三张一并函送本会。一俟奉令照准,本会即为照填,转请核发,以免仓促耽延时日。相应函达,即希贵会查照办理,勿延为荷。此颂公祺。

天津市商会启

一月十三日

（J0129-3-004677）

408.伪天津特别市公署外事室主任刘孟勋为改订汽车车捐及车牌办法事呈市长温世珍文

1940年1月19日

为签报事。关于警察局呈请协同日总领事馆向租界交通委员会改订汽车车捐及车牌办法一案，奉批：交外事室交涉。等因。遵派本室专员程家驹与日总领事馆西田领事接洽。顷据该员报称，据西田领事称，此案系由日本警察署保安科鬼冢部长主办，缘津市警察局村野大佐与田中准尉因津市发给汽车牌照及征收汽车捐费，向由英法租界之交通委员会办理，此种办法对税收方面既欠允当，且对于车辆调查管理尤感困难，遂提议将该交通委员会设法收回，由津市警察局自办，如不能达到收回目的，则与日租界取一种行动，退出该委员会，另谋完善办法，仍由警察局办理。现此案正由田中准尉与市公署及财政局接洽中，一俟有回信赞同并征得特务机关同意后，即由本总领事馆开始向交通委员会进行交涉。依本人意见（西田领事称），如采取第二种办法，即退出该委员会，最好由中日两方另行组织一交通委员会，将来汽车捐收入之支配方法，可将中国方面之汽车捐拨归市库，日方之汽车捐解交日租界主管机关，似较便利允当。等语。谨将奉派接洽经过签报等情，理合签请鉴核。谨呈秘书长陈转呈市长温。

外事室主任刘孟勋

一月十九日

（J0001-3-004554）

409.伪天津特别市营业税征收章程①

1940年1月

第一条　本章程依据中央颁布之营业税法并斟酌地方情形规定之。

第二条　凡在天津市境内营业者，除中央法令别有规定者外，无论中外商民，均应依本章程之规定缴纳营业税。

第三条　左列各种营业免纳营业税：

一、已向中央缴纳出厂税之工厂或缴纳收益税之股份有限公司组织之银行；

二、已征牌照税之药酒业；

三、不以营利为目的之营业；

四、中央及地方所办之公有营业；

---

① 《天津市营业税征收章程（附税率表）》系1936年4月由天津市政府公布。1940年1月，伪天津特别市公署财政局营业税征收处重新印行沿用。

五、中央以法令指定免征营业税之营业;

六、以营业总收入额为课税标准之营业,其每月营业额不满一百元者;

七、以营业资本额为课税标准之营业,其资本额不满五百元者。

第四条　凡官商合办之营业仍应征收营业税。

第五条　凡以经营药酒为主体而兼营其他杂品之商店,其主要营业部分业经完纳药酒牌照税者,其营业税应予剔除免征,但其兼营部分仍应照征营业税,以示区别。

凡煤油、汽油之经理业、批发业,均免征营业税,其有兼营杂品者,照本条前项之规定办理。

第六条　凡摊床小贩肩挑贸易等营业,免征营业税,但有门市商号所分设之摊床,不在此限。

第七条　本市营业税课税标准以营业收入额及营业资本额二种为限,每业只限用一种。前项资本额之计算,以其实际供营业之用者为准。无论固定资本、公积金、护本金,及其他足供营业实际运用之财产,均应以资本额论。

第八条　营业税之营业种类课税标准及税率以另表定之。

第九条　税率表内有漏未列举之营业合于征收营业税之性质者,由营业税征收处查明酌拟税率及课税标准,呈请财政局报由市公署转报财政部备案。

第十条　凡制造业在制造厂所将其制造品直接发售者,无论整卖零售,均只征制造业之营业税,不另征物品贩卖业之营业税,但以不设立门市者为限。

第十一条　凡制造各业物品离开其制造场所另行设所发售者,无论与原制造场是否同一场主,同一牌号,均应征收物品贩卖业之营业税。

第十二条　无一定之制造场所或无使用之一定职工,只设庄号发给原料、工资,制造物品以贩卖者,应照物品贩卖业课税,不征制造业之营业税。

第十三条　凡发售物品之本店自设制造厂,已照物品贩卖业纳税者,不再征收制造业之营业税。

第十四条　总店按照原价转发货物于同一店主同一字号之分店由分店售卖完纳营业税者,免征总店原货物之营业税,如总店发给货物于另一商店,而具营利行为者,仍应征收总店物品贩卖业之营业税。

第十五条　营业税额之计算以业为单位,凡一户兼营数种营业,其税率轻重不一者,应另立账簿,分别计算,汇总缴纳。但此项计算办法遇有特殊情形时,得另定之。

第十六条　凡在天津市境内经营工商业开设店铺工厂者,均应于每月月底下月十日以前填具申请书,开具左列事项,呈报营业税征收处核明纳税:

一、营业字号开业时期及其所在地;

二、营业人及股东姓名、籍贯、住址;

三、专营或兼营某种营业;

四、营业资本额(凡以资本额为纳税标准者,须注明资本总额及十二分之一资本额数);

五、每月营业总收入额。

前项申请书格式另定之,由营业税征收处印制,随时备领或委托本市商会、社会局及公安局转发。

第十七条　营业人对于每月应纳税款逾定期(廿日)不缴者,加罚滞纳罚金十分之二,逾定期(四十日)不缴者,加罚滞纳罚金十分之五,逾定期(两个月)不缴者,得停止其营业,仍追交滞纳罚金及税款。但其逾限之原因经查明核准者,不适用本条之规定。

第十八条　营业人对于资本及营业收入各额如有呈报不实,以多报少,伪造账簿,捏报歇业,或用其他方法希图偷漏以及违抗不纳拒绝调查等情事,除令补税外,并按其应缴纳税额科以一倍以上五倍以下之罚金。情节较重者,得停止其营业,仍应追缴税款及罚金。

前项罚金以五成解库,五成奖给出力员役及举发人并协助员警。其分配方法另定之。

第十九条　以营业额为课税标准者,须将全月总收入额遵期呈报;以资本额为课税标准者,须将资本总额及十二分之一额遵期呈报。其呈报手续由各商号自行核实填具申请书加盖图戳,径报营业税征收处遵章完纳,由营业税征收处掣(制)给纳税执照,该项执照各商均须保留,以备查核。

第二十条　凡新开歇业及变更营业或铺长并增减资本出倒移转等情事,应由各该号先期呈报营业税征收处,以便分别稽征。倘出兑商号有拖欠税款情事,接兑商号又未遵章先期呈报者,由接兑商号负责代缴,对原欠税商号以偷漏税处罚。

第二十一条　营业税征收处所在地应组织营业税评议委员会,其组织规则另定之。

第二十二条　营业人设有总店分店或总厂分厂,其资本无从划分者,得由营业税征收处提交评议委员会估定后,呈报市财政局核示办理;其总店总厂或分店分厂设在市外者,即专就设在本市之总店总厂或分店分厂征收营业税。

第二十三条　营业税征收处于必要时得派员检查营业者所用之账簿、文书、单据、货物等件。如有疑义,可随时知会本管警所到场证明,得将其账簿、文书、单据等携至营业税征收处检查。

第二十四条　营业者应置备账簿记载下列各事项:

一、资本金、公积金、护本金及其他足供营业实际运用之财产等各数目。

二、买入货物或原料及卖出货物或原料各数。

三、银钱收付逐日流水往来、赊欠各细数及月结各总数。

以上各项账簿认为有可疑时,得由营业税征收处加盖印信,另外规定发货票据以杜流弊。

第二十五条　营业税征收处应将纳税各商按照第十六条所开事项详细编制营业税清册,以便查核。

第二十六条　营业税施行后,本市类似营业税之捐税,除当税应照原税率改征营业税外,其余牙税、屠宰税以及向来与营业税相同之捐税均暂照旧办理。

第二十七条　营业税纳税执照及罚金收据均由市财政局印发之。

前项照据均用三联式,一联给营业者,一联存营业税征收处,一联送财政局备查。

第二十八条　营业税征收处收起税款及罚金等项,每至月底应将上月征收数目造具月报表册,连同收据存根及税罚各款一并呈解财政局核收。

第二十九条　本章程如有未尽事宜,得随时提请市政会议修正之。

第三十条　本章程自公布之日施行。

天津特别市营业税税率表

第一类(物品贩卖业)

粮食粉面业、柴炭煤业、油盐店业、蔬菜业、碱业、火柴烛皂业。

以上六业按营业额千分之一课税。

砖瓦石灰砂石业、纸业、肥料业、棉麻业、竹木业、灯扇业、棉丝麻草织品业、竹木棕藤柳器业、菜子业、纱线业、酱园杂货业、伞席业、丝茧业、中药业、衣服鞋帽袜业、衣箱业、矿石业、干鲜果品糕点面食业、陶磁料器业、电料电器业、油业、铜铁锡铅器业、颜料业、蛋业、梳篦业、鞍?车辆业、醃腊鱼鲞业、发鬃骨角谷业、皮条业、鱼蟹鸡鸭业、油漆业、旧货业、肉业、蜂蜜蜂蜡业、化学品业、燻业、石膏业、茶业、野海味业。

以上三十九业按营业额千分之二课税。

水泥业、玻璃业、绦子花边业、西药业、毛织品业、调味品业、五金业、汽水冰食业、橡皮业、铜铁床业、糖业、绒绢纸花业、洋广杂货业、糖果茶食罐头业、房地产公司业。

以上十五业按营业额千分之五课税。

西式服装业、钟表眼镜业、皮货业、火腿业、绣货业、皮革业、参燕[业]、戏装业、汽车业、玩具业、金银首饰器皿业、金店业、玉器业、福健漆器业、珠宝钻石业、珐琅景泰蓝业、象牙品业、雕刻陈设品业、古玩业、西式木器业、红木器具业、美术品业、化妆品业、照像材料业、音乐用品业、留声机业、无线电机业、香烛纸炮业、纸糊冥器业。

以上二十九业按营业额千分之十课税。

第二类（制造业）

碾米磨面业、造碱榨油业、棉织物业。

以上三业按资本额千分之一课税。

丝麻草织物品业、窑业、烛皂业、印花榨花业、竹木棕藤柳器业、制醋酱业、练染业、刷帚业、工业酸碱业、造纸业、制罐匣业、发鬃骨角壳业、装订业、铜铁锡铅制物业、纽扣牙刷业、料器业、冶金业。

以上十七业按资本额千分之二课税。

玻璃业、制伞席业、制石棉业、制镜业、制鞋帽业、毛制物业、镜架业、制灯扇业、制糖业、熬油业、蛋黄白业、材厂业、制曲业、制药业、车辆业、制肠业、电镀抛铜业、化学品业、制茶业。

以上十九业按资本额千分之五课税。

皮革业、锡纸业、西式及红木器业、皮件业、暖水瓶业、铜铁床业、橡皮物品业、电器业、喷银业、糖果罐头食品业、蓄电池业、捶金银业、颜料业、造冰业、银炉业、珐琅景泰蓝业、制香业。

以上十七业按资本额千分之十课税。

调味品业、照像材料业、音乐用品业、钟表业、金银器业、西式服装业、眼镜业、雕刻陈设品业、军衣庄业。

以上九业按资本额千分之十五课税。

玩具业、珠宝首饰业、美术品业、化妆品业、汽水业、摄制电影业。

以上六业按资本额千分之二十课税。

第三类

印刷出版业（依据新闻纸法令之出版业除外）、文具教育用品、书店书局业。

以上三业按资本额千分之二课税。

第四类

运送类（包括交通转运等业）、包作业（包括打包、装箱、营造、建筑、凿井、装潢、手工等业）、洗染业、经理介绍业（包括经纪、广告、报关等业）。

以上四业按营业额千分之二课税。

拍卖业、电气业。

以上二业按营业额千分之五课税。

货栈业、行栈业。

以上二业按资本额千分之五课税。

第五类

租赁业(房地租及赁器业属之)、浴室理发业、饭馆业。

以上三业按营业额千分之二课税。

中菜西餐馆业、牛羊奶业、售玩赏动物业、旅馆业。

以上四业按营业额千分之五课税。

镶牙补眼业、照像写真业、花树业、娱乐业。

以上四业按营业额千分之十课税。

第六类

银钱庄业、典质贷金业。

以上二业按资本额千分之十课税。

证券业、保险业。

以上二业按营业额千分之五课税。

信托业。

以上一业按资本额千分之十五课税。

附注:凡物品贩卖业之整卖批发部份得按税率折半征收。

(J0001-3-002342)

410.伪天津市商会为严厉查询所领通行证人情况事致各业商户函

1940年2月3日

径启者:查本会为便利各业商号旧历年终出入租界催讨账目起见,曾经呈准天津特别市公署转请陆军特务机关体恤商艰,允为发给通行证许可书,业经分发各业公会及各商号应用在案。兹承特务机关长面示,凡请领通行许可书人于经过检问【检索】所时,如查出有携带违禁物品及不良分子混入,各业公会会长、各商号经理人及市商会应负同等责任。等因。事关重要,应由贵会会长对于本业及本商号所领通行证人,务须严厉查询,切实负责。除公函外,相应函达查照办理,幸勿忽视为荷。此颂公祺。

天津市商会启
二月三日
(J0129-3-004677)

411.伪天津市商会为送回注销临时通行许可书事致各业商户函

1940年2月15日

径启者:查本会前为便利各业商号旧历年关出入租界催讨账目起见,曾经呈请天津特别市公署转商陆军特务机关准予发给通行证许可书,并经各同业公会及各商店分别领取备用在案。兹奉市公署传示特务机关长面嘱,所有各业商号前领临时通行许可书已逾规定有效期限,亟应一律缴还本机关部注销,限即日办理具报。等因。奉此,相应函达查照,即希将前代各商请领之通行许可书限于本月十八日以前一律检送本会,以便汇送,幸勿延误,是为至要。此颂公祺。

天津市商会启

二月十五日

（J0129-3-004677）

412.伪天津特别市公署财政局营业税征收处为在租界推行营业税事呈局长李鹏图文

1940年3月4日

为签呈事。查本市复征普通营业税应遵照市公署意旨必须华界与租界一律施行。津市计有日、意、英、法四国租界,推行之始,因各租界国际立场之不同,斯办理之步骤自异,兼以往昔租界征税事宜,因历任人员墨守旧章,以致未获顺利施行。兹拟对于租界内各商店采取渐进诱导办法,以商人承认纳税为原则,即就其自行申报数目核定税额,暂不予以审查,一俟就范后,再行按照定章逐步改进。似此稍予变易,虽于定章稍觉不甚适合,而果能不生反响,商号一律认纳,实于税收前途大有裨益,谨将拟定办法分述如后:

一、日租界

应先设立营业税征税所,先行办理审核申请各项事宜,一俟英、法、意各租界营业税办理妥协后,再行同时开征,以昭划一。因中日两国素行亲善,现值建设东亚新秩序之际,一切政令设施须赖友邦支援,始收事半功倍之效。兹当推行征收营业税伊始,拟呈请市公署转函特务机关及日本领事署,传知界内各商店,一律遵照营业税定章申报纳税,以为他租界首倡。

一、意租界

查意国租界幅员不广,且与日租界唇齿相连,兼以自新桥落成,交通更属便利,商栈尤多,拟先由市公署派员与意租界当局交涉,请其传知界内各商店遵照定章申报纳税,并设立营业税征收分所,专司各项应办事项,并可兼办特二、三、四区营业税务。

一、英法租界

查旧案以前营业税征收处曾得英租界当局许可在界内设立办事处,后改为劝导处,开征税款,法租界各商店亦均领取申请书,拟行申报纳税。此次复征伊始,拟先派委熟悉租界情形人员负责办理交际连络,与英法租界当局进行交涉,并由征收处与界内负有声望者切实联络,一俟得到各租界同意后,即在英法两租界分别设立营业税征收所,筹备开征。所拟是否有当,理合签呈钧座核示遵行。谨呈局长李。

营业税征收处主任于振中谨签

(J0055-1-002997)

413.伪天津特别市公署为拟将英法租界交通委员会汽车车牌及车捐收归市办事致日本驻津总领事函

1940年3月9日

径启者:查本市汽车车牌之发给及汽车车捐之征收,向系由英法租界为主干之交通委员会主持办理,依照该委员会规定办法,关于汽车车牌手续费及汽车车捐均由英法租界当局征收,而将所征收之捐费按成分配于各租界局及各特别区。此种办法殊碍中国主权及交通管理,拟即向英法租界之交通委员会提出交涉,收归市办,以便统一管理。尚希贵总领事予以赞同及协助,相应函请查照见复为荷。此致大日本帝国驻津总领事武藤义雄　殿。

译文

敬启者:三月九日接准建字秘外第五○号函开,关于收回租界交通委员会所管理之汽车车捐以维主权一案,贵市长所提之件,本领事认为适切需要,兹值改组交通委员会拟具具体方案之际,拟组织中日调查委员会,特函请贵市长派员参加,至希查照见复为荷。此致天津特别市长。

天津日本总领事武藤义雄

(J0001-3-004554)

414.伪天津特别市公署财政局拟营业税开办经过情形

1940年3月18日

考本市营业税创始于民国二十年。溯自民国十七年,前国民政府即预备裁撤厘金,其后筹商计议,历时甚久,始决定自二十年一月一日起,全国一致实行裁厘,同时准由各省市举办营业税,以资抵补。本市系于二十年六月由财政局组织天津市营业税筹备委员会会议多次,于同年七月天津市营业税征收处组织告成,其机关直辖于市府,税款则交财政局所有,征收章程及税率均适用河北省营业税征收条例及税率表。至二十六年本市事变后,前天津市治安维持会以民困未纾,明令将营业税暂行停征,迨至二十八年本市商业日趋繁荣,前项普通营业税亟须早日恢复,以裕库收。经本局呈奉市公署建字秘

425

壹第六六号指令,照准于二十九年一月在本局内将营业税征收处组织成立,布告开征,并按照呈准办法自二十九年一月一日起新开业商店暨旧商店营业有变更者,应即来局申报,请求核定税额照章纳税,不另征收铺捐。其旧有纳捐商税,仍一律暂征收铺捐,容俟统筹办法,再行公布。此本市开办营业税之经过情形也。

营业税筹设各租界征收分处之经过及其变迁(附特别区)

一、英租界

当民国二十年七月营业税征收处成立之时,以本市地面辽阔,商业林立,总处附设立于财政局内,地址偏北,恐于商人来处纳税多有不便,特将全市划为五区,设立五个分处(第一分处英法交界三德里、第二分处西南城角乐安里、第三分处特一区六号路、第四分处特二区兴隆街一一五号、第五分处河北大街石桥南),办理各该区营业调查及税收事务,以期敏捷,并将英、法、日、意各租界划为第一分处管辖区域。经前市长张学铭氏亲向北京驻华各国公使及驻津各领事切实交涉,各国公使领事多答复,须俟请示本国政府后决定。惟英使表示赞助,同时驻津英领来函承认中国天津市财政局派员在其租界内设立办事处,办理营业税劝募事宜,而以不得干涉行政权为条件,第一分处遂于是年九月组织成立。二十一年五月营业税处整顿内部缩小范围,撤销前五分处,仅保留第一及第三(即租界及特区)两分处,改称租界及特区办事处。其后租界办事处因查办天玉顺商号,致招英租界内一部份华商之反感,联名诬控英领事署,英领遂根据当初协定条件,认为该办事处干涉其自治权,迫令退出租界,迨二十二年五月营业税征收处改归财政局管辖。因此项交涉迁延数月,迄未解决,乃由前财政局长张志澂呈请前兼市长于学忠派参事黄宗法与驻津英领事翟兰思援案力争,结果英领仍仅承认劝导字样,终未允在其租界调查商户账目及收税。至二十三年一月,营业税征收处为节减经费,将特区办事处与租界办事处合并,并在特区办事处原址设收款处,委主任一人总管之,改称为租界特区营业税劝导处,直辖于财政局营业税处。至二十六年事变后,营业税奉令停征,租界特区劝导处亦同时撤销。此英租界营业税之经过情形也。

一、法租界

民国二十年营业税初办时,派员前往交涉,该国领事口头表示应由我方向驻京法使磋商,并无文字答复。于民国二十二年,法国教堂在华界首善里置有房产,出租取利,照章应按房地经租业课税,当由前营业税处通知缴纳,彼时准法国正领事官李毕丽来函,以首善里为该署所辖,按照现行中法条约,此类之税不能完纳。经前市长王韬呈请河北省长于学忠转咨外交部交涉,经年迄无相当办法。

一、日租界

查民国二十年营业税成立之初,该租界毫无坚决表示,据前交涉人员云及,仅允由该租界类似营业税项下附征,惟反对直接征收。于二十一年津变之后,该界商号迁往法租界者日多,日领以与法租界同时实行为词,该租界除亨得利等三数家曾自动纳税外,其余概不遵办。二十五年十二月,营业税处查得粮店街十七号正泰春记,经营木材杂货等业,向未报税,传处质问并劝其呈验账簿,该号伙友托词日商径言不纳,坚不现账。将该伙呈送财政局转送公安局看押,经日领事来函,即行释放,亦无相当结果。

一、义租界

该租界在事变前商号无多,民国二十年前财政局长张国忱以营业税处已于七月一日成立,函请日、法、义各国领事协助,旋准意国驻津领事官奈隆函复,此项税则根据以下两种原因不能在该租界内征收:(一)因征收此项税款与义租界已得之承认情形似相违背;(二)因义工部局已有此项营业税之征收,商人不能缴纳两种相同之税银。屡次交涉该领事,以转呈公使请示为词,最后交涉义领事,谓如英、法、日各租界施行后即可施行。迁延时日,迄无要领。

一、三特别区

本市特别区华商均已纳税。其区内日、德、俄等国侨商约千余家,惟俄国间有一二户完税者,其余亦以各国侨商待遇为词,皆拒绝纳税。于民国二十二年十二月王前市长韬任内,特一区北洋印字馆向未纳税,经营业税处通知缴纳,彼时准德领事贝斯函称,北洋印字馆系德国商人,对于各国洋商未能一律征收,而仅向德商征收,实难认可,经转呈外交部叠次交涉,迄无结果。

营业税现在推进各租界之意见

查本市复征营业税已呈奉市公署令,并于二十九年一月一日在财政局内成立营业税征收处,华界既经复征,遵照市公署意旨,各租界亦应一律施行。

一、日、英、法、义各租界

拟呈请市公署分函各该租界当局,请其协助并派员交涉各界内商店遵照定章申报纳税。

二、日租界内应先行着手筹办。因中日两国素行亲善,现值建设东亚新秩序之际,一切政令设施须赖友邦支援,始收事半功倍之效。倘能首先提倡,则其他各租界自必无词可藉,顺利进行矣。

（J0055-1-002997）

415.伪天津特别市公署财政局推行租界营业税会议记录

1940年3月22日

一、时期:二十九年三月廿二日上午十一时。

二、地点:财政局会议室。

三、出席人:市公署程专员家驹、邓专员中莹、联络专员张象言先生、财政局李局长、特区辅佐官、陈秘书主任任民,岳秘书文诰,贾科长宗献,于主任振中。

四、主席:李局长。

纪录科员:徐景曾。

五、讨论事项:

李局长报告:查本市复征营业税已呈奉市公署令,准于本年一月一日施行,现在进行极为顺利,华界现已复征,刻拟遵照市公署意旨,推行于各租界华商。惟查以往对于各国租界营业税因交涉及办理不善,推行迄无结果,此次复征,应详查症结之所在,缜密研究对策,以期推行无阻。日租界内应首先着手筹办,因中日两国素行亲善,现值建设东亚新秩序之际,一切政令设施须赖友邦支援,始能事半功倍。倘能首先提倡,其他租界无可藉口,自必推行顺利,兹拟进行步骤数则,请大家研讨。

1.将本市复征营业税情形及拟推进各租界意见连同关系章则表册呈请市公署照会各国领事请予协助。

2.对于推行各租界税务取分工合作办法,日租界方面由李局长会同村主辅佐官负责办理,英、法、义各租界请由程、邓二专员负责办理。首先声明征收华商之营业税,并不涉及外商。至无国藉者,由所

427

在区征收,不碍及各租界行政权。并声明,此项税收为推进市政的款与华租各界之繁荣有密切关系,请各当局先将原则接受续商征收办法。

3.调查各租界华商家数及每月负担租界方面捐税数目及缴纳方法。此项由于主任负责,会同程、邓二专员办理,张联络专员协助,以私人资格进行调查;一面由村主辅佐官向天津统税分局佐藤先生觅取推行租界商号所得税内之调查表册,以资参考。

4.联络各租界内有力之华商及声望素孚士绅,先行接洽较大商号,如能就范,其余各小商铺自不成问题,并请张联络专员随时协助。

5.请程、邓二专员调查各租界当局对于推行租界营业税不同意之焦点,以便研究对策,避免阻碍。

6.筹备劝导租界华商纳税通告。

7.拟具纳税标准,并举简例,附加解释,交由程、邓二专员预备交涉。

8.将来征收方法或由局在租界设处征收,或由租界工部局代收均可。酌提若干辅助租界办公或公益费用。

六、决议通过,依据上列各项分别筹备进行。

416.伪天津特别市公署为请各国领事署赞助征收华商营业税事令财政局(建字秘贰第1899号)

1940年3月

呈一件。为华界营业税进展极为顺利,请分函驻津日、义、英、法各国领事署,对于征收租界内华商营业税事宜,予以赞助,便早开征由。

呈件均悉。仰候检同章则等件,分函各国领事署查照办理。此令。

公函(建字秘贰第74号)

1940年3月

径启者:查本市营业税一项,自事变后,因工商凋敝,暂行停征,嗣以地方渐臻安谧,市面日趋繁荣,兼以各项建设需款浩繁,市库收入不敷开支,经令饬财政局于本年一月起恢复开征,并为使华租各界商号负担平衡起见,饬令设法一并推行在案。兹据该局呈报,自奉令后,经督饬营业税征收处职员积极推行,进展极为顺利。因华界商民对于此税已有深刻之认识,陆续来局申报纳税者,日见踊跃。华界既已开征,各租界华商营业税亦应遵照钧署意旨,一律施行,俾资贯澈,是以呈奉核准,函聘邓中莹、程家驹为交际专员,负责进行交涉,并由局酌聘联络人员,以期与各租界取得相当联络,除饬交际联络各专员,在打破历来隔阂,便利纳税商民之原则下,切实交涉联络,以便早日开征外,检呈章则等件请鉴核,分函驻津各国领事署,予以赞助,实为公便。等情。据此,除分函外,相应检同原件,函请贵总领事、领事查照。对于财政局征收租界内华商营业税事宜,赐予充分协助,俾利进行,至纫睦谊。此致大日本驻津总领事馆、大义国驻津领事署、大英国驻津总领事署、大法国驻津领事署。

附送营业税征收章程及税率表一本、营业税申请书一份。

（J0001-3-002342）

417.照译英国驻津总领事关于英推广租界内地亩转移事节略

1940年4月11日

英推广租界内地亩转移事。关于贵市长函请饬英租界工部局董事会对于在推广租界内地亩转移停发临时执照一事，业经转达英大使，现已接奉训令，依下开方针商议本问题之解决。

此项要求在原则上可认为合理，临时执照应行停发亦属相宜，但因土地局与英国官宪间尚有久悬未决之某种争执，或不平之待遇，以致使情形成为复杂，现时予以祛除，似为合理。关于产权登记，无论系租界内居民所有之地，或租界外英国臣民所有之地，应予以释明。

原定在英推广租界内之地应在土地局登记一节，系属出于误信，其他外国租界当局亦经同意。而在事实上，彼等并未曾同意，其结果则使英租界蒙重大之不利，盖买地人须缴纳重费，而在其他租界之买地人则无须缴纳也。此种情形于土地局亦无利，因凡欲买地之人，皆不愿在英租界买地，盖在其他租界买地较为有利也。结果转移费亦损失矣。

（一）因此提议，在对于各租界之一致办法未曾求得以前，为土地局与英工部董事会之利益计，应将转移费减低作为临时办法。

现在前俄租界内有一、二名英籍地主，曾被要求证明其产权，或将该时俄租界当局发给之地契，交换新契。惟是对于该租界之界线，或对于该租界当局，对于某特处地产，发给地契之权，倘发生疑问时，此问题应由中国政府与俄国代表在彼时解决，转移一经实行，土地局对于该租界内业经取得之任何地亩之产权，不能再问。

（二）因此提议，土地局现应承认前俄租界当局所发或所证实之地契，或转移契等，为完全充分之产权，倘土地局欲发新契时，则此项新契应附着于旧俄契之上，不纳费用。

总领事白维德

（J0055-1-002180）

418.伪天津特别市公署财政局为英推广租界地亩转移事
呈市长温世珍文

1940年4月24日

为签呈事。奉钧座发交英总领事关于英推广租界内地亩转移事节略（译）一件。寻绎之余，所有英国新增、推广两租界事变后，工部局代收保证金发给临时执照，经我方要求移交停发，英大使已认为合

429

理相宜,足征笃念邦交,共敦睦谊。其附带声明两节,除第二节似系暗射英美烟公司及亚细亚火油公司之特三区土地权源一案,此节职前与英总领事会晤时已有面洽,应另行办理外,至于英租界低减转移费一节,特具意见如下:

查英国新、推两租界土地转移在中国官厅税契登记历史悠久。关于税率,华人买华人者,纳百分之六;买自外国人者,百分之五;中国人租给外国人者,纳八厘会丈费。以上各费均系中国人担任,惟外国人租外国人之地一亩以下,交会丈费十元,多一亩加二元,至多不过五十元。凡新业主为外国人者,每案交登记费十元、制图费五元,此项办法曾经函达驻津领团承认,历办有年。是负担重在华人,而外人纳费甚为轻微。现在英新、推两界土地交易,在我方调查,事实上并未减少,惟或者以工部局现发临时执照,业主因并无正式印契,诚恐产权未能巩固,对于现行办法不无怀疑。则此时正以从速恢复旧制,俾业户得有正式契证,信用确实,为引起土地交易之唯一善策,其要点不在转移费之多寡也。现在英大使既容纳我方之要求,此时似宜实行移交保证金及停发执照,并进一步互商一切履行手续。在英总领事为我方与英工部局董事会实益计划,其各方兼顾之苦心,我方亦未便忽视。拟俟将来移交清楚恢复旧制之后,由我方再行察看地方情形加以相当考虑,但不含有附带条件性质,则双方交涉共得圆满。英总领事当能顾念友谊,俾数年悬案早日解决,中外业户产权均得正当之保障,则于租界居民所益更大也。

以上所述意见是否有当,伏候钧裁。谨呈市长温。

天津特别市公署财政局局长李鹏图

四月二十四日

(J0001-3-002400)

419.伪天津特别市公署为英推广租界内地亩转移事复英国驻津总领事函

1940年5月2日

接准贵总领事送来推广租界内地亩转移事节略,内述关于停发临时执照一节,业经贵国大使认为合理相宜,并征笃念邦交,共敦睦谊,敝方甚为欣谢。至附带声明两项,兹予分别释答于下:

(一)原节略第一项,在各租界一致办法未曾求得以前,应将英租界转移费减低,云云。

查英国新增、推广两租界土地转移,在中国官厅税契登记,历史悠久。关于税率,华人买华人者,纳百分之六;买自外国人者,百分之五;中国人租给外国人者,纳八厘会丈费。以上各费,均系中国人担任。惟外国人租外国人之地,一亩以下,交会丈费十元,多一亩加二元,至多不过五十元。凡新业主为外国人者,每案交登记费十元、制图费五元。此项办法,曾经函达驻津领团承认,历办有年。是负担重在华人,而外人纳费甚为轻微。现在英新、推两租界土地交易,在敝方调查,事实上并未减少,惟或者以工部局现发临时执照,业主因并无正式印契,诚恐产权未能巩固,对于现行办法不无怀疑。则此时正以从速恢复旧制,俾业户得有正式契证,信用确实,为引起及增进土地交易之唯一善策,其要点不在转移费之多寡也。现在贵国大使既容纳敝方之要求,亟应实行移交所收之保证金及停发临时执照,并进一步互商一切履行手续。

贵总领事为敝方与工部局董事会之利益,苦心筹划,敝方自当重视,应候将来移交清楚恢复旧制之后,亦由敝方察看地方情形,加以相当考虑,似不宜于此时提作附带条件,反有违推诚相与之旨,是为至盼。

(二)原节略第二项,土地局应承认前俄租界当局所发或所证实之地契或转移契等,为完全充分之产权,云云。

查此项似系暗指英美烟公司及亚细亚火油公司之特三区土地权源一案,关于此事,现本署与财政局正在考虑之中。

市长温世珍

五月二日

(J0001-3-002400)

420.伪天津特别市公署为准参加中日调查委员会会同办理收回租界汽车捐事训令警察局、财政局

1940年5月14日

为训令事。查关于收回英法租界交通委员会所管理之汽车车捐以维主权一案,顷准天津日本总领事武藤义雄机密第二九号函开,贵市长所提收回英法租界交通委员会所管理之汽车车捐一事,本领事认为适切需要。兹值改组交通委员会,拟具具体方案之际,拟组织中日调查委员会,特函请贵市长派员参加,至希查照见复为荷。等因。准此。事关维护主权,着派警察局长郑遐济,财政局长李鹏图参加办理。除函复并分行外,合亟令仰该局长前往参加会同办理具报为要。此令。

(J0001-3-004554)

421.伪天津特别市公署为派警察、财政两局局长参加中日调查委员会事致日本驻津总领事函

1940年5月14日

径启者:案准机密第二九号大函略开,关于收回英法租界交通委员会所管理之汽车车捐以维主权一案,贵总领事予以赞同,并组织中日调查委员会,嘱派员参加。等因。准此。除分令警察局长郑遐济、财政局长李鹏图参加会同办理外,相应函复,即希查照为荷。此致天津日本总领事武藤义雄　殿。

日本驻津总领事函

敬启者:于民国二十九年五月十四日接准建字秘外第一一二号公函,拜悉种切。本馆方面拟派汤

谷副领事、田岛署长、古川警部各委员,定于五月廿四日午后三时起,在本领馆会议室召开中日调查委员会。特此函达,即希查照见复为荷。此致天津特别市长。

天津日本总领武藤义雄

（J0001-3-004554）

422.伪天津特别市公署为召开中日调查委员会事致日本驻津总领事函

1940年5月23日

径复者:案准贵总领事机密第三二号译函略开,以关于英法租界交通委员会,本馆方面拟派汤谷副领事、田岛署长、古川警部各委员,定于五月廿四日午后三时起,在本领馆会议室召开中日调查委员会,即希见复。等因。准此。除饬警察局长郑遐济、财政局长李鹏图遵照届时出席外,相应函复,即希查照为荷。此致大日本驻津总领事武藤义雄 殿。

（J0001-3-004554）

423.伪天津特别市公署警察局为报义国兵营在英租界码头装运枪弹等情形事呈市长温世珍文

1940年6月1日

为呈报事。窃据侦缉总队转据侦缉第一队以据侦缉士方文元报称,于五月二十二日上午十时,有义国兵营用载重汽车装子弹四百十三箱,运至英租界老招商局前四号码头,当即卸装于太古行A字八号驳船,下午二时装完,何时出口去往何处再行呈报,等情。复据报称,五月二十四日上午九时,有特一区美兵营用载重汽车装运长方圆箱、大小木箱共七十九件,亦运至英租界老招商局四号码头,卸装于太古A字八号驳船,至十时三十分装完,连同前报义兵营所装之子弹四百十三箱,由小火轮将该八号驳船带往塘沽,转装盛京船运往上海。各等情。转报前来,经查无异,理合备文呈请鉴核。谨呈天津特别市市长温。

天津特别市公署警察局局长郑遐济

（J0001-2-000146）

424.伪天津特别市市长温世珍为英租界解除检问事致华北政务委员会电

1940年6月22日

北京华北政务委员会钧鉴:天津英法租界今晚六时解除检问,地方安谧。谨闻。天津特别市市长温世珍叩。哿酉。

(J0001-2-000458)

425.伪天津特别市市长温世珍为租界解除检问事
致汉口特务机关柴山部长电

1940年6月22日

汉口特务机关柴山部长阁下:骁电奉悉。租界协定大半皆阁下去年所主张,今日实现东亚之光,弟于欢欣鼓舞之际,翘首江天,弥增钦慕不能之直耳。肃电布诚。弟温世珍叩。养。

(J0001-2-000458)

426.伪天津特别市公署警察局为报英法租界解除封锁经过情形事
呈市长温世珍文

1940年6月25日

呈为呈报事。窃据第六分局报称,管界佟楼桥自去岁经友军设置检问所,实施与英租界隔绝检查,由分局派官警二十四员名协助,历经呈报在案。兹于本月二十日下午六时,在友军中原公司宪兵队长监督下,将隔绝实行解除,惟驻该检问所友军尚未撤退,分局协助检问之官警,亦仍旧协助维持交通秩序。等情。复据特别第一分局报告,该区中街及山西路两处友军所设封锁租界之检查口已于六月二十日下午六时以后开放,复于二十一日上午十时,由友军将界内铁线网一律开始撤除。等情。同日,又据特别第三分局报告,万国桥地于本月二十日下午六时起,停止检问,自由通行,并由检问所粘贴布告公布周知。至该处交通辅助各岗位,当经从新布置竣事,报请鉴核。各等情。前来。理合将此次解除封锁经过情形备文呈报鉴核备案。谨呈天津特别市市长温。

天津特别市公署警察局局长郑遐济

天津特别市公署指令

1940年6月29日

呈一件。为呈报英法租界此次解除封锁经过情形请鉴核备案由。

呈悉。此令。

（J0001-2-000458）

427.伪天津市胶皮车业同业公会为呈请派员向英法租界工部局交涉免除临时加捐事呈天津特别市公署文

1940年7月4日

为呈请事。窃本市英租界人力胶皮车捐原系每车月纳一元，由车商担负，车商纳捐责任，法租界每车月领纸捐一元。自上年六月租界封锁后，该英法对于界内之车，临时为救济难民，增捐五角（盖戳表明），纳捐手续仍按旧章，而于日前交通恢复，华界车商往起新捐，该英界谓车捐须纳一元五角，改为租界内铺保，并将旧牌缴回，法租界车捐亦谓捐必须加费五角。当由属会推派代表呈请英法租界工部局免除加捐，仍月纳一元，并请英方纳捐手续按照旧章，免缴旧牌。又以上年发生水灾，市区及特一、二、三区均免捐两月，日租界豁免一月之捐，且上年六月十四日封锁，车捐已于月初纳讫，是英法两方尚存半月之捐款，并拟请将本年七月份捐豁免，至今英方尚未答复，法租界公议局答复虽稍圆满，仍须听由法领事主张。查英法方临时加捐既为救济水灾难民，而该难民早经遣散，是此项加捐早应取消。因车捐间接取之车夫，为维持贫民生活计，应予免除加捐，豁免一月捐费。至于租界内大商多于小商，车商素无联络，寻觅铺保困难。前车商保车商时，未有漏捐迟纳之事发生，如因无保，车不能进入租界，直不啻阻塞车夫谋生之路。且英法租界对于车商在交通未恢复时，纳捐者均系车商保车商，而现对车商不按旧章改为租界铺保，未免两歧，难谓公允，其旧捐牌英方早已作废，换发新牌，况一年之久，遗失损坏者甚多，实无再缴之必要。据上情形，该英法工部局对兹资本簿弱商人、贫苦车夫，自应予以便利，减轻负担。拟恳钧署俯念商艰，体恤车夫，准予迅速派员向法租界工部局，请其免除加捐，向英租界工部局交涉：（一）免除临时加捐；（二）纳捐手续仍旧；（三）旧牌免缴，由英法两方将本年七月份捐豁免，以维营业而资生活，则全体车商车夫同感盛德无涯矣。除分呈新民会天津特别市总会外，理合具文呈请鉴核批示祗遵。谨呈天津特别市公署。

天津胶皮车业同业公会会长李凤舞

会址：南市荣吉大街六十八号（大舞台东）

（J0001-3-004595）

428.伪天津特别市公署社会局为禁止商户随意迁回租界事致天津市商会函

1940年7月5日

径启者：案奉市公署建字秘叁第一二号密令开，查本市英法租界各商号前因租界施行检问及被水灾以后，迁入华界者为数颇多，商业重心日见集结，现在租界隔绝业已解除，诚恐各商不明大体，仍向租界回迁，于市面繁荣不无影响，亟应严重监视，不得任听各该商随意迁回租界，以维市面而保繁荣，除分令警察局遵照外，合行密令该局遵照办理具报。此令。等因。奉此，相应函达，即希查照转饬各业公会，对于各该业商号剀切告诫，切勿随意迁回租界，致干未便为要。此致天津市商会。

（J0128-3-007966）

429.伪天津特别市公署为令在英、法、义租界内筹备成立商会办事处事训令天津市商会（建字社贰第277号）

1940年7月13日

为令遵事。查本市英、法、义租界各业商号，因环境特殊与市区向少联系，现租界检问检索业经解除，津市愈趋明朗，所有关于各该租界内商民之指导协助营业之监督取缔，均应与市区视同一律，毫无轩轾。兹为市区与各该租界一元化，并谋各该租界商民之福利起见，合行令仰该会分别在各该租界内迅即筹备成立市商会办事处各乙处，以利公务而便商民，并将拟定办法暨办理情形迅速具报。切切。此令。

市长温世珍

（J0128-2-000036）

430.伪天津特别市公署外事处为胶皮车业同业公会请派员向英法租界当局交涉免除临时加捐事呈市长温世珍文

1940年7月15日

为签呈事。窃据胶皮车业公会呈请派员向英法当局交涉免除临时加捐免缴旧牌并照旧手续纳捐一案，经派职室专员程家驹先赴法领事馆交涉。据法领称，关于免除每月加捐五角一节，现以各项捐税均经普遍增加，如仅对于胶皮车加捐予以免除，深恐其他各业亦将援例要求。事关变更税率，尚须与英租界当局接洽，采取一致办法。故现在未便允予照办，将来生活程度如仍继续高涨，届时必为设法予以减免。至于豁免七月份车捐一节，因现有一部捐款业经收讫，如予豁免，尚须将已收之款分别退还，在手续上颇感困难。等情。当经与之据情交涉，法领事始允将八月份者予以豁免。对加捐五角，虽暂不取消，但为体恤车商及车夫起见，俟数月后斟酌情形再为豁免车捐一月，俾在不变更税率之原则下减轻其担负。等语。至于英租界方面，拟请批令邓专员前往交涉后，再为批示知照。理合签请鉴核示遵。谨呈秘书长陈转呈市长温。

外事室主任刘孟勋

七月十五日

（J0001-3-004595）

431.伪天津特别市市长温世珍为无条件收回电话局事致义国驻津领事函

1940年7月17日

关于本市长拟无条件收回电话局事，前经派员向贵领事说明，并承允予赞助，实深感纫。兹为便利速行接收起见，对于下开三点可以换文方式声明之：

（一）电话局经本市长接收后，本市长承受该局所有一切正当权利与义务；

（二）本市长担任该局电话之优良效能，并于可能范围内从速接通各电话线；

（三）所有电话局人员如确无共产及反对本地方政府之趋向及工作效能照常优良者，应仍许照旧供职，不予更动。

上述三点，本市长认为极为合理，应请贵领事予以善意考虑，并切实赞助为荷。

天津特别市市长温

（J0001-2-000435）

432.伪天津市商会为在英、法、义租界内筹备成立办事处事呈天津特别市公署文

1940年7月18日

呈为呈报事。案奉钧署建字社贰第二七七号训令内开，为令遵事。查本市英、法、义租界各业商号因环境特殊与市区向少联系。云云。迅速具报。切切。此令。等因。奉此，遵即于本月十七日召开全体整理委员临时会议，议决遵令筹备成立英、法、义租界市商会办事处，并推刘静山、王子寿、蔚子丰、焦世卿为英租界办事处筹备员，邸玉堂、郭丽泉、齐少芹、王西铭、焦世卿、年光垚为法租界办事处筹备员，屈秀章、孙冰如、张文轩为义租界办事处筹备员，即日分头进行，并呈报，等由，纪录在卷。除由各筹备员分头积极进行筹备外，理合将办理情形呈报钧署鉴核。谨呈天津特别市公署。

天津市商会英、法、义租界办事处事细则

第一条　本办事处依据天津特别市公署令组织之。

第二条　本办事处之职务如左：

（一）办理传达主管官署与关系方面命令，及市商会命令或饬办事项。

（二）办理劝导租界内各业商号入会事项。

（三）办理关于租界内已加入公会及未加入公会各商号之调查登记事项。

（四）办理关于租界内各业商号之统计事项。

（五）办理关于租界当局之联络委托或商店会员请求事项。

第三条　本办事处设主任一人，副主任二人，由商会董事中推举或由该租界内商会会员中，资望素著者指聘，呈准主管官署后充任之。

第四条　本办事处就第二条所列各项事务分组下列二股：

（一）总务股设办事员一人至二人，承主任之指挥，办理商务之编纂，及收发撰拟文书事宜。

（二）调查股设办事员一人或二人，承主任之指挥，办理商业调查，会员登记统计，及商事咨询等事宜。

第五条　本办事处议决事项及对外各种文件拟定后，送由商会常董会核议通过后方能办理，但遇与治安及行政方面有关系之重要事项，应先与主管机关取得密切联络后，再行提议办理，并同时呈报商会。

第六条　本办事处收发文件，逐日登簿，经主任核阅后，分别办理。

第七条　本办事处收入会费或其他款项时，须凭商会正式收据于每月半或月终时，连同款据解送商会核对登账。

第八条　本办事处一切收支单据须经主任签章后，送交商会收取之。

第九条　本办事处办公时间由上午九时起至十二时，下午由二时至五时，遇必要时得延长之。

第十条　本办事处假期除星期例假外，均遵照政府法令办理。

第十一条　本办事处主任因故不能到处时，须委托副主任代理之。

第十二条　本办事处如有应行改进事宜，由主任拟具意见，提请商会常董会议决后办理之。

第十三条　本办事细则如有未尽事宜，得随时修正提请商会常董会通过，并呈请主管官署核准。

第十四条　本细则自呈奉主管机关批准之日施行。

（J0128-2-000036）

433.伪天津特别市公署专员邓中莹为英租界工部局答复胶皮车加捐事呈市长、秘书长文

1940年7月24日

奉批交办胶皮车业公会呈一件，遵经向英工部局长交涉，据答称：（一）加捐五角系在去年水灾以

前加征,与救济难民无关,且加捐系普遍的,并非单独对胶皮车业一门加征,故不能独予以免除。(二)纳捐手续原系仍旧。(三)旧牌亦系原予免缴。(四)七月份捐各车商俱已缴纳完竣,并无异议。等语。谨呈市长、秘书长鉴核。

邓中莹

(J0001-3-004595)

434.伪天津特别市公署为请派员向英法租界工部局交涉免除临时加捐事批天津市胶皮车业同业公会文(建字秘外第58号)

1940年7月31日

具呈人:天津胶皮车业公会会长李凤舞。

呈乙件。为呈请派员向英法租界当局交涉免除临时加捐,纳捐手续仍旧并免缴旧牌由。

据呈已悉。经本署派员向英法租界当局据情交涉,据英工部局长称:(一)加捐五角系在上年水灾以前加征,与救济难民无关,且加捐系普遍施行者,并非单独对胶皮车一项,拟不能特予免除。(二)纳捐手续原系仍旧。(三)旧牌原系免缴。(四)七月份车捐各车商均已缴纳完竣,并无异议。又据驻津法国领事称,取消每日加捐五角一节,现在各项捐税均经普遍增加,如仅对胶皮车加捐予以免除,则其他各业亦将援例要求,事关变更税率,尚待商讨。将来生活如仍继续高涨,当予设法减免。七月份车捐豁免一项,因现有一部捐款,业经收讫,如予豁免,尚须将已收之款分别退还,手续上颇感困难。准由八月份起予以豁免一个月。各等情。合行批示知照。此批。

(J0001-3-004595)

435.天津租界电话联合管理委员会所拟换文内容

1940年8月2日

租界电话联合管理委员会接得天津市长要请将英、法、义租界区内之电话交还之请求,其理由系以三租界与其余之天津市区之电话交通应行恢复,并于申达上项请求时,温市长曾口头表示其愿意:

(一)电话局一经接收后,承受该电话局之一切权利与债务。

(二)保证电话之优良效能,并担任于可能之最早期间接通各电话线。

(三)所有局内职员倘确无共产或反对地方政府之趋向,并保持工作效能者,不予以更换。

现经善意考虑后,倘其对于此项提议之解释并无误谬时,兹拟予以同意,因此在接受上开三款,至希温市长证实右列之点:

(甲)兹明白了解,租界联合电话管理委员会于移交该电话局上,对该局在各租界内之财产及设备之所有权不负责任,此项财产及设备之所有权,在未获得最终解决以前,应仍照旧予以维持并不予迁往他处。

（乙）市长既允诺承受该电话局之债务，则对于该电话局所负各中国银行之一切借款暨其他债务等一律照常偿付。其尤关重要者，为一九二六年八月四日中国银行与中国政府电话局所订之借款合同内规定之办法，其实行应予以维持。

（丙）市长承认三租界所给予电话在各租界内经营之特许权为合法。

为便于参考起见，并将各中国银行与中国政府电话管理局所订之合同若干份，借款现状表暨英租界所给特许证抄本附送。

（J0001-2-000435）

436.天津电话局银行负债表

1940年

一九三八年七月一日
（一）期票 $2,661,497.22
（二）往来账透支 $456,916.33
共$3,118,413.55

一九四〇年七月一日
（一）期票 $2,661,497.22
（二）往来账透支 $571,424.65
（三）委员会借款 $52,606.76
共$3,285,528.63

自一九三八年七月一日有一未付期票美金$55,400.00元，系于一九三七年九月卅日到期，此票系经五银行之担保，由电话局发给中国电汽公司者。

一九三七年二月廿六日，由五银行借与电话局职员$173,423.20元，截至一九四〇年七月一日，尚余未付残数$64,768.19元，此项借款系由本局担保偿还。

（J0001-2-000435）

437.天津租界联合电话局节略

1940年

英国总领事声明，彼无权代表租界联合电话管理局，但仅为友谊的居间人。

以居间人资格，彼于一九四〇年七月十八日与英、法、义租界之代表会见，并向彼等说明贵市长请求交还租界联合电话局，暨其便利交还之提议（见附纸），此项请求与提议均受善意的考虑，惟 Levi-

Schiff(意租界代表)声称,于未曾请示义领事以前不能代义租界有所决定云,众意倘某种困难能以克服,则此项请求与提议当均能接受。其主要之困难,即租界联合电话局对于五个中国银行所负之债务是也,兹简单说明之:天津电话局于一九二五及一九二六年为改良电话起见,曾向各银行借款,并于一九二六年八月四日签定合同,保证各银行之权利,各租界亦为此合同中之当事人,因此在各自租界之内仍负有某种之义务,因此倘合同内条款有所变更,而未得各银行同意时,则各银行在法律上,在英租界内对于电话局财产有权取消赎回抵押品之权利。

再则自英、法、义各租界内电话自一九三八年收归管理后,在此三租界内所有电话之收入实不敷开支,盖由租界内所得之收入不敷支付借款之全部付息及新设备,殊属明显,因此三租界自接管以来,曾负责增加债务。为参考起见,附全盘债务表一纸。

贵市长对于此种债务,既已承允负责,则所余者只须对于变更一层取得各银行之同意而已。在会议中,经众同意,宜向各银行说明情形,并要求其承诺此节,自当照办,并应郑重言明者,以此诚意之方式,说明其困难,租界联合电话管理局并非试图阻碍,不过仅欲获得友谊的解决耳。

尚有另一小节在会中当提及者,即英、法、义三租界以外之区域,亦同感缺少电话机,租界联合电话管理局要求于电话局合并后,租界内电话机不得移往他区,并竭力增加其号数,以应付取消租界隔绝后之需要。

附注:市长所提三条原文详见致义领事节略中,不再赘译。英文附纸。中莹译注。

(J0001-2-000435)

438.天津英、法、义租界工部局董事长为移交电话局事致伪天津特别市市长温世珍函

1940年

敬启者:前陈备忘录开列各款,即关于卢沟桥事变以来,因军事行动所损坏或妨害之电话交通恢复,曾经贵前任市长与工部局联合管理电话委员会于去年十二月二十三日会议表示同意之五款,谅荷鉴察。

(二)兹须追述本函署名人于一九二五年九月八日曾与中国电话局签订契约,因此本董事长等所代表之工部局负有一种责任,并因银行团于一九二六年八月四日为由人工机改用自动机垫款曾与电话局订立合同,而对于银行团负担相当责任,以便明了本委员会对于此事之立场。

(三)职是之故,为公共利益计,电话交通应予恢复暨于时局未复常态期间,筹措一实行办法更形适要。惟达此目的,务须不使敝工部局等担失信用之咎或受任何要求暨敝工部局等于所辖区界内主权所在,与电话局之关系仍保持向有状态统属切要。

(四)因此成立上述备载条款节略为第一步骤,并规定一俟本埠电话业经通接及其效用恢复时,敝租界内之电话局应由市长接管,但须遵照下列条款:

甲、英国工部局应派一视察员,于工部局联合管理电话委员会认为必要时随时查看电话交通设备。

乙、市长允认不将电话局移交与第三者。

丙、关于其他因保障各工部局所需要而现实未经确切协定之各点,应由市长与委员会检讨,以便

电话交通恢复时,所有关于电话局之一切问题概经双方完全同意。

(五)所指现经同意之各点,兹罗列于次,以兹备案:

甲、电话局一经移交,贵市长当指派一具有相当资格之中国官员充任前局长之职缺,该局现有其他职员或低级人员,倘因此移交而愿退职者,其补充须依此办理。

乙、关于上述视察员兹须释明,为便宜行事计(本董事等),得委派轮流值职专家代表人员,依照现时保持与电话局工作之接触,并执行本董事长等认为需要之视察,并具陈报告,但此项专家代表对于局务经营不得有任何干涉行为,各该专家代表人员于其值职时期,仍应由电话局按现有办法给予相应酬金。

丙、电话局现有职员概应按原薪留任,附以原有服务规定及增薪待遇权益,兹特释明此项职员须留任现职,不予迁调他处服务。

丁、兹释明,敝工部局等所辖区界内之一切主权概应仍旧不受任何损害。除现有职员外,倘电话局有需要技术上或其他外界助理时,英国、法国、义国工部局应推定相当人员一人或数人,再由台端委派。

丁[①]、现时电话局因前述合同所负之一切债款及其他债务,应按照已往继续偿付,尤以遵照债款合同,保持局款之收入及支付手续为要。

戊、电话局之移交原拟以各特别区、天津市区暨长途电话之交通恢复为断,惟长途电话恢复通话诸多困难,故经同意后,即日起以六个月为恢复长途电话交通期限。

己、当电话交通已经如此恢复效用,暨电话局依照上述条款移交与贵市长指派人员,其效率之保持应与一九三七年七月前相同,兹并释明,倘若电话交通任何部分发现效用不良,则敝工部局等该管区界内之电话管理得由本委员会收回,由此贵市长当撤回所派人员。

庚、上列办法应于敝工部局等与交通部天津电话局所订契约无所损害,并在时局未复常态期间,至其最后立场,俟和平条约决定以前,上述契约条款仍须维持遵守。

辛、兹释明,在时局未复常态至电话局之将来由条约决定之期间,贵市长于承担因此办法之权益或权能让与或委托外,倘无本董事长等之书面同意,对于电话交通设备不得有何更改,暨对于英义租界内之电话局任何机件不得有何迁移。

壬、本董事长由台端得知,此项办法已获得有关系方面当局之认可及当然赞助。

癸、兹并释明,此办法对于贵市长暨本董事长等所代表之各行政机体及各方之继任人员概属有效。

子、本函之英汉文字业经详予校对,将来于二体文义如发生争执,当以英文为正义。

(六)遵照上述条款,兹释明自电话局移交与台端之日起,本董事长等应停止执行现时管理任务。特此函达,即希查照。此致天津特别市市长温。

英国工部局董事长

义国领事义工部局董事长

法国工部局局长

(J0001-2-000435)

439.天津英、法、义租界工部局为移交电话局事
致伪天津特别市市长温世珍函

1940年8月15日

关于移交电话局事,前曾于致送协定时,附上三外国租界电话局职员名单一份。兹拟指出者,即除该单内列名之雇用人员外,尚有 A.W.Brun(布龙),S.RoSazza(罗沙遮),L.H.TwyFord(第维福阿)三人为法、义、英三租界之各别代表,受电话局之雇用,每月各支薪七百八十元。为保证现时所订办法之圆满实行起见,吾人认为倘此三人之职务于电话局管理权于移交于贵市长后,仍能由局保留,则对于电话之圆滑运用,关于有关系各租界之利益当有所贡献也。

(J0001-2-000435)

440.伪天津特别市市长温世珍为制订移交电话局协定书事
致天津英、法、义租界工部局函

1940年

径启者:兹值英、法、义三租界内电话局移归本公署之时,特制订协定书,随函奉上,俾为已往贵委员会与本公署间交换文件所得谅解事项之左证,至祈查照办理为荷。此致英国工部局长詹姆士搭挪、法国工部局书记长爱尔达维特、义国工部局书记长维乌伊秀伊西滋库。

天津特别市长温世珍启

协定书

天津特别市市长(以下简称甲方)及天津租界联合电话管理委员会代表(以下简称乙方)依照左开各条,由乙方将英、法、义三租界(以下简称地域)内之电话局移交甲方,并经双方同意解散租界联合电话管理委员会,特立本协定书为证。

第一条　甲方约定保证地域内电话之效率,并以现有设备尽力从速,使与地域外之电话接连。

第二条　中国政府天津电话局与中国银行团所订立之借款合同,由甲方继承之,但关于该合同因合理的经营所须要之修正及现有债务之偿还办法等细目事项,得与银行团另行协商之。

第三条　中华民国十四年九月一日,中国政府天津电话局与各国租界当局所订立之特许合同,由甲方继承之,但因合理的经营所必须之修正,得与各租界当局另行协议之。

第四条　工作人员中凡无共产或反政府之倾向,而任事干练者,均由甲方继续采用之。

第五条　乙方当移交地域内之电话局时,关于该局所属之财产及地域内设备之所有权,不负任何责任,应明白谅解之。

第六条　本协定书制成中英文各两份,由甲乙两方各执中英文一份。

中华民国二十九年　月　日

一九四〇年　月　日

天津特别市市长　署名

天津租界联合电话管理委员会代表

英国工部局长　署名

法国工部局书记长　署名

义国工部局书记长　署名

修正协定书

天津特别市市长(以下称甲),及天津租界联合电话管理委员会代表者(以下称乙),按照左列条件,将英、法、义三租界(以下称为地域)内之电话局,由乙移交于甲,并解散租界联合电话管理委员会等事,双方意见一致,兹订本协定书,以资证明。

第一条　甲确保地域内电话之能率,并约以现在之施设,与地域外电话衔接,于可能范围内使其急速实施。

第二条　甲承继中国政府天津电话局与中国银行团间缔结之借款合同,对于中华民国十五年八月四日(一九二六年八月四日)中国政府天津电话局与中国银行团间,缔结之借款合同条项中,除第三条第四项前段,及第四条至第六条外,确约履行。

但将来对于经营合理化上,所必要改订该合同及现存债务之完结方法,甲与银行团间当存有另订协定之余地。

第三条　甲对于中华民国十四年九月一日,一九二五年九月一日中国政府天津电话局与各国当局缔结之特许合同,谅解为有效。但对于经营合理化上,所必要之改订,当与各租界当局另行商议。

第四条　无共产党色彩或反政府之倾向并具有能力之电话局职员,甲当继续录用。

第五条　乙于移交地域内电话局时,对于该电话局所属财产,及地域内施设之所有权,不负何等责任,业经明了谅解。(甲对于本条所开所有权问题,未经最后决定以前,当维持其财产及设备,并约不得移迁至全地域中之他处。)

第六条　本协定书以中英两文各制二份,甲乙各持中英文一份。

天津特别市市长

(J0001-2-000435)

441.天津英租界工部局地亩过户登记税契通告(第20号)

1940年8月23日

兹特通告:本局现已停止颁发"临时执照",所有地亩过户登记契税,仍归复一九三七年华北事变前往年手续办理。

凡持有前述临时执照之业主，概须将所持执照（连同根契及其他凭照契据等），于一九四〇年九月二十四日星期二正午十二时前送交英国工部局，再由局请英总领事署转送天津特别市财政局换发新契。此项新契一经颁发，仍由上列官署转回发交业主。

对于已按临时执照第一款规定向本局缴付核定保证金之业主，此次换发新契不需其他费用。

业主间有仅应承于工部局要求时，依照临时执照第一款规定缴付保证□者，为此特行通告：此项业主于前列送回临时执照日期前（即一九四〇年九月二十四日星期二正午十二时），向工部局缴付核定之保证金。此款一经向工部局交纳，其新□之颁发当无其他费用之征收。此布。

秘书长兼工程师巴恩士

一九四〇年八月二十三日

（J0055-1-002180）

442.英国驻津领事署为停止颁发临时执照恢复事变前税契手续事致伪天津特别市公署财政局函

1940年8月26日

驻津英国总领事谨复天津特别市公署财政。准贵局本年八月一日第六零八号公函，关于停止颁发临时执照，所有地亩过户登记税契恢复事变前税契手续办理一案，本总领事当经饬令英工部局查复具报。兹据该局呈称，工部局董事会对于财政局所提各节，原则上予以接受。第一节所提办法，无庸评论。第二节过户费业已折合联合准备钞票，将该款存储于天津汇丰银行，付款与财政局时以每百元旧币折合九十五元联合准备币。第三节已由工部局于八月二十三日以第二十号通告示知各户，登载于英文《京津泰晤士报》及《华北明星报》（中英文），拟刊一星期之久。第四节设若各户于第二十号通告期限（即一九四零年九月二十四日星期二满期）未将临时执照送达工部局时，依财政局提议，得再行通告各户展期一个月，并警告各户倘于展期间内仍不依通告办理，至展期限满则工部局拒绝收受各户临时执照，嗣后各户应直接向财政局办理。第五节所提各节，已包括于工部局第二十号通告内。等情。前来。相应据情函复贵局，即希查照为荷。合即略达。

驻津英总领事署

（J0055-1-002180）

443.天津租界电话局内装置调查报告书

1940年8月30日

本月廿七、八两日，赴英意两租界电话局调查该局内装置经过情形，开列如左。

计开：

一、接续市内通话事宜

二局对三、四局试验结果立能接线；六局对三、四局，该局内所装置之手动中继台稍事修理即可接线；七、八局对三局，该局内有增备工程之必要；七、八局对四局，与右同。

二、接续市外通话事宜

二局市外电台对三局；三局在事变后，局内装置增设一千来回线，但对于增设用户向市外通话中继台并无添设，是故对于增设上以及中继台有实行修理工程之必要；二局市外电台对四局；四局所装置之市外中继台，因久未使用之故，必须加以修理。

三、局间中继线

三局与二局间中继线在马家口"电线房"有欠善之处，必须修理。

四、收容用户容量

三局局内自动交换装置，有五千来回线，现在用户总数计四千八百名；四局局内装置，有一千来回线，用户约九百六十名。按现在局内机械及线路设备，增添用户，已事属不可能，但局舍容量三局尚有增设二千，四局尚有增设四千来回线机械之余力。

五、结论

根据以上调查，局间接续通话，技术上本有可能，但在三、四局方面，势必依照上开各项，需要施行局内及线路改装修理工程。

据三局金工务课长谈称，市内接续工程得需十日，市外接续工程得需十四日，如由华北电电办理，则市内接续工程可以一周，市外接续工程十日即可完毕。

（J0001-2-000435）

444.伪天津特别市公署任用令

1940年8月31日

兹派陈啸戬为天津外国租界电话接收委员委员长。此令。

兹派邓中莹、李鹏图、卢南生、刘孟勋为天津外国租界电话接收委员。此令。

（J0001-3-010723）

445.伪天津特别市公署财政局为报英租界税契交涉完结
恢复旧制情形事呈市长温世珍文

1940年9月4日

呈为呈报事。窃职局上年十月间以英租界税契关系主权税收，呈请派员切实交涉停发临时执照、移交保证金一案，奉钧座派邓专员中莹向英总领事交涉。邓专员奉派后，秉承钧旨，负责办理，一面与局长详究始末经过情形，商讨进行步骤，先由邓专员与英总领事多度晤面，口头商榷，我方据理力争，彼方始有转圜之倾向。经数月之后，双方意见亦趋接近，于本年四月间准英总领事开送节略，知已转陈英大使。接奉训令，对于我方要求停发临时执照，认为合理相宜，惟提议两节：一、英租界地亩转移费重，土地交易减少，影响繁荣，应将转移费减低，作为临时办法；二、在前俄租界内有一二名英籍地主，中国政府应承认前俄租界当局所发契证有完全产权。等语。复经局长与英总领事晤面，竭诚谈判，以第二节似系暗指英美烟公司等特三区土地权源一案，应另行办理。关于第一节，复详具理由述明临时执照及移交保证金之必要。至于税费问题，将来移交清楚恢复旧制后，再为无条件之考虑，并经呈奉钧座，派邓专员本上述意见与英总领事及租界当局节次磋商，始克就范。于本年六月间，英工部局即停止发照，并将事变后所发临时执照分别已收保证金及未收保证金共为四百九十一号，开具英文清单送交前来。又经局长拟具交接细目草案，派本局地政科主任屠潮等随同邓专员前往英工部局，与该局秘书及主管员司互相讨论，并查对清单底案。而英工部局当局对于接收草案尚有异议，其意在英工部局已发执照各户，此次虽办理移交，但原案不能有所变更，并仍由该局经手办理完毕，贯彻已往政策，免使业户蒙受其他影响。局长与邓专员一再考虑，以数年悬案将告解决，交接手续似不必过事坚持，且彼方意见于人民亦有利无害，不妨酌予容纳。关于保证金货币问题，双方按照实际情形变通办理，并先面陈钧座，认为大体无碍，又经邓专员磋商妥洽，将业经同意之交接办法，由本局逐条开列备具正式公文，函达英总领事查照（原函全文附抄呈送）。兹准英总领事函复，业已开始履行前来（原函全文附抄呈送）。

伏查津市英租界税契，自经曩年事变，英工部局自变旧章，于中国主权、人民产权大受影响，案悬数年，交涉初无结果。幸赖我市长外孚诚信，内授机宜，邓专员奔走折冲，不遗余力，现在始克圆满解决，此后完全恢复旧制，凡在中外人民无不同声愉快，主权既复完全，库收亦有裨益。本局为主管机关，此后自当悉心整顿，以期毋负钧座争回之毅力，益巩新复之宏基。除关于补办契证及接收保证金各事，由局长督饬主管员司迅速办理并随时报告外，所有英租界税契案交涉完结恢复旧制情形理合照录。最后与英总领事往返函件呈请鉴核。应否转报华北政务委员会备案，并候钧裁。谨呈天津特别市市长温。

计抄呈函稿及英领复函（略）两件。

天津特别市公署财政局局长李鹏图

抄公函

1940年8月

径启者：查天津英租界工部局于民国二十六年天津市变后，所有中外人民在新增、推广两租界转移之地亩暂发临时执照征收保证金之悬案，经市长温派邓专员中莹与贵总领事及租界当局作多度之晤商，承贵总领事及租界当局笃念邦交，允认恢复事变前税契手续，数年悬案得以解决，不胜欣感之至。兹将节次磋商交接办法之结果具述如下：

一、二十六年天津市变后，英工部局收受中外人民在新增、推广租界内地亩转移案件，照英工部局开送清单，包括已发及待发之临时执照，至四百九十一号止，业经财政局派员至英工部局照单核对，大致尚属相符。惟因时间仓卒，并相信英工部局不致错误，该项清单大体上予以接受，将来万一或发现重大疑问之点，随时再由市财政局派员向英工部局接洽，谅英工部局必能容纳，深信此节定无疑义也。所有英工部局原办临时执照，无论已未收有保证金，凡在四百九十一号以内者，统由天津市财政局照英工部局原制蓝图绘制登记图，并照英工部局原单所列地价过户补发契证及办理一切手续，免除会丈核价保证，不变更英工部局已定之范围，亦无其他任何费用。

二、英工部局经办临时执照，各户按原单已收及应收保证金总数十九万二千零七十九元三角六分，预先一次提出，易为现在通用国币，汇存银行。但新旧币如有差额时，其折合率不得在九五以下（即原收保证金一元折合现在通用国币不得少于九角五分），并希将折合率及折存总数存款之银行，由英总领事函达市财政局备案。

三、凡四百九十一号以内之临时执照，统由英工部局通告业户。自通告之日起（通告日期由英总领事函达市财政局备案），于一个月内检同根契及应有证件交英工部局，经由英总领事转送市财政局接收，英工部局随收随转，市财政局随接随办；市财政局将办成之契证，随时函送英总领事转交英工部局，发给业户收执；英工部局照已送之契证，将所存保证金送经英总领事转送市财政局核收，英工部局随收随拨，不拘户数之多寡，亦不必待至全部契证办齐，然后全部拨付保证金。

四、前条一个月限内如业户因故未能将执照根契等件送到英工部局者，得再展期一个月，如两个月展限已满仍有未送到者，由英工部局通告不再受理。届时除外国人契证仍由各该管领事转送外，其中国人者，应由英工部局开出业户住址，经由英总领事函送市财政局，由市财政局催告，直接赴财政局办理过户事宜。所有中外人民应交税费，概收现在通用中国国币，其先已在英工部局交有保证金者，由英工部局直接退还。

五、由英工部局将停发临时执照及恢复事变前税契手续，即日正式布告各界知照以清界限。

以上办法业经邓专员与贵总领事晤商，双方同意，兹特详列函达，即希贵总领事查照并函复证实，以利进行，至纫睦谊。此致大英国驻津总领事白。

(J0001-3-002400)

446.日本天津陆军特务机关长山下哲夫为移交租界电话局协定书事致伪天津特别市市长温世珍函（天机市第52号）

昭和十五年九月六日（1940年9月6日）

径启者：关于移交外国租界电话局订定协定书案，请依照另纸所开各节查照办理为荷。此致天津特别市长温世珍殿。

天津特务机关长山下哲夫启

(J0001-2-000435)

447.伪天津特别市公署财政局关于天津电话局负债情形事的报告

1940年9月12日

为报告事。兹将核对天津电话局负债情形缕陈于次，九月二、五两日与话局业务科长金绳其、银团稽核黎雪樵接洽，将原开付息表及结欠银团等债款单与账折详细核对，有两点不符：

A、付息表所列二十八年六月三十日透支息数较账数少三十八元五角，据黎君云该表系属漏列，当即更正。

B、债款单所列二十九年七月一日透支款数较账数多一千零九十一元零七分，据黎君云，此款系西门子退回货款，彼时话局以未奉交通部购料委员会令，故未入账，然银团又不得不收入行账，故不符合。

根据黎君开来之付息表及债款单与账折详细核对，除以上两点外，余尚相符，理合附表四份报请鉴核。

计附抄：天津电话局付出利息及负债数目单、大陆银行往来款项对数说明单、银团往来款项对数说明单、天津电话局填发期票存根一览表、交字第六号期票底样一纸。

天津特别市公署财政局局长李鹏图

天津特别市公署财政局辅佐官村主正一

九月十二日

（J0001-2-000435）

448.伪天津特别市公署接收租界电话局调查负债及机械情形报告会纪录

1940年9月13日

日期：二十九年九月十三日下午三时（新）。

地点：市公署会议厅。

出席者：陈委员长啸哉、李委员鹏图、刘委员孟勋、卢委员南生、邓委员中莹、加藤辅佐官、村主辅佐官、前岛局长、久保电话处长、柳生局员。

列席者：王秘书翰宸。

主席：陈委员长。

纪录：徐朝彦。

一、开会

二、报告事项

（一）陈委员长报告此次接到机关长通知，促令组织接收电话局委员，但并未采取委员会之形式，如组织委员会势必有一切章则。按接收电话局一事，对外是市长为责任人，负责办理一切，至于委令啸戡等五人为接收委员,并聘电电公司技术嘱托八人,是在市长领导下协同办理调查负债及机械情形。今日召开报告会,即请各位将调查情形报告。

(二)李委员报告上次会同特务机关派员去调查,由银团稽核黎雪樵接洽,将原开付息表及结欠银团等债款单与账折核对,有两点不符:1.付息表所列廿八年六月卅日透支息数较账数少卅八元五角,据黎君云该表系属漏列,当即更正。2.债款单所列廿九年七月一日透支款数较账数多一千零九十一元零七分,据黎君云此款系西门子退回货款,彼时以未奉交通部购料委员会令,故未入账,然银团又不得不收入行账,故不符合,除以上两点外,余尚符合。关于债款三百五十余万元,应付利息每年约计三十五万余元,此大概情形也。

(三)前岛局长报告关于调查技术方面,未报告前简单说几句话,在天津通信事业有两个系统,不但市民感觉不便,且在电话局经营方面亦颇感困难,此次承诸位尽力,不久即将此两个系统连到一起,使多年问题能得解决,本人不胜感激。我方关于技术调查,大致情形略陈于下:目下三四局亦无再容纳用户之能力,并且电话机器均为一九二五年旧式,使用期间仅尚能维持五年,今后势必增设机器。再该机器纯为德国旧式机器,需要零件在欧战此时碍难购买,今后还得由日美设法添置零件。此二大问题是极当注意者,以下关于小的问题,由久保处长报告。

(四)久保电话处长报告关于接收技术调查报告,大的问题已经前岛局长报告,今再详细分类说明:按三局原有五千根线,其中五百根线为去年所置者,其余四千五百根线纯为十五年前装置之旧式者,现在用户已占去四千八百根,其余二百根线为自用,以及中继六局、二局使用,故无有再行容纳新户之可能。四局装有一千根线,亦纯为旧式用户,已占去九百六十线,余四十线专为自用,亦无再行收容新户之可能。以下关于三、四局与这边接线问题,谈一谈三局向市外通话一层,尚缺少对市外中继线一千根,将来势必添设,以资敷用,此项工程须二星期完成。至于材料一节,据闻三局仓库尚有存货,实在与否尚需调查。关于三、四局向七、八局市内通话一层,必须从新添设。至三、四局向二、六局接线一事,须在马家口电线房以及其他欠佳之处,均须妥为修理。此项对市内接线工程,谅需一星期可以竣工。现在调查情形仅如以上报告,至于交换手以及局内事务方面情形,尚容调查后再行随时报告。以上报告中有许多技术用语,如有不了解处,敬请质问,以便解释。

三、散会

下午　时(新)。

(J0001-2-000435)

449.伪天津特别市公署财政局接收英租界契税办法

1940年9月13日

一、已收保证金各户免除会丈,由英工部局将每户蓝图先送一张由财政局预先照制登记图。其业户中后有转移或分割,又在英工部局发照有案者,由英工部局于图上加签注明。

二、已收保证金各户免除核价,照临时执照原价课收税费,但原收保证金核算有误者,由财政局更正之。

三、已收保证金各户，由英工部局将业户住址开送财政局，由财政局通知现业户，即日将契照及保证金收据投送财政局，发给收据。财政局速将契证办成，通知业户领取，由业户将交契收据缴回，并出具领契收据，盖章签名，财政局将保证金收据及业户领契收据函送英工部局，由英工部局将保证金拨交财政局核收，税费收据送由英工部局转发，如有不足，由业户在财政局直接补齐。

四、英工部局拨款以现在通用之中国国币为限。

五、已交保证金各户批销上手契一切手续，仍由财政局照章补办。

六、已交保证金各户中，现业主为外国人者，由财政局函达该管国领事，函送三联契，免除会丈手续。

七、应退未退之保证金，由英工部局自行办理。

八、未交保证金各户，先由工部局开送业户住址，由财政局通知，限业户于两礼拜以内赴财政局投税，仍照向章办理，由业户赴财政局直接纳税，但得参照第一二条办法，由英工部局先送蓝图，免除会丈核价。

九、工部局临时执照发至四百九十一号止，以后停止发照，恢复旧制，由财政局查照租界税契规则办理。

（J0055-1-002180）

450.伪天津特别市公署财政局局长关于英租界契税事的手谕

1940年9月13日

函英领馆：

一、所送单据核相符。

二、凡由英工部局已发执照各户，无论已未收款，统适用既定办法。凡工部局经办各户照所送单据收款总额汇存银行，但折合率不得在九五以下。

三、请工部局即日通告各户以一个月为限办理手续，期满未竣，得展限一个月至两个月，后如仍有未办者，由业户直接来财政局税契，统照新币交纳税费各款，其正在工部局交款者由工部局追还。

四、由工部局将停发执照恢复旧日税契手续正式布告。

（J0055-1-002180）

451.伪天津特别市财政局交接英租界税契商讨程序节略

1940年9月13日

查英工部局前发土地转移临时执照征收保证金悬案，承荷贵总领事、董事长对于停发临时执照业已令属实行,其移交保证金之原则为中国市政当局方面补办契证,英国租界当局方面移交保证金,彼此均表赞同,数年悬案得以解决,不胜欣感之至。惟关于交换细目,经中国市政当局派员与英工部局当局先作非正式之商榷意见,未能一致。兹中国市政当局为早日履行起见,尽量容纳工部当局方面之意见,并切实声明作为再度之商讨,拟具交接程序如次:

一、凡英工部局已发临时执照各户至四百九十一号止,无论已未收过保证金,均由市财政局照英工部局原制蓝图绘制登记图,并照英工部局执照所列地价核算过户费,免除会丈及核价手续,不越英工部局已定之范围。

二、已收保证金各户由英工部局于一个月内向业户收集原发临时执照,连同根契送由英总领事转送市财政局,财政局接到后办成契证,送由英总领事交于工部局转发业户,原收保证金由英工部局送由英总领事转送市财政局核收。(此条交契手续系容纳工部局当局之意见,至款项向系领方交财政局不必转市政府,故略为变更。)

三、前条之临时执照散在各业户手中,为各方便利计,英工部局可随收随送市财政局,随接随办。财政局将办成契证送交英总领事,英总领事即将已送各户之原收保证金随时拨付,不拘于户数之多寡,更毋须待全部契证办竣,然后拨付全部保证金。

四、保证金之拨付应以通用之中国国币为限,且票面数目与应交保证金数目须相等。

五、未收保证金各户,此时英工部局若收而又交,似属多费手续,徒延时日,只须先由英工部局详开业户住址,送由英总领事转送市财政局,由财政局直接通知各业户,自向财政局投呈原发临时执照及根契并完纳税银领取新契,但财政局保证免除会丈核价及速发契照,并不使英工部局已核定之地价及过户费有所变更。

六、关于补办中国人契证、填发外国人三联契、批销上手契一切手续,由财政局照章办理,并无其他任何费用。

以上各节希望贵总领事、董事长协力赞助,转行所属查照办理,以期悬案早结,共敦睦谊。

(J0055-1-002180)

452.英国驻津总领事白维德为修改接收电话局协定草案条款事致伪天津特别市公署专员邓中莹函

1940年9月15日

交来新协定草案,业经电话联合管理委员会考虑,有一二小点该会认为尚须续予讨论。

第二条有但书修改现行借款合同,得由甲方与银行团另行商议。该会议为,倘提出此问题,则任何须要之修改最好于协定签字之前讨论之。关于此点已向各银行征求其意见矣。

新草案略去原案(B)项下"尤以一九二六年八月四日各中国银行与中国政府电话局协订借款合同规定之办法应予维持",该会以为,电话局之移交既系根据列入此项之了解,而得各银行之同意,则此项似未便略去,并愿见其恢复。同时原案(A)项下有一项"在所有权问题未获得最后解决前,财产及设备应予维持,并不得移于全区内之其他部分",此系获得各银行同意上各条件之一,故以为难以略去。

第三条内中文"继承"字样是否与吾人之"承认有效"字样意义相同，该会颇有疑意，对于此点盼得一保证为感。此致邓专员。

白维德

（J0001-2-000435）

453.伪天津特别市公署为英租界税契交涉完结恢复旧制情形已报华北政务委员会备案事指令财政局（建字秘贰第5062号）

1940年9月18日

呈一件。为报英租界税契交涉完结恢复旧制情形请鉴核转报备案由。

呈件均悉。仰候据情转报华北政务委员备案。附件存。此令。

呈（建字秘贰第116号）

为呈报事。查本市英租界新增、推广区域内税契事务，向由本署财政局办理。自廿六年天津事变发生后，即由该租界工部局暂发临时执照，征收保证金。本署以与主权税收关系甚巨，当于上年十月间，饬派专员邓中莹会同财政局向英总领事进行交涉去后。兹据财政局呈报，邓专员奉派后秉承钧署意旨，负责办理，一面与局长详究始末经过情形，商讨进行步骤，云云。理合照录最后与英总领事往返函件，呈报鉴核。等情。据此，除指令外，理合抄同原附件备文呈报，敬请为核备案。谨呈华北政务委员会委员长王。

附抄呈原函两件。

华北政务委员会指令（政字第3388号）

1940年9月27日

呈一件。呈报英租界税契案交涉完结恢复旧制情形抄同与英总领事往返函件请备案由。

呈件均悉。仰候令饬财务总署知照。附件存。此令。

华北政务委员会委员长王揖唐

（J0001-3-002400）

454.伪天津特别市市长温世珍为采纳接收电话局协定草案修改意见事致英国驻津总领事白维德函

1940年9月21日

关于前送之接收电话局协定草案第二条第二次"但关于该合同因合理的经营所须要之修正及现有债务之偿还办法等细目事项得与银行团另行协商之"一段,兹为促进协定早日签订起见,并为尊重英国总领事意见起见,决定采纳其建议,将该段撤销之。惟与此须郑重声明者,则于接收电话局后,天津市公署与有关之中国银行团另行协商,该段所开之必要修正时,英国总领事及各租界当局当本友谊之旨,尽力斡旋,劝银行团尽量容纳天津市公署方面之意见,是为至要。

天津特别市市长署名

廿九年九月廿一日

（J0001-2-000435）

455.天津英租界工部局地亩过户登记契税通告(第23号)

1940年9月25日

依照本年八月二十二日本局第二十号通告,凡有临时执照应于本年九月二十四日星期二正午十二时前送交本局,现已过期。兹查业主间尚有未遵此规定期限办理者,为此特行通告,该临时执照送回限期已展后四星期,所有前未遵章办理之业主,务须将所持执照(连同根契及其他凭照契据)暨按临时执照第一款规定尚未向本局缴付之费用,于本年十月二十二日星期二正午十二时以前送交本局。

兹特剀切警告业主,如再不遵此十月二十二日之限期将所持执照送回本局,过此规定限期,本局即不接受此项执照,函请英总领事署转送天津特别市财政局换发中国政府新契(三联契)。此项仍持有临时执照之业主于本年十月二十二日以后,其换领三联契须自行直接将临时执照送交天津特别市财政局接洽办理。此布。

秘书长兼工程师 巴恩士

一九四〇年九月二十五日

（J0055-1-002180）

456.伪天津特别市公署为收回天津租界电话局事
致华北政务委员会电(建字秘壹第33号)

1940年9月27日

北京华北政务委员会委员长王钧鉴:收回天津租界电话局案,迭与租界当局往复磋商,拟订协定书觉书各项草案,于本日召开临时市政会议通过,定于本月三十日签字,除俟定期接收另文呈报外,谨先电呈察鉴。职温叩。感。印。

(J0001-3-010819)

457.伪天津特别市市政会议第二次临时会议纪录

1940年9月27日

时间:二十九年九月二十七日下午四时(新)。

地点:市公署会议厅。

出席者:温市长、陈秘书长啸戡、方参事若、赵参事聘卿、张参事同亮、蓝局长振德、郑局长遐济、李局长鹏图、刘局长孟勋、傅局长汝勤、何局长庆元、虞处长南生、山下机关长、加藤辅佐官、大城户辅佐官、村主辅佐官。

列席者:王秘书翰宸、百濑嘱托、邓专员中莹。

主席:温市长。

纪录:徐朝彦。

一、开会。

二、讨论事项:

为电话三、四两分局,业经商得各租界同意,由本署收回,并为便于经营起见,委托电电公司代管,检同各项协定、觉书草案,提请公决,以便签订由。

议决:本案通过。

三、散会下午五时十五分。

(J0001-3-010819)

458.伪天津特别市市长温世珍关于华北电信电话股份有限公司代管电话三、四分局的议案

1940年9月27日

为电话局三、四两分局,业经商得各租界同意由本署收回,并为便于经营起见,委托电电公司代管,检同各项协定、觉书草案提请公决,以便签订由。

为提请公决事。查天津电话局三、四两分局,自民国二十六年事变后,即由英、法、义租界当局组织联合管理委员会暂行代管,不能与二、六两分局联络通话,本公署为维护主权便利中外商民起见,迭次派员向各租界交涉收回,未能解决。自山下机关长莅任,诸荷支持协助,现已商得各租界当局同意,将三、四两分局交还本公署,所订办法均极合理,迁延两年之悬案,至此圆满解决。又以二、六两分局,原已委托华北电信电话股份有限公司代为经营,三、四两分局收回后,自应一并委托该公司代为管理,以一事权。现本公署与该公司间各种手续,亦已磋议完了,一俟协定、觉书等草案提经本会议讨论通过,即当分别正式签订,克日实行交接,相应检同各项草案全文提请公决。

提议者市长

本案于二十九年九月二十七日市政会议第二次临时会议议决,本案通过。

协定书

天津特别市市长(以下简称甲方)及天津租界联合电话管理委员会代表(以下简称乙方)依照左开各条,由乙方将英、法、义三租界(以下简称地域)内之电话局移交甲方,并经双方同意解散租界联合电话管理委员会,特立本协定书为证。

第一条　甲方约定保证地域内电话之效率,并以现有设备尽力从速使与地域外之电话接连。

第二条　中国政府天津电话局与中国银行团所订立之借款合同,由甲方承认其效力。

第三条　中华民国十四年九月一日中国政府天津电话局与各国租界当局所订立之特许合同,由甲方承认其效力,但因合理的经营所必须之修正,得与各租界当局另行协议之。

第四条　工作人员中凡无共产或反政府之倾向而任事干练者,均由甲方继续采用之。

第五条　乙方当移交地域内之电话局时,关于该局所属之财产及地域内设备之所有权,不负任何责任,应明白谅解之。此项财产及设备在所有权未获得最后之解决时,应予维持,并不迁移至整个区域内之其他部分。

第六条　本协定书制成中英文各两份,由甲乙两方各执中英文一份。

中华民国二十九年九月三十日

一九四零年九月三十日

天津特别市市长温世珍

天津租界联合电话管理委员会代表

英国工部局董事长

法国工部局书记长

义国工部局书记长

关于电话事业委托经营之觉书

天津特别市市长温世珍（以下称为甲）及华北电信电话股份有限公司总裁井上乙彦（以下称为乙），关于英、法、义三租界（以下称为地域）内之电话事业经营，经天津陆军特务机关长、陆军中佐山下哲夫临席之下，协定左开各项：

一、甲将地域内电话事业之经营委托于乙。

二、乙于经营委托期间应整备地域内之电话事业，并扩充改良谋经营各（合）理化。

三、经营委托期间，地域内电话事业之会计，作为华北电信电话有限公司之特别会计，其经营上所生之收入及支付，并其关系之一切权利、义务，由乙方得取或负担。

四、地域内电话局现在所负之债务，由甲负责（但原有财产之所有权明确时，由该财产归属者继承之，乙对于甲之债务整理应加协力）。

五、本觉书以中日两文订制各二份，甲乙各持中日文各一份。

六、本觉书自签字之日起有效。

中华民国二十九年九月卅日

天津特别市市长温世珍

华北电信电话股份有限公司总裁井上乙彦

临席人天津陆军特务机关长山下哲夫

市公署与公司间觉书谅解事项

关于天津特别市市长温世珍（以下称为甲）及华北电信电话股份有限公司总裁井上乙彦（以下称为乙），于中华民国二十九年九月三十日两方成立之协定谅解左开诸项：

一、委托成立时，对于全部职员由乙方另行录用。

二、对于委托成立以前期间之职员，退职金由甲方负担；对于委托成立后期间之职员，退职金由乙方负担。委托成立后，对于委托前期间之退职金，立即根据旧交通部之规程算定之。

三、委托成立后，立即编制电话局财产目录，但不得触及其所有权之所在。

四、对于事业之整备、改良、扩张及经营之合理化等，由乙负责办理，甲不加干与（预）。

五、对于整理借款及改订特许合同时所举行之甲方委员会，乙方得派必要人员参加并协助之。

中华民国二十九年九月卅日

天津特别市市长温世珍

华北电信电话股份有限公司总裁井上乙彦

临席人天津陆军特务机关长山下哲夫

付款通知书

民国二十九年十二月三十一日，领到之金一十六万六千一百三十三元九角，如另纸抄件所开，当天即行交付。

请查照是荷。

中华民国二十九年十一月三十一日

天津特别市市长温世珍

华北电信电话股份有限公司总裁井上乙彦台照

收据

一、金一十六万六千一百三十三元九角

内译：

期票计二百六十六万一千四百九十七元二角二分；利息至二十九年十二月三十一日止，一十四万三千七百二十元零八角五分。

透支计三十万零六千九百一十一元九角一分；利息至二十九年十二月三十一日止，一万九千九百九十五元五角二分。

管理委员会借款计三万六千八百七十一元四角一分；利息至二十九年十二月三十一日止，二千四百一十七元五角三分。

此款系根据"委托经营之觉书"第四条第二项。民国二十九年十二月三十一日，天津市对于银行团备付借款利息之协力金。

右款确实收到无讹。

民国二十九年十二月三十一日

天津特别市市长温世珍

华北电信电话股份有限公司总裁井上乙彦台照

（J0001-3-012148）

459.伪天津特别市公署接收管理电话局布告
（建字秘壹第2号）

1940年9月30日

本市电话自事变后，发生障故，数载于兹，商民用户深感困难。本公署与租界当局迭事协商，兹经议定，所有电话局全部事宜，于本年九月三十日由本公署接收管理，以谋人民之福利，而图电话事业之发展。除督饬该局从业人员对于一切事务妥为办理外，合行布告全市人民一体周知。此布。

市长温

（J0001-3-010819）

460.伪天津特别市市长温世珍关于接收电话三、四两局
所有各该局职员一律照常供职的通告

1940年9月30日

本市电话三、四两局，现与租界当局协商，定于本年九月三十日由本公署接收管理，所有各该局在职人员一律照常供职。各该员等其各安心服务，奋勉从公，以谋人民之福利，而图电话事业之发展。除布告外，特此通告。

右通告电话局职员人等。

市长温

（J0001-3-010819）

461.伪天津特别市公署财政局为报英租界税契正款项下
提给百分之五酬劳费事呈市长温世珍文

1940年10月11日

呈为呈报事。案查英租界税契向因英工部局办理地亩人员互相协助，使业户不致漏税。每收正款百元提给酬劳费五元，由该局人员按月具领，历经办理在案。在二十六年事变后，仍旧提出，另款存储，随时列表报告，于是年十二月呈奉钧署令准在案。所有逐月提出之款，前因英租界当局改发临时执照，交涉尚未妥洽，是以暂未致送。现在英租界税契恢复旧制，前发临时执照正由英工部局收集转局补办契证，拨交保证金。该局人员颇多出力之处，是项酬劳费自二十六年事变起截至本年九月底止，计实收税洋六万三千六百三十二元五角三分，按百分之五计，应提洋三千一百八十一元六角二分六厘，因逐款随时分提，四舍五入，实提存洋三千一百八十一元六角一分。兹据该局员吉好岩请领前来，查与历办原案尚属相符，除俟奉令后发讫再行呈报外，所有事变后英工部局人员第一次请领租界税契酬劳费缘由，理合先行呈报鉴核指令施行。谨呈天津特别市市长温。

全衔局长李

（J0055-1-004423）

462.天津日本陆军特务机关长山下哲夫为请录用无俸嘱托事
致伪天津特别市市长温世珍函

1940年10月11日

兹为处理天津外国租界电话业务，特依另纸所开，推荐无俸嘱托四名，即希查照为荷。此致天津特

别市长。

天津陆军特务机关长山下哲夫

再者,另纸所开之四名正式录用后,前以天机市第四一号、第四四号所推荐之无俸嘱托,即希解职是荷。特此一并通知。

职名	资格	氏名	生年月日
天津电报电话总局长	参事	前岛英	明治十九年七月廿七日
天津工务事务处长	参事	一户岩	明治十八年十二月卅一日
天津电报电话总局电话处长	副参事	久保龙生	明治廿五年四月卅日
本社天津出张所长	副参事	中田治藤	明治廿九年七月廿九日

（J0001-3-010819）

463.伪天津特别市公署为聘用嘱托事 致日本天津陆军特务机关长山下哲夫函

1940年10月14日

径复者:案准贵机关长天机市第六五号公函,为处理天津外国租界电话业务,推荐前岛英等四员为本署嘱托,即希查照。再者,前以天机市第四一号、第四四号所推荐之嘱托,即希解职,特此一并通知。等因。准此,自应照办。除前岛英业经聘为嘱托外,相应检同聘函三件,函复查照,转给为荷。此致天津陆军特务机关山下机关长　殿。

（J0001-3-010819）

464.伪天津特别市公署嘱托聘函

1940年

径启者:兹敦聘台端为本署技术嘱托。此致古屋数一先生、樱井三郎先生、宫原一郎先生、水谷末男先生、围光一考先生、鹤田安彦先生。

径启者:兹敦聘台端为本署嘱托。此致久保龙生先生、柳生正义先生。

径启者:兹敦聘台端为本署嘱托。此致前岛英先生、王燮洲先生、田成文先生、柳安由先生。

径启者:兹敦聘台端为本署嘱托。此致一户严先生、久保龙生先生、中田治藤先生。

（J0001-3-010819）

465.伪天津特别市公署为解职无俸嘱托事致樱井三郎等人函

1940年10月15日

径启者:案准天津陆军特务机关天机市第六五号公函内开,兹为处理天津外国租界电话业务,特推荐无俸嘱托前岛英、一户岩、久保龙生、中田治藤等四名,即希查照。再者,以上四名正式录用后,前以天机市第四一号、第四四号所推荐之无俸嘱托即希解职是荷,特此一并通知。等因。准此,自应照办。除分函外,相应函达,即希查照为荷。此致樱井三郎先生、宫原一郎先生、水谷末男先生、国光一考先生、鹤田安彦先生、久保龙生先生、柳生正义先生。

(J0001-3-010819)

466.伪天津特别市市长温世珍为报收回电话三、四两分局委托管理事呈华北政务委员会文

1940年10月19日

为呈报事。本市电话三、四两分局设于英义租界,二十六年事变后,由各租界当局合组联合管理委员会代为管理,与界外各局隔绝,不能接线通话,脉络既失贯通,事权尤不统一,商民用户深感困难。潘前市长任内,迭经交涉,迄未解决。○○莅任后,继续派员随时交涉,往复磋议,颇费周章,复经山下机关长力予援助,积极进行,始克商得各租界当局同意,将三、四两分局交回本署接收管理。当经组织接收委员派委本署秘书长陈○○为委员长,财政局长李鹏图、工务局长刘孟勋、公用处长卢南生、本署专员邓中莹为委员,筹备各项接收手续,并以第二、第六两分局电话事变后由华北电信电话公司代为办理,两年以来成绩极为良好,议定收回三、四两分局之后一并委托该公司代为管理。拟定觉书、协定书各项草案,召开市政临时会议,议决通过九月三十日会同各方面,将觉书、协定书、觉书谅解事项等件正式签字,即于是日实行接收,电电公司亦即同时接管。该公司所派执行职务之前岛英、一户岩、久保龙生、中田治藤、王燮洲、田成文、柳安由等各员均经本署聘为嘱托,并委派工务局长刘孟勋、本署专员邓中莹为三、四两分局派遣员,随时考查,协助整顿。

现在全市电话业于本月十日一律通线,迁延三年之电话悬案至此告一段落,除仍督饬该局从业人员妥为办理,以期电话事业日臻发展外,所有收回本市电话三、四两分局,暨委托电电公司代为管理各缘由,理合抄同觉书、协定、觉书谅解事项、会议纪录各件,具文呈请鉴核备案。谨呈华北政务委员会委员长王。

附呈协定书一件、关于电话事业委托经营之觉书一件、市公署与公司间觉书谅解事项一件、市政会议纪录一件、财政局银行团商谈纪录一件。

天津特别市市长温

华北政务委员会指令

1940年11月9日

呈一件。呈报收回本市电话三、四两分局暨委托电电公司代为管理各缘由，抄同觉书、协定书等件请备案由。

呈暨附件均悉。应暂准备案。附件存。此令。

华北政务委员会委员长王揖唐

（J0001-3-010819）

467.伪天津市商会为社会局发实行明码暨协定价格自肃价格检查事致各同业公会函

1940年10月26日

径启者：案准天津特别市公署社会局十月二十四日平字第五十六号通告内开，案奉市公署建亚字社四第五五九号训令略开，为推进第五次治安强化运动，自十月二十六日至十一月一日一周间举办实行明码暨协定价格自肃价格大检查。等因。附发实施办法。奉此，查该项办法第五条规定，本大检查开始前由社会局通知，饬各业公会召集各该业会员商号关于实行明码及协定价格、自肃价格，务求彻底以备调查，切不可发现违反情形，并由各业公会所组织之调查班，先行实地调查各该业会员商号，将调查情形报告各该公会会长转报社会局，不得稍有虚构。又第六条规定，本大检查实行时，如发现公会未认真执行前述职务或执行不彻底者，该公会会长应负责任。合行检发原办法一份，通告该会仰即遵照并迅速转饬各业公会，切实遵照办理，勿得因循敷衍，致于未便为要。等因。附办法一份。准此，查实行明码制度暨协定价格、自肃价格一案，本会迭经通函遵照，切实办理在案。此次市公署规定，自十月二十六日至十一月一日一周间举办大检查，各公会尤应迅即遵照规定，传知所属各会员商号彻底实行明码及协定价格、自肃价格务求完善，万勿违误，以免究诘。各公会会长应即负责召集干部人员先行组织调查班，急速实施彻查，并将调查结果于二日内分别报告社会局及本会，不得稍有虚构，准函前因。相应照抄大检查周实施办法一件，随函送请查照，切实遵办为要。并颂公绥。

附抄办法一份。

天津市商会

天津特别市第五次治强运动举办全市实行明码暨协定自肃价格大检查周实施办法

一、本大检查实施日期自十月二十六日起至十一月一日止。

一、本大检查在本市全市区特别行政区及各租界区普遍实行。

一、本大检查由本署社会局、警察局、特别行政区公署警务处共同担任，并联络各租界工部局协助办理。

一、本大检查开始前一日，由社会局会同宣传处制备布幕五面，上书"五次治运实行明码暨自肃价格协定价格大检查周"，分择市区、特政区及各租界冲要路口张挂。

一、本大检查开始前，由社会局通饬各业公会召集各该业会员商号，关于实行明码及协定价格、自肃价格，务实彻底，以备调查，切不可发现违反情形。并由各业公会所组织之调查班，先行实地调查各该业会员商号，将调查情形报告各该公会会长，转报社会局，不得稍有虚构。

一、本大检查实行时，如发现公会未认真执行前述职务，或执行不彻底者，该公会会长应负责任。

一、本署调查人员赴各商号调查时，应注意下列各步骤：

1.标列明码是否符合公布之办法。

2.未规定协定价格或自肃价格之各种货品，是否较明码制实行后，与本检查前之售价有暗行提高改标价目情形，并与各货之来价比较，是否有希图暴利之嫌疑。

3.已规定协定价格或自肃价格之各货，是否遵照公布之协定价格或自肃价格售卖。

4.施行调查发生疑问时，得向各商号索阅必需之证件。

一、调查人员于调查租界区商号时，应先联络租界工部局予以协力。

一、调查人员发觉各商号有违反法令之行为时，在市区即将该商号负责人交由警察局，在特政区交由警务处转送警察局，在租界区交由工部局转送警察局侦讯后呈报本署核示办理。

一、本大检查除依本办法实施外，并须参照天津特别市各商号售货实行明码制调查办法、密查计划概要及本署取缔暴利行为等暂行规则妥慎办理之。

（J0129-3-004966）

468.伪天津特别市公署财政局为报捐务征收所赴警察局参加日租界警察署协助征收各租界汽车捐会议情形事呈市长温世珍文

1941年3月1日

为呈请事。据本局捐务征收所签称，关于日租界警察署协助征收各租界汽车捐一案，遵谕于本月二十二日下午三时赴警察局开会，兹将开会情形暨议决事项谨分别胪陈于左：

列席人员：警察局田中辅佐官、朱股长、郭主任、日本警察署外务省巡查部长鬼冢肇、天津自动车协会理事栗原、治平、田村。

议决事项：

一、自本年三月一日起，由日租界警察署协助征收各租界汽车捐，凡各租界汽车向未完纳警区车捐而行驶华界者，均须照章补捐。所有经收捐款专案存储银行，以便易于结算。

一、援照日租界查捐办法，每月十一日至十三日，由捐务所派员会同本市警察局指派之长警在东马路一带稽查汽车，如有未悬挂警区车牌汽车，询明确系向未纳者即予扣留，勒令补纳捐款。

一、由财政局分别通知建设总署、天津交通公司、本市各机关以及各华军部队（如李部队、吴部队等），如有已领免捐执照尚未购领车牌之汽车，务于三月十一日以前一律补购悬挂车端，以免临时误会阻拦扣留。

一、应用捐照须较原样加以改善，总以纸质坚固耐久者为宜。

一、汽车捐定为全年、半年两种征收，如车户纳捐后有中途转让或停止乘用者，于呈报后准予分别登记或按月退还捐款。

按以上议决各项仅查捐日期一条，与本所之每月十六日查捐办法稍有抵触，但此系专就各租界不纳捐汽车而定，至向纳警区车捐者，自应仍照本市向章办理。盖本市商民习惯已久，若骤然变更，难免滋生扰累，应否由钧局布告，以免误会之处，并乞鉴核示遵。等情。据此，查所议各款系为整理汽车捐收并厉维持治安之意，自当即日实施，惟查原议决事项第一款，自本年三月一日起，由日租界警察署协助征收各租界汽车捐，等语，现已过期，依期实施，为时不及，兹改为自本年三月三日起，为协助征收之期。又第五款后半段，各车户纳捐后，有中途转让或停止乘用者，于呈报后准予分别登记或按月退还捐款一节，查警区汽车年捐，无论何月停驶，各月捐款照章概不退换，自应仍照向章办理以符通案。其余各款似可准予照办，除由职局分函已领免捐汽车执照未购号牌之建设总署、天津工程局等依期购领号牌并函达日本警察署查照外，理合具文呈请鉴核。谨呈天津特别市市长温。

天津特别市公署财政局局长李鹏图

（J0001-3-004807）

469.伪天津特别市公署为法国驻津领事函达征收租界内营业税办法事训令财政局（建荣字秘贰第1347号）

1941年5月19日

为训令事。据本署专员程家驹案呈准驻津法领事高兰五月十三日来函译开：径启者，前准贵市公署四月三十日来函称，拟在法租界征收营业税。等因。查法租界内，除法国公议局所征收之捐税外，对于其他各税均无准许征收之可能，此节业经与台端当面声述。惟本领事向与贵市公署长官以友谊合作为宗旨，并为避免派遣稽征员到本租界内要求商民纳税起见，兹决定将本租界内之营业执照费加倍征收，其所收附加部份全数四分之三送交贵市公署，作为发展天津市之捐款。此项附加执照费定自五月一日起开征，其第一次按月支付之款，即系一九四一年四月份者。特此函达。等因。除饬该专员函复致谢外，合行令仰该局遵照，与该领事接洽办理具报为要。此令。

市长温世珍

（J0055-1-002997）

470.伪天津特别市公署财政局为日租界警察署协助征收各租界汽车捐事呈市长温世珍文

1941年5月21日

案查，前据捐务征收所签呈为赴警察局会议，关于日租界警察署协助征收各租界汽车捐一案，经本局呈奉钧署建荣字秘贰第一二五零号指令内开：呈悉。此令。等因。在案。

兹据捐务征收所签称：案据本所书记耿秉钧签呈称，窃职于五月五日赴日界汽车协会征收各租界汽车捐，据该会声称，现奉日领事馆令，以借用该会办公地址协助征收汽车捐原系临时性质，现已实施两月有余，各汽车捐户均经认纳，应于即日回所办公。如有车户来会纳捐者，自当仍为协助，饬令赴所完纳。等语。理合签报，伏乞鉴核。等情。并附呈三月三日至五月三日车捐报告表一份。据此，查本所借用日租界汽车协会办公地址征收各租界汽车捐。原以此案系属初创，为求临时协助便利之计，现既实施两月，各车户认纳不拒，而该协会又复声称奉令停止借用会址办公，自应即日移回所内继续办理。惟查表列自三月三日开征，截至五月三日止，共计征解正捐洋一万六千零零六元八角。似此进行顺利征收有成数，所赖于该协会各职员努力协助之处实属颇多，兹以此案在创征之初始，曾经各关系机关在警察局会议提案各项，有拨给汽车协会办公费用一节，并将会议情形签报及面陈钧座。各在案。所有在该会征收两月期间，一切垫支费用固未便请其列报，但各职员热心协助创举完成不无辛劳足录，且此后移回本所办公，是该协会协助情形之中，已暂告一段落，似应依照前议提拨办公费用，迅即办理，俾资结案。除已饬书记耿秉均即日回所办公外，拟于征收正捐项下提拨一成款洋一千六百元零零六角八分，作为该协会办公费用，以符前议。所有日租界汽车协会停止借用办公地址及拟议提拨办公费数目各缘由，是否有当，理合检同原表具文签请鉴核示遵。附呈各租界汽车捐报告一份。等情。

据此，查本市借用日租界汽车协会地址征收各租界汽车捐款，现在该协会既已奉令停止借用会址，自应移回该所继续办理。查阅所送报告表，自本年三月三日起至五月三日止，共征汽车捐洋一万六千零零六元八角，核数尚属相符。查前据该所报称，经警察局、日租界警察署、汽车协会，共同讨论办法之际，原有在日警署售卖之车牌车捐各款专案合计，于每月收入正捐款项下提拨若干成数，交由日界汽车协会支配办公费用之议，嗣经本局村主辅佐官商洽联络，俟本案结束时，再行察酌情形，呈请核示。兹据前情，是以此案业已告一段落，所拟将征收正捐项下提拨一成国币一千六百元零零六角八分，发交该所转交日租界汽车协会支配办公各费，以酬劳勚一节，核与前议办法尚无不合，惟事关动支库款，可否准予照办之处，理合照缮报告表，具文呈请鉴核示遵。谨呈天津特别市市长温。

计抄呈报告表一份。

天津特别市公署财政局局长李鹏图

日租界汽车协会出张所征收车捐报表

1941年3月3日至5月3日

类别	全年			半年		
	辆数	款数	加二成 款数	辆数	款数	加二成 款数
自用汽车	129	3,127.50	625.50	27	247.50	53.50
营业汽车	127	7,500.00	1,500.00	88	2,100.00	420.00
三轮汽车	16	344.00	68.80			
合计	272	10,971.50	2,194.30	115	2,367.50	473.50
附记	车牌价款共$16，006.80					
主任：	组长：		制造员：			

(J0001-3-004807)

471.伪华北电信电话股份有限公司为接收英、法、义租界电话局连带发生借款清偿问题圆满解决事致天津特别市市长温世珍函

1941年8月2日

敬复者：接奉八月二日示书诵悉。为天津英、法、义租界电话局接收连带发生借款清偿问题，得以协定成立，圆满解决，曷胜欣庆。承嘱融通，应出资金自应照办，希释念为盼。此上天津特别市温市长台照。

华北电信电话股份有限公司总裁井上乙彦

付款书

敬启者：兹送国币六十二万三千九百三十八元六角五分整，应与民国廿九年十二月三十一日先期由本市政府暂付国币一十六万六千一百三十三元九角，合并作为下记各项之开支计。

民国卅年八月二日天津市公署与银行团为：

（一）旧交通部天津电话局借款之偿还缔结协定第二条，国币五十七万元整，所定英、法、义三国租界内电话局应负担本金。

（二）依据同协定第三、四条，应付自民国廿九年七月一日至民国廿九年九月卅日利金，国币八万四千七百九十八元二角四分整。

（三）依据同协定第三、四条，应付自民国廿九年十月一日至民国三十年六月卅日利金，国币一十三万五千二百七十四元三角一分整。

以上三项共计国币七十九万零零七十二元五角五分整，即请查收。再，应由本公署负责偿还金，共计一百零五万三千六百一十五元六角八分整。兹依定第二条规定，已将全数缴清，即希查照为荷。此致

银行团代表天津大陆银行经理齐少芹台照。

天津特别市

收据

兹收到旧交通部天津电话局借款本利金通融额国币六十二万三千九百三十八元六角五分。此据。华北电信电话股份有限公司总裁井上乙彦台照。

天津特别市

收据

兹收到国币六十二万三千九百三十八元六角五分整，此款即与民国廿九年十二月三十一日先期暂收国币一十六万六千一百三十三元九角共合，作为下记各项开支计。

民国三十年八月二日天津市公署与银行团为：

（一）旧交通部天津电话局借款之偿还缔结协定第二条，国币五十七万元整，所定英、法、义三国租界内电话局应负担本金。

（二）依据同协定第三、四条，应付自民国廿九年七月一日至民国廿九年九月卅日利金，国币八万四千七百九十八元二角四分整。

（三）依据同协定第三、四条，应付自民国廿九年十月一日至民国三十年六月卅日利金，国币一十三万五千二百七十四元三角一分整。

此据。天津特别市温市长台照。

银行团代表天津大陆银行经理齐文炳

付款通知

敬启者：民国　年　月　日　收到国币六十二万三千九百三十八元六角五分，经于当日备函转付银行团照收，相应检同原函抄件随函送上，即希查照为盼。此致华北电信电话股份有限公司井上总裁。

天津特别市

协定书

天津特别市（以下称市）与大陆、盐业、金城、中南、新华五银行（以下称银行团）为旧交通部天津电话局向银行团借款成立协定事项如左：

第一条　旧交通部天津电话局向银行团借款，截至民国二十九年九月三十日止，其数目计有期票二百六十六万一千四百九十七元二角二分、管理委员会借款三万六千八百七十一元四角一分、活期透支三十万零六千九百十一元九角一分，以上共计三百万零五千二百八十元零五角四分，及银行团担保之借款美金五万五千四百弗零五十仙。兹按附录天津电话局分别借款分担额算出清册划分如左：

一、天津英、法、义三国租界电话局担负数目：

期票国币九十万零七千三百九十六元二角八分。

管理委员会借款国币三万六千八百七十一元四角一分。

活期透支国币十万零九千三百四十七元九角九分。

以上共计国币一百零五万三千六百一十五元六角八分。

二、前项以外之各局担负数目：

期票国币一百七十五万四千一百元零九角四分。

活期透支国币十九万七千五百六十三元九角二分。

以上共计国币一百九十五万一千六百六十四元八角六分。

银行团担保之借款美金五万五千四百弗零五拾仙。

第二条　天津英、法、义三国租界电话局担负债务一百零五万三千六百一十五元六角八分，应作一元本，由市负责偿还，惟须减去四十八万三千六百一十五元六角八分，以付讫下余之五十七万元，即作完全还清。以是以天津英、法、义三国租界电话局为对象之一切权利、义务均行消减。

第三条　市方对于前条债务，自民国二十九年七月一日起至同年九月三十日之间应按旧利率付息；自同年十月一日起至还清之日止，按年利六厘支付利息。

第四条　市方对于天津英、法、义三国租界电话局以外各局担负部分之一百九十五万一千六百六十四元八角六分，自民国廿九年七月一日起至同年九月三十日之间，应按旧利率付息；自同年十月一日起，至由政府订立偿还协定以前，按年利六厘支付利息。

第五条　支付利息之日期定为每年六月三十日及十二月三十一日。

第六条　本协定书应缮造同文七份，市方一份、银行团五份、见证人一份，分别收执之。

天津特别市温世珍

大陆银行齐文炳

盐业银行石松岩

金城银行杨固之

中南银行张重威

新华信托储蓄银行洪懋孙

见证人：天津陆军特务机关长山下哲夫

中华民国三十年八月二日

（J0001-3-010819）

472.伪天津特别市公署为报清偿英、法、义三租界电话局担负债款情形事呈华北政务委员会文

1941年8月30日

为呈报事。查收回本市电话三、四两分局暨委托华北电信电话公司代为管理一案，前于上年十月

间,将经过情形并抄同觉书、协定书、觉书谅解事项及市政会议纪录、财政局与银行团商议纪录等件,呈报钧会鉴核,并奉政字第四四六六号指令暂准备案。各在案。厥后,依照财政局与银行团商议结果,于上年十二月卅一日先由电电公司拨给银行团借款利息一部分,计一十六万六千一百三十三元九角,当即转交银行团代表大陆银行照收。嗣与银行团往复磋商,于本年八月二日签订旧交通部天津电话局向银行团借款协定书一份,依照该协定第二第三、第四各条之规定,英、法、义三国租界电话局担负之债务及利息,计国币七十九万零零七十二元五角五分,除前已付还一十六万六千一百三十三元九角外,尚应付国币六十二万三千九百三十八元六角五分,当于是日由电电公司照数拨交本署,转付银行团代表大陆银行收讫。至是,英、法、义三租界电话局所负之债务业已全部清结。所有偿还银行团债款缘由,理合抄同协定书备文呈报,仰祈鉴核备案。谨呈华北政务委员会委员长王。

附抄呈协定书一份。

华北政务委员会指令

1941年9月12日

三十年八月三十日呈一件。为呈报清偿本市英、法、义三租界电话局担负债款情形抄同协定书请鉴核备案由。

呈件均悉。应准备案件存。此令。

华北政务委员会委员长王揖唐

（J0001-3-010819）

473.伪天津特别市公署为改聘河村信男为嘱托事致华北电信电话股份有限公司函

1941年9月13日

径启者:查贵局职员一户岩、柳安由、中田治藤、田成文等四员,前经聘为本署嘱托,现闻该员等业已转勤,自应解聘。兹特改聘河村信男、吉田武四郎、金奎、丰田勇等四员为本署嘱托,相应检同聘函四件,送请查照转给为荷。此致华北电信电话股份有限公司。

附聘函四件。

聘函

径启者:兹敦聘台端为本署嘱托。此致河村信男先生、吉田武四郎先生、金奎先生、丰田勇先生。

（J0001-3-010819）

474.伪天津特别市公署财政局为各国租界内华人所有不动产税契制度交涉事呈市长温世珍文

1941年9月18日

为签请事。查天津市各国租界内华人所有不动产，其数额当超过于外侨，每年卖买转移价额尤巨，乃除英租界新增、推广两界外，华人不动产遇有买卖转移，仅在该管租界当局办理过户手续，并不向中国官厅税契。同一租界，英国与各国办法两歧，即英租界内老租界与新、推两界亦复不同。上年事变后，英领事引为口实，几欲将新、推两界税契办法推翻，迭经交涉后，始恢复旧制。现在我国新政权巩固，旧日租界各自为政之陋习渐趋扫除，举凡行政税政，莫不逐一向租界方面推进，以重主权。上述各租界华人所有不动产税契制度，亦有亟行交涉推进各租界之必要。谨具交涉要点如下：

一、民国十九年，前天津市土地局曾将办理各租界税契规则印本送由美总领事转送驻津各国领事署有案。是项规则明定各租界，本非专对英国新、推两租界适用，各国领事既无反驳，按照外交惯例，即属默认。此次我国提出推行各租界交涉，根据是项规则，理由极为正当。

二、不动产转移税契登记，原为保障人民产权，华人在各租界置买房产，应享受保障之权利，亦应尽纳税之义务，租界土地因条约关系为各国所租借其主权，仍属于我国亟应纠正已往畸形之制度，一律施行税契登记，俾华人产权得有保障，外侨租地亦有所稽考。

三、预拟交涉大纲如下：

（一）照英国新、推两租界现行税契办法办理以期一律；

（二）在确定推行以前未税之契从宽不溯既往；

（三）就各租界现在办理情形分别协订细目；

（四）各租界中分头进行交涉逐渐推行；

（五）老西开一带本系警区，应照警区规则办理，不得以租界论；

（六）英国老租界应照新、推两界办法，一律施行税契规则，以昭画一；

（七）未尽事宜随时计划补充。

以上所陈各节是否可行，伏候钧裁。如蒙俯采，拟请钧座派员先行切实交涉，以保主权而裕税收。理合签请鉴核施行。谨呈市长温。

天津特别市公署财政局局长李鹏图

九月十八日

市长批：所陈极有见地，良堪嘉许，着会同外事室、邓专员妥切交涉。

九月十九日

（J0055-1-004391）

475.伪天津特别市公署财政局为请推进各租界税契事致外事室和邓中莹专员函

1941年9月22日

径启者:查本局签请推进各租界税契一案。奉市长批,所陈极有见地,良堪嘉许,着会同外事室、邓专员妥切交涉。等因。奉此,除分函外,相应照录原签函请查照办理为荷。此致天津特别市公署外事室主任刘、天津特别市公署专员邓。

附录原签一件。

（J0055-1-004391）

476.伪天津特别市公署外事室和邓中莹专员商讨推行租界税契意见

1941年10月16日

查财政局签请推行租界税契一案,奉市座批,会同外事室、邓专员妥切交涉。等因。兹将进行步骤拟具意见,以供商讨。

一、本市英国租界新增、推广两界华人房地转移事件,向在市财政局税契登记,其外侨租地,亦在市财政局过户。民国十九年,市财政局曾订有办理各租界税契规则,备具印本,送由美总领事转送驻津各国领事查照。是项规则明定各租界字样,本非专对英国新、推两界适用,各国领事既无反驳,按照外交惯例,即属久已默认,此次提出推行各租界税契,似可根据是项理由,先行交涉。(租界税契规则附录于后。)

二、照现在英国新、推两界税契办法,凡未在市财政局税契者,英工部局不能注册,将来各租界亦应一律照此办理,并由市方向天津地方法院行文,凡未在财政局税契者拒绝登记。

三、将来推行时,既往未税之契,似可从宽不溯既往,以免发生阻力。但应一律加发中国联契并办理登记,每户得酌收手续登记各费,从前英推广租界初办税契时亦有此办法。

四、各项细目将来须就各该租界现办情形,再行商订,以便利推行为宗旨,此时未便预定。

五、老西开一带,探闻法工部局已照本租界各地段办法一律注册,惟该地本属警区,并未正式划为租界,此次交涉如能就我范围,恢复警区办法,最为妥善。

六、此次交涉似可先从法租界入手,再及其他各租界。

（J0055-1-004391）

477.伪天津特别市公署财政局推行租界税契理由计划书

1941年10月27日

查天津市各国租界内华人所有不动产颇居多数,每年买卖转移价额尤巨。按照中国不动产转移通例,应行税契登记,享受保障之权利,亦尽纳税之义务。乃各租界中除英国新增、推广两租界外,华人不动产转移仅在该管租界当局办理过户手续,并不向中国官厅税契登记,同一租界英国与各国办法两歧,即英租界内原有租界与新、推两界,亦复互异。

复查民国十九年,前天津市土地局曾经规定办理各租界税契规则,即送美总领事兼领袖领事转送驻津各国领事有案。民国二十年土地局裁撤,所有事务归并财政局接办,前项规则文字略有修正,其标题为天津市财政局办理各租界税契事务规则,内容并无大异。该规则既规定为各租界字样,当时立法之意,本不限于英国新、推两界适用,其为推行各租界之张本,自属显然。

惟以历年国家多故,政权迭更,中国当事者未遑顾及,仍复存此畸形。现在新政权巩固,旧日租界各自为政之陋习,日趋扫除。举凡行政税政,莫不向各租界方面逐渐推进,以重主权,是华人所有不动产税契登记制度,实有推进各租界之必要。

此事现由财政局呈请市公署正式函达日法意英各国领事查照,嗣后各租界华人所有不动产转移,一律照现在英国新、推两租界办法,在市财政局税契登记,其外人永租地亩,亦一律会丈印发联契,余均照现行办理各租界税契事务规则施行,以昭划一而裕税收。

惟外交事件涉及各国者,难免不各存观望态度,并且藉词互相推宕,津市既不仅一国有租借地,尤非有率先协助之国不能顺利进行,但此事与营业税情形不同,兹举其要点如下:

(一)华人购买租界房地契税,其款由华人交纳;外国人过户,仅有登记费十元、制图费五元,并无税款之负担。

(二)租界当局原收之过户注册费、房地捐,照英租界现在办法仍照征收,与租界当局收入并无影响,亦无重征之嫌。

(三)华人在租界置产,多属富厚之家,契税仅于过户时交纳一次,与其他捐款之长期输纳者不同,于纳税人能力亦无不胜负荷之害。

综上述情形,是契税推行租界,并不妨及外侨,而我友邦本共存共荣之诚意,此事如能由日本租界首先倡导,予以赞同,则其他各国租界当局势亦无所藉口,交涉前途可卜迎刃而解矣。

附现行租界税契规则一份。(略)

(J0055-1-004391)

478.伪天津特别市公署财政局营业税征收处为法租界代征营业执照费英租界应事同一律事呈市长温世珍文

1941年12月5日

　　查推行租界区内华商营业税一案,前经呈请钧署委派专员进行交涉,业准驻津法领事高兰,首先表示资助代为征收在案。查英租界与法租界壤地相接,弥迩咫尺,界内华商,且均系市区民众,事同一律。法租界既经资助征收,对于英租界区内华商未便能其独异。现在推进市政,强化治安,需款尤巨,待用孔殷。拟请饬函英国驻津总领事,并派专员继续进行交涉,俾济要需。理合具文呈请鉴核施行。谨呈天津特别市市长温。

全衔局长李

(J0055-1-002997)

479.伪天津特别市公署警察局为布告已印毕事致公署秘书处公启

1941年12月6日

　　径启者:奉谕,照稿印制钧署布告一千张,兹已制齐,送请贵室盖印发下张贴为荷。此致天津特别市公署秘书处第一科监印室。

天津特别市公署警察局启

监印室签呈

布告已于十二月八日下午三时印齐,发还,拟呈阅后存。

十二月九日

(J0001-2-000462)

480.伪天津特别市市长温世珍为日军进驻英租界事致华北政务委员会电

1941年12月8日

　　急电。北京华北政务委员会王委员长钧鉴:今晨八时,当地友军进驻英租界,全市静谧如恒。谨电奉闻。天津特别市市长温世珍叩。齐。

华北政务委员会委员长复电

1941年12月10日

天津温市长鉴：齐电悉。仍盼随时详报。王揖唐。佳。印。

（J0001-2-000462）

481.伪天津特别市公署秘书处为日军进驻英租界散发布告事致警察局函

1941年12月8日

径启者：关于友军进驻英租界，本市市民应各安生业，不得自相惊扰，业由署布告在案。兹奉市长谕，将布告原文赶印小张三万份，发交各保甲，即日散给各住户阅看，以资普及。等因。相应检同布告原文三万张，函请贵局查照办理，并特饬各保甲，务于十二月九日散发完毕为荷。此致警察局。

秘书处启

十二月八日

（J0001-2-000462）

482.伪天津特别市公署关于日军进驻英租界的布告

1941年12月8日

为布告事。查友邦驻军，此次根据国际公法武力进驻英租界，实行接收敌性国家所有之权益，对于中国国民绝不加以任何危害。凡我市民务须照常各安生乐业，切勿自相惊扰。倘有造谣生事，定予从严究办。合亟布告周知。此布。

市长温世珍

（J0001-2-000462）

483.伪天津特别市市长温世珍为协助办理电话三、四两局实施事项事致天津英、法、义租界工部局函

1941年12月8日

敬启者：关于电话三、四分局按合理化经营事项，兹准华北电信电话股份有限公司代表天津总局长前岛英氏函称，左开各项并希至期施行在案。等情。查此项改变方针纯为谋求一般利用者之便利及

业务经营合理化，俾使电话事业长驱迈进圆满发达等。敝署亦定于可能中协力迅速实施。关于施行事项，相应函请即希查照协助办理为荷。此致天津义国租界工部局局长巴义先生/天津法国租界工部局局长顾乐克先生/天津英国租界董事会会长德恩若先生。

天津特别市市长温世珍

民国卅年十二月八日

记

一、电话第三、四分局现行办法并资费制度，完全系根据旧交通部天津电话总局之规定办法处理。兹拟改定与第二局、第六局及其他各局划一办法并资费制度。

二、倘仍持续现行办法并资费制度，办理时电话第三、四分局区内之话户即不得任意迁移第二局及其他局之区内，此点甚属不便。并对于安装电话时之资费，两者间亦相差悬殊，即对统制上亦感相当困难，再于同一市内更应以划一办法是为至要。

三、本件为扫除一般利用者方面对现行制度不平不满起见，于可能中拟将此项办法迅速实施，故藉此次第三分局增设五百回线之机会，自民国三十一年一月一日起实施之。

（J0001-3-010819）

484.伪天津特别市市长温世珍为报告日军进驻英租界地方安谧事致华北政务委员会电

1941年12月10日

北京华北政务委员会王委员长钧鉴：齐日急电谅承钧察。津市友军八日清晨进驻英租界，占领敌性国家一切权益。界内英美系学校由本署暂为封闭，并经防卫司令部及本署分别张贴安民布告。三日以来，界内商民照常各安生业，市区静谧如恒。除督率所属勤奋奉公，对友军随时积极协助外，谨电肃闻，祈释廑念。天津市特别市市长温叩。蒸。

华北政务委员会复电

1941年12月17日

天津温市长鉴：蒸代电悉。仍将办理情形随时详报华北政务委员会。筱。印。

（J0001-2-000462）

485.伪天津特别市公署公用处为济安自来水公司已解除英美籍职员职务事呈市公署文

1941年12月17日

案准天津济安自来水公司本月十二日公函内开：敬启者，顷奉十二月十日天津特别市公署通知内开，查英美等国系属敌性国家，所有该公司英美籍职员应自即日起一律解除职务，仰即遵照办理，克日具报查核。等因。奉此，查十二月九日下午五时，特务机关长召集本公司负责人谈话，关于此点详加指示，业经遵照办理。本公司刻下已无英美籍职员。除函复外，谨此报告。等因。准此。查该公司函报，刻下已无英美籍职员等情前来，当属实在，理合备文呈报钧署鉴核。谨呈天津特别市公署。

天津特别市公署公用处处长卢南生

（J0001-2-000462）

486.伪天津市米业同业公会为会员在旧英租界各仓库所存米面请予放行事致天津市商会函

1941年12月19日

径启者：查敝会会员商号在旧英租界各仓库所存大米面粉自本月八日被查封后，至今十日尚未准许起运，以致不能销售，停顿多日。倘再不准起货，不但于营业上受有影响，且与民食亦有莫大关系。为此造具各仓库存货数目清册，函请贵会代向关系方面请求准予放行，以维营业而便民食。至感公便。此致天津市商会。

天津市米业同业公会启

（J0128-3-008006）

487.中兴海外贸易公司为由栈房起运货物请转证明以便运销事致天津市商会函

1941年12月23日

呈为恳祈转咨证明以利运销仰祈鉴核事。窃敝公司向系华商，在义租界六马路四十七号开设，业经由钧会发给会员执照在案。敝公司原代理德商德华洋行账房办理蛋黄、蛋白、桃仁、羊毛等出口营业，在极管区宝士徒道鲁麟洋行后院内三楼九号租有栈房一间，存桃仁计十二万斤。此货乃系去冬所存，今夏恐遇热变坏，业存日租界天津制冰冷藏株式会社，今冬提出运存该处。现因时局关系，出口难能，转瞬冬去春届，遇暖即行朽坏，拟趁旧历年关零星销售，以免亏拆（折）。惟由栈房起运，须经中街检查口，非持官府许可证奈难通过。除径呈天津极管区政务局请发许可外，理合呈请钧会转咨政务局证明,实为公便。谨呈天津市商会鉴。

商号:中兴海外贸易公司

经理:刘焕章

（J0128-3-008006）

488.伪天津市商会为米业各号在旧英租界仓库米面不能起运交涉事致商会常务董事屈秀章函

1941年12月30日

径启者:案准本市米业同业公会函,以会员各号在旧英租界各仓库所存米面不能起运,请代向关系方面请求准予放行;复准中兴海外贸易公司函,以由旧英租界栈房起运桃仁,请转极管区政务局证明;又准干鲜果品业公会函,请转请准将振丰等号鲜货由各商如数领回,以恤商难。各等情前来。经本会提于第八十四次常董会议决,推屈常董向关系机关联络等由,纪录在卷。除呈请市公署外,相应检同原件函请查照办理为荷。此致屈常董秀章。

天津市商会启

（J0128-3-008006）

489.伪天津市商会为米业各号在旧英租界各仓库所存大米、面粉被查封后至今未准起运事呈天津特别市公署文

1941年12月31日

呈为呈请事。案准本市米业同业公会函称,查敝会会员商号在旧英租界各仓库所存大米、面粉,云云。准予放行,以维营业,而便民食。等情。前来。理合抄同清单一纸,据情呈请钧署鉴核,准予设法交涉,实为公便。谨呈天津特别市公署。

（J0128-3-008006）

490.伪天津特别市财政局整理营业税暂行办法

1941年

甲、华界商号

一、根据营业税处欠税底账,广派税警按户传催,限于四月三十日以前来处纳税,免收滞纳罚金。

二、向为报税之商号，因恐一经投报即有被罚之虞，统限四月三十日以前自动申请投报，应准补缴税款，免予处罚。

三、由五月一日起至六月十五日止，仍不缴纳税款或隐匿不报希图偷漏，一经查出，暂依照营业税征收章程第十八条规定，最低额议罚。过此限期得按其情节轻重，依照税章第十八条处理之。

四、前列三项办法除呈报外，并分别函令公布如左：

1.布告并登报公告全市商民一体周知。

2.函警察局转饬各区所通知该管界内各商号。

3.函商会转知各同业公会通知所属各商号。

4.令营业税征收处切实遵照施行。

乙、租界商号

五、租界各华商照章亦须完纳营业税。入手办法，一面由各同业公会负责劝导，俾各自动投税，一面由商会通知租界华商公会就近剀切晓谕，并由各租界营业税劝导处相机晓以大义，务期就范。

六、各租界华商因在租界负担较华界为重，凡经此次劝导暨自动投报者，其物品贩卖无论零售批发，一概依新税率，按批发折半核算，并不究既往，以示优异。

七、华界商号前为避乱关系，暂移租界营业，而此刻欲迁回华界照常营业者，如自动报税，本局亦予以便利并免处罚。但以该商号在迁回三日内，经向营业税处检呈确切证件（如工部局迁移执照等）。经核无讹，或经调查属实者为限。

八、各租界华商如经劝导晓谕后，仍存观望，抗不纳税者，是籍租界为护符，蔑视国家政令。除通知商会制裁外，本局即对于各商号之营业行为，严厉设法限制，使各商号得尽纳税之义务，以示与华界待遇平等。

九、改组营业税评议委员会并准租界华商推举代表聘充委员，无论华界、租界商号，凡有解释条文发生争执以及其他纠葛事项，营业税处为昭示平衡，认为有讨论必要者，得提出评议委员会共同决定之。

十、评议委员会定明每月召集会议一次，遇有特殊事项得临时召集之。一切组织，除另有规定者外，悉依照天津市营业税评议委员会会议规则办理。

(J0129-3-002375)

491.伪天津市商会为药业商号起运药材交涉事致商会常务董事屈秀章函

1942年1月12日

径启者：案准本市药业同业公会函，以会员商号在极管区怡和、太古两码头堆积药材不能移动，并附来各商号封存货物数量表三册，请转为交涉，俾便早日起运，以维营业。等情。到会。经本会第八十五次常董会议决转呈市公署，并推屈常董联络。等由。纪录在卷。除呈请市公署设法交涉外，相应随函检同原附表册一份,函请查照办理为荷。此致屈常董秀章。

天津市商会启

(J0128-3-008006)

492.伪天津市米业同业公会为大米行市旬报事呈天津特别市公署警察局文

1942年1月15日

为报告事。查敝会大米市场设于极管区内怡和南栈存米地点亦在该区内。自民国三十年十二月八日友军封锁英租界后至今,米市并未开行。现在虽已改为极管区,对于存米尚未准许放行,是以大米并无行市,每月敝会所报旬报无从填报。一俟米市恢复后,再行呈报。特此据呈报鉴核。谨呈警察局特务科第三股股长薛钧鉴。

谨呈

三十一年一月十五日

(J0129-3-004350)

493.中兴海外贸易公司为起运桃仁现撤销原案事呈天津市商会文

1942年1月24日

呈为本公司起运桃仁业经极管区许可仰祈鉴核事。窃本公司于十二月廿三日由英法交界宝士徒道本公司栈房起运桃仁一百箱,请由钧会致函极管区政务局证明在案。此项许可已经本公司直接函由政务局照准矣。所请致函政务局证明一节,请即取消可也。为此函呈天津市商会鉴。

经理刘焕章

(J0128-3-008006)

494.伪天津特别市公署财政局为旧英租界改为极管区
工部局局员吉好岩声明不领酬劳费事呈市长温世珍文

1942年1月28日

案查本局在经征旧英租界契税项下提给前英工部局局员吉好岩酬劳费,业经领函三十年九月底止,随时呈报鉴核在案。兹查旧英租界已收为极管区,据该局员吉好岩来函声明,现在成为一体,自上年十月一日起,所有未领酬劳费不再具领前来。复查自上年十月一日起,截至本年一月十日止,共提存前项酬劳费五千一百三十八元八角三分,该局员既声明不再具领,拟即缴回市库,以后不再提存。理合具文呈请鉴核。谨呈天津特别市市长温。

全衔局长李

声明

径启者:贵局向来所赠酬劳费一节,今已改变局面成为一体,自去年十月份起不便再领,相应函达。此致天津市财政局。

好岩谨敬

卅一年一月十日

(J0055-1-004423)

495.伪天津特别市公署为中兴海外贸易公司申领极管区栈房起运货物证明事批天津市商会文

1942年1月30日

呈一件。为准本市中兴海外贸易公司函,以由极管区宝士徒道鲁麟洋行所租栈房起运货物,请转证明,以利运销。等情。据情呈请鉴核,设法交涉,发给证明由。

呈悉。经联络关系方面据称,以另表格式先送怡和洋行内物资调查班泷内中尉盖章后,再请求天津防卫司令部(物资调查班)许可搬出。等因。合行附发表式一份,仰即转饬遵照办理。此批。

(J0128-3-008006)

496.伪天津特别市联合交通委员会免捐车及优待车办法(天交委第3号)

1942年2月11日

免捐车及优待车(半价)规定办法函请查照由。关于免捐车及优待车一项,一月二十二日委员会议,曾议决委交委员长办理。兹规定办法如左,合行函达即希查照办理是荷。

计开:

一、免捐车

1.车牌按照别纸所开数量于一月三十一日发给之。

2.摩托车及跨车使用五号车牌,其他一律使用三号甲种车牌。

3.各国军用不另行发给车牌,得使用各该部队专用车牌。

4.免捐车车牌四周涂以红色,以示区别。

二、优待车(按捐额收半价)

1.捐额减半,使用普通车牌。按照暂行细则附表第三。(略)

2.收捐要领,得按照暂行细则办理之。

497.伪天津特别市公署为旧英租界酬劳费缴回市库事指令财政局(建亚字秘贰第852号)

1942年2月13日

三十一年二月五日呈一件。为旧英租界改为极管区,所有上年十月一日起至本年一月十日止提存酬劳费,该局员来函声明不领,拟缴回市库,以后不再提存。请鉴核备案由。

呈悉。准予备案。此令。

(J0055-1-004423)

498.中兴海外贸易公司为请转物资调节委员会准将太古洋行仓库存货许可搬出事呈伪天津市商会文

1942年2月26日

呈为货待整理以防腐坏仰祈鉴核转咨证明准予搬出事。窃商号于卅年五月二日买得本市华商德福蛋厂机制蛋黄十六箱,计二千四百斤,共价洋九千二百元,于十一月廿四日拟搭载英商太古洋行之轮船运往上海变卖。竟值大东亚战争开始,船未出口,货存太古洋行仓库。昨日按照货物搬出手续请愿,天津防卫司令部给发许可,比至极管区中街怡和洋行物质调查班,请为查验盖章,而当值军官告知,此项货物一时不准挪动,亦未说明详细理由。惟此货系去春购置,已经一夏,转瞬春暖,再行遇热必能发生酸素,变色腐朽,则吃用不能,废同弃物。查正值大东亚战争之际,后方物资益当爱护,若竟听其自腐,未免可惜,且商号血本攸关,抑亦影响市面经济,迫不得已,惟有仰恳钧会体恤商难,准予转咨本市特务机关物资调节委员会许可搬出。俾资整理之处,出自逾格鸿施,是否有当,理合呈请钧会照准,实为公便。谨呈天津市商会公鉴。

(J0128-3-008006)

499.伪天津市商会为据中兴海外贸易公司呈请准将太古洋行仓库存货许可搬出事致天津特别市公署社会局及商会常务董事屈秀章函

1942年3月7日

径启者:案据本会商店会员中兴海外贸易公司呈称,呈为货待整理以防腐坏。云云。理合呈请钧会照准,实为公便。等情。据此,经提付本会第九三次常董会决议,函请社会局转请特务机关放行,并推屈常董联络。等情。纪录在案。除函达社会局查照办理外,相应函请贵局查照,准予转请放行,以免腐坏,而恤商难,办理为荷。此致天津特别市公署社会局、屈常务董事。

(J0128-3-008006)

500.天津日军防卫司令部解除检问布告

1942年3月28日

为布告事。日军自三月二十八日将天津英租界行政移交天津特别市公署管理,故自今日以后,解除各检问所对日华人之检问。但用马车、汽车、人力车等自特别行政区(英租界)内搬出物资时,仍须提出从来所要之搬出许可证;惟于搬出此等物资时,禁止由中街之第三及第四检问所通行,另于一号路南北两端设置第八及第九检问所所以代之。关于第三国人,于设定表现其为英、美、比、荷人之识别标识前,暂依旧日规定办理。

天津防卫司令官

(据《天津租界档案选编》,第92—93页)

501.伪天津特别市公署为抄发日军交还天津、广州两英租界行政权一案原咨件事密令救济院

1942年4月1日

为密令事。案奉华北政务委员会秘文字第一八五七号密令内开,为密令事,案准行政院行字第一一五号咨,据外交部呈报日军交还天津、广州两英租界行政权一案,咨请饬属查照。等因。除咨复并分令内务、治安各总署查照外,合行抄发原咨件,令仰该市署查照。此令。等因。附抄发原咨及附件各一件。奉此,除分行外,合行抄发原咨及附件各一件,令仰知照。此令。

附抄发原咨及附件各一件。

市长温世珍

行政院原咨

据外交部呈称：案准日本大使馆函开：根据前次帝国政府之声明，兹由日本军将天津、广州两英租界之行政权移交国民政府管理。惟日军为求移管后运用能率之增进，并为促进中日两国紧密关系计，有希望数点开列于左，特此通知。等由。并附件到部。准此。除陈奉主席面谕赞同，当由本部函复该大使馆查照外，理合译录原件，呈请钧院鉴核备案。等情。据此，除指令准予备案，并密令广东省政府查照外，相应抄录原附件，咨请贵会饬属查照为荷。此咨华北政务委员会。

计抄送附件一件。

兼行政院院长汪兆铭

日军关于交还天津广州两英租界行政权所抱之希望

一、租界之地域，考虑从来经过情形及租界之特质，暂定为特别行政区。

二、关于行政上之机构及行政实施，与当地兵团长密切联络。

三、特别行政区内日军所接收之权益，除依日军之意志移交国民政府管理者外，仍由日军管理之。

四、为实施租界行政起见，聘请所要之日籍职员。

五、关于治安警备，由中日两国军警协力为之。至特别行政区内之警察，聘请所要之日籍职员。

六、细则由当地中日当局协议之。

（J0131-1-001064）

502. 伪天津特别市公署财政局审核科及特一区公署捐务科为奉令调查特别行政区房地价格晒制蓝图事呈财政局局长文

1942年4月27日

呈为呈复事。窃奉钧局第四七号训令，略以极管区旧新增、推广两租界内中外商民房地买卖、永租、转移照章在本局办理税契过户手续，该两界地段既高次不等，地价亦涨落靡常，而契税系按房地价格课纳，亟应详细调查，以为审核之根据，饬即会同将该两界地段内现时各处土地价格及各种建筑房屋价格分别详细查明，赶日会报，以凭参考。等因。奉此，当经遵照办理，惟该区地界辽阔，各种建筑亦复不同，非缜密调查价格难期翔实，匝月以来，经职等会同分别详细调查，已将特别行政区（前极管区）全区土地及各种建筑房屋现时价格折衷估计调查竣事，谨特制就蓝图，分别段号填筑价格，以备查阅。理合检同蓝图二份随文呈复，仰祈鉴核。谨呈局长李。

附呈蓝图二份。

财政局审核科长刘闻久
特一区公署捐务科长杨景勋

（J0001-3-010819）

503.伪天津特别市公署财政局审核科、捐务科为查原英租界土地及房屋价格事呈局长李鹏图文

1942年4月27日

　　呈为呈复事。窃奉钧局第四七号训令,略以极管区旧新增、推广两租界内,中外商民房地买卖永租转移,照章在本局办理税契过户手续,该两界地段既高次不等,地价亦涨落靡常,而契税系按房地价格课纳,函应详细调查,以为审核之根据,饬即会同将该两界地段由现时各处土地价格及各种建筑房屋价格分别详细查明,克日会报,以凭参考。等因。奉此,当经遵照办理。惟该区地界辽阔,各种建筑亦复不同,非缜密调查价格难期翔实。匝月以来,经职等会同分别详细调查,已将特别行政区(前极管区)全区土地及各种建筑房屋现时价格折衷估计,调查葳事,谨特制就蓝图分别段号,填注价格,以备查问。理合检同蓝图二份随文呈复,仰祈鉴核。谨呈局长李。

　　附呈蓝图二份(略)。

财政局审核科长刘闻久

特一区公署捐务科长杨景勋

特别行政区房地价调查表

1942年4月

旧租界

　　一号地:东至河坝道,南至博目哩道,西至中街,北至咪哆士道。每亩合银由三万至四万两。

　　二号地:东至中街,南至博目哩道,四至海大道,北至咪哆士道。每亩合银由二万五千至三万二千两。

　　三号地:东至河坝道,南至咪哆士道,西至中街,北至宝顺道。每亩合银由三万至四万四千两。

　　四号地:东至中街,南至咪哆士道,西至海大道,北至宝顺道。每亩合银由二万两至二万九千二百两。

　　五号地:东至河坝道,南至宝顺道,西至中街,北至怡和道。每亩合银三万五至四万七千二百两。

　　六号地:东至中街,南至宝顺道,西至海大道,北至怡和道。每亩合银二万八至三万八千八百两。

　　七号地:东至河坝道,南至怡和道,西至中街,北至领事道。每亩合银三万五至四万八千两。

　　八号地:东至中街,南至怡和道,西至海大道,北至领事道。每亩合银五万至六万一千二百两。

　　九号地:东至河坝道,南至领事道,西至中街,北至宝士徒道。每亩合银三百一千至四万一千四百两。

　　十号地:东至中街,南至领事道,西至海大道,北至宝士徒道。每亩合银二万至二万八千两。

新增界

　　一号地:东至海大道,南至围墙道,西至围墙道,北至狄更生道。每亩合银一万五至一万九千六百两。

二号地:东至海大道,南至狄更生道,西至围墙道,北至克森士道。每亩合银一万六至二万一千二百两。

三号地:东至海大道,南至克森士道,西至马场道,北至董事道。每亩合银一万五至二万八千两。

四号地:东至海大道,南至董事道,西至马场道,北至咪哆士道。每亩合银三万至三万九千六百两。

五号地:东至海大道,南至咪哆士道,西至达文波路,西北至马开内道,北至博罗斯道。每亩合银一万五至二万两。

六号地:东至海大道,南至博罗斯道,西至达文波路,北至巴克斯道。每亩合银二万至二万七千二百两。

七号地:东至海大道,南至巴克斯道,西至达文波路,北至广东道。每亩合银二万至二万七千二百两。

八号地:东至海大道,南至广东道,西至达文波路,北至宝士徒道。每亩合银二万至二万八千两。

九号地:东至达文波路,南至广东道,西至红墙道,北至宝士徒道。每亩合银一万五至二万两。

十号地:东至达文波路,南至巴克斯道,西至戈登路,北至广东道。每亩合银一万五至二万零八百两。

十一号地:东至达文波路,南至博罗斯道,西至戈登路,北至巴克斯道。每亩合银一万三千五至一万八千八百两。

十二号地:东、南至马开内道,西至达文波路,北至博罗斯道。每亩合银一万五至二万两。

十三号地:东至达文波路,南至咪哆士道,西至戈登路,北至博罗斯道。每亩合银一万五至二万两。

十四号地:东至马场道,南至董事道,西至达文波路,北至咪哆士道。每亩合银一万五至二万两。

十五号地:东至马场道,西南至达文波路,北至董事道。每亩合银一万至一万九千两。

十六号地:东至达文波路,南至围墙道,西至戈登路,北至董事道。每亩合银一万八千两至二万四千两。

十七号地:东至达文波路,南至董事道,西至戈登路,北至咪哆士道。每亩合银一万五至一万九千二百两。

十八号地:东至戈登路,西南至围墙道,北至咪哆士道。每亩合银一万三至一万七千六百两。

十九号地:东至戈登路,南至咪哆士道,西至内比尔道,北至马达拉道。每亩合银一万三千五至一万八千两。

二十号地:东至戈登路,南至马达拉道,西至内比尔道,北至博罗斯道。每亩合银一万八千四百两。

二十一号地:东至戈登路,南至博罗斯道,西至红墙道,北至巴克斯道。每亩合银一万三至一万七千六百两。

二十二号地:东至戈登路,南至巴克斯道,西至红墙道,北至广东道,每亩合银一万三至一万七千六百两。

二十三号地:东至红墙道,南至广东道,西至盛茂道,北至宝士徒道。每亩合银一万二千九至一万七千二百两。

二十四号地:东至红墙道,南至巴克斯道,西至盛茂道,北至广东道。每亩合银一万二千六至一万六千八百两。

二十五号地:东至红墙道,南至博罗斯道,西至盛茂道,北至巴克斯道。每亩合银一万二千九至一万七千二百两。

二十六号地：东至红墙道，西南至围墙道，北至博罗斯道。每亩合银一万二千至一万六千八百两。

二十七号地：东至内比尔道，南至咪哆士道，西至红墙，北至博罗斯道。每亩合银一万三至一万七千六百两。

二十八号地：东至盛茂道，南至围墙道，西至利斯克目道，北至巴克斯道。每亩合银一万一千四至一万五千二百两。

二十九号地：东至盛茂道，南至巴克斯道，西至利斯克目道，北至广东道。每亩合银一万二千至一万六千两。

三十号地：东至盛茂道，南至广东道，西至利斯克目道，北至宝士徒道。每亩合银一万二至一万六千两。

无号地：东至利斯克目道，南至围墙道，西至公学道，北至宝士徒道。每亩合银一万一至一万四千两。

三十一号地：东至公学道，西南至围墙道，北至宝士徒道。每亩合银一万一至一万四千两。

三十二号地：东至中街，南至开滦胡同，西至海大道，北至董事道。每亩合银二万四至三万二千两。

三十三号地：东至中街，南至董事道，西至海大道，北至博目哩道。每亩合银二万四至三万二千两。

三十四号地：东至河坝道，南至开滦胡同，西至中街，北至董事道。每亩合银二万六千二至三万四千八百两。

三十五号地；东至河坝道，南至董事道，西至中街，北至博目哩道。每亩合银二万七千至三万六千两。

三十六号地：东至围墙道，东南至马场道，西至墙子河，北至围墙道。每亩合银一万八至二万四千两。

三十七号地：东至围墙道，南至墙子河，西至马场道。每亩合银一万六千至二万一千两。

推广界

一号地：东、北至小河道，南至都伯林道，西至怡丰道。又：东至小河道，南至马场道，西南至剑桥道，西至怡丰道，北至都伯林道。每亩合银一万五至二万两。

二号地：东至怡丰道，南至剑桥道，西至西德尼道，北至都伯林道。又：东至西德尼道，南至剑桥道，西至牛津道，北至都伯林道。每亩合银一万二千至一万五千两。又：东至西德尼道，南至都伯林道，西至牛津道，北至达克拉道。每亩合银一万至一万三千六百两。

三号地：东至怡丰道，南至都伯林道、达克拉道，西至西德尼道、牛津道。每亩合银一万三千八至一万八千四百两。

四号地：东至泰安道，南至香港路，西至牛津道，北至剑桥道。又：东至马场道，南至香港路，西至泰安道，北至剑桥道。又：东南至马场道，西至泰安道，北至香港路。又：东至泰安道，南至马场道，西至牛津道，北至香港路。每亩合银一万三千五至一万八千两。

五号地：东至牛津道，南至马场道，西至威灵顿道，北至香港路。每亩合银一万三至一万七千二百两。

六号地：东至牛津道，南至香港路，西至威灵顿道，北至新加坡道。每亩合银一万二至一万六千两。

七号地：东至牛津道，南至新加坡道，西至威灵顿道，北至剑桥道。每亩合银一万一千五至一万五千二百两。

八号地：东至摩西道，南至剑桥道，西至威灵顿道，北至达克拉道。又：东至牛津道，南至剑桥道，西至摩西道，北至达克拉道。每亩合银一万至一万三千六百两。

九号地：东至牛津道，南至达克拉道，西至威灵顿道，北至伦敦道，东北至小河道。又：东北至小河道，南至伦敦道，西至威灵顿道。每亩合银一万三千二至一万七千六百两。

十号地：东至威灵顿道，南至敦桥道，西至三安道，北至小河道。又十Ａ号地：东至威灵顿道，南至伦敦道，西至三安道，北至敦桥道。每亩合银一万至一万三千六百两。

十一号地：东至威灵顿道，南至爱丁堡道，西至西芬道，北至达克拉道。每亩合银九千三百两至一万二千四百两。

十一Ａ号地：东至威灵顿道，南至达克拉道，西至西芬道，北至伦敦道。每亩合银一万一至一万四千两。

十二、十三号无。

十四号地：东至威灵顿道，南至马场道，西至格拉斯哥道，北至香港路。每亩合银一万至一万三千五百两。

十五号地：东至威灵顿道，南至香港路，西至格拉斯哥道，北至新加坡道。每亩合银九千二至一万二千三百两。

十六号地：东至威灵顿道，南至新加坡道，西至马尔他道，北至爱丁堡道。每亩合银九千二至一万二千三百两。

十七、十八号无。

十九号地：东至马尔他道，南至新加坡道，西至格拉斯哥道，北至克伦波道。每亩合银九千至一万二千两。

二十号地：东至马尔他道，南至克伦波道，西至格拉斯哥道，北至爱丁堡道。每亩合银九千至一万二千两。

二十一号地：东至加的夫道，南至爱丁堡道，西至格拉斯哥道，北至伦敦道。每亩合银九千二至一万二千三百两。

二十二号地：东南至西芬道，西至加的夫道，北至伦敦道。每亩合银九千三百两至一万二千四百两。

二十三号地：东至三安道，南至伦敦道，西至加的夫道，北至敦桥道。每亩合银九千五至一万二千五百两。

二十四号地：东至三安道，南至敦桥道，西至伯斯道，北至小河道。每亩合银九千六至一万二千八百两。

二十五号地：东南至伯斯道，西南至孟买道，北至宝士徒道，东北至小河道。每亩合银九千至一万二千两。

二十六号地：东南至伯斯道，西南至敦桥道，西北至匹博利道，东北至孟买道。每亩合银九千至一万二千两。

二十七号地：东南至匹博利道，西南至敦桥道，西北至益世滨道，东北至孟买道。每亩合银八千八至一万一千五百两。

二十八号地：东北至敦桥道，南至福发道，西南至培思类道，西北至益世滨道。每亩合银九千至一万二千两。

二十九号地：东至加的夫道，南至伦敦道，西至克兰特道，北至福发道。每亩合银九千至一万二千两。

三十号地：东至克兰特道，南至伦敦道，西至德列道，北至福发道。每亩合银八千五至一万一千三百两。

三十一号地：东北至培思类道，南至福发道，西南至体伯瑞道，西北至益世滨道。每亩合银八千五至一万二千两。

三十二号地：东至德列道，南至伦敦道，西至格拉斯哥道，北至福发道。每亩合银八千三至一万一千两。

三十三号地：东南至福发道，西南至格拉斯哥道，西北至益世滨道，东北至体伯瑞道。每亩合银八千三至一万一千两。

三十四号地：东南至益世滨道，西南至格拉斯哥道，西北至约克道，东北至体伯瑞道。每亩合银八千一至一万零八百两。

三十五号地：东南至益世滨道，西南至体伯瑞道，西北至约克道，东北至敦桥道。每亩合银八千五至一万一千两。

三十六号地：东南至益世滨道，西南至敦桥道，西北至约克道，东北至孟买道。又：东南至约克道，西南至敦桥道，北至宝士徒道。每亩合银八千五至一万一千二百两。

三十七号地：东南至约克道，西南至体伯瑞道，西北至大北道，东北至敦桥道。每亩合银八千五至一万一千两。

三十八号地：东南至约克道，西南至格拉斯哥道，西北至大北道，东北至体伯瑞道。每亩合银八千一至一万零八百两。

三十九号地：东南至大北道，西至登伯敦道，北至文赛道。每亩合银八千至一万零三百两。

四十号地：东南至大北道，西南至体伯瑞道，北至宝士徒道。每亩合银八千五至一万一千两。

四十一号地：东北至体伯瑞道，南至文赛道，西至登伯敦道，北至宝士徒道。每亩合银八千至一万零三百两。

四十二号地：东至登伯敦道，南至文赛道，西至奥克尼道，北至宝士徒道。每亩合银七千八百两至一万两。

四十三号地：东至奥克尼道，南至文赛道，西至海光寺道，北至宝士徒道。每亩合银六千至八千两。

四十四号地：东至奥克尼道，南至格林威道，西至海光寺道，北至文赛道。每亩合银六千至八千两。

四十五号地：东至登伯敦道，南至格林威道，西至奥克尼道，北至文赛道。每亩合银七千五至一万两。

四十六号地：东至登伯敦道，南至林莫克道，西至奥克尼道，北至格林威道。每亩合银七千五至一万两。

四十七号地：东至奥克尼道，南至林莫克道，西至海光寺道，北至格林威道。每亩合银六千至八千五百两。

四十八号地：东至奥克尼道，南至福发道，西至海光寺道，北至林莫克道。每亩合银六千二至八千五百两。

四十九号地:东南至大北道,南至福发道,西至奥克尼道,北至林莫克道。每亩合银七千二至九千五百两。

五十号地:东北至格拉斯哥道,南至林莫克道,西北至大北道。每亩合银八千至一万零五百两。

五十一号地:东至登伯敦道,南至福发道,西北至大北道。每亩合银七千三至九千七百两。

五十二号地:东南至大北道,西至奥克尼道,北至福发道。每亩合银七千至九千两。又:东至登伯敦道,南至伦敦道,西北至大北道,北至福发道。每亩合银七千三至九千七百两。

五十三号地:东至格拉斯哥道,南至福发道,西至登伯敦道,北至林莫克道。每亩合银八千至一万零五百两。

五十四号地:东至格拉斯哥道,南至伦敦道,西至登伯敦道,北至福发道。每亩合银八千至一万零五百两。

五十五号地:东至格拉斯哥道,南至爱丁堡道,西至登伯敦道,北至伦敦道。每亩合银八千二至一万零七百两。

五十六号地:东至格拉斯哥道,南至克伦波道,西至登伯敦道,北至爱丁堡道。每亩合银八千二至一万零七百两。

五十七号地:东至格拉斯哥道,南至新加坡道,西至登伯敦道,北至克伦波道。每亩合银八千四至一万零九百两。

五十八号地;东至格拉斯哥道,南至香港路,西至登伯敦道,北至新加坡道。每亩合银八千四至一万零九百两。

五十九号地:东至格拉斯哥道,南至马场道,西至登伯敦道,北至香港路。每亩合银八千五百两至一万一千三百两。

六十号地:东至登伯敦道,南至马场道,西至康伯兰道,北至香港路。每亩合银七千至九千五百两。

六十一号地:东至登伯敦道,南至香港路,西至康伯兰道,北至新加坡道。每亩合银七千二至九千八百两。

六十二号地:东至登伯敦道,南至新加坡道,西至康伯兰道,北至克伦波道。每亩合银七千二至九千八百两。

六十三号地:东至登伯敦道,南至克伦波道,西至康伯兰道,北至爱丁堡道。每亩合银七千至九千五百两。

六十四号地:东至登伯敦道,南至爱丁堡道,西至康伯兰道,北至伦敦道。每亩合银七千至九千五百两。

六十五号地:东至奥克尼道、大北道,南至伦敦道,西至海光寺道,北至福发道。每亩合银六千四至九千两。

六十六号地:东南至大北道,西至海光寺道,北至伦敦道。每亩合银六千二至八千五百两。

六十七号地:东至康伯兰道,南至克伦波道,西、北至大北道。每亩合银六千四至九千两。

六十八号地:东至康伯兰道,南至新加坡道,西至伦敦道,北至克伦波道。每亩合银六千二至八千五百两。

六十九号地:东至康伯兰道,南至香港路,西至伦敦道,北至新加坡道。每亩合银六千二至八千五百两。

七十号地:东至康伯兰道,南至马场道,西至伦敦道,北至香港路。每亩合银六千至八千两。

房价调查表

等级	每间	价格说明
特等洋式楼房大	一万元	以洋灰铁筋宏伟华丽带有花园
特等洋式楼房小	六千元	大建筑之类是
甲等楼房大	七千元	以次于特等而设备完全之洋式
甲等楼房小	四千元	楼房之类
乙等楼房	二千五百元	以格局略大设备完全洋式里房之类
丙等小楼房	一千五百元	以普通建筑院落较小之里房为估计
丁等平房	七百元	以该区三等地之建筑红蓝砖格式不大之平房类是

（据《天津租界档案选编》,第32—42页）

504.前天津英租界中国纳税人公会为函知解散
并抄附来往函件事致伪天津特别市特别行政区公署函

1942年4月27日

径启者:查前英租界现已改为特别行政区,本公会事实上已无继续存在之必要,业经干事会议决解散,并已函报本区行政公署,兹奉复函照准备案。等因。相应抄同往来函件送请查照为荷。顺颂时祉。

前天津英租界中国纳税人公会谨启

四月二十四日

再,本届收支账目业经干事会审查通过,剩款三十余元,公决赏给工役,其他并无未完手续,合并声明。

照抄致天津市特别行政区公署函稿

敬启者:窃本公会成立于民国十八年,乃由前英租界中国纳税人组织之,其目的在拥护中国居民之公共利益,与英人之公会相对立,以求一切平等待遇,耀华学校之建设业户产权之均衡,即系中国纳税人争得权益之一部。今者,本区居民欣逢全部解放,所有英人公会亦无形解散,从此区内无复中外畛域之见,不平等之现象已不复存在,是以干事会同人认为本会已无继续存置之必要,除将本公会即日解散,并将会内案卷封送耀华学校寄存外,相应检同会章及会员名单函请贵署鉴照备案,并祈赐复为荷。此上天津市特别行政区公署。

前天津英租界中国纳税人公会谨启

四月二十日

照抄天津市特别市特别行政区公署复函

三十一年四月二十三日

径复者:接准贵会函开,以结束会务封存案卷请鉴照备案等由,附会章及会员名单。准此。贵会成立十余年来,对于区内国人之公共利益拥护备至,成绩昭然,殊堪欣佩,现自行解散,尤属正当办法,应即准予备案,相应函复,即希查照为荷。此致前天津英租界中国纳税人公会。

(J0211-1-003755)

505.伪天津特别市公署为抄发《天津特别市特别行政区暂行条例》事训令救济院

1942年5月6日

为训令事。案奉华北政务委员会秘文字第二七七〇号训令内开,为密令事,案查天津特别市特别行政区暂行条例,业经由会公布,合将该项条例抄发该市公署仰即知照,并转饬所属一体知照。此令。等因。附抄发条例一份。奉此,除分行外,合行抄发原件,令仰该院知照。此令。

附抄发条例一份。

市长温世珍

天津特别市特别行政区暂行条例

第一条　天津英租界地区为天津特别市之特别行政区。

第二条　特别行政区设特别行政区公署,隶属于天津特别市。

第三条　特别行政区公署设署长一人简任,承天津特别市市长之命处理接收之行政。

第四条　特别行政区公署[设]所需局处及职员。

附则

第五条　本条例自中华民国三十一年三月二十八日起施行之。

(J0131-1-001064)

506.伪天津特别市公署秘书处为报与新民会共同举办庆祝进驻英租界一周年纪念实施办法事呈秘书长陈啸戡文

1942年11月17日

查据中原专员转达特务机关方意旨,以本市英租界无血进驻,瞬届一年,兹承军方供给资料,特委托大丸公司免费设计,应由市公署新民会共同主办周年纪念展览会,并已通知新民会。等语。当会同中原专员拟具实施办法十一条,伏请钧阅,如无变更,拟即通知新民会,以便共同进行。又兹事关系方面主张,即作为庆祝圣战周年行事之一,并嘱由本处代表市署负责进行,其所需费用,拟由本处先行垫付,俟办竣后再行呈请拨发归垫。所拟是否有当,伏候裁夺。

职王文光

十一月十七日

（J0001-2-000841）

507.伪天津特别市公署秘书处为报与新民会共同举办庆祝进驻英租界一周年纪念展览会实施办法及军方供给资料目录事呈秘书长陈啸戡文

1942年11月23日

查关于天津英国租界无血进驻一周年纪念展览会实施办法,业经呈奉批示:既属市署与新民会会同办理,应将所拟办法送该会征取意见,再行呈核。等因。遵由中原专员通知新民会宣传处吴处长秋尘及大丸公司代表等,于本月二十一日在处由职等参加共同商讨,聆取各方意见,结果仍按原办法略增加订。至经费方面,新民会亦无异议。兹谨检同是项实施办法及军方供给资料目录各一份,呈候核夺。

十一月二十三日

天津英国租界无血进驻一周年纪念展览会实施办法

查历年以来为本市一百七十万市民侧目而视之英国租界,于去岁十二月八日大东亚战争勃发之际,经友军无血进驻,一时英美敌性势力悉予廓清。嗣于三月二十八日,复承友邦将该租界行政移归我国接管。日月易逝,岁纪瞬将一周,抚今思昔,一切事迹胥应永久铭记。用将当时前后有关之一切资料悉数罗列,藉供展览,以期唤起协力,共同迈进。兹特规定实施办法如次:

一、主办

天津特别市公署、新民会天津特别市总会。

二、资料供给

华北军报道部、天津防卫司令部。

三、日期、会场

十二月七日至十日,日租界大丸公司内。

十二月十二日至十五日,特政区天津俱乐部。

四、展览时间

每日上午十时起至下午六时止。

五、会场设备（场内宣传）

大丸公司担任（至市内街头宣传广告书,由新民会宣传处通知青少年团自行绘制分别张贴）。

六、会场监督

由市公署新民会双方各派职员两人（其中至少一人须善日语），按日依时到场照料并纪录参观人数。

七、要人招待

由市公署印制市长及会长双衔请柬，于十二月七日招待本市各中日要人并分别前往参观，计应请要人为：防卫司令官、司令部宣传班长、特务机关长、各部队长、宪兵队长、居留民团长、日本总领事、各国总领事、开发公司及其他国策会社代表、本市各机关长官、各团体领袖、各联保主任、各保长、各学校校长、各报社社长等。当日并应由市公署新民会假大丸公司食堂备具茶点招待。（分发请柬事先由张专员开单，至招待茶点则以中日各长官为限，届期另指定专人负责招待）

八、普通参观

由市公署通知各机关、各团体、各保甲、各学校，新民会通知各分会等按日前往参观。

九、会场警卫

由市公署通知日租界当局及特政区公署，按日派警负责警卫。

十、资料内容

除军方所供给资料另附目录外，并应由市公署、新民会分别搜集有关各种堪供展览之资料，于十二月一日以前送交大丸公司，以便设计布置。惟准备此次资料所需费用，由署会各自负担。

十一、新闻发表

日方由特务机关，中国方面关于展览会开幕由市公署宣传处发表，至由大丸公司移入天津俱乐部时由新民会宣传处发表。

十二、附注事项

（一）此项展览会系基于特务机关之指示，由防卫司令部供给资料，委托大丸公司全面协力，由市公署新民会主办之。

（二）会场设备连同用费俱由大丸公司免费协助，事后由市长给予感谢状。

（三）由大丸公司移至天津俱乐部之运费由市公署、新民会负担。

（四）十二月七日在大丸食堂之茶点招待、请柬印制、照料人员，车、饭等费悉由市公署、新民会负担。

（五）此展览会所需费用俟办竣后，由市公署、新民会各按二分之一平均负担。

（六）此项展览会名义为市公署及新民会主办，惟市公署方面应指定由宣传处负责。

（七）此项展览会即作为市公署、新民会预定庆祝大东亚战争周年纪念行事之一。

天津英国租界无血进驻一周年纪念展览会军方供给资料目录

一、英美租界之历史（图表）。对天津侵略之发端。

二、截至十二月七日之各国租界（图表）。

三、第一次英租界隔绝（写真）。

四、第二次隔绝（写真）。

五、反英运动。

六、东京会议(有田克列基大使会谈)(写真)。

七、天津水灾(封锁坚固、皇军之拥护)(写真)。

八、英国华北驻军之撤退(写真)。

九、租界内电话局之接收(写真)。

十、华北驻屯美马林队之撤退(写真)。

十一、满洲国总领事馆向租界之进出(写真)。

十二、日满华德义法之世界新秩序坚垒(图表)。

十三、十二月七日——八日(图表)。

十四、友军英租界之进驻接收(写真)。

十五、俘虏之武士道的优遇与敌国之非道(写真)。

十六、英租界行政移管式(写真)。

十七、租界内敌性国人之日本军慰问(写真)。

十八、天津特别市新民会特别行政区分会结成(写真)。

十九、进驻后第一次陆军纪念日(写真)。

二十、新民青少年团结成式(写真)。

二一、一年后之世界(图表)。

(J0001-2-000841)

508.伪天津特别市市民温世珍为英国租界无血进驻一周年纪念展览会拟请柬稿

1942年11月26日

敬启者:兹为纪念大东亚战争一周年之光辉意义,特举办"英国租界无血进驻一周年纪念展览会",订于本月七日开幕,每日由上午十时起至下午六时止,在日租界旭街大丸公司展览。敬于开幕之日各备茶点,恭候光临指导。

天津特别市市长、新民会天津特别市总会会长:温世珍

请柬名单
友邦军部方面

原田司令官	防卫司令部	远藤大佐	海军武官室
斋藤少将	李公祠旁军病院	竹内副官	防卫司令部
雨宫少将	特务机关	松井大佐	海光寺
河根少将	北宁公园前	松田特高课长	宪兵队
关根参谋长	防卫司令部	松仓大佐	防卫司令部
舟田大佐	舟山部队	村上大佐	村上部队

木村大佐	特三区公园	岛田中佐	防卫司令部
冈屋大佐	防卫司令部	清水中佐	防卫司令部
山本中佐	特务机关	三上中佐	防卫司令部
世良田高级参谋	防卫司令部	森冈中佐	特二区
池上队长	宪兵队	松井少尉	特务机关
古川高级副官	防卫司令部	田中先生	特务机关
福间少佐	防卫司令部	小宫山先生	特务机关
井尾少佐	花园宪兵队	大塚先生	特务机关
土井副官	防卫司令部	矢野中尉	防司令部宣传班
山西中尉	特务机关	儿玉先生	防司令部宣传班
中濑先生	特务机关		

日本总领事馆及各友邦领事馆

太田总领事	日本总领事馆	猿渡书记生	日本总领事馆
大隈领事	同上	小滨总领事代理	满洲总领事馆
加藤商业书记官	同上	中村副领事	同上
金子领事	同上	王主事士杰	同上
增田领事	同上	杨主事偶川	同上
吉井领事	同上	魏德曼总领事	德国领事馆
道明领事	同上	福士领事	德国领事馆
藤井领事	同上	张秘书	同上
渡边领事	同上	施礼芬领事	义国领事馆
折笠副领事	日本总领事馆	穆士科副领事	同上
西川电信官	同上	巴义局长	同上
近藤副领事	同上	韦采尔先生	德国领事馆、德国国社党天津支部
镰原领事官补	同上	富马加利先生	义国领事馆、义国法西斯蒂代表

友邦商工各界

永井主任	兴亚院调查官	金山参事会员	居留民团
冈本会长	日本商工会议所	胜田参事会员	同上
冈田副会长（三井洋行）	同上	石田参事会员	同上
大庭副会长（朝鲜银行）	同上	卢泽参事会员	同上
足立副会长（钟纺）	同上	中村课长	同上
臼井民团长	居留民团	水龟课长	同上
小岛支店长	三菱公司	福田先生	同上
铃木总监督	大仓洋行	足立茂先生	民团正副议长
石田代表	同上	龟泽省朔先生	同上
前岛总局长	电电	牧尚一先生	区长代表
河村副局长	同上	村野直弘先生	帝国在乡军人会天津联合分会
园田总务课长	同上	国防妇人会会长	国防妇人会

国光技师	同上	远藤舒会长	在乡军人联合分会会长
水斧技师	同上	儿玉顾问	开滦矿务局
高原先生	电业公司	三角先生	海河工程局
冈崎和美支店长	东亚海运株式会社	索科罗夫	华北白俄防共委员会会长
田尻社长	艀船株式会社	山根直正	华北恳（垦）业公司事务所·日租界宫岛街四十番
小林支店长	大连码头商船株式会社	今田主任	劳工协会
大阪商船株式会社支店长	法租界河沿	毕总务科长	同上
高野董事	交通公司	安达业务科长	同上
中川台长	电台	苏嘱托	同上
竹井敦先生	日本邮船	陈嘱托炎	劳工协会
山中幸平先生	满蒙毛织	刘会长	市商会
宗秘书	居留民团	井渊学务课长	民团
上原主任	同上	竹口课长	电电
宫家助役	同上		

银行界

林支配人	正金银行	长田经理	满洲中央银行
大庭支配人	朝鲜银行	齐经理	大陆银行
松田顾问	准备银行	王经理	金城银行
唐经理	同上	夏总经理	冀东银行
张总经理	河北银行	渡边顾问	同上
岩本顾问	同上	陈经理	盐业银行
焦经理	市民银行	王经理	中南银行
福井隆一先生	天津银行		

中日各学校

加藤校长	松岛高等女学校	曹校长	市立第一中学
大坪校长	宫岛高等女学校	张校长	市立第二中学
立花德校长	商业学校	张校长	市立第三中学
大村校长	国民学校	陈校长	市立第一女中
千叶校长	青年学院	蒋校长	市立第二女中
赵校长	市立师范		

新闻界

大川幸之助社长	东亚新报	德国通讯社	德国领事馆
河崎义男	同盟通信支局	奥村先生	朝日新闻
大矢信彦社长	庸报社	山本先生	同上
于心民先生	同上	鲛岛先生	读卖新闻
飞石贤一郎	大阪每日新闻、东京日日新闻	赤崎先生	日本工业

山本先生	大阪每日	吴雨田	新民报
山村先生	蒙疆新闻社	华连瀛	东亚晨报
神田社长	新民报	沙大风	新天津画报
施式方先生	中华通讯社	吴建之	庸报
满洲日日新闻支社长		张翕如	新天津报社

华北政委会直属机关

克立德局长	邮政局	佐藤专员	统税局
奥田副局长	同上	范局长	禁烟局
姚局长	长芦盐务管理局	李局长	商品检验局
郑副局长	同上	沈局长	建设总署天津工程局
郭监督	津海关	立神参事	同上
原税务司	同上	周局长	天津铁路局
黑泽税关长	同上	江口副局长	同上
孔院长	高等法院	王道尹	津海道尹
凌首席检察官	同上	王知事	天津县
孙院长	地方法院	斋藤驿长	东车站
许首席检察官	同上	安东事务主任	同上
梁局长	统税局		

新民会

张部长		徐副会长	日租界分会
藤田首席参事		王先生金标	同上
野田参事		夏分会长彦藻	义租界分会
王总务处长		郭委员凤墀	同上
谷组织处长		张先生建亭	同上
唐科长		李主任	新民会地区分会
段科长		张主任	同上
田原先生		牟分会长光尧	第一地区
田村先生		朱分会长希儒	第二地区
马场先生		李分会长文吉	第三地区
伊藤先生		刘分会长懋公	第四地区
王分会长（敬三）	行政区分会	蒋分会长志林	第五地区
张一桐先生	同上	刘分会长鸿猷	第六地区
白鸣九先生	同上	马分会长亮彩	第七地区
于副会长仲三	法租界分会	穆分会长彩臣	第八地区
王家瑞先生	同上	卢分会长云坡	第九地区
孙绍庭先生	同上	王分会长士林	特一区地区
陈委员静庵		曹分会长典环	特二区地区

边委员洁清		郑分会长照远	特三区地区
方分会长	日租界分会	吴处长	

津市在野名流

靳总理翼卿	行政区十五号路十四号	董督办佑丞	行政区十九号路十号路口
龚总理仙舟	行政区三十七号路五十二号	杨总长建章	行政区世界里
张总督坚白	行政区七十四号路二〇一号	魏次长海楼	行政区四十四号路八十三号
王总长恩溥	行政区十九号路五十五号	边议长洁清	行政区十号路南胡同十二号
吴议长莲伯	行政区十七号路	翟省长文选	行政区三十七号路协兴里四号
王市长敬三	行政区四十七号路源合里	吴总长秋舫	特一区中街一〇五号
王省长维宙	行政区四十号路九号	齐总长照严	义租界小马路
周总长缉之	行政区小孟庄番多里	齐省长镇严	同上
周议员实之	行政区二十号路一一四号	陆总长绣山	日租界闸口街十一号
金总长伯年	行政区三十七号路一四六号	胡市长若愚	义租界领事馆对过
徐次长端甫	行政区佟楼	曹总长润田	日租界秋山街二三号
孙次长章甫	开滦矿务局	杨次长味云	特一区十八号路三号
张督军辅臣	行政区三十九号路四十四号	庄先生乐峰	法租界花园旁
黄公使子诚	行政区三十五号路七十六号	段先生骏良	行政区三十九号路六十七号

本署友邦职员

丸茂顾问		杉冈专员	教育局
加藤辅佐官		中原专员	宣传处
饭野辅佐官	教育局	冈专业	同上
大城户辅佐官	社会局	田中专员	警察局
村主辅佐官	财政局、警察局	麻生专员	同上
铃木顾问	卫生局	新谷专员	同上
柳田专员	工务局	玉田专员	自来水公司
土井专员	同上	池内主任	警察教练所
山田专员	教育局	松田顾问	

本署

陈秘书长		李局长	财政局
方署长		何局长	教育局
赵参事		刘局长	工务局
张参事		傅局长	卫生局

王参事		卢处长	公用处
蓝局长	社会局	王主任	外事室
阎局长	警察局	蒋主任	秘书

(J0001-2-000841)

509.伪天津特别市公署为饬属前往参观天津英国租界无血进驻一周年纪念展览会事训令各机关

1942年11月26日

为令遵事。查去岁十二月八日为大东亚圣战勃发之日,天津英国租界经友军无血进驻,一时英美敌性努力悉予廓清。兹大东亚战争周年纪念日转瞬即届,本署为期永久铭记当时事绩,特将该日前后有关之一切资料悉数搜罗,经会同新民会天津特别市总会商定,于本年十二月七日至十日假日租界大丸公司内,十二月十二日至十五日假特政区天津俱乐部内,先后相继举办天津英国租界无血进驻一周年纪念展览会,藉以唤起各界观众,共同协力圣战,勇往迈进。除分行外,合行令仰该　遵照并饬属知照,届期按日前往参观为要。此令。

(J0001-2-000841)

510.伪天津特别市公署为请派警维持天津英国租界无血进驻一周年纪念展览会秩序事致日本驻津总领事馆警察署函

1942年11月26日

敬启者:本署现会同新民会天津特别市总会,于本年十二月七日至十日,假贵租界大丸公司内举办天津英国租界无血进驻一周年纪念展览会,招待各界参观。兹以为期日近,相应函请贵署查照,即希届时派警,按日前往维持秩序为荷。此致大日本驻津总领事馆警察署。

市长温世珍

(J0001-2-000841)

511.伪天津特别市公署警察局为奉令调查本市各区并
各租界人口数事呈市长温世珍文

1942年11月28日

　　为呈送事。案奉钧署本年十一月二十四日建亚字第二八四四号训令内开:为令遵事。查本市九区三特别区及日法义三租界并特别行政区,照最近户口调查统共有人口若干,合亟令仰该局按照最近户口调查分别即日详查具报为要。此令。等因。奉此,查本局所辖各市区各特区及水上分局户口,逐日调查,尚属实在。惟特政区及各租界户口无从查填,所有表列数字均系联络所得,未敢认为确实。兹将本月份最近户口调查表一份备文呈请鉴核。谨呈天津特别市市长温。

　　附呈本月份户口调查表一份。

天津全市各局及各租界户口统计表(11月20日)

局别	户数	丁口数		
		男	女	合计
第一分局	31098	116749	61823	178572
第二分局	43042	130887	93246	224133
第三分局	37546	123302	72018	195320
第四分局	12398	34051	27255	61306
第五分局	26426	71401	57285	128686
第六分局	25064	67253	53872	121125
第七分局	42264	107681	91228	198909
第八分局	18350	47766	39096	86862
第九分局	27435	75037	52312	127349
合计	263623	774127	548135	1322262
特一分局	10543	24227	22713	46940
特二分局	5932	21733	14674	36407
特三分局	3720	14375	7427	21802
水上分局	4176	14186	3772	17958
合计	24371	74521	48586	123107
总计	287994	848648	596721	1445369
租界	户	男	女	合计
英				76815
法		59914	29796	89710
日	9504	31066	19172	50238
义	1473	7913	5914	13827
合计				230590
总计				1675959

代理天津特别市公署警察局局长阎家琦

(J0001-2-000534)

512.伪天津特别市公署为饬属参观天津英国租界无血进驻
一周年纪念展览会事训令警察局(建亚字宣壹第181号)

1942年12月4日

为令遵事。查去岁十二月八日为大东亚圣战勃发之日,天津英国租界经友军无血进驻,一时英美敌性势力悉予廓清。兹大东亚战争周年纪念日转瞬即届,本署为永久铭记当时事迹,特将该日前后有关之一切资料悉数搜罗,经会同新民会天津特别市总会商定,于本年十二月七日至十日假日租界大丸公司内,十二月十二日至十五日假特政区天津俱乐部内,先后相继举办天津英国租界无血进驻一周年纪念展览会,藉以唤起各界观众,共同协力圣战,勇往迈进。除分令外,合行令仰该局遵照并饬属暨各保甲一体知照。届期按日前往参观为要。此令。

市长温世珍

(J0040-1-000534)

513.伪天津特别市公署拟英国租界无血进驻一周年纪念展览会开幕日
接待贵宾招待人员名单

1942年12月7日

中原专员、张专员、王科长、鞠科长、李主任、安科员(即当日会场照料员)、余科员(同上)。

除连络新民会届期酌派中日高级职员三四名会同招待外,拟通知外事室王主任届期参加或派员协同招待。

天津英国租界无血进驻一周年纪念展览会每日照料人员名单

(由秘书室第一科合派)

十二月七日,余钝、安维镛;

八日,蔡洪达、孙立旺;

九日,许镜湖、牟玉;

十日,吴子玉、高醒民(以上在日租界大丸公司);

十二日,余钝、刘味书;

十三日,蔡洪达、孙立旺;

十四日,许镜湖、牟玉;

十五日,吴子光、高醒民(以上在特政区天津俱乐部)。

除本处会场照料人员照此规定外,并通知新民会亦按日照派二人协同照料(其中一人亦须善日语者)。

(J0001-2-000841)

514.伪特别市公署警察局为参观天津英国租界无血进驻
一周年纪念展览会事训令各科、处、队、分局

1942年12月9日

　　为训令事。案奉天津特别市公署建亚字宣一第一八一号训令内开:查十二月八日为大东亚圣战勃发之日,天津英国租界经友军无血进驻,一时英美敌性势力悉予廓清。云云。届期按日前往参观为要。等因。奉此,除已先行电传各该分局及分令外,合行令仰该　遵照饬属暨保甲人员按日前往参观为要。此令。

(J0040-1-000534)

515.伪天津特别市公署宣传处为报展览会举办经过情形事呈市长温世珍文

1942年12月19日

　　为签呈事。查本处前准关系方面通知,会同新民会共同主办天津英租界无血进驻一周年纪念展览会(关系方面嘱即作为大东亚战争一周年行事之一)一节,业经拟具实施办法,报请鉴察在案。现此项展览会已于十二月七日至十日在日租界大丸公司,十二日至十五日在特政区天津俱乐部分别举行竣事。计第一次到场参观人数为七千四百人,第二次为二千二百人。对于前往参观之各界民众印象至深,收效甚宏。除此项展览会费用另签呈报外,理合将展览会举办经过情形报请鉴察。谨呈市长。

兼宣传处长陈
(J0001-2-000841)

516.前天津英租界工部局财政状况调查报告

1943年3月15日

报告弁言

　　查特别行政区公署即前旧英租界工部局,该局成立于一八六〇年(即清咸丰十年),英法联军之役天津开埠设立租界。当时只有旧界地亩十段,由中国政府租借九十九年,每年纳租谓之地租,前清时每年由海关道征收,迨至民国由直隶交涉公署征收,民国十八年交涉署裁撤,改由天津市财政局征收,惟业户购地须与英皇家立约有皇冕租(Crown Lease)九十九年。厥后外国侨民在界外地方自由购地,向中国官厅纳税,华人亦份(纷)起购地日见增多,是为新增租界,直至辛丑(清光绪)方始追认。嗣后,根据辛丑条约复行在新增以外开拓地界,是谓推广租界(即今墙子河外之地均是),其纳税情形与新增租界同。关于该租界局财政概况,以调查所得兹分条略述如后:

一、关于该局财政机构组织暨办事细则

查该局办理财政机构之组织章程及办事细则并无条文之规定,其机构甚属简单,以秘书长为主体,各处秉承秘书长之意旨暨事务之需要,每年由会计处编造预算,通过董事会依据开支而已。兹将组织统表列后:

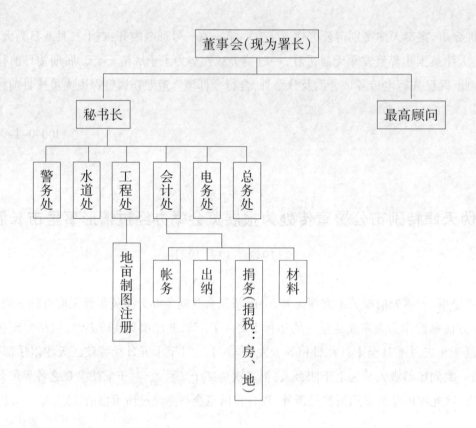

二、三十一、二两年度收支概算

查三十一、二两年度收支概算尚未编就,故详细项目收支状况无从调查,惟查得该局三十年度收入为七,九〇三,六九三.三〇元,支出为六,〇二七,七〇四.六九元。

三、关于各税捐征收章程暨现行办法等项,现颁有"杂项捐及手续费之征收暂行章程"一种,关于该局征收各税均依照办理,兹将该项章程抄录于后:

杂项捐及手续费之征收暂行章程

第一条 在特别行政区公署按本章程第二条领有营业经营业务或其他许可者,及在区内占用或有房产者,或入娱乐场饮食者,皆有纳杂捐手续费及其他捐费之义务。

第二条 杂捐手续费及其他捐费之种类及征收率如下:

(一)登记费

土地所有权之转移登记及永租权之移转登记按公署之所估之地价之【八】百分之三征收,但征收额最多为二百二十五元;土地抵押权之登记,不按地价核算,每件收费二十五元。

(二)娱乐捐

活动、电影、戏剧、音乐及其他奏演,其入场费每人在一元九角以下者征娱乐捐一角,入场费超过二元者征二角。凡跳舞场、宴会场、旅馆、饮食店、茶馆,所售饮食价目按百分之五征收,又旅馆费与其客人之饮食不另抽娱乐捐。

（三）工巡费

房屋之经占用者按房产租价百分之三缴纳。

（四）界石装置费

工料费每只十二元。

（五）建筑审查许可费

甲、洋式建筑

1.每所建筑容积不过二万立方尺者，十五元。

2.增加容积每五千立方尺或不满五千立方尺，五元。

3.已经核准图样如有更改，而与建筑容积无所增加者，五元。

4.建筑物之内部更改，而不更改墙壁者，十元。

5.设图样之计划系多所同样房屋，则第一所房屋图样之审查费，应如上列费率计算，其他各所仅收半费，惟同样房屋座数虽多，其图样审查费之总数不超过一百七十五元。

附注：按第二项之图样审查费之总数不超过七十五元。

乙、中国式建筑

住宅或铺面三间以下十元，十间以下四间以上十五元，每增加一间一元，每段房屋图样审查费之总数不超过一百七十五元。

（六）卫生图样审查费及设备检查手续费

图样审查费：三元至六十元。

设备检查手续费：初次不收费；二次或数次，每次十元至一百五十元。

（七）丧葬手续费

火葬费代备收骨器：一人一百元。

埋葬费工料费：区内居民纳税人及其家族，一人一百元；其他，一人一百五十元。

（八）汽车夫执照费

汽车夫执照：一张五元。

长途汽车夫执照：每年十五元。

（九）住房消毒费：一间四元五角。

（十）各种营业及其他执照费、许可费

马车：每月三元，每年二十七元。

人力车：自用，每年十一元；营业用，每月一元五角。

水车：每月三元五角。

自行车：（天津全市通用）每年一元。

大手把车：（各种）每月三元三角。

小手把车：（胶皮轮带）每月一元五角。

狗捐：每年七元。

小贩棚摊、带桶小贩车、吆唱小贩：每月二元。

电影园剧场：每月二十五元。

送牛乳者及其他之执照：每年一元。

旅馆：每月四十元。

酒类制造厂：每月四百元。

酒馆：每月四十元。

公寓：每年十元。

洋酒贩卖业：每月四十元。

中国酒贩卖业：每月二百元。

当商：每年二百元。

专门职业：每月五元至二十元。

手枪执照费：每支十元，每年更换执照另收五元。

屠杀场：每年一百五十元。

铺捐：每月一元至十元。

营业捐：每月五元至五十元。

（十一）杂费

公署映制特别行政区全图：每张七元。

公署所制[垃]圾箱：每个二十元。

起重机使用费：按货物重量核计每吨缴收五元六角五分，最少缴收四十五元，货物限度不过三十吨。

土地测量费：空地每亩十元，地上有建筑物每亩十五元。

第三条　除地捐、房捐、码头系船使用费、广告捐之外，以下各种捐费手续费另行规定：

诊疗费、手术费、住院费、救护车使用费、电灯费、电力费、水费；道路使用费；汽车费。

四、资产负债表及有无以税捐特借之款项并其经过情形

查该局财政稳固，所有每年收入均有一定之建设事业，支用之每年赢余百余万或数十万元不等，载在董事会报告书内。关于负债项下旧工部局时代借款有民国二十一年发行六厘半公债，计五一八，八八一．一二元，民国二十一年五厘半公债，计九六〇，〇〇〇．〇〇元，民国二十六年六厘公债（不记名）二，七〇〇，〇〇〇．〇〇元，民国二十六年六厘公债（记名）九二二，五〇〇．〇〇元等四种公债，并不以税捐担保。

五、土地之图籍

关于土地之图籍，有特别行政区蓝色影印全图，所有特别行政区之全面积为六，五三九亩。

六、公产之数目

（一）地亩：

旧老租界地亩，一五，七九〇亩，估值洋二四五，一六七．〇〇；

旧扩充界地亩，四五，九七五亩，估值洋三九三，九二〇．三〇；

旧推广界地亩，一七五，一二五亩，估值洋八三三，六七四．四五；

旧租界外地亩，三九九，三六八亩，估值洋三九八，四九〇．五三。

空地：

三号路花园暨建筑物，一八，五〇〇亩；

二十九号路花园暨建筑物,六,一九五亩;

民园,五七,三〇〇亩;

四十五号路小花园,一二,〇二〇亩;

五十六号路花园暨毗连地址,三一,二七〇亩。

塚园地址:

六号路塚园第九段第一百六十六号,一一,二八一亩;

七号路塚园——马厂道路南,一二,五六一亩。

(二)桥梁:现时核估价值一三四,六三二.六三。

(三)房屋:

三号路花园内房屋,估值洋一六,〇八〇.〇五;

特别行政区公署、警务处、保险房暨电务处陈列室,估值洋二一九,八七五.五六;

捐务股公事房,估值洋一,〇〇八.二七;

河坝房屋,估值洋一四八.二五;

码头验货场桶盖,估值洋一九,六八〇.三一;

码头捐公事房,估值洋二,〇七四.〇四;

中国职员餐堂,估值洋一,五一三.九五;

十七号路警务宿舍,估值洋二六,六八九.三六;

职员住房,估值洋五九,五九六.八九;

职员居所,估值洋八七,五一一.六六;

职员居所汽车房,估值洋四,五〇八.四八;

工程处机料厂(十三号路),估值洋一七,二八七.九五;

汽辗房,估值洋二九六.五〇;

四十五号路材料厂,估值洋三,五〇〇.〇〇;

工程机料厂(七十二号路),估值洋五二,八八八.八七;

四十五号路警务处宿舍暨大会所,估值洋三九〇,三六七.四五;

四十七号路警务处分处,估值洋六六,三五五.五七;

四十七号路消防队水龙带潮塔,估值洋四,七五五.八一;

警备队司令部,估值洋二一,九五四.六二;

四十五号路小花园,估值洋一二,二七九.七九;

旧英租界内公共厕所,估值洋四五,二八七.〇五;

七号路塚园火葬炉、休息室、围墙、泄水沟管暨停灵穴,估值洋一六,四七三.七四。

(四)菜市:房屋,估值洋二六八,一四二.六六。

(五)隔离病院:估值洋七九,五六三.八六。

(六)普通医院:估值洋一九六,〇四四.四三。

(七)消防设备:估值洋一,八五三.一五。

(八)游泳池(移交天津体育协会管理):房屋暨机件,估值洋一一二,四五九.四六。

(九)电务处(包括房屋机件等项):流水账结余,洋一,二四六,〇六九.一六。

(十)水道处(包括房屋机件等项):流水账结余,洋一,三五三,四六二.五二。

(十一)耀华学校(包括房地暨设备在内):洋一,六一五,三五二.八七。

(十二)天津英文学堂(包括房地暨设备在内,现为日本女子商业学校占用):洋一,一一五,八一二.三二。

七、关于土地一切税捐率

(一)地亩捐:特别行政区内之地亩捐,概按估定价值百分之一.五征收。

(二)估定房产租值捐:特别行政区内之估定房产租值捐,概按百分之十一征收。

(三)警务捐:按所有占用房产之估定价值百分之三征收,此捐应由房客或占用人按月预缴。

(四)建筑图样审查费:

甲、洋式建筑

1.每所建筑其容积不超过二〇,〇〇〇立方尺者,九元。

2.增加容积每五千立方尺或不满五千立方尺,二元二角五分。

3.已核准图样如有更改而于容积无所增减者,二元二角五分。

4.房屋内部更改与现有墙壁无关者,六元七角五分。否则依照1、2两项收费。

5.设某图所载系多所同样房屋,则第一所房屋图样审查费应依上列费率计算之,其他各所仅收规定费率之半数,惟任何一种多所同样房屋图样审查费总数不得超过一百十二元五角。

附注:任何单所房图之审查费不得超过五十二元五角。

乙、中国式建筑

住房铺面或商行:

三所或不满三所附带下房,六元;

十所或不满十所附带下房,十一元二角五分;

每增加房间一间或房屋一所,七角五分;

每段房屋取费至多不得过一百十二元五角。

附注:为便利计算上列费率起见,每一中国式房屋所占平地面积除院落不计外,以不超过四百方尺为准。

丙、卫生设备项下

核准图样费,每一装具取费一元半,最多以三十元为限;查验卫生设备第一次免费,第二次起每次每一装具收费七元半,至多以一百五十元为限。

丁、杂项

婚丧暨寿事牌楼:七元五角。

牌楼如宽至二十五英尺横过马路者:七十五元。

建筑材料堆积公共道路占地每方码每月应纳费:七角五分。

(五)码头捐:凡经过特别行政区河坝货物均按各货物价值千分之二.五征收码头捐。

(六)坟墓费暨下葬费:

火葬费普通瓮值在内,七十五元。

墓圹暨洋灰边框及下葬费在内,七十五元。

倘修一墓圹需用二穴者,此第二穴之穴价当按二百二十五元核收,除在马厂道塚园已修家族墓或在民国二十二年一月一日前已经购定墓穴者外,嗣后该塚园只备安葬特别行政区住户纳税人或纳税人家族之灵柩。

不在特别行政区居住并不纳特别行政区捐税人之墓圹,暨洋灰边框及下葬费在内,一百十二元五角。倘修一墓圹需用二穴者,此第二穴之穴价当按三百三十七元五角核收。

(七)房屋消毒费:每一房间,四元五角。

八、关于土地登记转移过户之一切办法

(一)地亩转移暨抵押登记费:

地亩转移在本署登记者,均按照本署勘估价值百八分之三收费,以洋六十元为收费最低数目,至洋二百二十五元为收费最高数目,暨由新业主缴纳。

地亩抵押登记无论产业价值一概收费洋二十五元。

(二)测量费:

普通测量,未与建筑地亩,每亩或不满一亩收费七元五角。已有建筑地亩无论上建房屋是否须置图样上,每亩或不满一亩收费十元五角。

九、关于公共设施收费

(一)起重机:

每次起重机至少收费四十五元。若以吨位计算,每起一吨收费五元六角五分。最大重量限制三十吨。

(二)自来水

特别行政区内纳水按左列费率收费:

甲、家常给水:

住宅公事房暨其他普通用水,每千加仑一元二角五分。

乙、巨量给水:

凡"里式"房产公事房暨住宅等之巨量用户,其需水量每月达五〇,〇〇〇加仑或过此数者,按左列费率核收:

五〇,〇〇〇加仑或不满五〇,〇〇〇加仑,每千加仑洋一元二角五分;

五〇,〇〇〇加仑以上至一〇〇,〇〇〇加仑,一元二角;

一〇〇,〇〇〇加仑以上至二〇〇,〇〇〇加仑,一元一角五分;

二〇〇,〇〇〇加仑以上至三〇〇,〇〇〇加仑,一元一角;

三〇〇,〇〇〇加仑以上之数量,一元零五分。

丙、工业给水——纯粹工业暨(或)制造用水:

第一月用水量二五,〇〇〇加仑,每千加仑洋一元;

第二月用水量二五,〇〇〇加仑,九角;

其次五〇,〇〇〇加仑,八角;

其次一〇〇,〇〇〇加仑,七角;

二〇〇,〇〇〇加仑以上之数量,四角五分。

附注:前列家常巨量暨工业用水费率,概按每处设备之水表任何一整月实在计算核收。

丁、水表租费：

每月每表收一元五角至二十元之租费，依水表大小为准。

戊、轮船暨驳船：

凡系靠特别行政区河坝之轮船、拖船及驳船，由河坝水龙头取水，每一吨概按洋一元收费。此费包括水龙头夫役，暨水管通接至轮船贮水舱等费用。

乙、丙两项特别费率只适用于特别行政区内之产业，如用户愿利用此项特别费率，可向十一号路水道处工程师接洽一切。

（三）电流供给费率：

电灯，首次一千度，每度三角五分；一千度以上，三角一分五厘。

电冰箱，一角四分。

暖气，八分。

烹饪，每度八分。

烹饪、暖气、电冰箱合计，每度八分，每月最低收费五元。

电马力，用电量在五十马力为最高限度者，首次一千度每度一角四分，千度以上每度一角二分。

用电量超过五十马力者，首次三千度每度一角二分，三千度以上每度七分。

装用电表每表，每月收租费一元。

每表用电费每月最低限度按一元核收。

（四）医院住院费及手术费（公立医院）：

甲、普通病室：

特别（大室一人专用），贰拾伍元（费同现时）；

优等（小室一人专用），贰拾元（费同现时）；

普通（大室二人或三人共用），拾伍元（新订）。

乙、产科病室：

特别（大室一人专用），贰拾捌元（现时肆拾元）；

优等（小室一人专用），贰拾叁元（现时叁拾元）；

普通（大室二人共用），拾捌元（新订）。

丙、手术费：

大手术使用费，肆拾元（现时叁拾元）；

小手术使用费，贰拾伍元（现时拾伍元）。

（J0055-1-002831）

517.伪南京国民政府①外交部为日使馆宣布日方废止日军移交英租界希望各节事呈行政院文

1943年3月

案查关于日军交还天津、广州两英租界行政权一案，业经本部于上年三月十八日呈报钧院鉴核在案。兹又准日本大使馆函称，当天津、广州两英租界移交之际，曾于昭和十七年三月十一日备函通知日军希望各节，并接准同年三月十四日函复贵国政府表示同意各在案。兹鉴于日政府已采取实行交还日本专管租界之方针，故前次提出之希望既无其必要，即予废止。又，关于该地区内日军所管理之敌国权益之处理，与其在他处同样办理，统希查照。等由。准此，除由本部函复日本大使馆表示谢意外，理合备文呈请钧院鉴核。谨呈行政院院长汪。

外交部部长褚民谊

次长周隆庠代行

（据《天津租界档案选编》，第92页）

518.伪天津特别市公署为改特别行政区为兴亚二区事训令所属各机关

1943年4月9日

为训令事。案查本署特别行政区公署业经奉令撤销，业经通令知照在案。兹规定该区应暂称为兴亚第二区，依照区公所暂行组织规则组设区公所，直隶本署管辖，并设置警察分局隶属于本署警察局。所有该区征收捐税、道路、公园、电气、水道、教育、文化以及其他公共暨福利各项设施，统由本署暨所属主管机关分别办理。除呈报并分行外，合行令仰知照。此令。

王绪高

（据《天津租界档案选编》，第93—94页）

519. 伪天津特别市公署财政局为设税务调查班调查各区征税事呈市长王绪高文

1943年4月15日

案查本市兴亚一、二两区征税事务，亟应遵照钧署令发处理要纲，积极调整。又原特别一、二、三、四区改称之第十、第十一、第十二各区，虽早归市辖，但因历史关系，多沿租界旧制，现既取消特别字

---

① 指汪伪国民政府。

样，改为普通区域，原与警区不同之税务，自当一并调整，以一税制。为期策划万全，经组设税务调查班，遴派关系部分职员，分投切实调查，俾使参酌本市现行章制，委拟调整方案，呈请核定实施。谨将调查班组织办法及工作要项，并遴派职员衔名，分别缮具清单，理合具文呈请鉴核。谨呈天津特别市市长王。

计呈送天津特别市财政局税务调查班组织办法及工作要项一纸、职员名单一纸。

全衔局长李

天津特别市公署财政局税务调查班组织办法及工作要项

一、调查班组织办法

1. 班长一人，由本局征收科长兼任，综理全班事务；

2. 组长三人，由兴亚一区稽征处主任及本局营业税征收处主任、第十区稽征处主任，兼充分任调查各项税捐事务；

3. 组员三十人，就各关系部分职员派兼帮同调查各区征税事务。

二、调查班工作要项

1. 调查兴亚二区房屋税捐实际征收状况及负担情形；

2. 调查兴亚二区土地税捐实际征收状况及负担情形；

3. 调查各普通商店户数及营业情形并缴纳税捐种类数额；

4. 调查各区中西餐馆、饭店、包厨户数及营业情形，并缴纳税捐种类数额；

5. 调查各区娱乐场所数目及营业情形，并缴纳税捐种类数额；

6. 调查各区现行税捐异同情形；

7. 调查各区现行税捐是否合于一般经济状况；

8. 调查各区现行税捐之利弊；

9. 就各区现行税捐之比例编制表报；

10. 就各区现行税捐之利弊拟具调整意见。

天津特别市公署财政局税务调查班契税调查报告表（一）

区别	定率	全年概算数（元）	户数（户）	负担情形	是否合于一般经济状况	现行经征机构	现行办法之利弊	附记
普通区	一至九区买契百分之十二；典契百分之五，官产朴税房契，析产朴税百分之六；十至十二区买契百分之六，典契百分之三，朴税析产百分之三；朴税房契，永租百分之六	2,400,000	无固定户数	一至九区无地捐，税率较重，十至十二区税率较轻，但皆完纳地捐	按之一般经济情形及中央契税条例，一至九区税率似觉稍重	本局地政科地政股	已历经改革，惟手续仍嫌迟滞	
兴亚一区	同普通十至十二区	100,000	同前	平衡	按之经济情形尚不为重	同前	甫经接征，正在调整	原名不动产取得税，定率为千分之十五
兴亚二区	同前	100,000	同前	同前	同前	同前	同前	原仅新增，推广两界
兴亚三区	同前	因无买卖标准尚未拟定	同前	同前	同前	同前	同前	原仅契费，每户五十元
合计		2,600,000						

调整意见：按契税税率各区虽以有无地捐关系不能遽尔画一，但改善办法以期手续简捷，则不容缓，正由主管科股进行。

天津特别市公署财政局税务调查班营业税调查报告表（二）

区别	定率	全年概算数（元）	户数（户）	负担情形	是否合于一般经济状况	现行经征机构	现行办法之利弊	附记
普通一至十二区	改定税率：按营业额课税者自千分之一至千分之十；按资本额课税者自千分之二十三至千分之二十	3,500,000	29,777	按照资本或营业数额课税尚属平允	衡之经济情形亦不为重	营业税征收处及第十一、第十二各稽征处	征收办法逐渐改善尚无不便	原为工巡费之一部
兴亚一区	同前	60,000	617	同前	同前	兴亚一区稽征处	正在筹备改征	原各营业捐定率，分每月五元以下，及五元至十元两项。又当铺捐，每家年纳二百元。戏院及影院捐，月纳二十五元；售卖彩票捐，每季六十七元五角
兴亚二区	同前	218,600	2,173	同前	同前	兴亚二区稽征处	同前	原戏院［捐］，每家月共五十元；当铺捐，每家每月十元；彩票捐，每家每月十五元；外籍铺捐，每家每月自四元至二十元；华籍铺捐，每家每月自二元至四十元；
兴亚三区	同前	1,075,708	4,841	同前	同前	兴亚三区稽征处	同前	每家每月十五元；菜市捐，每月十五元；舞场捐，每月十五元；按地位核定
合计		4,854,308	37,407①					

调整意见：兴亚各区原有营业税捐名称互异，办法亦不一致，普通各区历年档案系由商会、公会汇报。实际情形是否吻合，拟紧核申报情形酌定查办法。

① 档案原文如此，实际合计应为37,408。

天津特别市公署财政局税务调查班牙行营业税调查报告表（三）

区别	定率	全年概算数（元）	户数（户）	负担情形	是否合于一般经济状况	现行经征机构	现行办法之利弊	附记
全市	计值征收：棉花、皮毛均千分之七，粮食千分之五，山干货、油腊、药材均千分之十四，鸡鸭卵、蛋黄白等均千分之二十	2,226,550	随时征收无固定户数	平衡	按此项税务系估价征收，核之时值相差甚巨，负担轻微	棉花、皮毛、鸡鸭卵、鲜货、山干货、粮食药材、蛋黄白等入项由牙行税稽征所征收；牲畜、油腊、鱼类等三项由承征员征收	因津市情形特殊，呈准采用入市征业税与牙行税章未能吻合，致每易发生争议	
合计		2,226,550						

调整意见：

查津市牙行营业税采用入市征收办法，原系因租界林立，政权不一，稽征困难之所致，现在租界已将陆续交还，政权即可统一，似应预筹改善办法，俟租界接收完竣即行实施。兹酌拟办法如后：

一、取消入市征收办法，改为就行征收；

二、取消估价征收办法，改按介绍成交营业额或佣金额征收；

三、厉行牙行营业领帖章程，无帖者不准私自设行成交；

四、统制牙伙实施登记给照，无照者不准私自说合；

五、统治牙行，牙伙营业账簿；

六、应行征税而有统制配给之货物，如棉花、粮食等参照河北省省例委托北支棉花协会、食粮采用社等团体代征。

天津特别市公署财政局税务调查班牙税调查报告表（四）

区别	定率	全年概算数（元）	户数（户）	负担情形	是否合于一般经济状况	现行经征机构	现行办法之利弊	附记
全市	猪牛估价百分之三	96,000	随时征收无固定户数	轻微	按每猪一头估价八元，每牛一只估价八十元，较时值相差悬殊，故负担轻微	牙行税稽征所，屠宰税兼牙税稽征所，稽查分段	循例征收，尚无不便	
合计		96,000						

调整意见：查本市牙税名称在民国二十四年部令整顿案内，早经改为牙行营业税。因本市对猪牛两项，为维持市民肉食起见，有只准入屠宰，不准转卖出境之限制，迄未改革。惟现在猪牛之购运，屠宰已有猪牛业同业公会联合各营办事处，及日华牛业协会组织，单独购运者既属屠宰，零户喂养者亦必归各该组合报屠，似可于屠宰场所集中征收，无设置卡段公投稽征之必要，如将此项税收并入屠宰税内，尤觉简便。

天津特别市公署财政局税务调查班屠宰税费调查报告表（五）

区别	定率	全年概算数（元）	户数（户）	负担情形	是否合于一般经济状况	现行经征机构	现行办法之利弊	附记
全市	屠宰税每猪一元五角，大牛六元五角，小牛三元二角，子牛二元六角，羊五角，驴、马、骡、驴均四元五分	569,277	无固定户数	平衡	按之现时物价甚属轻微	屠宰税兼牙税稽征所	自呈准合并税率化零为整，手续甚为简便	
同前	检查费每猪三角五分，大牛一元三角，小牛、马、骡、驴均六角，子牛三角六分，羊二角四分。放行费大田大牛四匹元八角一分，小牛一元五角，军用牛一元七角，又利猪六角六分，自二十九年四月均加二成	174,000	同前	同前	同前	同前	循例征收尚无不便	
同前	肉市整理费，每猪一分二厘	3,136	同前	同前	同前	肉市收款员	同前	
同前	血料变价，每猪九分，大牛一元六角，小牛八角，子牛四角一分，羊八分	120,000	同前	同前	同前	血料承买员	同前	
合计		866,413						

调整意见：查现行屠宰税率系由多年按量征收之旧额，合并计算按之。现在物价相差二、三十倍之谱，衡之其他照价或营业额课征之税捐，殊觉悬殊，应酌量增加，以照平允。

天津特别市公署财政局税务调查班烟酒牌照税调查报告表（六）

区别	定率	全年概算数（元）	户数（户）	负担情形	是否合于一般经济状况	现行经征机构	现行办法之利弊	附记
普通一至十二区及各兴亚区一部分整卖商	烟类整卖自四十元至二百元，零卖自一元二十元至十四元；酒类整卖自三十二元至六十四元，零卖自一元至十六元；洋酒类整卖分一百元，三十元两级，零卖分二十元，十元两级	64,000	5,542	平衡	原系多年旧率，近虽呈准加倍征收，但较之以营业额课税者负担甚轻	本局烟酒牌照收款室	查此项税务商户散漫，稽征颇难，每季集中，本局完纳亦感不便	
兴亚二区	同前	10,592	150	同前	同前	甫经接征，正在调整	原名经售酒捐照费，分年捐十元，四十元，月捐四十元三种	
合计		74,592	5,692					

调整意见：查此税商户散漫，直接由局稽征，既虞鞭长莫及，考察难周，而边区商户远道纳税往返亦感不便，似宜酌量情形，责成各稽征处按照核定税额就近征收，以利商民而杜偷漏。

天津特别市公署财政局税务调查班土药、土膏特种营业税捐调查报告表（七）

区别	定率	全年概算数（元）	户数（户）	负担情形	是否合于一般经济状况	现行经征机构	现行办法之利弊	附记
	土药特种营业税每两五角，土店铺捐月纳五十元，膏店执照费附捐月纳三十元，售膏所执照费附捐每灯月纳十元，药牙吸户执灯月纳十五元，药牙加正营业费五成	899,000	时有增减，无固定户数	平衡	寓禁于征仍嫌轻微	本局土药特种营业税捐收款室	征收手续尚无不便，维缉私殊感困难	
合计		899,000						

调整意见：查兴亚一、二两区妓馆、饭店设灯供客者，所在皆是，而毫无税捐负担，既背政令，尤损税收。似应与禁烟局联络，或予严格禁止，或准领照捐征，以辅禁政而裕收入。

天津特别市公署财政局税务局调查班特种营业捐调查报告表（八）

区别	定率	全年概算数（元）	户数（户）	负担情形	是否合于一般经济状况	现行经征机构	现行办法之利弊	附记
普通第九区	由一等月纳二百元至七等月纳五角	32,000	828	平衡	按照经济情形并不为重	捐务征收所	甫在筹备改征	原名铺捐，由头等月纳四十元至十四等月纳三角，二十九年四月起呈准加征二成
普通第十区	同前	9,144	40	同前	同前	第十区稽征处	同前	原名铺捐由头等月纳五十元至十二等月纳一元，同前加二成
普通第十一区	同前	358	75	同前	同前	第十一区稽征处	同前	原名铺捐，由头等月纳三十元二角至五等月纳二角，八等月纳四角，又烧锅头等，月纳一百三十元，二等月纳七十元三角，同前加二成，再按现在该区纳捐户数全年实征约四千八百元
普通第十二区	同前	8,109	33	同前	同前	第十二区稽征处	同前	原名铺捐，由头等月纳七十元至六等月纳七元，又洋酒店一等月纳十元五角，二等月纳七元五角，同前加二成
兴亚一区	同前	15,800	650	同前	同前	兴亚一区稽征处	同前	原在工巡费内，又行商课金定率每月一元至一元五角
兴亚二区	同前	42,958	1,050	同前	同前	兴亚二区稽征处	同前	原名酒铺捐，分年捐四百元，四十元，月捐四十元十元四种，又小贩捐每人每月一元二元
兴亚三区	同前	59,511	1,400	同前	同前	兴亚三区稽征处	同前	原名酒捐，每月自六元至三十元，又小贩捐每月二元至五元，固定商每月一元二至五元
合计		267,880	4,076					

天津特别市公署财政局税务局调查班房捐调查报告表（九）

区别	定率	全年概算数（元）	户数（户）	负担情形	是否合于一般经济状况	现行经征机构	现行办法之利弊	附记
普通第一至第九区	房租百分之六	1,616,124	38,227	新租者多合定率，旧租者负担较轻	衡之经济情况，负担并不为重	捐务征收所	捐务征收所经营捐务有七八种之多，除于第六区设一分所外，统由该所处理，故每值输将踊跃之时，不免拥挤，守候及办事迟缓情事	
普通第十区	同前	57,624	1,146	同前	同前	第十区稽征处	工作办法尚属适当	
普通第十一区	同前	61,003	1,814	同前	同前	第十一区稽征处	同前	
普通第十二区	同前	106,802	249	同前	同前	第十二区稽征处	该区均系年年捐手续至为简便	
兴亚一区	同前	420,000	617	从前系由居留民团随时核定	同前	兴亚一区稽征处	甫经接征，正在调整	原名家屋税，定率为房租百分之四
兴亚二区	同前	1,240,000	1,370	从前系由房地估价征收，因马路开展，租价变迁，不无偏枯之处，对英美人捐额无多，符情口减	同前	兴亚二区稽征处	同前	原率已开辟马路之处百分之十一，未开辟马路之处百分之九
兴亚三区	同前	1,141,391	779	按季自行申报，不无取巧少报情事	同前	兴亚三区稽征处	同前	原名房租捐，定率为房租百分之十六
合计		4,642,944	44,202					

调整意见：

一、关于征收机构者：似宜就普通一至九区增设捐务分所，俾利输将，或一律裁改要设稽征处，以昭划一。

二、关于经征手续者：查各区现行纳捐期间，分为按年、按半年、按季、按月四种，以按月纳捐者占最多数，手续繁颐，胥由于此，复按交纳捐者皆有产阶级，似宜将月纳捐各户一律改为按季交纳，以昭简便。

三、关于平衡负担者：按捐户负担情形，既难免偏枯，于市库征收，亦不无影响，似宜仿照契税标准地价成例调查各区房屋坐落地，照建筑情形，房间面积规定标准房租，藉均负担，一面拟定对三房东或二房东征捐办法，以裕收入而昭公允。

天津特别市公署财政局税务调查班房捐调查报告表(十)

区别	定率	全年概算数(元)	户数(户)	负捐情形	是否合于一般经济状况	现行经征机构	现行办法之利弊	附记
普通第十区	本段按地价百分之一,西段每亩征银五两,吹泥垫地捐率与西段地捐同,二十九年四月奉令加征二成	94,404	939	西段地多开辟,捐率仍旧,负担较轻,至现行地捐估价与实际地价所差尤巨	衡之经济情形,负担并不为重	第十区稽征处	征收手续尚属简便	
普通第十一区	地价百分之一,连二十九年加征二成,共百分之一.二	20,344	169	现行地捐估价与实际地价相差颇巨	同前	第十一区稽征处	同前	
普通第十二区	地价百分之一.二	119,407	675	同前	同前	第十二区稽征处	同前	
兴亚一区	同前	130,000	549	同前	同前	兴亚一区稽征处	甫经接征,正在调整	原名土地税,定率为地价千分之六
兴亚二区	同前	475,000	1,524	同前	同前	兴亚二区稽征处	同前	原率为地价百分之一.五
兴亚三区	同前	388,000	779	同前	同前	兴亚三区稽征处	同前	原名地租税,定率为地价百分之二
合计		1,227,155	4,635					

调整意见:

查本市普通第一至九区均无地捐,普通第十至十二各区及兴亚各区系沿租界旧历征收地捐,兹查得各区地捐每亩估价如左:

一,普通第十区最高五千余元,最低二千余元。

二,普通第十一区最高一万余元,最低三千余元。

三,普通第十二区最高一万余元,最低六百余元。

四,兴亚第一区前由居留民团核定,现正通告各捐户根据旧额申报注册。

五,兴亚第二区最高二万七千余元,最低三万七千余元。

六,兴亚第三区最高二万五千元,最低二万二千元。

据上列各区地捐估价核之实际地价,相差甚巨,损失捐收殊非浅鲜。且兴亚各区因调整捐率关系,尤有另行估定之必要,似应参照契税标准地价成案,现就原率较高之兴亚二,三两区着手查估,继续将兴亚一区及普通第十,十一,十二各区调整捐率,以称捐收而符实际。

天津特别市公署财政局税务调查班游兴娱乐捐调查报告表（十一）

区别	定率	全年概算数（元）	户数（户）	负担情形	是否合于一般经济状况	现行经征机构	现行办法之利弊	附记
普通一至十二区	券价或定价百分之十五	400,000	随券价或定价征收，无固定户数	平衡	此项捐款征自经济优裕之娱乐者，取不伤廉	捐务征收所	此项捐务照章责成各娱乐场所及乐户代征，因代征者学识多数短浅，每难吻合手续，稽征既感困难，致易滋生流弊	按此项三十二年度概算原则，六十万元内有前法租界协款二十万元，现在法租界已改兴亚三区，是项收入另列于后，故于剔除
兴亚一区	同前	160,000	同前	同前	同前	兴亚一区稽征处	甫经接征，正在调整	原名游兴饮食税及观览税，定率金百分之十至四十
兴亚二区	同前	32,000	同前	同前	同前	兴亚二区稽征处	同前	原名游兴捐，定率入场券二元以下一角，二元以上二角
兴亚三区	同前	514,500	同前	同前	同前	兴亚三区稽征处	同前	原名奢侈捐，戏院影院门票五角以上一元以下五分，二元以下一角，二元以上二角
合计		1,106,500						

调整意见：

一、关于娱乐场所者：限制各娱乐场所，除执行弹压职务人员外，应一律进门买票，对号入座。按票缴捐，不得藉词减免。

二、关于乐户者：援照前日租界即现兴亚一区成例，就妓女营业情形，酌定月纳捐额以省手续而杜流弊，如有溢征，对于该代征娱乐户酌予提奖，以示鼓励而裕收入。

天津特别市公署财政局税务调查班筵席捐调查报告表(十二)

区别	定率	全年概算数(元)	户数(户)	负担情形	是否合于一般经济状况	现行经征机构	现行办法之利弊	附记
普通一至十二区	菜价四元以上未满十元者百分之十，其十元以上者百分之十五	372,000	随菜价征收，无固定户数	平衡	此捐款征自宴客之户，经济相当优裕，取不伤廉	捐务征收所	对于较大饭馆代征捐款，稽察尚易，小饭馆包席馆则稽征颇感困难，又单人包厨及自买自做者漫无限制，尤难稽考	按此项三十二年概算，原列六万七千二百元以内，有前法租界代征款约三十万元，现在法租界已改兴亚三区，是项收入另列于兴亚三区，故予剔除
兴亚一区	同前	57,000	同前	同前	同前	兴亚一区稽征处	甫经接征，正在调整	原名游兴饮食税，定率为饮食料金百分之十至二十
兴亚二区	同前	48,000	同前	同前	同前	兴亚二区稽征处	同前	原名饮食捐定率一元以上百分之五
兴亚三区	同前	563,753	同前	同前	同前	兴亚三区稽征处	同前	原各奢侈捐，照本市定律征收
合计		1,040,753						

调整意见：

一、统制包厨：各包席馆固应遵章办理，其单人包厨亦当遵期取得登记证；凡无登记证，发给登记证，违者照章取缔，予以相当惩罚。

二、限制自做：因固定章对于自买自做者有准于免捐之规定，致多数红白寿事等亦藉口自买自做，避免纳捐，影响收入殊非浅鲜，似宜对于自买自做者加以限制，凡红白寿事及成桌筵席在两桌以上一律征捐，以杜取巧而裕税收。

天津特别市公署财政局税务调查班乐户捐调查报告表（十三）

区别	定率	全年概算数（元）	户数（户）	负担情形	是否合于一般经济状况	现行经征机构	现行办法之利弊	附记
普通一至九区	门牌捐每月头等二十元，二等十元，三等五元；妓捐每月头等红妓四元，青妓二元，二等红妓三元，青妓一元五角，三等不分青红均一元五角；二十九年四月呈准加征二成	76,000	416	平衡	按照经济情形负担，尚不为重	捐务征收所	循序办理，尚无不便	
普通第十区	乐户每月自一等一百六十元至六等三十元，妓女月捐五元	3,460	6	较之一至九区负担似稍偏枯	同前	第十区稽征处	同前	
兴亚一区	同普通一至九区	32,000	122	平衡	同前	兴亚一区稽征处	甫经接征，正在调整	原无娱户捐，仅特殊营业者税，即妓捐定率为每人每月二元至四元
兴亚三区	妓女每人月捐十元	117,864	系寄居饭店散妓，无乐户	同前	同前	兴亚三区稽征处	同前	原名特别捐，定率同上，因无乐户捐故仍旧
合计		229,324	544					

调整意见：各区乐户捐及妓捐加成与否，既不相同，捐率亦不相同，似宜将加成并人捐率，另行规定，以免分歧。

天津特别市公署财政局税务调查班码头捐调查报告表(十四)

区别	定率	全年概算数(元)	户数(户)	负担情形	是否合于一般经济状况	现行经征机构	现行办法之利弊	附记
普通第十区	码头费每吨四分五厘,停泊费每次三十两及三十五两,过期费每日一元四角八分三厘及每件一角四分八厘	43,256	随时征收无固定户数	轻微	衡之经济情形,亦不为重	第十区稽征处	循例办理,尚属适当	
普通第十二区	轮船每次由二十五两至四十五两,系船费每次六两,占地捐每方又一元,靠岸捐自三十两至三十五两又一元,木筏每十元方丈一元,带摆费每次七元四角每分,进口捐,出口捐均按货价抽千分之一	21,652	同前	同前	同前	第十二区稽征处	同前	
兴亚三区	轮船每次由四十五元至五十二元,货船等由七元五角至十五元,拖船每吨七分五厘,货物停泊费每包每日一分五厘,小船每次每包至三元,月捐二元,进出口捐五角至三元,月捐二元,进出口捐每货价千元收一元	331,906	同前	同前	同前	兴亚三区稽征所	甫经接征,正在调查	
合计		396,814						

调整意见:查各区码头捐名称互异,定率不一,或应加以调整,以免分歧,似可俟兴亚三区码头捐恢复征收及又租界接受交通盘筹划,另行改订,俾昭一律。

天津特别市公署财政局税务调查班船捐调查报告表（十五）

区别	定率	全年概算数（元）	户数（户）	负担情形	是否合于一般经济状况	现行经征机构	现行办法之利弊	附记
普通第十一区	摆渡头等每月二元一角，二等每月一元五角；木筏每月一元三角	43	时有更易，户名无定	捐虽无多，迹近苛细	衡之经济情形，亦不为重	第十一区稽征处	循例办理，尚无不便	
普通第十二区	驳船每次四元，轮船自十五元至三十元	2,028	随时完纳，无固定户数	轻微	同前	第十二区稽征处	同前	
合计		2,071						

调整意见：

一、普通第十一区船捐征自贫苦摆渡，迹近苛细，似宜废除。

二、普通第十二区船捐与码头捐性质相仿，似可归入码头捐内统筹调整。

天津特别市公署财政局税务调查班水捐调查报告表（十六）

区别	定率	全年概算数（元）	户数（户）	负担情形	是否合于一般经济状况	现行经征机构	现行办法之利弊	附记
普通第一至十二区	自头等纳六百元至四等年纳三百元	5,000	17	平衡	按照现时水价负担，甚属轻微	本局捐务股	此项营业作辍不时，稽察颇属困难，催征亦感疲滞	
合计		5,000	17					

调整意见：查此项捐户应属之营业税章内之营业水业，当二十八年诸恢复征收之时，曾经声明俟营业税办理就绪，即改从营业税率征收。现在本市营业税既已普及征收定章税率，亦经呈请修正，而此项捐务稽征复多困难，似可于修正营业税章程恢草税率奉准实行后，即予改正，以符原案而画一税制。

天津特别市公署财政局税务调查班砖瓦捐调查报告表（十七）

区别	定率	全年概算数（元）	户数（户）	负担情形	是否合于一般经济状况	现行经征机构	现行办法之利弊	附记
全市	值价百分之三	60,000	31	平衡	按照经济情形负担，并不为重	捐务征收所	与天津县联络，就组合征收尚属便利	
合计		60,000	31					

调整意见：此项捐务与县区有联系关系，似应照原案定章办理。

天津特别市公署财政局税务调查班送奶人捐调查报告表（十八）

区别	定率	全年概算数（元）	户数（户）	负担情形	是否合于一般经济状况	现行征收机构	现行办法之利弊	附记
兴亚二区	每年一元	50	50	奶业已纳营业税，对送奶人再收捐款似嫌重复	按之经济情形，自甚轻微	兴亚二区稽征处	循例办理，尚无不便	
合计		50	50					

调整意见：似应废除，以免重复。至此为易于识别，至如为干送奶房自制膺章，限令佩带。

天津特别市公署财政局税务调查班登记注册费调查报告表（十九）

区别	定率	全年概算数	户数	负担情形	是否合于一般经济状况	现行经征机构	现行办法之利弊	附记
普通一至九区	移转登记千分之三，普通登记千分之二	54,220元	无固定户数	平衡	按之经济情形，并不为重	本局地政科地政股	循例办理，尚无不便	
普通第十区	过户注册费本段千分之三，西段百分之三	21,043	同前	本段较西段相差六分之五，似欠平衡	同前	第十区稽征处	同前	
普通第十一区	过户或抵押注册费，地册千分之五，捐牌千分之三	1,579	同前	因地势关系，略有区别，尚属平允	同前	第十一区稽征处	同前	
普通第十二区	注册费华人买卖千分之十，洋人永租千分之三	3,192	同前	平衡	同前	第十二区稽征处	同前	
兴亚二区	移转登记八百分之三，最多二百五十元，最少六十元，抵押登记每件二十五元	8,000	同前	同前	同前	兴亚二区稽征处	甫经接征，正在调整	
兴亚三区	契价千分之五	500	同前	同前	同前	兴亚三区稽征处	同前	原每户特别费五十元，注册费一百八十元零五角
合计		88,534						

调整意见：查现在旧有特别区区已改为普通区，租界亦将完全交还，政权即可统一。如在财政局业经投税登记之户，再向所属稽征处交费注册，负担既嫌重复，体制亦有未合，似宜将财政局登记费酌量增加，各区注册费一律取消，以明系统而维度支。

天津特别市公署财政局税务调查班清洁费调查报告表（二十）

区别	定率	全年概算数（元）	户数（户）	负担情形	是否合于一般经济状况	现行经征机构	现行办法之利弊	附记
普通一至九区	每房一所月纳二角至四元	220,000	按所征收户数增减无定	轻微	按之经济情形，并不为重	各该区警察分局代征	由警察按所收款，尚无不便	
普通第十区	清洁公司公益捐每月四百十元；秽水费甲等三元，乙等二元，丙等一元	11,082		同前	同前	第十区稽征处	循例征收，尚无不便	
普通第十一区	包商认交	720		同前	同前	第十一区稽征处		
普通第十二区	同前	4,320		同前	同前	第十二区稽征处	同前	
兴亚一区	照兴亚一区卫生费原率征收	90,000		同前	同前	兴亚一区稽征处	甫经接征，正在调整	原名卫生费
兴亚二区	房租百分之三	310,000		平衡	同前	兴亚二区稽征处	同前	原名警务捐
兴亚三区	正在拟定					兴亚三区稽征处		该区原无是项收入
合计		636,122						

调整意见：查各区清洁费定率既不一致，征收办法亦不相同，亟应统筹调整，以昭一律而均负担。

（J0055-1-000114）

520.伪天津市商会为补领营业执照办法证明书事
致拆卸旧物料业同业公会函

1943年7月8日

径启者：案奉天津特别市公署六月二十九日建国字社二第二零五号训令内开，为令遵事。查兴亚一、二、三区业经本署先后接收完竣，所有各该区域内之商号已开业，而未领有营业执照者甚多，殊与定章不合，兹由本署规定补领营业执照办法七条，限于三个月内来署呈报办理。除布告并分令外，合行检同办法及证明书式样令仰遵照，并转饬所属会员各商号遵限来署呈报补领营业执照，是为至要。此令。等因。附发补领营业执照办法及证明书式样。奉此，除分函外，相应抄同补领营业执照办法及证明书式样，函请查照转知各会员遵限呈报办理为荷。此致拆卸旧物料业同业公会。

附抄发补领营业执照办法证明书式样各一份。

天津市商会启

七月八日

兴亚一、二、三区商号补领营业执照办法

一、凡在租界返还以前开业之商号，限于三个月内一律补领营业执照，其新开业者不在此限。

二、商号请领营业执照应呈验前工部局所发之捐照，如无捐照即按新开业办理。

三、请领营业执照之商号，应持工部局所发捐照向区公所领取证明书，逐项填明，连同捐照一并送呈本署（证明书式样附后），不必再具呈文，以省手续。

四、本署社会局第二科收到前项证明书及捐照，审核相符，即通知该商号领取三联单声请书，依式填明，取具资本相等之铺保，连同应缴照费，一并呈递，以凭兑保填发营业执照。

五、营业执照填竣，立即通知商号，具领商号接到通知，应携带铺章及印花费二元来本署社会局第二科领取执照。

六、各商号倘不遵照本办法，于三个月期限内办理上项手续，即以无照营业论照章处罚。

七、有约国人经营之商业，暂不适用本办法之规定。

(J0129-2-001988)

521.伪天津特别市公署财政局税捐调查班调查员清查兴亚各区
房地捐及商号营业情形注意事项

1943年9月3日

一、关于房地捐者分述如后：

（一）挨户清查。依据地段、地号、路、街、巷、里及警察区所门牌号数，参照业户申报单，无论官、公、

私有,均应照后列办法,挨户清查之。

1.衙署、学校、祠堂、庙宇及其他公共处所,如经照章或呈准免捐者,于调查表附记栏内注明报告,但系租赁者,仍照通常手续办理。

2.全部自用者,核对或索阅业户报告单,并调验捐照,察看地形及房间数目是否相符,有无漏捐之房,对于旁门跨院之类似通衢之处尤应特别注意,以杜朦(蒙)混隐匿。如无不符情事,即于捐照上注明验讫字样,盖戳发还。倘有漏捐情事,即查明其间数若干,按照时值应估租价若干,记入调查表附记栏内,以凭核办。其业主姓名填列之时,务要准确,勿用同音之字替代,免生错误。

3.一部份出租者,其调查手续与前列(二)项同,但须询明租户承租房地若干、租价若干,并调验租折、租据,暨令承租人出具实交租价切结,附送查核。如有转租情事,应一并查明,取具切结,仍于调查表附记栏内分别声注。

4.全部出租者,其调查手续与前列(三)项相同。

5.捐名不符者。一户之内由历年增添房地,随时报捐或曾经典质分捐,回赎后迄未归并,致有二纸以上之捐照,及捐照为其先人名义,或堂名、别号,与现在业主人名不符者,均应查明,详记于调查表附记栏内,以凭核办。

6.新盖房屋。遇有新盖房屋,须向业主索验建筑执照,查明工竣日期、房间情形、填注调查表内。如业主不在该处,无从索验建筑执照者,即询明业主住址报请核办。

(二)编钉房捐门牌。房捐门牌,每段皆自一号起,普通调查员调查时,随时指导警士挨户编订,不得遗漏。办法如左:

1.一户一门者,钉于该户正门明显之处,警察门牌下方,遇有地位窄小者,警察门牌如钉于左方,此项门牌可钉于右方,以易于识别,不致与警察门牌混淆为原则。

2.有旁门、后门者,一户有两个以上之街门者,应于所带空白门牌上,书明某号旁门,或后门字样,倘旁门、后门在二个以上时,于旁门或后门下再加一、二等字。

3.一门有二家以上之捐户者,如一大门之内有二家以上之住户,必须分别缴纳房捐者,则分别编为副号,在大门外钉一正门牌,在捐照及调查表房捐门牌号数下,分注天字或地、元、黄等字,无庸另钉门牌。

二、关于商号营业情形者,分述如后:

(一)挨户清查。依据地段、路、街、里、巷及警察区所门牌号数,参之各商户申请书,照后列办法,挨户清查。

1.商号名称。与申请书及原捐照是否相符,如有不符,询明原因,于调查表附记栏内详细声注。

2.商户性质。系制造、贩卖、门市营业或内局批发,以及专营、兼营,是否另设有宿舍、货栈。如为工厂之营业部,并应查明制造厂之名称及地址,调查表各栏未能详尽者,于附记栏内注明之。

3.经营业类。专营某业或兼营何种商业,以何项为大宗,应就其营业账簿详切考查,不可仅听商人声报及招牌揭示,以昭核实,而杜取巧。

4.资本额。对于资本额之计算,凡资本金、公积金、护本金、流动金、房产、机器、家具,及其他供营业实际运用之财产均属之。应就商户之资金账即万金账,及资产负债表等详查之,查毕后由原调查员于表簿上逐一盖章,以防抽换,而杜透卸。

5.营业额。以三十一年度为标准,应详查具三十年度货物盘存及三十一年度货物流水、银钱流水,并货物盘存各账、年结数目，但三十二年度新开业者，即就本年度各月营业情形查报。各账查毕后，由原调查员逐一盖章。

（二）发给查讫证。每查讫一家，应发给查讫证一纸，使贴于明显之处，以资标识。

三、各级调查员执行前项任务时，态度务宜和平，手续力求敏速，以利进行而促效率。

四、各级调查员执行前项任务时，商户如有询问事项，务当详为解答，期使明了，俾利进行。

五、各级调查员执行前项任务时，如商户有拒绝调查情事，应妥为开导，期就范围，设仍顽强不遵，即据实报告以凭核办，不得操切从事，或为意气争执，致生枝节。

（J0055-1-000114）

522.伪天津特别市公署财政局税捐调查班调查员服务须知

1943年9月3日

一、本须知依据天津特别市公署财政局税捐调查班组织规程及办事细则，关于调查员服务各条规定之。

二、调查员分普通、高级两种，其配备及任务如左：

1.普通调查员，每三人为一组，负初步调查工作。

2.高级调查员，每二人为一组，负复查、抽查或特派调查工作。

三、调查员调查事项，由班长秉承局长之命支配之。

四、调查员执行职务时，应持据调查证，着用制服，并佩戴服务机关之徽章及提示身份证明书。但普通调查员无制服、徽章及身份证明书者，得以财政局盖印之臂章代之，并酌调警士向导调查，以免误会。

五、调查员出发调查前，应先请领调查表、日记本及其他需要物品，以备应用。

六、调查员实施调查时，应按照规定路线，或指派处所，依据规定或指定办法，向商户详细询问考证，态度务宜和蔼，手续务求敏速，不得有傲慢刁难情事。

七、普通调查员每日调查事件，应填列调查表及工作日记，送呈调查主任查核。

八、高级调查员对于复查或抽查事件，应先向主管处所检取册档，详加核对，有无不符情事，再行实施复查或抽查。每件查核旧档及调查经过，应具签说明，并填具工作日记，交由调查主任汇转，但特派调查之件得不核对旧档，径行查报。

九、调查员执行职务时，各商户如有询问事项，应详为解答，不得拒绝。

十、调查员执行职务时，如各商户有拒绝调查情事，应妥为开导。倘仍违抗不遵，即一面报告调查主任或班长核办，一面另查他户，不得操切从事，致生枝节而误工作。

十一、调查员对于查报事件，务应详实，如果成绩优良，即酌予奖叙，倘有违法渎职情事，察酌情节，分别惩处，其奖惩办法另定之。

十二、本须知仅撮服务要点，一切详细办法，应秉承各级长官之命令办理。

（J0055-1-000114）

523.伪天津特别市公署财政局为税捐调查班现经成立事布告

1943年9月5日

案查本市兴亚各区征税事务,业经本局接管征收,为期革新税政平衡负担起见,奉市公署令,组设税捐调查班,先就各该区房地捐,及商号营业情形,实施调查,用备调整。现在前项税捐调查班业已组织成立,定于九月十一日起由兴亚三区开始调查。至此项调查员计分普通、高级两班,普通调查员每三人为一组,负初步调查工作,高级调查员每两人为一组,负复查或抽查责任。该调查员等均持有粘贴像片之调查证,普通调查员带有本局盖印之臂章,高级调查员均着用制服,佩有本局徽章,以资识别。除分别函令各关系机构协助进行并登报通告外,合行布告周知,仰各区商号、住户于调查员到达时,应就调查事项,据实详细签复,如索阅捐照账簿,应随时检出,当面查验,不得稍涉隐匿。各调查员倘有藉端需索情事,准由该商民指名举发,一经查实,定予严惩。如果调查之人并未持有调查证等件,即属冒充,应速扭送来局,定行依法究办,决不宽贷。

此布。

(J0055-1-000114)

524.伪天津特别市政府①为议决通过税捐调查班组织规程及办事细则事训令财政局

1943年11月26日

为训令事。案查前据该局呈拟税捐调查班组织规程及办事细则一案,业经提出市政会议第一百零一次例会议决修正通过,并将原章则呈奉华北政务委员会。政法字第三九七四号指令内开,呈暨附件均悉,当以案关税捐,据情令行财务总署遵照核议具复候夺去后,兹据该总署以遵经详加审核,查津市财政局此次接管兴亚各区征税事务,为调查税捐征收状况,彻底清查以期平衡负担,充裕库收,加派专任人员组织税捐调查班负责办理,自属正当办法,详核所拟规程及办事细则内容亦尚妥适可行。惟此次组织调查班既为剔除弊端,调整税收起见,在此实施时期,最易发生请托徇情,需索受贿等情事,拟于原细则第十三条内原拟调查班兴商民间之防弊办法,加以从严规定,以利推行而杜流弊等情,并附修正条文具复到会。经核所复洵属允当,自应照办,除指令外,合行抄发原修正条文,仰即遵照修正施行。仍将遵办情形分别呈咨备查。附件存。此令。等因。附抄发财务总署修正条文一纸。奉此,遵将办事细则第十三条条文予以修正,连同组织规程一并于十一月二十四日公布施行。除呈报华北政务委员会并咨请经济总署备案暨分行外,合行抄发原章则各一份,令仰该局遵照办理。此令。

计抄发天津特别市政府财政局税捐调查班组织规程及办事细则各一份。

张仁蠡

---

① 该件档案的文头经由"天津特别市公署"人为涂改成"天津特别市政府"。

天津特别市政府财政局税捐调查班组织规程

第一条　本局为调整全市税捐起见,得随时组设税捐调查班(以下简称调查班)。

第二条　调查班调查税捐种类如左:

一、房捐;

二、地捐;

三、营业税;

四、牙行营业税;

五、清洁费;

六、筵席捐;

七、牙税;

八、屠宰税(包括检验放行费等);

九、烟酒牌照税;

十、游兴娱乐税;

十一、契税(包括注册登记费等);

十二、特种营业税(现正就免课营业税向纳铺捐、营业捐各户通知改征);

十三、乐户捐;

十四、妓捐;

十五、码头捐(包括码头一切捐费);

十六、土药特种营业税(包括土店铺捐、膏店及售吸所并鸦片吸户各项执照费附捐);

十七、车捐;

十八、砖瓦捐;

十九、冰窖捐;

二十、其他兴亚各区及前特别区改称之第十、第十一、第十二各区稽征处各项杂税收入。

第三条　调查班职掌如左:

一、关于现行税捐实际征收状况之调查事项;

二、关于现行税捐各区异同情形之调查事项;

三、关于现行税捐种目、类别、课纳标准之调查事项;

四、关于现行税捐对于商民负担能力是否平衡之调查事项;

五、关于现行税捐是否合于一般经济状况之调查事项;

六、其他奉派调查事项。

第四条　调查班置班长一员,由局长呈请市长遴员派充,综理全班事务;

第五条　调查班置副班长二员,由本局征收科科长、审核科科长兼任,会同班长处理事务;

第六条　调查班置事务主任、调查主任各一员,由局长遴员呈请市长派充,承班长、副班长之命分任该管事务;

第七条　调查班置事务员若干员,由局长遴员呈请派充或就本局及各附属机关职员中遴派兼充,承各级长官之命分任内勤事务；

第八条　调查班置高级调查员若干员，由局长就本局科员以上及各附属机关重要职员中遴派兼充，承各级长官之命，分任复查、抽查及特派调查事务；

第九条　调查班置普通调查员若干员，由局招考高中或相当程度学校毕业之学员，施以短期训练后呈请派充，承各级长官之命分任清查、调查各项工作；

第十条　调查班因事务之必要，得酌用打字员雇员若干员，承各级长官之命分任核算、缮校及编制底册各项事务；

第十一条　调查班因领导调查，得由局函请警察局调派警士；

第十二条　调查班兼职员警概不另支薪饷，但因事务之必要得酌给津贴；

第十三条　调查班办事细则另订之；

第十四条　本规程如有未尽事宜，得随时提请市政会议修正之；

第十五条　本规程自公布日施行。

（市政会议第一百零一次例会议决修正通过。中华民国三十二年十一月二十四日公布。）

天津特别市政府财政局税捐调查班办事细则

第一条　本细则依天津特别市政府财政局税捐调查班组织规程第十三条规定之。

第二条　调查班设于财政局内，一切文件以财政局名义行之。

第三条　调查班于必要时得签请局长核准，在执行职务附近之稽征处所临时办公。

第四条　各级调查员出发调查时，均应携带调查证，于调查终了时缴销之。

第五条　各级调查员出发调查时，除局长或由班长签经局长特派调查事件外，应先划定路线，配备成组，全组同时出发，不得单独行动，并预行商调警察协助调查。

第六条　各级调查员实施调查时，须依指定办法向商民详细询问考证，态度务宜和蔼，不得藉势凌人。

第七条　普通调查员每日调查事件应填列调查表，送由调查主任核明，汇呈班长分交高级调查员复查或抽查。

第八条　高级调查员接到复查或抽查文件，应即向主管处所检取档册，详加核对，有无不符情事，再行实施复查或抽查。俟调查完竣，将查核旧档及调查经过加签说明，交由调查主任汇送班长查核。

第九条　各级调查员执行职务时，如各商户有拒绝调查情事，应妥为解释开导，设仍违抗不遵，即报告班长核办，由班长酌量情形签请局长或派调查主任处理之。

第十条　调查班长接阅高级调查员调查报告后，应察酌情形交由事务主任随时签请局长核办，但大举调查或清查之案，得按旬报告工作情形，俟事后汇总结报。

第四部分　租界的接收

525.中英关于取消英国在华治外法权及其有关特权条约

1943年1月11日,重庆

中华民国国民政府主席阁下、大不列颠爱尔兰及海外诸自治领君主兼印度皇帝陛下,愿以友好精神使两国间之一般关系更为明显,并借以解决若干与在中国之管辖权有关事件起见,订立本约,为此各派全权代表如下:

中华民国国民政府主席阁下特派中华民国外交部长宋子文为全权代表;

大不列颠爱尔兰及海外诸自治领君主兼印度皇帝陛下(此后简称英王陛下)为大不列颠北爱尔兰联合王国特派英王陛下钦命驻中华民国全权大使薛穆爵士为全权代表;

印度特派黎吉生先生为全权代表;

各全权代表各将所奉全权证书互相校阅,均属妥善,议定条款如左:

第一条

(一)本约所适用之缔约双方领土,在中华民国国民政府主席阁下方面,为中华民国之一切领土;在英王陛下方面,为大不列颠及北爱尔兰联合王国、印度、一切殖民地、海外领土、英王陛下之保护国及在英王保护或宗主权下之一切疆土,以及联合王国政府所执行委任统治之一切委任统治地。本约以下各条所称缔约此方或彼方之领土,即系指本约所适用之各该方领土。

(二)本约所称"缔约此方(或彼方)人民"字样,在中华民国方面,为一切中华民国人民;在英王陛下方面,为本约所适用之领土内之一切不列颠臣民及受保护之人民。

(三)"缔约此方(或彼方)公司"字样,在本约适用上,应解释为依照本约所适用之各该方领土之法律而组成之有限公司及其他公司、合伙暨社团。

第二条 现行中华民国国民政府主席阁下与英王陛下间之条约与协定,凡授权英王陛下或其代表实行管辖在中华民国领土内英王陛下之人民或公司之一切条款,兹特撤销作废。英王陛下之人民及公司,在中华民国领土内,应依照国际公法之原则及国际惯例,受中华民国政府之管辖。

第三条

(一)英王陛下认为,一九〇一年九月七日中国政府与他国政府,包括英王陛下联合王国政府,在北京签订之议定书应行取销,并同意,该议定书及其附件所给予英王陛下联合王国政府之一切权利应予终止。

(二)英王陛下联合王国政府愿协助中华民国政府与其他有关政府成立必要之协定,将北平使馆界之行政与管理,连同使馆界之一切官有资产与官有义务,移交于中华民国政府,并相互了解,中华民国政府于接收使馆界行政与管理时,应厘订办法,担任并履行使馆界之官有义务及债务,并承认及保护该界内之一切合法权利。

(三)在北平使馆界内已划与英王陛下联合王国政府之土地,其上建有属于英王陛下联合王国政府之房屋,中华民国政府允许英王陛下联合王国政府为公务上之目的,有继续使用之权。

第四条

(一)英王陛下认为,上海及厦门公共租界之行政与管理应归还中华民国政府,并同意,凡关于上述租界给予英王陛下之权利应予终止。

(二)英王陛下联合王国政府愿协助中华民国政府与其他有关政府成立必要之协定,将上海及厦门公共租界之行政与管理,连同上述租界之一切官有资产与官有义务,移交于中华民国政府,并相互了解,中华民国政府于接收上述租界行政与管理时,应厘订办法,担任并履行上述租界之官有义务及债务,并承认及保护该界内之一切合法权利。

(三)英王陛下同意将天津英租界(包括英方工部局所管全部区域)及广州英租界之行政与管理归还中华民国政府,并同意,凡关于上述两租界给予英王陛下之权利应予终止。

(四)天津英租界(包括英方工部局所管全部区域)及广州英租界之行政与管理,连同其官有资产与官有义务,应移交于中华民国政府,并相互了解,中华民国政府于接收该两租界行政与管理时,应厘订办法,担任并履行该两租界之官有义务及债务,并承认及保护该两租界内之一切合法权利。

第五条

(一)为免除英王陛下之人民及公司或英王陛下联合王国政府在中华民国领土内现有关于不动产之权利发生任何问题,尤为免除各条约及协定各条款因本约第二条规定废止而可能发生之问题起见,双方同意,上述现有之权利不得取销作废,并不得以任何理由加以追究,但依照法律手续提出证据,证明此项权利系以诈欺或类似诈欺或其他不正当之手段所取得者不在此限。同时相互了解,此项权利取得时所根据之原来手续,如日后有任何变更之处,该项权利不得因之作废。双方并同意,此项权利之行使应受中华民国关于征收捐税、征用土地及有关国防各项法令之约束,非经中华民国政府之明白许可,并不得移转于第三国政府或人民(包括公司)。

(二)双方并同意,中华民国政府对于英王陛下之人民或公司或英王陛下联合王国政府持有之不动产永租契或其他证据,如欲另行换发新所有权状时,中国官厅当不征收任何费用。此项新所有权状应充分保障上述租契或其他证据之持有人与其合法之继承人及受让人,并不得减损其原来权益,包括转让权在内。

(三)双方并同意,中国官厅不得向英王陛下之人民或公司或英王陛下联合王国政府要求缴纳涉及本约发生效力以前有关土地移转之任何费用。

第六条 英王陛下对于中华民国人民在英王陛下各领土内,早予以旅行、居住及经商之权利,中华民国同意,对于英王陛下之人民在中华民国领土内,予以相同之权利。缔约双方在各该方之领土内,尽力给予对方之人民及公司关于各项法律手续、司法事件之处理及各种租税之征收与其有关事项,不低于所给予本国人民与公司之待遇。

第七条 缔约此方之领事官经彼方给予执行职务证书后,得在彼方领土内双方所同意之口岸、地方与城市驻扎。彼方领土内之缔约此方领事官在其领事区内应有与其本国人民及公司会晤、通讯以及指示之权,而缔约此方之人民及公司在彼方领土之内,亦随时有与其本国领事官通讯之权。遇有缔约此方之任何人民在彼方领土内,被地方官厅逮捕或拘留时,该地方主管官厅应立即通知在该地领事区内之彼方领事官。该领事官于其管辖范围以内,有权探视其任何被逮捕或在狱候审之本国人民。缔约此方之人民在彼方领土内被监禁者,其与本国领事官之通信,地方官厅应转递与其主管之领事官。缔约此方之领事官在彼方领土内,应享有现代国际惯例所给予之权利、特权与豁免。

第八条

(一)缔约双方经一方之请求,或于现在抵抗共同敌国之战事停止后,至迟六个月内,进行谈判,签订现代广泛之友好通商航海设领条约。此项条约将以近代国际程序与缔约双方近年来与他国政府所缔结之近代条约中所表现之国际公法原则与国际惯例为根据。

(二)前项广泛条约未经订立以前,倘日后遇有涉及中华民国领土内英王陛下之人民或公司或英王陛下联合王国政府或印度政府权利之任何问题发生,而不在本约及换文范围内,或不在缔约双方间现行而未经本约及换文废止或与本约及换文不相抵触之条约、专约及协定之范围内者,应由缔约双方代表会商,依照普通承认之国际公法原则及近代国际惯例解决之。

第九条 本约应予批准,批准书应于重庆迅速互换。本约自互换批准书之日起发生效力。

上开全权代表爰于本约签字、盖印,以昭信守。

本约用中英文各缮两份。中文、英文均有同等之效力。

中华民国三十二年一月十一日,即西历一九四三年一月十一日,订于重庆。

宋子文

薛穆

黎吉生

(据《中外旧约章汇编》,三联书店,1962年版,第1262—1266页)

526.中华民国国民政府外交部为借调王锡钧事致天津市政府函

1945年9月17日

准贵府本年九月十一日津字第二十三号函,以贵府亟需熟习外交人员相助为理,拟暂调本部王秘书锡钧前往数月,藉资臂助。等由。准此。本应照办,惟本部员额有定,任务各有所专,尤以目前复员工作至繁,本部需人亦较前为亟,嘱调王秘书一节歉难照办。准函前由,相应函复查照为荷。此致天津市政府。

(J0002-C-0013-026-005628)

527.中华民国国民政府行政院为饬外交部迅派员协同接收租界事令天津市政府

1945年9月17日

三十四年九月十二日申文津26代电,请令饬外交部迅派委员协同接收该市租界由。代电悉。已令饬外交部迅予照办,仰即知照。此令。

院长宋子文

(J0002-C-0013-026-005628)

528.古仲三等人为旧英租界工部局码头捐务处接收事呈天津市政府文

1945年10月11日

呈为声请备案并请指示办法以便遵循事。窃职处前名称为旧英工部局码头捐务处,处址在旧英租界河坝道第九号码头,专办理靠岸船费、出进口货物捐、码头堆货费及起重机全部管理事务,原属于旧英工部局秘书处管辖,在民国三十年十二月八日日寇强迫接收英国租界时,即将职处划为日陆军部管理,辗转又属于日寇领事馆管辖,改称为领事馆分室码头班。在接收之初,主任刘锡山即率全体职员辞职,而日寇只准刘主任辞去,职等全体留任,否则即按思想不良处置。职等无法,只得忍受所有处务,即由日寇自行办理,由翻译张君庭传达支配。自此而后,职等即步入傀儡境地,数年来饱受凌辱。在前日寇无条件降服,国土重光,日寇穷途末路,乃将所有处内公文一概予以焚烧,所余者仅空公事房耳。焚毕,复意欲毁起重机,职等谨遵蒋主席之训令,应妥为看守,乃再与日寇周旋,幸未遭残害。日寇乃宣布解散全体职员,然职等以此项起重机机件极属重要,看管需人,终未敢离去。日前盟军莅津,由轮船装来巨型重汽车等甚多,当由职等协力工作,数日始行完竣。但职等以此项机件在码头上极属重要,公事房已成空室,倘无正式人员负责接管,恐生意外损害。今市座均已莅任,各重要机关亦已次第接收,惟职处部份虽小,而责任繁重,况又为惩收机关,实不敢擅离职守。今后未悉将如何办理,除呈请钧府备案外,并请指示办法以便遵循,实为公便。谨呈天津市政府。

具呈人:古仲三、侯德发、张文焕、
张继贵、王云汉、陈禄、
董家麟、王从善、邢玉珍
(J0056-1-000534)

529.天津市财政局征收科为旧英租界码头班接收管理办法事呈局长李金洲文

1945年10月25日

为签呈事。关于旧英租界码头班奉令由本局接收管理一案,奉批,征收科拟具办法。等因。遵将接收管理拟议办法列下:

一、旧英租界码头系处于现在第六区界内,拟由本科派员会同第六区征收所接收,以期就便保管。

二、关于嗣后码头捐征收事项,按照现行区制办法,即划由第六区征收所负责接办。

三、原有收捐收费定率仍暂沿用,容俟通盘调整。

四、关于收捐各项单据等格式,因该区与旧法租界使用者大致相同,即暂按第一区征收所现在使用者印制。

五、以前服务之职员,仍暂继续留用,即归入第六区征收所以内。关于薪俸待遇一节,容俟通盘核定后再行发给。

以上所拟是否有当,理合签请鉴核示遵。谨呈局长李。

征收科科长王荫槐谨签

十月二十五日

（J0056-1-000534）

530.中华民国国民政府外交部部长王世杰为派顾问沈觐鼎赴天津协助接收租界事致天津市市长张廷谔电

1945年11月9日

张市长廷谔兄勋鉴:兹派本部沈顾问觐鼎赴天津协助办理接收租界事宜。除分行外,特此电请查照。王世杰。微。印。

天津市政府复电

1945年11月9日

重庆外交部王部长勋鉴:微电奉悉。沈顾问已抵津。特复。弟张廷谔。戌。佳。印。

（J0002-3-002710）

531.中华民国国民政府行政院为抄发接收租界及北平使馆办法暨租界及使馆界官有资产与官有义务债务清理委员会组织规程事训令天津市政府(平陆字26147号)

1945年11月24日

查接收租界及北平使馆界办法暨租界及使馆界官有资产与官有义务债务清理委员会组织规程,业经制定公布,应即施行。除分行外,合行抄发该项办法及组织规程,令仰知照。此令。

计抄发办法及组织规程各一份。

院长宋子文

（J0002-2-001730）

532.中华民国国民政府外交部编《执行收回法权各约须知》

1945年11月

执行收回法权各约须知

弁言

查自民国三十二年一月十一日我与英美两国分别签订收回法权条约后,比利时、挪威、加拿大、瑞典、荷兰等国,相继与我订立类似条约,核其内容,虽微有出入,大体上初无二致。今为使执行各约时易于明了并有所遵循起见,将其中重要问题加以解释或说明,名为"执行收回法权各约须知"。

目次

一、对取消治外法权国家之人民实行管辖权

二、接收使馆界

三、接收上海及厦门公共租界

四、接收专管租界

五、关于外人在华现有不动产权利问题

六、关于外人在华取得并置有不动产问题

七、关于外人在华旅行居住及经商问题

八、外国人民及公司享受本国待遇事项

九、取消沿海贸易及内河航行权

十、关于此后我国通商口岸问题

十一、外国军舰入我国领水问题

十二、取消外籍引水人之一切现有权利

十三、对于条约所未规定问题应适用之解决方法

查过去各国依据不平等条约在华享受之特权可大列为下列几种:(一)片面协定关税权;(二)治外法权;(三)租借地;(四)租界;(五)使馆界;(六)驻兵;(七)军舰驶入及停泊各口权;(八)内河航行权;(九)沿海贸易权。自国民政府成立,即谨遵国父遗嘱,对于废除不平等条约倍致努力。关于关税一节,自民国十九年后已完全自主,租借地及租界亦已收回多处。惟与各国缔结平等条约,将所有特权概行取消,则自中美、中英新约始。厥后中比、中挪、中加、中瑞①、中荷等新约,相继订立,其内容大致相同,即现在正在进行交涉中之中法、中葡、中瑞②、中奥、中南非、中西、中丹等新约或换文,亦复类是。一俟上述条约或换文订成,废除不平等条约之工作即告结束。兹将中英、中美等新约要点分十三节说明如左:

第一节　对取消治外法权国家之人民实行管辖权

我国前与各国订立不平等条约,允许各国在华享有治外法权者,共计有十九国,除德、奥、俄、墨四

---

① 指瑞典。
② 指瑞士。

国早已取消外，近三年来，在中英、中美、中比、中挪、中瑞①、中荷等新约中，对于取消此项特权，有同样之规定，兹举英约第二条为例：

"现行中华民国国民政府主席阁下与英王陛下间之条约与协定，凡授权英王陛下或其代表实行管辖在中华民国领土内英王陛下之人民或公司之一切条款，兹特撤销作废。英王陛下之人民及公司，在中华民国领土内，应依照国际公法之原则及国际惯例，受中华民国政府之管辖。"

兹将此项管辖权之范围及与本条有关事项说明如下：

（一）管辖权之范围。所谓受中华民国政府之管辖，不仅指法院之审判，并包括一切行政官厅之管理及分②，且政府所颁布之一切法令规章，凡与外国人民及公司有关者，概须遵守。故管辖之范围，实包括立法、行政及司法三方面。

（二）管辖权之实施日期。依原则，自上述某一条约生效之日起，我国即可对某国人民实行管辖权，故在后方，中英、中美、中比、中挪、中瑞③、中加等约已于生效之日予以实施（中荷新约尚待互换）。惟在收复区应自中央所派任之官吏开始执行职务之日起实行。

（三）执行已判案件。上述各约中均规定，各国法院既经停闭，则该项法院之命令、宣告、判决及其他处分，应认为确定案件，于必要时中国官厅应予以执行。据此，凡外国法院已判案件，除与我国公共秩序或善良风俗抵触者外，概须承认其法律上之效力。

（四）未结案件。各约中又多规定，在条约发生效力时，凡外国法院任何未结案件，如原告或告诉人希望移交于我国主管法院时，应即交由该法院从速进行处理，并于可能范围内，适用该外国法庭所适用之法律。依此规定，我国法院承受此项未结案件时，应于可能范围内，依各国之法律适用条例办理，而不以我国之法律适用条例为准据。但我法院认为不能适用外国法时，例如适用外国法而其规定有背于中国公共秩序或善良风俗时，即不应适用之。

（五）领事官与其本国犯罪人之接洽。条约中多规定，（一）领事官在其领事区内应有与其本国人民及公司会晤通讯以及指示之权，而缔约此方之人民及公司在彼方领土之内，亦随时有与其本国领事官通讯之权。（二）遇有缔约此方之人民在彼方领土内，被地方官厅逮捕或拘留时，该地方官厅应立即通知在该地领事区内之彼方领事官，该领事官于其管辖范围以内，有权探视其任何被逮捕或在狱候审之本国人民。（三）缔约此方之人民在彼方领土内被监禁者，其与本国领事官之通讯，地方官厅应转递与其主管之领事官。上述一、三两点，字义明晰，毋庸解释，惟须加以注意而已。第二点内"地方官厅应立即通知在该地领事区内之彼方领事官"一语中所称"该地领事区"字样，甚易发生疑问，因我国地方辽阔，究竟某地属于某国某领事区，地方官厅或一时未能详悉，在此种情形之下，每当上述案情发生时，地方官厅或将不知向何处领事通知，暂时补救之法，惟有通知与该地方距离最近之当事人所属国领事而已。

上述领事与其本国人民接洽办法，对其他取消治外法权之国家（即无条约规定者），亦可酌量适用。

---

① 指瑞典。
② "及分"二字存疑。
③ 指瑞典。

取消法权国家一览表

国名	取消根据
德国	一九二一年中德协约附件。
奥国	一九一九年九月十日圣日耳曼条约第一百十三条,奥国声明放弃在华治外法权;一九二五年中奥商约第四条规定,两国人民刑事诉讼案件,受所在地法庭管辖。
俄国	一九二四年中俄协定第十二条。
墨西哥	一九二九年由墨西哥声明取消。
美国	一九四三年中美新约第一条。
英国	一九四三年中英新约第二条。
巴西	一九四三年中巴新约约首声明,将一八八一年之中巴条约即巴西在华享受治外法权所根据之条约取消。同时在新约第三条规定,此缔约国人民及其财产在彼缔约国领土内,应受所在国法令之支配及所在国法院之管辖。
比国	一九四三年中比新约第一条。
挪威	一九四三年中挪新约第二条。
加拿大	一九四四年中加条约第二条。
瑞典	一九四五年中瑞新约第一条。
荷兰	一九四五年中荷新约第二条。
日本	一九四一年十二月九日我国对日宣战,宣告中日间所有一切条约一概失效,因此日本在华享受之治外法权已失其依据,故应认为于是日起废止。
意大利	一九四一年十二月九日我国同时对意宣战,宣告所有中意间条约亦一概失效,故意国在华之治外法权亦应认为自该日起废止。
法国	三十二年五月十九日我国对法抗议之照会。
秘鲁	业由秘方于一九四三年宣称作废。

在上列表中,除中荷新约须待互换批准始能生效外,其余各国条约或文件早已生效。

现正在交涉取消者,尚有瑞士、丹麦、葡萄牙及西班牙四国。至于加拿大、澳大利亚及南非,因其为英国自治领,故其人民前得与英国人民在华享有同样治外法权。今加拿大已于一九四四年与我订约,允许取消此项特权,澳国与南非人民现亦不复享有。因前英国于批准中英新约时曾颁布敕令,废除以往为实施在华治外法权所颁布之各项命令,并在敕令中载明,业经征得各自治领政府之同意,故事实上澳国与南非人民,在华已无享受治外法权之根据。将来中澳及中南非条约或换文中,如或提及此点,亦不过作形式上之规定而已。

第二节　接收北平使馆界

关于接收北平使馆界,中英、中美、中比、中荷四约,均有同样之规定。兹举英约第三条为例:

"(一)英王陛下认为,一九〇一年九月七日中国政府与他国政府,包括英王陛下联合王国政府,在北京签订之议定书应行取消,并同意,该议定书及其附件所给予英王陛下联合王国政府之一切权利应予终止。

(二)英王陛下联合王国政府愿协助中华民国政府与其他有关政府成立必要之协定,将北平使馆界之行政与管理,连同使馆界之一切官有资产与官有义务,移交于中华民国政府,并相互了解,中华民国政府于接收使馆界行政与管理时,应厘订办法,担任并履行使馆界之官有义务及债务,并承认及保护该界内之一切合法权利。

（三）在北平使馆界内已划与英王陛下联合王国政府之土地,其上建有属于英王陛下联合王国政府之房屋,中华民国政府允许英王陛下联合王国政府为公务上之目的,有继续使用之权。"

对该条应说明者,有下列两点:

（一）第二项规定与有关政府成立必要之协定一节,现有已无此需要,因有关各国业均无问题也。但对于该项所称,应厘订办法,担任并履行使馆界之官有义务及债务并承认及保护该界内之一切合法权利一节自应照办。惟在厘订此项办法前,北平市政府可斟酌当地情形,组织清理委员会,对一切官有义务、债务及所谓合法权利,一概加以清查。此项委员会,有必要时可请有关各国派员列席说明,俟调查清楚后再行厘订办法,呈请行政院核准施行。

（二）第三项规定,准英国政府继续使用以前划与英国其上建有英国政府房屋之土地一节,对所有同盟国可以比照办理。至于其他各国原有之使馆土地及房屋,应由北平市政府点明财产,妥为保管,呈候中央核办。

取消使馆界特权国家一览表

国名	废止使馆界权利之根据
德国	一九二一年中德协约附件。
奥国	一九一九年圣日耳曼条约第一百十三条。
美国	一九四三年中美新约第二条。
英国	一九四三年中英新约第三条。
比利时	一九四三年中比新约第二条。
荷兰	一九四五年中荷新约第三条。
日本	一九四一年十二月九日我国对日宣战布告。
意大利	一九四一年十二月九日我国对义宣战布告。
法国	三十二年五月十九日我国对法抗议之照会。
俄国	一九一九年及一九二〇年苏联政府宣言。

查一九〇一年北京议定书签字国中,除上表所列之十国外,尚有西班牙一国未正式放弃使馆界之特权。但该国自民国二十六年起,已无使节驻华,实际上早已停止享受此项特权。

第三节　接收上海及厦门公共租界

关于接收上海及厦门公共租界,中英、中美等新约均有下列之规定:

"（一）英王陛下认为,上海及厦门公共租界之行政与管理应归还中华民国政府,并同意,凡关于上述租界给予英王陛下之权利应予终止。

（二）英王陛下联合王国政府愿协助中华民国政府与其他有关政府成立必要之协定,将上海及厦门公共租界之行政与管理,连同上述租界之一切官有资产与官有义务,移交中华民国政府,并相互了解,中华民国政府于接收上述租界行政与管理时,应厘订办法,担任并履行上述租界之官有义务及债务,并承认及保护该界内之一切合法权利。"

查上海及厦门公共租界,现在既经我国接收,则上述条文第二项所谓成立必要之协定一节,已无需要。惟对于厘订办法,担任并履行上述租界之官有义务及债务,并承认及保护该界内之一切合法权利一节,自应照办。此项官有义务及债务以及所谓合法权利,情形甚为复杂,尤以上海公共租界为甚,最好组织一清理委员会,有必要时可请有关各国派员列席说明。俟一切调查清楚后,再行厘订上项办法,呈请行政院核准施行,较为妥善。

<h2 style="text-align:center">第四节　接收专管租界</h2>

凡租界之行政为一国所单独管理者,通常名为专管租界,如天津英租界、广州英租界是。

关于接收上述两租界,中英新约第四条三、四两项规定如下:

"(三)英王陛下同意将天津英租界(包括英方工部局所管全部区域)及广州英租界之行政与管理归还中华民国政府,并同意,凡关于上述两租界给予英王陛下之权利应予终止。

(四)天津英租界(包括英方工部局所管全部区域)及广州英租界之行政与管理,连同其官有资产与官有义务,应移交于中华民国政府。并相互了解,中华民国政府于接收该两租界行政与管理时,应厘订办法,担任并履行该两租界之官有义务及债务,并承认及保护该两租界内之一切合法权利。"

依上述第四项规定,我国政府于接收该两租界时,应厘订办法,担任并履行该两租界之官有义务及债务,并承认及保护该两租界内之一切合法权利,此点自应照办。最好组织一清理委员会,有必要时可请英国派员列席说明。俟将官有义务及债务并所谓一切合法权利调查清楚后,再行厘订办法,呈请行政院核准施行,较为妥善。

查专管租界,除上述天津、广州英租界外,尚有汉口、上海、广州、天津四处之法租界,天津之意租界,天津、汉口以及其他各地之日租界。关于接收上项租界之办法,分别说明如下:

(一)接收法国租界,可参照收回上述天津、广州英租界之办法办理。

(二)天津意租界内,凡属于租界所有之资产与意大利政府所有之资产,应一律由我接收。至关于意大利人民私有产业,准其继续享有,与其他同盟国、中立国人民之财产相同。

(三)接收各地日租界,一对于日本公私财产,其有全国性者,应参照行政院公布之上海区敌伪产业处理办法处理,此外应一概接收或封存,缮造清单呈报行政院核办;二对于日租界官有义务及债务由日本政府自行清偿;三对于其他各国人民或公司在日租界之产业,应依条约及有关法令办理。

<h2 style="text-align:center">第五节　关于外人在华现有不动产权利问题</h2>

查在中英、中美等新约中,关于外人在华现有不动产问题,均有同样规定。兹举英约第五条为例:

"(一)为免除英王陛下之人民及公司或英王陛下联合王国政府在中华民国领土内现有关于不动产之权利发生任何问题,尤为免除各条约及协定之各条款因本约第二条规定废止而可能发生之问题起见,双方同意,上述现有之权利不得取消作废,并不得以任何理由加以追究,但依照法律手续提出证据,证明此项权利系以诈欺或类似诈欺或其他不正当之手段所取得者不在此限。同时相互了解,此项权利取得时所根据之原来手续,如日后有任何变更之处,该项权利不得因之作废。双方并同意,此项权利之行使应受中华民国关于征收捐税、征用土地及有关国防各项法令之约束,非经中华民国政府之明白许可,并不得移转于第三国政府或人民(包括公司)。

(二)双方并同意,中华民国政府对于英王陛下之人民或公司或英王陛下联合王国政府持有之不动产永租契或其他证据,如欲另行换发新所有权状时,中国官厅当不征收任何费用。此项新所有权状应充分保障上述租契或其他证据之持有人与其合法之继承人及受让人,并不得减损其原来权益,包括转让权在内。

(三)双方并同意,中国官厅不得向英王陛下之人民或公司或英王陛下联合王国政府要求交纳涉及本约发生效力以前有关土地移转之任何费用。"

对于该条规定应加以说明者,有下列二点:

(一)第一项末句规定:"非经中华民国政府之明白许可,并不得移转于第三国政府或人民(包括公司)",此点自应注意。但同时又另规定一种补救方法,即外国人请求将某项不动产转让于第三国政府或人民而被我拒绝时,我政府当以公平之价格收购之。(见中英、中美各约所附换文)

(二)依第二项之规定,对于外国政府或人民所持有之不动产永租契或其他证据,是否另行换发新所有权状,应由我政府斟酌决定。如我政府不欲换发时,外人虽作此要求,亦可加以拒绝。且我政府在决定欲换发之前,对于当地外人持有契据与其产权之实际关系,必须调查清楚,否则极易发生弊窦,例如在上海公共租界及法租界内,外国人持有之永租契多已成为一种空契,除得用为全租界内选举权之凭证外,已不能发生其他作用。因事实上,外国人对于契内所载之地,大多早已出卖于中国人,而中国人对于此项土地所持有之契据名为权柄单,有此权柄单即可享受此项土地之一切权利,如一旦以新所有权状给予永租契之持有人,则此项土地复归外国人所有,而中国人不知须受多少损失,且恐纠纷丛生无法解决。故上海市政府如欲解决此项问题,须举行登记,调查清楚后再行拟定办法,呈请行政院核准施行。

第六节　关于外人在华取得并置有不动产问题

对于此项问题,除中美及中加新约未加规定外,在其他各新约中,如中英、中比、中挪、中瑞[①]、中荷等约,均有同样之规定。兹举英约换文第三节为例:

"(三)双方了解,通商口岸制度之废止,不得影响现有之财产权。并了解,缔约一方之人民在缔约彼方之领土全境,得依照缔约彼方之法令所规定之条件,享受取得并置有不动产之权利。"

关于此项规定,应说明者有下列二点:(一)条文中只称人民,并无公司字样,故此项权利之享受以人民为限。(二)此项权利以条约规定相互允许为原则,故我国与某国所订条约中如无此规定者,该国人民即不能享受。

第七节　关于外人在华旅行、居住及经商问题

查中英、中美等新约,均规定通商口岸制度之废止。同时规定,各该国对于中国人民在其领土内早予以旅行、居住及经商之权利,中国政府同意对各该国人民在中国领土内予以相同之权利。

依此规定,所应说明者有下列二点:

(一)各国对中国人之居住其领土内者并无地域之限制,此后我国自应允许外人在内地居住,不复以通商口岸为限,经商亦同。但有关国防及要塞附近区域,依各国通例得禁止外人居住,我国自可同样办理。又各国对于外侨多采用发给居留证或登记片办法,我国内政部自可参照各国成例,制定妥善办法及证片式样,呈请行政院颁布施行。

(二)各国对中国人之游历其境内各地者,只须随身携带登记片(如在英美等国只须携带登记片名为Registration Card)或居留证(如在欧洲各国只须携带居留证),以便警察随地检查,并非如外人之往我国内地游历者须持有内地游历护照。关于此点,内政部自应参照各国成例,斟酌我国情形,从新拟定办法,呈请行政院核准施行。

第八节　外国人民及公司享受本国待遇事项

查中英、中美等新约均规定:关于各项法律手续及司法事件之处理及各种租税之征收与其有关事

---

① 指瑞典。

项,给予缔约双方人民及公司之待遇,应不低于所给与本国人民与公司之待遇,此即所谓本国待遇(National treatment)。我国对于此项规定,自应切实遵行,以昭平允。

第九节　取消沿海贸易及内河航行权

所谓沿海贸易,乃指在沿海各口岸间之贸易,如昔日外国船舶往来于广州、厦门、福州、宁波及上海间之贸易是[也]。所谓内河航行,乃指航行于一国之内河,如昔日外轮在扬子江及珠江航行是[也]。此两项权利,依各国通例,大都保留于本国人民,间或有许外国人民享受者,必以相互为条件。我国旧约片面允许外人享有此两项权利实为例外,故中英、中美等新约中特别规定由各该国自行放弃。惟附带规定,各该国人民或公司用以经营此项事业之产业,如业主愿意出卖时,我国政府准备以公平价格收购之。

第十节　关于此后我国通商口岸问题

关于此问题,中美新约规定,中华民国领土内,凡平时对美国海外商运已开放之沿海口岸,此后仍继续开放。至中英、中挪、中瑞①、中荷等新约,仅规定缔约一方之商船许其自由驶至缔约彼方领土内,对于海外商运业已或将来开放之口岸地方及领水,而并无"沿海"二字之限制。但上述四约均附有同意记录,规定双方为国防计有权封闭任何口岸。此后我国应规定何者为沿海口岸,有关机关正会呈行政院核示中。

第十一节　外国军舰驶入我国领水问题

依国际通例,甲国军舰非得乙国允许不得驶入乙国之领水。我国旧约准外国军舰自由驶入我国沿海及沿江各口岸,实为破坏我国主权,危害我国安全最显著情事之一,故中英、中美等新约均明白规定将此项权利取消。惟附带规定:缔约一方军舰访问彼方口岸时,应依照通常国际条例相互给予优礼。

第十二节　取消外籍引水人之一切现行权利

依国际通例,在一国之领水内,引水一业皆由本国人充任,其理由因一国领水内之航道与国防有关,不应使外人知悉也。我国于同治七年颁布引水章程,准许外人在我国各口岸充任引水人,实为例外,故在中英、中美等新约中皆有明定取消之条文。在过渡时期,如尚有需用外籍引水人之处,自应依照我国将来颁行之有关法令斟酌办理。

第十三节　对于条约所未规定问题应适用之解决方法

关于此点,中英、中美等新约均有下列之规定:"双方了解,凡本约及换文未涉及之问题,如有影响中华民国主权时,应由两国政府代表会商,依照普通承认之国际公法原则及近代惯例解决之。"据此地方政府遇有此项问题,应呈报中央政府核办。

（据《天津租界档案选编》,第616—628页）

533.天津市政府为本市街路名称改善方案事训令工务局
（乙字秘第798号）

1945年12月10日

查本市市区(包括前英法等租界)旧有街路名称沿用悠久,率已成习,惟于沦陷期间经伪市政府重

---

① 指瑞典。

划区界,并将市区及前英法租界重要街路妄肆改定,纵横错杂,极为紊乱,不特外人难以辨识,即该区住户并警察有时亦瞪目莫答,亟应重新规定以利市民。除分行外,合行令仰该局会同警察局缜密核议,对于现行区制及街路名称,既应适合环境,而门牌号数亦应再行厘定,总以便利易识易记为宜,并以保存文化历史古迹为尚。俾正观瞻,而符实际。所有改善计划并仰妥拟方案呈候核夺。此令。

市长张廷谔

副市长杜建时

(J0090-A-0007-001-000437)

534.中华民国国民政府外交部为迅速成立租界清委会事致天津市政府电

1945年12月11日

天津市政府公鉴:案奉行政院本年十一月二十四日平陆字第二六一七四号训令开,查接收租界及北平使馆界办法,及租界及使馆界官有资产与官有义务债务清理委员会组织规程业经制定公布,应予施行。除分行外,合行抄发该项办法及组织规程,令仰知照。等因。查上项租界及使馆界官有资产与官有义务债务清理委员会组织规程第一条规定,行政院为处理租界及使馆界官有资产与官有义务、债务,将于上海、天津、广州、汉口、厦门、北平六处各设一清理委员会,定名为某某租界、使馆界官有资产与官有义务债务清理委员会等语。此项清理委员会及应早日成立,藉使接收租界及使馆工作得以有效推行。除分达外,特抄同行政院原附件,电请查照迅予办理并见复为荷。外交部。

(据《天津租界档案选编》,第541页)

535.天津市政府为奉中华民国国民政府行政院令抄发接收租界及
北平使馆办法等事致党政接收委员会函

1945年12月16日

案奉行政院平陆字第二六一四七号训令内开:查接收租界及北平使馆界办法,暨租界及使馆界官有资产与官有义务债务清理委员会组织规程业经制定公布,应即施行。除分行外,合行抄发该项办法及组织规程,令仰知照。此令。附抄发办法及组织规程各一份。等因。除分令外,相应抄同该项办法及组织规程,函请贵会查照。此致党政接收委员会。

附抄发办法及组织规程各一份。

市长张廷谔

副市长杜建时

租界及使馆界官有资产与官有义务债务清理委员会组织规程

一、行政院为处理租界及使馆界官有资产与官有义务、债务,特于上海、天津、广州、汉口、厦门、北平六处各设一清理委员会,定名为某租界、使馆界官有资产与官有义务债务清理委员会。

二、各清理委员会之职掌如右:

1.根据新约规定,审查并确定各租界及使馆界内应行移转于中国政府之官有资产与官有义务、债务。

2.协助接收机关接收租界使馆界内之官有资产。

3.拟定如何担任并履行官有义务、债务之具体办法,呈请行政院核准施行。

4.其他有关事宜。

三、各清理委员会各设主任委员一人综理会务,由当地市长担任。

四、各清理委员会设委员五人至七人,由行政院指派法律专家及熟悉租界、使馆界之人员充任之。主任秘书一人,承主任委员之命处理日常会务;秘书及办事人员若干人,各承长官之命办理应办事务。

以上人员均以兼任为原则,必要时得酌用专任人员。

五、各清理委员会视事实需要得分组办事,其办事细则另订之。

六、各清理委员会开会时以主任委员为主席,主任委员因故不能出席时,得于会中指定人员代理主席。

七、各清理委员会开会时,得邀请中央及地方有关机关派员出席协同审查,如遇必要并得邀请有关之外籍人士列席以备咨询。

八、各清理委员会遇有不能解决之事项,应即呈请行政院核示办理。

九、各清理委员会应于成立后一年以内将各项工作办理完竣后撤销之,并将所审查清理之官有资产与官有义务、债务案卷移交主管机关接收,呈报行政院备案。

十、本组织规程自公布之日施行。

接收租界及北平使馆界办法

第一条

(一)本办法通用于接收下列各租界及北平使馆界

(甲)公共租界

(子)上海公共租界;(丑)厦门(鼓浪屿)公共租界。

(乙)专管租界

(子)天津英租界;(丑)天津法租界;(寅)天津义租界;(卯)上海法租界;(辰)广州(沙面)英租界、法租界;(巳)汉口法租界。

(丙)北平使馆界

(二)日本在华各租界之收回不在本办法规定范围以内,但各该租界内盟邦及中立国之公私产业,参照本办法第四条、第六条办理。

第二条

(一)上海及厦门(鼓浪屿)公共租界之收回,根据中国与英、美、比、那威、加拿大、瑞典、荷兰等国分别订立之新约办理。

（二）天津及广州英租界之收回，根据三十二年一月十一日中英新约第四条（三）项办理。

（三）天津、上海、汉口等处法租界之收回，根据维琪政府于三十二年二月二十三日放弃其在中国之不平等特权之声明及我国于三十二年五月十九日取消所有法国基于不平等条约所取得一切特权之声明办理。

（四）天津义租界之收回，根据三十年十二月八日中国对义宣战时废止两国一切条约之声明办理。

（五）北平使馆界之收回，根据中国与英、美、比、那、瑞典、荷兰等国分别订定之新约办理。

第三条

上述各租界及北平使馆界均经敌伪占领，应随同收复地区于日军投降后径从敌伪手中收回。

第四条

主管机关接收各租界或北平使馆界时，关于公有资产应区别：（一）原为租界或北平使馆所公有者；（二）原有同盟国或中立国之政府所有者；（三）原为敌国政府所有者。其分别处理办法如下：

（一）原租界或北平使馆界所公有之资产，应点明清册，对照物品之数量及状况先行接管，其债权债务关系留待清理委员会清理。

（二）原为同盟国或中立国政府所有之资产，应予证明属实后准其继续保有。

（三）原为敌国政府所有之资产，除全国性事业适用行政院公布之《上海区敌伪产业处理办法》外，由主管市政府接管，缮造清册，呈报行政院核办。凡属于敌国使领馆之财产，由外交部派员会同市政府接收。

第五条

北平使馆界内同盟国原有之使馆土地及房屋，应按照中美、中英等新约规定准其继续使用，由各该国政府派员接收。其他各国原有之使馆土地及房屋，应由北平市政府点明财产，妥为保管，呈候中央核办。

第六条

各租界及北平使馆界内之私有资产，其为敌国人民所有者，应按照本办法第四条第（三）项办理，其为同盟国或中立国人民所有，当经接收租界或使馆界时仍在原主手中者，应准其继续保有；如为敌伪强占者，应于所有权证明后或由各该所属国领馆代为证明后，即交还原主；其已由外商出让于敌伪者，或由外国商冒顶敌伪产业者，均按敌伪产业办理。

第七条

在天津义租界及其他租界暨北平使馆界内所有属于义大利政府之资产，应由主管机关接收管理，其属于义大利人民所有之资产，应按照同盟国或中立国人民所有之资产办理。

第八条

（一）各租界及北平使馆界收回后不设特别管理区，应即合并于所属市政府，其原有之行政机构应即合并于中央或地方政府各机构。

（二）各租界内原有领事法庭，由当地之主管法院接办。

（三）每一租界及北平使馆界接收完毕后，由主管市政府以公告方式宣布之，并应呈请国府公布法令，明定该市政府之辖区包括收回租界之原址。

（四）汉口市政府之辖区于明令扩大时，应将特一、特二、特三区及此次收回之法日租界之原址一并包括在内。

第九条

(一)每一租界或北平使馆界接收完毕后,由政府组织一清理委员会,审查并确定各该租界及北平使馆界内应行移转于中国政府之官有资产及官有义务、债务,并厘订关于担任并履行此项官有义务及债务之办法,呈候行政院核准施行。

(二)上项清理委员会之组织章程另订之。

第十条

本办法自公布之日施行。

(J00014-1-000197)

536.天津市政府为抄发接收租界及北平使馆界清理委员会办法事
训令外事处

1945年12月16日

案奉行政院平陆字第二六一四七号训令内开:查接收租界及北平使馆界办法及租界及使馆界官有资产与官有义务债务清理委员会组织规程,业经制定公布,应即施行。除分[行]外,合行抄发该项办法及组织规程,令仰知照。此令。附抄发办法及组织规程各一份。等因。除分令外,合行抄发该项办法及组织规程,令仰该处知照。此令。

附抄发办法及组织规程各一份。

中华民国三十四年十二月十六日

(J0012-1-000001)

537.中华民国国民政府外交部为电达处理收复区内同盟国
或中立国侨民资产办法事致天津市政府电

1945年12月20日

天津市政府公鉴:准英国大使馆照会略称,英国政府曾迭次请求我政府保护上海及其他收复区内之英国财产权益。惟据悉,英国侨民及商号在我收复区内谋收回及恢复其原有财产权益者,仍继续遭遇困难,并列举各案情节。例如,上海及其他收复区内英国侨民原有之重要房屋、土地、财产,尚多数未经发还,英国政府拟请设法将办理产业及资产发还原主之手续予以简化,并从速实行。等由。查接收租界及北平使馆界办法业经行政院于十一月二十四日公布施行,并通令在案。其中第六条规定,关于各租界及北平使馆界内同盟国或中立国人民所有之资产,当接收租界或使馆界时仍在原主手中者,应准其继续保有;如为敌伪强占者,应于所有权证明后或由各该属国领馆代为证明后,即交还原主;其已由外商出让于敌伪者,或由外商冒顶敌伪产业者,均按敌伪产业办理。除分电外,特抄同英国大使馆照会及所附节略译文各一份,电请分别查照参考并核办见复为荷。外交部。附件。

照会译文

径启者:案查关于保护上海暨中国收复区内其他地方之英国财产权益一事。本馆薛穆大使业于八月三十日照会,文内以一般英国商人对于中央通讯社所发表为接管过去数年未经敌伪组织占用之产业,连盟国所有者在内,业经派定专员办理消息一则表示关切,同时并以关于此件业蒙翁兼战时生产局长保证,该项专员之任务系监督办理将友邦私人经营之产业交还原主。各等因。照请贵部长查照在案。自该照会送达之后,英国侨民及商号在中国收复区内谋恢复其原有权益者继续遭遇困难。迭经据情通知中央及地[方]当局邀请注意,其中特别如九月十九日及十一月十日先后两次与贵部长会谈,并于十月廿三日一次与会谈后,以关于该类事件多宗之节略一纸留下,凡此谅均蒙察忆。兹为举例证明起见,本代办谨再以关于英国权益者于过去中无法收回其原有房屋、土地及资产各案情节纪录一纸随照送上。

查此种不安事态之存在,于中英间商务关系之回复必有严重之影响,本馆业经据情详报本国外交部长察核。兹奉命照达贵部长,以战事停业已三月,而上海及其他收复区之英国重要房屋土地尚多数未交还原主,本国政府对此深感未能满意,拟请设法将办理产业及资产交还原主之手续予以简化并从速实行。本国政府希望贵部长对于上海方面交还船厂码头仓库与□海港使用之船舶等等之案件能界于特殊注意,□数量已将增加中之输运中国复员所需要物品来华之英国船只,不久便或须使用该港,故上开种种设备外有早日交还原主之必要也。又本国政府接到上海船厂厂内原有原料及机器被迁移他去之报告特别感觉不安,着本代办向贵部声明,凡英国资产及原料经中国当局于接管后将其迁离,英国房产土地因而招致之损失,均应由中国政府负责,合并照达,统请查照为荷。本代办顺颂贵部长仅表敬意。此致中国民国外交部长王阁下。

华麟哲

一九四五年十一月二十一日

(J0002-2-001730)

538.中华民国国民政府行政院秘书处为函知接收租界及北平使馆界办法文字有遗误事致天津市政府函(平陆字第28314号)

1945年12月25日

查接收租界及北平使馆界办法,前经由院于卅四年十一月廿四日令知在案。兹查,该项办法第二页第四行"……北平使馆"下脱一"界"字,又同页第九行"(二)……应予证明",其"予"字系"于"字之误。除分函外,相应函请查照更正为荷。此致天津市政府。

秘书长蒋梦麟

(J0002-2-001730)

539.天津市政府外事处处长杨豹灵为推荐联盟国委员会委员名单事呈市长张廷谔文

1946年1月11日

为签请事。案准英国总领事十二月三十一日函,略以关于联盟国人士被日人没收之家产,为便利归还起见,曾经会商协议设立联盟国委员会负责处理,兹将领团推荐各委员开来名单,希予聘任,并盼能与中国委员早日会商筹拟妥善设施计划,以利进行,无任欣感。等因。准此。查日人前所占用联盟国人士财产家具极宜迅速设法清理,俾免旷日持久或有隐匿盗卖等事,转滋纷歧。所有领事团推荐之委员,拟请予以聘任,并请指定中国委员数人参加会商以利进行。最好于中国委员内加入处理局代表一人,俾办事尤为敏捷。是否有当,理合检同名单抄件具文签请鉴核施行。谨呈市长张、副市长杜。

附呈领团推荐联盟国委员会委员名单一纸。

天津市政府外事处处长杨豹灵

一月十一日

领事团推荐联盟国委员会委员名单

计开:

Edward Aitken 君(英人)

Leon Gillain 君(比人)

Roy J Hoch 君(美人)

F.De Jongh 君(荷兰人)

Gerald Lucson 君(英人)

M.Michaud 君(法人)

Bernard Rogard 君(美人)

Jean E.Paradissis 君(西腊人)

N.Vladimirott 君(苏联人)(当然委员)

M.Kagansky 君(苏联人)(同上)

(J0002-2-001731)

540.天津市政府为函知接收租界及北平使馆界办法文字遗误请查照更正事致党政接收委员会函

1946年1月14日

案准行政院秘书处平陆字第二八三一四号公函开:查接收租界及北平使馆界办法,前经由院于三十四年十一月二十四日令知在案。兹查,该项办法第二页第四行"北平使馆"下脱"界"字,又同页第九行"(二)应予证明",其"予"字系"于"字之误。除分函外,相应函请查照更正为荷。等由。除分令外,相应函达,希即查照更正为荷。此致党政接收委员会。

市长张廷谔

副市长杜建时

(J00014-1-000197)

541.河北平津区敌伪产业处理局天津办事处为派第三科科长翁同揆担任联盟国委员会委员事致天津市政府函

1946年1月22日

　　径复者:案准贵市府丙秘字第八一号函开,据外事处长杨豹灵签称,准英国总领事函,以关于联盟国人士被日人没收之家产,为便利归还起见,曾经会商协议设立联盟国委员会负责处理,兹将领团推荐各委员开列名单,希予以聘任。等因。准此,拟请予以聘任并请指定中国委员数人参加,最好于中国委员内加入处理局代表一人,俾办事尤为敏捷。等情。据此,相应函请派员参加并希见复为荷。等因。准此,兹派本处第三科科长翁同揆参加,相应函复查照为荷。此致天津市政府。

处长奴南笙

副处长李良海

(J0002-2-001731)

542.天津市政府为改正路名事训令工务局(丙秘贰字第379号)

1946年1月24日

　　查关于全市路名改正办法一案,业据该局会同地政局等审查附具意见,经即提付。本年一月十六日市政会议第十六次例会决议,除中山、中正、林森各路作为确定外,原草案交工务局修正公布征求市民意见,再行决定。等由。纪录在卷。合行令仰该局遵照办理,具报为要。此令。

市长张廷谔

副市长杜建时

改正本市路名原则

　　一、规定七条干路,路名定为:(一)中山路(河北大经路);(二)中正路(旧英法租界中街);(三)林森路(旧日租界荣街、旧法租界二十七号路、旧英租界十七及四十号路);(四)张自忠路(沿河马路自金钢桥至旧英法租界交界);(五)台儿庄路(沿河马路自旧英法租界交界至小刘庄);(六)罗斯福路(旧日租界旭街、旧法租界二十一号路);(七)杜鲁门路(旧英租界十一号路)。

二、城厢、河北、南市、西头、旧特二三区各地路名,均恢复二十六年前旧名。惟黄师夫坟地大街,查此坟地大街,应分别改称黄石大街、李地大街。

三、旧义租界境内路名,均改以含有新意义之名,旧英、法、日租界及旧特一区界内路名,除用人名者外,饬均以省名、都市名称之。

四、上述各旧租界及旧特一区境内路名,字尾有"道"、"路"之分,系区别经纬之意,其省名、都市名之道路,尽事实可能,按实地方位布置,藉使寻觅。

(J0090-A-0007-001-000437)

543.天津市政府外事处为接收租界组织规程如何遵照办理事
呈市长张廷谔文

1946年1月26日

为签请事。案准外交部欧三一第一二一一四号代电,略以奉行政院颁发接收租界及北平使馆界办法暨租界及使馆界官有资产与官有义务债务清理委员会组织规程,请查照迅予办理见复,奉批由外事处组织并复。各等因。查租界官有义务债务清理委员会组织规程第三条载明"各清理委员会各设主任委员一人综理会务,由当地市长担任",及第四条"各清理委员会设委员五人至七人,由行政院指派法律专家及熟悉租界、使馆之人员充任之;主任秘书一人,承主任委员之命处理日常会务;秘书及办事人员若干人,各承长官之命办理应办事务。以上人员均以兼任为原则,必要时得酌用专任人员"。等语。规定应如何遵照组织之处理,合签请鉴核示遵。谨呈市长张、副市长杜。

天津市政府外事处处长杨豹灵
一月二十六日

(J0002-2-001730)

544.谭伯羽为在津各国领事组织联盟国委员会有碍行政体制事
致天津市市长张廷谔函

1946年1月29日

直卿吾兄市长勋鉴:据河北平津区敌伪产业处理局子回电,呈以准贵府函关于外事处处长杨豹灵签呈,在津各国领事邀合组织联盟国委员会,负责处理盟国人士被敌没收产业嘱该局派员参加一案。查此事系属处理接收敌伪产业范围,国内各地均系由我政府分区设置处理局办理。关于上项盟邦人民产业,自应仍照规定,可由各该国领事证明产权,由处理局查核办理。在领事裁判权取销后,自不宜有由各国领事组织处理机构与我方处理局为对象,致有碍政府行政体制,该项组织不能任其成立。除电呈院长察核并嘱李尔康、姒南笙两兄面陈外,特再奉达,敬祈察照示复为荷。专此顺颂勋绥。

弟谭伯羽拜启

（J0002-2-001731）

545.天津市政府为请公布本市辖区包括收回英、法、义、日各租界原址事呈中华民国国民政府行政院文（丙秘字第23号）

1946年2月1日

案奉钧院平陆字第二六一四七号训令,以接收租界及北平使馆界办法业经制定公布,应即施行。抄发原办法,令行遵照,等因。遵查本市英、法、义日各租界于日军投降后,业经本府随同收复地区径从敌伪手中逐一收回,合并本市原有地区一体管理在案。兹奉前因,依照原办法第八条规定,除公告周知外,理合具文呈请鉴核,转呈国民政府公布法令,明定本市辖区包括收回各该租界之原址,实为公便。谨呈行政院院长宋。

天津市市长张廷谔

天津市副市长杜建时

（J0002-2-001730）

546.天津市政府外事处为天津前租界官有资产与官有义务债务清理委员会组织用人及确定经费两项是否得当事呈市长张廷谔文

1946年2月6日

为签请事。查天津租界官有资产与官有义务债务清理委员会奉谕由本处着手组织,其职掌依据该会组织规程第二条之规定:(一)审查并确定各项应行移转之资产及义务、债务;(二)协助接收官有资产;(三)拟定并履行官有义务、债务之具体办法呈候行政院核准施行。其职员依据同规程第三、四两条之规定:(一)设主任委员一人,由市长兼任;(二)设委员五人至七人,由行政院指派法律专家及熟悉租界人员充任;(三)设主任秘书一人,办事人员若干人,办理应办事务;(四)以上人员均以兼任为原则,必要时得酌用专任人员。

谨查天津应行清理者计有英、法、义三国租界,关系国家权益至深且巨,必须擘划周详,通晓各该国文字,以便根据档案着手清理,决非少数兼任人员所能胜任。为实事求是起见,至少需用精通英、法、义文字专任秘书三人,分掌各该租界清理之责。又以英租界等曾发行公债,并须另设会计专员以资清理。此外,再需专任办事人员六七人,俾能如期完成,可操左券。人员过少,诚恐时间上不无延宕,效果上难免覆㻶,与其蹶后,不如虑始,此其一。再者,工作进行,在在需款,此会事繁任重,决非骈枝机关,似应按照实际情形确定预算，以期经费有着，工作顺利，此其二。以上所拟是否有当，理合签请核示，俾有遵循，实为公便。谨呈市长张、副市长杜。

天津市政府外事处处长杨豹灵

二月六日

天津市政府指令外事处（丙秘字第751号）

1946年2月9日

签呈一件。为签拟天津租界官有资产与官有义务债务清理委员会之组织人员及确定预算两项请核示由。签呈悉。仰迅拟具组织规程暨预算呈候核夺。此令。

（J0002-2-001730）

547.中华民国国民政府行政院为明定市辖区包括接收各租界原址事指令天津市政府（节陆字04206号）

1946年2月13日

三十五年二月一日丙秘字第二三号呈，为依照接收租界及北平使馆界办法第八条规定，请转呈公布法令，明定本市辖区包括接收各租界原址由。呈悉，已转请国民政府鉴核，明令施行，仰即知照。此令。

（J0002-2-001730）

548.天津市政府外事处处长杨豹灵为抄天津领事团原函事呈市长张廷谔文

1946年2月16日

案查前准英国总领事函，关于联盟国人士被日人没收之产业，拟设立联盟国委员会负责处理一案，业经签奉钧府三十五年二月四日丙秘字第六四七号指令略开，准行政院院长临行驻平办公处谭主任函，关于各国领事邀合组织联盟国委员会负责处理盟国人士被敌没收产业一案，查此项组织有碍政府行政体制，不能任其成立等由。自应照办，免予成立。仰即知照。此令。等因。奉此，遵即转函英美两国总领事并美军第五科查照各在案。兹复准英国总领事函覆略称，关于组织联盟国委员会一案，行政院院长临时驻平办公处谭主任所称各节不无误解，兹据实更正，希转达谭主任为荷。等由。准此。理合检同原函副本送请鉴核示遵。谨签市长张、副市长杜。

附呈原函副本一份。

天津市政府外事处处长杨豹灵

二月十六日

天津领事团领袖惠达默致天津市政府外事处函

敬复者:准贵处二月七日函,关于组织联盟国委员会并摘录行政院院长临时驻平办公处谭主任函件,领事团诵悉之余,不胜诧异。谭主任函内所称,对于组织联盟国委员会一节实有误解之处,至于委员会为领事所设立,更完全不符。兹略述经过,去岁十二月间,经天津市市长请求,外国领事指派八人协助市府接收被日方掠取之大量个人及家用品,是则市长之动机非常正直与公平,伊甚愿采取有效步骤协助盟国侨民收回被窃财产,领事团考虑市长提议办法,认为满意而公平,当然于可能范围内与之协助合作,于去年十二月三十一日送八名盟国侨民姓名,以便市长委任。是以谭主任所谓"在领事裁判权取销后,自不宜有由各国领事组织处理机构与我方处理局为对象",系属无根据之谈。本领事团以为,经市长所组织之委员会竟不准执行职务,实属遗憾,深信谭主任或能另组与市长意义相同之委员会机构,以补救盟国侨民之损失也。兹附上本函副本,希转谭主任为荷。此致天津市政府外事处处长杨。

天津领事团领袖惠达默

二月十四日

(J0002-2-001731)

549.天津市政府外事处为遵拟天津市前英法义租界官有资产与官有义务债务清理委员会组织规程及预算事呈市长张廷谔文

1946年2月21日

为呈复事。案查本市组织英法义租界官有资产与官有义务债务清理委员会一案,业已签陈蠡见。旋奉钧府丙秘字第751号指令,饬即拟具组织规程暨预算呈候核夺。等因。兹遵拟英法义租界官有资产与官有义务债务清理委员会组织规程及预算各一份,备文呈请核夺示遵。谨呈市长张、副市长杜。

附组织规程及预算各一份。

天津市政府外事处处长杨豹灵

二月二十一日

(J0012-1-000001)

550.天津市政府为禁止各国领事组织联盟委员会事
指令外事处(丙秘字第1058号)

1946年2月22日

签呈一件。为呈报关于禁止各国领事邀合组织联盟国委员会一案,检呈英领事来函副本,请核示由。

签呈及附件均悉。关于此案行政院驻平办事处谭主任原函意旨,即以沦陷期间被敌方侵掠之财产,无论为本国人或联盟国人所有,莫不由我国专设机构,不分畛域,一视同仁。依照法令负责处理特设机构一节,于我国法令自属抵触未便准行,仰仍婉为转知,以免误解为要。附件存。此令。

(J0002-2-001731)

551.中华民国国民政府行政院为天津英、法、义、日租界归并
天津市统一管理事训令天津市政府

1946年3月7日

奉国民政府训令开:据行政院呈,据天津市政府呈报,本市英、法、义、日各租界业经一并收回。等情。据此,应即将各该租界归并于天津市区统一管理。除分令外,合行令仰知照并转饬知照。等因。除分令外,合行令仰知照并转饬知照。此令。

(J0002-2-001730)

552.天津市政府社会局为检发路名改正表事训令第七区公所
(令治字第300号)

1946年3月26日

案奉天津市政府丙工字第一一二二号训令内开:查关于改正本市路名一案,原拟草案业经审查修正,提付本府市政会议第二十一次例会决议通过,所需新路名牌现已计划制做安装。除呈请行政院备案,并函各有关机关暨分令外,合行检发路名改正表,令仰该局转饬所属一体知照为要。此令。附发路名改正表一份。等因。奉此,除并行外,合行抄发路名改正表一份,令仰该区转饬各保并行外,合行抄发路名改正表一份。令仰该区转饬各保并通告商民一体知照为要。此令。

附抄发路名改正表一份。

局长胡梦华

路名改正表

旧日本租界部份路名改定表			
原有路名	新拟名称	原有路名	新拟名称
大和街	兴安路	西宫岛街	迪化道
大和街	海拉尔道	浪速街	四平道
扶桑街	海拉尔道	西浪速街	四平道
桥立街	北安道	松岛街	哈密道
福岛街	多伦道	蓬莱街	沈阳道
桃山街	归绥道	秋山街	锦州道
伏见街	万全道	山口街	张自忠路
西伏见街	万全道	寿街	兴安路
吾妻街	佳木斯道	新寿街	兴安路
宫岛街	迪化道	闸口街	辽北路
曙街	嫩江路	明石街	山西路
旭街	罗斯福路	香取街	绥远路
常盘街	辽宁路	须磨街	陕西街
荣街	林森路	石山街	宁夏路
花园街	山东路	淡路街	甘肃路
小松街	热河路	加茂街	青海路
芙蓉街	河北路	三岛街	新疆路
橘街	蒙古路	兴津街	西藏路
春日街	河南路	住吉街	南京路
吉野街	察哈尔路		
旧义租界部份路名改定表			
原有路名	新拟名称	原有路名	新拟名称
河东八路	胜利路	金汤七街	和平道
河东七路	民族路	金汤八街	三民道
河东六路	民权路	金汤九街	光复道
河东五路	民生路	金汤十街	自由道
金汤四街	兴隆道	金汤十一街	博爱道
金汤五街	建国道	金汤十二街	复兴道
金汤六街	光明道		
旧法租界部份路名改定表			
原有路号	新拟名称	原有路号	新拟名称
1	大沽路	27	林森路
2	长春道	28	安东路
3	黑龙江路	29	山东路
4	滨江道	30	哈尔滨道
5	吉林路	31	河北路
6	哈尔滨道	32	赤峰道
7	中正路	33	河南路

旧法租界部份路名改定表			
原有路号	新拟名称	原有路号	新拟名称
8	赤峰道	34	承德道
9	松江路	35	山西路
10	承德道	36	安东路
11	合江路	37	陕西路
12	营口路	38	辽宁路
14	承德道	39	南京道
15	张自忠路	40	花园路
17	张自忠路	53	西宁路
19	张自忠路	54	独山路
20	哈尔滨道	55	兰州道
21	罗斯福路	56	贵阳路
22	菜市街	57	宝鸡道
23	兴安路	58	昆明路
24	长春道	59	拉萨道
25	辽宁路	62	康定路
26	滨江道	64	四平道
旧英租界部份路名改定表			
原有路号	新拟名称	原有路号	新拟名称
1	台儿庄路	37	重庆道
2	营口道	38	澳门路
3	中正路	39	重庆道
4	大同道	40	林森路
5	大沽路	41	郑州路
6	北平道	42	海南路
7	浙江路（墙子河里）	43	洛阳道
7	马场道（墙子河外）	44	河北路
8	大连道	45	成都道
9	安徽路	46	湖南路
10	保定道	47	岳阳道
11	杜鲁门路	48	山西路
12	太原道	49	长沙路
13	湖北路	50	衡阳路
14	烟台道	51	苍梧路
15	四川路	52	长沙路
16	青岛道	53	柳州路
17	林森路	54	潼关道
18	济南道	55	南宁路
19	河北路	56	西安道
20	泰安道	57	贵州路

旧英租界部份路名改定表

原有路号	新拟名称	原有路号	新拟名称
21	山西路	58	芷江路
22	彰德道	59	沙市道
23	耀华路	60	襄阳道
24	曲阜路	61	宜昌道
26	开封道	62	广西路
28	徐州道	63	汉阳道
29	南京道	64	汉口道
30	开封道	66	桂林路
31	镇南道	66	武昌道
32	上海道	68	云南路
33	大理道	70	昆明路
34	湖北路	72	昆明路
35	常德道	74	西康路
36	香港路		

旧特一区部份路名改定表

原有路名	新拟名称	原有路名	新拟名称
无锡路	徐州道	汉口路	闽侯路
浙江路	蚌埠道	海大道	大沽路
武昌路	镇江道	墙子河路	上海道
管理局街	浦口道	唐山路	合肥道
江西路	江苏路	芝罘路	苏州道
杭州路	杭州道	花园路	徽州道
苏州路	绍兴道	营口路	金华道
吉林路	宁波道	开封路	厦门路
河南路	奉化道	山东路	江西路
宁波路	温州道	福州路	南昌路
塘沽路	琼州道	营盘路	九江路
云南路	台湾路	山西路	广东路
通州路	台北路	湖北路	汕头路
威尔逊路	威尔逊路	青岛路	九龙路
牛庄路	福建路	海河路	台儿庄路

旧特二区部份路名改定表

原有路名	新拟名称	原有路名	新拟名称
河东于厂街	于厂大街	河东小关路	小关大街
河东九路	福安街	河东小关路	十字街
河东十二路	粮店前街	河东锦衣路	锦衣卫桥大街
河东十一路	粮店后街	金汤一街	金家窑大街
河东十一路	永安街	金汤二街	水梯子大街
河东十一路	平安街	金汤二街	狮子林大街

旧特二区部份路名改定表			
原有路名	新拟名称	原有路名	新拟名称
河东十路	学堂街	金汤三街	陈家沟大街
河东九路	寿安街	金汤三街	地藏庵大街
河东货厂街	新货厂街	金汤四街	兴隆街
旧特三区部份路名改定表			
原有路名	新拟名称	原有路名	新拟名称
一经路	同上	二纬路	同上
二经路	同上	三纬路	同上
三经路	同上	四纬路	同上
四经路	同上	五纬路	同上
五经路	同上	六纬路	同上
六经路	同上	七纬路	同上
七经路	同上	八纬路	同上
八经路	同上	九纬路	同上
九经路	同上	十纬路	同上
十经路	同上	十一纬路	同上
十一经路	同上	十二纬路	同上
十二经路	同上	十三纬路	同上
十三经路	同上	东锦路	同上
十四经路	同上	西锦路	同上
十五经路	同上	南锦路	同上
北长路	同上	北锦路	同上
一纬路	同上		
第四区路名改定表			
原有路名	新拟名称	原有路名	新拟名称
励存大街	教堂北街	望道前街	旺道前街
励存大街	李地大街	凤林街	凤林村街
黄石大街	黄石大街	遥稼路	姚家台大街
公益大街	公议大街	慎庄路	沈庄大街
李公楼大街	李公楼大街	慎庄路	王庄大街
李家台大街	李家台大街	慎庄路	郭庄大街
望道后街	旺道后街		
第三区路名改定表			
原有路名	新拟名称	原有路名	新拟名称
东二经路	同上	东八经路	同上
东三经路	同上	东九经路	同上
东四经路	同上	建设厅门前马路	中山北路
东五经路	同上	大经路	中山路
东六经路	同上	二经路	同上
东七经路	同上	三经路	同上

第三区路名改定表			
原有路名	新拟名称	原有路名	新拟名称
四经路	同上	冈纬路	同上
五经路	同上	月纬路	同上
六经路	同上	日纬路	同上
七经路	同上	宙纬路	同上
八经路	同上	宇纬路	同上
新大路	同上	黄纬路	同上
调纬路	同上	元纬路	同上
吕纬路	同上	地纬路	同上
律纬路	同上	天纬路	同上
昆纬路	同上	黄纬北路	小王庄大街
宿纬路	同上	地纬中路	杨桥大街
辰纬路	同上	天纬北路	堤头大街
第七区路名改定表			
原有路名	新拟名称	原有路名	新拟名称
慎益大街	同上	首善大街	同上
一纬路	同上	福安大街	同上
清和大街	同上	二纬路	同上
华安大街	同上	荣安大街	同上
富贵大街	同上	治安大街	同上
陞安大街	同上	广善大街	同上
三纬路	同上	广兴大街	同上
保安大街	同上	建物大街	同上
陆安大街	同上	福安大街	同上
四纬路	同上	赵家窑大家	同上
五纬路	同上	西马路	同上
五马路	同上	南开大街	同上
四马路	同上	六马路	同上
三马路	同上	马场道	同上
二马路	同上	鼓楼南大街	同上
广善大街	同上	南门外大街	同上
荣业大街	同上	海光寺大街	同上
永安大街	同上	八里台大街	卫津路
荣吉大街	同上	水阁大路	同上
官沟街	同上	鼓楼东大街	同上
南马路	同上	鼓楼西大街	同上
涌延街	同上	西关大街	同上
二道街	同上	东马路	同上

第八区路名改定表			
原有名称	新拟名称	原有名称	新拟名称
锅店街	同上	宫南大街	同上
估衣街	同上	宫北大街	同上
贺家楼大街	同上	大伙巷	同上
针市街	同上	北营门外大街	同上
铃铛阁大街	同上	北营门西马路	同上
北马路	同上	北营门东马路	同上
文昌宫街	同上	河北大街	同上
六条胡同	同上	新河北大街	同上
府署街	同上	福泉里大街	同上
户部街	同上	三条石大街	同上
仓敖街	同上	三官庙大街	同上
东马路	同上	竹林村大街	同上
大胡同	同上	仁天寺大街	同上
如意庵大街	同上	北门外大街	同上
习艺所大街	芥园大街	鼓楼北大街	同上

（J0036-1-000398）

553.天津旧英法意租界官有资产与官有义务债务清理委员会组织规程①

1946年4月3日

　　第一条　本规程遵据行政院《租界及使馆界官有资产与官有义务债务清理委员会组织规程》第一条组织之。

　　第二条　本会定名为"天津英法意租界官有资产与官有义务债务清理委员会"。

　　第三条　本会设主任委员一人,天津市市长兼任;副主任委员一人,天津市政府外事处处长兼任。

　　第四条　本会委员五人至七人,由天津市长就地方士绅精谙法律并熟悉租界情形者,遴呈请行政院指派。

　　第五条　本会设秘书主任一人、专任秘书二人,专任、兼任各一;其下设科员二人、办事员二人,专任、兼任各一。秉承正、副主任委员之命,分别办理下列事项:1.关于撰拟稿件事项;2.关于保管案卷印信事项;3.关于收发文件事项;4.关于处务及会计事项;5.关于不属他科事项。

　　第六条　本会设下列三科:一、第一科;二、第二科;三、第三科。

　　第七条　每科各设科员一人,专任。

---

　　① 据档案记载,天津旧英法意租界官有资产与官有义务债务清理委员会组织规程与支出概算书于民国卅五年四月三日提经天津市政会议第廿七次例会决议修正通过。

第一科应办事项：1.关于旧英租界官有资产与官有义务、债务调查事项；2.关于旧英租界官有资产与官有义务、债务登记事项；3.关于旧英租界官有资产与官有义务、债务清理事项。

第二科应办事项：1.关于旧法租界官有资产与官有义务、债务调查事项；2.关于旧法租界官有资产与官有义务、债务登记事项；3.关于旧法租界官有资产与官有义务、债务清理事项。

第三科应办事项：1.关于旧意租界官有资产与官有义务、债务调查事项；2.关于旧意租界官有资产与官有义务、债务登记事项；3.关于旧意租界官有资产与官有义务、债务清理事项。

第八条　本会设科员八人，专任、兼任各四人；第一、二科各三人，第三科二人。办事员八人，专任、兼任各四人。秉承各该主管科长办理各科事务，于事务繁要时得酌用雇员。

第九条　本会办事细则另定之。

第十条　本规程自核准之日施行。

天津旧英法意三租界官有资产及官有义务债务清理委员会支出概算书

经常门：三十五年 月 日 起至三十六年 月 日			
科目	全年概算数	每月概算数	备考
第一款：经常费	一，八四三，七四〇	一五三，六四五	
第一项：俸给费	四三，七四〇	三，六四五	
第一目：俸薪	四二，二四〇	三，五二〇	主任秘书一人，月支出四〇〇元；秘书一人兼任不支薪，一人支三八〇元；科长三人，每人月支三八〇元；科员十人，五人兼任不支薪，余五人每人月支二〇〇元；办事员十人，五人兼任不支薪，余五人月支一二〇元。
第二目：工资	一，五〇〇	一二五	工役五人，月支工资二五元。
第二项：办公费	一，〇二〇，〇〇〇	八五，〇〇〇	
第三项：特别费	七八〇，〇〇〇	六五，〇〇〇	
第一目：特别办公费	一八〇，〇〇〇	一五，〇〇〇	主任秘书一、秘书一、科长三，各月支出三，〇〇〇元。
第二目：其他特别费	六〇〇，〇〇〇	五〇，〇〇〇	委员五人不支薪，除每月月支车马费一〇，〇〇〇元。
临时门：三十五年 月 日 起至三十六年 月 日			
科目	全年概算数	每月概算数	备考
第一款：生活补助费	八，一三六，〇〇〇	六七八，四〇〇	
第一项：基本费	五，一八四，〇〇〇	四三二，〇〇〇	
第一目：职员基本	四，三二〇，〇〇〇	三六〇，〇〇〇	职员十五人，每人月支二四，〇〇〇。
第二目：工役基本	八六四，〇〇〇	七二，〇〇〇	工役五人，每人每月支一四，四〇〇元。
第二项：俸薪加成	二，九五二，〇〇〇	二四六，〇〇〇	职员俸薪合计三，五二〇元，加成七十倍，如上数。

（J0012-1-000001）

554.天津市政府外事处为旧英法意租界官有资产与官有义务债务清理委员会委员人选及经费来源事呈市长张廷谔文（丙外第367号）

1946年4月9日

窃查天津旧英法意租界官有资产与官有义务债务清理委员会交由本处筹备以来，业经拟定组织规程及支出概算书，呈由钧府提交第二十七次市政会议通过在案。查该会组织规程第三条载明："本会委员五人至七人，由天津市长就地方士绅精谙法律并熟悉租界情形者，遴请行政院指派。"兹以本市士绅徐端甫、孙章甫、雍剑秋、陈亦侯、杨西园、陈贯一（前英工部秘书）、孙俊卿（前意租界董事）、张章翔（保险分会会长，熟悉法租界情形）、章元群（律师诚孚公司法律顾问）等九人，或熟悉租界情形，或精谙法律，遴为本会委员均无不合。惟其名额有限，去取之间，或另有适宜人选，仍请核夺办理。复查该会支出概算书，除开办费外，全年经常门一，八四三，七四〇元，临时门八，一三六，〇〇〇元，共计九，九七九，七四〇元。此项经费及开办费，陈会计长长兴前请呈由中央专案拨发。惟该会工作限期一年报竣，事繁期迫，如必中央拨款后再行成立，诚恐缓不济急，贻误事功，拟请一面向中央请款，一面由钧府垫支，以便积极进行，克日完竣。不致本市清理租界迟于上海、汉口等市，而有延宕之感。以上两端，是否有当，理合签请签核示遵。谨呈市长张、副市长杜。

暂代外事处处长杨豹灵

四月九日

（J0002-2-001730）

555.中华民国国民政府外交部为请将敌伪使领馆移交敌伪产业处理局接收事致天津市政府电

1946年4月19日

天津市政府勋鉴：本部为遵照院颁收复区敌伪产业处理办法起见，特规定所有各地敌伪使领馆未接收者统改由有关区域敌伪产业处理局接收，本部仍保留优先洽用之权。至已接收者，除本部及所属确需留用者外，亦一律移归敌伪产业处理局接管。除呈请行政院备案外，相应电请查照，将贵府代本部接收之敌伪使领馆与本部平津特派员公署洽商移转敌伪产业处理局接收。仍希将办理情形见复为荷。外交部。总。

（J0002-2-001730）

556.中华民国国民政府行政院为英美大使馆照请组织共同委员会实施租界交接订定六项原则事致天津市政府电(卯号6电)

1946年4月21日

限即刻到天津市政府。密。接收租界及北平使馆界办法及租界及使馆界官有资产与官有义务债务清理委员会组织规程公布后,英美两大使馆先后照请保留权利,英方并认为此项办法系片面接收,表示异议,要求我政府邀请有关国家组织共同委员会,实施交接办法。兹经外交部与英美两国使馆交涉折冲,订定原则六项:

(一)各该国家不再提租界及使馆界行政管理权之转移问题。

(二)清理委员会组织规程业经公布施行不再变更。

(三)由钧院训令各清理委员会邀聘外籍顾问出席会议,协助清理。

(四)上述外籍顾问,由有关国家驻华使馆推荐之。关于上海、厦门两公共租界,应由各该租界被敌人占领前参加各该租界工部局之国家推荐顾问。

(五)各清理委员会与其外籍顾问对于官有资产及官有义务、债务任何一项决定,如有不同意之处,应提请高级机关解决。

(六)各区域之清理工作竣事后,由外交部与有关国家之使馆以换文方式完成转移手续。

应准照办。除外籍顾问由外交部函英美使馆推荐并饬知该部外,仰遵照。行政院卯号六。印。

(J0002-2-001730)

557.中华民国国民政府外交部为从速组织清理委员会解决平津两地英国营房收回事致天津市政府电(第京欧35字00253号)

1946年5月9日

天津市政府公鉴:关于组设租界及使馆界官有资产与官有义务债务清理委员会事,本部上年十二月十一日欧34字第一二一一四号代电计达。兹迭准英大使薛穆爵士函,以据确报平津两地英国营房在美军撤退后,中国军队拟予占用。此与一九四三年中英条约第三条(三)项及五条(一)项明确规定英国政府得继续享用在北平及他处之产权相违背,嘱代为查询并予保证。等由。查此项营房应否由我收回,依照上年十一月二十四日行政院制定公布之接收租界及北平使馆办法第九条之规定,实有待于北平使馆界清理委员会及天津英租界清理委员会之审查确认。惟该项清理委员会迄未成立,自应从速组织,以待早日解决此项问题。除分达外,特电请查照迅予办理见复为荷。外交部。

(J0012-1-000034)

558.天津市前英法义租界官有资产与官有义务债务清理委员会为前正金银行保管证券五箱非系敌伪物资希准予取回事致河北平津区敌伪产业处理局函

1946年5月10日

案查本市前英租界系于民国三十二年间由伪天津特别行政区公署接收。其中,关于英租界工部局所有各种证券,分贮铁箱一个、布箱四个,接收后由该伪公署送交天津正金银行保管。三十三年间,该伪公署取消,由伪天津兴亚二区稽征处接收,并经交接人员伪财政局审核科科长刘闻久等点明箱内所存各种证券,数目相符,仍存该行保管,由该行出给收据,而各箱钥匙则由稽征处会计系收存。等情。载在档案。前岁复员后,此项证券则由津市政府财政局接管,本会清理租界官有资产,业将此项证券连同其他官产一并呈报行政院备案,并经委派专员陈恩绂会同财政局前往查点去后,兹据回报,奉令后曾经会同财政局主管职员前往接收正金银行之中国银行接洽始悉,此项证券已移存中央银行库房处理局,认为敌伪物资加贴封条未能启封查点。等情。前来。查此项证券系天津市政府所有,向在正金银行保管取有该行收据,并非该行之物,自不能认为敌伪物资。惟该行被接收时,财政局未能前往声明,自属手续疏漏。除函财政局前往治取外,兹特备函声明,即希查照,准将证券铁箱一个、布箱四个,交由财政局取回,以凭清理,实纫公谊。此致河北平津区敌伪产业处理局。

(J0012-1-000082)

559.天津市政府外事处为请按规程删除清理委员二人事呈市长张廷谔文

1946年5月14日

为签呈事。案查本市奉令组织英法义租界官有资产及官有义务债务清理委员会,业经拟具组织规程并预算呈核在案。惟查组织规程第四条,各清理委员会应设委员五人至七人,由行政院指派法律专家及熟悉租界使馆界之人员充任之,等因。所有本市应延委员七人前蒙钧座圈定徐端甫、孙章甫、裴世濂(廉)、陈亦侯、章元群、陈锡三、张章翔、孙俊卿、黄宗法等九员。惟规程既规定七人,拟请删除二员,其余七员拟请转呈行政院委派,以便组织而利进行,实为公便。谨呈市长张、副市长杜。

暂代外事处处长杨豹灵

五月十三日

简明履历

杨豹灵,年六十岁,江苏吴县人,美国普度大学土木工程师。曾任顺直水利委员会技术部部长、监造苏庄水闸主任工程师、扬子江技术委员会委员长、天津市工务局局长、海河工程局董事、运河工程局代理总技师、整理海河委员会咨询工程师、海河工程局长、天津市政府外事处处长。现任天津市政府顾问。

徐端甫，年五十八岁，河北省天津人，比国黎业斯大学商学士。曾任津浦铁路管理局局长、浦信铁路督办、四洮铁路督办、交通部次长、北洋保商银行董事长、通丰面粉公司董事长。现任工商学院董事长、耀华学校董事长、天和医院董事长、国际救济委员会委员、天津敌逆产清查委员会委员、天津市新市区建设委员会委员等职。

陈亦侯，六十一岁，浙江永嘉人，京师译学馆毕业。曾任财政部德奥清算处主任委员、浙江兴业银行发行部部长。现任天津盐业银行经理、滦州矿务公司董事、恒源纺织公司董事、天津市银行业同业公会理事长。

章元群，三十九岁，江苏吴县人，北平朝阳大学法学士。曾任恒源北洋纺织厂总务课长、诚孚信托公司总务课长、北平辅仁大学顾问、天津市结核病院董事。现任恒业公司董事兼经理。

张章翔，□十八岁，浙江鄞县人，宁波高等商业学校毕业。曾任中国垦业银行津行经理，现任天一保险公司天津经理、天津市保险商业同业公会理事长。

陈锡三，年四十九岁，天津市人，加拿大蒙特罗大学毕业。曾任天津基督教青年会总干事，现任东亚毛呢纺织股份有限公司董事兼副经理、天津市商会整理委员会常务委员、天津市政府顾问。

裘世廉，年六十岁，河北丰润人，北洋法政学堂毕业。现任天津市政府顾问。

（J0002-2-001730）

560.天津市政府为推荐徐端甫等人为旧英法义租界官有资产与官有义务债务清理委员会委员并请垫支开办费事指令外事处

1946年5月23日

卅五年四月九日丙外字第三六七号又同年五月十三日呈二件，为拟推荐徐端甫等为本市旧英法义租界资产清理委员会委员，并请垫支该会开办费及经费以利工作请核示由。

两呈均悉。关于该会委员兹正圈定杨豹灵、裘世廉、陈锡三、陈亦侯、章元群、徐端甫等六员，并经呈请行政院指派矣。仰迅即组织成立具报。至该会经费已按一年期限之经、临费概算，呈请中央核拨。在未奉拨发以前，一俟该会成立，可由本府先行酌垫，并仰知照。此令。

市长张廷谔
副市长杜建时
（J0012-1-000001）

561.中华民国国民政府行政院为核派清理委员会委员及经、临费概算书事 指令天津市政府（节京陆2141号）

1946年6月14日

三十五年五月廿三日丙人字第一三三号，呈请派该市市长等为天津前英法义租界官有资产与官有义务债务清理委员会主任委员等职，并编送经、临费概算书请核示由。呈件均悉。关于该会所需经费应在该市政府原有预算内匀支，派令另发。仰即知照。此令。

院长宋正文

（J0002-2-001730）

562.中华民国国民政府行政院为派张廷谔等为天津市前英法义租界 官有资产与官有义务债务清理委员会委员职事训令天津市政府 （节京人2140号）

1946年6月14日

兹派张廷谔为天津市前英法义租界官有资产与官有义务债务清理委员会主任委员，杨豹灵、裴世廉、陈锡三、陈亦侯、章元群、徐端甫为该会委员。除由院令派并分行外，合行检发派令，令仰知照。此令。检发派令七件。

院长宋正文

（J0002-2-001730）

563.天津市政府为指派杨豹灵等六人担任清理委员会委员并编造概算书事 呈中华民国国民政府行政院文（丙人字第133号）

1946年6月22日

案奉钧府三十四年十一月二十四日平陆字二六一四七号训令，以租界及使馆界官有资产与官有义务债务清理委员会组织规程业经制定公布，应即施行。抄发原规程，令行遵照。等因。当经着手组织，除该会主任委员一职遵照组织规程第三条之规定，由职兼任外，至委员人选，查有杨豹灵、裴世廉、陈锡三、陈亦侯、章元群、徐端甫等六人，均系地方士绅，精谙法律并熟悉租界情形，拟请钧院明令指派以专责成。再，该会全年度计，需经常费一，八四三，七四〇元，临时费一七，二三八，四〇〇元。本市库收奇绌，无法垫支，并请迅予核拨，以利施行。理合编具该会经临费概算书，连同该员等简历表备文呈请鉴核示遵。谨呈行政院院长宋。附呈简历表一份,经临费概算书二份。

天津市市长张廷谔

天津市政府致外交部函(丙人字第1384号)

案准贵部本年二月二十二日条35字第〇二六八七号函,以租界及使馆界官有资产与官有义务债务清理委员会已否组成,并于各委员名单发表以前将名单抄示,等因。查本府于奉令后遵经着手组织,除该会主任委员由市长兼任并将遴选委员杨豹灵等六员呈请行政院指派外,相应检同该会各委员等简历表一份,复请查照为荷。此致外交部。

(J0002-2-001730)

564.英国驻津总领事惠达默为索回旧英租界工部局戈登堂内铜牌木座事致天津市市长张廷谔函

1946年6月26日

敬启者:查旧英租界工部局戈登堂内为纪念服务旧英租界死亡之英侨及其他国人士,由大众捐资悬有镌刻纪念铜牌十五座。据报得知,上项铜牌最近移挪他处。此事本总领事已与同寅美国总领事及其他国领事谈及,均赞同由本总领事备函特请贵市长将全数铜牌及木座送还本署,以便处理,并希早日退回,无任盼感。此致天津市市长张。

驻津英总领事惠达默

(J0002-3-004138)

565.天津英法义租界官有资产与官有义务债务清理委员会第一次会议

1946年6月27日

时间:三十五年六月廿七日九时三十分。

地点:天津市政府会议室。

出席人:徐端甫、陈亦侯、陈锡三、裘世廉、杨豹灵、张廷谔、季泽晋。

列席人:恽坊。

主席:张市长。

纪录:冯步洲。

报告事项:

一、报告接收英、法、义租界财产办法(外交部欧引1211号,附发接收租界及北平使馆界办法)。

讨论事项:

一、关于义国人民资产之处理,中央规定似乎太宽。凡有法西斯色彩之义国人民,其资产之在租界者,应按敌伪财产处理办法办理。可否之处,请公决案。(陈委员锡三提)

决议:电请外交部查照示复。

二、本会组织暨人事经费如何编拟请公决案。(杨委员豹灵提)

决议:交裘委员世廉、杨委员豹灵、冯秘书步洲草拟并提交下次会议决定。

散会:十一时。

(J0012-1-000007)

566.天津市前英法义租界官有资产与官有义务债务清理委员会为经费无着请拨专款事呈中华民国国民政府行政院文

1946年

南京行政院院长宋钧鉴:窃廷谔等猥以樗散,仰承钧座派充天津市前英法义租界官有资产与义务债务清理委员会委员,感依异之优隆,念职责之重大,自当竭诚尽力,缜密从事。迭经多次会议拟定工作方案及组织大纲,开始办公,乃因经费无着,拟用人员未能派定,工作莫由推进。谨查本会经费奉令由市府经费项下匀支,无如市府本身已极感短绌,每月亏达五亿元,预算外之支出更无法挹注。至用人则照章以调用为原则,但市府庶政殷繁,原有人员尚不敷用,调用各员各有原职,未能常川兼顾,且对于本会职务亦未尽合宜。再四筹维,非另行选用专家与译才,以及熟谙租界事务与档案者,不足以应付全局。况天津各旧租界与他处不同,事极烦难,英方深为重视,现已派定旧日法家与专门人员为顾问,我方更不容轻忽,与其因陋就简,恐贻误于将来,何若充实阵容,筹完善于初步,国家之权利力谋保持,而外交之协调亦期兼顾。加强组织之机构,即增进工作之效能,其有益于公家者非鲜,而所赖国库之支付者实属微末。用特披沥下情,缮具所拟最低概算,呈请鉴核。惟乞俯念天津特殊情形,迅赐指拨专款俾利进行,不胜迫切待命之至。委员张廷谔、杨豹灵、徐端甫、裘世廉、陈锡三、陈亦侯、章元群叩。印。

(J0002-2-001730)

567.天津市政府警察局为检送街道新旧名称对照表事致第七区公所函

1946年7月4日

查本市各区街道名称更改甚多,本局兹为便于参考起见,特印制本市街道新旧名称对照表,以资应用。除分送外,相应检送一本,即希查照备用为荷。此致第七区公所。

附本市街道新旧名称对照表一本。

天津市政府警察局启

七月四日

天津市街道新旧名称对照表

天津市第一区街道新旧名称对照表			
原有路名	新拟名称	原有路名	新拟名称
大和街	兴安路	5府右街	吉林路
大和街	海拉尔道	6中心北路	哈尔滨道
扶桑街	海拉尔道	7东经南路	中正路
桥立街	北安道	8中经一路	赤峰道
福岛街	多伦道	9墙子河北路	松江路
桃山街	归绥道	10府前街	承德道
伏见街	万全道	11府东街	合江路
西伏见街	万全道	12墙子里路	营口路
吾妻街	佳木斯道	14府前街	承德道
宫岛街	迪化道	15河西南路	张自忠路
西宫岛街	迪化道	17河西南路	张自忠路
浪速街	四平道	19河西南路	张自忠路
西浪速街	四平道	20中经二路	哈尔滨道
松岛街	哈密道	21大经南路	罗斯福路
蓬莱街	沈阳道	22菜市街	菜市街
秋山街	锦州道	23中纬一路	兴安路
山口街	张自忠路	24中经四路	长春道
寿街	兴安路	25中纬二路	辽宁路
新寿街	兴安路	26中经三路	滨江道
闸口街	辽北道	27中纬三路	林森路
曙街	嫩江路	28中心北路	安东路
旭街	罗斯福路	29中纬四路	山东路
常盘街	辽宁路	30中经二路	哈尔滨道
荣街	林森路	31中纬五路	河北路
花园街	山东路	32中经一路	赤峰道
小松街	热河路	33中纬六路	河南路
芙蓉街	河北路	34中心西街	承德道
橘街	蒙古路	35中纬七路	山西路
春日街	河南路	36中心南路	安东路
吉野街	察哈尔路	37中纬八路	陕西路
明石街	山西路	38中心东街	辽宁路
香取街	绥远路	39墙子河北路	南京道
须磨街	陕西路	40中心路	花园路
石山街	宁夏路	53西开一纬路	西宁路
淡路街	甘肃路	54西开一经路	独山路
加茂街	青海路	55西开二纬路	兰州道

天津市第一区街道新旧名称对照表

原有路名	新拟名称	原有路名	新拟名称
三岛街	新疆路	56西开二经路	贵阳路
兴津街	西藏路	57西开三纬路	宝鸡道
住吉街	南京路	58西开三经路	昆明路
1海大道北路	大沽路	59西开四纬路	拉萨道
2中经四路	长春道	62西开五经路	康定路
3府西街	黑龙江路	64西开六经路	四平道
4中经三路	滨江道		

天津市第二区街道新旧名称对照表

原有路名	新拟名称	原有路名	新拟名称
河东八路	胜利路	河东十一路	粮店后街
河东七路	民族路	河东十一路	永安街
河东六路	民权路	河东十一路	平安街
河东五路	民生路	河东十路	学堂街
金汤四街	兴隆道	河东九路	寿安街
金汤五街	建国道	河东货厂街	新货厂街
金汤六街	光明道	河东小关路	小关大街
金汤七街	和平道	河东小关路	十字街
金汤八街	三民道	河东锦衣路	锦衣卫桥大街
金汤九街	光复道	金汤一街	金家窑大街
金汤十街	自由道	金汤二街	水梯子大街
金汤十一街	博爱道	金汤二街	狮子林大街
金汤十二街	复兴道	金汤三街	陈家沟大街
河东于厂街	于厂大街	金汤三街	地藏庵大街
河东九路	福安街	金汤四街	兴隆街
河东十二路	粮店前街		

天津市第三区街道新旧名称对照表

原有路名	新拟名称	原有路名	新拟名称
东二经路	同上	东八经路	同上
东三经路	同上	东九经路	同上
东四经路	同上	建设厅门前马路	中山北路
东五经路	同上	大经路	中山路
东六经路	同上	二经路	同上
东七经路	同上	三经路	同上
四经路	同上	冈纬路	同上
五经路	同上	月纬路	同上
六经路	同上	日纬路	同上
七经路	同上	宙纬路	同上

天津市第三区街道新旧名称对照表			
原有路名	新拟名称	原有路名	新拟名称
八经路	同上	宇纬路	同上
新大路	同上	黄纬路	同上
调纬路	同上	元纬路	同上
吕纬路	同上	地纬路	同上
律纬路	同上	天纬路	同上
昆纬路	同上	黄纬北路	小王庄大街
宿纬路	同上	地纬中路	杨桥大街
辰纬路	同上	天纬北路	堤头大街
天津市第四区街道新旧名称对照表			
原有路名	新拟名称	原有路名	新拟名称
励存大街	教堂北街	望道前街	旺道前街
励存大街	李地大街	凤林街	凤林村街
黄石大街	同上	遥稼路	姚家台大街
公益大街	公议大街	慎庄路	沈庄大街
李公楼大街	同上	慎庄路	王庄大街
李家台大街	同上	慎庄路	郭庄大街
望道后街	旺道后街		
天津市第五区街道新旧名称对照表			
原有路名	新拟名称	原有路名	新拟名称
一经路	同上	二纬路	同上
二经路	同上	三纬路	同上
三经路	同上	四纬路	同上
四经路	同上	五纬路	同上
五经路	同上	六纬路	同上
六经路	同上	七纬路	同上
七经路	同上	八纬路	同上
八经路	同上	九纬路	同上
九经路	同上	十纬路	同上
十经路	同上	十一纬路	同上
十一经路	同上	十二纬路	同上
十二经路	同上	十三纬路	同上
十三经路	同上	东锦路	同上
十四经路	同上	西锦路	同上
十五经路	同上	南锦路	同上
北辰路	同上	北锦路	同上
一纬路	同上		

天津市第六区街道新旧名称对照表			
原有路名	新拟名称	原有路名	新拟名称
无锡路	徐州道	牛庄路	福建路
浙江路	蚌埠道	汉口路	闽侯路
武昌路	镇江道	海大道	大沽路
管理局路	浦口道	墙子河路	上海道
江西路	江苏路	唐山路	合肥道
杭州路	杭州道	芝罘路	苏州道
苏州路	绍兴道	营盘路	九江路
吉林路	宁波道	营口路	金华道
河南路	奉化道	开封路	厦门路
花波路	温州道	山东路	江西路
宁园路	徽州道	福州路	南昌路
塘沽路	琼州路	山西路	广东路
云南路	台湾路	湖北路	汕头路
通州路	台北路	青岛路	九龙路
威尔逊路	同上	海河路	台儿庄路
天津市第七区街道新旧名称对照表			
原有路名	新拟名称	原有路名	新拟名称
慎益大街	同上	首善大街	同上
一纬路	同上	福安大街	同上
清和大街	同上	二纬路	同上
华安大街	同上	荣安大街	同上
富贵大街	同上	治安大街	同上
升安大街	同上	广善大街	同上
三纬路	同上	广兴大街	同上
保安大街	同上	建物大街	同上
陞安大街	同上	赵家窑大家	同上
四纬路	同上	西马路	同上
五纬路	同上	南开大街	同上
二马路	同上	六马路	同上
三马路	同上	马场道	同上
四马路	同上	鼓楼南大街	同上
庆善大街	同上	南门外大街	同上
荣业大街	同上	海光寺大街	同上
永安大街	同上	八里台大街	卫津路
荣吉大街	同上	水阁大街	同上
官沟街	同上	鼓楼东大街	同上
南马路	同上	鼓楼西大街	同上

天津市第七区街道新旧名称对照表			
原有路名	新拟名称	原有路名	新拟名称
涌延街	同上	西关大街	同上
二道街	同上	东马路	同上

天津市第八区街道新旧名称对照表			
原有路名	新拟名称	原有路名	新拟名称
锅店街	同上	仓敖街	同上
估水街	同上	东马路	同上
贺家楼大街	同上	大胡同	同上
针市街	同上	如意庵大街	同上
铃铛阁大街	同上	北门外大街	同上
北马路	同上	大伙巷	同上
文昌宫街	同上	宫南大街	同上
六条胡同	同上	宫北大街	同上
府署街	同上	习艺所大街	芥园大街
户部街	同上	鼓楼北大街	同上

天津市第九区街道新旧名称对照表			
原有路名	新拟名称	原有路名	新拟名称
北营门外大街	同上	福泉里大街	同上
北营门西马路	同上	三条石大街	同上
北营门东马路	同上	三官庙大街	同上
河北大街	同上	竹林村大街	同上
新河北大街	同上	仁天寺街	同上

天津市第十区街道新旧名称对照表			
原有路名	新拟名称	原有路名	新拟名称
1.河西南路	台儿庄路	37 南纬二十三路	重庆道
2.墙子里路	营口道	38 南经十五路	澳门路
3.东经南路	中正路	39 南纬二十三路	重庆道
4.南纬一路	大同道	40 南经十九路	林森路
5.海大道路	大沽路	41 南纬二十二路	郑州路
6.南纬二路	北平道	42 南经二十一路	海南路
7.南经八路	浙江路（墙子河里）	43 南纬二十一路	洛阳道
7 南经八路	马场道（墙子河外）	44 南经二十三路	河北路
8 南纬三路	大连道	45 南纬二十路	成都道
9 南经九路	安徽路	46 南经二十四路	湖南路
10 南纬四路	保定道	47 南纬十九路	岳阳道
11 东经南路	杜鲁门路	48 南经二十四路	山西路
12 南纬五路	太原道	49 南纬十九路	长沙路
13 南经十二路	湖北路	50 南经三十路	衡阳路
14 南纬六路	烟台道	51 南经四十路	苍梧路

天津市第十区街道新旧名称对照表

原有路名	新拟名称	原有路名	新拟名称
15南经十六路	四川路	52南经二十九路	长沙路
16南纬七路	青岛道	53南纬四十一路	柳州路
17南经十九路	林森路	54南经二十七路	潼关道
18南纬八路	济南道	55南纬四十二路	南宁路
19南经二十三路	河北路	56南经二十八路	西安道
20南楼路	泰安道	57南纬四十三路	贵州道
21南经二十四路	山西路	58南经三十二路	芷江路
22南纬九路	彰德道	59南纬十八路	沙市道
23南经二十五路	耀华道	60南经三十一路	襄阳道
24南纬十路	曲阜路	61南纬十七路	宜昌道
26南纬十一路	开封道	62南经三十二路	广西路
28南纬十二路	徐州道	63南纬十六路	汉阳道
29墙子河北路	南京道	64南经三十一路	汉口道
30南纬十一路	开封道	66南经三十三路	桂林路
31南纬二十六路	镇南道	66南经三十三路	武昌道
32墙子河南路	上海道	68南经三十四路	云南路
33南纬二十五路	大理道	70南经三十五路	昆明路
34南经十二路	湖北路	72南经三十五路	昆明路
35南纬二十四路	常德道	74南经三十六路	西康路
36南经十四路	香港路		

勘误表

一、字误

区别	正	误	
一区	营口道	营口路	
六区	宁波路	花波路	
	花园路	宁园路	
十区	耀华路	耀华道	
	贵州路	贵州道	

二、遗漏

区别	原有路名	新拟路名	遗漏名称
二区	金汤五街	建国道	金汤大马路
		金汤大马路	
二区	金汤七街	和平道	金汤二马路
		金汤二马路	
二区	金汤八街	三民道	金汤三马路
		金汤三马路	

二区	金汤十街	自由道	金汤四马路
		金汤四马路	

三、更移

区别	路名	更移
五区	一、二、三、四、五经路	更移在第二区界内

（J0036-1-000398）

568. 中华民国国民政府外交部驻平津特派员公署为天津组织筹备旧租界清理委员会情形事呈外交部文

1946年7月11日

外交部钧鉴：案查关于组织旧租界官有资产债务义务清理委员会，天津方面，津市府曾已召开筹备会一次，前已分别于六月廿九日及七月三日以秘代字第三三五号及第三六五号呈报备查本案。第二次筹备会议已于本日（七月十日）下午三时半在市府召开。出席者有张市长兼主任委员廷谔及前电所陈各委员，仅陈委员锡三缺席。本特派员仍以列席资格参加。当经议决各案如下：

（一）该委员会经费来源暂由市府借垫。

（二）委员会会址暂由市府拨借办公室数间应用。

（三）经费概算之审查，公推由陈委员亦侯、裘委员洁忱等负责办理，下次提会讨论。

（四）修正通过该委员会办事细则。

兹将以上各情连同办事细则一份，呈请备查，乞即鉴核为祷。驻平津特派员季泽晋叩。午。灰。

附办事细则一份。

（J0012-1-000011）

569. 天津市政府为请张伯苓担任天津市前英法义租界官有资产与官有义务债务清理委员会高等顾问聘函（丙人字第37号）

1946年7月23日

兹聘台端为天津市前英法义租界官有资产与官有义务债务清理委员会高等顾问。此致张伯苓先生。

（J0002-2-001730）

570.中华民国国民政府外交部为平津两地英国营房系英国政府产业 不便接收事致天津市政府电(第04237号)

1946年7月24日

天津市政府公鉴:关于平津两地英国营房应经清理委员会审查确定一事,前经本部于五月九日京欧35字第二五三号电请查照办理在案。兹续准英大使馆节略,根据中英新约第五条第一项"英王陛下之人民及公司或英王陛下联合王国政府在中华民国领土内现有关于不动产之权利,不得取销作废"之规定,提出异议。查天津前英租界内之英军营房,既据略称其土地之合法契据系英国政府按通常形式所保有,自应予确认有效,不必再经清理委员会之审查。惟北平前使馆界内建有英军营房之土地,依照中英条约第三条(三)项,英国政府为公务目的得继续使用。本部兹已略请英大使馆说明将来用途,拟俟获复后再行核办。至营房本身系英国政府之产业,依照条约规定,我国未便径予接收。除分行各有关机关外,特电查照为荷。外交部。

(J0012-1-000034)

571.英国驻南京大使馆为天津及广州英租界资产债务估算需再请顾问事 致中华民国国民政府外交部函

1946年8月12日

部长阁下:径启者,关于华林格君六月十八日第三二三号之备忘录,其内容业于六月廿五日由贵部条约司司长王化成博士、欧洲司司长吴南如博士与本使馆参事兰姆君加以讨论。兰姆君当即将讨论结果告仆。据此,特就天津及广州(沙面)英租界、上海及厦门(鼓浪屿)公共租界与北平使馆界之官有资产及债务问题再度向阁下函陈。查天津及广州英租界资产债务之估算头绪纷繁,责任綦重,即令有专家之协助,本使馆始终认为仅派英籍顾问一员,不足应付。爰建议对于天津英租界指派顾问三员,对于广州英租界指派顾问二员,以上名额不能再减,以免影响工作之成就。至于厦门公共租界及北平使馆界,则只拟指派顾问一员,与其他关系国家之代表共同参与估算之工作。至若上海之公共租界,本使馆拟于顾问一员外另委代表一人,此代表将有权参加一切会议,惟在顾问本人亦莅场时,该代表只可视作专家耳。上述建议,应请贵部长表示同意。

再则,本使馆始终认为关于天津及广州英租界之一切问题,应由中英两国政府或其指定代表人视作个别事件,直接磋商。而此项磋商应不受中国政府与其他国家磋商之拘束。关于上海、厦门之公共租界及北平使馆界资产债务之清算,本使馆亦认为应由中国政府之代表与诸有关国家之代表双方进行磋商,不受同一地域内其他特区所磋商结果之牵制,此一意见,谅贵部长亦能同意也。

为贵我两国之利益计,对于王化成博士与毛索普爵士共同拟定之程序基则,不应有误解余地。仆深知贵部长必能同意,用敢请贵部长复函证实。所有六月六日第三五/〇一六八三号来条中所揭示之一至六各点,即等于薛穆爵士四月十六日第二三六号备忘录中六项建议之汉译。

(J0012-1-000017)

572.第十一战区司令长官孙连仲为平津两地英国营房接收事致 天津市政府电（涛平字第316号）

1946年8月12日

天津市政府张市长勋鉴：案查平津两地英国营房在美军撤退后我方拟予接收一案。本部兹准外交部欧35四二四一号代电开，关于平津两地英军营房接收问题，本部前以该项房屋有无官有资产性质，应由北平使馆界清理委员会及天津英租界清理委员会审查确定，当经通知英大使馆在案。嗣叠准英大使馆节略，根据中英新约第五条第一项"英王陛下之人民及公司或英王陛下联合王国政府在中华民国领土内现有关于不动产之权利，不得取销作废"之规定，提出异议。查天津前英租界内之英军营房既准英大使略称，其土地之合法契据系英国政府按通常形式所保有，自应予以确认，不必再经清理委员会之审查。惟北平前使馆界内建有英军营房之土地，依照中英条约第三条（三）项，英国政府为公务目的得继续使用。本部兹已略请英大使馆说明将来用途，拟俟获复后再行核办。至营房本身系英国政府之产业，依照条约规定我国未便径予接收。等由。准此。除分行外，特电查照。第十一战区司令长官孙连仲。未。灰。涛平。

（J0012-1-000034）

573.天津市前英法义租界官有资产与官有义务债务 清理委员会第四次会议

1946年8月17日

时间：卅五年八月十七日下午四时。

地点：天津市政府会议室。

出席人：季泽晋、裘世廉、徐世章、杨豹灵、陈亦侯、章元群

列席人：吴惠和、阎子亨、张廷谔。

主席：张主任委员。

纪录：孙象乾。

李金洲、李汉元、陈长兴亦列席。

报告事项：

一、主席宣示：本会今始成立实属迟缓，此后应加强组织，提高效率，认真推动，以期早日完成工作。云云。

二、报告上次会议纪录：徐委员以纪录所载，公推委员各自指导一租界调查事项一节表示异议。

决议：改为各租界调查事宜，由各该管组负责。

三、报告本会经费确定情形，及委员、外籍顾问月支车马费数目。徐委员主张，委员各有兼职，不支车马费，外籍顾问亦不必给车马费，腾下款项添用职员。

决议：均不支车马费，俟工作完成后另案办理。

四、报告本会收到来文件数及案由。

讨论事项：

一、杨副主任委员、徐委员提议加强组织须专任人员案。

决议：陈道源为主任秘书，吴寿岑为秘书；吉浩然为第一组组长，岳承烈为第二组组长，郭炽卿为第三组组长，均系专任；陈恩绂、周振东、林镜东为专门委员，均为兼任。并决议，在未择定适当会址前，指定市政府小客厅为委员办公室。

二、主席提议：天津英国兵营建立，约定租界以外，原系强占地皮。外部来电认为有效免予审查一节，系不知个中情形，未便缄默，应陈述事实，电部力争案。

决议：照案通过。

三、工作方案，下次会议再行讨论。

散会：六时正。

（J0012-1-000007）

574.天津市前英法义租界官有资产与官有义务债务清理委员会工作方案

1946年8月17日

本会以清理租界内应行转移于中国之官有资产与义务、债务为职责。此项资产究有若干虽不可知，但自敌寇降服，所有各租界内资产均由我国接收。现在所清理者，不过确定何者应转移于中国政府接管，何者为租界之本国政府或人民所有，予以返还而已。因此之故，本会最要工作厥在调查，似宜派熟悉租界人员或久在工部局服务深明掌故者，调查官有资产究为何项。同时分别函令市内中央或地方各机关，查询有无接收是项资产，如有接收，应将该项资产现状及有关卷宗函报本会，然后再按各该租界卷宗详查，俾免遗漏。惟此项官有资产最易与各该国政府所有资产相混，若不认真澈查，难免有影射欺朦之嫌弊。欲区别何者为租界官有资产，何者为各该国政府所有，应以资金来源为标准。资金来源如何，卷内必有记载，其由各该国政府出资所经营之资产即为该国政府所有，不在移交之列，应予返还，准其继续保有其资产。用费系由租界所出，即为租界官有，一律移转中国政府接管。其由各该国政府与租界共同出资者，亦应由中国政府接管，按各该国政府出资之额数，保留其相当之股份，以昭公允。拟即根据此种标准，先将各项官有资产逐一审查，应转移者即予确定接管。至于官有义务、债务，亦须经过审查确定后，再行拟定担任义务及履行债务各办法呈候核定施行，此本会工作之步骤也。兹姑就伪市府接收租界卷内所列资产、义务、债务等项，按照上开步骤，草拟进行程序及时限如下：

(甲)前英租界不动产项下：

不动产名产	坐落地点	建筑物种类	占地面积(亩)	附注
第一公园	三号路	花窖十五间 锅炉房一间 厕两间 亭三座	三四,二九〇	
旧英工部局办公处	三号路	楼房一所		
警察分局	三号路	楼房一所		
捐务处办公室	五号路	洋式平房一所		
职员食堂	五号路	平房四间		
中街铺面	三号路一六八	平房一所		电务处售品处
	三号路一六四	平房一所		原系东方图书馆
图书馆	五号路	中式楼房一所 后楼一所		已无书籍,区公所占用
第二公园	七号路	二人休息室一间,厕所两间亭一座	六,一九五	
第三公园	四十五号路	工人住房一间锅炉房一间 厕所两间 亭两座	一二,〇二〇	
第四公园	五十六号路	厕所两间 亭一座		
游泳池		机器房一座 亭一座 机器房一座 水池一座	三一,二七〇	水道处
十七号路警察派出所	十七号路八八	楼房一所	四,〇〇〇	
警察局第二分局	四十五号路	楼房一大所	七,六〇〇	附设消防队及警察宿舍
四十七号路警察派出所	四十七号路	楼房一所 去潮塔一座,平房一所	七,三二二	附设消防队及警察宿舍
公共厕所	分布区内	共计十一处		
普通医院	五十三号路	平房五所,楼房一所 门房一间	二五,七九〇	由同仁会接管
隔离医院	五十九号路	病房一所,住房一所 下房一所,停尸间一间 门房一间	五,三六三	由同仁会接管
十三号路铁木工厂	十三号路	车房十二间,平房五间 修理汽车房一间,厕所二间 汽碾房五间,囤水塔一座 公事房楼房八间	六,三六六	
七十二号路西厂	七十二号路	办公室九间,门房二间 工厂七间,库房三间 马棚房四排		归清洁队
四十五号路机料场	四十五号路	粮房一所,厕所一间 平房四间	八,七四七	
十四号路菜市	五号路	门面楼房十四所,摊位八十九号	六,二八一	
十三号路官舍	十三号路	楼房一所,平房八间 库房二处	五,三二七	
十四号路官舍	十四号路一六四、一六六	楼房一大所	一五,九四九	
	一六八、一七〇	楼房一大所		
义勇队存枪房	二十一号路	楼房一所,平房二处	二,九〇三	
十一号路水道处	十一号路	公事房一所,平房四间 机器房二处,库房三间 住宅二所,沙池三处	二一,〇九八	水道处第一厂

不动产名产	坐落地点	建筑物种类	占地面积(亩)	附注
		水池三处		
四十二号路水道处	四十二号路	蓄水池一座,门房三间	八,三二〇	
		平房一所,泵房一座		
四十五号路发电厂	四十五号路	发电厂一处	六,四八〇	现由华北电业公司管理
四十五号路电务人员宿舍	四十五号路	宿舍一处	四,七五六	
民园运动场	五十号路	大看台两处	五七,三〇〇	
十七号路球场	十七号路	俱乐部两处	八五,三八四	
		下房一所		
六号路公墓	六号路	经堂一座,工役室二间	一一,二八一	
七号路公墓	哈内路	候客室一间,经堂一座		
		车房下房三间,火葬炉一座		
七号路花圃	七号路迤南	平房三所,花窖四所	七十余亩	
码头捐务处	一号路	平房一所	占码头之一部	军管理
码头查捐处	一号路	平房一所	占码头之一部	军管理
河坝抽水房	一号路	平房二处	占码头之一部	水道处管理
码头验货棚	一号路	棚四处	占码头之一部	军管理

计地亩四百四十四亩有奇,楼房二十七所,平房三十八所,又一百零二间亭子、七座花窖、水池等项。

(乙)前英租界物资项下:

一、伪天津特别行政区公署电务材料库材料一〇〇六项。

二、伪天津特别行政区公署水道材料库材料一四一六项。

三、伪天津特别行政区公署水道处机件家具五六九项。

四、伪天津特别行政区公署会计处机件家具一四〇项。

五、伪天津特别行政区公署秘书处家具一二一项。

六、伪天津特别行政区公署警务处家具六五九项。

七、伪天津特别行政区公署电务处家具机件二八一项。

八、伪天津特别行政区公署警务处材料库材料一〇项。

九、伪天津特别行政区公署工程材料库材料二一五项。

十、伪天津特别行政区公署工程处机件家具六四九项。

十一、兴亚二区分局各种枪支四〇九支,附带各色子弹。

十二、汽车三辆(维力斯、福特、雪佛兰各一辆)。

十三、特别行政区公署器具二〇项。

十四、特别行政区公署家具四六〇项。

十五、英国球场家具一六项,附属建筑物。

十六、伯顿道游泳场家具三八项,附属建筑物。

十七、兴亚二区警察分局留局卫生用品二二项。

十八、警察局兴亚第二区分局消防队救火物品共计九八项。

十九、警察分局移交前警务处卫生科卫生用品共三九项。

(丙)前英租界义务项下:

租界内之警察局、捐务处、图书馆、医院、公共厕所、游泳池、发电厂、水道处、运动场、球场、公墓、花圃等项支出,均为租界之官有义务。我方业将租界接收,对此义务应由我方审查,议定担任方法。

(丁)前英租界债务项下:

一、旧英工部局一九三二年六厘半公债券,共银一七八,七二〇两。

二、旧英工部局一九三二年五厘半公债券,共旧法币一二六,九〇〇元。

三、旧英工部局一九三七年六厘公债券,共旧法币七一五,五〇〇元。

四、海河工程总局一九三五年五厘半公债,共旧法币一,一〇〇元。

五、先农公司一九二九年七厘公债券,计银二,二〇〇两。

六、旧英工部局一九三七年六厘公债券,计旧法币一七七,五〇〇元。

七、先农公司一九三九年六厘债券,计旧法币一,〇〇〇元。

八、上海英法地产公司一九三一年六厘债券,一八,〇〇〇两。

九、天津法国电灯房七厘债券,计旧国币七五〇,〇〇〇元。

十、旧英工部局一九三二年五厘半债券,计旧法币一四,四〇〇元。

十一、旧工部局一九三二年六厘半债券,计银六,〇〇〇两。

十二、旧工部局一九三七年六厘债券,共计旧法币二九,〇〇〇元。

十三、旧工部局一九三七年六厘公债券,共计旧法币三四〇,〇〇〇元。

十四、天津先农公司一九二九年七厘公债,共一,〇〇〇元。

十五、旧英国工部局一九三二年五厘半公债券,计旧法币八,〇〇〇元。

十六、旧英国工部局一九三七年六厘公债券,计旧法币二〇,〇〇〇元。

十七、先农公司一九二九年七厘债券,计银七,〇〇〇两。

十八、旧英工部局一九三二年五厘半公债券,计旧法币四,四〇〇元。

十九、旧英工部局一九三六年六厘半公债,计银三,五〇〇两。

二十、旧英工部局一九三二年五厘半公债,旧法币一〇〇元。

二十一、旧英工部局一九三七年六厘公债券,计法币三,八〇〇元。

二十二、旧英工部局一九三七年五厘半公债券,旧法币六,〇〇〇元。

以上计旧法币一,五二七,二〇〇元正。

以上计银二三一,七二〇两正。

二十三、上海华懋地产公司、上海地产公司及上海法工部局各项债券共一百六十张,计上海银三三,一〇〇两,上海旧法币五,三〇〇元正。

二十四、上海法租界工部局各种公债二,七八八张,计银一三八,八〇〇两,洋一四〇,〇〇〇元。

二十五、1926、1934、1937、1941年各种债券一万九千两,又二十万零五千元。

(子)前法租界不动产项下:

一、法租界之道路、桥梁、码头、阴沟、沟渠及堤防等设施。

二、公董局房舍,面积六亩七分四厘(十三段第二号、第三号),包括大厦两层及附属房舍(汽车间、仓库、下房)。

三、福煦巡捕房及西开工务处房舍,面积十九亩二分四厘(三十五段第八号及第三号)。巡捕房包括房舍如下:大厦(两层)、分所所长房舍、督察员房舍(两层),救火队及各种附属房舍;工务处包括大厦、车辆、修理间、职员房舍、马房、仓库、公共宿舍等。

四、老西开工务处房舍，面积十二亩三分七厘（四十八段第二号），包括车辆、修理间、工场、马房。

五、市场，面积十一亩七分六厘（二十五段第二号），包括大厦及附属房舍。

六、公园，包括二十二亩九分八厘（三十一段），亭及各种装置。

七、老西开喷水池，面积一亩六分六厘（五十三段第二号），及工场、公共盥洗间。

八、租界以内各地之装置，蓄水池（巴黎路、甘兴东路）、厕所、工人食堂、殡舍、码头、捐办公处、抽水站（大沽路）。

九、空地三十段，第九号，三亩三分八厘。

十、空地五十九至六十段，A号，三分八厘。

十一、空地五十九至六十段，B号，十七亩八分二厘。

十二、空地五十九至六十段，C号，七亩四分九厘。

十三、空地五十八段，第十七号，一亩零四厘。

十四、空地四十九至五十段，第七号，一分三厘。

十五、租界内各地厕所七处。

上开房舍六处，系笼统填列，无从计算详数，各处地数计有一百零四亩余。

（丑）前法租界物资项下：

一、前捐务处家具，现由兴亚三区稽征收占用，内计桌椅柜凳等二十二件、衣褥靴帽等八十四件、自行车两辆。

二、前侦探处家具，现由警察局警法科接管，内计照像器具及柜子、架子等五十七件。

三、前工务段家具，现由清洁队接收，内计铺板、电灯、暖气等项四一八件。

四、前法巡警局册外没收各种枪械及代存工商学院乐司铎之枪枝，内计各色大枪十九枝、各色子弹一百九十八粒、各色手枪十七枝、各色子弹三百五十一粒。

五、前法警局收缴民间枪枝、武器、汽枪、刀剑、矛钺等四二五件，又各式手枪三十二枝、马枪七枝、猎枪五枝、杂色子弹一二,三八四粒，杂件六项。

六、前捐务处联银券二万元。

（寅）前法租界义务项下：

一、老西开医院，法公董局每年补助联币一六,〇〇〇元。

二、老西开中法学堂，法公董局每年补助联币九五,〇〇〇元。

三、圣路易公会，法公董局每年补助联币二,〇〇〇元。

四、中法联谊社，法公董局每年补助联币一,〇〇〇元。

五、防盲会，法公董局每年补助联币三,〇〇〇元。

六、法侨总会（包括巴斯德试验室、法国学校、法国图书馆等）。

七、仁济堂施账所（在租界外），五,〇〇〇元。

以上共计一二三,〇〇〇元。

上述各项系法国或中法合办之文化慈善事业，中国当局同意维持其现状，并仍愿继续予以补助。

租界交还后，中国政府应按照现行法律状态，尊重并确认法政府及人民在租界内有关于确属持有之不动产及土地之权利利益，并对此取必要之措置。法公董局所订立之契约，尤其关于公共设施之契约（如水、电、公共交通等），中国政府应充分尊重其原来之规定。

法籍侨民于租界交还后,应继续享有现在之居住、职业及合法之行动自由等权利。

在中法交通可能恢复以前,中国政府根据道义精神,得酌用法籍技术人员。

以上系法大使与伪组织所协定之条件。此外,我国既接收其租界,则租界所负之义务,如警察、卫生、公园、市场等设备,以应由我方审查确定接管,俾臻进步。

(A)前义租界物资项下:

一、前义工部局消防队服装、衣帽、鞋等共一五二件。

二、前义工部局服装、衣帽、靴、袄、裤等共三〇八九件。

三、前义工部局二号勃朗宁手枪共一一四支,子弹一四三八〇粒。

四、前义工部局义籍警察、官吏宿舍家具物品,沙发、椅子等共六三件。

五、前义工部局原物品册外各项物品,木箱、桌子等共二二七件。

六、前义工部局汽车共五辆,电话共二四架。

七、前义工部局汽油共一一九五小桶,锪水二瓶。

八、前义工部局及消防队、清洁队各项物品,木柜等共一五八一件。

接管义前租界卷内只有上开各项物资,并未查有其他资产及债务合并证明。

上开各项接收方式不同,前英租界系于三十二年由敌日占领后,交于伪天津特别行政区公署接收,旋该公署取消,又交于天津特别市公署接收特别行政区委员会接收,既而复将所接收之各项资产清册,发交伪财、工两局、兴亚第二区公所(此时将英租界改为兴亚二区)、兴亚第二区水道处、警察局查明报核。前法租界系法大使与伪组织于三十二年间履行交还程序。义租界系于三十二年间,由敌伪双方接收,设置伪天津特别市公署警察局特管区分局办理。此种接收,除法租界外均系片面行为,其中挂漏讹误在所难免。截至三十四年八月间,敌伪降服,各租界均由我国自敌伪手中收复,租界内一切物资直可谓为我方战利品。但既奉令清理,自应遵照奉颁章程办理。兹姑以伪市政府卷内接收清册为蓝本,挂漏者加以追补,讹误者加以更正。

关于不动产部分,变动甚少,清理较易,拟先通知现在管理各机关,将该不动产现实情况通报本会,由本会派委员前往实地查勘。一面本诸卷宗,查其历史,将各种材料蒐集齐备,提出委员会审查。其应转移于我国政府者,即由会予以移转之决定。此项全部工作期间,预定以三个月为限。

关于物质部分,种类太多,经过数年消耗尤多,变动亦大,调查核对殊费时间,但为实事求是,亦须由现在保管或占用机关报明现实数目,如有消耗损失者,并须声注理由,然后由会派人详查各项有关资料,调集齐全后,亦须提会审查,予以确定转移手续。此项工作较为繁琐,预计须六个月始能全部完成。

至各项义务、债务,均须经过审查程序,始能确定应否由我担任由我履行,并须拟定担任义务及履行债务方法,呈候核准施行。加以各项转移手续,须由外交部与有关使馆用换文方式行之,公文往返非三个月莫能竣事。

统计前后期限共为一年,恰符院颁规程之期限。如无意外障碍,当可依限完成。届时本会职责已尽,即行遵令撤销,会内卷宗移交各主管机关接收,并呈报行政院备案。

(J0012-1-000011)

575.天津市前英法义租界官有资产与官有义务债务清理委员会
主任秘书及组长等职任用令

1946年8月22日

兹委任陈道源为本会主任秘书,吉浩然为本会第一组组长,岳承烈为本会第二组组长,郭炽卿为本会第三组组长,陈恩绂为本会专门委员,周振东为本会专门委员,林镜东为本会专门委员,吴寿岑为本会秘书。此令。

(J0012-1-000016)

576.天津市前英法义租界官有资产与官有义务债务清理委员会
第七次会议纪录

1946年9月7日

时间:三十五年九月七日上午十时。

地点:本会会议室。

出席人:杨豹灵、徐端甫、陈亦侯、季泽晋、章元群、陈锡三。

列席人:王鸿猷。

主席:杨豹灵。

纪录:吴寿岑。

主席报告:介绍英国甘博士到会,与大家会晤,并略述旧英租界资产及义务、债务情形,以便交换意见,作为初步非正式的谈话。此次会议,即可为谈话会。

甘博士谈话摘译要点如下:

今日系非正式的谈话,敝人谨略贡意见,以备参考。关于清理旧英租界官有资产与债务、义务办法,刻已起首拟具一备忘录,不日拟成即可送阅。备忘录中有未能译尽之处,随时再为详细解释。

查中英通商始于一八四二年之南京条约,一八五八年天津条约规定各处通商口岸,而天津则并未在内。迨至一八六〇年签订北京条约,天津始定为通商口岸。租界办法各地不同,天津租界地得由英国政府得中国政府之同意,向地主购买。最初,戈登将军为工程师,制定租界详图,划定界限。按照英国国家向例,凡英国人民之租用地亩,须向工部局请领皇家租契,以九十九年为期,当时除海关及招商局外,并无其他中国人租用。一八七九年,居住租界之中国人,得有代表参加工部局董事会。从前尚有一美国租界,地段极小,后乃让归英国租界,但工部局董事会须有美国代表一人。一八七八年及以后数年,工部局董事主席为德萃琳君,曾为李鸿章傅相之顾问,甚见器重。

一八九一年,戈登堂成立,举行盛大宴会,李傅相亦莅会,并赠有多种秀幔及屏帏等。

租界地除老租界外,又增加扩充租界及推广地区,当时关于推广区排水、挖泥、填土等工程,各地主请求英工部局办理。英工部允为办理,即由海河工程局用机器施行排水、挖泥、填土等工作。工部局当即发行债票，以作此项开支。当时中国各地主均极满意，并让出所有地二十分之一，作为公共道路及空地之用，毫不取值。

一九一八年工部局董事会，英国董事五人，中国董事三人，美国一人。一九二六年，英国张伯伦首相曾有宣言，主持租界工部局董事中英各事之议。一九二八年，汉口英租界改为特别区，是时北京政府曾派员与英工部局商议接收租界办法，协议数次，董事会定为董事九人，内有中国董事五人，英国董事四人。一切条款均经商妥，仅余一二问题尚未解决。是时，张大元帅另又派员商洽此事，尚未妥议，旋政局有变，议遂中止。

当一九二七年时，美国人退出英租界工部局董事会，以使英人独当其冲。

皇家租契之期限问题，因麦加利银行修建房屋工程浩大，请求延长期限，工部局允准，但须付一种罚款。刻闻汉口当局对于执有皇家租契得换领永久租契，租界中所有道路及码头等均不属于工部局所有。

鄙人现按奉南京英大使馆来电，关于清理会得由英顾问三人参加，此三人已经派定，并征得中国政府同意。

鄙人深觉清理前英租界官有资产及债务、义务并非难事。当日军于一九四一年十二月八日强占英租界时，对于工部局办事人员仍令留局办事，不得擅离。故当时工部局主持人及各职员均仍执行职务，并一面预备一资产负债对照表，将所有资产及债务等详细列入表中，以备战事结束后与日人清算之用。现在此项表册尚存，可供应用。

鄙意清理工作程序，第一项先解释何者为官有资产，何者非官有资产。解释确定后，第二步再审核资产各项详细节目。第三，审定债务与义务。第四，规定私人房地产办法。依此程序，逐步研讨协议，全部工作甚易完成。

租界内尚有私人保管团，如空地保管团、体育场保管团，天津公学及以后耀华学校亦设有管理委员会。

从前租界有马大夫医院、普通医院及隔离医院，现在英国人从潍县归来，患病之人无医院可资疗养，仅租一狭陋之房作为临时病院，一切均不完备。希望将来天津有合宜之医院，在中国主持下，划出一部分为英人疗养之用。

主席致答词：今日承甘博士惠临畅叙，本会非常欢迎。所谈租界经过情形，甚为详尽，良殷感佩。鄙人念及此次战事，我军与盟军并肩作战，协力同心，卒能歼灭强敌，达到最后胜利。三十二年，中英两国曾签订取消治外法权及其有关特权之条约，近又签订新约，是以现在两国邦交，益臻敦睦。本会即本此友好之精此神，与我盟友协议，此清理事项诚挚融洽，前途自必顺利进行。

散会：上午十二时。

（J0012-1-000007）

577.中华民国国民政府外交部为请外籍顾问事致天津市前英法义租界官有资产与官有义务债务清理委员会电(第07578号)

1946年9月17日

天津市前英法义租界官有资产与官有义务债务清理委员会公鉴:关于贵会应聘外籍顾问事,兹英方已推荐 Mr.J.A.Andrew, Mr.M.C.Halton 及 Mr.P.H.B.Kent,法方已推荐 Mr.Bertrand, Mr.Meffreys 及 Mr. Ullmann 到部。相应电请正式加聘,并将聘书寄由本部转达,以便进行工作。至贵市义租界之清理,义代办曾向本部提出口头要求,准予推荐一义籍顾问会同工作,俟决定后续达。又贵市前英、法、义各租界之清理,应分别举行,即清理前英租界部分时请英方顾问出席,清理前法租界部分时请法方顾问出席。并请查照办理,见复为荷。外交部。

(J0012-1-000017)

578.中华民国国民政府外交部为天津英军营房土地不在原租界范围内而由英方自行扩充圈定者仍以官有资产论事致天津市政府函

1946年9月24日

兹据驻平津特派员转据天津市前英工部局华人纳税会副董事长庄乐峰氏陈称:查旧英租界原来一部份称为 Crown Lease,包括现在之英中街、海大道等处,后由现在之大沽路向西扩充、拓展范围是为第一次之扩充 First Extention,大沽路西直至滨(Cannel)边有土墙为界,沿墙而西延长扩宕是为格外扩充租界(Extra mural Extention Concession)。所谓英军营房,即系建筑此区域之内,是为第二次扩充租界,其时约在庚子变乱之后。斯地原颇低洼,后经垒土筑填而有今日之高亢地势。据称前英工部局规定,凡道路两旁须留十分之一土地,以供工部局修路及建造路旁公园之用。普通民房均遵令剩留余地,但该英军营房则未留出该项土地,而其园墙竟系建在该路之上。当时华人纳税会曾提请拆除以宽路面,而英方迄未如请。查该英军营房内,此一部份土地系越界圈入,实非英方所有,应为当时租界之官有土地,亦即目下我方应加收回之地面,此其一。又该营房建筑之后,在前英工部局租界图样上,尚有一马路名为 York Road 被营房围墙圈占入内,亦应为当时租界官有土地,但其时英工部亦未加交涉,是亦为我方应加收回之土地,此其二。综观该英军营房(房)内之财产,可分下刊三种情形:(一)兵营房屋,系属国有;(二)大部土地,据称系英方购得,应归英方所有;(三)上述两项土地均系官有。等情。

据此,查天津英租界原来有一部份土地传说系我方租于英政府,再行分租于人民,俗称 Crown Lease 区域。究竟当时有无地方协定或其他合法根据,该英军营房之土地既不在原租界范围之内,其圈定土地自未能认为依正当手段所取得。本部前虽已略复,英大使馆不必经清理委员会之审查,并于七月廿四日以欧35字第四二三七号代电电达查照在案,惟对于不在原租界范围内,而由英之自行扩充圈定之土地,仍请贵府详细查明搜集确证,以便通知英方照官有资产处理。又贵府对此意见若何,相应函请查照见复为荷。此致天津市政府。

（J0012-1-000034）

579.天津市前英法义租界官有资产与官有义务债务清理委员会第十次会议纪录

1946年9月26日

时间：三十五年九月廿六日下午四时。

地点：本会会议室。

出席人员：徐世章、季泽晋、章元群、杨豹灵、陈锡三。

列席人员：王鸿猷、吴惠和(李健代)、李金洲。

主席：杨委员豹灵。

纪录：孙象乾。

一、报告事项

(1)报告第九次会议纪录

(2)主席报告：本会成立多时，已于上月三十一日开始办公。惟正式清理工作迄未能实行，其原因系因经费无着，拟用人员未能派定。查本会经费，最初由市府允拨开办费一百万元，经常及办公费每月七十万元，迭向市府会计室洽领，迄未领到。嗣于本月十四日面请市长饬拨，奉谕由财政局暂借两百万元，作为开办费。当时，曾与李局长面谈，允许照拨，即径赴秘书处洽询，始知借款谕条已送会计处，按照手续办理。至本月十九日，会计处始函致秘书处，经向财局具领。该函于九月二十日由秘书长答阅，连日由孙副主任秘书向秘书处及会计室查询，直至廿四日始由会计室盖章，廿五日孙副主任秘书又至会计室商洽，得会计室允许，携带领款文件亲赴财局洽领，详叙需款至急情形，后该局主管科长即特别关照向市民银行借垫二百万元，定于二十六日上午往取。支付书现已由会计室派人往领，于领到后再行移交本会云。

(3)徐委员报告：关于耀华学校校址，已与甘博士接洽，俟本会清理后再行办理。

二、讨论事项

(1)关于本会工作方案

决议：俟人事确定后再议。

(2)关于调整人事案

决议：办府稿，调吉浩然、张世廉、王则衡、王宝中即日来会服务。

(3)关于经费事项

决议：领到开办费后，以本会名义存于附近银行，凭章代主任秘书、孙副主任秘书图章支取。

(4)关于市府移来地政局呈文三件，系为民园体育场等三项地契，均系英工部局名义，应否予以登记，请示遵案。

决议：俟详查审核后，再行决定办法。

三、临时动议

无。

四、散会：五时半。

（J0012-1-000007）

580. 天津市前英法义租界官有资产与官有义务债务清理委员会
为请先行列席第十一次会议事致甘悌等三先生函

1946年10月2日

径启者：顷接外交部驻平津特派员公署来函，藉悉贵国已推荐台端为本会顾问，无任欢迎。除俟本会接有部电再行正式加聘外，兹订于本月三日（星期四）下午四时举行第十一次委员会议，特此函达，即请查照，届时先行列席与会是荷。此致甘悌（Mr.P.H.B.Kent）、安德铸（Mr.J.A.Andrew）、哈尔吞①（Mr.M.C.Halton）先生。

（J0012-1-000007）

581. 天津市前英法义租界官有资产与官有义务债务清理委员会
第十一次委员会议纪录

1946年10月3日

时间：三十五年十月三日下午四时。

地点：本会会议室。

出席人员：陈亦侯、季泽晋（周良奇代）、徐世章、裴世廉、章元群、杨豹灵。

列席人员：赵泉、吉浩然、岳承烈、王鸿猷、吴惠和（李健代）、阎子亨（刘培斌代）、甘悌、安德铸、哈尔吞。

主席：杨委员豹灵。

纪录：孙象乾。

一、报告事项

（1）报告第十次会议纪录。

（2）杨委员报告：外交特派员接到部令，英方推荐甘悌等三人为本会顾问，甘君急欲归国，因旅津年久，知租界情形，且与列位均有好感。欲在归国前将本案办有端倪，以免生事，继任易有隔阂，故先根据特派员亲函，请甘君等三人本日与会。俟本会接到部文后，再正式加聘。云云。

---

① 档案里出现的"哈尔吞""哈尔通"等不同译名实为一人。

（3）甘悌博士报告：鄙人与同事二人对于主席及诸位盛意深表感谢。鄙人在华逾四十年，安君亦将及三十年，曾任前工部局董事，哈君在华时间较短，然曾任前英工部局职务，对于账目及经济情形颇为熟悉。鄙人等专任清理租界事项，已预备说帖可供参考。此事清理并非甚难，因前工部局董事长谭纳君与当时代总会计已备有最后之资产负债对照表，甚为完全清晰。此表于一九四一年十二月六日制齐毕，保存无患，刻已照制一分（份），并另具说帖十九分（份）详细解报，以免误解。兹特正式将此对照表及说帖六分（份）呈交本会，藉作讨论之基础。云云。

二、讨论事项

无。

三、临时动议

（1）主席提议：甘博士悌所交对照表及说帖可否交小组会议先行讨论，得有结果再行提会。

决议：公推章元群、赵泉、吉浩然、吴寿岑四人与甘博士举行小组会议，并定于下星期二下午三时在本会开小组会议。

四、散会：下午六时。

（J0012-1-000007）

582. 天津市前英法义租界官有资产与官有义务债务清理委员会小组会第一次会议记录

1946年10月8日

时间：卅五年十月八日下午三时。

地点：本会议厅。

出席者：赵鉴唐、吉浩然、吴寿岑、甘博士、安德铸、哈尔通。

缺席者：章元群。

主席：赵鉴唐。

记录：吴寿岑。

讨论事项：所有结至卅年十二月六日前英工部局资产负债对照表各项节目，均经详细研讨并由甘悌顾问等详加说明，均为明了。应须补充之件，甘顾问允为供给。

调查事项：本会对于敌伪接收旧英工部局之款项及其他动产等，所有损失应由日本赔偿。为明了损失实在情形起见，应请委员会函致市府各机关及电灯公司等，将接收原单抄录一份送会，以便核对。

散会：六时十五分。

章元群、吴寿岑

（J0012-1-000008）

583.天津市前英法义租界官有资产与官有义务债务清理委员会为告本会正式开始办公日期事致外交部驻平津特派员公署函

1946年10月9日

案奉行政院平陆字第二六一四七号令发接收租界及北平使馆界办法暨租界及北平使馆界官有资产与官有义务债务清理委员会组织规程各一份，仰遵照。等因。并准外交部电同前由，当经依照组织规程着手筹备，现已筹备就绪，即将本会组织成立定名为"天津市前英法义租界官有资产与官有义务债务清理委员会"，择定天津市第十区中正路一八二号为会址，于十月一日正式开始办公，对外行文暂借市政府印。除呈报暨分函外，相应函达，即希查照。如有接收各租界内官有资产及义务、债务或档案，希即函示，以凭清理为荷。此致外交部驻平津特派员公署。

主任委员张廷谔

（J0012-1-000011）

584.天津市前英法义租界官有资产与官有义务债务清理委员会为函送租界官有资产调查表请转饬查填事呈天津市政府文

1946年10月14日

案查贵市政府接收伪市府卷内记载，前英租界系三十二年由敌日占领后，交于伪天津特别行政区公署接收，旋该公署取消，又交于天津特别市公署接收特别行政区委员会接收，既而复将所接收之各项资产清册，发交伪财、工两局、兴亚第二区公所（此时将英租界改为兴亚二区）、兴亚二区、水道处、警察局查明报核。前法租界系法大使与伪组织于三十二年间履行交还程序。义租界系三十二年间，由敌伪双方接收，设置伪天津特别市公署、警察局、特管区分局办理。查上开伪局处，均由我市属各局接收，其伪局处所接收之租界官有资产，当亦由市属各局一并接管。此项资产，均须由本会清理。兹制定调查表两份，请即转饬所属有关各局将所接管之租界官有资产，按式迅速填列，径送过会，以凭清理。除分函外，相应函请查照办理为荷。此致天津市政府。

附表式两份。

张廷谔

天津市前 租界官有不动产调查表

三十五年 月 日查填

种类	地点	房地数量	现状	估值	备注

天津市前　租界官有物资（不动产除外）调查表

三十五年　月　日查填

类别	名称	原有数量	现有数量	保管处所	估值	备注

（J0002-2-001730）

585.天津市前英法义租界官有资产与官有义务债务清理委员会为前英工部局所存英镑是否折合法币兑换事呈主任委员张廷谔文

1946年10月15日

接英国顾问甘悌博士致本会吴秘书函称:顷接汇丰银行通告称,现奉中央银行命令,将前英工部局所存英镑照每磅折合法币一万二千五百元兑换价换为法币。等语。查此项结余存款共有两宗,一宗计英镑三千二百五十磅,一宗计九百一十一磅六仙令十辨士,总计四千一百六十一磅六仙令十辨士。在现下清理时期,是否有人对于银行能发给此项命令似属疑问。因前英工部局所负之债内有属于英镑之部分,拟请委员会与中央银行洽商仍保留此项英镑存款,照此办法,政府可以节省辗转兑换之耗费至为明显。汇丰银行对于上项命令应即执行,不便久延,务乞费神速请委员会早日核办是荷。等因。由吴秘书译呈到会。查前英租界工部局资产负债,刻正着手清理,本案详情如何,尚未明晰。既据函称,该前工部局负债内有属于英镑之部分,则此项英镑存款似应留抵英镑之债务,若此时先行换为法币,将来还债时镑价如高则不能兑还原数,难免受有损失。惟中央银行所发命令是否系奉政府通令,凡系英镑存款均须换成法币,抑系对本案单独处置,似应先行函询该行,得复再行核办可否之处。谨签请核示遵行。谨呈主任委员张。

职章元群、孙象乾谨签

（J0012-1-000079）

586.英国驻津总领事惠达默为英政府一切产业应按私有产业办理事致天津市市长张廷谔函

1946年10月16日

敬启者:准贵市长本月十四日大函略开,对于英国政府所有产业,俟清理委员会清理竣事后,决定其不为市政产业,始可赴地政局办理登记。等因。准此。查此案本总领事应予指明,凡英国政府所有产权状态已于一九四三年中英两国政府所订条约第五款第一项特别担保,且更有中国南京外交部致本国大使馆备忘录内中述明,在天津前英国兵营既执有正式地契,自必予以承认有效,似此则无须清理委员会再事清查矣。外交部并声明已通知关系部分。此虽只系引照前英国兵营产权,其英国政府所有一切产权应一律适用,再查此项问题显然与清理委员会无关。是以函请贵市长,令饬地政局对此等产业应按私有产业同样办理为荷。此致天津市市长张。

驻津英总领事惠达默

（J0012-1-000034）

587.天津市前英法义租界官有资产与官有义务债务清理委员会
第二次小组会议记录

1946年10月16日

时间:卅五年十月十六日上午十时。

地点:本会议厅。

出席者:章元群、赵鉴唐、吉浩然、吴寿岑、甘悌、安德铸、哈尔通。

主席:章元群。

纪录:吴寿岑。

宣读第一次会议纪录,通过无误。

讨论事项:

关于耀华学校及英文学堂事,甘悌顾问宣读说帖第十二号(英文学堂)、说帖第十三号(天津公学即耀华学校)并详加解释。

赵顾问请甘悌顾问对于希望本会研究讨(对)应偿英文学堂之债务及应负之义务,开一详单以备参考。

吴秘书声明:十三号说帖第五节所述,公学管理人在日寇侵占时系由伪组织所派,现在管理人系由市政府所派一节,核与事实不符。查耀华学校初由管理委员会管理,原有委员退职或已故,由其余委员公推合宜人选继任,嗣后由各委员按照中国教育部法规改组为校董会,纯系私立性质,并未经伪组织及现市政府委派之事。

甘博士允照更正。

散会:十二时。

章元群、吴寿岑

（J0012-1-000008）

588.天津市前英法义租界官有资产与官有义务债务清理委员会
第十二次会议纪录

1946年10月17日

时间：三十五年十月十七日下午四时。

地点：本会会议室。

主席人员：陈亦侯（徐世章代）、裴世廉、章元群、徐世章、季泽晋。

列席人员：阎子亨（韩祖培代）、李金洲（史干卿代）、吴惠和（李健代）、吉浩然、李汉元、王鸿猷、赵鉴唐。

主席：徐委员。

纪录：孙象乾。

一、报告事项

(1)报告第十一次会议记录，通过。

(2)章委员报告第一次小组会议：(甲)甘博士对于前英工部局资产负债对照表详加说明并允续供参考资料。(乙)敌伪接收旧英工部局之款项及其他动产等所有损失应予调查，以便将来向日本索偿。又第二次小组会议：(丙)甘博士说明前具说帖关于耀华学校及英文学校事件。(丁)赵顾问请甘博士对英文学校希望我方应负义务等项开一详单以供参考。(戊)吴秘书声明甘博士十三号说帖所称耀华管理人员曾由伪组织及市政府委派一节与事实不符。甘博士允为更正。

议决：小组会议不作任何决定，只听取各方意见，陆续向大会报告，以凭研讨。

(3)主席报告：关于耀华学校事项，至为简单。该校全系私立性质，惟所用地亩系由工部局捐赠，房地契证由保管团保管，甘博士已允将来解决后将契证交由中国人所组织之保管团接管。该校董会将来即推举三人为保管团保管该项契证。俟甘博士建议书到会再行办理。

(4)报告来文：(甲)函调吉君浩然为本会组长一节，徐局长复函未允，已请吉君为专员。公余之暇，来会赞助。(乙)市府移来地政局呈法国电灯公司声请登记案。(丙)市府移来地政局呈义商立多利公司地产契证，请予登记。有无其他情节，请示遵案议决。乙项函工务局查复，丙项函警察局查复再夺。

(J0012-1-000007)

589.杨豹灵为请辞天津市前英法义租界官有资产与官有义务债务
清理委员会职务事致市长张廷谔函

1946年10月22日

函一

直公市长勋鉴：违教迄今忽已兼旬，途次幸托庇平安，于国庆后一日抵沪，堪慰遥注。灵追随年余，诸荷垂拂,感荷良深。兹以私事离津,旷职为歉。原拟早日北返,奈因儿辈原定出国之航轮"戈登将军"号因美国海员罢工延误行期,至今尚未离美,故彼等何时可以成行迄未确定,灵因此亦须稍缓北返之期。惟念在此国际局势转变之时,津市职务关系綦重,倩人代理恐多贻误,拟请另简贤能,籍轻罪咎,将来灵仍可尽力协助也。临颖不胜惶恐待命之至。专此敬颂勋祺。

杨豹灵敬上

十月廿二日

函二

垂察。窃以津市华洋杂处,盟军驻在,外交重要。弟前所暂代外事处长及清理前英法义租界官有财产债务委员会副主任委员二职,本因精力不支,未便久兼。今者留滞沪滨,一时又未克确定归期,更不能使此二职长此旷悬,用敢恳请赐予亮察,务即另简贤能,准辞暂代职务,俾使瓜代有人,庶免贻误。临颖神往,曷胜屏营待命之至。专此肃颂勋绥,诸维亮照不宣。

杨豹灵顿首

十月廿九日

复函

勉予照准。

奇

十一月二日

590.天津市前英法义租界官有资产与官有义务债务清理委员会
第三次小组会议记录

1946年10月22日

时间:卅五年十月廿二日下午三时。

地点:本会议厅。

出席:章元群、赵鉴唐、吉浩然、吴寿岑、甘悌、安德铸、哈尔通。

主席:章元群。

纪录:吴寿岑。

宣读第二次会议纪录,通过无误。

讨论事项:关于体育场保管及空地保管事项,甘悌顾问宣读说帖十四、十五两号及所附保管契约原文并详加解释。

甘悌顾问称,对于公学及英文学堂之建议及详单,明日即可备齐送阅。

下次会议定于下星期二,十月廿九日下午三时举行,讨论债券保管、养老金保管事项。

散会:下午六时。

章元群、吴寿岑

(J0012-1-000008)

591.天津市政府为敌伪及旧英、法、义各租界官产、公产应归本府接收运用事训令财政局(丙秘贰字第6361号)

1946年10月24日

　　查本市接收敌伪官公产,前经处理局召开解决悬案会议议定办法,业已令饬按照规定造表呈报核转在案。核据会计处于本年十月十六日市政府会议第五十五次例会提议,关于敌伪官公产并旧英、法、义各租界官公产及学校等,凡具有地方性质者,无论已否经本府及所属各机关接收、占用或租用,拟请行政院一律无偿拨归本府接收运用,请公决案。业经决议,原则通过,呈请行政院核示,并由财政、警察、地政三局会同调查登记。等因。纪录在卷。除呈请行政院核示并分令外,合行抄发原提案,令仰遵照会同办理具报。此令。

　　计抄发原提案一件。

中华民国三十五年十月二十四日

市长张廷谔

副市长杜建时

(J0056-1-003135)

592.天津市前英法义租界官有资产与官有义务债务清理委员会第四次小组会议记录

1946年10月29日

时间:卅五年十月廿二日①下午三时。

地点:本会议厅。

出席:赵鉴唐、吉浩然、吴寿岑、甘悌、哈尔通。

主席:赵鉴唐。

纪录:吴寿岑。

---

① 档案原载时间有误,应为"卅五年十月廿九日"。

宣读第三次会议纪录,通过无讹。

讨论事项:关于前英工部局所欠英文学堂及公学款项及工部局债券保管团及养老金款保管团事项。甘悌君宣读第十二及十三号说帖之附加书,及八、九两号说帖,并详加解释。

下次会议定于下星期二,即十一月五日下午三时半举行。

散会:下午五时。

章元群、吴寿岑

(J0012-1-000008)

593.天津市前英法义租界官有资产与官有义务债务清理委员会卸任主任张廷谔为送本会应行移交各项清册请查核接收事致新任市长杜建时咨文

1946年11月1日

为咨交事。查本会遵奉行政院法令组织成立,于本年七月十六日开始办公,应需经费业经天津市政府核定开办费一百万元,每月办公费及委员、顾问车马费七十万元,因未领到暂由财政部借到三百万元以应急需。会内职员除专任秘书一人、公役三人外,余均系调用,不支会薪。兹值交卸,相应造具各项清册备文咨请查核接收,并希见复为荷。此咨新任主任委员杜。

附送家具清册乙本、经费清册乙本、文书清册乙本、员役清册乙本。

卸任主任委员张廷谔

中华民国三十五年十一月一日

天津市前英法义租界官有资产与官有义务债务清理委员会员役名册

天津市前英法义租界官有资产与官有义务债务清理委员会员役清册		
职别	姓名	备考
主任委员		
委员	杨豹灵	兼任(原市府外事处长),行政院令派
	裴世廉	行政院令派
	陈亦侯	同上
	陈锡三	同上
	章元群	同上
	徐世章	同上
高等顾问	张伯苓	由会聘任
顾问	龚钺	同上
	赵泉	同上
	杜用文	同上
外籍顾问	安德铸	由会聘任,系外交部指定
	哈尔通	同上

	甘悌	同上
	白特兰	同上
	麦福雷	同上
	乌尔门	同上
专员	吉浩然	由会令派
	岳承烈	同上
	郭炽卿	同上
	陈恩绂	同上
	周振东	同上
	林镜东	同上
主任秘书·	杨豹灵	兼任(在假,暂由委员章元群兼代)
副主任秘书	孙象乾	兼任(市府专员)
秘书	吴寿岑	由会令派
	张世廉	兼任(市府秘书)
组员	赵量钰	兼任(市府科员)
	李文仁	兼任(市府科员)
公役	王士璞	
	邓蓝田	
	孙长春	

接收人孙象乾

十一月六日

(J0012-1-000018)

594.天津市前英法义租界官有资产与官有义务债务清理委员会第五次小组会议记录

1946年11月5日

时间:卅五年十一月五日下午三时半。

地点:本会议厅。

出席者:章元群、赵鉴唐、吉浩然、吴寿岑、甘悌、安德铸、哈尔通。

主席:章元群。

纪录:吴寿岑。

宣读第四次会议纪录,通过无讹。

讨论事项:关于英国政府对于老英租界道路及码头所占地之利益关系及所负租约上船只寄碇处及货物卸放处地段之义务,又英侨医院等事项。甘悌君宣读第七及第十六号说帖,并详加解释。

下次会议定于下星期二,即十一月十二日日下午三时半举行。

吴秘书提议：前接甘博士函，以前英工部局英镑存款汇丰银行，奉中央银行令折存法币一节，因与前英工部局所负英镑债务有关，拟请转商保留英镑存款，以免辗转兑换之耗费。等情。当经函准中央银行复称，关于前英工部局在汇丰银行所存英镑折合法币一案，系根据《管理外汇办法》："政府及国营事业各机关之外币存款，应转存于中央银行。"请申叙理由，交由汇丰银行封函敝行洽办。等因。又按行政院所颁组织规程及接收租界及北平使馆界办法，此项存款为租界官有资产之一，自应先行接管，即请甘博士与汇丰银行商洽，用本会接收前英工部局户名下所存英镑名义交由中央银行，仍照英镑存放，无庸折合法币。

甘博士答称：顾问团无此权令汇丰银行移交此款，但允考虑后再商。

散会：下午五时半。

吴寿岑

（J0012-1-000008）

595.天津市前英法义租界官有资产与官有义务债务清理委员会会内各项情形报告

1946年11月8日

谨将天津市前英法义租界官有资产与官有义务债务清理委员会会内各项情形分别报告于下：

一、人事

主任委员一人：市长兼任。奉颁本会组织规程第三条规定，各清理委员会各设主任委员一人，综理会务，由当地市长担任。张前任并奉有行政院派令。

委员六人：杨豹灵（辞，副主任委员？）、徐端甫、裘世廉（慰留）、陈锡三、陈亦侯、章元群。以上委员六人系由张前任遴荐，呈由行政院指派，并已奉到派令。

高等顾问一人：张伯苓。由张前任聘任。

顾问三人：龚钺（律师　法文）、赵泉（律师　英文）、杜用文。以上三人均系张前任聘任。

英国顾问三人：甘悌、安德铸、哈尔吞。

法国顾问三人：梅馥丽、乌利文、白乐堂。以上六人系外交部准英法两国推荐，电嘱本会加聘，聘书寄由外交部转交。

专员六人：吉浩然（英）、陈恩绂（英）、岳承烈（比）、周振东（法）、陈炽卿、林镜东。以上六人系本会委派。

职员七人：兼任主任秘书杨豹灵，已辞。调兼副主任秘书孙象乾，原任市府专员，担任支配工作、总核稿件、会议记录等事。专任秘书吴寿岑，由会委派，支会薪，担任翻译文件、小组会议记录及拟稿等事。调会服务张世廉，原任市府秘书，担任翻译文件及打字等事。调会服务李文仁，原任市府科员，担任收发管卷、拟稿等事；赵量钰，原任市府科员，担任会计庶务、保管公物等事；刘友樵，原任市府职务，试拟文稿兼办翻译、打字等事。

公役三人：邓兰田、王世璞、孙长春。

二、经费

本会经费前经市府核定开办费一百万元，每月办公费七十万元，尚未领到。旋以用款孔亟，由财政局暂借二百万元，存于交通银行，以资应用。其后，本会以人事须加强，经费须请中央发给，遂经议决另编预算，每月计需五百一十五万零三佰二十元，于九月二十一日以本会全体委员联名电请行政院核示。尚未奉到指令。

三、业务概况

本会于本年七月十六日组织成立，已报行政院及外交部备案。因经费及人事未臻确定，仅从事于各项准备工作。至十月一日，始对外宣布开始办公，接收文件。卷查各租界官有资产，业由伪组织各局处接收，造有接收清册。本会根据此项清册，已制定调查册式，函请有关之财政、警察、教育、公用、工务等各局照式填报来会，并函请市府转饬速报，以凭审查。现在仅财政局将所接收之一部分资产函报来会，其余各机关尚未报来。英国顾问三人已列席会议，并备有说帖多份，陆续提出申明彼方对于官有资产义务、债务之意见。本会公推委员等四人与之每星期二下午三时开小组会议一次，听取彼方报告。法国顾问三人已来报到，尚未与会。中外文件，纷至沓来，翻译审核日见繁忙。至本会会议每星期四下午三时召开一次，讨论本周内进行事宜，截至现在，已开会议十二次矣。

四、加强人事意见

本会职员现在仅有六人，应付目前业务已觉异常竭蹶。此后业务日见增多，非加强人事，难期措置裕如。前者本会呈请行政院拨发经费时曾经附送支出概算，内列设主任秘书一人、副主任秘书一人，均兼任不支薪，秘书二人、组长三人、组员四人、办事员四人、书记二人，共计十七人。以目前业务状况论，十七人悉行添用，亦无此需要。兹经悉心审度，原拟设置三组，每租界设一组，此种建制颇有不当。因英租界事务独多，法义两租界事务均少，每租界设一组，业务繁简既殊，劳逸自欠均衡，莫如减设调查及审定两组较合实际。但在经费未奉准以前，仍宜格外紧缩，暂设混合组一组，只须添用公牍熟练之组长一人、组员一人、办事员二人、书记二人，合之现有职员并力工作，差可维持目前业务。俟异日实际需要及经费核准时再分两组办事，添足员额。所拟是否有当，理合检同概算，恭请鉴核施行。谨呈秘书长转呈主任委员。附概算一份。

职孙象乾谨呈

十一月八日

（J0002-2-001730）

596.天津市前英法义租界官有资产与官有义务债务清理委员会为送本会员役名册请查照配售面粉事致中央信托局天津分局函

1946年11月18日

查贵局此次配售面粉办法以中央在津各机关及地方机关为对象。本会系奉行政院令组织成立，与其他机关相同，实合上项配售面粉之规定。兹将本会员役名册造齐一并备函送上，即希查照办理为荷。此致中央信托局天津分局。

附员役名册一本。

天津市前英法义租界官有资产与官有义务债务清理委员会员役名册

职别	姓名	备考
主任委员	杜建时	
委员	张子奇	
	李汉元	
	庄乐峰	
	陈贯一	
	徐端甫	
	陈锡三	
顾问	龚钺	
	赵泉	
	杜用文	
专员	吉浩然	
	岳承烈	
	郭炽卿	
	陈恩绥	
	周振东	
	林镜东	
副主任秘书	孙象乾	
秘书	吴寿岑	
	张世廉	
助理	赵量钰	
	刘友樵	
	李文仁	
	刘鸿春	
传达	邓蓝田	
	孙长春	
差遣	王士璞	
公役	宋德华	

（J0012-1-000018）

597.天津市前英法义租界官有资产与官有义务债务清理委员会
第六次小组会议记录

1946年11月19日

时间：卅五年十一月十九日下午三时半。

地点：本会议厅。

出席者：赵鉴唐、吉浩然、吴寿岑、甘悌、安德铸、哈尔通。

主席：赵鉴唐。

纪录：吴寿岑。

宣读第五次会议纪录，通过无讹。

讨论事项：关于英工部局图书馆及英国公墓问题，甘悌顾问宣读十七、十八两号说帖，并详加解释。

广东路公墓有损坏情形，定于十一月廿五日下午二时半同往视查。

下次会议定于下星期二即十一月廿六日下午三时半举行。

散会：下午五时半。

吴寿岑

（J0012-1-000008）

598.天津市政府为清委会主任委员应由现任市长担任并决议推定委员事
致天津市前英法义租界官有资产与官有义务债务清理委员会函
（勇人字第104号）

1946年11月19日

案查贵会主任委员依法应由市长担任，兹本府市长业经更易。经由本府市政会议第五十九次例会决议，推定张副市长等六员为委员。相应抄同新委员名单一份，函请查照办理为荷。此致天津市前英法义租界官有资产与官有义务债务清理委员会。

附抄送新委员名单一份。

市长杜建时

副市长张子奇

新委员名单

天津市前英法义租界官有资产与官有义务债务清理委员会新委员名单，计开：

主任委员：杜市长建时。

委员:张副市长子奇、李局长汉元、徐端甫、庄乐峰、陈锡三、陈贯一。

（J0012-1-000016）

599. 天津市前英法义租界官有资产与官有义务债务清理委员会
第七次小组会议记录

1946年11月26日

时间:卅五年十一月廿六日下午三时半。

地点:本会议厅。

出席者:赵鉴唐、吉浩然、吴寿岑、甘悌、安德铸、哈尔通。

主席:赵鉴唐。

纪录:吴寿岑。

宣读第六次会议纪录,通过无讹。

讨论事项:关于体育场及民园保管团事项,甘悌君宣读十四、十五两号之补篇,并详加解释。

广东路公墓事,廿五日下午二时半前往视查。其损坏情形不如传说之甚,东边儿童坟墓多被毁,他处亦有破坏,大部分尚完好。现已由社会局派人看守,并雇工清除一切。据看守人言,其前任看守人曾言此种损坏系日军所为。

下次会议定于下星期二,即十二月三日下午三时半举行。

散会:下午五时。

吴寿岑

（J0012-1-000008）

600. 天津市前英法义租界官有资产与官有义务债务清理委员会为请转饬
各局所将接收前英租界事项查明函报以凭清理事致天津市政府函

1946年11月27日

查本会前函各局处,如有接收各租界官有资产与义务、债务或档案,希即函示以凭清理,并经函请贵政府转饬遵照办理在案。迄今月余,或仅函报接收中之一小部份,或尚未函复以致无法清理。卷查英租界系于民国三十一年三月由伪天津市特别行政区公署接收,三十二年二月该伪公署裁撤,由伪市政府接管,当将所接管之租界物资清册转发各该伪局处所查点,业经该伪局处所等于三十二年十二月间先后造具接点物资清册呈报有案。去岁胜利后,各局所复员,所有此项档案当必一并接管。兹特开列原报清册单,希即转发各该局所迅即检查档案中各项原报清册内资产是否与现有数目相符。又伪工务局所报接点之建筑物、道路、公园、空地、学校、图书馆、墓地、官舍清册中所列各项房地现由何机关接管,现况如何，切实查明列册，径函本会，以凭清理。相应函达，即希查照办理为荷。

此致天津市政府。

附清册单五份。

主任委员杜建时

清册单

(一)请令财政局查报伪市府财政局接收前特别行政公署各项清册单。

前天津特别行政区公署：

工程处机械、家具清册；

会计处机件、家具清册；

工程处捐务科各项册簿、卷宗、牌照清册；

会计处账簿、款项清册；

会计处有价证券清册；

工程处地亩科各种函件、契据、账簿及地亩弓尺底图清册；

工程处不动产契据清册；

工程处地亩科经管房地估捐底图、簿册清册；

工程处地亩科契证卷宗等项交代清册；

工程处机械、家具移存他处等细目清册；

会计处机件、家具移存他处等细目及不能查点等项清册；

会计处材料科库存文具清册。

抄在工务局内天津特别市政府工务局、兴亚第二区工务段保管家具项目清册。

抄在社会局内天津特别市兴亚第二区公所保管家具项目清册。

抄在警察局内天津特别市政府警察局、兴亚第二区警察分局保管家具项目清册。

(二)请令工务局查报伪市府工务局接收前特别行政公署各项清册单。

第一公园建筑物清册；

万国公墓、六号路公墓、第二公园、第三公园、第四公园及七号路花园等建筑物清册；

天津特别市特别行政区公署工程材料库材料清册；

天津特别市特别行政区公署工程材料库清册，划归财政局稽征处保管；

天津特别市特别行政区公署材料库未列入底册各项材料清册；

天津特别市特别行政区公署工程处机件、家具清册；

天津特别市特别行政区公署工程处机件、家具清册，划归财政局稽征处保管；

天津特别市特别行政区公署工程处机件、家具清册，划归市政府第二三科保管；

中街公园、植物园、马路、树木、小营门公园、纪念公园、皇后花园等器具清册，划归工务局保管；

天津特别市特别行政区公署工程处文具清册；

天津特别市特别行政区公署建筑物、道路、公园、空地、学校、图书馆、墓地、官舍等清册。

(三)请令警察局查报伪天津警察局接收伪天津特政区公署警务处各项清册单。

1.机件家具清册；

2.材料库材料清册；

3.多列物品补造清册；

4.漏列物品补造清册；

5.现有军械数目清册。

（四）请令第十区公所查报伪天津特别市兴亚第二区公所接收前特别行政区公署各项清册单。（兴亚第二区公所现改第十区公所）

1.汽车清册；

2.器具等项清册；

3.印章、密令、簿籍等项清册；

4.卷宗清册。

（五）请令公用局查报伪天津特别市兴亚第二区水道处接收前特别行政区公署水道处各项清册单。（水道处现归公用局管辖）

1.机件家具清册；

2.材料库材料清册。

（J0002-2-001730）

601.天津市前英法义租界官有资产与官有义务债务清理委员会
第十五次委员会议纪录

1946年12月2日

时间：三十五年十二月二日下午三时。

地点：本会会议室。

出席人员：张子奇、徐世章、陈道源、陈锡三、李汉元、季泽晋。

列席人员：李金洲（张子奇代）、吉浩然、阎子亨（徐晟代）、吴惠和。

主席：张子奇。

纪录：孙象乾。

报告事项：

主席报告：本会事务行政院甚为注意，并促速办。我们应当积极推进市长为当然主任委员，因市长公务繁忙，委托本席以委员资格代理主任委员。原有委员除徐端甫、陈锡三两先生外，现又推举李局长汉元，与庄乐峰、陈贯一两先生为委员。第一步，我们对于人事问题应行调整，注重加添负责人员。兹查陈委员贯一为适当人才，拟请其兼主任秘书，负责办理并加添办事人员。关于本会经费，即再电请行政院核准预算，指拨专款。在未奉准以前，当由市政府设法筹拨应用。

孙象乾报告：今天为本会改组后第一次会议，应将以往会内情形择要报告。查本会自本年七月十六日呈报成立，十月一日正式办公，会内职员由市府调来专员、秘书、科员等五人，专任秘书一人，共六人,分任各项职务。本会经费前经会计处核准,每月七十万元,由市府拨支。嗣又编订概算五百十五万三千二百元,电请行政院核拨,尚未奉准,刻正继续电请中。

关于本市各租界事务,以英租界为最多,义租界为最少,所以本会以往工作程序,先由英租界入手,依次再办法义两租界。根据卷册并参考各处记载,不动产项下计有房地、公园等三十七处(外有厕所十一处),动产项下如家具及器材等项甚多,均由市府各局处复员后接管。前经函致调查,现在多未见复,已由本会直接行动,派员实地查看各项不动产,计已查过三十一处,其余尚待续查。至于动产等项,非俟接管之各局处查报到会,无从清理。关于义务、债务方面,如英顾问提出之英文学校、体育场、英国医院、图书馆、公墓、债券、英人退职职员养老金等项,说帖已经随到随译,并与英顾问开小组会议,亦均得其梗概。又工部局职员之要求年积金一项,英顾问尚未提出,说帖未得其详。谨此报告。

讨论事项:

(一)准天津市政府移来地政局呈文,为立多利房产公司之土地买卖有无其他情节一案,现经查明尚无其他情节,可否函复地政局,准予登记,请公决案。

决议:1.由本会派员会同警察局继续调查;2.在沦陷期内,敌国处分该工部局所有之不动产是否有效,由外交部驻平津特派员公署电请外交部核示。

(二)准天津市政府函,为旧义租界第十八段第六号及第廿一段第六号财产可否确定为义人私有一案,拟具意见,请公决案。

决议:1.函地政局抄送该两段原文契证,再行核办;2.由外交部驻平津特派员公署电外交部转询义大利推荐顾问情形。

(三)准市政府外事处函,以据英侨福劳士(W. H. E. Frost)请发还旧英租界十号路游泳池产业一案,请公决案。

决议:函处理局检卷送会,再行核办。

(四)准耀华学校函请向甘博士商洽早日发还本校地契一案,经详加审核拟具意见,是否可行,请公决案。

决议:1.照原案通过;2.由陈委员锡三请法律专家张务滋诸位研究保管团法人之地位。

(五)准市政府移来地政局呈文,以法国电灯公司产权有关官有义务、债权部分,转请核办一案,经详加审核拟具意见,可否,请公决案。

决议:1.地权准其登记,函地政局查照办理(俟二项洽询后再办);2.电灯事业派员与资源委员会及公用局洽询意见。

(六)为本会前拟工作方案,并应早日议定,以便展开工作,请公决案。

决议:下次讨论。

(七)准天津市政府移来地政局呈文,为关于旧义租界内义大利政府之产权,应否由天津市政府接管,请公决案。

决议:一、二两项函市政府与处理局洽函接管,三、四两项函地政局抄送原文契证,再行核办。

临时动议:无。

散会:六时。

(J0012-1-000007)

602.天津市前英法义租界官有资产与官有义务债务清理委员会
第八次小组会议记录

1946年12月3日

时间:卅五年十二月三日下午三时半。

地点:本会议厅。

出席者:陈委员贯一、吉专员浩然、吴秘书寿岑;顾问甘悌、安德铸、哈尔通。

主席:陈贯一。

纪录:吴寿岑。

宣读第七次会议纪录,通过无讹。

讨论事项:甘悌君交来说帖第十及十一两号,说明说帖第一号所列旧工部局职员之要求应于第十号说帖详述,旧英工部局年积金于第十一号详述。现因中外职员情形略异,改为说帖第十号专叙旧英工部局外国职员之要求,说帖第十一号专述旧英工部局中国职员之要求及年积金。

甘悌氏并令十九号说帖叙明零星事项,刻正开始预备,下期会议即可送阅讨论。

下次会议定于十二月十日下午三时举行。

散会:下午五时半。

吴寿岑

（J0012-1-000008）

603.天津市前英法义租界官有资产与官有义务债务清理委员会
第九次小组会议记录

1946年12月10日

时间:三十五年十二月十日下午三时。

地点:本会议厅。

出席:陈委员贯一、吉专员浩然、吴秘书寿岑;顾问甘悌、安德铸、哈尔通。

主席:陈贯一。

纪录:吴寿岑。

宣读第八次会议纪录,通过无讹。

讨论事项:关于零星保管款项事,甘悌君宣读说帖第十九号,并详加解释。

主席:全部说帖共十九号及附件,已由甘博士在各次会议内详加解释,至为详尽。本组会议各事及说帖全部,大部分已译成中文,刻正整理预备油印,呈送委员会阅看审议。将来定期开会,须要各顾问列席时,当再行函约。

甘悌君报告:保管契约六种,须用多份,满页甚多,非铝印不可。小组会议前曾加以讨论,并由天津印字馆开具最低价目单,用美国白报纸印五十份,估价共三十九万八千元正,现已订妥付印,不日即可印就,拟送会廿五份。价款照前议由本人与赵泉君各代垫一半,此款将来最好由委员会偿还。然非谓委员会负有此责任,仅表示一种希望。

散会:下午五时廿分。

吴寿岑

(J0012-1-000008)

604.天津市政府为改派新任市长为清理委员会主任委员并另推副市长等六员为委员事呈中华民国国民政府行政院文(勇人字第33号)

1946年12月24日

案查本市前英法义租界官有资产与官有义务债务清理委员会主任委员张廷锷等七员,业经呈奉钧院令派转发在案。兹以本府市长更易,该会委员杨豹灵等先后辞职,自应依法改组,由新任市长为主任委员,并另推委员以专责成而利会务。经由本府第五十九次市政会议决议,推定副市长张[子奇]、警察局局长李汉元及徐端甫、陈锡三、庄乐峰、陈贯一等六员为委员。除原任委员履历邀免另呈外,理合检同庄乐峰、陈贯一等简历表一份,备文呈请鉴核明令指派,实为公便。谨呈行政院院长宋。

附呈送简历表一份。

天津市市长杜

天津市副市长张

公函(勇人字第385号)

查本市前英法义租界官有资产与官有义务债务清理委员会委员名单,业经函送在案。兹以本府市长更易,该会委员杨豹灵等先后辞职,自应依法改组,由新任市长为主任委员,并另行推定副市长张[子奇]、警察局局长李汉民及徐端甫、陈锡三、庄乐峰、陈贯一等六员为委员。除呈请行政院指派外,相应检同该会各委员等简历表一份,函请查照为荷。此致外交部。

附送简历表一份。

天津市前英法义租界官有资产与官有义务债务

清理委员会新推委员简历表

职别	姓名	年龄	籍贯	出身	经历	备考
主任委员	杜建时	三八	河北武清		东北讲武堂、陆军大学、美国参谋大学。排连营团长、战区副参谋长、陆大副处长、国防研究院副主任、国府参军、天津市副市长。	

职别	姓名	年龄	籍贯	出身	经历	备考
委员	张子奇	五三	山西五台	日本明治大学法治系及苏联中山大学毕业	交通部天津电话局局长、财政部视察室主任、交通部专门委员、河北平津区敌伪产业清查委员会天津分会主任委员、河北平津区敌伪产业处理局副局长兼天津办公处处长,现任天津市副市长。	
	李汉元	四九	湖北襄阳	文华大学毕业	前天津旧英租界公务处处长、前陆军总部外事处处长、天津市警察局局长。	
	徐端甫	五六	河北天津	比国黎业斯大学商学士	津浦铁路管理局局长、浦信铁路督办、四洮铁路督办、交通部次长、北洋保商银行董事长、通丰面粉公司董事长、工商学院董事长、耀华学校董事长、天和医院董事长、国际救济委员会委员、天津敌伪产业清查委员会委员、天津市新市区建设委员会委员。	
	陈锡三	四九	天津市	加拿大蒙恃罗大学毕业	天津基督教青年会总干事、东亚毛呢纺织股份有限公司董事兼副经理、天津市商会整理委员会常务委员、天津市政府顾问。	
	陈贯一	五九	浙江镇海	海军造舰大监、北洋大学工科、美国康弥大学机械科硕士、英国维格司造船厂绘图员、设计员	历任上海江南造船所绘图师、盐务稽核总所英文秘书、福建马尾船政局工务长、海军部技正、哈尔滨松黑两江邮传局局长、华盛顿会议中国代表团秘书、接收威海卫代表团秘书、青岛胶澳港政局副局长兼港务长、工务科科长、出席海牙国际公断法庭王宠惠法官秘书、盐务稽核总所督办秘书、天津旧英国工部局秘书。	
	庄乐峰	七四	江苏镇江	光绪十八年天津北洋水师学堂毕业	历任北洋水师学堂教习、随北洋大臣袁世凯办理洋务、办理山东全省洋务兼济南商埠事宜。至民国弃官经商改办矿务。天津英工部局副董事长,创办耀华学校。现充中兴煤矿轮船公司董事及天津市政府顾问。	

(J0002-2-001730)

605.天津市前英法义租界官有资产与官有义务债务清理委员会
第十六次委员会议纪录

1946年12月26日

(一)时间:三十五年十二月二十六日下午三时。

(二)地点:本会会议室。

(三)出席人员:张子奇、李汉元、庄乐峰、季泽晋、徐端甫、吴惠和、梁治耀、陈道源、陈锡三。

列席人员:张务滋、阎子亨(徐晟代)、吴惠和、李金洲(史韩卿代)。

主席:张子奇。

纪录:孙象乾。

报告事项：

一、宣读第十五次会议纪录

通过，无异议。

二、主席：上次会议议决第三案（关于英侨福劳士请发还旧英租界十号路游泳池产业案），函处理局尚未得复，应速派人前赴该局催询。

讨论事项：

一、准市政府移来外交部驻津特派员公署函，以天津英军营房土地之不在原租界范围内，而由英方自行扩充圈定者，仍以官有资产论，请核办一案，经详加审查，拟具意见，是否可行，请公决案。

决议：照提案所拟意见通过。

李委员汉元提议：该兵营系在推广界建筑，惟推广界虽由海关道布告承认，但无条约根据；又该兵营将来变卖时，应由中国政府保留优先购买之权；至该兵营之用途，应由英方说明。惟以上三者，不涉本会范围，似应由外交部驻平津特派员公署核办，并由本会根据此议函复市政府。

主席：赞成，通过。

二、为关于研究保管团法人之地位一案，所具意见可否，请公决案。

决议如下：（1）耀华学校系租界内之私立学校，其校址由旧英工部局赠送开办，经费由地方士绅捐助，其学校经常经费由租界内中国纳税人所纳捐税内提出万分之十八补助，其校产应由我方收回。

（2）英文学校校产应由我方收回，但英人如拟继续办理学校，并经中国政府准许，得按照中国私立学校章程使用该校产。

（3）民园为本市运动场之一，应由我方收回，英人为使用该场时，得与本市市民享同等权利。

（4）十七号球场为本市运动场之一，应由我方收回管理，为便利英人起见，得由该场管理员指定场内一部分归英人使用。

保管团契纸由本会函市政府，声明其项契纸，前往贵政府指令地政局遵照规章扣留。现经本会参考签□，函请贵府同意由会暂予发还原保管人，并请贵府令地政局知照，其登记手续俟本会清理完竣后再办。发还契证时，声明登记手续将来由我方自行办理。

散会：六时。

（J0012-1-000007）

606.天津市前英法义租界官有资产与官有义务债务清理委员会中英联席会议纪录

1946年12月27日

时间：三十五年十二月廿七日下午二时。

地点：本会会议室。

出席人员：杜建时（张子奇代）、庄乐峰、陈道源、徐端甫、张子奇、陈锡三、李汉元。

列席人员：1.外交特派员季泽晋；2.中法律顾问张务滋律师、侯文魁律师；3.英顾问甘悌、安德铸、哈尔通。

主席:张代主任委员子奇。

纪录:吴寿岑。

主席提出下列各案付讨论:

一、英国兵营案

英国兵营系英国政府产业,应归英国政府所有,由外交部办理,不在本会清理范围之内,但英国兵营围墙将旧工部局所有之约克路封闭之处自应退出。又原计划旧大北道之一部分,系在英国兵营所有之地内,为整顿市容贯彻原定公路路线起见,将来应由英国兵营让出。以上两点,本会仅提供意见,以备外交部之参考。本会于复市政府时可将此两点提及。

二、耀华学校案

耀华学校从前名为天津公校,其校产应由保管团移交于中国政府之指定人,仍归该校主管人员,一若以往私立学校使用。

三、英文学堂案

英文学堂应归中国政府接收,但英人如拟继续办理学校,经中国政府准许并在教育部注册,得使用该校产。

四、民园案

民园系本市运动场之一,应由我方收回。但英人如愿使用该场时,得与本市市民享同等待遇。

五、十七号路球场案

十七号路球场为本市运动场之一,应由我方收回管理。但为便利英人合用起见,得由该场管理员指定场内一部分归英人使用。

六、医院案

医院名义,英顾问建议为中英医院,此原则似可接受,惟院长及主任护士以执有外国学校证书之中国人充任,但病人可自用外籍医士或护士到院,医院床位之一部保留备英籍病人优先使用。

以上各项,甘君声称俟考虑后下次会议再将所见付之讨论。

散会:下午五时半。

（J0012-1-000040）

607.天津市政府为旧英国兵营并非在租界地范围以外自行扩充圈定等情函请查核办理事致天津前英法义租界官有资产与官有义务债务清理委员会函

1946年12月28日

　　案查前准外交部驻平津特派员公署代电,为英军营房土地不在原租界范围内,而由英方自行扩充圈定者,仍应照官有资产处理,请秘密查照,以供办理该案参考等由,业经令饬本府地政局查明核议具报,并函达查照在案。兹据该局复称:查本市英租界计分原有租界区、新增租界区、推广租界区三部。该英国兵营,系位于推广租界区内,并非于租界范围外自行扩充圈定,检同英国兵营坐落草图一纸,报请鉴核。等情。前来。查此案前准外交部代电,为津市英军营房土地之一部份,据报并不在原租界范围内,当时系由英方自行扩充圈定,请查照办理到府。业于本年十二月十八日以勇秘贰字第三三七号函请贵会查案,迅予核办见复在案。据呈前情,相应抄同原草图一纸,函请查核办理,并希迅复为荷。此致天津市前英法义租界官有资产暨官有义务债务清理委员会。

附抄送天津英国兵营坐落草图一纸。

市长杜建时
副市长张子奇
（J0012-1-000034）

608.天津市前英法意租界官有资产与官有义务债务清理委员会第二次中英联席会议纪录

1946年12月31日

时间:三十五年十二月卅日下午二时半。

地点:本会会议室。

出席委员:杜建时(张子奇代)、张子奇、庄乐峰、徐端甫、陈道源、李汉元、陈锡三。

列席:外交特派员季泽晋,顾问张务滋、侯文魁,英顾问甘悌、安德铸、哈[尔]通。

主席:张代主席子奇。

纪录:吴寿岑。

主席宣读第一次会议纪录,承认无讹通过。

甘悌君对于答复委员会关于学校、运动场及医院之议案另文拟具意见,当即宣读原文,由陈委员道源译述。(原意见书及译文附后)

主席:中英条约所订多系原则,但同时亦应顾及实际与现状,只要能享受所需合宜之利益,则权力问题不必过于坚持。医院如有正当西医学士之医士与护士经管,则国籍一层似不足作为争议之点。

关于十七号路球场问题,英顾问所虑不便之处自当设法极力免除。虽然一国之运动事项固须奖励,但发展国际之运动不宜使之稍受影响,致生区别观念与一国之偏见。盖此种见解,谅非订立新条约主管者之原旨。

英文学堂问题,英侨愿以英国教育方法教育其子弟,英顾问之见解不无理由。但须注意者,中美商约已详明规定教育事项,中英商约将来谅亦有相同之规定。故本会此时对于前项之提议碍难有所变更,虽英顾问之意见对之尚持异议,嗣后仍可续行研讨。

因英文学堂及球场两问题双方之解释不同,各委员提议组织一起稿委员会,会商条文,详列委员会与顾问同意与不同意各点,以便汇集呈报全体通过。并通过陈委员道源、张顾问务滋、侯顾问文魁及英顾问为起稿委员,定于十二月卅一日下午四时会议。

第三次联席会议定于三十六年一月七日星期二下午二时半举行。

散会:下午六时。

译文

英顾问等对于委员会在一九四六年十二月二十七日集议时，所提各项建议之答案：

一、就顾问等所知关于学校、体育场及医院等委员会所提之建议，仅涉及其将来之地位，而中国政府应予承受之有关前英工部局之义务、债务问题，当在以后之提案中讨论之。

二、委员会提出之建议如下：

（一）公学（即耀华学校）：委员会认为，该校原系私立，其校址系英工部局所赠与，其最初创办费用系中国纳税人所捐献，而以后则赖地方捐税。维持委员会以为，校产应由中国政府接收，再交由该校管理委员会继续使用办理该校。

（二）英文学堂：委员会谓，英文学堂应由中国政府收回，惟英侨如决定继续办理学校，则经由中国政府同意并向教育部立案后仍可利用该校校址。

（三）民园：委员会认为，民园既为本市运动场之一，自应由中国政府接收。如英侨欲利用该场地址，则其所享之待遇应与其他国住户相同。

（四）体育场：委员会对于体育场之见解与对于民园无异，即应由中国政府接收并由中国人管理。然为英侨之便利起见，管理人可指定一部分场地使适于英侨之用。

（五）医院：主席谓委员会已接受中英合办之原则，惟名誉职之院长须为一曾受西洋医学教育之合格华籍医师，而看护长亦须为华人之受有西洋教育并能操英语者。若干病床可留供英籍病人之用，但遇有不用时可供其他病人之用。

三、如将上述建议与英顾问等准备提出者相互比较（参问说帖第十二、十三、十四、十五及十六号），即可见双方对于中英新约第四条第四节之原旨所持之见解显有不同。顾问等以为，条约之目的为取消治外法权并将各处租界与北平使馆界之行政交还中国政府。顾问等以为，条约中并无任何条文可据而推断其有意将旧有集体、组织作具体之更改。此一观点如属正确，则英国政府有权期望中国政府完全承认英文学堂、公学、体育场及民园按照保管契约所规定之应有地位。然顾问等为副中国政府可有之愿望起见，表示愿作下述之建议，即以公学与民园交由中国管理，仅保留英文学堂与体育场仍由英人管理。

至于医院，前在说帖中于无条件下称谓系工部局之资产，惟溯其原委，此系维多利亚女皇纪念医院，乃由英侨自动捐款创建者，故英侨之公正要求应予注意。

然委员会对于条约之解释，似认为所有不属工部局资产范围之社会利益亦在应行移交之列。在此种情况下，欲依照委员会关于学校、体育场等地位之提案谋取协议直不可能，此类提案在以下五节中将再有声述。

四、天津公学：委员会之原提案为校产，应移交中国政府。查顾问等本准备建议由目前之英籍保管团将校产移交中国保管团（但以解除现有之保管团之责任为条件），故曾提议如得英政府批准并现有保管团之责任得以解除，此项移交应以中国政府指派之人员为对象，是以顾问等现已准备提出一建议，其意旨与委员会拟向中国政府建议者相同。

五、天津英文学堂：顾问等认为，英文学堂在保管契约中之地位似不容有重要之更改，故深觉惟一之办法为呈报英大使，要求中国政府承认现有之契约，但须作条文上之必要修改，其大致意义如下：

甲、应以一九四〇年九月成立之协议(参阅说帖第十二号所附之草案副本)代替保管契约第三条,该条即规定汇价补偿办法者。

乙、关于预算及其他有关以往英籍纳税人职责之事宜,应以英总领事或其所指派之具有代表性之委员会代替英籍纳税人。

丙、如必需另委保管团时,其人选应由英国总领事指定。

查英侨学校向中国教育部立案一事,除为一种必要之形式外似无任何效用可言。在另一方面言之,如按照契约所规定之协款能继续予以拨付,则保管该校之目的是否在履行,中国政府自可过问。兹建议推举英总领事为督学,渠应有权聘请胜任之人员协助其视察之工作,中国政府应接受英总领事出具之证明书,承认其证明保管之目的现正在履行为有效是也。

六、民园:英顾问等原拟建议现有之保管团应将民园移交中国保管团,此与委员会之建议可谓殊途同归,故顾问等准备附议予以接受。惟于解释外侨利用场地之权利时,应确切述明园址之过半数地亩为推广界外侨业主所捐赠者。

七、体育场:吾人如追溯此场之历史即知,英籍保管团若不能继续行使其管理权,则为一至不公平之事。此场既非前英工部之资产,亦未尝列入英工部局之资产负债表内。

此外,委员会之主张尚有事实上之困难。盖自运动之观点言之,管理者必须能为每一俱乐部或体育会准备适宜之场地,今如仅仅划出一部分场地专供外侨之用,则上述之兼筹并愿殆不可能。且夏季运动如(英国)棒球、棍球、垒球及网球等均需广大之场地。于此可附带述者,场内主要之凉亭为一英侨赠与保管团之纪念物。

观上所述,顾问等无法向英大使建议对于该场现有之地位予以任何变更。

八、倘将顾问等关于学校及体育场之保管所提各项建议详加分析,即可见英国政府根据条约规定,虽有权要求学校与体育场地在原则上保持现状,而顾问等则已准备建议分管之办法。顾问等如此建议,其动机有二:一、彼等推测中国政府之愿望而愿予以满足,此在本文第三节中已有提及;二、彼等已将对于英侨需要之原有见解缩减至外侨在教育与娱乐上最低限度之需要,此为维持一有力之适当年龄男女侨商社会所必不可少者。谅此亦为最高签约当局之愿望也。

九、委员会在原则上虽已接受中英合办旧英国医院与隔离病院之建议,惟于答复询问时表示,医院负责人中将无英籍医师参加,且职员中亦不包括英籍护士,故按通常所谓合办之意义观之,如此办法似未可认为中英合办。

保留定额床位以供英侨之用一节,顾问等在此应伸谢意。又悉英籍医师与护士可入院执行诊治病人之任务,而由病人负担费用。窃以为上述所谓执行任务,当指院内一切设备之利用,包括施行手术之设备在内。

委员会如能建议将隔离[病院]移交英侨,则顾问等将感激不尽,良以英侨需要此种医院甚为迫切,且据闻市政府现有传染病院之床位甚多也。

十、顾问等应提请注意者,委员会于讨论民园问题时未尝提及维多利亚花园。顾问等已表示准备提出若干建议,其详已见说帖第十五号之补编,兹愿□知委员会对此之意见。

十一、关于公学(耀华)及英文学堂似应作一概括之注解。

甲、前英工部局用于耀华学校之款项较之用于英文学堂者约一倍有奇,此款由税捐中拨付,而税捐之过半数固收诸外籍业主住户也。

乙、查保管团为执行契约上规定之职权,曾一度控告英工部局而获胜诉,苟保管团非为合法业主,保管契约非为有效文件者,则胜诉决无可能。查诉讼始于一九三九年而判决则在一九四〇年,故英文学堂之法律地位乃更见增强焉。

首席顾问甘悌签

一九四六年十二月卅日

(J0012-1-000040)

609. 天津前英法义租界官有资产与官有义务债务清理委员会为查明前英租界内英军营房系英国政府产业不在清理范围事致天津市政府函

1947年1月6日

前准贵政府移来外交部九月二十一日欧35七八六四号公函一件略开:据驻平津特派员转据天津市前英工部局华人纳税会副董事长庄乐峰君陈称,英军营房圈占马路土地各节,该英国兵营之土地,既不在原租界范围之内,其圈定土地自未能认为依正当手段所取得,仍请查明见复,以便通知英方照官有资产处理。旋又准移来英总领事十月十六日函称,英大使馆已接外交部函,以英国兵营为英国政府产业,执有正式契证,应予承认,无须再由清理委员会清查,外交部并已知照有关机关。各等因。到会。

查前英租界之区域共区分为三:(一)老租界系指大沽路以东至海河为界之区域,由中国政府以九十九年为限租与英国政府,名为英国租界而可转租于市民者,即皇家租契Crown Lease区域,系于一八六一年根据北京条约所划定。(二)扩充界系指大沽路以西至墙子河为界之区域,于一八九七年三月卅一日由天津海关道布告声明归英国当局管理者。(三)推广界系指墙子河外至近海光寺道间之区域,于一九零三年一月十四日由天津海关道布告声明归英国当局管理,名为英国工部局推广界而言。按照民国卅二年中英条约第四条第四项之规定,所谓天津英租界系包括前英国工部局所管之全部区域而言,其扩充、推广两界以经海关道奉庆亲王、李中堂允准布告承认,称为前英工部局管辖区域,其合法契据并经外交部承认,毫无疑问。该英军营房即建筑于上述第三项推广界内,依据事实,自一九〇三年一月十四日起已在前英工部局管辖区内,似不能认为界外自行扩充圈定者,且既执有正式契据,依照中英新约第五条第一项须承认其为英国政府产业,无庸本会审查。至该营房之未按照前工部局规定推广界内官道路线让出马路用地,而其围墙仍有占用马路之处确系事实,此项土地应由英方照章让出。

惟查该兵营现尚为美军占用,此时宜先声明保留前英工部局规定,该兵营须让出马路用地,应归我国收回之权,俟美军撤退后,再由主管机关办理。当经提出本会第十五次会议决议,英国兵营系英国政府产业,应归英国政府所有,由外交部办理,不在本会清理范围之内。但英国兵营围墙将旧工部局所有之约克路封闭之处,自应退出,又原计划旧大北道之一部分系在英国兵营所有之地内。为整顿市容,贯澈原定公路路线起见,将来应由英国兵营让出以上两点。

本会谨提供意见,以备外交部之参考。本会于复市政府时可将此两点提及。等语。纪录在案。相应函请查核转复外交部查酌办理为荷。此致天津市政府。

（J0012-1-000034）

610.天津市前英法义租界官有资产与官有义务债务清理委员会第三次中英联席会议纪录

1947年1月7日

时间:三十六年一月七日下午二时半。

地点:本会会议室。

出席人员:委员杜建时(张子奇代)、张子奇、庄乐峰、陈道源、徐端甫、李汉元、陈锡三。

列席:外交特派员季泽晋(子宽代),顾问侯文魁、张务滋,专员陈恩绂,英顾问甘悌、安德铸、哈尔通。

主席:张子奇代理主任。

纪录:吴寿岑。

报告事项:

宣读第二次联席会议纪录,通过无异议。

讨论事项:

财政问题

关于财政问题应由本委员会与英顾问逐项讨论。

债务事项

本委员会意见:前工部局所发债券确系应偿之债务,中国政府应予承认,但英顾问所拟赎还债券之一先令二便士四分之一合一元兑换价格一节,应由中国政府决定。盖上海及其他处租界发行公债甚多,关系更大,谅中国政府必可定一公允兑换价格,为债权人所可接受者。

本委员会虽认为,凡属有意义之意见均宜提出呈报,但对此事仅能将英国顾问之意见(即说帖第九号)呈请中国政府核议。

职员养老金

本委员会对此之意见:每年可由领养老金人向其所在地中国大使馆具领。应请英顾问抄具详细名单住址及年龄,俾便核查所有旧欠,将来可为照发,但不加利息。

外籍职员之要求

英顾问称,因前英工部局所用职员多系优级职务,职员订有合同,普通每四年续订一次。英顾问深觉,外籍职员要求赔偿损失一节,应付至一九四五年十月卅一日止方为公允。

本委员会意见:薪水损失之赔偿应以合同期满为限,但不得少于一年之薪额。

讨论后,本委员会同意将英顾问之提议向中国政府陈报,其提议如下:

甲、服务军役者,应付半薪至一九四五年十月卅一日。

乙、被俘者,于被拘期内付全薪。

丙、遣送回国者，被遣以前付全薪，自遣送日起至一九四五年十月卅一日止付半薪。

至于六便士兑换价，既系前英工部局职员委员会议决调整薪金所定，本委员会原则上可以承认，但须经政府核准。

川资及假期薪金，虽英顾问声称彼等所建议仍须呈报英使馆，本委员会对此事不能承认。

失业赔偿问题，本委员会意见，拒绝讨论此项要求，惟英顾问拟照前述意见向其最高机关陈议。

警务人员特别补偿奖金，因前英工部局高级警官年满四十六岁或已逾此年龄者，离去其优职后不易觅得合宜职务，英顾问力持前议，对于此等警官，每可能服务一年应予以一个月之额外薪金，至六十岁时为止。

本委员会细审各该警官成绩，原则上认可予以补偿金，但以确有功绩者为限。

中国职员之要求

本委员会意见：中国职员应得薪水损失之赔偿与外籍职员相同，亦照合同计算，如外籍职员之赔偿展至一九四五年十月卅一日，中国职员与之同一待遇，但自英国人撤退后仍在敌伪管理下任事者，不能享此利益。

（附注：关于无合同之中外职员待遇问题，载于第四次会议纪录。）

英顾问则引证国际公法之惯例，所有在日本人下服务人员实系被迫使，然且有时有生命之危险，故鄙意不能因此使各职员蒙受附和敌伪之嫌，但此事自应由中国政府决定。

本委员会拟仍照所表示之意见呈报政府，但英顾问可将其建议向英方报告。

中国职员之年积金

主席：此项款额既经日本支付，虽手续不合格或给以贬值之货币，中国职员既经接受并未抗议，则讨论此问题殊失法律根据。譬如，银行存款一经提取，因币值贬价而受损失，存款人对于银行自不能再有要求。

英籍顾问郑重声称：此款仍由工部局按月由职员薪金扣存，多数有超过二十年者，故其大部份系银元，由工部局保管，其原价值已反映于工部局资产价值之增加。况此款与银行存款迥乎不同，缘职员虽有急需亦不能随时提取，势须俟至离职时方得支付。故依道德观念公允原则，英顾问等视日人提前发付此款，不能认为工部局之义务已经消除，是以对于中国职员储款实有公允调整之必要。并称对于外籍职员年积金适用之一先令合洋一元之兑换价亦应适用之，委员会虽已否认考量，但英顾问声称仍准备将彼意见呈报高级机关。

至中国职员之他项要求，如例假、川资等，一如外籍职员之要求，均为委员会所拒绝。

简略报告对于以上各问题，本委员会与英顾问等见解既不一致，英顾问等拟具一简略报告，包括已将同意之议案及委员会与英顾问见解不同之事项。

小组会议商讨整理报告条文事。

英顾问拟具之第一次报告及译文已经委员会披阅，内有上次联席会议尚未决定之事项。继续讨论后决议如下：

甲、维多利亚花园委员会表示如下意见

维多利亚花园应由中国永远作为大众公园，其中之英国纪念碑，我方愿承认英侨得有继续致敬之便利。碑上文字如有修改，应归英侨办理，如中国政府给予此项保证，当足敷英人之愿望。

英顾问对于此条文同意。

乙、隔离病院

本委员会意见:隔离病院应照双方同意之普通医院办法同样办理。

英顾问对于此点表示遗憾。

下次联席会议定于一月十日下午二时半。

散会:七时二十分。

(J0012-1-000040)

611.天津市前英法义租界官有资产与官有义务债务清理委员会第四次中英联席会议纪录

1947年1月10日

时间:三十六年一月十日下午二时半。

地点:本会会议室。

出席委员:杜建时(张子奇代)、张子奇、庄乐峰、徐端甫、陈道源、李汉元、陈锡三。

列席:顾问张务滋、侯文魁,英顾问甘悌、安德铸、哈尔通。

主席:张代主任子奇。

纪录:吴寿岑。

报告事项:

宣读第三次联席会议纪录文字,略有修正,通过无异议。

讨论事项:

中国职员之要求

因讨论此项目发现对于无合同之中外职员待遇问题。

本委员会坚决主张:凡无书面合同之职员,不能与有合同之职员受同等待遇。

英顾问称:前工部局对于所用职员之无合同者并未给予解雇之通知,而职员在工部局服务均以为终身长久之职业,故工部局于道义上负有补偿职员要求期内薪金损失之责。

中国职员年积金(本委员会与英顾问对于此事之见解既不相同,双方当各向其高级机关报告)

本委员会对于此项问题有下列各点,请英顾问加以研讨以为最后见解之参考。

一、开滦发放之职员年积金情形类同,已获得解决。

二、据闻前工部局职员有时自请发给之说,并非被日人强迫领取者。

英顾问允以注意。

隔离病院

英顾问对于委员会之议案表示遗憾,并声明如下:

维多利亚纪念之医院原系由英侨自动捐资所建立,无代价移交工部局经管,英工部局后又转售于私人,所得价甚巨,此事似未得委员会充分认识。且遇有流行传染疫病发现时,医院中限于地势,恐无

621

床位可作英侨治疫之用。

主席答称:此医院系工部局之产业,本会愿尽力设法以应英侨之所需,并切盼英顾问所虞之疫疠发生不致实现,设或有传染病流行时,英侨病人应得有优先使用该院床位之权。

下次联席会议定于一月十三日(星期一)上午九时半举行。

散会:下午五时半。

(J0012-1-000040)

612. 天津市前英法义租界官有资产与官有义务债务清理委员会与英顾问关于清理天津前英工部局官有资产与官有义务、债务事项第一次报告书

1947年1月11日

此项报告系由起草委员会所拟并经委员会及英顾问表示同意。

一、清理委员会三次中英联席会议业于民国三十五年十二月廿七日与卅日及民国三十六年一月七日举行,讨论学校运动场及医院等之地位事项。

二、关于耀华学校(即天津公学)、民园、维多利亚花园及医院等事项已获得其具体同意。

关于天津英文学堂及十七号路体育场等事项未能获得同意。

关于已同意各事项,兹分别列录四条如次。

三、耀华学校即天津公学委员会之主张如下:

"耀华学校校产由保管团移交于中国政府之指定人,仍归该校主管人员悉照已往私立学校使用。"

英顾问等对此条表示同意,辞意如下:

"查英顾问等原拟提议由现在英国保管团转移于中国保管团以解除现在保管团之任务为条款,故顾问等拟移交于中国政府指定人,但须获得英政府之准许并以解除现在保管团之任务为限。"

四、民园委员会之主张如下:

"民园系本市运动场之一,应由中国政府收回,但英人如愿使用该场时,得与本市市民享同等待遇。"

英顾问等对此条表示同意,辞义如下:

"由现在保管团移转于中国保管团本系英顾问等所拟提出建议者,实际上与委员会之主张可得同样之结果。是以顾问等准备建议依照此案接受,惟须以现在保管团解除任务为条件。关于解释外国人使用此场权利时须明白了解,此场之地亩约有半数系前英工部局推广界外籍地主所捐赠。"

五、维多利亚花园,英顾问等前以民园属于空地保管团管理而维多利亚花园亦为该保管团所经管之一部分,对此委员会并未提及,故特提请注意。

在十五号说帖补编内,顾问等曾表示对于处理维多利亚花园之建议,深愿知悉委员会对于此事之意见。

维多利亚花园委员会之主张如下:

"维多利亚花园应由中国永远作为大众公园,至其中之英国纪念碑,我方应承认英侨得有继续致敬之便利,碑上文字如有修改,应归英侨办理。如中国政府给予此项保证,当足副英人之愿望。"

六、医院委员会之主张如下:

"英顾问建议为中英合办之医院原则上可予接受,惟院长及主任护士应以曾学习西医领有凭证之中国人员充任,但病人可自用外籍医士或护士到院,医院床位之一部分并可保留以供英籍病人优先使用。"

英顾问等对此案表示同意辞义如下:

"委员会虽承认前英工部局之普通医院及隔离病院由中英合办之原则,但于答问时未言及英籍医士可能参加管理,英籍护士亦未列入职员之内,如此则与寻常所承认中英合办之意义似不相符。

医院内有一定数额之床位保留,以备英籍病人优先使用,深为感慰。英籍医士及护士亦可由病人自出费用邀请到院,所有院中各项设备便利包括外科手术器具等谅可随时使用。

委员会如能设法建议使隔离病院移归英侨办理尤为感荷。因此项病院现属急需,而据闻市政府对于隔离病症已有充分院址可以容纳。"

本委员会意见,隔离病院应照双方同意之普通医院办法同样办理。

英顾问对于委员会之议案表示遗憾,并声明如下:

"维多利亚之医院,甲、原系英侨自动捐资所建立,由私人捐款维持多年;乙、后无代价移交工部局经管,英工部局旋又转售于私人,所得价比较隔离病院之价值增加甚巨,咸归入工部局公款之内,缘工部局于该病院原有建筑仅添盖一部分耳;且丙、依据经验,遇有流行传染疫病发现时,医院中限于地势,中国病人众多,恐无床位可作英侨治疗之用,故此适与建议意旨相违,以上事实似未得委员会充分认识。"

本委员会不能同意英顾问之建议,因此医院系工部局之产业,惟主席声明愿尽力设法应付情势所需,并切盼英顾问所虞之疫疠发生不致实现,如有其事,英侨病人应得有优先使用该院床位之权。

七、关于不能同意事项,即天津英文学堂与十七号路体育场,此两问题由委员会与英顾问分别纪录呈报。该纪录当由双方交换阅看。

民国三十六年一月十一日

天津市前英法义租界官有资产与官有义务债务清理委员会

主任委员张子奇代

英顾问首席甘悌

支出
总务管理

薪俸及工资	276,382.59
总务公费	68,578.76
办公处费用	22,177.49
购新补旧	10,245.30
协款	8,386.80
养老金	80,184.23

TBM急救队		38,598.75
辅助队		28,181.47
工部局图书馆		7,826.81
英文学堂		247,500
天津公学		155,833.29
墙子河经费		2,359.65
偿还皇家租契用款		31,289.87
借债费用及息金		(法币147,788,64)99,723.58
临时项下		13,182.90
	小计	1,080,345.49
医院		
普通医院		79,849.68
隔离病院		33,501.79
	小计	113,101.42
警务处		1,030,017.28
消防队		76,956.27
卫生股		11,792.16

特别支出

马路、便道、沟渠等		170,117.19
房产		15,729.98
新购器具		20,571.51
	小计	$206,418.68

支出摘要

总务管理		1,080,846.49
医院		113,151.42
警务处		1,030,017.28
消防警		76,956.27
卫生股		11,792.16
工务处普通支出		774,296.37
工务处特别支出		206,418.68
	共计	$3,292,973.67

工务处
普通支出

桥梁	62.38
河坝及码头	16,108.74

工程师费用	236,017.79
公共厕所保持费	26,413.60
工部局房屋保持费	9,170.45
机件及工具	35,111.92
公共院所保持费	1,368.59
马路保持费	117,959.22
马路放宽	1,355.04
路政项下	254,354.50
公园及花园	64,096.18
购新补旧	12,278.01
共计	$774,296.37

水道处
营业账目（至1941年12月6日）

支出		收益	
巴克斯道甲号机/厂经常费用	141,450.68	售与用户水价	574,712.07
达克拉道乙号机/厂经常费用	104,277.10	售与轮船水价	11,693.20
敦桥公园丙及丁机/厂经常费用	14,891.52	售与旧英工部局办公处附属办处所水价	31,094.28
总水管龙头及接水材料修理及保持费	27,705.59	备用接水收费	1,168.30
机械及工具修理及保持换新补旧费	4,301.41	辅用给水	4,459.50
出借机件水表修理及保持费	8,351.16	杂项	1,607.00
龙头售水费	2,574.99	水表租费	63,386.50
工程职员及办公处用费薪俸及杂项	111,815.23		
管理项下总务	53,889.49		
消防用水	74.15		
辅用给水经管费	5,508.32		
折旧	70,000.00		
利息	87,000.00		
小计	631,849.64		
收入超过总支出	56,271.21		
共计	688,120.85	共计	688,120.85

水道处
资产负债表（1941年12月6日）

负债		资产	
零星债务及积欠	82,382.26	零星欠户及欠款结余	132,628.75
用户押金	31,212.50	存储	169,384.74
折旧准备金	593,046.11	设备购置项下：	
资本准备金	85,230.21	地亩	142,460.30

旧英工部局流水账	1,305,680.46	机器	4,269.86
		家具装件及移动机件	6,640.45
		水池	8,754.68
		澄水池	4,988.34
		沉淀池	7,187.79
		总水管及龙头	672,991.28
		用户水表	188,452.88
		工具机件	10,747.54
		辅用给水机件及房屋自流井规划下——自流井房屋机厂与机器	8,006.31
		甲号机厂	293,099.99
		乙号机厂	312,930.83
		丙号机厂	134,937.80
共计	$2,097,501.54	共计	$2,097,501.54

敝公司已将上述资产负债表与账册及薄记核对无误，足以表示1941年12月6日旧英工部局之实在真确状况，但须按照向例，年终有补充之处修正之。

签字：汤生公司特许查账稽核员　德恩若（英工部局董事长）

1942年4月5日于天津

电务处

业务账目（至1941年12月6日）

支出		收益	
发电费用——煤炭、工资等	472,272.05	售与用户电价	1,436,600.41
发电机件——修理及保持费	45,025.16	用户自有路灯	17,715.78
职员宿舍——修理及保持费	9,580.58	旧英工部局办公处及附属处所用电	25,017.36
分输机件——修理及保持费	45,814.78	电力	747,536.26
路灯机件——修理及保持费	9,490.19	零星收入	31,050.89
工具——修理及保持费	1,292.58	出租机件	28,725.80
出租机件——修理及保持费	14,426.13	电表租金	111,595.00
家具、装修及运输——修理及保持费	3,549.55	陈列室盈利	9,123.74
经理费用　薪俸工资及杂项	183,063.91		
总务管理处项下	88,914.32		
利息	21,000.00		
折旧	44,000.00		
零星机件添置	152.55		
养老金	10,115.19		
小计	948,696.99		
收入超过支出额	1,458,668.25		
共计	2,407,365.24	共计	2,407,365.24

电务处

资产负债表（至1941年12月6日）

负债		资产	
零星债务及积欠	11,492.01	零星欠户及欠款结余	414,720.37
用户押金	176,210.00	材料存储	400,495.67
寄售商品（见资产）	17,866.17	陈列室商品	12,602.16
折旧准备金	1,860,735.01	寄售商品	17,866.17
资金存储	509,566.70	伦敦英镑账	8,548.03
旧英工部局流水账	1,236,381.94	建设购置项下：	
		地亩	52,458.07
		房产	891,095.69
		发电机件	1,346,335.89
		分输机件	966,234.05
		路灯机件	55,777.92
		出租机件	81,796.00
		电气仪器	8,714.54
		工具机件	18,956.23
		家具装修及运输	36,142.94
共计	$3,812,251.83	共计	$3,812,251.83

敝公司已将上项资产负债表与账册及薄记核对无误，并认为此表足以表示1941年12月6日旧英工部局之电务处财务之实在真确状况，但须按照向例年终有补充之处修正之。

签字：汤生公司特许查账稽核员　德恩若（英工部局董事长）

资产负债对照表
结至一九四一年十二月六日止

负债	元	元	资产 · 地亩	亩	元	元
工部局借款						
普通用途借款		元	地亩		元	元
一九三二年6又1/2%	350,000	518,881.12	老老租界地亩	15,790	245,167.00	
一九三二年%		960,000.00	扩充界地亩	45,975	393,920.80	
一九三七年6%（不记名）		2,700,000.00	推广界地亩	166,377	800,368.21	
一九三七年6%（记名）		922,500.00	租界外地亩	408,116	431,861.77	1871,252.28
		5,101,381.12	空地			
零星债务及积欠		251,088.08	老租界花园及建筑物	18,500		
保管款项			扩充界围墙道花园及建筑物	6,195		
皇家租契用存款		1,076,522.94	推广界民园	57,300		
员工年积金		804,876.56	土山花园	12,020		
狄更生民奖学金		6,000.00	敷桥道花园及毗连地址	31,270		
		1,891,688.16	公墓地址			
荣项		4,238.65	广东路公墓（第九段一六六号）	11,281		
罚款金		96,096.01	马厂道公墓（马厂道路南）	12,561		
机械保险准备金		542,434.01	马路占用地		元	
保管团填土费账目未支用结余		50,182.94	扩充界	276,736	2,047,846.40	
折合兑换市贴水		291,301.50	推广界			
天津公学流水账结余		36,928.56	马厂道	86,321	509,893.90	
天津英文学堂流水账结余		78,768.51	其他马路	476,519	1,429,557.00	
总结账		7,825,981.90	总结账			3,986,697.30

负债		资产		元
		街道、路基、阴沟、水沟		
		便道等现时核估价值		1,681,402.55
		桥梁等现时核估价值		188,845.70
		房屋		
		老租界维多利亚花园内房屋		16,080.05
		戈登堂警务处、保险车、电气陈列室		208,742.09
		捐务股公事房		1,008.27
		河坝房屋		148.25
		码头验货厂棚盖		919,680.31
		码头捐公事房		2,074.04
		中国职员餐堂		1,518.95
		粪井		12,983.12
		维多利亚铺面		12,835.62
		旧英工部局扩充界		
		十七号路警务宿舍		26,689.36
		职员住房		59,596.89
		职员居所		87,511.66
		职员居所汽车房		4,508.48
		工程处居所（十三号路）		17,287.95
		汽辗房		296.50
		旧英工部局推广界		
		伦敦道材料厂		3,500.00
		工程处机料场（七十二号路）		52,888.87
		伦敦道警务处宿舍及集火会所		390,367.45
		福发道警务分处		66,355.57
		福发道消防队龙水带去潮塔		4,755.81
		警备司令部		21,954.62

资产		金额	合计
土山花园		12,279.79	
旧英工部局界内公共厕所		45,287.05	
租界外马厂道路南——马厂道公墓,火葬炉休息室,围墙油水沟管停灵		16,473.74	1,072,819.44
穴	全年局有地租折合原价		16,584.85
	菜市房屋		268,142.66
	隔离病院 房屋（书面价值）	71,370.96	
	家具（同上）	8,402.00	79,772.96
	普通医院 房屋（同上）	148,351.61	
	家具（同上）	15,866.00	
	仪器（同上）	13,742.00	
	X光机件（同上）	10,550.00	188,509.61
消防设备			1,853.15
游池——房屋及机器			112,459.46
动产（书面价值）			401,748.93
材料项下（书面价值）			
总材料厂		142,265.72	
警务处		138,411.50	
文具材料		10,415.47	291,092.69
零星现款			2,270.00
零星欠户及未付清账目			149,987.33
债权保管团投资			140,000.00
投资（实价）保管款项		1,950,701.71	
材料保险准备金		542,434.61	2,493,135.72
银行存款结余			
法币		68,632.31	
英口联银		628,062.91	
英镑口口账		31,008.59	727,703.81
电务处水账结			1,236,381.94
水道处 同上			1,305,630.46
总计			16,165,790.84元

负债 16,165,790.84元

（J0012-1-000038）

613.天津市前英法义租界官有资产与官有义务债务清理委员会第五次中英联席会议纪录

1947年1月13日

时间:三十六年一月十三日下午二时半。

地点:本会会议室。

出席委员:杜建时(张子奇代)、张子奇、庄乐峰、徐端甫、陈道源、李汉元、陈锡三。

列席:顾问张务滋、侯文魁,专员陈恩绂、吉浩然,英顾问甘悌、安德铸、哈尔通。

主席:张代主任委员子奇。

纪录:吴寿岑。

报告事项:

宣读第四次联席会议纪录,通过无异议。

前项第三次纪录因修正重行油印时缮写疏忽,在"中国职员之要求"一节下遗漏下列一段:"但自英国人撤退后仍在敌伪管理下任事者,不能享受此利益。"业经照原文补入。

有人询及英人何时撤退,英顾问答系一九四三年三月。

关于此事复有人表示意见,叙述当时情形非常危险,中国职员实处于困难地位,虽有志离职,非为当时情势所许,故此条限制似宜略加修正。

此案留作委员会会议时再行讨论。

关于中国职员年积金事项,前英工部局董事长及会计主任所签字之证明单据详列职员名下。所存此款之数目交会阅看,堪以证明工部局确有偿付此款之决意。

财政上义务事项

英顾问称,前工部局于一九四一年十二月六日所欠英文学堂保管团之款项如下:

(一)保管团控诉工部局,法院判决之数目九七,七二六.一八元。

(二)工部局存款余额,即一九四一年十二月六日资产负债表所列之数七八,七六三.五一元,共计一七六,四八九.六九元,均按六便士折合一元之兑换价。关于判决之款并未列入英工部局资产负债表内,且在判决后时逾一年,工部局迄未照付此款,此种事实众已承认。

英顾问称,系当时由保管团、工部局、中国纳税人推举代表合组一委员会协议决定公平解决办法。

英顾问且指出:此案因候英大使之批准,暨英法律准许保管契约变更之手续而延搁此项欠款,已载列该校一九四一年结算单内,前英工部局一九四〇年结算单并注明有此债务。

本委员会之意见:前工部局既无照付此款之意,本会实不能承认此项义务。

英文学堂协款

关于此问题付讨论之前,主席声明,凡含有不平等条约时代遗痕性质者,如使之永久存在,实有违新中英条约之新精神,本会均不能承认。

经讨论后,本委员会与英顾问同意议定分债务、义务事项为三期:

第一期,英日未宣战前之债务;第二期,战事时期之债务;第三期,将来义务。

本委员会表示:准备承认战前之债务,至战事期内之债务可以讨论,但将来义务事项本会不能加以考量。

英顾问答称：如一九四〇年调整委员会之协定可以接受，则协款应照保管契约条款继续拨付至保管团契约终止日止，但前项协定如不接受，则商讨战事期内义务时应不防碍其保管契约之权利。

下次联席会议定于一月十五日（星期三）下午三时举行。

散会：上午十二时。

（J0012-1-000040）

614.天津市前英法义租界官有资产与官有义务债务清理委员会

第十七次委员会议纪录

1947年1月14日

时间：三十六年一月十四日下午三时。

地点：本会会议室。

出席人员：徐端甫、庄乐峰、张子奇、陈道源、李汉元、陈锡三。

列席人员：陈恩绂、季泽晋、陈亦侯、吉浩然。

主席：张子奇代理主任委员。

纪录：吴寿岑。

报告事项：

宣读第五次联席会议纪录，通过无异议。

讨论事项：

继续讨论中国职员之要求及英人撤退时期。

主席：此事可保留将来再议。上海已有此项问题发生，本会应函致上海清理委员会，询问详情，俟得复后再行核议。

（一）耀华学校协款问题

庄委员：英顾问必将藉此问题以达其要求。英文学堂协款之目的，本席深知，耀华学校愿放弃此项协款，此事可易解决。

徐委员：本席赞成庄委员之议，并代表耀华学校表示，情愿放弃前英工部局之所欠协款及将来协款。去年曾与甘悌君会晤，已表示此意。

主席：如此甚好。本会应向英顾问声明，耀华学校为本市私立学校之一，一切悉照私立学校章程办理，不适用从前旧英工部局特别协款之办法，故不再收受此项协款。

（二）狄更生奖学金案

议决：此项奖学金六千元，如将来英人继续办理学校，原款即可拨还。

图书馆案

议决：此事可由英侨自行设法筹办。

（三）公墓案

议决：马厂道公墓尚有扩充余地，本会原则上同意英顾问之建议，按照实际情形酌划一部分为英侨公墓之用。

（四）民园及十七号路体育场案

议决：前英工部局以往所发者系协款。将来协款问题，本会拟不讨论。

（五）怡和等轮船公司租用码头租约

议决：该公司租契在民国三十七年未满期以前，本会承认其继续有效，应按现行码头规章办理；至期满后，本会不受将来任何约束。

（六）法律顾问、卫生顾问、稽核员及保管团员等酬金案

议决：各顾问等均另有职业，所任工部局之事系兼职。本会承认战事前之欠款，按照六便士兑换价照付；至离职后之酬金，概不承认。

（七）关于说帖二十号所称，发电厂及自来水厂等各项资产已作为前英工部局债券及养老金等之担保品，订立保管契约，完成合法抵押手续，现接收机关似未明了此项债务、义务之关系各节。

议决：本会应函致冀北电力有限公司，叙明发电厂资产为前英工部之资产，已抵押于英工部局债券及养老金之保管团。本会现正清理此项债务，并接英方顾问来件，指摘在债务未经清理以前，该项产业不应由他机关接收。事关债务，应请开具接管以来营业报告，并将每年盈余汇解本会，以便备作清偿债务之用。

散会：下午六时。

（J0012-1-000007）

615.天津市前英法义租界官有资产与官有义务债务清理委员会 第六次中英联席会议纪录

1947年1月15日

时间：三十六年一月十五日下午三时。

地点：本会会议室。

出席人员：杜建时（张子奇代）、张子奇、李汉元（张子奇代）、庄乐峰、徐端甫、陈道源、陈锡三（徐端甫代）。

列席：外交特派员季泽晋，顾问张务滋，专员陈恩绂、吉浩然，英顾问甘悌、安德铸、哈尔通。

主席：张代主任子奇。

纪录：吴寿岑。

宣读第五次联席会议纪录。关于财政义务项下，中有遗漏一段，已照为补入。此外无异议，通过。

讨论事项：

（一）天津英文学堂之义务问题

英顾问称：关于战事期内工部局之义务，顾问等之意见已详载于说帖十二号及补编，以民国三十

年（一九四一）由捐税所得之协款十三万五千元之预算作为计算之标准，实为简便之方法。民国廿九年（一九四〇）调整委员会所定之协议如能接受，则此数应加倍计算，每年共为二十七万元，以四年计，则总数为一百零八万元。如以每元折合六便士兑换价格计算，应折为英镑二万七千镑。倘若此项义务按照保管契约条款计算，则其兑换价格即为一仙令八便士，试以协款十三万五千元按四年合计其总数应为五十四万元，共折合英镑四万五千镑。

英顾问复称：在战争期内，英文学堂保管团之职责上对于学堂之教职员应履行之义务，正与工部局对于其职员所负之义务相同。且在此时期内，英文学堂之器具、设备尽被移去。重新添置恐需巨款，顾问等拟准备供给数字以为讨论之助。

主席称：讨论此事实涉及学堂保管契约之效力问题，恐堪使不平等条约时期所遗留之特别利益仍为留存，故此事应由高级机关解决，本会自无容再加以讨论。

（二）耀华学校（天津公学）之义务问题

英顾问称：对于此校，保管团实负有职责所提要求恰与英文学堂相同。保管团愿将该校产业移交中国政府之指定人，不能更改保管契约，同时中国政府应负同样之义务。

徐委员声称：耀华学校是本市私立学校之一，自应遵照教育部所定之规章，决不应作范围外任何要求。兹并代表耀华学校正式表示，情愿放弃前英工部局之所欠协款及将来协款。此点以前业经向英顾问甘悌君表明。

英顾问答称：余等之意仅要求将前项讨论之言语列入纪录耳。

（三）狄更生奖学金问题

因此款系由前英工部局保管，故本委员会意见：不问英文学堂之续办与否，此款应行发还。

（四）零星保管款项问题

此款计四千二百三十八元六角五分，系前英工部局代已过之二士保管者。本委员会认为属于债务，故应发还。

（四）甲、零星欠户暨未清付账目

此款计十四万九千九百八十七元三角三分，虽其详细节目无从查考，英顾问指出，内有一万零二十五元二角四分，谅系工部局摊付外籍职员之年积金，应于战前移交年积金保管团者。

本委员会以为应承认此项债务，但须俟该工部局总账经查明后为定。

（五）民园及十七号路体育场之协议问题

本委员会表示意见：民园既归教育局管理，故应考量者只十七号路体育场而已。兹经英顾问指明，此场失修情形颇甚，除普通协款之外，其复与善后经费恐属急需，且非用大宗款项不办。查该场之地位，本委员会与英顾问之意见尚未一致，故对此问题暂可分别考量一节，亦须缓议，以候中国政府之决定。

（六）图书馆

本委员会已阅悉说帖十七号内英顾问拟议，因表示意见如下：为简便计，此事应由英侨自行办理。

（七）前英工部局之卫生医官、稽核员及法律顾问等费用问题

对于此项，本委员会承认前英工部局在民国卅年（一九四一年）十二月八号以前欠付之款可以作为债务。关于要求赔偿失业损失一节，本委员会既未对工部局之专任职员之要求加以考虑，则凡兼职人员只担任一部分工作者，更无考虑之理由矣。

（八）公墓问题

于原则上本委员会同意,马厂道公墓有保留一部分归英侨使用之必要。主席并声称,拟照实际需要情形办理,至于新扩充计划,已在研讨之中。关于维持问题,主席已转饬社会局注意,以保持及增进坟地美观为宗旨矣。

（九）码头租契

本委员会已披阅英顾问所送此项租契之副本,其续租年限至一九四九年(民国三十八年间)方满。关于所欠租金等项,似应由本市财政局与船公司解决。

（十）关于英顾问所提说帖第二十号,前英工部局资产问题,本委员会由此说帖已阅悉,关于前英工部局之发电厂及自来水厂连同其他资产因一九二七年九月九日之契约已对保管团成立为正式抵押品一节,现虽被中国政府接收,但此项资产之法律地位并未受何损害,故维持其原有状态至清理英租界事务完成时止,乃属中国政府之责任。

本委员会并声叙,现正准备将关于发电厂事函知冀北电业公司。

下次会议决定于一月二十八日下午二时半举行。

散会钟点:下午五时五十分。

（J0012-1-000040）

616. 中华民国国民政府行政院关于派杜建时为天津市前英法义租界官有资产与官有义务债务清委会主任委员事指令天津市政府（从人1775号）

1947年1月18日

三十五年十二月廿四日勇人字第三三号,呈为本市前英法义租界官有资产与官有义务债务清理委员会依法请改派新任市长为主任委员并另推副市长张子奇等六员为委员由。呈件均悉。应准照派。查该会委员陈锡三、徐端甫,前经由院令派在案,无庸再行令派检发派令。仰即知照,此令。检发派令五件。

院长宋子文

（J0002-2-001730）

617. 前天津英租界工部局官有资产及官有义务、债务说帖及补编

1947年1月18日

英顾问说帖目录

关于民国卅二年(一九四三年)一月十一日中英所订条约所载天津英工部局区域事项,英顾问等

对于前英工部局之官有资产及官有义务、债务所具说帖及补编等已送交清理委员会，兹将详目列左。

说帖第一号　总论·提议设法解决天津前英工部局区域内各项问题

说帖第二号　关于英租界官有资产与官有义务、债务之定义（包括英工部局全部区域）

说帖第三号　详释条件中所载之英租界（包括英工部局全部区域）

说帖第四号　说明一九四一年（民国卅年）十二月六日英工部局资产负债对照表所列英工部局之官有资产

说帖第五号　说明一九四一年（民国卅年）十二月六日英工部局资产负债对照表所列英工部局之官有义务、债务

说帖第六号　关于旧英工部局界内具有公共性之若干私人资产请予承认及保护事项

说帖第七号　关于英国政府对于前英租界马路码头所估地段之应有利益关系及所有租约上所载船位与货物推（堆）放处应负之义务

说帖第七号补编

说帖第八号　关于天津前英工部局未还之借款以及应付若干退休职员之养老金

说帖第九号　关于偿付前英工部局未还借款发生之兑换价格问题

说帖第九号补编

说帖第十号　前英工部局一般职员之要求特别关于外籍职员之要求

说帖第十号补编

说帖第十一号　关于前英工部局中国职员之要求

说帖第十一号补编（正在预备中）

说帖第十二号　关于天津英文学堂保管团事项

说帖第十二号补编　英顾问等所拟一九四一年（民国卅年）十二月六日止，前英工部局对于天津英文学堂按照保管契约所负财政上义务、债务以及以后债之估计单

说帖第十三号　关于天津公学保管团事项

说帖第十三号补编　英顾问等所拟一九四一年（民国卅年）十二月六日止，前英工部局对于天津公学按照保管契约所负财政上义务、债务以及以后债务之估计单

说帖第十四号　关于天津体育场保管团事项

说帖第十五号　关于空地保管团事项

说帖第十四号与十五号补编　关于天津体育场保管团及空地保管团事项

说帖第十六号　关于供给英国人民医院床位事项

说帖第十七号　关于天津英工部局图书馆事项

说帖第十八号　关于墓地之供给与公墓之守护事项

说帖第十九号　前项各说帖所未载之零星事项包括各种保管款项

说帖第二十号　英顾问所具天津前英工部局官有资产之清单

说帖第廿一号　英顾问所具中国政府应行接收天津前英工部局官有资产与官有义务、债务之节略及应如何履行之建议

英顾问主席甘悌签

一九四七年一月十八日

说帖第一号　总论·关于一九四三年(民国卅二年)
一月十一日中英条约建议如何着手处理天津旧英租界各项问题

一、旧英工部局官有资产与官有义务、债务应如何解释,实为吾人商讨中第一要图。惟此项工作当无困难,因故前英工部局董事长德恩若君曾完成一可宝贵之任务,即促成代理总会计制就截至一九四一年(民国三十年)十二月六日之资产负债对照表。此表并由工部局之查账会计师审核无误,现尚存有德恩若君与查账会计师汤生公司签字之原本。

二、旧英工部局各项事务详情多有未尽谙悉者,此项对照表尚须加以说明,因此本会英国顾问已拟就说帖第二号,以解释天津英租界(包括全部英工部局管区)官有资产与官有义务、债务之意义,此说帖系略述纲要,其后复有补充详细说帖四件(说帖第三号至第六号)。兹列举如下:

1.详述条约上所称之天津英租界(包括全部英工部局管区)之沿革。

2.解释一九四一年(民国三十年)十二月六日旧英租界资产负债表所列英工部局之官有资产。

3.解释一九四一年(民国三十年)十二月六日旧英租界资产负债表所列英工部局之义务、债务。

4.请求承认及保护旧英租界内若干私人产业之属于官有性及半官有性者。

三、官有资产之释义当无困难,然官有义务、债务之解释如保管契约以及其他旧案与惯例有需加研究者,其重要之义务、债务撮举如下:

1.英国政府对于旧英工部局道路与码头所占地皮之应有利益关系及所负租约上船只寄处及货物卸放处地段之义务(说帖第七号)。

2.英工部局债票(说帖第八号)。

3.英工部局养老金(说帖第九号)。

4.旧英工部局职员之要求(说帖第十号)。

5.旧英工部局年积金(说帖第十一号)。

6.天津英文学堂保管团(说帖第十二号)。

7.天津公学保管团(说帖第十三号)。

8.体育场保管团(说帖第十四号)。

9.空地保管团(说帖第十五号)。

10.医院似应划出一部分专供英侨□养之用(说帖第十六号)。

11.天津英工部局图书馆之书籍应有存放展览之处(说帖第十七号)。

12.现在及将来英侨之公墓地位及公墓之守护(说帖第十八号)。

13.其他事项包括各种保管款项等(说帖第十九号)。

以上说帖多已拟就或正在草拟中,需要时即可照缮交阅。

四、目前既已集有多人共同研究前英工部局各项情形,则稍缓可有合宜机会以讨论较广之问题,如居住旧英租界之士绅似可请其参加。

英国首席顾问甘悌签

说帖第二号 解释旧英租界官有资产与官有义务、债务之意义

一、本说帖所述事项即依照一九四三年(民国三十二年)一月十一日中英政府所订条约第四条第四节所规定者,兹照录原文如下:

"天津英租界(包括英方工部局所管全部区域)及广州英租界之行政与管理,连同其官有资产与官有义务,应移交于中华民国政府,并相互了解,中华民国政府于接收该两租界行政与管理时,应厘订办法,担任并履行该两租界之官有义务及债务,并承认及保护该两租界内之一切合法权利。"

为使未熟悉英租界历史之人士明了起见,另于说帖第三号详述英租界之沿革。

二、官有资产与官有义务、债务之释义,应以前英工部局于一九四二年(民国三十一年)二月五日签字之结至一九四一年(民国三十年)十二月六日止之资产负债对照表及附带之收支表为根据,一号说帖总论中已为提及,所堪欣幸者,已故前英工部局董事长德恩若君于一九四一年(民国三十年)十二月八日接到天津日军部参谋长之通告内开:

"日本军队已于一九四一年(民国三十年)十二月八日占领英租界,封锁其周围并获取数处据点。自本日起,天津军部将完全监督英租界之行政,但对于现有组织不愿有所变更,务希阁下在日军指挥下继续执行现在应行之一切任务。倘有违抗情事,日军即拘留其负责人员并将其职务另由军部委派他人办理。"

当时依照工部局法律顾问之意见,认为此举符合国际公法(见一九〇七年海牙公约)。德恩若君由工部局各职员之协助,即遵照继续执行其职务,迄至不能执行之日止。

三、在此种情况下,代理总会计得有机会按照董事长所嘱,制就十二月六日星期六所结之资产负债对照表。此表所列为在日军占领租界以前之最后时期资产债务状况。此项对照表与附带之收支表,当经工部局之查账会计师审核签字并由德恩若君以董事长之资格副署。

四、为避免误解起见,资产负债对照表有数节目必须加以解释,且有未列之节目或认为已包括在内,故拟具说帖第四号"说明一九四一年十二月六日对照表所列英工部局之资产",一并附上。

五、关于前英工部局之义务、债务亦须加以说明,故附上说帖第五号"说明一九四一年(民国三十年)十二月六日对照表所列英工部局之义务、债务"。

六、除资产及义务、债务问题以外,按照上文所引条约第四条第四节之规定,关于界内个人私产应由中国政府注意遵守,然前英工部局内有若干院所,因其具有官有性或半官有性而可能被认为工部局之资产者,为便利起见,特缮附说帖第六号"请求承认及保护旧英工部局私人资产之具有官有性或半官有性者"。

说帖第三号　续释资产与义务、债务,叙述条约上
所称天津英租界之沿革

一、一八六〇年签订之北京条约规定天津为通商口岸,允许英人经商及居住,天津英工部局界原系于一八六一年时,英国政府向中国政府永租之地,名为英租界,其地东界海河、南界美租界、西界大沽路、北界法租界。

二、此区域分成若干段,分段出租,以九十九年为期,此种租契名为皇家租契。

三、皇家租契承租人按照当时公布之土地章程组织一委员会,此会旋改组为英工部局。所有街道及河坝均并未租与工部局,但工部局仅负管理发展并维持之职务。

四、嗣后,经由中国官厅之许可,外侨得在大沽路以西之地区以永租例租用地段,至一八九七年,英工部局拟即扩充租界至大沽路与墙子河间之地区。经商得中国官厅认可,由海关道发出布告,此区即名为英工部局扩充界。一九○二年,墙子河外之地区续行扩展,复经认可而成立此区,即名为英工部局推广界。同时,英工部局已与美国商妥接管美国政府前曾取得以供美侨居住之美租界。此区始终未经美政府开发,已成一匪类及犯法者之逋逃薮,经接管后此区名为英工部局南部扩充界,由扩充界之工部局负责管理。惟订明条款如下:

1. 美国军舰有优先系靠权;

2. 扩充界工部局中应有美国一人被选为董事;

3. 美国政府得予一年之通告终止此项协定。

五、至一九一七年(民国六年),英工部局觉上述四区合并之时机已届,自应决定实施,于是成立一管理全部区域之英工部局,即条约上所称之英租界(包括全部英工部局管区)。

说帖第四号　续释资产与义务、债务,说明一九四一年(民国三十年)十二月六日资产负债对照表所列英工部局之官有资产

一、在"地亩"项下有"空地"一目,在此目下所列下开之产业均未估算其价值。

空地

老租界——维多利亚花园及建筑物	一八,六〇〇亩
扩充界——围墙道公园及建筑物	六,一九五亩
推广界——民园	五七,三〇〇亩
推广界——土山花园	一二,〇二〇亩
推广界——敦桥道花园及毗连空地	三一,二七〇亩

公墓

广东道公墓——第九段第一六六号	一一,二八一亩
马厂道坟山——马厂道路南	一二,五六一亩

二、兹将上项产业详述如下:

甲、老租界内之维多利亚花园及建筑物,系交由空地保管团在皇家租契尚未满期之期限内保管之。其复业之权利归诸英政府,因其已由中国政府取得永租权。保管租契系一九二六年(民国十五年)十月九日所订,原文详载于一九二九年(民国十八年)英工部局报告第五十一页。此花园之维持费经保管团与工部局议定,在工程处经常支出账内"公园及花园"项下开支。

乙、推广界内之民园亦系交空地保管团保管,其地产系永租契,此于保管之历史与详情详见第十五号说帖。

三、下开之空地在法律上为旧英工部局之资产,但事实上均悉作公共之用,而在工部局之政策,均应交与空地保管团保管,惟因工部局秘书处工作紧迫,未能将此计划使之实现。

计开：

甲、扩充界内之围墙道公园及建筑物。

乙、推广界内之敦桥道花园及毗连空地。

丙、土山花园。

四、其余两处产业为公墓，关于公墓之维持与将来之使用，尚须协订一特别办法。此两处公墓为：

甲、广东路公墓。

乙、位于马厂道南面租界以外之马厂道公墓。

五、"街道、路基、阴沟、水沟暨便道等，值洋一，六八一，四〇二，五五元"，此系指英工部局全部辖界而言。然当注意者，在马路地亩项下并未列入老租界内之马路及码头，其原因由老租界内马路及码头之所有权归诸英国政府，以其曾由中国政府获得永租权，旧英工部局于此之唯一利益关系，为修造马路及码头之工作与所耗材料之代价而已。然自严格之法律观点言之，此种具有永恒性质之土地上增加部分，亦成为皇家增加之产业，故在真正意义上，此项不应列入工部局资产栏内。关于此事之处理，当无困难发生，因英租界内英政府由中国政府取得永租权之一切问题，闻现正由较高机关从事解决者，为避免误解起见，用特述及此点。（参阅说帖第七号）

六、在收入账内，有河坝收入洋一二四，四〇九.〇六无（元）一项，非加以说明不免有混淆之处，此项收入之大部分得自：（一）太古洋行、招商局及怡和洋行所付租用河坝船只寄碇处之款并得英国政府之允准，因此地已向中国政府取得永租之权；（二）公共寄碇处之收入及（三）驳船之收入。（参见第七号说帖）

七、在大地项下内开，推广界地亩一六六，三七七亩，值洋八〇〇，三〇三，二一元，此系包括：（一）英国医院之基地二五，七九亩，其书面价值为一八〇，五三〇元；（二）隔离病院之基地五，三六三亩，其书面作值为一五，五四一，四四元。又表内资产项下所列医院产业如下：

普通医院

房屋（书面价值）	一四三，三五一.六一元
［家］具（同右）	一五，八六六.〇〇元
器具（同右）	一三，七四二.〇〇元
爱克司光机件（同右）	一〇，五五〇.〇〇元
共计	一八三，五〇九.六一元

隔离病院

房屋（书面价值）	七一，三七〇.九六元
［家］具（同右）	八，四〇二.〇〇元
共计	七九，七七六.九六元

上开两项列入旧英工部局对照表内之资产项下实属正当，然英籍侨民得有坚决要求无论是何形式，只要有适宜设备疗养之所以昭公允之待遇。英工部局界内医院发展之历史，兹特约略述之。在一八九七年时，英工部局界内尚无医院，于是英侨发起募捐创立医院以纪念维多利亚女皇御极六十周年，其结果维多利亚女皇御极六十周年纪念之医院得获成立。此医院经常费亦赖自动捐款维持，而由保管团保管，支持至数年之久，复因界内人口增多，须赖工部局扶助，迨至最后时期，乃由工部局接管，未付任何代价。其时，工部局在界内多有一隔离病院，占地颇广，乃决定将隔离病院迁至他处，而将此适宜

之地段发展成为英国普通医院,以代替原有英侨纪念维多利亚女皇之医院。其旧址嗣由工部局售与一中国医学团体,其售得之款项即充作工部局费用。当时若能预测今日之局势,此计划当然不能实施。鉴于已往之历史,以衡平为基础,协定一合宜办法,谅不致有不能解决之困难。根据上述事实,英侨实有正当理由,以要求普通医院及隔离病院内至少有一部分得由英侨参加管理,俾英侨得恢复其适当疗养之所,不致低于从前之所享受。窃以为,最佳之办法莫如由中英合办此两医院,并设中英董事会管理之,其经费则由市政府在前英工部局界内征收之税捐中划拨。(参阅说帖第十六号)

八、在总务管理支出项下列有工部局图书馆,计七,八二六.八一元。此事须注意者,资产负债表内资产项下并无此项节目,其原因由于此图书馆系天津外侨委托工部局保管者。此图书馆最初名为公共图书馆,馆址设在海关俱乐部内。一八八九年,外侨决定此馆由海关俱乐部内迁出,并与老租界工部局商定移设于工部局内,同时授权工部局为保管人。此举乃经由公共图书馆会员于一八八九年十一月九日决议,并声明条款如下:

为使图书馆及阅书室之持久并合用起见,似以交由工部局较现在会员经管为宜,为此决议授权本馆会员干事与英工部局洽商代天津外侨保管此图书馆及阅览室,承接所有权并订立保管契约,其条件如下:

1.工部局应预备一合宜之房屋,须有火炉及电灯之设备。2.现有之图书馆及阅览室之规章与惯例一切照旧,如有变更,须经原会员决议并由工部局许可。然此项许可亦非必要,因会员得随意增加捐款,扩充员额,实于图书馆有益。关于此事详情,另有说帖叙述。(说帖第十七号)

九、在总务管理支出项下,尚有协款一目,计八,三八五.八〇元,在此数内有付与天津体育场保管团之协款,计二千七百元。此项协款已成惯例,并视为旧英工部局之义务,然并无法律上之责任,因天津体育场约于一八九五年由英国侨民创立后交由保管团管理。(参阅说帖第六及第十四号)

十、此外,在上述协款总数内,尚有洋二,六五〇.〇〇元,拨交民园,作为一九四一年(民国三十年)之协款,其情形、性质与体育场相同。(说帖第六及第十五号)

十一、资产负债对照表内,在资产项下列有全年局有地租折合原价,计一六,五八四.八五元。此项地租系旧日之遗制,缘天津英工部局在早年,便于管理向局方购置界外土地之人民起见,特采取此种永租制度。因英租界日益发展,工部局陆续以其各项积余款项随时购置大沽路以西之地亩,以应界内增加之需求。此种地亩均按永租办法购置,此种地亩有数部分已售与在大沽路以西住居或经商之人民。工部局为便于管理起见,规定一永租办法,并附带条件庶使施行有效,按英国法律此制乃不可行。当时有熟谙苏格兰法律之人建议,可以引用苏格兰之"菲"(feu)租制及收取地皮租之永租契制,并可订立附加条件,颇适合当时之采用,当经照办,此议随即实施,嗣后所得此项租金逐渐积成一种收入。经过数年后,工部局拟将此制按照英国法律改换为长期租契,当即召集此项承租人协商,但永租人不愿以所持永租契换为定期租契,于是决定发给九百九十九年之租契,并有选择续租之权。迨至较晚时期,此项租契可向中国政府换为永久租契。此事已为施行,但有少数因实行困难或有遗忘尚未办理。现值土地重新登记之时,正属合宜机会,此契可向中国政府换为杜卖契。

说帖第五号　续释资产与义务、债务，说明一九四一年（民国三十年）十二月六日资产负债对照表所列英工部局之官有义务、债务

一、在前英工部局所制对照表内负债项下，尚有一款漏开。因一九三九年（民国二十八年）间，工部局按照保管契约所负之义务，有应付款项未交与天津英文学堂保管团发生争议。因双方争执既无法平息，保管团乃提起诉讼，要求工部局赔偿，结果保管团胜诉。法庭判决令工部局照数赔偿保管团所要求之款项，其数为九七，七二六.一八元，似应列入负债项下。至于现时货币与判决时货币之兑换价值问题，似可留待将来清理委员会与英国顾问讨论关于天津英文学堂之义务时再为商定。

二、工部局亦有协助天津公学（即耀华学校）之义务。对于该校及对于天津英文学堂之义务，均未列于总对照表内，然在总务管理支出项下有下列两款可资印证：

天津英文学堂协款，二四七，五〇〇.〇〇元；

耀华学校协款，一五五，八三三.二九元。

关于两保管团事项已有说帖叙述。（说帖第十二、十三号）

三、在表内负债栏保管款项下尚有下列各款：

皇家租契用存款，一，〇七六，五二二.九四元

此项存款系累年积存，以备皇家租契持有人将来于租契满期时换领新契之费用。现在英国政府所得之永租权正在商议修正，以及皇家租契可另换中国永租契或买契及所有权状，与此事之解决有自然联系，故不如俟老英租界租权问题解决后再议此事此款，想可于负债栏内消去。

四、在总务管理支出项下内，有养老金八〇，一八四.二三元一款。按此系指工部局应付旧职员养老金之债务，其每年总额为英金二千二百零七镑十一先令。在现在研讨中，不容忽略领取养老金之人员姓名及其每月应得数目如下：

林乃斯，五八镑六先令六辨士；

范飞，二二镑一先令十一辨士；

韩尼希，二四镑十六先令五辨士；

奥得翰，四一镑十三先令七辨士；

劳赖司，十四镑十七先令三辨士；

安蒂尔，廿二镑四先令三辨士。

上项养老金由一九二九年（民国十八年）九月十六日之保管契约所担保，其草案刊于一九二八年（民国十七年）英工部局年鉴第七页。此外尚有一宗义务未能列入表内，即旧英工部局对于其职员之所负债务，工部局在战事终了时对于职员所负之债务，应由英国法律决定。此事详情，另有说帖叙明。（说帖第八号）

五、其他尚有零星事项亦须加以说明，例如狄更生奖学金以及零星保管款项等。（说帖第十九号）

英国顾问甘悌签

说帖第六号 续释资产与义务、债务，关于请确认并保护英租界内具有公共性与半公共性之某数种私人资产事项

一、天津体育场以未列入前英工部局资产负债表内之资产项下，系由保管团保管并受保管契约条件之束缚。此运动场建于一八九五年，其地基系由英工部局供给，垫修场地及围墙等费用，一部出自外国公众募捐（大部分为英人捐款），一部出自借款。内有一厅，系已故 W.C.C 安德森君赠与保管团之礼物，故命名为"安德森厅"。近数年保管团得工部局之协款，又添设滑冰场与网球场两处。此场之管理经营，皆操诸负有保管体育场之保管团之手。此项保管办法另由说帖第十四号说明。

二、民园与维多利亚花园列入于英工部局资产负债表中空地项下（见说帖第四号之第一、第二两节），但在表内并未列有估价，此亦系按照保管办法交付保管团经营管理，另有说帖第十五号专述空地保管团。

三、第四号说帖第五节中，老英租界之马路与码头与英工部局管区之马路不同，因此乃英国政府所有。此等既非工部局之资产，须另有专章加以补充。（见说帖第七号）

四、关于码头一项，亦须加以叙明，虽永租权属于英国政府，但英工部局仍负行政管理之责，此项捐税之收入亦归于英工部局。说帖第四号第六节所述现在各轮船公司所持之租契，全属租用者之私人利益关系，应请中国政府照约承认及保护。（说帖第七号）

说帖第七号 关于英国政府对于旧英租界马路与码头所占地皮之应有利益关系及所负租约上船只寄碇处及货物卸放处地段之义务

一、说帖第三号解释中英条约第四款第四节所称之英租界，其中有云："英工部局界原系于一八六一年时，英国政府向中国政府永租之地，名为英租界，其地东界海河、南界美租界、西界大沽路、北界法租界。"

兹应加以补叙者，遵照一八六〇年签订之北京条约，对于应行划归英侨居住之界址，已定有初步办法，英政府乃以公允之市价向当时之业主购买界内之土地。

二、当时由戈登上尉（即以后统率常胜军之戈登将军）测量界内土地，分成段号，随后均以租期九十九年出租，此种租契名为皇家租契。

租契均不包括马路在内，惟少数沿河地段不在此例。如怡和洋行所租诸号中，有一号言明东以海河为界，然多数河沿地段均言明以河坝道为界。是以概括言之，皇家对于马路及河坝继续享有永租权，但除较晚时期出售之一二号地外，所有言明以海河为界之河坝地段均受有出售条件之约束，即租地人遇有河坝需用土地时负有让与此项土地之义务。

三、皇家并保留对于维多利亚花园一部分（约一半）之利益关系，盖一旦其地不作公园之用时应即复归皇家。

四、说帖第四号第五节曾讨论一九四一年（民国三十年）十二月六日为止资产负债表所列"街道、路基、阴沟、水沟暨便道等值洋一，六八一，四〇二.五五元"一项，并指出在马路地亩项下并未列入老租界内之马路及码头。文中解释其原因谓，由于老租界内马路及码头之永租权归诸英国政府，而旧英工部局于此之唯一利益关系为修造马路及码头之工作与所用材料之代价。文中又指出自严格之法律观

点言之,此种具有永租性质之土地上增加部分亦成为皇家增加之产业,故在专门术语上,此项增加部分不应列入工部局资产栏内。换言之,工部局对于马路及码头,仅有行政管理之关系。上述说帖第四号第五节最后谓:"关于此事之处理,当无困难发生,因英租界内英政府由中国政府取得永租权之一切问题,闻现正由较高机关从事解决,为避免误解起见,用特述及此点。"

五、观上所述,现时只须请予注意船只寄碇处及货物卸放处等租契之存在,其租地人为开设多年之招商局、太古及怡和三轮船公司。此类租约订于一九二九年(民国十八年)十月一日前后,租期十年,附有期满时可以续订之条款。期满约在一九三九年(民国二十八年)七月二十二日,亦附有将来再可续订之条款。此项条款内并规定,租地人有权将此条款列入将来续订之任何租约内,惟至一九六〇年(民国四十九年)以后其继续问题随同皇家永租权而定。

六、前英工部局执有之此类租约,原本存于工部局档案室内,至于日人占领英租界后是否仍得保存,顾问等向无所悉。然在中国海关,现仍有案可查。

七、所收此类租约之租金为前英工部局之资产,而租约即为官有之义务、债务,因其存在应承认并有续订之权。

八、三公司所租之地约占河坝地之半,故尚有余地足供其他轮船公司碇泊之便利。再则,此类租约绝无垄断性质,除尚余适足碇泊地位外,租约内并规定,租用之公司在可能范围内应准许其他公司船只利用寄碇处所,但以非公司急需为限。惟如何为急需,仍由租用之公司自行决定,亦在租约内定明。实际上,此种办法施行甚为顺利,因三公司为树立津埠贸易之重要份子,既获有确定地位之保障,复能无损于其他轮船公司之事业。

说帖第八号　关于天津前英工部局未还之借款以及应付一部分退职人员之养老金

一、一九四一年(民国三十年)十二月六日为止未还之借款如下:

甲、一九三二年(民国二十一年)普通用途借款(债券发行总额为银一百万两,全部均已发出;其半数为天津银两,半数为天津银元),自一九四二年(民国三十一年)六月三十日起开始还本,至一九五七年(民国四十六年)六月三十日还清。

乙、一九三七年(民国二十六年)普通用途借款(债券发行总额为国币五百五十万元,其中实发仅三,六二二,五〇〇元),依照一九三七年(民国二十六年)五月三十一日保管契约附表二之还本核算表所示,其偿还应自一九四七年(民国三十六年)开始,至一九六一年(民国五十年)还清,惟保留得于一九六一年(民国五十年)以前全数偿清之权。

丙、为使明了起见,其数额可列举如下:

一九三二年普通用途借款:六厘半银两债券,银三五〇,〇〇〇两,合五一八,八八一.一二元。

同前:五厘半银元债券,九六〇,〇〇〇.〇〇元。

一九三七年普通用途借款:六厘不记名债券,二,七〇〇,〇〇〇.〇〇元。

同前:六厘记名债券,九二二,五〇〇.〇〇元。

共计:三,一〇一,三八一.一二元。

丁、利息已付至一九四一年(民国三十年)六月三十日止。

二、上述借款依照保管契约规定,约以前英工部局之资产为担保。此项规定须加以简短之说明:

一九二七年(民国十六年)上半年,由于政局之不安定,工部局之信用大损,为补救计,决议创设一种保管制度,以维护债券持有人之权益。保管契约方欲拟订时,即有"中英委员会"在天津召开,其目的在筹思一项计划,以实施英政府最近宣告之政策,乃决定契约草案必须符合该委员会商讨所得之结果。是以草案规定,委派保管团三人,即(一)英国驻津总领事詹弥生君及其继任者,(二)中国政府推荐者一员,及(三)债券持有人之代表一员,由英工部局推荐之。惟第(三)项人选之委派,应得债券持有人大会之追认。

草案并规定,工部局应将电灯房及自来水厂交英总领事,俾债券持有人得有更佳之抵押品,而英政府则同意将码头授与英总领事,更将担保品增高。此外,对于英工部局之资产,法律上登记偿还债务之责任。

上述草案经委员会考虑后一致通过。

三、委员会之工作尚未完成,中国政府即发生变动,于是为维持工部局信用起见不得不采取另一计划,即按照一短期契约委派保管团三人,而其职权之行使则悉遵上述之契约草案,载于一附单内,此项契约及附单见一九二七年(民国十六年)英工部局年报第五页。

四、细阅此一契约,即悉有一点最关重要者,即规定天津货币对于银两之比准为:行平银两重五五七.六厘,成色九九二。

五、此契约签订时,工部局尚未清偿之借款为银二,五七一,〇四〇两。其详情已载于契约之附单,契约之效用在于恢复一般英工部局借款之信用。

六、一九二九年(民国十八年),工部局决定利用此种保管机构谋取目前及将来工部局所发养老金之优良保证,故一九二九年(民国十八年)九月十六日订立之契约规定,养老金之担保为抵押品第二应付之款。此契约之草案见一九二八年(民国十七年)英工部局年报第七页。

应领养老金之退职员如下:

林乃斯,五八镑六先令八辨士;

范飞,二二镑一先令十一辨士;

韩尼希,二四镑一六先令五辨士;

奥得翰,四一镑一三先令七辨士;

劳赖司,一四镑一七先令三辨士;

安蒂尔,二二镑四先令三辨士。

共计每月一八三镑一九先令三辨士,每年二,二〇七镑一一先令。

七、为保证上述之一九三二年(民国二十一年)普通用途借款起见,曾于一九三二年(民国二十一年)六月十日订立契约,其中有如下之规定:此项债券银一百万两或其中将来陆续发行而未还之部分,应视为工部局资产第三担保应摊付之款,并应由工部局与甘悌、戴特及狄更生三君订立契约保证之。惟契约内须规定,按照一九二七年(民国十六年)九月九日所订契约,应由工部局债券持有人保管团享处分工部局资产之第一优先权,而按照一九二九年(民国十八年)九月十六日所订契约,应由工部局职员养老金保管团取得处分工部局资产之第二优先权。

除按照上述规定摊还次序外,新借款应享有一九二七年(民国十六年)九月九日所订契约上规定之保证利益。

八、一九三六年，经纳税人核准于一九三七年(民国廿六年)发行一整理借款并决定同样之担保。因此一九三七年五月三十一日订立之保管契约，于复述一九二七年(民国十六年)九月九日之契约后，在第二节中有如下之规定：为担保上述工部局应付款项，并使上述一九三七年(民国二十六年)偿债及普通用途借款之债券持有人享有一九三二年(民国二十一年)六月十日工部局与原有保管团所订契约上规定之利益起见，除一九三二年(民国二十一年)普通用途借款之债券持有人应享优先权外，工部局暂以天津英租界全部资产作为担保，以保障一九三七年(民国二十六年)偿债及普通用途借款全体债券持有人之利益(所谓资产系指一九二七年(民国十六年)九月九日保管契约附单第四条甲乙两节，以及其中提及之另一附单所举列者)。惟上述以租界资产作为担保一事，其处分资产之优先权应先属诸：(一)一九二七年(民国二十六年)九月九日及一九二九年(民国十八年)九月十六日前后两契约内所规定者及(二)一九三二年(民国二十一年)六月十日契约内所规定以保证一九三二年(民国廿一年)普通用途借款债券持有人之利益者。

一九三七年(民国二十六年)五月三十一日所订契约之原文见一九三七年(民国二十六年)英工部局年报第二页，至于一九三二年(民国二十一年)六月十日所订契约或其草案之原文似未尝刊诸年报，惟英工部局执有之一份，当仍留存于前英工部局之档案中。

英工部局债票除一九二七年(民国十六年)上半年至同年九月订立契约时之短期惨跌外，其保管抵押品咸认为充实稳妥，用以投资为储蓄、养老及赡家之计诚属可靠。

九、目前之问题为，对于债券持有人及应领养老金者之保管制应否继续或予取消。如认为应予继续者，似可由现有之保管团依照一九二七年(民国十六年)九月九日契约之规定，将保管职责移交英总领事、中国政府之指定代表一人及债券持有人选出之代表一人。反之，如将保管职责解除，似可以公平之代价赎回债券，而于征得应领养老金者之同意后，设法向信用卓著之万国保险公司购买年金。然如英国政府认为应另筹其他办法时自当别论。

顾问团主席甘悌签
一九四六年八月三日

说帖第九号　关于前英工部局未还借款发生之兑换价格问题

一、关于英工部局未还借款及应付一部分职员养老金之说帖，其最后一节曾云：目前之问题为，对于债券持有人及应领养老金者之保管制应否继续或予取消。如认为仍与继续者，似可由现有之保管团依照一九二七年九月九日契约之规定，将保管职责移交英总领事、中国政府之指定代表一人及债券持有人选出之代表一人。反之，如将保管职责解除，似可以公平之代价赎回债券，而于征得应领养老金者之同意后，设法向信用卓著之英国保险公司购买年金。然如英政府认为应另筹其他办法时自当别论。

二、就工部局借款而论，不论采用何种解决方案，兑换价问题势必随而发生。一九三二年普通用途借款之募集言明，债券持有人得享受一九二七年九月九日保管契约所规定之利益。说帖第八号第六节业已指出，此项契约含有关于银钱之条款，倘以之折合银元则每元之平均价值约合英金两先令。然自一九三五年十一月四日为始，中国即废止银元之使用。惟当时规定，每元约值一先令两辩士又四分之一。同时，中国政府宣告决予维持上开兑换价标准。中国政府此项财政措施并不影响英工部局与债券持有人之契约，因彼时工部局不受新金融条例之约束。惟英政府切愿协助中国政府调整其财政制度，且深信法币之价值当能维持,一如中国政府所宣言者,因之颁布政府法令强制英侨接受法币之付款以清偿银两债务。此项法令之效果,虽足使债券持有人失去应享上述银两条款所赋与之利益,英侨犹一致免从,足见彼等同情中国之政策。一九三七年(民国廿六年)普通用途借款之得募集,自系依照法币可折合上述兑换价之标准,即法币将维持每元折合一先令两辩士又四分之一之兑换价。同时,此次借款之债券持有人,得享上期数次保管契约所规定之利益。

三、在中国政府既承受英工部局之债务时,其对于工部局与债券所有人所订契约,不论法律上严格之解释若何,自必承认按照衡平法应谋以合于债券原值之公平价格偿还债券持有人。下列事实更足证明上述见解之理由之充足:按一九三二年(民国廿一年)及一九三七年(民国廿六年)普通用途借款之收入,若非用于添置资产则必用于赎还旧债券,而此旧债券所收之款以前亦系用于添置资产,是以购买债券所付之款,其价值今已反映于宝贵之工部局资产中,而此类资产即由中国政府承受其大部分,现正赚得巨额之收入。

四、或将提出质问曰:自一九三八年(民国廿七年)日人创设联合准备银行至一九四一年(民国卅年)十二月八日日军占领英租界时,在币值继续跌落期内,工部局债券之利息如何仍按法币支付?其答辩如下:

甲、由于日本施行稳定金融之政策——其主要者为对于国外贸易采取以货易货制度——致通货之贬值恐非暂时之事。

乙、当时赎还本金之问题并未发生,且因居民多从事于抵抗日本之侵略,并力图维持其贸易权利,公众注意之点显已集中于较为重要之问题。

丙、英工部局按法币课征之收入,不久即遭受严重警吓,是以英工部局除有时亦收联币外别无他法。凡课征税捐或按法币或按联币,仍由局方决定随时布告。是时工部局执行此议实迫不得已,乃有一英籍董事提出质问,即谓征收税捐偿付他项欠债一律采用联币而债券利息则继续以法币支付,如此办法是否公平?当时尚有重要之债券持有人两人以上,亦提出此类质问。

丁、此项质问之提出已将近一九四一年(民国卅年)六月卅日到期付息之时,因此工部局只得按照布告,根据严格的法律论据之标准进行,而将上述问题留待将来研讨。

戊、当时中国政府显已预料战事结果必有不公平事故发生,乃于一九四一年(民国卅年)七月一日公布"战时民事诉讼法补充条例",其中有关于上述之问题者为第十一、第十二及第二十诸条,兹照抄如后:

第十一条　因战事发生左列法律争执者,当事人得依本条例之规定,声请调解买卖、放款、雇佣、雇工、租赁、出版、地上权、抵押权、留置权。

第十二条　前条所列法律争执尚未经系属法院裁判者,该系属法院得依声请将该件移送调解,中止诉讼程序。

第二十条　遇有前条情形,当事人于调解施行前提起诉讼或已提起诉讼者,法院依下列规定判法:

(一)因战事影响发生之法律争执予以判决,法律有规定时适用该条例规定。

(二)前项事件法律无规定者,倘中央政府或省政府、市政府业已奉令对是项受战事影响之法律争执有所规定时,从其规定。遇前项事件无法律或规定时,而该事件因战事致情事变更非当时所得预料而依其效果显失公平者,法院得斟酌当事人之社会经济及生活情形及因战事所生之损失,为增加或减少、迟付或清债之判决。

己、当时英工部局未及注意此项补充条例。虽实际英工部局不受上项条例之约束，因之英国政府限令英侨以法币还债之法令亦不受影响，然依董事长德恩诺君之意见，谓合宜办法为应对纳税人拟具一种公平计划，其效用适符合于上述补充条例之原则，英工部局法律顾问之意见与此议不谋而合。

庚、董事长及法律顾问之议迄未见之施行，盖在一九四一年（民国卅年）十二月八日前之数星期内，即有天津伪组织拟接收英租界之说，似非谣言，天津英工部局及英侨团体正倾其全力亟谋应付此项威胁，因而无暇顾及他事，不然则局方必有所筹谋，而对于纳税人当有建议，谓其准予实施一种公平之补救办法自属无疑。

五、嗣后立法院复于一九四五年（民国卅四年）十二月八日公布新条例，将"战时民事诉讼法补充条例"予以废止。此项立法乃以左列各款代替一九四一年（民国卅年）七月一日颁布之条例者。

第十二条法律行为成立后，因不可归责于当事人之事由，致情事变更，非当时所得预料而依其原有效果显失公平者，法院应公平裁量为增减给付或变更其他原有效果者判决。

第十三条前条规定，于非因法律行为发生之法律关系备用之。

六、中国法院曾引用上述原则审判案件，故前文所述之衡平法原则确已见诸实施。请参阅浙江杭州地方法院民国卅五年诉字第十二号关于张某控诉席某一案之民事判决。此案涉及私人借款，借据上载明以地契为抵押品，债务人欲以现行法币付还借据上所载之借款金额九千元，另加累积之息金。债务人已向法院付款法币一万八千元，声明此数足敷清偿债务之需。然法院不以为然，其决（判）决如下："鉴于物价指数之增高以及当事人之经济情形，本院裁定债务人偿还借款应按原数四百倍计算。所有被告存放法院之法币一万八千元，应自还款中扣除以示公允。"最近上海陈某控诉四行储蓄会一案，法院判决被告付还原告之数应为存款原数之一千倍。

七、前节所举两案不但可视为拥护上述原则之前例，且足证明中国官署之意向，确有保持远代孔子所传之正义，颇似英国大法官所发挥之衡平法原则。准此而论，则英工部局借款似应按照中国政府实际曾经担保之兑换价折合（即每元折合英金一先令两辩士二五左右），实为唯一之公平标准。

八、万一中国政府不愿依照上述原则以赎还英工部局债券及同时保持其流通，清理委员会可能作如下之申辩，即在一九四一年（民国卅年）十二月八日中国法律虽承认遇有此类情事时，法律上之责任乃付给法币而加以公正之调整，然当时约束工部局之英国法律固无此项规定，英国政府之法令遵守一九三五年（民国廿四年）十一月中国颁布之金融条例现仍继续有效。但在现状下实属不公，故中国政府自可主张对于一九四一年（民国卅年）十二月三十一日及一九四二年（民国卅一年）六月三十日到期应付之利息，依法可照票面以法币偿付。然于此可以答辩者，自一九四二年（民国卅一年）十月十日以还取消治外法权之结果，既以结决[所]有条约及其规定，则亦应重新建立工部局在保管契约下应尽之义务，盖保管契约固未曾废止或修改也，如此则银两条款之施用应予恢复。惟此点实无需争持，盖中国政府当不致一方面按（接）收宝贵之资产，而另一方面对于直接间接有所贡献于资产者，靳不与以银两条款或立法院制定法规中公平原则所赋与之利益也。

说帖第八、九号补编（一） 关于前天津英工部局所发债券及应付退职人员养老金等事项关于清偿债券兑换率事项

（一）应清偿之债券

民国卅五年（一九四六年）十二月卅一日止，前英工部局所发债券其数额如下：

截至民国卅年十二月六日止债券	廿一年六厘半债券	廿二年五厘债券	廿六年六厘债券	共计	按一先令二便士又四分之一折合英镑
发行总额	五，八一八，一一二元	九六〇，〇〇〇，〇〇元	三，六二二，五〇〇，〇〇元	五，一〇，三八一，一二元	三〇二，八九四，一〇〇，先令，便士①
英工部局购存数额	二六四，八四六，六五元	一二六，九〇六，六〇元	一，二八七，五〇〇，〇〇元	一，六七四，五四九，六五元	九九，四八九，二英镑，九令便士
余额	二，五六四，六五五元	八三三，一〇〇，〇〇元	二，三三五，〇〇〇，〇〇元	三，四二六，七九六，五一元	二〇三，四〇六，六〇，一〇英镑，先令，便士
上开余额应加之利息（自廿年六月一日至卅五年十二月底止）	九一，〇五四，〇〇元		七七，一八七〇，〇〇元	一，一一四，九三六，七五元	六六，一九九，七五英镑，先令，便士
共计	三，四五〇，七〇五，一元	一，〇八五，一一二，七五元	三，一一〇，八七〇，〇〇元	四，五四一，七三三，二六元	二六九，六六六，八五英镑，先令，便士

有应请注意者二事：

甲、债券之利息应仍继续加算，至中国政府等足款项清偿债券之日止。

乙、上列英工部局购存债券之数乃截至民国卅年十二月六日英工部局用各项保管款项购买所有者，在顾问同等以前说帖中，曾要求对此保管款项应予偿还，故中国政府倘能依照顾问同等之建议清偿此项保管之款，则上开数额自应全归中国政府所有矣。

（二）养老金

查英工部局退职人员之养老金已付至民国卅年（一九四一年）十月卅一日止，至于应付之利息，乃顾问同等认为，可以要求自自每月应付日期按适当之利率所计算。

兹将应享受养老金人员每月应得数额及截至民国三十五年十二月三十一日止之总额列后：

姓名	现在住址	年岁	每位应得额	三〇年十一月一日至三五年十二月底欠付之数	三五年十二月卅一日止之总额	截至民国三十五年十二月底应加应利息	共计
林乃斯	纽锡兰	六九	五八，六八金镑	三五五，二六，三，二金镑	三二六，一，一三，二金镑	五五，一三，三，四金镑	四六八，四二金镑
范飞	北平	五五	三二，一一，二金镑	一二，一，六，四金镑	一三六，九，一八，一二金镑	二〇，六九，一八，一二金镑	一五七，一七，二金镑
韩尼西	英国	七〇	二四，二六，五金镑	一四，一，六，五金镑	一五三，八，一七，六金镑	三四，一，七，一〇金镑	一七七，三，一，六金镑
奥德翰	英国	六六	四〇，一二，四金镑	二五，四二，四金镑	二五，三八，六，八金镑	三九，三，九，三金镑	二九三，七，五，一〇金镑
劳来斯	北平	六八	一四，一七，三金镑	九二，一九，六金镑	一〇，〇六，金镑	一四〇，〇，六金镑	一〇六，二二，〇，〇金镑
安蒂尔	英国	六一	二三，四四，三金镑	一三，七，四金镑	二，〇〇，六金镑	二〇，〇，〇金镑	一五，七，三，一〇金镑
共			一八三，一九，一〇金镑	一四〇七，三六，一〇金镑	一八，二九，一，一〇金镑	一七三九，八金镑	一三一四，七二，一六金镑

① 该表格数字中的顿号及货币单位，为档案原貌，未作处理，以避免造成谬误。下表同此。

有应请注意者,即上列之数应每月增加该月到期之养老金及拖欠之款应付之利息,据顾问等之考虑,此项拖欠之款所加之利息应按照民国三十五年十二月三十一日所欠之总数算至清偿之日止,再加每月到期之款应得之利息。

至于中国职员养老金清单,迄今尚未收到,容后另以补编(二)详述之。

英顾问主席甘悌
一九四七年一月十四日

说帖八、九号补编(二)　关于天津前英工部局未还借款及应付若干退休职员等之养老金、关于因偿付前英工部局未还借款发生之兑换率问题

一、说帖八、九号之补编(一)中,曾提及享受养老金之中国职员详单尚未收到,刻已由英工部局中国职员送来。下列数字即根据此项详单所编制。

二、前英工部局中国职员应享受养老金者计分两类:

甲、原本列入养老金规划之中,且与工部局签有确定合约之职员。

乙、说帖第十一号第八条所述业已退休之职员,每月领有低额养老金者。

三、列入养老金规划之职员计有三人。此三人系一九四三年(民国三十二年)三月解职,但顾问等曾于说帖十一号第七段内建议,彼等之薪金应补发至一九四五年(民国三十四年)十月三十一日为止,再由该日起按月发给养老金。

养老金

姓名	职别	年龄	每月养老金数	一九四五年十一月一日至一九四六年十二月卅一日未付之养老金	利息	总计
王克修	警察	六一	三四一、五九元	四、四四〇、六七元	一三三、二一一元	四、五七三、八九元
张辅周	秘书室		二〇五、七〇元	二、六七四、一〇元	八〇、二二元	二、七五四、三二元
胡玉山			八三、六七元	一、〇八七、七一元	三二、六三元	一、一二〇、三四元
共合			六三〇、九六元	八、二〇二、四八元	二四六、七元	八、四四八、五五元
按每元六便士折合英镑			一五镑一五仙六便士	二〇五镑一仙一二便士	六镑三仙〇便士	二二镑四仙三便士

四、下列详单系工部局旧职员,虽无养老金契约,然曾由前工部局给与养老金者。

姓名	职别	养老金开始发给之日期	末次付款之日期	每月养老金额	结至一九四六年十二月卅一日未付之总数	结至一九四六年十二月卅一日止欠发之利息	总计
郭宗英	会计室	一九四○年一月一日	一九四三年三月卅一日	十四元五角	六百卅一元	七一元七角八分	七百○九元七角八分
王振岳	秘书室	一九三七年六月一日	一九四三年三月卅一日	廿元○一角九分	八百八十八元三角六分	九十九元九角四分	九百八十八元三角
赵惠臣	全上	一九三七年十月一日	一九四三年七月卅一日	廿元○六角一分	一千○七一元二角二分	一百二元	一千二百十三元二角
佟文开	普通医院	一九三八年六月一日	一九四三年一月卅一日	廿四元九角	一千一百四十五元四角	一百三十四元五角八分	一千二百七十九元九角八分
杨树亭	全上	一九四一年三月一日	一九四三年三月卅一日	二十元	一千一百○○元	一百廿三元七角五分	一千二百廿三元七角五分
冯焕臣	电务处	一九三九年十一月一日	一九四三年一月卅一日	卅九元二角	一千七百廿四元○八分	一百九十四元○四分	一千九百十八元八角四分
弓益亭	全上	一九四○年一月一日	一九四三年三月卅一日	十三元二角	一千○○七元	一百十五元四角九分	一千一百廿二元四角九分
张凤祥	全上	一九三九年十月一日	一九四三年三月卅一日	廿三元三角四分	八百九十八元五角四分	一百十元三角二分	一千○○八元八角六分
邢来起	全上	一九四○年三月一日	一九四三年三月卅一日	十九元八角	八百七十二元五角二分	九十八元○角六分	九百七十元五角八分
孙长清	全上	一九四○年三月一日	一九四三年三月卅一日	卅元三角	一千五百九十七元五角	一百七九元五角六分	一千七百七十七元○六分
王振云	全上	一九四○年三月一日	一九四三年三月卅一日	六十二元	二千七百八十元六角	三百卅元八角一分	三千一百十一元○一分
林本荣	全上	一九四○年十月一日	一九四三年一月卅一日	十二元一角六分	一千四百八十七元九角二分	一百七七元三角八分	一千六百六十五元三角
高凤山	工程处	一九四二年四月一日	一九四三年四月卅一日	十四元五角二分	六百九十六元	八十五元八角一分	七百八十一元八角一分
周元章	全上	一九四二年二月一日	一九四二年三月卅一日	十八元七角二分	八百廿九元六角八分	九十二元六角六分	九百廿二元三角四分
李少安	全上	一九三八年六月一日	一九四三年三月卅一日	十八元○五分	七百五十九元四角二分	八十九元三角二分	八百四十八元七角四分
杨继长	全上	一九三五年二月一日	一九四三年三月卅一日	十五元八角	六百九十五元八角	七十八元二角二分	七百七十三元○二分
郭北兴	全上	一九三六年四月一日	一九四三年十二月卅一日	十四元五角	六百八十一元五角	八十一元七角六分	七百六十三元二角六分
唐昌信	全上	一九三六年四月一日	一九四三年十一月卅一日	十四元五角	六百九十六元	八十五元二角六分	七百八十一元二角六分
张树	全上	一九三八年六月一日	一九四三年三月卅一日	五元三角四分	二千二百四十元九角六分	二百六十四元三角六分	二千六百○五元三角二分
张恩贵	全上	一九四○年十二月一日	一九四三年三月卅一日	廿一元三角	一千九百八十一元二角	一百十一元三角九分	二千○九十二元五角九分
胡树祥	全上	一九四○年一月一日	一九四三年十二月卅一日	二十一元	九百九十四元	一百○五元九角五分	一千○九十九元九角五分
唐世珍	全上	一九四○年七月一日		廿一元	一千五百六十九元	三百○七元二角三分	一千八百七十六元二角三分
孙永顺	工程处	一九四○年十二月一日	一九四三年三月卅一日	廿一元	一千○○八元	一百三十四元八角	一千一百四十二元八角
朱福祥	全上	一九四一年一月一日		廿一元	九百廿四元	一百○二元五角	一千○廿七元九角五分
张庆荣	全上	一九四一年四月一日		廿一元	一千四百○四元	二百卅九元一角九分	一千六百四十三元一角九分

姓名	职别	养老金开始发给之日期	末次付款之日期	每月养老金额	结至一九四六年十二月卅一日未付之总数	结至一九四六年十二月卅一日止欠发之利息	总计
王文彬	水道处	一九三五年七月一日	一九四三年三月卅一日	四十三元一角	一千八百九十六元四角	二百十三元三角九分	二千一百○九元七角九分
李国珍	仝上	一九三六年一月一日	一九四三年三月廿八日	廿七元五角	一千二百卅七元五角	一百四十二元三角一分	一千三百七十九元八角一分
魏子周	仝上	一九三六年六月一日	一九四三年三月卅一日	十四元五角	六百卅八元	七十一元七角八分	七百○九元七角八分
靳王氏	警察	一九三七年二月一日	一九四三年三月卅一日	十八元六角	八百○九元六角	九十一元○八分	九百元六角八分
高潘氏	警察	终身	一九四三年三月卅一日	廿一元	九百廿四元	一百○三元九角五分	一千○廿七元九角五分
	仝上	一九四四年十二月一日	一九四□年三月卅一日	十九元五角	三百七十元五角	十八元五角三分	三百八十九元○三分
王小亭	警察	一九三九年五月一日	一九四三年三月卅一日	廿七元五角	一千二百六十七元二角	一百四十二元五角六分	一千四百○九元七角六分
王振奎	仝上	一九四○年七月一日	一九四二年十二月卅一日	廿八元八角	一千三百五十三元六角	一百六十二元四角三分	一千五百十六元○三分
齐连第	工程处	一九三五年六月一日	一九四三年三月卅一日	四十二元八角三分	一千八百八十四元五角二分	二百十二元○一分	二千○九十六元五角三分
曾墨卿	仝上	一九三五年六月一日	一九四三年三月卅一日	四十七元	二千○六十六元	二百卅一元六角六分	二千二百九十七元六角六分
秦子淑□	会计室	一九三二年一月一日	一九四三年三月卅一日	六十元	一千九百二十元	一百五十八元四角	二千○七十八元四角
郎经南大太太	秘书室	一九三八年九月一日	一九四三年三月卅一日	五三元五角	二千三百五十四元	二百六十四元八角三分	二千六百十八元八角三分
郎经南二太太	仝上	一九三八年九月一日	一九四三年三月卅一日	九二元五角	四千○七十元	四百五十七元八角八分	四千五百廿七元八角八分
共计				四百九十六元三角三分	二万○七百九十一元三角二分	二千二百七十元八角一分	二万三千○六十二元一角三分
每元按六便士兑换价计算				十二镑八仙令三便士	五百十九镑十五仙令八便士	五十六镑十五仙令五便士	五百七十六镑十一仙令一便士

652

五、有应请注意者，即上列之数额，因每月有到期之养老金而增加，连同拖欠款额之应付利息一并列入。依顾问等之考虑，此项拖欠款额之所加之利息，应按一九四六年（民国三十五年）十二月卅一日欠付之总数计算至清偿之日止，再加该日期后每月到期款额之应付利息。

再顾问等认为，所有此项应付之款额应先按照每元六便士之兑换率折合英镑，再于付款时按照当时兑换率折合中国国币付给。

英顾问主席甘悌签

一九四七年一月廿九日

说帖第十号　前英工部局一般职员之要求特别关于外籍职员之要求

一、对于前英工部局职员之义务、债务，如无一九四三年（民国卅二年）一月十一日之中英新约，本应由英工部局承接，但依照该约第四条第四节，此责任应移转于中国政府，兹欲解释此项官有义务、债务。凡所陈述不仅须合乎法理且应力求公正。

盖日本向英美宣战时，职员系在不得已之情况下继续执行其任务，此点应加以注意。其时，英工部局不少英籍职员希望能投效皇家军队或以技术人员之地位增强英国战斗力，为祖国效劳。终因工部局英籍职员为数比较不多，其火（大）部分之申请未能予以核准。当局乃向此辈自愿效劳者及全体职员申明，因保特（持）工部局机构任务最高效率之重要，大多数职员必须留津继续供职，以环境之许可为度。在此情况之下，英籍职员只得接受董事会之见解，中国及其他国籍职员亦在极艰苦并富有危险之环境中继续服务，表示若辈之忠于职守。

二、职员之要求归纳言之，似不外下列五项：

1.自一九四一年（民国卅年）十二月一日起至一九四五年（民国卅四年）十月卅一日止期内薪俸之损失；

2.同时期内工部局应拨之年积金损失；

3.同时期内职员本人储存年积金机会之失去；

4.对于应享长期例假权利者，其假期内薪俸及川资之损失（川资依照职员之等级或为一等或为二等）；

5.职员之丧失以及对于一部分职员因丧失前程之补偿。

三、推（惟）外籍职员与中国职员之服务条件显有不同，以下将专述外籍职员之要求。至于中国职员之要求，将在第十一号说帖内讨论之。

四、考虑外籍职员要求之前，应先研讨彼等四种不同之环境，俾得明定其各别之权利。

甲、对于投效皇家军队之职员，当时曾允其在服役期间发给半薪，至其要求应如何计算一节，或将辩称此种发给半薪之有效期间自应计至可能复员之最早日期为止。然顾问等认为，此项偿付应算至一九四五年（民国卅四年）十月卅一日为止，俾与下文所述其他职员应得战时补偿之终止日期相同。

乙、鉴于工部局许与志愿投军者之待遇，吾人可作如下之推断，即假令今日英工部局恢复治理前租界者，则局方对于战时被迫入集中营之职员必付以全薪，即自一九四一年（民国卅年）十二月一日为始，以迄工部局恢复行使职权之日为止之全期薪俸是也。由于潍县天津间铁路之阻断及等候空运之旷日持久，工部局之恢复职权势必迟延甚久，故为便利计，似可假定一九四五年（民国卅四年）十一月一日为工部局可能复员之日期。

丙、对于一部分职员之于一九四二年（民国卅一年）八月十一日返国而于同年十月十一日抵达伦敦者，吾人亦可推断局方必畀彼等以同上之待遇。惟彼等返国后如有任何薪水收入，当予以扣除。惟鉴于以下三项事实，即（一）计算之困难；（二）战时文职人员短期任职之待遇一般均极微薄及（三）回国职员中不令加入行伍者，则此类职员似应获得自一九四一年（民国卅年）十二月一日至一九四二年（民卅一年）十月卅一日之全薪与自一九四二年（民国卅一年）十一月一日至一九四五年（民国卅四年）十月卅一日之半薪。

丁、对于另一部分职员，曾于一九四三年（民国卅二年）九月自潍县赴加拿大而于同年十二月上旬抵加者，亦应按照上述办法计算，即自一九四一年（民国卅年）十二月一日至一九四三年（民国卅二年）十二月卅一日应予全薪，而自一九四四年（民国卅三年）一月一日至一九四五年（民国卅四年）十月卅一日应予半薪是也。

五、查香港政府对于战时被拘留之职员一律付以全薪，故上述四种办法均有先例可援。

六、若此项原则能被接受，则题要在于付薪时应按何种汇率计算。查一九四一年（民国卅年）度，各级薪俸均经按照每元折合六辩士之标准予以调整，俾职员不致因物价高涨致受损失而给予职员应得薪金之正确币值。是则，今日补偿其薪金之损失时，亦应按此汇率计算。

对于一部份职员除薪金外，尚有补偿其房屋津贴与其他津贴之损失之必要。反之，对于曾受日方薪津之职员，各该员之所得应予扣除。

七、外籍职员之年积金概经付与保管团，由保管团代为投资，其投资所得摊派各员，故在一九四一年（民国卅年）十一月卅日以前并无任何要求，其后则外籍职员应享工部局拨予之年积金，即等于基薪百分之十。此款应按每元折合一先令之汇率计算，盖工部局在一九四一年（民国卅年）曾有此项决议。惟外籍职员本人储存之年积金部分自不得按此率计算，因其本人储存部分乃按每月薪津总数扣存，此已在前节中薪津项下按每元折合六辩士之汇率中计及，因此关于此点外籍职员不能有所要求，惟中国职员则应当别论。

八、次一问题为，长假期内薪津及由天津至英国或其他本国川资之公平计算方法。

关于川资问题，一般被拘禁者遣返本国时舱位虽异常陋劣，但现在若对于被遣返国之职员再行贴补，若于川资之差额自应不合。然对于职员中之被遣返国而自付川资者自应予以补偿，对于未被遣送之职员则应付与返归英国或其他本国之川资。

关于长假另有一问题，即在被拘前或被拘留后不久已届假期而至今又已届第二次例假时期者，其应得之权利是应与其他职员不同。兹应注意者，即按照工部局惯例，对于已届长期例假而自愿延期或奉命延期之职员，准予在通常四个月长假期限外再加累积之假期。其计算方法系每继续服务一年多予假期一月，惟在任何情形之下累积之假期不得超过六个月，而往返所费之时间则另计。顾问等认此为合理可予采取之原则，是故此类职员应得通常四个月或必要时六个月长期例假之全薪，另加单程旅行所需六星期之全薪。

九、最后应予考虑者为一最困难问题，即对于损失职位或甚至耽误前程者应如何予以补偿。假如英工部局得恢复其职权，则必任用旧有职员依旧工作一如战前，故职员决不致损失其已往劳积之成果，或甚至有失业之恐慌。自法律上言之，工部局如欲废止职员服务契约，可给予六个月之途（通）知或付给六个月之薪金以代先期通知。局方如此解约自必感觉不平，兹建议采用下述之原则，即职员服务每满一年者之多得一个月薪金,作为停职补偿或接受六个月之薪金以代先期通知。两者之中应择其数目较大者。惟计算服务之期间时,自应将拘留之年月一并计入不予除外。此外顾问等认为,局方并该拨付年积金,其年月之计算应与补偿薪金之时期相同。

十、以上建议补偿办法于事实上对于业已被迫去职之外籍职员大致可谓公平。然顾问等犹有不能已于言者,盖关于高级警务官员与其他职员处境应有所区别。查其他职员以其专门学识或经验不难觅得适当工作,其实得待遇即或不如工部局之优良,而警务官员之处境则不然。(一)警官为青年及壮年之职业,在英国凡年逾四十六岁之警官均不能担任,可与天津英工部局警务处长职位比较之任务;(二)概括言之,一般高级警官不易获得任何警务机关之聘用;(三)警官所受之训练与其所得经验,使其不适于担任类似之文职地位。前程之丧失因无法予以适当之补偿,然顾问等认为应予一种慰劳金。兹特建议,对于四十五岁以上之警官,不分国籍,应予以如下之补偿金,即自一九四五年(民国卅四年)十一月一日之年龄起以至六十岁应可退休之年龄止,在此时期内每可能服务一年即予一个月之额外薪金,另加此期内工部局本应拨付之年积金。惟须规定,任何警官所得之此项慰劳金总数不得超过其两整年薪金之总额。

说帖第十号之补编

一、关于前英工部局外籍职员之要求,顾问等在说帖第十号内已列举各项原则上之建议。

二、此项要求之数额,根据前述诸建议,约合英金一一一,○三○镑四先令,其细目列后。惟须注意者,下开数字系根据顾问等所可能得到之报告而编制者,待职员个别呈报详情后,此项数字或须加以修正。

三、上述款额一一一,○三○镑四先令之细目如下:

薪金:自一九四一年十二月一日起至一九四五年十月卅一日止,按照说帖第十号第二节(第一段)、第四节,五一,六○九镑八先令九辩士,及第六节所述。

扣除:日人所发薪金,按照说帖第十号第六节所述,一,八三一镑五先令○辩士。

长期例假中薪金:按照说帖第十号第二节(第四段)及第八节所述,余四九,七七八镑三先令九辩士、七,七五九镑三先令十辩士。

川资:同前,三,五一九镑十先令○辩士。

工部局应拨之年积金部分:按照说帖第十号第二节(第三段)及第七节第九节所述,二五,五二五镑一六先令三辩士。

丧失前程之补偿:按照第十号第二节(第五段)及第九节所述,一七,八八六镑一九先令八辩士。

警官丧失前程之特别补偿:按照说帖第十号第十节所述,六,五六○镑十先令六辩士。

总计:如上数,一一一,○三○镑四先令○辩士。

首席顾问甘悌签

一九四六年十二月十四日

说帖第十一号　　前英工部局中国职员之要求

一、中国职员之忠于职守，在艰险之环境中继续执行其任务，此点在说帖第十号第一节中业已提及。职员中且有遭受日人之虐待者，其处境如此，故第一项应予补偿者一如给与外籍职员之待遇，应补发自一九四一年（民国卅年）十二月一日起至一九四五年（民国卅四年）十月卅一日止之全期薪金。惟补发时应扣除以下诸项：

甲、计至一九四三年三月为止日人所付之全期薪金。

乙、日人强迫中国职员接受之联银券款项，其数额即籍以抵销计至一九四一年（民国卅年）十二月卅一日为止每一职员历年储存之年积金本息。

丙、日人所付之遣散费，即高级职员所得三个月之薪金与低级职员所得四个月之薪金。

二、日人分别付与中国职员之所谓年积金本息，不能认为已解除前英工部局对于年积金之义务，盖根据一九四一年局方之决议，所有由局方代管之年积金概按每元折合英金一先令之比率计算，故现在只能将此项付款即籍以抵销年积金本息之款项作为当时以最高币值通货开支职员薪金，盖职员薪金对于该通货已经调整，籍以补偿中国法币之贬值。至于年积金之必须按每元折合一先令之比率支付者，尚有两项理由：

1. 一九四一年有一特别委员会曾讨论薪津之调整，当时每一职员之底薪系按二十元折合英金一镑（即每先令等于一元）之标准计算，是以局方所拨付之等于底薪百分之十之年积金亦应按上述比率支付。

2. 查中国职员之年积金乃由工部局代为保管，而以之投资于工部局债券者，此与外籍职员之年积金由保管团代为收存代为投资，而以盈余摊派与各员者，其情形完全不同。简言之，工部局以该项年积金本息按每元折合一先令兑价之款额投资于界内之建设事业，是以该年积金之投资效用现已反映在前英工部局之资产内。

三、关于本文第二节之解释日人付与中国职员之所谓年积金本息不能认为事实至属明显，兹若企图以一先令折合一元之比率估计，此款必致治丝益[棼]。为此，顾问等在本文第一节中已有建议，即所有已付之此种款项，应由补发战时之薪金内扣除之。由此可知，计至一九四一年（民国卅年）十二月卅一日为止，结存之年积金应按一先令折合一元之兑价分发于中国职员，而自一九四一年（民国卅年）十一月卅日起至一九四五年（民国卅五年）十月卅一日止工部局应拨之年积金部分，亦应按照上述标准办理。

此外，中国职员并要求支取年积金之利息，即自一九四一年（民国卅年）七月一日起至付款当日为止，按年息六厘计算之息金，顾问等认为此项要求甚为正当。

四、中国职员对于年积金另有一项要求为外籍职员所未提者。彼等指出，职员所储存之年积金部分既自底薪中扣付，则此款亦应按每元折合一先令之比率计算，同时应在本文第一节中所要求之补发战时薪津总数，应减去职员应储之数目。顾问等经详密考虑后认为，此一要求无可批驳。

五、中国职员尚有一项要求，即对于一部分高级职员应发给长期例假中之薪金与往返川资，此一要求与外籍职员所提出者相同。惟所谓川资乃指天津至香港之川资，盖按照向例，公认津港川资足以代表自天津至中国境内任何地点之川资。

六、最后应述及对于丧失职位者予以补偿之问题。顾问等认为，对于无权享受养老金之职员，应规定服务每满一年者可多得一个月之薪金。

七、对于高级职员之应享养老金福利者,顾问等以为,应发给计至一九四五年(民国卅四年)十月卅一日为止之全期薪金,而自此以后则应继发养老金。

八、另一类应领养老金之职员为警务人员,顾问认为,彼等应得同样之待遇,即第七节所述之待遇。

此外尚有若干业已退休并领取养老金之警务人员,以及少数低级文职人员已经退休而领有低额养老金者,对于此辈旧员,自应偿清旧欠并续付此项疑(款)额。

九、中国职员建议,所有各项支付均应根据六辩士折合一元之比率,一如给与外籍职员之待遇,盖此种比率为以往计算生活补助费时所根据之标准。顾问等认此为公正之解决办法。

首席顾问甘悌签
一九四六年十二月三日

说帖第十二号　关于天津英文学堂事项(摘译)

一、在一九○六年以前,仅有英国教会设立之英侨学校一处,嗣后方由英侨捐款创办天津学堂,而由当时之老租界工部局赠地相助并贷银一万五千两。

二、该校建于红墙道,面临体育场,并有膳宿设备,惟寄宿者不甚踊跃而不寄宿之学童颇多。

三、最初,该校全赖学费及捐款维持,后由老租界工部局稍予补助。因当时工部局管区分为老租界、扩充界及推广界,老租界发达已久,扩充界及推广界尚未全开发,未许分配老租界地捐之收入。且付地捐之地主除极少数外均系持有英国皇家租契之人,故以此捐款补助英国学校无人可加指摘(关于英租界沿革已详第三号说帖)。

四、此项办法终不能持久,且为补助一国之学堂,所用之款一部分由于河坝之收入及系全埠商务之收入,是否公允,在理论上实觉未当,故该校发起人不得不将该校移交于第一次欧战期间合并老租界与扩充界及推广界而成立之英工部局,由英工部局改名为天津英文学堂。

五、数年后,工部局认为,由局方委员会管理该校之办法终有未妥,乃授权英人三名组织保管团,视为合法业主。当时已购得现址建筑校舍,可容各国学童甚多,而对于租界内之居民则予以优先入学权。保管契约规定,校产免征税捐,并规定每年以工部局某种税捐收入之一部分付与保管团作为学校之协款。惟在银洋与金镑之兑换率跌落至某价以下时,工部局补助金应按比例增加,其目的在向英国延聘教师其薪金得以金镑计算。

六、其后,以马厂道南面之地皮辟为操场,设备乃臻完全,操场亦在保管之内,其合法业主亦为保管团。

七、后因汇率跌落,纳税人反对折付金镑之责任,工部局乃拒绝某种付款,于是保管团向英国驻华法院控告工部局而得胜诉。

八、然保管团虽得确定其权利,仍觉有重行调整之必要,乃由工部局代表、中国纳税人代表及保管团合组一委员会,由总领事主席,经数度会议,对于当时及将来情势详加检讨后,于一九四○年(民国廿九年)九月十二日全体同意,按英国立法程序办理保管契约之修改,保管团可不负背约之责任。

九、为明了此事起见,另附有关文件四种如下:

　　(一)天津英文学堂保管团所提交上述委会之备忘录(因该委员会系因讨论英工部局财政上之限制及英国教育之经费而设,故提交备忘录以资参考);

　　(二)保管团控告英工部局诉讼原文第六节;

　　(三)一九四〇年(民国廿九年)九月十二日,该委员会于集议时同意各款之纪录;

　　(四)提请立法程序之草案,俾得修改保管契约,以实施该委员会解决经济困难之决议。

　　十、假定英租界并未交还中国,则工部局以后之财产责任,自将依上述协议办理而不受保管契约苛重条件之束缚,故中国政府以后承接维持该校之义务亦系照此协议办理。

　　十一、如此点同意后,则应行讨论者,仅有中国政府对于下列各项之义务问题:

　　(一)应付保管团判决款项洋九七,七二六.一八元或较小数额之折算现行法币问题;

　　(二)在战争期间,一九四一年(民国卅年)十二月八日起至一九四五年(民国卅四年)八月十四日或另行议定之较迟日期为止,所负保管团之经济义务问题;

　　(三)可负上述期限以后之经济义务问题。

　　十二、判决款项为九七,七二六.一八元,当判决后工部局应交付此款。因为此事正在协商,工部局并未按议履行,保管团亦未催促,迨至协商同意后又复延搁。因协商之条款须使保管契约有所变更,保管团除非奉枢密院命令或依英皇家规章服务外,不能照协定之条件办理,在此情形下保管团对于法律上无权减少判决之数且保管团估算兑换价格,惟有要求援照一九四五年(民国卅四年)十二月十八日立法院所订复员后办理民事诉讼补充条例之原则享受同样之待遇。

　　兹摘录该条例十二、十三两条如下:

　　十二条　法律行为成立后,因不可归责于当事人之事,由致情事变更非当时所能预料,而依其原有效果显失公平者,法院应公平裁量为增减给付或变更其他原有效果之判决。

　　十三条　前条规定于非因法律行为发生之法律关系备用之。

　　十三、关于工部局之协款问题,自天津市政府接管租界之日起,一九四五年(民国卅四年)八月十四日或另行议定之较迟日期,惟有一点似可引起争议者,即校产既已租与美军,对于教职员之薪津似可以租金支付之。然美军所付租金为数甚微,倘非教职员肯牺牲而接受仅能糊口之薪给以及法国学校免费之借用,则英籍[教职员]之由潍县归来时,学校已早停辍矣。

　　十四、观上所述,目前需要讨论者,惟有关于战争期间损失赔偿之手续问题。

　　战争期间,伪政府只知搜括进款,对于英工部局之赔偿义务则毫不履行。伪政府既为日本当局所立,英工部局本可要求界内收入超过支出之差额。据此,自一九四一年(民国卅年)十二月八日起以迄一九四三年(民国卅二年)五月廿日止(即中英新约批准之日),在此期内旧英工部局应有之要求亦即中国政府此后应索之赔偿。因中国政府已将英工部局之资产与义务一并接收,则英工部局向日本索还之赔偿应移转向中国政府办理,是故中国政府对于保管团所负此项之义务,其数额之估定谅非困难。

　　十五、或有代中国政府辩难曰,在战争期内该校既已停办,保管团于此不应有所要求。然保管团碍难容纳此种观点,其理由如下:

　　(一)日人接收英文学堂后,该校仍存在于地下工作中,教职员亦继续执行职务且在集中营内教师仍讲授不辍,故保管团对于教职员服务之劳有发给薪俸之责任;

　　(二)战争之发生并未废止服务合约,故发给薪俸之义务依然存在;

　　(三)维持年积金以及筹拨回国川资之义务亦依然存在;

（四）年已老迈而不易谋合宜职业之教师应得补偿；

（五）大多数教职员虽已谋得新职，但所得待遇多远迟于前，亦应予补偿；

（六）日人既将校舍家具等迁移保管团，须应付巨款之购置费用。如此议不如他项辩论之有力，则所有用于购置家具设备之款，可以作为一种无息之贷款，将来由日本赔款项下拨还。

顾问团主席甘悌签

一九四六年十月三日

说帖第十二号之补编　英国顾问所拟一九四一年（民国卅年）十二月六日为止，前英工部局对于天津英文学堂按照保管契约所负义务、债务以及以后债务之估价单

一、英工部局于一九四一年（民国卅年）十二月六日所欠保管团之款项如下：

甲、保管团控诉工部局后，法院判决之数目九七，七二六.一八元。

乙、工部局存款余额，即一九四一年十二月六日资产负债表所列之数七八，七六三.五一元。

共计一七六，四八九.六九元。

鉴于目前法币价值日超低落，自可引用"复员后民事诉讼附加条例"所规定之利益。但顾问等建议，上述总数应按每元折合六辨士之比率（此乃彼时当地通货之相近价格）以金镑付还之。

二、在英日交战期间（即一九四一年（民国卅年）十二月八日开始至一九四五年（民国卅四年）八月十四日或估计工部局可能恢复管理之另一较迟日期为止），英工部局本应拨付保管团之款项，即按照保管契约第二条所规定足以公正表示此期中之税收者，另加契约第三条所规定之汇兑调整款项税收之数额。现既未能悬揣顾问等建议，其数额应按下开三项为标准：

甲、一九四一年（民国卅年）度之估计税收为一三五，〇〇〇元。

乙、设英日未尝宣战者，则一九四〇年九月会议之协定，在彼时必可于短期内完成，此项假定颇近情理。如此则以解除保管团背约之责任为限，该协议之基本定则应予接受，即收取附加费百分之百，以代契约上关于汇价之规定，而将前节之数目加至二七〇，〇〇〇元是也。为计算方便起见，姑以四年计，则总额应为一，〇八〇，〇〇〇元。

丙、在战争内之大部分时期，当地通货之汇率约为每元按六辨士折合，是故应付之总数似应按照此项汇率折合金镑，与一九四一年（民国卅年）十二月六日为止债务之清偿办法相同，惟须以解除保管团依据契约规定汇率索付款项之义务为限。

四、对于上述战争时期后之应付数额，顾问等因无资料未能确定。如顾问等之建议可予接受，并设法使保管团之职责解除，惟有根据一九四〇年会议未完成之协定所改定契约之条款以决定此项办法。

此外，尚有另一建议，即中国政府对于保管契约内此条所规定之债务或乐意一次付与巨款偿清之。

五、清理委员会所指派之小组会，于讨论各种问题之余，会要求顾问等除提供以上之计算方法外，并表示对于需加调整时最为善法之意见，顾问等业已表示，关于此一方面之见解，盖以上计算方法乃根据一九四〇年保管团工部局代表及华人纳税会之协议，惟以解除保管团之职务为限。在日本开战之前，此项协定已进入即将完成之阶段，依此理由，顾问等认为，此项协定应适用于战时，且深觉此协定既在当时认为合宜，现在亦当认为妥善，故应适用于战后及将来。然须陈明者，税收增加一倍之限制应

非绝对的，盖如保管团所得之款足应付旧时教职员则或须要求增加也。

六、鉴于规定汇兑率之契约第三条有重要之变更，顾问等建议，所有另委新保管团以后一切土地、房屋等之移转，均应免征移转费用。

首席顾问甘悌

一九四六年十月十八日

说帖第十三号　关于天津公学（即耀华学校）事项（摘译）

一、民国以还，旧英租界人口增加，居住租界之中国人在庄乐峰君热烈倡导下，因子女教育问题，拟仿英文学堂办法发起创办学校，捐集开办及经常费用，但以后仍赖工部局之协助。

二、最初系就英文学堂之旧址成立公学，嗣由英工部局拨给地五十三亩，即围墙路与宝士徒道相接之三角处建立新址，兴筑学舍及运动场，可容学生一千四百人。若授课时间支配合宜，此数可以加倍，其设备与布置等与任何中国之中学校比较毫无逊色。

三、此校成立后，前英工部局所负教育事业之责任随之加增，于是乃有教育保管团之组织。原议对于英文学堂以英国人为保管团，对于公学以中国人为保管团，惜当时因时局关系，此议竟未能实现。

一九三○年（民国十九年）四月举行纳税人常年大会董事会，董事长曾于演说中叙及此点，略言："原议设两保管团，一为中国保管团，一为英国保管团，分别保障中国及英国教育利益。现在政局尚未稳定，设非隅望之目的得以实现，则中国人担负代管他人产业永作指定用途，恐其备极困难。同人深愿中国人能担任此种保管职务，于近年得以实现，届时选举人邀债券保管团之同意，决定成立所提教育保管团当无疑义，此时似以债券保管团代劳为宜。云云。"大会纪录中详载教育保管团契约事，其保管契约条件与英文学堂略同。

四、前英工部局对于该校所负之义务，结至一九四一年（民国卅年）十一月卅日止，已完全履行。在日军占领时期及胜利后，恐无协款发给保管团之职责，在请中国政府对于战事时期及以后所负之义务仍旧履行，与履行应负英文学堂之义务相同。

五、因学校之管理由伪组织派员于一九四一年（民国卅年）十二月间接收，又日本降服后由市政府派员管理，故无法知其经济情状，想市政府对于保管契约所负之义务未加注意。

（附注：此条所称伪组织曾派员为该校管理人以及现市政府亦派员管理该校一节与事实不符。查公学即现在耀华学校，初由以前管理委员会管理，原有委员退职或已故世，由其余委员另推合宜人选继任。嗣后，由各委员按照中国教育部法规改组为校董会，纯系私立性质，并无伪组织及现市政府派员管理之事。此项错误已于民国卅五年十月十六日小组会议时向甘悌顾问声明。甘悌顾问承认错误，允为更正，已见该日会议纪录，故附注于此，以昭核实。）

六、将来解决此事之办法，拟仿照一九四○年（民国廿九年）英工部局与天津英文学堂保管团所订办法，由现在保管团与市政府商订一契约，但须获得纳税中国人之同意。在该契约内，应规定中国人为保管团，以接替现在英国人保管团，但以依照英国法律解散现在保管团为限，此项保管办法实于学校最为有益。以往事实可为印证，保管团与学校管理人关系甚为融洽，曾时常介绍英国外交要人参观学校，最后参观者为现驻华美使司徒博士，时为一九四一年十二月七日。

七、在日本未侵犯以前，学校极为发达，沦陷后八年中备受日寇干涉与压迫。赵前校长君达之被暗杀,显系敌寇所指使,即本人亦曾收到甚多恫吓之信。

英国顾问甘悌签

说帖第十三号之补编　英国顾问所拟一九四一年(民国卅年)十二月六日为止,英工部局按照保管契约对于天津公学所负义务、债务以及此后债务之估价单

一、英工部局于一九四一年(民国卅年)十二月六日所欠保管团之款项如下,工部局为经收保管团存款之机关,按一九四一年(民国卅年)十二月六日资产负债表所列,其所欠尾数为三六,九二八.五六元。

鉴于保管契约所加于保管团之义务,保管团似应要求"复员后民事诉讼附加条例"所规定之利益,但顾问等建议,上述债务应按每元折合六辨士之比率(此乃当时天津通货之相近价格)以金镑计算之,再将此数照付款时之兑换价折合法币付偿保管团。

二、在英日交战期间(即自一九四一年(民国卅年)十二月八日开始至一九四五年(民国卅四年)八月十四日或估计工部局可能恢复管理之另一较迟日期为止),英工部局原该拨付保管团下述之款项,即按照保管契约第三条所规定,足以公正表示此期中之税收者。税收之数额现既未能悬揣,顾问等建议其数额应以下开两项为标准:

甲、一九四一年(民国卅年)度之估计税收既为十七万元,则为计算方便起见,姑以四年计算,其总额应为六十八万元。

乙、在战争内之大部分时期,当地通货之汇率约为每元按六辨士折合,是故应付之总数似应按照此项汇率折合金镑,与一九四一年十二月六日为止债务之清偿办法相同,再将此数按照付款时之兑换价折合法币偿付保管团。

三、顾问等因无资料,对于上述战争时期以后之应付数额未能确定,此点惟有根据保管契约之条款办理而已。此外尚有另一建议,即对于英文学堂所已建议者,中国政府或将乐于一次付以巨额偿清其在保管契约此条项下所负将来之义务,惟以解除保管团为限。

四、清理委员会所指派之小组,曾于讨论各种问题之余,曾要求顾问等除提供以上之计算方法外,并表示对于必须加以调整时如何最为善法之意见。保管团之见解已详载说帖十三号第六节中,本文仅为一种补编。

保管契约第十四条之规定并请注意。

甘悌签
一九四六年十月十八日

说帖第十四号　关于天津体育场保管团事项

一、天津体育场之地址,位于天津游泳俱乐部、耶稣教合众教堂、广东路墓地及红墙道警察所之附近处,其地即在墙子河内英工部局扩充界之西边。此为天津最早之运动场,于一八九五年建于英工部局拨给之洼地上。其填土及布置等用费,一部由公开募捐所得,一部由一万两借债应用。当时英租界之

纳税者多半为英国人，中国居民或中国纳税者之数极少。据现在所知，此项捐款内并无中国人捐助，闻亦未向中国人募捐。

二、委托保管办法已早拟定，但因各种原因迟至一九〇六年三月二十二日保管契约始行签订，附上保管契约一份以供参考。此体育场属于国际性质，但对于中国人之使用则有限制之条款。对于此事兹将原条文附录于下：

"本体育场之使用只限于俱乐部，其宗旨为保管团所认可者。依保管团之意见，凡俱乐部之限于单纯自国人者，不准利用本场之任何部分。保管团审定各俱乐部请求分配使用场地，对于其国籍及社会地位毫无歧视与偏袒，但每一俱乐部之组织，其最少之员额以保管团之意为决定。"

三、人口屡见增加，倘允许中国人加入，势必减少外国人利用该场之处可为预料，是以有下列之规定：

所述之体育场专以外国人使用为限。无论任何情形，中国人除非另有专章规定，在公布前经交工部局核准外，不准加入使用此场。此条件之规定曾虑及一事实，因多数中国人均愿移居租界，此例一开，难以应付，况附近租界及城内之居民如欲使用即无法拒绝。故人民对于体育场之兴趣与时俱增，而外侨人口之日益增加，此运动场实不足以容纳。

四、上述情形未久即为证实。虽然最近二十年间，英国侨民本其交际友善之政策，已请中国人加入滑冰场，其初仅为前总统之子女，其后即有避居租界官吏及其他居民之子女。嗣后，中国网球俱乐部亦可加入，最后天津网球会及足球会时常正式使用，其著名会员为中国人并有中国人观众。

五、此场产业契证之户名系用保管团团员之名义，团员原有八人，现在仅有甘悌一人，仍担任保管之事。但尚有在不同时间同事之人接替死亡及退休之团员，在天津者有下列诸人：欧哈拉、普来耶、安德铸。

六、保管团不交工部局地亩捐。此场维持费系由各俱乐部捐集，有英工部局随时协款，一九四一年十二月底止工部局协款总计二千七百元。

七、当一八九八年时，著名英侨名安德森君者，以其本人及其夫人名义赠建一厅名为安德森厅，现乃峙立于此体育场中。

顾问团主席甘悌

一九四六年十月三日

说帖第十五号　关于空地保管事项

一、开辟空地一事向为英租界当局之主要政策。租界初成立时，河坝一带用作外侨散步之地。未几，维多利亚花园筑成，工部局当即自设华人组成之乐队。迨租界管区向西及向南扩充后，相继开辟之空地，计有围墙道公园、民园、伦敦道小花园以及敦桥道花园暨毗连之游泳池。

二、除围墙道公园外，上述空地均座落于推广界内，且其地亩均由地主捐赠。推广界原为一片低地沼泽及水坑，若照旧法将此区洼地填高以利居住，势实有所不许，乃由已故狄更生君建议利用海河工程局自河中挖出之泥以填高此区洼地。

三、此项计划既属可行，英工部局乃筹债款以充购置应需机器之用并定订办法，其结果债款得如期偿清，海河工程局之工作亦获得公平酬报，而地主所付填地之代价平均每方尚不满一元之数。

四、各地主时常举行会议,商讨马路设计、整理界址以及拨给马路及空地所需之地亩等问题。英工部局工程师以其优良之技术与公正之态度制成一绝佳之马路设计图,地主之间咸具一取一与互助之精神,终能接受此项设计。重整地界对于原计划仅略有变更,遂即付诸实施。最后地主同意以其业经填高之土地约十分之二无代价让与工部局,以供马路及空地所需之地亩,地主本身固因此而蒙土地增值之利。然当时,各地主(各国人均有)之远识与宏量已启今日敦睦友好之风规。

五、公园及游泳池,工部局应负经管之职务,因局中职员即可办理,惟民园则须赖英国侨民费时间与心力以筹备能造成一最优之运动场而有以适应各运动会之所需解决之方,显以引用保管制度为宜。因保管办法可使民众永久利用此地,此为增加之优点。迨至切实核议之时,实觉此空地保管团由体育场之保管团兼任最为便利,盖当时空地之须托保管者实仅以民园为限,当初本拟委托华人为保管团,但此事实有困难,因有种种原因,此项产业契据之名义仍有用英国人名义之必要。一九二六年(民国十五年)十月九日,此项保管契约因以成立保管团,履行职务直至被日人逐出之时为止。兹将印就之原契约一份附后,以备参考。

六、工部局对于民园自开始以来即持博大乐善之态度,俾能协助保管团发展该运动场,如建筑水泥大看台两座及铁栏杆围墙。局方每年并拨付协款以资维持,因此保管团得以虚价□与各俱乐部使用此场地。

七、太平洋战事未发生以前,民园可供下列之用途:(一)田径运动;(二)棍球戏;(三)足球场二处;(四)篮球练习场;(五)露天体操场。此外民园实为邻近居民及子女于每日清晨及夏晚最佳息游之所。

八、现在民园虽仍为晨夕游息之所,而保管团则迄未能再如往年执行其组织各项运动之任务。现市政府利用其地作为操场,然此举当系临时性质,想不久民园必可恢复其昔年专供健身运动之用。在恢复原状以前,必须请求协款从事修理,因径路等经日人毁损不堪应用。

九、维多利亚花园亦由上述空地保管团保管,其地址之一半系英工部局置用,其余一半则由英政府供给,但规定此项地亩如不复作公园之用时,英政府应即收回。当执行保管时,在保管契约中保管团与局方约定,公园之维持及管理应继续由工部局负责。

十、工部局曾拟定其他英租界内之花园、公园,亦交由保管团保管,然此项决议迄未付之实行。

顾问团主席甘悌签
一九四六年十月三日

说帖第十四号及说帖第十五号　关于体育场保管团及空地保管团之补编

1.关于此两保管团之事项,虽于第十四号及第十五号说帖分别加以讨论,惟就英国顾问等之建议观之,似可合并讨论。盖两处保管团之人相同而目的又相似也。

2.再则,关于空地保管团之发轫,论点似宜解释清楚。查最初之目的乃将所有之运动场与公园(天津体育场除外)完全交由空地保管团保管,惟此项计划未尝履行,实际上保管之范围只限民园与维多利亚花园而已。

3.关于维多利亚花园保管团迄未从事管理与维持,良以此种工作本系工部局分内事实,则前英工部局欲达到同样之目的。当时本可在保管契约中声明,工部局之经管公园乃为公众之娱乐,而期限则迄至皇家租契届满为止。由此观之,若以此项保管移交天津市政府亦无不可,惟中国政府自应担任为公众利益而继续维持公园之义务。如此，则须先行解除现有保管团之职责及征得英政府之同意，盖公园地亩约有半数系英政府之产业，当初捐赠时曾规定，一旦其地不复作公园之用时，该部分地亩应即归还英政府也。

顾问等并不反对上述办法，惟关于纪念碑之保护与维持以及任何更改（例如加镌"一九三四年（民国二十三年）至一九四五年（民国三十四年）"字样）必须获得双方之默契耳。查纪念碑为英人之纪念物，由英侨捐款建筑矗立于公园之东南隅。对于任何适当之处理办法，中国政府当必愿意合作。兹欲建议者，公园之此一隅地似可组织一保管团经管，围以栏杆，中植花草，一如伦敦之亚尔培纪念碑。然如此，则纪念碑及其四围小花园之管理与保护事宜，似以交与天津之欧战退伍军人联合会负责为妥（查该会系一英侨团体）。

4.倘维多利亚花园不复列入空地保管团之范围，则所余者仅民园一处仍受保管团之约束，如此则体育场保管团与民园保管团就其原有目标之完成而论，可合并加以论述矣。

5.自一八九五年创设之时为始，以迄第一次欧战终了为止，体育场足可供应外侨一切运动上之需要。此时，由于网球俱乐部之不断增设，不得不以场之狭隘部分划供棍球戏之用，于是棍球戏开始在赛马场所有之空地举行，该处即现在国际俱乐部之一部分。旋以国际俱乐部兴建房屋，致使棍球戏不得不暂假赛马场内部之马上球戏场举行。迨一九二六年（民国十五年）民园竣工，棍球戏始在民园跑道内举行。又在冬季中，体育场必须供应场地与天津足球会（系一国际组织），此时天津罗格比足球会亦不得不移至民园。此外，民园尚有余地可供普通足球场之用，各国俱乐部及体育会需要时均利用之。其后，在体育场之西北隅又建一凉亭，其用途半为便利在此亭附近打网球之各俱乐部会员，而主要则系供溜冰者之用，盖在冬季新建有扩大之溜冰场也。

6.目前之问题为，今后如何方能适应外侨运动上之需要而同时顾及各界之要求。关于此点，另一问题随之发生，即应采取何种最完美之管理方式方能顾及现有之保管契约及其原旨。

7.吾人必须承认者，天津体育场之创办既有赖于英侨之捐款，其目的自在供给外侨体育运动上之需要，此中并无独占或歧视之意，因预议容许华人利用场地之规定，将来可在章程中加订条文也。一八九五年保管契约订立时，华人之居住英租界者为数不多，且在五十年前华人对于欧西之体育运动不感兴趣，今后外侨之需要运动设施自必不亚于往昔，是以现有契约若予更改，则订立时之原旨必将失去。五十年来，天津体育场之经营成绩斐然，外侨任何部分从未有不满之表示，如此顾问等认为，除本文第十节所述形式上之更动外，契约无须修订。

8.上述论旨亦可应用于民园，惟民园创立时，欧西之体育运动已普及于中国耳。然鉴于民园创始时之特殊情境，对于其管理问题似可提出一不同之处理办法。民园之地皮为前推广界内业主所让与者，虽有半数以上之地亩其所有人为外侨，惟为实行上之便利起见，不妨假定捐助者华洋居民各半。当初考虑保管问题时，曾有一种见解，即天津公学之保管团既以全委华人为妥，则民园之保管团内似亦应有若干华人，最明显之办法为华人与英人各占四席。惟此举碍难实行，良以中英保管团之联合所有权实多困难，而情形与公学之事相同，未许如此办理也。但在此时，则此举可认为惬意之解决办法矣。顾问等以为，最好能全委华人为民园之保管团，惟应以不拒绝外侨利用场地为原则耳。

9.保管契约对于保管团虽有确切之保障，顾问等建议请求中国政府保证以下各点：

甲、该两处（即体育场与民园——下仿此）之保管团可充分享用场地，其根据契约而行使之管理权不受任何干涉。

乙、该两处均得免付任何种类之捐税(包括市税与国税)。

丙、另委新保管团时,该两处契约过户不征费用。

丁、中国政府承认,天津市政府应负责每年给予该两处所需之补助金,其标准一如往昔前英工部局所拨付者。查前英工部局在法理上虽无维持该两处之责任,而积年之习惯已形成一种每年稍予补助之义务矣。此外,在目前应即筹措一宗款项交与该两处之保管团,俾得整顿场地,盖在日人占领租界时期,两处场地受损颇巨,而整顿之费用将来可由中国政府向日本要求偿还也。

10.吾人如参阅天津体育场之保管契约,即可见有此项规定,即遇有某种情形时,可要求前英工部局采取某种行动也。顾问等兹特建议修改契约,将"英工部局"字样易以"英总领事或其他英国当时驻津之代表"。再则,如顾问等之建议得以采纳,则对于空地保管契约中之"英工部局"字样亦须改为"市长"矣。

11.一俟以上两处场地归还保管团,同时民园之保管契约依照顾问团之建议加以前述之更改,并将现有之保管团解聘后,逆料两处场地之利用最初将有如下之规定,即体育场暂限外侨使用,民园暂限华人使用,将来两处管理人之合作结果,必可产生双方互利之方案,而进入于和谐之情境,一如以往所存在者。

首席顾问甘悌签

一九四六年十一月廿一日

说帖第十六号　医院应备有容纳专供英侨疗养之处

一、英国医院及隔离病院为旧英工部局之资产,此在一九四一年(民国卅年)十二月六日之资产负债表内业已列明,但详考两医院创办之经过情形,则知此事足以引起英侨对于供给疗养之处要求特别考虑。

二、英工部局界内医院发展之历史可用数语述明,在一八九七年时英工部局界内尚无医院,于是英侨发起募捐创立医院,以纪念维多利亚女皇御极六十周年,结果维多利亚女皇御极六十周年纪念医院得获成立。此医院全赖自动捐款维持,前后亘数年之久,旋因界内人口增多,须赖工部局扶助,迨至最后时期,仍由工部局接管,未付任何代价。其时,工部局在界内另有一隔离病院占地颇广,乃决定将隔离病院迁至较远之地,而将此位于敦桥道之适宜地段发展成为英国普通医院,以代替原有之纪念医院,因此原有英侨忠诚纪念维多利亚女皇之医院乃为英国普通医院所吸收,其旧址后由工部局以巨额代价售与一中国医疗团体。

三、根据上述事实,中国政府谅必愿意筹划办法,使英侨得有适足设价疗养之所,不次于维多利亚女皇纪念医院。窃以为,此事似无争议之点,但如有争议之处谨答辩如下:

甲、中国政府业已承诺在接收租界之行政与管理时准备:

(一)担任并履行租界之官有义务、债务;

(二)承认并保障界内一切合法权利。

此所谓合法权利,其范围自极广泛,然其得列入条约内系经由最高签约当局之同意者,故必须加以解释。

依顾问团之意见,英侨对于医院应有之合法权利,中国政府应负承认并保障之责任。倘中国政府因医院为官有资产而接收之,并视作专供中国病人用之医院办理,则有违条约之原旨与精神。只要天津市内仍有英国侨民,关于英侨医院之合法权利必须予以保留。

乙、此外尚须提及者,天津前工部局对于英侨负有供给医疗设施之义务至为明显。此项义务之承授,中国政府已在订约时同意有此准备矣。

四、倘上述之前提能获认可,则目前之问题为,中国政府将采取何种最完善之方式,承认英方之要求。若将医院分成两部,则显然势所不许,且将有背中英条约所鼓动之友好与合作之精神;若建议将过去之英国普通医院改为纯粹英国医院,而由市政府拨款维持之,则顾问团亦觉不妥。解决之道最好由中英合办,由市政府拨款维持,并规定若干病床英侨得有住院之优先权。

五、该院规模不大(有病床廿三,必要时可增至四十三),故所需市府补助之款为数亦非甚巨。以往每年协款平均约合英金两千镑,将[来]所需者必较此数大减,其理由如下:(一)英金薪俸之支出必将减少;(二)门诊及住院之病人将见增加,因以往中国士绅多守旧而不信近代医学,现已趋重西药及外科医学;(三)津市有许多精于西医之中国人,尚未与各医院有关系者,必将欢迎此院之建立而加以资助。再则,上述计划之所以值得采纳者,尚有一点即由中英合办后可在事实上反映中英新约之精神,同时承认英侨义理上之要求,盖现在英侨实为五十年前曾以忠诚捐款创办维多利亚纪念医院者之继承人。

六、抑有进者,在英工部局管理时期,此项中英合作之计划业已有显著之进展。依照工部局友善之政策,当时英国医院内已容纳多数中国护士,在英籍看护长及高级护士指导下工作,而诊病医师亦不乏华人医师,则具有上古希剖古雷医士宜□之热诚,护士则有奈丁格女士尽忠职务之荣耀,不分国籍协力合作。此法既著成效,则将来中英医院之必能和衷共济,自无待言。

七、窃以为,此一医院之建立可即着手筹备,无须等待英租界内其他问题之解决。该院现为美军占用,但随时可能让出,故宜未雨绸缪。再则,目前英侨及一部分中国人因病就医于英国红十字会医院,系暂时性质,设备简陋,其中英籍医士均未服务于其他医院,此医院或能对于上述中英医院之建立有可宝贵之贡献。总之,中英医院之早日建立,必将增强旧英租界内中英人民间之原有睦谊也。

说帖第十七号　天津英工部局图书馆

一、外人侨居中国之初期,总税务司赫德曾指拨款项交与各埠之海关俱乐部,以充购置书报之用。天津之外侨亦可曾参加此俱乐部,每月且汇款至伦敦考克斯公司添置新书,其中含有若干英文文学名著。

二、据一九四〇年图书馆管理员报告,以往之纪录可以证明,即远在一八八三年时,会员已有五十人左右。

三、一八八九年外侨决定,旧有之图书馆由海关俱乐部内迁出,并与英工部局商定,由英工部局供给图书馆之房屋,于是图书馆定名为天津公共图书馆。

四、图书馆现有之章程乃经由一八八九年十一月九日会员全体大会决议通过者,当时一致表决并无异议,其条款后为英工部局所接受。决议案原文如下:

"为使图书馆及阅览室持久并合用起见,似以交由工部局经管而不再由会员自理为宜,为此决议授权本馆会员干事与英工部局洽商,请其代天津外侨保管此图书馆及阅览室,承接所有权并订立保管契约,其条件如下:

1.工部局应预备一合宜之房屋,须有火炉及电灯之设备;2.现有之图书馆及阅览室之规章与惯例一切照旧,如有变更,须经原会员决议并由工部局许可。然此项许可亦非必要,因会员得随意增加捐款扩充员额,实于图书馆有益。"

五、其时,馆名已由天津公共图书馆改为天津工部局图书馆,然海关俱乐部仍出借书籍且继续为新图书馆之会员,旋即成立委员会并选定俱乐部会员一人参加之。未几,俱乐部与图书馆间发生不合,结果俱乐部决意退出图书馆并取去彼等所有之书籍。委员会迫于事势,允将俱乐部所有之书册交还海关,余存之书刊共计三百二十二卷。

六、一九四〇年(民国廿九年)或其前后,经济状况异常拮据(主要原因为中国法币汇价低落,会员所付之费更形微少),乃迫使图书馆委员会向英工部局请协款。然华籍董事反对拨付此项协款,因按照向例,华籍纳税人不得加入图书馆为会员。也于此项加以申述者,即以往之所以规定会员仅限欧美人士,并非根据种族成见不准华人加入,实因对于华洋会员设有差别待遇,势将引起不快之感,而会员人数激增后难免损及外侨之权益也。惟当局终于承认时机已届,华籍人士应获入会之权利,与外侨不分轩[轾]。

七、观上所述可知,图书馆乃交由英工部局保管者,其管理之权则操诸会员,推举之图书馆委员会是以图书馆并非英工部局之资产。

一九四一年(民国卅年)一月十八日,天津之欧战退伍军人联合会曾致书新加坡之退伍军人联合会。此函足以反映当时图书馆之地位,原函如下:

"(上略)目前天津俱乐部及英工部局图书馆有大批书籍愿意让渡,曾嘱鄙人函询尊处是否有意接受,以供贵区英国士兵阅览。此项书籍共有数百册。如尊处需要者,请即示知,鄙人当设法分数批运奉。(下略)。"

八、图书馆创办迄今不下六十年,在此期内陆续添购之书籍其(甚)多,其中不乏有历史价值之孤本。不幸日人占领租界后,对于西方思想深恶痛绝,图书馆亦遭其殃,竟自维多利亚花园内戈登堂西首之屋宇中移去。目前多数卷帙幸已觅得,惟尚无时间加以清理,未能估计损失之实况。经美军第五科之请求,所有已觅得之书册现均存放于天津俱乐部内。

首席顾问甘悌签

说帖第十八号　墓地之供给与公墓之守护

一、前英工部局资产中有公墓两处,此项设备系工部局履行其供给界内居民墓地之职责。工部局年报中不乏关于公墓发展之记载。

二、最初作为公墓用之地亩购于一八六四年,即所谓广东路公墓,供给侨民埋葬之用,直至一九一四年(民国三年)。然在此以前数年,已公认有再行觅求墓地之必要,故于一九〇一年时即已购得新公墓用之地亩,此即现在位于马厂道以南之公墓是也。

三、一九一四年(民国三年)扩充界工部局年报第四十页内载有马厂道公墓第一次埋葬之记事。六年后筹设火葬场,翌年即告竣工。嗣后数年内,此公墓颇多扩充,其最后一次扩充乃在一九四一年(民国卅年)。(参阅一九四〇年英工部局年报第廿页)

四、公墓之守护最初由义务工作人员所组织之妇女委员会任之,其职务为保护坟墓并种植花木,当由工部局拨付款项以供上述之用途。

五、中国政府应负责任继续履行前工部局对于公墓之义务并取得前述妇女委员会之同情的协助自无疑义,其唯一问题即如何应使此职责之施行便利而圆满。

六、关于目前及将来墓地之供给,鄙意以为,首先应测量马厂道公墓之余剩空地,其次应加考虑者为公允之分配办法。窃以为,时至今日似应划出公墓之一部分专供英侨之用,但亦可供给其他外侨,惟只限居于前英租界地区内而未有私用墓地者方得享此权利。

七、此种办法自不能适应若干年月以后之需要,故中国政府自必承认墓地之供给为一种永续之义务。

八、次一问题即公墓之守护,此事非园丁所能单独负责办理者,须含有怜恤敬重意义之监督。关于马厂道公墓尚不致有困难问题,此事在本说帖第十一节内将再述及,惟关于广东路公墓或有财政上之困难。目前此公墓经常关闭,不容任何人入内。数月前有英侨若干人前往视察,发现此公墓已破坏不堪,骇人心目,多处墓碑曾遭受蓄意之破坏而尤以公墓之东端为甚。此处几尽为英人或同情英人者之墓冢,其破坏程度甚为广阔。其余部分之墓冢多系他国侨民者,似未受严重之损害。然公墓既不开放,此部分之损害实况目前亦难以断定。

九、广东路公墓之现状亟须加以注意,盖长眠地下者之亲友,睹此景象未有不痛心者也。倘继续置之不理,则对外侨必将引起极不幸之印象。间关于此一公墓之守护事宜,曾向当局提出建议并已获有答复,惟迄今未闻有任何具体计划耳。此公墓之整理需款颇巨,在前工部局时代,此类工作自必视为工部局之首要义务。关心某某数处墓冢之人士虽或乐于协助,然整理之举主要系地方当局分内事,有赖于公款之拨用也。此项支出自可向日本要求赔偿,惟当前义务之履行显已急不容缓矣。

十、窃观中国当局之意向,似认为目前中英新约中关于前英租界之条款既未完全付诸实施,此事乃一可以搁置之问题。此种耽延实难赞同。顾问等建议,应授权一外侨委员会(由前英租界居民中选出者)办理其事,而由市政府拨款协助。委员会人选固不必限于英侨,惟须由英总领事与英侨团体(如教会、商会与欧战退伍军人联合会)商酌后派定。

十一、此项委员会之职责似可包括马厂道公墓之守护,否则亦应推选一分别负责之中英委员会,其一部份可按照外人观念负责守护外侨墓冢,另一部份可按照中国人现代思想负责守护华人墓冢,如此似更适当。

首席顾问甘悌签
一九四六年十月廿日

说帖第十九号　杂项事件未列入前说帖者包括各种保管团款项

1.前英工部局截至一九四一年(民国三十年)十二月六日止之资产负债表,尚有债务数项未经述及,水道处及电务处之资产负债表亦然。

2.即前英工部局截至一九四一年十二月六日止之资产负债表负债栏内所列以下诸项:

甲、"狄更生民奖学金"计六千元

此项奖学金为纪念狄更生民而设,初设时其利息约敷天津英文学堂全年学费之用。此款包含在"保管款项"(共计一,八九一,六三八.一五元)之总数内,而保管款项之投资实价见于资产栏者,其总数额为一，九五〇，七〇一.七一元。此款谅必投资于英工部局债券颇切事实，是以此项债务之英金等值，应视中国政府负责偿还前英工部局尚未清付之债券本息时所采用之汇兑价而定。此一保管款项之累计利息，截至一九四六年十二月三十一日止，按年息六厘计算，当为一，九八〇元，是则本息合计应为七，九八〇元，姑且假定为英金四七〇镑。

乙、保管款项类下尚有零星杂项款目，计四，二三八.六五元。

此款之细目如何，顾问等未知其详，应参阅总账、统账，当可于前英工部局之档案内觅得之。

此项亦包括在资产栏内投资项中，故亦应按照上述之办法筹还其所需款额约为英金三三〇镑。

丙、关于"皇家租契用存款"，前虽已有提及，此处不妨再加叙述，促请注意，盖以皇家租契交换中国政府地契一事，两国最高当局之谈判是否已有端倪，顾问等迄无所闻也。顾问等深望此项谈判早日完成，届时此项存款（实际为最佳之债券）当由债务一变而为资产矣。

丁、"罚款"九六，〇九六.〇一元一项，在资产负债表内所以列入负债项下者，因其为违章者所缴罚金之累积总数，工部局例应负责向纳税人报告。此款移交中国政府后即变为一项资产。此处应加以说明者，罚款两字难免引起误会，违犯工部局条例者原应受有关法院之究办，然彼等多数宁愿缴纳英工部局警务处长所规定者罚款，此款大部分用于慈善事业或充作奖金以酬为公服务之有功绩者。

戊、截至一九四一年十二月六日止，"零星债务暨积欠"计二五一，〇八二.〇八元，而资产负债表之资产栏，则载有"零星欠户暨未付清账目"计一四九，九八七.三三元。

此两项之细目不能确定，必须参阅前英工部局所存之簿册。现所知者为外籍职员年积金，保管团应可向工部局索还欠款一〇，〇二五.二四元。此数大概已包含在"零星债务暨积欠"项内。

至于在敌伪时代究已付清若干债务暨积欠，并曾收回若干欠户之款，则顾问等一无所知。

3. 水道处之资产负债表内有下列项目：

甲、零星债务暨积欠计八二，三八二.二六元，及零星欠户暨欠款结余计一三二，六二八.七五元。

关于以上两项，可适用前节对于英工部局资产负债表中相同项目之解说。

乙、资产负债表内尚有一项，即"用户押款"，计三一，二一二.五〇元。

兹可假定者，此项债务现仍存在，然在天津市政府之管理下，深信此项债务将获调整或收入用户账内。

4. 电务处之资产负债表内，亦有类似之两项适用前述之解说。

计开：

甲、零星债务暨积欠一一，四九二.〇一元，及零星欠户暨欠款结余四一四，七二九.三七元。

乙、用户押款一七六，二一〇.〇〇元。

丙、此外另有一项债务，即"寄售商品"一七，八六六.一七元。

查工部局有此惯例，即在中街之电气陈列室内划出一部分地位专供电器进口展览商品之用。进口商既多半为英美商行，逆料敌伪当局决不愿筹还此项商品之原值而已，在占领期间取用或出售之矣。此或不能认为一项债务，但工部局势须将其列为应向日方要求赔偿之一项损失。目前如遇有任何要求提出时，似以随时整理为便。

5. 工部局有若干聘用之专门执业人员，在战争终了后工部局本应予以复职者。此虽非法律上之债务，而根据中英新约第四条第四节之规定则为一项义务，逆料最高签约当局之所以将此项规定列入者，乃欲统括类似之情事。此类专门执业人员现既未能复职或接受类似之职位，自应予以丧失工作之补偿,此类人员即卫生医官、法律顾问与稽核员。

尚有若干保管团员在其应尽义务尚未履行完毕以前不能予以解职,此乃指债权保管团与年积金保管团,其团员均由工部局按年付予酬金。

6.对于处理保管团员之问题甚为简单,因彼等现仍在职,正候最后职责之解除。

甲、债券保管团共有三人,每人年得酬金银一千两。此数在废止银两后改为一,四八五元,所有一九四一年十二月卅一日以前之酬金早经付讫。

此类酬金从未按照生活费用调整,兹应按每元折合一先令两辨士又四分之一计算,姑且假定为每年八十八镑。

保管团员潘恩君于一九四二年十二月去世,故最后一年之酬金应补发予其继承人。

其余两员(即陶德与甘悌两君及其继任者)应得自一九四二年一月一日计至保管团清理之日为止之全期酬金并按照上述之兑价计算。

乙、年积金保管团团员每人年得酬金三百七十五元,亦在按前述标准核发。

其期限应自一九四二年(民国卅一年)八月一日起计至保管团解散之日为止。团员共有五人,即裴涛君、柏志士君、甘悌君、莫尔德君与潘恩君。

潘恩君之继承人应得一九四二年度之酬金,一如前节关于债券保管团所述者,其款额为三七五元,估且假定为英金二十二镑。

7.卫生警医官之酬金计分三种:

甲、为履行属于工部局卫生医官之一般职务,年得酬金银一千两,另加汇兑补偿百分之五十,合计为二,二二四元。

乙、诊治警务人员之酬金,按薪俸单上之人数计算,根据其最后之数字,每年酬金为八,七九五.〇四元。

丙、诊治其他职员之酬金,亦按人数计算,根据最后之数字每年酬金为四,五八八元。

以上数目均根据日人占领租界前后三个月之职员名额计算。查彼时已有一部分职员离去天津,以致服务人员锐减,故上列数字不能认为估计过高。

酬金已按生活费用调整,可认为按一元折合六辨士计算,代表一诊疗所之葛大夫,担任工部局卫生医官已有五十余年之历史。

兹拟建议,如能根据服务年资补付上项酬金四年,即自一九四二年一月一日起至一九四五年十二月卅一日止,则此项付款对于卫生医官工作之丧失或可稍予补偿,其总额为六二,四二八元,姑且假定为英金一,五六〇镑。

8.工部局之法律顾问即甘博士、孟堪师大律师,年得酬金七千二百元,此数包括常年法律顾问费及咨询普通次要事项,遇有性质较为重要之事项则另收费用。该事务所之主要律师于[一九]〇二年九月间,即被聘为工部局法律顾问。兹建议根据服务年资,予以丧失工作之补偿,一如对于卫生医官者,其年限拟定为三年,酬金按每元折合六辨士之标准,计算三年之总额为英金五四〇镑。

9.每年之查账费亦按每元折合六辨士之标准计算,计七千五百元。汤生公司为聘定之稽核员服务已将廿年,兹建议按照上述标准予以丧失工作之补偿,以二年为期,姑且假定为英金三七五镑。

10.虽此次说帖已觉包括各项问题,但将来如发现有遗漏之处,顾问等应保留随时提出补加之权。

说帖第二十号　　前天津英工部局官有资产详单

一、(甲)前英工部局之主要债务属于债券持有人及前英工部局享受养老金之职员(详见说帖第八、九号),惟担保债款本息之偿付起见,即以前工部局资产为担保品。因于民国十六年(一九二七年)九月九日、民国廿一年(一九三二年)六月十日及民国廿六年(一九三七年)五月卅一日,先后成立保管契约,依照上项民国十六年(一九二七年)九月九日所订保管契约之规定,所有发电厂、自来水厂均成为保管团正式抵押品,其地契并已由保管团保管。

查码头之合法所有权属于英国皇家,惟工部局对于码头之利益并为抵押品之一,前英工部局其余资产亦经列为抵押品。

(乙)民国十八年(一九二九年)九月十六日,又成立一保管契约,规定养老金享受人得享受民国十六年(一九二七年)九月九日所界与之抵押品及担负之利益,但尽先偿还优先担负者为限。此项优先担负如全数偿清后,养老金一项即为前英工部局资产上之第一担负,亦即以抵押品所担保之第一债务。民国廿一年(一九三二年)、廿六年(一九二七年)所发行之债票属于第二及第三担负,所有关于各种企业均以成为抵押品。

二、在日本占领时期,发电厂及自来水厂显然变为供应华北公用事业网之一部分。此种情形迄今继续存在,或因对于保管契约所规定前英工部局债务之限制及义务缺乏报告所致。

关于资产之并未实在作为抵押而仍成为第一之合法担负者,其情状显与公司中所定之流动担负相类似,故前工部局之事业等于公司之营业,仍应继续进行也。但其资产如有变卖,则只能限于下列之条件,即变卖所得之款应专供给工部局之其他建设购置用途列入资本账内者。虽中国政府已将前英工部局之资产接收,但此项资产之合法地位并未丝毫减损,故中国政府负有职责保持原有状况,直至前英工部局区域内各事项清理完竣之日为止。

三、依上述指出之限制,下列各项前英工部局之资产,刻由英顾问等开具详单,按照中英条约四条第四节之规定,即作为将来正式移交之资产。

前英工部局应移交于中国政府之资产详单,另纸。

前英工部局应移交中国政府之资产详单

地亩:曾详于一九四一年十二月六日所制之资产负债对照表中,共计有六三六,二五八亩。

水道处	二九,四一八亩
电务处	一一,二三六亩
围墙道花园	六,一九五亩
土山花园	一二,〇二〇亩
敦桥道花园	三一,二七〇亩
广东路公墓	一一,二八一亩
马厂道公墓	一二,五六一亩

马路——包括街道、路基、阴沟、水沟、便道、桥梁等。

| 扩充界 | 二七六,七三六亩 |
| 推广界(马厂道及其他) | 五二六,八四〇亩 |

房屋——一九四一年十二月六日以后之添盖拆除未列入。

老租界维多利亚花园内房屋,戈登堂、警务处、保险库、电气陈列室,捐务股公事房,河堤房屋,码头验货厂棚盖,码头捐公事房,中国职员食堂,粪井,中街铺面,十七号路警务宿舍,职员住房(伯目斯道),职员居所(戈登道),职员居所汽车房,工程处机料厂(戈登道),汽辗房,伦敦道材料厂,工程处机料厂(七十二号路),伦敦道警务处宿舍及消防队,福发道警务分处,福发道消防队水龙带去潮塔,警备队司令部,土山花园,旧英工部局界内公共厕所,马厂道公墓火葬炉、休息室、围墙、泄水沟管、停灵穴,菜市房屋,隔离病院,游泳池,电务处发电厂,水道处抽水机厂,普通病院。

消防设备:

动产——属于前英工部局资产中之家具及设备之一部分,现仍存留于上列房屋中者;属于英工部局资产中之各项材料现尚存在之部分;属于工程处材料厂中之骡货车、汽辗等及器械设备现尚存在之部分。

投资——在前英工部局及其他本地方公债(票面价值),二,三四〇,七〇一.七一元;英国战时债券,三,四〇〇.〇〇英镑;在汇丰银行之流水账,三,五六三,一五九。

零星欠户及未付清账目:此项尚未付清或未收进详细数目至今无从稽考。

现今(金)及银行账目:本地流通货币似全部为日人营用,英镑及美金账仍可稽考,惟详细数目至今尚未能获得。

水道处:所有资产见一九四一年十二月六日资产负债对照表中之水道处栏内。

电务处:所有资产可见于一九四一年十二月六日资产负债对照表中之电务处栏内。

但凡能鉴定为委托代售之货物应予除外。

英顾问团主席甘悌签

一九四七年一月十一日

说帖第廿一号　英顾问所具摘要关于中国政府应予接受之前天津英工部局官有义务及债务并建议如何予以履行

一、英顾问所认为前英工部局之各项官有义务及债务,概经释明于以往之各号说帖内。

二、兹为简便计,再将英顾问意见中凡为中国政府根据新条约应予承认或履行者摘要列后。至于各项义务及债务英顾问所持之理由,则已详述于相关之说帖。河坝船位及货物卸放处租契(七号说帖及补编),应依据前英工部局与租用人所成立现有租契之条款,承认现时租用人之权利暨其续租权。

债券(八、九号说帖及补编):

未偿还债券应依一先令二便士又四分之一折合一元之汇兑率偿付本利,并按此折合率准备相当外汇数额,俾外籍债券持有人汇出其所有之款额。

养老金(八号说帖及补编):

甲、积欠之养老金连同每月利息之偿付,计至一九四六年(民国卅五年)十二月卅一日及以后之共结总数至付款之日止。

乙、嗣后每月养老金到期之偿付。(附注:英顾问曾建议养老金之偿付如以购进准许之英保险公司年金代之,或由英政府分别拨付,再由中国政府偿还,似较为便捷。)

前工部局职员之要求(十、十一号说帖及补编):

（一）外籍职员

甲、一九四一年（民国卅年）十二月一日至一九四五年（民国卅四年）十月卅一日止,依照下列条款之薪金偿付,惟须减去受自日人方面之付款。

1.从军之人员英工部局已允付给半薪者,按上述全部期间发给半薪。

2.被拘留者——拘留期间发给全薪。

3.先被拘留后被遣送回国者——拘留期间发给全薪,到达英国或加那大之时起付以半薪。

乙、例假期内薪金与川资。

丙、失去职位之补偿——计至一九四五年（民国卅四年）一月卅一日,每服务满一年者给予一个月之薪金。

丁、年龄过四十五岁警官失去职位之特别补偿——自一九四五年（民国卅四年）十一月一日起至六十岁退休年龄,每可能服务一年发给一个月之薪金。（附注:顾问等提议最低限度给予六个月之薪金。）

戊、工部局应发给年积金,自一九四一年（民国卅年）十二月一日至一九四五年（民国卅四年）十月卅一日止,连同例假期间及失去职位之时期。依英顾问等意见,上述薪金暨失去职位补偿部分应以英镑支付并以六便士折合洋一元为折合率,其年积金部分以一先令折合洋一元为折合率。

（二）中国职员

甲、自一九四一年（民国卅年）十二月一日至一九四五年（民国卅四年）十月卅一日止之全薪付给,减去受自日人方面之任何款额（十一号说帖一段四段）。

乙、例假期内薪金及川资。

丙、失去职位之补偿——每服务满一年给予一个月之薪金,计至一九四五年（民国卅四年）十月一日止。

丁、年龄过四十五岁之警官失去职位补偿——自一九四五年（民国卅四年）十一月起至六十岁退休年龄,每可能服务一年发给一个月之薪金。（附注:顾问等提议最低限度给予六个月之薪金。）

戊、职员暨工部局摊付之年积金,计自一九四一年（民国卅年）十二月一日至一九四五年（民国卅四年）十月卅一日止,连同例假期内及失去职位时期。

已、分发结至一九四一年（民国卅年）十二月六日之中国职员年积金暨计至偿付之日止之六厘年息。

顾问以为,甲至丁项之付给应按每元合六便士折合英镑。戊及已项应按每元合一先令折合英镑,再用付款日之汇兑价合成本地货币发给之。

天津英文学堂（十二号说帖及补编）:

甲、承认管制该校暨其游嬉场之保管契约及保管团一若以往,为英国教育有继续经营该校之权利并依照顾问所建议而为条款之修正。

乙、照付保管团对于工部局胜诉获得之判定款额。

丙、照付按一九四一年（民国卅年）十二月六日结算单所载,工部局代保管团管理之剩余款项。

丁、照付战事期间一九四二年（民国卅一年）一月至一九四五年（民国卅四年）十月卅一日止,按估计市政捐税比数依保管契约应付该校之款额。

乙至丁项应按六便士合洋一元付给英镑。

戊、作充分准备以便付给,依照保管契约自一九四五年（民国卅四年）十一月一日起之市政指数税之比数,惟须以一九四〇年(民国二十九年)提议之保管契约修正为限度。

己、免除随时因新派保管员而发生之保管团转移房地及其他资产之转移捐税,并保证依照保管契约一切捐税之免除。

天津体育场(十四号说帖暨十四、十五号说帖之补编):

甲、承认依顾问提议修正之保管团。

乙、正式将该场经正当修缮后交回保管团。

丙、免征此项房地产之捐税。

丁、免除因派新保管员之契证转移捐税。

戊、每年拨付与前英工部局所付协款相等数额之协款。

医院床位(十六号说帖):

担任于普通医院及隔离病院内为英籍病人保留相当床位。

英籍病人对于普通医院之定数床位暨隔离病院之床位有优先权。

允许英籍病人自行约请医师及护士。

坟墓穴位及坟墓之保持:

施行整理及继续将广东道坟墓保持正当修理。

在马场道坟墓或准备之其他坟墓葬地应为英籍人士准备相当墓穴并施行适当之保管。

零星节目(十九号说帖):

甲、狄更生奖学金及零星保管款项。

用英镑支付此项款目之本数及六厘年息,其折合率应按一先令二便士又四分之一折合一元计算。

乙、零星债户。

承担此项债务并以合理之折合率履行一九四一年(民国卅年)十二月六日以后前英工部局尚未清偿之债务。

丙、对于电务处及自来水用户之押款,应承担此项债务发还未偿付之押款。

丁、保管团员酬金。

应付给所欠关于市政保管团员之酬金,自一九四二年(民国卅一年)一月一日起至各保管团卸除职务之日止。

戊、专业人员。

应付给工部局卫生医官、法律顾问、稽核员等因失去职位之补偿。

三、左列各款为前英工部局上述财政债务之额数现时所能计出者,其凡有继续性者,概计至一九四六年(民国卅五年)十二月卅一日止。

债券:

本借款(英工部局购存者除外)二〇三,四六六镑〇先令一〇便士、六六,一九九镑七先令五便士。共二六九,六六五镑八先令三便士。

养老金:

外籍职员积久,计至一九四六年(民国卅五年)十二月卅一日,一一,四〇七镑九先令八便士。

积久息金,时期同上,一,七三九镑一二先令一〇便士。

中国职员,养老金详单正由中国职员代表准备中。

职员要求：

外籍职员薪金，自一九四一年（民国卅年）十二月一日至一九四六年（民国卅五年）十月卅一日，四九，七五八镑三先令九便士。

例假期内薪金连同川资，一一，二七八镑一三先令一〇便士。

失去职位补偿，一七，八八六镑一九先令八便士。

警官特别补偿，按前述第二段一丁项修正，六，七〇七镑五先令六便士。

工部局应付之年积金，二五，五二五镑一六先令三便士。

共计，一一一，一七六镑一九先令〇便士。

中国职员薪金，自一九四一年（民国卅年）十二月一日至一九四六年（民国卅五年）十月卅一日，例假期内薪金及川资、失去职位补偿、警官特别补偿、工部局应付给之年积金，以上各项详数，现中国职员代表尚在准备中。

年积金，一九四一年（民国卅年）十二月六日：

结算单所列，四〇，二四三镑一六先令七便士。

应给年息六厘，二，六八二镑一八先令五便士。

计至一九四六年（民国卅五年）十二月卅一日　共四二，九二六镑一五先令〇便士，折合法币付给。

天津英文学堂：

保管团获得胜诉之判决款项，二，四四三镑三先令一便士。

结至一九四一年（民国卅年）十二月六日工部局应付余数，一，九六九镑一先令八便士。

根据保管契约估计战争时期应付之数额，四五，〇〇〇镑〇先令〇便士。

共计，四九，四一二镑四先令九便士。

前列数目系根据保管契约现时依法应受此束缚者，但假定签约双方接受顾问之建议，即一九四〇年（民国二十九年）之协议，应调整其财政关系者，则其额数应如次：

解决保管团：

获得胜诉之判决款项，八四六镑一九先令〇便士。

结至一九四一年（民国卅年）十二月六日工部局应付之余数，一，九六九镑一先令八便士。

依据上述协定估计战争时期应付数额，二七，〇〇〇镑〇先令〇便士。

共计，二九，八一六镑〇先令八便士。

零星款目：

狄更生奖学金，计至一九四六年（民国卅五年）十二月卅一日之本利，四七〇镑。

零星保管款目：

计至一九四六年（民国卅五年）十二月卅一日之本利，三三〇镑〇先令〇便士。

零星债户：

细目无可稽考，但知其中一〇，〇二五元系应移交与保管团之外籍职员年积金。此款应以英镑支付，并按六便士合一元之折合率计算，二五〇镑一先令三便士。

用户押款：

电户处——一七六，二一〇.〇〇元。

自来水——三一,二一二.五〇元。

共,二〇七,四二二.五〇元。

保管员筹金,计至一九四六年十二月卅一日:

债券保管团——九六八镑〇先令〇便士。

年积金保管团——四六二镑〇先令〇便士。

共,一,四三〇镑〇先令〇便士。

专业人员费:

失去职位补偿:

卫生医官,一五六〇镑〇先令〇便士。

法律顾问,五四〇镑〇先令〇便士。

稽核员,三七五镑〇先令〇便士。

共计,二,四七五镑〇先令〇便士。

四、顾问等建议,所有款项要求概应自一九四六年(民国卅五年)十二月卅一日起至中国政府以现款清付之日止,按年息六整(厘)加付利息。

五、为顾念法律计,尚有对于下列天津公学保管契约及空地保管团应负之义务。

天津公学(说帖十三号及补编):

甲、承认管理该公学之保管契约及保管团有在该校舍内继续办理学校之权。

乙、照付按一九四一年(民国卅年)十二月六日资产负债表工部局代保管团管理之剩余款额。

丙、照付战事期间按估计市政捐税比数依保管契约应付该校之款额。

乙与丙应按六便士合洋一元之价格付给英镑,再于付款之日按照当时汇兑价率由英镑折合当地币值。

丁、应作充分准备,以便付给依照保管契约将来市政捐税之比数。

戊、免除随因新派保管员,保管团转移房地及其他资产之转移捐税,并保证因保管契约所生之一切捐税之免除。

空地保管团(说帖十五号及说帖十四十五两号之补编):

甲、承认该保管团。

乙、将所有该场地在合宜修理情况下正式移交于保管团。

丙、免收此项产业之一切捐税。

丁、派定新保管团时免收契证转移捐税。

戊、每年照付协款等于前工部局所付之数。

己、保存并维持维多利亚花园。

为容纳委员会之意见起见,顾问等已允为建议:甲、现天津公学之保管团员应将该校产业移交于中国政府之指定人,仍作为私立学校,悉照以往情形继续办理;乙、空地保管团员应将民园移交于中国政府之指定人作为体育运动之用,但外籍侨民得有同样享用之权;又继维多利亚花园以获得英国政府允将其中部分地段之产权让与为先决条件,应移交于中国天津市政府,但市政府须保证其地永远保持为民众公园之用并承认英侨对于英国战事纪念碑之权利。

倘顾问等之建议不获批准时,则公学保管团仍含有下列财政上之债务。

天津公学：

一九四一年(民国卅年)十二月六日工部局所欠余额,九二三镑四先令三便士。

按照保管契约战期内应付之数,估计一七,○○○镑○先令○便士。

共计一七九二三镑四先令三便士(可折合法币支付)。

按照保管契约每年协款继续之债务。

但在本年一月十五日会议席上,公学董事长曾声称学校董事会不愿要求保管契约所规定之财政利益,惟愿信赖教育部。

照此情形顾问等认为,此事已无再事坚持之理由。

六、天津英工部局图书馆

依照法律观念,关于管理图书馆所成立之保管团以及依保管条件准备图书馆馆址之决议,中国政府应受其约束。

委员会曾主张,已经觅得之书籍及将来陆续寻回之书籍概由英国侨民接收。顾问等承认此项办法之便利,但未得其他外籍人民之同意,斯举是否合法殊属疑问,惟如果此种见地判为不当或此事可以照办,则顾问等允为建议,如此解决乃为一惬意之办法。但如果依此进行,其所有财务上之负担按照现在情形须由英侨承当,则此图书馆必需属于英人自办,且以后不能成为受评之资料。

七、顾问等愿请中国政府注意其所负之责任,在前英工部局区域内各项事务清理完竣前,对于前英工部局区域各事业应保持其原状,直至清理完竣之时为止。关于应行正式或移交之资产清单,则已于说帖二十号内列明。

英顾问主席甘悌

一九四七年一月十七日

(J0012-1-000041)

618.天津市前英法义租界官有资产与官有义务债务清理委员会第七次中英联席会议纪录

1947年1月28日

时间:一月二十八日下午二时半。

地点:本会会议厅。

出席委员:杜建时(张子奇代)、张子奇、徐端甫、庄乐峰、陈道源、李汉元、陈锡三(徐端甫代)。

列席人员:外交部特派员季泽晋,顾问张务滋、侯文魁,专员陈恩绂、吉浩然,英顾问甘悌、安德铸、哈尔通。

主席:张代主任委员。

纪录:吴寿岑。

宣读第六次纪录,除零星欠户及欠款结余款数略有更正外,余俱通过无误。

(一)第七号说帖补编关于河坝停泊及卸货地段租约之义务

此事经继续讨论后,本会声明:民国廿年中国政府曾颁新民法,规定租赁期限不得超过廿年。查此租约所载期限为十年,再每十年期满后得续订十年,租用人按原列条款有永久续订租约之权。等语。本会虽承认现在租约为有效,但认为租约内此项条款实与上述政府所颁之新民法有所违背。又租约内有引用英国法律之规定,按照中英新约附件第四条之规定,本会认为此点亦属不合。英顾问等仍坚持其意见,以为如按照中英新约,河坝租约系中国政府应接受之义务,则租约等所载各条款自不容有所更改。

本会为免除将来误会起见,兹特声明:现在租约俟民国卅八年十月(一九四九年)期满时,倘中国政府届时许予续约,则以删除此等不合中国法令之条款应为先决条件。又租约所载公断办法之条文似亦应有合宜之修正,以期符合新约之精神与意旨。

因本会与英顾问等见解不同,此案应由双方分别向其高级机关呈报核议。

(二)中国职员年积金问题

主席谓,现获有地方法院之函件,内有各项证据证明,中国职员确于民国卅一年三月至卅二年(一九四二年)三月间,自动向当时特别行政区署长方若要求发放年积金,且要求不止一次,足证实非强迫接受。即使此项要求仅系出于一部分职员之所为,但事实上除一二人外,所有职员均接受此款,则此问题应终止讨论,理由至为充足。

英顾问等之意见以为,此事实属困难,顷所闻之事实与证据,彼等既无从获得且尚未明定,故顾问等仍觉,要求中国职员与外籍职员应受同等之待遇为其重要之职责,尤以当时危险时期之环境,实为决定一切之因素。盖其时多数职员经济上实感受异常困窘,故顾问等仍愿赞助中国职员对于此款之要求,并就理想观念与常例衡之,委员会所持之结论尚难视为允洽也。

主席称:本会既根据实际调查所得,自不能不依照事实解决,如不按实际处理,则难免有越职之嫌。

英顾问复举一个人之例,称当时有一英国人曾坚持其公费须由日本人给付;又述及一九〇七年海牙公约之规章,在占领区域内普通公务人员势须照旧执行其通常职务者,其行为不能认为与敌合作,更不能诬为通敌。职是之故,中国职员之此项要求应予以同情之考量。

主席称:本会既有确实证据而英顾问等犹不能改变其主张,此事只好由双方分别呈报高级机关核议。

(三)前英工部局警务副处长年积金

查前英工部局应付警务副处长年积金约二万元,又两警士之年积金,此外尚有萧督察应得工部局摊负之年积金,均仍存于工部局账内,列入"未付"项下,现经提出要求补发。本会接受此项要求。

(四)前英工部局之官有资产

本会对于工部局资产因债务设定之合法负担予以认承,最要者为发电厂与自来水厂。

(五)前英工部局官有资产应行移交于中国政府之清单

除旧伦敦道自来水厂旧址及马厂道公墓地亩面积数字稍有参差,又现金及银行结余款项应再与工部局总账核对,使之更为齐备外,本委员会对于英顾问等第二十号说帖所具下列之清单认为无讹。(清单见另纸)

(J0012-1-000040)

619.天津市前英法义租界官有资产与官有义务债务清理委员会 第八次中英联席会议纪录

1947年1月31日

时间：三十六年一月卅一日下午四时。

地点：本会会议厅。

出席委员：陈道源、徐端甫、庄乐峰、李汉元、陈锡三(徐端甫代)。

列席者：外交部特派员季泽晋，顾问张务滋、侯文魁，专员陈恩绂、吉浩然，英顾问甘悌、安德铸、哈尔通。

主席：陈道源(代)。

纪录：吴寿岑。

宣读第七次中英联席会议纪录。除将末项"保管团所存契证"一段删去外，余无异议。通过。

张代主任委员因事缺席，公推陈委员道源代表本会全体委员致词。

陈代主席：兹代表本会全体委员对于英顾问等之协力辅助以使会议获有如此诚恳友善之结果表示谢意。虽所得之结果未能完全满足本会与顾问等之愿望，但深信所有各项尚待解决之问题必可由双方高级机关在同样敦睦友谊与同情谐调之空气中，获得和协之解决。

英顾问答称：顷获得委员会所给予之好感与善意，良深感激。兹为将来中英商业之健全发展起见，顾问等仍希望中国政府对于未来英籍侨民体育及智育之上进，所有主要所需如体育场及天津英文学堂等项不致有所忽视也。

其他事项无。

散会：下午五时。

(J0012-1-000040)

620.天津市前英法义租界官有资产与官有义务债务清理委员会 为送书面报告事致天津市临时参议会函

1947年1月31日

案准贵会津临秘(卅六)电字第六一号电嘱，于二月四日下午一时举行第一届第二次大会时出席报告，并将书面报告先期送会，以便查阅。等因。自应照办。除届期准时出席报告外，相应检同本会工作报告一份送请查收核阅为荷。此致天津市临时参议会。

附本会工作报告一份。

主任委员杜

天津市前英法义租界官有资产与官有义务债务清理委员会工作报告

本会清理各租界事务,先由英租界入手。英租界官有资产,除汇丰银行所存英工部局英镑及英国政府债券外,悉由当年伪市政府接收营用。现在,根据英籍顾问提出民国卅年(一九四一年)十二月六日前英工部局报告书所载资产负债表并说帖共计二十号,加以审查。其资产中之有问题者及义务、债务等项,先开小组会与英顾问交换意见,再提交委员会,最后开联席会议,邀请英顾问列席。我方对于义务、债务有不能承认者,因此与英顾问意见获得协议。仅耀华学校等十二案,其余多未一致,已制成中英文纪录,各向上级机关请示。共计先后开小组会九次,委员会十七次,联席会八次,已将英租界事务大致议竣,刻正编制报告书呈请行政院核示。至法租界事务,已举行中法非正式谈话会及联席会各乙次。义租界事务即将着手清理,预计本年六月底差可全部蒇事,不致逾院定一年内办结之期限。兹将讨论英租界事务分别叙列于后:

甲、经本委员会查明,确系英租界官有资产,并经英顾问同意,移交于中国政府接收之产业如下:

一、不动产项下

(一)地亩

1.老租界地亩两段,共一五,七九○亩,共值洋二四五,一六七.○○元。

2.扩充界地亩六段,共四五,九七五亩,共值洋三九三,九二○.三○元。

3.推广界地亩十段,共一七五,一二五亩,共值洋八三三,六七四.四五元。

4.工部局界外地亩四段,共三九九,三六八亩,共值洋三九八,四九○.五三元。

5.公园三处地亩,共四九,四八五.○○亩。

6.公墓共两处,地二三,八四二亩。

7.马路占用地共八三九,五七六亩,共值洋三,九八六,六九七.三○元。

8.街道、路基、阴沟、水沟、便道、桥梁等,共值洋一,八二九,八○五.二五元。

9.自来水厂地亩两段,共二九,四一八亩,连同房屋、机器等项,共值二,○九七,五○一.五四元。

10.发电厂地亩两段,共十一,二三六亩,连同房屋、机器等项,共值三,八一二,二五一.八三元。

(二)房屋

各项房屋共三十处,共值洋一,七二三,五五七.二八元。

二、动产项下

(一)动产如家具、材料等项,均早由各机关接收。本会业经分函查询,现尚未准函复。

(二)投资地方公债二,三四○,七○一.七一元;又英国战时债券计值三千四百英镑;又汇丰银行存款三千五百六十三英镑十五先令九便士。

附注:查发电厂及自来水厂,均经英工部局指为债券持有人,及享受职员养老金者之担保品,订有担保契约。又各项资产之价值,系截至中华民国三十年(一九四一年)十二月六日止英工部局报告书内资产表所列之数目,合并声明。

乙、经本委员会决定,已得英顾问同意之事项如下:

一、耀华学校资产问题。

二、民园运动场资产问题。

三、普通医院及隔离病院资产及义务问题。

四、维多利亚花园资产问题。

五、英国公墓义务问题。

六、图书馆义务问题。

七、中外职员养老金问题。

八、前英工部局所发债券问题。

九、外籍职员战时薪金损失之补偿问题。

十、狄更生奖学金问题。

十一、英国兵营资产问题。

十二、十号路游泳池资产问题。

丙、经本委员会决定,未得英顾问同意之事项如下:

一、英文学校资产问题及义务问题。

二、十七号路球场问题。

三、中国职员战时薪金损失之补偿问题。

四、中国职员年积金问题。

五、怡和、太古轮船公司码头租契问题。

六、前英工部局法律顾问、稽核员及保管团酬金问题。

丁、待决事项——英租界一切债务偿付折合率问题。

兹再将关于法租界事务已经讨论者叙列于后:

甲、经本委员会查明,确系法租界官有资产,并经法顾问同意,移交于中国政府接收之产业如下:

一、地亩

1.空地六段,共三十亩零六分九厘。

2.租界内各项设施——法国公园、脏水沟、码头、街道与公路、海光寺洋灰桥。

二、房屋

1.各项房屋七处。

2.租界内各处设备——贮水器、厕所、苦力厨房、停尸室、码头捐事务所、水闸。

乙、是否法租界官有资产,本委员会尚未调查完毕者,有下列三项:

一、法国学校。

二、同盟联欢社。

三、公达乐兵营。

丙、待决事项:

法租界官有资产产权之转移日期,应以何日为标准始认为合法一节,已由双方向上级机关请示。

以上系本委员会工作概况。特此报告。

(J0012-1-000013)

621.英国顾问安德铸为检送英国政府在津所置产业清单事
致天津市前英法义租界官有资产与官有义务债务清理委员会委员陈道源函

1947年1月31日

径启者：兹遵敝国总领事之嘱，送上英国政府在天津所置产业详单，即系总领事于星期二晚与阁下谈及者。

此项产业共有契证七件，其详情列下：

领事署地段第十号，一九零七年置，军官办事处，旧达文坡路。

领事署地段第二号，一九十二年置，军官眷属住宅，旧戈登路。

领事署地段第五号，一九廿六年置，兵营。

领事署地段第十号，一九卅年置，兵营附近空地。

领事署地段第一号，一九卅一年置，兵营附近空地。

领事署地段第二号，一九廿八年置，靶子场邻近法租界。

领事署地段第十七号，一九廿四年置，总领事住宅。

此项产业之契证，均在伦敦存放，但鄙人曾备具证明书，证明此项产业曾在总领事署登记，为英国政府之产业。一若其他案件其契证未在手中者相同，并将此项证明书等携往地政局登记。该局向鄙人言，非俟清理委员会决定，不属于前工部局所有，后此项产业不能予以登记。

鄙人须指明者，一九四三年（民国卅二年）新约第五节，不仅特别承认英国人民私人所有产业，并承认英国政府产业，且认为此项现有权利不能使之无效。

专此，顺颂公绥。

安德铸

一月卅一

（J0012-1-000007）

622.中华民国国民政府行政院为准予杨豹灵等四人免于天津市前英法义
租界官有资产与官有义务债务清理委员会委员职事指令天津市政府
（从人3762号）

1947年2月6日

三十六年元月七日曾人字第四六号呈，为本市前英法义租界官有资产与官有义务债务清理委员会改组另推委员，其原任委员杨豹灵等四员应予解职由。呈悉。应准免职。此令。

附发院令四件。

院长宋子文

（J0002-2-001730）

623.天津市前英法义租界官有资产与官有义务债务清理委员会
关于清理前英租界官有资产、义务、债务事项第二次报告书

1947年2月8日

查本会清理本市前英租界官有资产、债务、义务事项,前曾就本会与英顾问磋商已得同意之四项问题,拟具第一次报告书呈报在案。兹经本会继续进行清理,对于前英租界其余问题与英顾问检讨业已大致讨论完毕,爰拟具本件第二次报告书,就全部问题之会商结果分为三类报告如下:

第一类 经查确系前英租界官有资产应
由我国政府接收并经英顾问表示同意者

一、地亩——共计六三六,二五八亩

(一)水道处——二九亩四分一厘八毫

(二)电务处——一一亩二分三厘六毫

(三)围墙道花园——六亩一分九厘五毫

(四)土山花园——十二亩〇二厘

(五)敦桥道花园——卅一亩二分七厘

(六)广东道公墓——十一亩二分八厘一毫

(七)马场道公墓——十二亩五分六厘一毫

二、马路——包括街道、路基、阴沟、便道、桥梁等

(一)旧英租界扩充界——二百七十六亩七分三厘六毫

(二)旧英租界推广界——五百二十六亩八分四厘

三、房屋

(一)维多利亚花园内房屋

(二)戈登堂、警务处、保险库、电气陈列室

(三)捐务股公事房

(四)河堤房屋

(五)码头验货场盖棚

(六)码头捐公事房

(七)中国职员食堂

(八)粪井

(九)中街铺面房

(十)十七号路警务宿舍

(十一)职员宿舍(伯目斯道)

(十二)职员宿舍(戈登道)

(十三)职员宿舍汽车房

(十四)工程处机料厂(戈登道)

(十五)汽房

（十六）材料厂（伦敦道）

（十七）工程处机料厂（七十二号路）

（十八）伦敦道警务处宿舍及消防队

（十九）福发道警务分处

（二〇）福发道消防队水龙带去潮塔

（廿一）警备队司令部

（廿二）土山花园内房屋

（廿三）旧英租界内各公共厕所

（廿四）马厂道公墓内火葬炉、休息室等房屋

（廿五）菜市房屋

（廿六）隔离病院

（廿七）游泳池

（廿八）发电厂

（廿九）自来水厂

（三〇）普通病院

四、动产——下列各项品名、数额正在清查

（一）自来水厂之全部设备

（二）发电厂之全部设备

（三）消防设备全部

（四）现尚存留于上列房屋中之家具全部

（五）各材料厂所存之材料、机器、骡马、货车以及全部设备

五、投资

（一）购存前英工部局所发及其他地方公债（票面额）——二百卅四万七百〇一元七角乙分

（二）在汇丰银行账存现金——三千五百六十三英镑十五先令九便士

（三）购存英国政府所发战时债券——三千四百英镑

此外，尚有麦加利银行账存英镑及美国大通银行账存美金与前英工部局电务处在汇丰银行账存英镑等零星数额正在清查。

第二类　经本会与英顾问磋商已获具体同意之事项

一、耀华学校（即天津公学）资产问题

查该校原系中国人集资创办，成立后经英工部局逐年协助款项。其校产占地五十三亩，系英工部局所拨给，其建筑物则系英工部局自公款中出资协济所建，并经英工部局对该校资产保管团成立保管契约，将管理权移交于该保管团，故契证为保管团名义。（此项资产究竟应否认为租界官有资产或私产，应以该保管团依照我国法律其地位是否应视为所有权人为断。换言之，亦即保管契约对我国政府仍否有效问题。）经本会决议，应由我国接收，仍作学校之用，并经英顾问同意。——见第一次报告书。

二、民园运动场资产问题

查民园运动场占地五十七亩三分，系由中国人及外侨地主所捐赠，但亦经英工部局对空地保管团成立保管契约，故契证亦为保管团名义。兹经本会决议，应由我国接收，仍作运动场。英顾问表示同意，

可由保管团移交。——见第一次报告书。

三、维多利亚花园资产问题（一八.六〇〇亩）

查该园地亩一半系英工部局所有，一半系英国政府所供给，同在空地保管团保管契约范围之内，故契证亦为保管团名义。当初并曾有规定，如不作为公园之用时，则英国政府所供给之地皮即由英政府收回。园内并有英侨捐赠之纪念碑一座。兹经本会决议，应由我国接收，仍作公园之用，并经英顾问表示同意，但附有条件。——见第一次报告书。

四、普通医院及隔离病院资产及义务问题

查该两医院之资产，现在均属英工部局所有，但其设立原旨系专供英侨养病之用。又查，普通医院最初系英侨为纪念英国维多利亚女皇而集资所建者，其后无偿移交英工部局，经英工部局迁移现址并加扩充，故本于历史关系，英侨对此医院实应具有享受特殊利益之权利。英顾问以上述经过为理由，要求本会注意英侨在医院上应享受之权利，并要求中英合办。兹经本会决议，此两医院原则上固可由中英合办，惟院长等应用中国人充任，并可保留一部分床位以备英侨优先使用，业得英顾问同意。——见第一次报告书。

五、英国公墓资产及义务问题

查该公墓系工部局所有之资产，以前有外籍妇女委员会之组织担任保护坟墓及种植花木责任，且由工部局拨给款项以供上述用途。兹经本会决议，应由我国政府接收并允于马厂道公墓保留一部分归英侨使用，一切拟照实际需要办理。至扩充计划及保护维持事项，应由社会局注意保持墓地之美观，业得英顾问同意。

六、前英工部局所发债券——债务问题

查英工部局曾于一九三二年（民国廿一年）及一九三七年（民国廿六年）两次发行债券（普通用途），约计中国国币五百一十万元有奇，应自一九四七年（民国卅六年）开始还本，至一九六一年（民国五十年）还清其利息，已付至一九四一年（民国卅年）六月卅日而止。兹经本会决议，该两项债券所收款项既系用于当地且以工部局资产为担保（参阅本类第九项），我政府自应承认负责清偿，英顾问之意见相同。惟赎还债券折合率应为若干一节，未能获得同意解决（见本报告第三类）。

七、狄更生奖学金清偿问题

查此项奖学金（六千元）原为纪念狄更生而设，其利息充作英文学堂奖学之用。此款因在工部局保管款项之内，故英顾问提出要求我政府应向英文学堂偿付，兹经本会决议应予承认。

八、零星保管款项及欠款偿付问题

查前英工部局负债表内零星保管款项项下，列有四千二百卅八元六角五分。一项系前英工部局代已故二警士保管者，本会认为此款应发还该警遗族具领。另有零星欠户暨未清付账目，此款计十四万九千九百八十七元三角三分。虽其详细节目无从查考，但英顾问指出内有一万零二十五元二角四分，谅系工部局摊付外籍职员年积金，应于战前移交年积金保管团者。本会亦决议应承认此项债务，但须俟该工部局总账查明后方为确定。英顾问均已表示同意。

九、工部局资产充作担保品问题

查英工部局之主要债务属于债券持有人及前英工部局享受养老金之职员。为担保该两项债权本息之偿付，曾经工部局以该局官有资产充为担保品，于民国十六年（一九二七年）九月九日与民国二十一年（一九三二年）六月十日及民国廿六年（一九三七年）五月卅一日先后对债券保管团成立保管契约。依照上开民国十六年九月九日所订保管契约之规定，所有英租界内之发电厂、自来水厂以及其他资产均成为保管团正式抵押品，其发电厂、自来水厂地契并已交由保管团保管。故于此时，英顾问乃提请本会注意，在债券未清偿前，中国政府应保持各该资产原有状况。兹经本会决议，前英工部局以官有资产设定之抵押权本会应予承认，尤其发电厂及自来水厂虽已经冀北电力公司及本市公用局分别接收，但其资产状况及收益与本会厘定清理官有债务有关，应行分别接洽。英顾问表示同意。

十、前英工部局警务处副处长等年积金债务问题

查前英工部局警务处副处长年积金二万余元，又警察二人之年积金以及萧督察应得工部局摊付之年积金均未发给，仍存于工部局总账"未付"项下。兹经本会决议，此等欠付债务，本会应予承认。英顾问表示同意。

十一、对于耀华学校义务问题

查该校校产应由我政府指定人接收，已得英顾问同意（见第一次报告书）。但英顾问对我政府应负担对该校之义务一点仍提出要求，盖该校亦曾由工部局对保管团立有保管契约，故英顾问主张，对于此校保管团实负有职责，所提要求与英文学堂相同，保管团虽愿将该校产业移交中国政府之指定人，但此举不能更改保管契约，同时中国政府应负同样之义务。本会则以为，保管契约能否有效殊成问题，且耀华学校乃本市私立学校之一，自应遵照教育部所定规章办理，决不应作范围以外任何要求。况据该校代表到会声称，情愿放弃前英工部局之所欠协款及将来协款，此点业经向英顾问甘悌君表示。等语。故本会对耀华学校义务之要求实难承认。英顾问最后表示，耀华学校代表既有如此声明，顾问等当无再行坚持之理由。但前所主张之言词记入记录可耳。故本问题业已同意解决，我国政府对于耀华学校可不负任何义务、债务。

十二、天津公共图书馆义务问题

查以前英租界曾立有图书馆并曾由英工部局供给房屋电水，后经该图书馆委员会议决，交由工部局保管，设在维多利亚花园内，而管理权仍操诸委员会之手，迨敌伪占领租界即行瓦解。现经英侨整理，已将多数图书觅得，暂存天津英侨俱乐部内。英顾问特提出此问题，认为仍系中国政府一种义务，应负责供给适当房屋。兹经本会决议，英侨自用之图书馆应由英侨自行筹备办理，本会不负任何义务。英顾问最后表示可无异议，故已同意解决。

第三类　经本会与英顾问磋商彼此不能同意之事项

一、英租界十七号路球场资产及义务问题

查该项资产原系工部局所有，但经英工部局对该场保管团订有保管契约并由工部局予以协款。本会决议，该场为本市运动场之一，其使用与管理关系教育行政，应由我国政府接收，但为便利英侨起见，得由该场管理员指定一部分归英侨使用。英顾问则坚持该场产权为保管团所有，不能视为官有资产，对该场以往之地位不容有所变更，故对于该场义务问题更无从获得协议。

二、英文学堂资产问题

查该校最初为天津学堂，系英侨捐款创办，其地皮则系工部局所拨给。嗣后工部局对该校保管团订立保管契约，并依契约所定，逐年给予协款以为资助。迨太平洋战起，该校即停办，被敌伪接收。兹经本会决议，该校资产应由该校保管团移交我国政府接收。如英侨决定继续办理学校，则须经由中国政府同意并在教育部立案后仍可利用该项校产。至该校保管团以往与工部局涉讼应得之欠款，因事实证明前英工部局并无意给付，故本会不能承认为应负担之债务，至根据保管契约所生之义务，本会亦难

承认。英顾问则坚持，该校资产因有保管团之保管契约存在，故其地位不容有所变更。同时根据新约，中国政府应继承对该校给予欠款及将来协款等义务。换言之，中国政府应承认该项保管契约仍为有效，惟该保管契约可作条文上之修正而已。本问题彼此主张决难一致。

三、清偿债券折合率问题

查英工部局所发两项债券，原则上本会决议应予承认，惟对于折合率一点，本会主张与英顾问难得同意。缘当时发行债券所收之款，其币值自较现在高贵，而当时购买债券之人又多数系英侨，故英顾问坚持我政府赎还债券时，应以票面额国币一元折合英币一先令二便士又四分之一为标准，以免债券持有人受有损失。本会则以为，此种事件在上海或其他各地恐亦有类似问题，应求全国一致，故应由中国中央政府予以规定，本市不应单独有所规定，故对英顾问之主张实难一致。

四、前英工部局中英籍职员养老金偿付问题

查前工部局对于退职之中英职员逐月给付半薪之养老金，计现在共有英籍退职人员林乃斯等六人，中国退职人员若干（现正调查）人，而各该员等之养老金截至一九四一年（民国卅年）战事发生敌伪占领租界时止即未发给。兹经本会决议，此项养老金积欠及将来之偿付，我政府应予负担。并规定英籍人员每年应领养老金之人，就其应领额向其所在地中国大使馆或领事馆具领，中国职员则向所在地市政府具领。至于积欠之养老金，应俟英顾问提出详细住址、年龄、名单，经审核后如数付清，但不付积欠期间之利息。英顾问则坚持，除中国政府应清付积欠并按年支付将来之养老金外，尚必须负担自积欠日起至清偿之日止之利息。对于以后养老金之支付方法，英顾问则建议可由中国政府购进英保险公司年金以代给付，或由英政府分别拨付，再由中国政府偿还。故本问题彼此意见未能完全一致。

五、前英工部局中英籍职员薪金补偿等义务问题

查日英宣战租界被敌伪占领后，所有工部局中英职员之离职与留任情形不一，英顾问现对本会代各职员提出，中国政府应负担对各该职员给付薪金赔偿等义务问题，兹分述于后。

甲、英顾问主张如下：

英顾问认为，下列之英工部局对于中英职员之义务、债务，本于一九四三年一月十一日中英新约，应由中国政府担任。

（一）对于英籍从军人员应发给半薪，故中国政府应承认，自一九四一年（民国卅年）十二月一日至一九四五年（民国卅四年）十月卅一日止，各予半薪。

（二）对于被敌日拘留之英籍人员，中国政府应承认自一九四一年（民国卅年）十二月一日至一九四五年十月卅日止，各予全薪。

（三）对于先被拘留后被遣送回国之英籍人员，在其被拘留期间应给予全薪；而于一九四二年十月十一日被遣送回国后，或有其他职业，可按半薪给付。故中国政府应负担给付自一九四一年十二月一日至一九四二年十月卅一日之全薪与一九四二年十一月一日至一九四五年十月卅一日之半薪。

（四）对于自潍县赴加拿大之英籍人员，因彼等先于一九四一年被拘留于潍县，而后于一九四三年十二月返抵加拿大，故对于彼等，中国政府应给付自一九四一年十二月一日至一九四三年十二月卅一日止之全薪与自一九四四年一月一日至一九四五年十月卅一日之半薪。

（五）对于给付上列各项薪金之补偿，因彼等薪金向以英镑为计算本位，故其折合率一节应有规定。按一九四一年度各级薪俸均曾按照每元折合六便士之标准调整，故中国政府亦应承认以每元按六便士折合。

(六)上列各英籍人员凡曾收受日伪薪金者,自应扣除其所得额。

(七)对于各英籍职员被遣送回国所需之川资应予给付。

(八)对于英籍职员依工部局惯例长期休假期间之薪金,中国政府亦应给付。

(九)对于因战事发生而损失职位之英籍职员,中国政府应予损失补偿。

(一〇)对于中英籍警务人员应予特别补偿金,即对四十五岁以上之警官自一九四五年十一月一日之年龄起算至六十岁,每可能服务一年各予一个月之额外薪金。

(一一)对于中国职员,中国政府应比照英籍职员之要求,负担同一之义务。

(一二)中英籍职员无论与工部局有无服务合同,均应同等待遇。

乙、本会之决议如下:

(一)对于英籍职员要求薪金一节,因各该员均与工部局定有服务合同,故应承认自一九四一年十二月一日起至各该员合同期满之日止,各予全薪但不得少于一年之薪额。

(二)对前开甲项英顾问之主张一、二、三、四各点,本会可向行政院建议。

(三)给付各员薪金补偿之折合率一点,应听候行政院核定。

(四)川资及休假期间之薪金,本会不能承认。

(五)损失职位之赔偿问题,本会拒绝讨论。

(六)对于中英警务人员之特别补偿一节,原则上本会可予承认,但以确有功绩者为限。

(七)对于中国职员之薪金赔偿自应与外籍职员相同,如外籍职员之薪金补偿能展至一九四五年十月卅一日止,中国职员自亦应同一待遇,但自英人由英工部局撤退后(一九四三年三月)仍在敌伪管理下任事者,不能享受此等利益。

(八)无论中外籍职员,既有有合同与无合同二种,故有合同人员得有享受上开薪金补偿之权利,而无合同者则绝对不能。

综上所述,本会与英顾问之意见不同之处殊多。

六、前英工部局中国职员年积金补偿问题

查前工部局无论中外职员均有年积金之存储,在敌伪占领租界时期,伪官方曾将各中国职员之年积金按其原存额各予发还。兹英顾问以为,当时之发还与英工部局之规定不合,且所发者为贬值之伪币,显失公允,故代中国职员提出本项问题,要求中国政府仍应负担此项债务。嗣经本会决议,此款既经伪官方发还,即债务已不存在。且经调查,当时系中国职员向伪官方自动请求发给者,并非敌伪强迫接受。本会绝难承认此项债务,英顾问则坚持原意,故未能同意。

七、怡和等轮船公司租用码头合同义务问题

查怡和等轮船公司与工部局立有租用码头合同,其地皮所有权属于英国国家,而管理权及码头建设之资产则属于工部局,于一九二八年英工部局曾与怡和、太古、招商局订立租用契约,期限十年。其租价则收为英工部局之资产后,又续约十年,应至一九四九年期满。故目下除租价应归我政府继续收受外,所难解决者厥为各该项契约之条款,盖内中最紧要之一条为,各该公司于合同期满时得有权续租,到期即续,了无止期,殊与我国民法所定租期不得过二十年之规定不合。兹经本会决议,各该公司之合同应至一九四九年(民国卅八年)满期,在满期前本会应承认其为有效,至各该租约内所载每十年期满后得续订十年,租用人按原条款有永久续订租约之权等语,本会认为实与我国民法不合。又租约内有引用英国法律之规定,对于中英新约附件第四条之规定亦有未合。故本会决议,期满时倘中国政府许予续约,亦应以删除此等不合法令之条款为先决条件。又租约所载公断办法引用英国法律一节,亦主张应有合宜之修正。

英顾问则坚持,本于中英新约,此系中国政府应接续负担之义务,租约中任何条款自不容有所变更。双方意见遂不能一致。

八、前工部局所欠法律顾问、医官等兼任人员费用及失业赔偿债务问题。

查英工部局对于前所聘用之法律顾问、稽核员等项职员各有欠款。兹经本会决议,凡一九四一年十二月八日以前之积欠,本会可以承认。以后者,如失业赔偿问题,因本会对于前英工部局专任职员之要求即未加以考虑,故此等兼职人员之失业问题更无考虑余地矣。英顾问则坚持,不仅一九四一年十二月八日以前所欠者应由中国政府偿还,战事期间之失业赔偿,中国政府亦应负担。意见终难一致。

(J0012-1-000038)

624.天津市前英法义租界官有资产与官有义务债务清理委员会第十八次委员会会议纪录

1947年2月14日

时间:三十六年二月十四日下午三时。

地点:本会会议室。

出席人员:委员庄乐峰(陈锡三代)、陈道源、徐端甫、李汉元、陈锡三。

列席:外交部特派员季泽晋,顾问张务滋、沈晞,专员陈恩绂、周振东、吉浩然,地政局长吴惠和(吴殿元代)。

主席:陈道源代。

纪录:吴寿岑。

报告事项:

(一)宣读第一次中法联席会议纪录,无异议通过。

(二)宣读第八次中英联席会议纪录,无异议通过。

(三)英顾问所递第二十一号说帖,提出报告案。

此项说帖,系撮举以前所递说帖一至二十号之纲要,及摘述连次会议讨论各点,惟内有与屡次会议纪录中略异之处,似宜加以注意。

议决:由本会函复英顾问(议决文附后)。

(四)英顾问送来八、九号说帖补编(一)关于债券及养老金之数额,提出报告案。

议决:由本会函复英顾问(议决文附后)。

(五)英侨福劳士请发还旧英租界十号路游泳池产业,已由敌伪产业处理局处理,不属本会清理范围。特提出报告案,无异议通过。

(六)本会接准上海市租界清委会复函一件,为抄送该会承受义务磋商原则请查照由,提出报告案。

议决:由本会于致函英顾问时,附抄承受义务磋商原则及公务员退休法。惟原则内第二条不录(议决文附后)。

讨论事项:

(一)关于各租界官有动产,屡经行查,多未见复,应如何办理案。

议决:仍由本会函请天津市政府,饬催有关各机关迅速查复,以凭清理。

(二)法顾问提出地契五份,摘译要点,报请公决案。

陈委员说明:此项地契五份,已由本会专员及法律顾问审查,并摘译要点,另纸印出,其原契则已退回。至前请法顾问,以书面说明各产经过及资金来源,则迄今尚未送来。

议决:除六号路不动产仍由李局长接洽,俟下次开会提出报告外,所有其余产业应再详慎审查,俟下次中法联席会议时,仍请法顾问携带此项地契等以凭查验,并请其将领事馆所存注册簿调阅。俾呈报时有此根据,较为有力,并由本会仍向财政局调查有关卷宗,以便核考。至法国学校、法国球房契载,业主名义为"法国公共团体"。将来如经本会审定,不属于前法工部局之官产,自应列入私人资产,亦不能作为法国政府之产业。

(三)呈行政院附赍"关于英租界事务第一次报告书"呈文原稿,请公决案。决议通过。

临时决议事项:

关于上述函复英顾问等各节,应如何措词案。

议决:应照下述意义函复:

二十一号说帖及八、九号说帖补编等,均已收悉。关于屡次会议讨论事件,已由本会根据历次联席会议纪录呈报行政院。兹查第二十一号说帖内载各点,与纪录原案多有出入之处,自未便列入报告,至八、九两号说帖之补编(一)所载,亦已由本会根据会议纪录向行政院请示,自应听候核示,诸希查照是荷。

散会:下午五时。

(J0012-1-000007)

625.天津市前英法义租界官有资产与官有义务债务清理委员会为本会与英国顾问商讨英工部局职员薪俸赔偿问题经过情形事致北平使馆界官有资产与官有义务债务清理委员会函

1947年3月11日

案准贵会卅六年二月廿六日清资字第一六五号公函,以驻平英国领事请将北平前使馆界事务公署积欠职员劳莱斯薪俸列为官有债务,并引叙本会建议一节,嘱查照详复。等由。准此,自应照办。查本会于举行委员会时确曾提出前英租界工部局职员薪金补偿问题讨论。缘日英宣战,天津租界全被敌伪占领,所有前英租界工部局中英籍职员之离职与留任情形不一。英顾问认为,当时各职员被迫离职并非情愿,故中国政府应负担对各职员给付薪金赔偿之义务,并提出种种要求。经本会一再详核,议决承担办法,但终与英顾问主张未能尽相符合,现正由本会与英顾问分别呈请行政院及英大使馆核示中。兹将本会英顾问与本委员会之主张分别列于后。

甲、英顾问主张如下：

英顾问认为，下列之英工部局对于中英职员之义务、债务，本于一九四三年一月十一日中英新约，应由中国政府担任。

一、对于从军之英籍人员，因当时曾允其在服务期间发给半薪，故中国政府应承认自一九四一年（民国卅年）至一九四五年（民国卅四年）十月卅一日止，各予半薪。

二、对于被敌日拘留之英籍人员，中国政府应承认自一九四一年（民国卅年）十二月一日起至一九四五年十月卅日止，各予全薪。

三、对于先被拘留后被遣送回国之英籍人员，在其被拘留期间，自应给予全薪；而一九四二年十月十一日被遣送回国后，或有其他职业，故可按半薪给付。故中国政府应负担给付一九四一年十二月一日至一九四二年十月卅一日之全薪，与自一九四二年十一月一日至一九四五年十月卅一日之半薪。

四、对于自潍县赴加拿大之英籍人员，因彼等先于一九四一年被拘留于潍县，而后于一九四三年十二月返抵加拿大，故中国政府对于彼等应给付自一九四一年十二月一日至一九四三年十二月卅一日止之全薪，与自一九四四年一月一日至一九四五年十月卅一日之半薪。

五、对于给付上列各项薪金之补偿，因彼等薪金向以英镑为计算本位，故其折合率一节应有规定，按一九四一年度各级薪俸均曾按照每元折合六辨士之标准调整，故中国政府亦应承认以每元折合六辨士之折合率。

六、上列各英籍人员，凡曾收受日伪薪金者，自应扣除其所得额。

七、对于英籍职员被遣送回国所需之川资应予付给。

八、对于英籍职员依工部局惯例长期休假期间之薪金，中国政府亦应给付。

九、对于因战事发生而损失职位之英籍职员，中国政府应予以损失补偿。

十、对于中英籍警务人员，应予以特别补偿金，即对于四十五岁以上之警官，自一九四五年十一月一日之年龄起算至六十岁，每可能服务一年，各予一个月之额外薪金。

十一、对于中国职员，中国政府应比照英籍职员之要求负担同一之义务。

十二、中英籍职员等，[无]论与工部局有无服务合同，均应同等待遇。

乙、本会之决议如下：

一、对于英籍职员要求薪金一节，因各该员均与工部局定有服务合同，故应承认自一九四一年十一月一日起至各该员合同期满之日止，各予全薪，但不得少于一年之薪额。

二、对前甲项英顾问之主张一、二、三、四各点，本会可向行政院建议。

三、给付各员薪金补偿之折合率一点应听候行政院核定。

四、川资及休假期间之薪金，本会不能承认。

五、损失职位之赔偿问题，本会拒绝讨论。

六、对于中英警务人员之特别补偿一节，原则上本会可予承认，但以确有功绩者为限。

七、对于中国职员之薪金赔偿，自应与外籍职员相同，如外籍职员之薪金补偿能展至一九四五年十月卅一日止，中国职员自亦应同一待遇。但自英人自英工部局撤退后（一九四三年三月）仍在敌伪管理下任事者，不能享受此等利益。

八、无论中外籍职员，既有有合同与无合同二种，故有合同人员得有享受上开薪金补偿之权利，而无合同者则绝对不能享受。

综上所述,本会决议尚未能取得英顾问之同意,解决自应听候行政院核示后再为处理,故并非定案。准函前因。相应函复,即希查照,备作参考是荷。此致北平使馆界官有资产与官有义务债务清理委员会。

主任委员杜

委员张(代)

(J0012-1-000054)

626.天津市前英法义租界官有资产与官有义务债务清理委员会第二十次委员会议纪录

1947年3月18日

时间:三十六年三月十八日下午二时。

地点:本会会议厅。

出席委员:张子奇、庄乐峰、徐端甫。

列席人员:季泽晋、沈晞、警察局李汉元(王鸿猷代)、周振东、张务滋、侯文魁、郭炽卿。

主席:张子奇。

纪录:梁治耀、吴寿岑。

报告事项:

(一)宣读第十九次委员会议纪录,无异议通过。

(二)接收法工部局卷宗事件

周专员振东报告:关于法租界公议局所存前法工部局卷宗,因公议局现被美军占用,曾由本会函达美军司令部,请准提取,现已洽妥,可以随时往取。

决议:为保管便利,应请市政府径饬档案室接收。本会派周专员会同前往。

讨论事项:

一、关于伪南京外交部及法国不合法政府所处分之产业,是否有效事件,已接外交部特派员转来外交部复电,应认为一律无效。应如何洽办,请公决案。

决议:(一)根据部电函达市政府,六号路前法巡警局房产应由我政府接收。其法领事对重庆银行等租户所立租约,自始无效,应由法领事馆自行清理。

又前法租界防疫所房产售与华商三昌公司之买卖,契约亦属自始无效,亦应由我政府接收。并请转饬地政局,勿准三昌公司登记。

(二)根据部电函达地政局,请勿准许三昌公司登记。

又三十二年五月十九日以后法租界所处分之产业,应属无效,倘各产现业主前往登记,请勿批准,并请扣留其契证,函会核办。

(三)根据部电函达法领事馆,查照办理。

二、义租界内义国球房产业与达孚公司地皮,究应认为义国政府所有,抑属私人所有,请公决案。

决议:根据现有之调查,应认为义国政府所有,并应由我政府接收。倘将来义方能提出私人所有之证明,当再核议。

三、义国坟地曾于一九四三年(民国三十二年)八月五日经义工部局赠与天主教堂所有,此产应否仍认为租界官产,请公决案。

决议:此产原系官产,其赠与行为纵属事实,根据院颁接收租界及北平使馆界办法第二条第四款之规定,此种处分亦属无效,自应认为仍系义租界官产。

四、关于义租界工部局对于河沿地皮历年所为处分是否有效,请公决案。

决议:凡在民国三十年十二月八日,中国对义宣战以后,义工部局所为之处分,应一律认为无效。

散会:下午五时。

（J0012-1-000007）

627.中华民国国民政府外交部驻平津特派员公署为北平使馆界及天津租界清委会应酌定期限结束事致天津市前英法义租界官有资产与官有义务债务清理委员会函(条租36字第2324号)

1947年4月10日

案奉本部本月七日条三六字第七〇一七号代电开:北平使馆界及天津租界清理委员会工作应酌定期限以期早日结束。仰即转洽办理为要。等因。奉此,相应函达,即希查照为荷。此致天津租界清委会。

特派员季泽晋

（J0012-1-000006）

628.天津市前英法义租界官有资产与官有义务债务清理委员会为结束工作期限事致中华民国国民政府外交部电(清字第2号)

1947年4月26日

外交部鉴:条代电悉。查本会清理英法义三租界官有资产与官有义务、债务事项,业经多次开会讨论,分别拟具报告先后呈送行政院,请予核示在案。惟讨论各案多条原则俟奉准后,始能续议具体办法,目下正在待命中,大约院令奉到后再有两个月期限当可完全蒇事。是本会工作结束之迟早,当以院令奉到之时为衡。准电前因,相应电复,即希查照为荷。天津市前英法义租界官有资产与官有义务债务清理委员会。卯。寝。清。印。

（J0012-1-000006）

629.天津市前英法义租界官有资产与官有义务债务清理委员会为前英工部局存正金银行各项证券应向敌伪产业处理局取回事致财政局函

1947年5月10日

查前英租界工部局所有各项证券曾由贵局接收,仍存正金银行保管,前者本会清理此项证券,曾经派专员陈恩绂会同贵局派员前往查点,去后兹据回报,奉令后曾经会同财政局主管职员前往接收正金银行之中国银行接洽,始悉此项证券已移存中央银行库房。处理局认为,敌伪物资加贴封条,未能启封查点。等情。前来。查此项证券系在正金银行保管,并非该行之物,自不能认为敌伪物资。除函处理局,请将该项券箱五个交贵局取回,以备清理外,相应函请查照,即向处理局洽取回局,并通知本会派员前往查点。实纫公谊。此致天津市政府财政局。

(J0012-1-000082)

630.中华民国国民政府外交部驻平津特派员公署为各地租界及北平使馆界清理工作应尽早结束事致天津市前英法义租界官有资产与官有义务债务清理委员会电(条36字第10648号)[①]

1947年5月22日

驻平津特派员公署览。关于各地租界及北平使馆界之清理工作应早日结束事,本部四月七日条卅六字第七〇一七号代电计达。查胜利为时已久,此项工作不容久延,必须加紧进行,尽早结束。清理委员会中国委员与外籍顾问间如有双方不能同意解决之事项,可即依照行政院核定之清理原则,由双方分别提由本部与各有关国家使馆在京处理。本部并决派专门委员凌其翰前来平津协助进行。除分电外,仰即转洽办理为要。外交部。条。

(J0012-1-000015)

---

① J0012-1-000006里保存另一件文件编号同样是"条36字第10648号"的电文,时间记载为"1947年5月26日收文",内容如下:"天津市前英法义租界官有资产与官有义务债务清理委员会公鉴:本年四月廿六日清字第二号代电诵悉。清理工作历时已久,应请加紧进行,尽早结束。如有不能与外籍顾问双方同意解决之事项,即请依照行政院核定之清理原则提出,本部与各有关国家驻华使馆在京解决。本部并决派专门委员凌其翰来津协助进行,即希查照办理,并见复为荷。外交部。条。"

631. 中华民国国民政府外交部驻平津特派员公署为派凌其翰来平津协助结束工作事致天津市前英法义租界官有资产与官有义务债务清理委员会函（条租36字第2773号）

1947年5月27日

案奉外交部本月廿二日条三六字第一〇六四八号代电开:关于各地租界及北平使馆界之清理工作应早日结束事,本部四月七日条三六字第七〇一七号代电计达。查胜利为时已久,此项工作不容久延,必须加紧进行,尽早结束。清理委员会中国委员与外籍顾问如有双方不能同意解决之事项,可即依照行政院核定之清理原则,由双方分别提出,本部与各有关国家使馆在京处理。本部并决派专门委员凌其翰前来平津协助进行。除分电外,仰即转洽办理为要。等因。奉此,除分函外,相应函达,即希查照为荷。此致天津租界清委会。

特派员季泽晋

（J0012-1-000006）

632. 天津市前英法义租界官有资产与官有义务债务清理委员会关于本会清理各租界事项所有问题节略

1947年6月6日

本会与英顾问磋商,已获具体同意之事项:

一、耀华学校(即天津公学)资产问题。

应由我国接收,仍作学校之用,并经英顾问同意。

二、民园运动场资产问题。

应由我国接收,仍作运动场,英顾问同意。

三、维多利亚花园资产问题(一八.六〇〇亩)。

应由我国接收,仍作公园之用,并经英顾问同意,但附有条件。

四、普通医院及隔离病院资产及义务问题。

此两医院,原则上固可由中英合办,惟院长等应用中国人充任,并可保留一部份床位,以备英侨优先使用。英顾问同意。

五、英国公墓资产及义务问题。

应由我国接收,并允于马厂道公墓,保留一部份归英侨使用,业得英顾问同意。

六、前英工部局所发债权——债务问题。

我政府承认负责清偿,惟折合率未能获得同意解决。

七、狄更生奖学金清偿问题。

本会决议,我政府承认偿付。

八、零星保管款项及欠款偿付问题。

本会决议，应承认此项债务，但须俟该工部局总账查明后，方为确定。

九、工部局资产充作担保品问题。

本会决议，前英工部局以官有资产设定之抵押权，本会应予承认。

十、前英工部局警务处副处长等年积金债务问题。

此等欠付债务，应予承认。

十一、对于耀华学校义务问题。

该校校产，应由我政府指定人接收，不负任何义务、债务。

十二、天津公共图书馆义务问题。

决议英侨自用之图书馆，应由英侨自行筹备办理，本会不负任何义务。

本会与英顾问磋商，彼此不能同意之事项：

一、英租界十七号路球场资产及义务问题。

查该项资产原系工部局所有，应由我国政府接收。英顾问则坚持该场产权为保管团所有，不能视为官有资产。故对于该场各项问题，无从获得协议。

二、英文学堂资产问题。

查该校地皮系工部局所拨给，其建筑资产为英侨所捐置。本会决议，应由该校保管团移交我国政府接收。英顾问则坚持，该校资产因有保管团之保管契约存在，其契约内容不容有所变更。故此问题，彼此主张不能一致。

三、清偿债券折合率问题。

查英工部局所发两项债券，原则上本会应予承认，惟对于折合率一点，英顾问坚持我政府赎还时应以票面额国币一元折合英镑一先令二便士又四分之一。本会则以该项折合率应由中国中央政府规定，本市不应单独有所主张，故与英顾问之主张未能一致。

四、前英工部局中英籍职员养老金偿付问题。

此项养老金积欠及将来之偿付，我政府可予负担，但不付积欠期间之利息。英顾问则坚持，除中国政府应付清积欠，并按年支付将来养老金外，尚必须负担积欠利息（按五厘计息）。故此问题，彼此意见未能完全一致。

五、前英工部局中英籍职员薪金补偿等义务问题。

查日英宣战，租界被敌伪占领后，所有工部局中英职员之离职与留任情形不一。英顾问提出，中国政府应负担对各该职员给付薪金、赔偿义务等问题，与本会意见不同之处殊多。

英顾问主张：

1.英籍从军人员给半薪。

2.被敌拘留者全薪。

3.被遣回国者半薪（分别至一九四五年十月底止）。

4.各按每元六便士折合等等。

本会主张：

1.有合同者可给付。

2.有特功之警务人员可予特别补偿。

3.其余未予承认。

六、前英工部局中国职员年积金补偿问题。

查该项年积金在敌伪占领租界时期,中国职员已向伪官方自动请求发还。英顾问要求,中国政府仍应负担此项债务。经本会决议,绝难承认,英顾问则坚持原意,故未能同意。

七、怡和等轮船公司租用码头合同义务问题。

查怡和、招商、太古等轮船公司,与前工部局租用码头所订立之契约条款,本会认为与我国【国】民法所定租期之规定不合。经本会决议,期满时,倘我国政府许予续约,亦应删除此等不合法之条款。英顾问则坚持,租约中任何条款不容有所变更。双方意见遂不能一致。

八、前工部局所欠法律顾问、医官等兼任人员费用及失业赔偿债务问题。

查该项欠款及失业赔偿,经本会决议,凡一九四一年十二月八日以前之积欠,可以承认;以后者如失业赔偿问题,本会认无考虑必要。英顾问则坚持,不仅一九四一年十二月八日以前所欠者,中国应行负担,其战事期间之失业赔偿,中国政府亦应负担。意见终难一致。

本会与法顾问磋商,未能解决之事项:

一、法国维喜非法政府时代,租界当局所处分之官有资产是否有效问题。

本会主张,此等处分自应认为无效。法顾问则以为,此项问题应由双方政府决定。

二、法国球房房产是否为租界官产问题。

查此产经本会调查系属租界官产,而法领事致函本会指为法国政府所有。经本会质询,法顾问则又提出"法国公共团体"名义之契。经本会追询真象,则又避不作答。一再讨论,始允呈报高级机关后再议。

三、法国学校房产是否为租界官产问题。

查此产情形,与前述法国球房情形完全相同。故此问题亦未能协议解决。

四、公达乐兵营应否认定为法国政府所有问题。

查此产法工部局无偿让与法国政府,原可认定非属租界官产,惟赠与年限(一九四三年四月八日),其时恐系维喜非法政府时代。故本问题未能协议解决。

五、六号路旧法巡捕房房屋接收问题。

该产系属官产,应由我国政府接收。法顾问因法国学校及法国球房二产问题未能解决拒绝讨论,而主应由双方政府解决(按本问题已在最近举行之第四次中法联席会协议解决,允由中国政府接收)。

本会与法顾问同意解决之事项:

一、关于前法租界义务、债务问题。

法顾问声明,前法租界工部局并无欠人之债。

义租界事项经本会核议解决之问题:

一、义国俱乐部房地产权问题。

此产经本会决议,应行认定为义国政府所有,并应由我国政府接收管理。倘将来义国方面能提出,并非义政府所有之确切证明时再议。

二、华商达孚公司地皮产权问题。

该项地皮之产权,应认为系属义国政府所有,并应由我政府接收管理。

三、义国坟地产权问题。

此产原为义工部局所购,已赠与天主教会。查所赠与日期系在中国对义宣战之日以后。经本会决议,其赠与行为应认为无效,仍应认为租界官产由我政府接收。

四、义工部局对于义租界河沿地皮所为之处分有效无效问题。

查此项地皮,系属义租界官产。除尚未处分者应由我政府接收外,其在中国对义宣战之日以后处分者,均应认为无效。

关于前义租界官有义务、债务事项:

据本会调查,前义租界工部局对外并未负有任何义务,亦并无任何债务负担。

(J0012-1-000015)

633.天津市前英法义租界官有资产与官有义务债务清理委员会关于本会对租界各重要问题之希望

1947年6月6日

关于英租界者:

一、十七号路球场与英文学堂

本会认定,原工部局与各该保管团所定之保管契约与中国法令不合应归无效。各该产应由中国接收,希望中央政府坚持主张。

二、债券与养老金之折合率

应请中央政府分别作全国各地租界一致之规定。

三、轮船码头

本问题关系我国主权、国防,希望合同期满不再续订。现在并应修正合同内不合现实之条款。

关于法租界者:

一、法国球房与法国学校

因有"法国公共团体"问题,不足证明为法国政府所有,应由我国接收。

二、公达乐兵营

一九四三年四月八日法工部局赠与法国政府之行为,应认无效,应由我国接收。

(J0012-1-000015)

634.天津市前英法义租界官有资产与官有义务债务清理委员会
为本会办理结束工作各情形事致中华民国国民政府外交部电（清字第5号）

1947年6月25日

外交部勋鉴：本年五月廿二日条字第一零六四八号代电奉悉。查本会清理前英、法、义各租界事务业于本年三月底告一段落，分别拟具清理报告书呈请行政院核示在案。其未能解决之问题俟院令到后即可遵照办理结束工作。凌专门委员其翰于本月六日由平到津，已将本会工作情形详为报告。相应电复，即希查照为荷。天津市前英法义租界官有资产与官有义务债务清理委员会。已。有。清。印。

（J0012-1-000006）

635.天津市政府为复还旧戈登堂铜牌事致英国驻津总领事署函
（丙总字第1881号）

1947年7月15日

案准贵领事署六月二十六日函请将旧工部局戈登堂内铜牌十五面及木座交还。等由。准此。查本府接收后经查点该项铜牌及木框仅存有十四面。准函前因，相应函请查照。即日派员来府运取，见复为荷。此致驻津英国总领事署。

（J0002-3-004138）

636.天津市政府财政局为会同有关机关点收前英租界工部局有价证券清册事
致天津市前英法义租界官有资产与官有义务债务清理委员会函

1947年7月26日

案准贵会本年五月十日清字第三六号函开：以前存正金银行之前英工部局有价证券，请向敌伪产业处理局洽取回局，并通知本会派员前往查点。等由。准此。查此案当经本局函准该局，订于本年五月七日会同办理，并通知贵会派员一同前往查点完竣。兹查，前项证券业经本局分别造具清册，并与贵会陈专员会同查案核对，均属相符。相应检同清册一份，送请查收，并希见复为荷。此致天津市前英法义租界官有资产与官有义务债务清理委员会。

附前英租界工部局有价证券清册一份。

局长李金洲

财政局会同有关机关点收前英租界工部局局有价证券清册

类别	每张票面价格	张数	号码	备考
旧英工部局一九三二年六厘半公债券	一○○.○○两	一三七	第二二六号至二五○号,第一七四号至一八八号,第一八三号	以上共计二百廿二张
	五○○.○○两	四九	第九三号至一四○号,第八三号	
	一,○○○	一○	第六一号至七○号	
	五,○○○.○○两	二六	第一一号至三五号,第七号	
旧英工部局一九三二年五厘半公债券	一○○.○○元	二八四	第一号至二六号,第八六一号至七三号,第八六六号至八四一号	以上共计四百七十八张
	五○○.○○元	一九一	第五一二号至一二号,第三四七号至三四九号	
	一,○○○.○○元	三	第九一三号至一三号,第一八七号	
旧英工部局一九三七年六厘公债券	一○○.○○元	一七五	第一○号至一九号,第二二四号至二三号,第五一九号至二三号,第五八四号至八八号,第九○四号至○五号,第八一○号至一二号,第八一九号至二三号,第一八一号至八二号,第一二○号至二二号,第一○六号	以上共计五百六十一张
	五○○.○○元	八○	第二号至一五号,第二二六号,第四五七号至六六号,第四五七号至四六六号	
	一,○○○.○○元	二一八	第七号至○八号,第一三三号至二六号,第二九五号至一七号,第五三四号至七九号,第六三五号至九○号,第四五八号至五六四号,第七六四号至七六号	
	五,○○○.○○元	八八	第一号至第五号,第三○五号,第二四○号至一一号,第一六五号至一八○号,第二○号至二六号,第一九○号至二○七号	
海河工程总局一九三五年五厘半公债券	一○○.○○元	一	第二七八号	以上共二张
	一,○○○.○○元	一	第一三七号	
先农公司一九三九年七厘公债券	一○○.○○两	二二	第○六四二号至○五一号,第○○九六号至○八六号,第七四六号	共计二十二张

类别	每张票面价格	张数	号码	备考
旧英工部局一九三七年六厘金证券	一〇〇.〇〇元	一七七五	第一五〇一号至二四一〇号,第八四六一号至九三二五号	共计一千七百七十五张
先农公司一九二九年六厘债券	五〇〇.〇〇元	二〇	第九八八号至一〇〇七号	共计二十张
上海英法地产公司一九二一年六厘公债券	一,〇〇〇.〇〇两	三	第五七一号,第五七七号至五七八号	以上共计六张
	五,〇〇〇.〇〇两	三	第五七四号至五七六号	
天津法国电灯房六厘债券	一〇〇.〇〇元	七五〇	第五八一号至一三〇〇号	共计七百五十张
旧英工部局一九三二年五厘半债券	五〇〇.〇〇元	二四	第一三二号至二四一号,第三三四号至三三七号	以上共计三十九张
	一〇〇.〇〇元	一四	第五〇五号至五一一号,第六〇一号至六〇六号	
	一,〇〇〇.〇〇元	一	第一三五号	
旧英工部局一九三二年六厘半债券	五〇〇.〇〇两	二	第六〇一号至六〇二号	以上共计三张
	五,〇〇〇.〇〇元	一	第六六号	
旧英工部局一九三七年六厘债券	五,〇〇〇.〇〇元	一	第二五九号	以上共计一百一十六张
	一,〇〇〇.〇〇元	一三	第二六六号至二七〇号,第七二四号,第八二一号至八二七号	
	五〇〇.〇〇元	二	第一二二号,第三三五号	
	一〇〇.〇〇元	一八	第一四三号至一四五号,第七九一号至九一五号,第三〇四九号至三〇五〇号	
	一〇〇.〇〇元	八二	第三〇四号至三三〇号	
旧英工部局一九三七年六厘债券	五,〇〇〇.〇〇	二四	第八三号,第一二号至一五号,第一〇九号至一二一号,第一三七号至一四一号,第二三三号至二三七号,第八一号至八四号,第二三二号至二三八号	以上共计一百九十六张
	一,〇〇〇.〇〇	一〇〇	第三二号至一七号,第三九号至四〇号,第一八八号至一九二号,第六二一号至六一三号,第四一二号至一〇〇〇号,第九七三号至九七四号,第一四七号至一五九号,第三四七号至三五〇号	
	五〇〇.〇〇	五七	第一〇九号至一一二号,第一一一号至一九五号,第三四七号至三五二号,第五〇六号至五二二号	
	一〇〇.〇〇	一五	第七六号至八五号,第五三六号至五四六号,第八七七号至八八〇号	

701

类别	每张票面价格	张数	号码	备考
天津先农公司一九二九年七厘债券	一,〇〇〇.〇〇两	一	第一八三号	共计一张
旧英工部局一九三二年五厘半公债券	五〇〇.〇〇元	一二	第二二五号至二三六号	以上共计三十二张
	一〇〇.〇〇元	二〇	第四九八号至五〇四号,第八二四号至八三六号	
旧英工部局一九三七年六厘公债券	一〇〇.〇〇元	八	第一四七号至一五〇号,第四七五号至七三〇号,第一三七九号	以上共计八十张
	五〇〇.〇〇	三	第七七号,第三三六号,第五八号	
	一,〇〇〇.〇〇	一二	第二五四号至六〇号,第七二五号至七七号,第八〇一号至八〇五号	
先农公司一九二九年七厘债券	一〇〇.〇〇	五七	第三三一号至三一一号,第九九号,第一〇四号至一〇五号,第一九〇号至一九一号	
	一,〇〇〇.〇〇两	六	第九号,第一〇一号至一〇四号,第七〇〇号至四五号	以上共计十六张
旧英工部局一九三二年五厘半公债券	一〇〇.〇〇两	一〇	第五八号至八号,第七〇〇号至四〇五号	
旧英工部局一九三七年六厘公债券	一,〇〇〇.〇〇元	三	第二一三号至二一四号	以上共计九张
	五〇〇.〇〇元	一二	第二六号至二一四号	
旧英工部局一九三二年五厘半公债券	一,〇〇〇.〇〇两	四	第四九三号至四九六号	以上共计四张
	五〇〇两	三	第二三号,第二四号,第六〇号	
	一〇〇.〇〇元	一	第三五号	共计一张
旧英工部局一九三二年五厘半公债券	五〇〇.〇〇元	一	第四九七号	
	一〇〇.〇〇元	一	第二六七号	
旧英工部局一九三七年六厘公债券	一,〇〇〇.〇〇元	三	第一一六号至一一八号	以上共计七张
	五〇〇.〇〇元	三	第四五五号至四七五号	
旧英工部局一九三二年五厘半公债券	一,〇〇〇.〇〇元	一二	第壹号至十二号	共计十二张
旧上海工部局一九四一年六厘债券	一,〇〇〇.〇〇元	一〇	E第二九四六号至二九四八号,第二九五〇号至二九五一号,第二九五四号,第二九五号	共计十张
旧上海工部局一九三七年五厘债券	一,〇〇〇.〇〇元	五	C第二四〇七号至二四〇九号,第二四二〇号至二四二一号	以上共计七张
	五,〇〇〇.〇〇元	二	D第八四〇七号,第八五九号	
旧上海工部局一九三四年五厘债券	五,〇〇〇.〇〇两	二	D第二四〇七号,第二五二号	以上共计三张
	一,〇〇〇.〇〇元	一	E第四三〇号	

类别	每张票面价格	张数	号码	备考
旧上海工部局一九三七年五厘债券	一〇,〇〇〇.〇〇元	二	第一四二〇号,第一四七二号	共计二张
旧上海法公董局一九二七年七厘债券	原票面价格为一〇〇两	一	第二〇五五号	此项债券原为五十四张,嗣经敌日还本廿五张,余存廿九张,经变更为一张,登明
旧上海法公董局一九三〇年六厘债券	原票面价格为一〇〇两	一	第七二七号	此项债券原为本卅二张,嗣经敌日还本卅张,余存二张,变更为一张,登明
旧上海法公董局一九三一年六厘债券	原票面价格为一〇〇两	一	第一〇五六号	此项债券原为一千一百五十五张,嗣经敌日还本七百七十张,余存三百八十五张,经变更为一张,登明
旧上海法公董局一九三三年六厘债券	原票面价格为一〇〇两	一	第一〇五三号	此项债券原为一百二十张,嗣经敌日,变更为一张,登明
旧上海法公董局一九三六年六厘债券	原票面价格为一〇〇两	一	第一〇〇七号	此项债券原为一千四百张,嗣经敌日变更为一张,登明
旧上海法公董局一九三五年六厘半债券	原票面价格为一〇〇两	一	第一六三四号	此项债券原为二千张,嗣经敌日变更为一张,登明
旧上海法公董局一九三一年六厘债券	原票面价格为一〇〇两	四	第九一三号,第九四八号,第九三五号,第九一四号	此项债券原为卅三张,嗣经敌日变更为四张,登明
旧上海法公董局一九三三年六厘债券	原票面价格为一〇〇两	二	第八三九号,第一〇四〇号	此项债券原为五十一张,嗣经敌日变更为二张,登明
旧上海法公董局一九三三年六厘债券	原票面价格为二,七〇〇两	一	第八四〇号	
旧上海法公董局一九三六年六厘债券	原票面价格为一〇〇元	一	第七六六号	此项债券原为五十三张,嗣经敌日变更为一张,登明
上海业广地产公司一九三〇年五厘债券	一〇,〇〇〇.〇〇两	一	第十四号	
上海华懋地产公司一九三〇年六厘债券	一〇,〇〇〇.〇〇两	一	第六十四号	
合计		四,三九〇张		

637.中华民国国民政府行政院河北平津区敌伪产业处理局为已函请天津市财政局提取中央银行保管前英租界工部局所持有价证券事致天津市前英法义租界官有资产与官有义务债务清理委员会函

1947年8月19日

案准贵会卅六年五月十日清字第三五号函,为天津中央银行保管之前英租界工部局所持有价证券五箱,系该局官有资产之一部,嘱查照径交天津市政府财政局取回,已凭清理。等由。准此。正办理间,复准天津市政府函,略同前由。当经函请天津市政府财政局将该项证券清册送局核办在案,兹准该局检送到局。经查,该项证券确系前英租界工部局官有资产,并非敌伪产业,自应准予移交。除检附寄存证乙纸,函请该局径恰提取,并分函中央银行准予移交,及天津市政府查照外,相应复请查照,径恰办理为荷。此致天津市前英法义租界官有资产与官有义务债务清理委员会。

局长张子奇

（J0012-1-000082）

638.天津市前英法义租界官有资产与官有义务债务清理委员会为送本会中英联席会议纪录暨报告书事致天津市政府函

1947年9月12日

案准贵府义秘贰字第一一八一八号公函,以准外交部驻平津特派员公署函询,接受前英租界天津英国医院详情一案,嘱将本会中英联席会议纪录暨报告书副本检抄一份。等因。自应照办。相应检同该项纪录等件随函送上,即希查照为荷。惟上项纪录报告书,尚未奉到行政院指令。合并声明。此致天津市政府。

附送中英联席会议纪录第一次至第八次各一份、报告书两份。

主任委员杜建时

（J0002-2-001734）

639.天津市前英法义租界官有资产与官有义务债务清理委员会为遵将租界事务有关案卷抄送事致中华民国国民政府行政院电

1947年9月17日

南京行政院长钧鉴:未铣七外电敬悉。已遵将有关案卷抄送外交部矣。谨复。天津市前英法义租界官有资产与官有义务债务清理委员会主任委员杜建时、代主任委员张子奇叩。申。筱。清。

致外交部电

南京外交部公鉴：前奉行政院电饬,将有关案卷抄送贵部。等因。自应遵办。查关于法义两租界事务,均经详载呈院之报告书及历次会议纪录中,兹将英租界事务有关案宗摘要抄送。除电复行政院外,相应电请查照为荷。天津市前英法义租界官有资产与官有义务债务清理委员会。申。筱。清。

附抄件：计抄十七号路体育场卷一份、保管契约一份、抄原契一份,英文学校卷一份、保管契约一份、抄原契一份,养老金契约一份、债券契约一份。

抄旧英文学堂有关卷宗

关于英侨甘悌等,以坐落第十区湖北路旧英文公学校址声请为所有权登记一案,据地政局卅五年九月十八日地登审字第一三二二号呈报。原文摘要如下：

审查缴验契证系民国十六年三月十六日,由外交部直隶特派员发给第一三八一号地契,契载永租业户为英工部局名义,并无买卖价值。复查该契粘连之英文契约内载,该地于民国廿一年二月,由英领事秘书凡夫将地转移与甘悌、道悌及迪克森三人名下,已由英领事签字证明,并在英工部局注册。惟未依照惯例向我国政府履行投税,更换新永租业户名义。查该地原系工部局所有,曾为旧英公立英文学校,校址产权似有托管情形。按照土地托管惯例,托管土地可由代管人名义办理注册。本案转移手续既欠缺不完,其所有权究属何人,本局无从臆断。该项地产如系旧英工部局所有,自应由我国政府接收。

本会法律顾问之意见——关于旧英文学堂

按照西历一九三○年旧英文学堂保管契约之订定一方,旧英工部局既为保管团之委任人,另一方保管团又为被委任人或曰受任人,则该学堂校产为旧英工部局委托保管团办理,学校之公产实极明显。次查该学校之经费,由旧英工部局供给,而旧英工部局又为旧英租界之官立机关,则该学堂为一旧英界工部局之官立学校,自无可疑。虽该学校系由保管团管理,但此亦系旧英工部局为行政上之便利而已,对于该学校之官立性质上并不能因而改变。次查保管契约内载明,保管团对于管理上之错误,个人不负任何责任,此该学校又为一官立学校之证明。至英顾问说帖内所提,前曾因校款问题与旧英工部局涉讼,以为其主张该学校系一私学堂之证明一节,碍难赞同。盖该保管团前对旧英工部局之诉讼,系根据双方所定之契约。故无论如何,保管契约不能变更该学校之管有权。至英顾问所称,该学校将来对于居津英侨殊为需要一节,此乃另一问题,不与所有权相干。请指正。

抄十七号路体育场有关卷宗

关于英侨甘悌等,以坐落第十区林森路旧英体育场土地声请为所有权登记一案,据地政局卅五年九月十八日地登审字第一三二○号呈报。原文摘要如下：

经核缴验契证两件,一系民国十七年三月,由外交部直隶特派员发给第一五三八号地契,一系英文移转契约。该项地契内载,该地由英工部局转租与体育场保管人。同契英文译页注明,由英工部局将体育场地产托由甘悌、裴尼欧、哈尔及普利尔四人代管,并未载有买卖价值。其英文移转约据内载,该地于民国纪元前五年三月二十三日,经英工部局托由代管人甘悌等四人代管,于民国十六年五月经外交部直隶特派员颁发永租地契。嗣因旧代管人中已有退休死亡者,始更由甘悌、裴尼欧、哈尔、波义尔、皮特、拜文尔、安州及哈尔霸悌八人代管。该项约据内均详有记载。按照土地托管旧习,托管土地可由受托管人名义办理登记手续者,已不乏先例。然其所有权,实则并未丧失。该旧英体育场地契虽为体育场保管人名义,而该地则似为英工部局所有。今外人在华治外法权撤销,旧租界区官有财产应由我国政府接管。该项产权如属官产,自应归由我国政府所有。

本会法律顾问之意见——关于旧英租界十七号路运动场

根据西历一九〇六年旧英工部局与保管团之契约,保管团之授权人及其监督人既皆为旧英工部局,则该运动场为英工部局之公产,自属毫无可疑。次查该运动场之地亩皆系继续由旧英工部局所拨给,其为旧英工部局之财产,更为明显。况保管契约内载明,该运动场为一公共之运动场,其非为一私有财产是不啻为一铁证。虽该运动场之管理属于保管团,但此亦不过旧英工部局为行政上之便利而已,对其为公产并无丝毫影响。再就保管团之名称而言,顾名思义,其非为该运动场之私有人,可一望而知。今英顾问要求并主张该运动场为一私产,并非为一公产,应专归在津英人使用享受,似无理由及必要。盖自西历一九二六年十二月以来,经旧英工部局命令,保管团业经准许中国人同时使用,则英顾问藉词英人运动与中国人不同,应归英人一节,似难成理由。鄙见如此,请参考指正。

(J0012-1-000036)

640.中华民国国民政府行政院为转知英顾问五项意见书事
致天津市前英法义租界官有资产与官有义务债务清理委员会电

1948年1月17日

天津市前英法义租界官有资产与官有义务债务清理委员会三十六年十月六日清字第六号呈悉。关于英顾问五项意见书一案,业饬外交部核复。据称,英顾问所送五项节略,系该顾问就清理委员会历次会议中未获同意解决各问题向英政府所作之报告。又查天津前英租界之清理事项,清理委员会中未能获得协议者,自应依原定程序,由本部与英大使馆进行磋商。本部前经照请英大使馆查照办理,尚未准提出具体建议。等语。兹特抄发原件电仰知照。行政院。平。筱。七。外。

附抄发外交部公函乙件。

抄外交部公函

案准贵处卅六年十月廿二日服十三字第82778号通知单,以关于天津市前租界清理委员会呈转英顾问五项意见书请核示一案,奉谕交核。相应通知。等由。正核办间。复准同年十二月三日服十三字第82778号通知单,以本案奉谕催办,特通知。等由。准此。查英顾问所送五项节略,系该顾问就清理委员会历次会议中,未获同意解决各问题向英政府所作之报告。又查天津前英租界之清理事项,清理委员会中未能获得协议者,自应依照原定程序,由本部与英大使馆进行磋商。本部前经照请英大使馆查照办理,尚未准提出具体建议。兹就上述各节略所包括之问题,分别研议如左:

一、英文学堂(Tientsin Grammar School)资产问题。英顾问认为,该校资产因有保管团之保管契约(Deed of trust)存在,其地位不容有所变更。同时,根据新约,中国政府应继承对该校给予欠款及将来协款等义务。查前租界工部局所订之契约,我方固应继续履行,惟此项保管契约,不论其对产权之效力如何,在我国行政及法制上均无先例,执行时亦多窒碍难行之处。拟俟与英大使馆提出商谈时,兼顾法律与事实,研求解决办法。

二、十七号路球场(Tientsin Recreation Ground)资产及义务问题。英顾问认为,该场为保管团所有,已不能视为官有资产,其已往之地位,亦不容有所变更。查此案,与英文学堂情形相同,拟依据同一立场,与英方磋商解决之。

三、清偿债务折合率问题。卷查前英工部局所发两项债券,清理委员会已议决,原则上应予承认。惟对于折合率一点,依照英顾问意见,应以票面额国币一元折合英镑一先令二便士又四分之一为标准,双方未获协议。复查关于清偿租界债券折合率问题,上海及其他各地亦遇有同样困难,自应通盘研究,觅取解决途径。关于此点,并拟征询财政部意见后,再行参照办理。

四、前英工部局中英籍职员养老金偿付问题。查清理委员会曾决议,此项[养]老金积欠及将来之偿付,我政府应予负担,惟不付积欠期间之利息。英顾问则认为,此项利息并应自积欠日起计算,至清偿之日为止,一并由中国政府偿付。查前英工部局所订养老金办法(Pension Scheme),并无偿付利息之规定。关于此点,上海清理委员会外籍顾问,亦曾提出同样主张。本部认为,因战争致使前工部局职员蒙受损害之赔偿,应向日本清算,作为赔偿要求之一部。经呈奉核,可据以进行交涉在案。俟关于此项原则商获协议后,其他各地均可一律办理。

又关于以后养老金之支付方法,英顾问建议,由中国政府购进英保险公司年金,以代给付,或由英政府分别拨付,再由中国政府偿还。其意系在使以后对养老金之偿付获有保障。盖此项养老金,前英工部局原以若干资产抵押担保,并自其他全部资产征课款项支付之。查养老金既经我方承认偿付,其支付方法可由我政府斟酌决定。至英顾问意见,自亦可供参考。

五、前英工部局中英籍职员薪金补偿等问题。英顾问将各职员分为三类,主张应由中国政府负担给付薪金义务:

甲、英籍从军人员——应发给卅年十二月一日(日敌控制工部局时间为是年十二月八日)至卅四年十月卅一日(被敌拘留人员大抵至是年十月底,当未获释)期间内之半薪。

乙、被日敌拘留人员——发给与前同一时期内之全薪。

丙、被遣送人员——发给拘留期间内之全薪,并自遣送日起至卅四年十月卅一日止,发给半薪。

以上三类人员,在各该期间内已领取之薪金应予扣除,应给薪金之折合率,并应依卅年年度每元合六便士之标准计算。此外,英顾问尚提出若干高级人员损失职位之补偿,及其他特别补偿金等问题。查关于上海前公共租界退职人员权益计算截止日期问题,本部正依据前述呈奉　核可之原则进行,与有关各国使馆提出商议中,天津方面将来自亦同样办理。

六、河坝停泊及卸货地段租约问题。英顾问坚持此项租约为前工部局与怡和等轮船公司所订立，系前工部局之义务，中国政府应予承担。查该项租约规定，租用期间为十年，但期满后得继续租用十年，并规定，如发生争议应由英领事仲裁，并适用英国法律。清理委员会认为，该租约规定继续租用一节，与我国民法所定租期不得过二十年之规定不合，关于仲裁之规定，尤属触犯我国法权，各该条款均应予以修正。查租界之行政与管理既经由我收回，因管辖权之移转，情势变迁，前工部局所订租约与我法令相背者，我自可提出修正之要求。惟外人之既得权利，亦经我方承认保护。此点当于谈判时斟酌办理。

准通知单各前由，除本部与英大使馆进行磋商后，交涉情形当随时函达外，相应函复查照转陈为荷。此致行政院秘书处。

(J0012-1-000036)

641. 天津市政府为抄发前租界外营公用事业处理原则事训令教育局

1948年3月25日

案奉行政院(卅七)六经字第一一四五四号训令内开：据内政部、外交部、财政部、经济部、交通部、水利部、地政部会呈，以各地前租界当局对于其与中外公司团体间契约之履行，均为各该前租界之官有义务。中外间关于取消各国在华特权，各新约曾明白规定，于我接收各该前租界之行政与管理时予以担任并履行。现各该前租界外营公用事业正纷纷呈请中央主管官署注册给证，并申请公司认许。各主管机关对于其专营权合约之审核须有一共同标准，庶免彼此歧异，经会同拟具前租界外营公用事业处理原则草案，请核示到院。

查公用事业依法不许外人经营。惟条约之效力优于法律，各国取消在华特权，所订新约，既均明白规定于接收租界行政与管理时应厘订办法，担任并履行前租界之官有义务及债务，并承认及保护前租界内之一切合法权利，故前租界外营公有事业与前租界当局所订之专营权合约，自应予以承认。但依我国现行法令，公用事业专营权系由中央主管机关依公法上之权力核准所赋予，与前租界当局以契约订定不同，故此项契约无从与之修订或重订。其原有合约应认为取得权源之根据，依法定手续，准予登记、注册、填发执照，并于执照中注明其权源，以表示其权利系根据条约承认。经提出本院卅七年二月廿四日第四十四次会议通过，除分行并呈国民政府备案外，合行抄发原则全文，令仰遵照办理。等因。奉此，除分令外，合行抄发原附件，令仰该局遵照。此令。

附抄发《前租界外营公用事业处理原则》一份。

市长杜建时

前租界外营公用事业处理原则

一、前租界外营公有用事业与前租界行政管理当局所订立之专营权契约，应认为其取得权源之根据,由中央主管机关从新依照我国现行法律核定,准予登记、注册、填发执照,并于执照中注明其权源。

二、原专营权契约之内容,因租界行政与管理之收回而有修改之必要者,由中央主管机关从新审核后,依应有程序修正之,并于执照或其他文件分别载明。

三、中央主管机关填发前租界外营公用事业执照,其营业年限除本原则施行前已经延长者得算至延长年限届满时外,其余应一律以其原契约所订之有效期间为限。

四、前租界外营公用事业在营业有效期间内应遵守左列之规定:

甲、营业区域应以其与前租界行政管理当局所订之契约内原规定者为限,不得扩充。非经中央主管机关核准,亦不得缩小。

乙、非先呈经中央主管机关核准,不得变更名称或组织或与其他公用事业人合并。

丙、移转营业权时,其受让人应以中华民国政府(中央或地方)或人民(包括法人)为限。

丁、非先呈经中央主管机关核准,不得停业。

戊、依法缴纳租税。

己、收取业务费及缴纳租税应一律以中华民国通用货币计算。

五、前租界外营公用事业,无论发生何项争执或诉讼或不服中央主管机关或地方监督机关所为之行政处分时,均应遵照我国法律解决之。

六、前租界外营公用事业之公司,应依我国公司法申请认许。

七、前租界外营公用事业原契约规定前租界工部局或公董局之一切利益,由地方政府承受之。

八、前租界外营公用事业,除本原则规定外,其法律上之权利义务及主管官署之管辖,与其他依法认许之外国公司同。

(三十七年二月二十四日行政院第四十四次会议通过颁行)

(J0110-3-001045)

642.天津市市区图说明

1948年4月27日

一、本市未接收英、法、意各租界以前之全部面积,共二二一,六三〇市亩。

二、英、法、意各租界之面积:

(一)英租界五,六三〇市亩;(二)法租界二,七六三市亩;(三)意租界七〇〇市亩。

三、英、法、意各租界之四至:(一)英租界:东北——台儿庄路;东南——开封道、大沽路、南京道、马场道;西南——新兴路;西北——营口道。(二)法租界:东北——张自忠路;东南——营口道;西南——新兴路;西北——锦州道、南京道、四平道。(三)意租界:东北——兴隆道;东南——五经路;西南——海河沿;西北——胜利路、金汤四马路。

四、接收英、法、意各租界日期:(一)英租界——民国三十四年十月三日;(二)法租界——民国三十四年十月三日;(三)意租界——民国三十四年十月三日。

五、本市接收英、法、意各租界后之全部面积,共二三〇,七二三市亩。

(据《天津租界档案选编》,第563—564页)

643.天津市政府为租界市区图说事指令财政局、地政局、民政局

1948年4月27日

会呈一件。呈送接收租界市区图说会请核转由。

呈件均悉。仰候转送内政部查核。转呈件存转。此令。

呈报内政部公函

案准贵部本年一月二十日方字第三二号函请租界接收公告情形、绘图报部凭转等由,即经转令主管各局遵办。兹据地政、财政、民政各局会呈,该项图说现已绘制完峻。至关于接收前英、法、意租界公告情形,系前于三十四年十一月奉行政院平陆字第二六一四七号训令颁发接收租界及北平使馆界办法及租界使馆界官有资产与官有义务债务清理委员会组织规程,即于三十五年二月五日呈报行政院,并请转呈国民政府公布法令,明定本市辖区包括收回各该租界原址暨布告周知各在案。据呈前情,除指令外,相应检同市区图说各三份,函请查照核转为荷。此致内政部。

附检送天津市市区图暨说明各三份(略)。

(据《天津租界档案选编》,第564—565页)

644.中华民国国民政府行政院为清理租界官有资产及义务、债务问题事训令天津市政府

1948年6月5日

据外交部本年五月八日呈称:关于前北平使馆界及各地租界之官有资产及债务、义务清理事项,现尚未获致协议,而依章经由上海、天津、北平各清理委员会移请本部交涉解决之一共同问题,厥为前使馆界及租界行政机构中外员警之权益问题。为求清理租界悬案早日办结起见,本部兹就前租界外籍员警权益问题建议如下:一、上海清理委员会业经同意决议,应先作临时付款之四项权益及养老金,应请通知财政部予以清偿。倘国库未能一次付给,则由外交部尽可能与有关国家磋商分期清偿办法。二、有关该项权益计算及偿付之技术问题,工作自甚繁重,上海市政府应有适当之专门会计人员方足应付。本部前洽请沪市府查示,依中国委员之主张,上项权益计算至珍珠港事变之日为止,与计算至我实际收回租界之日为止,其差额如何,据悉市府以限于人力及经费,迄难照办。兹拟请速拨专款,令饬查明上述临时支付及养老金之继续偿付应共需外汇数额,并限期开始清付。三、关于各项权益之计算截

止日期,我方在交涉初期,曾维持清理委员会中国委员原持立场,与各有关使馆折冲,以期预留回旋余地。惟有关使馆与本部迭次变换意见,对各项权益仍坚持其原来主张,认为应计算至我实际接收租界之日为止。时至今日,似亟应确定最后方针。兹经本部研究结果,拟请准许依据下列原则提出解决办法:甲、前工部局职员在日军占领工部局后被拘禁者,其原有各项权益即计算至我方收复租界之日为止(上海为一九四五年九月三十日),并以此一日期为其解职日期。其已由占领当局给付之报酬应予扣除。乙、前工部局职员在日军占领后之工部局继续服务者,因其所为我国政府均视为非法行为,其原有各项权益,概计算至开始在日军占领后之工部局服务之日止,并以此一日期为其解职日期。其已由占领当局给付之报酬应予扣除。惟依国际惯例,在敌军占领时期继续服务于地方行政当局,不能认为背叛本国之行为。上列乙类人员之权益,可视谈判情形作必要之让步,姑予计至实际离职之日为止。其有在伪政府接收工部局后继续服务者,则计至开始为伪政府工部局服务之日为止,并分别以各该日期为其解职日期。其已由占领当局给付之报酬概应扣除。又关于给付各项权益至实际付款时之息金,外籍顾问主张一并计算清偿,尚难认为无理由,可否免付当俟交涉时视情形斟酌办理。以上所拟是否有当,理合呈请院长核交院议议决。

又据该部本年五月十二日呈,为上海市前公共租界工部局欠负英商汇丰银行英镑及美金债款亟应偿付,惟应如何筹措清偿,经再洽财政部及沪市府办理,迄无结果,请由钧院作最后之决定。各等情到院。案经召集有关单位审查后拟议如下:(一)权益及债款无问题者应允付。上海清理委员会决议储蓄金,薪给储蓄金、服务优良奖金、退职金等四种权益,计算至一九四一年十一月三十日为止,先作临时付款。及工部局欠负汇丰银行英镑及美金债款,均应即予偿付。(二)关于偿付外币或折合国币偿付问题,应依照工部局服务章程办理——此点外交部意见,先行分别计算确切数额,再解决国币部份调整偿付问题。(三)各项权益计算截止日期,照外交部原意见办理。(即外交部原呈(三)甲、乙两项。)四、清偿各项权益债务财源问题。各地租界及使馆界债务究应由中央或地方政府负担,参照"接收租界及北平使馆界办法"及"前租界外营公用事业处理原则"第七条之规定,前租界之资产及利益由地方政府承受,故在原则上各项债务应由地方政府负担,惟如资产中有关全国性事业由中央政府接收者,或条约义务规定者,其债务应由中央政府分担一部份。至应如何变卖一部份资产清偿,似应由外交部、财政部、地政部、上海市政府召集小组会谈再加研究。又不论如何分担清偿,上述已确定应先行偿付之权益及债务,应由中央立即垫款偿付。(五)养老金应否偿付问题,凡合乎工部局服务章程规定者(即服务满二十年、年龄在五十五岁以上;或服务二十年不间断,年龄在五十岁以上退休者),应继续支付。(六)储蓄金已确定由我付给,则前工部局扣除存储部份应查明收回,并应在未付员警薪金中照规定扣除。(七)除已确定之四种权益外,其余权益应由清理委员会继续积极清理。(八)关于计算技术方面,应由上海市政府另雇专门人员负责办理,并限三个月计算完竣。此点应由上海市政府于七日内拟具计划预算及进行方针呈院核定。所需经费外交部建议由中央拨款二十亿补助,不敷之数由上海市政府自筹。(九)其余各地责成各地市政府限期清算完竣,业提出本年六月四日本院第一次临时会议决议"照审查意见通过"。除指复并分行外,合行令仰遵照。此令。院长翁文灏。

(据《天津租界档案选编》,第565—567页)

645.中华民国国民政府行政院为接收租界办法应依划分国有、市有办法办理事令天津市政府

1948年8月17日

据北平市政府本年六月二十三日呈称:查接收租界及北平使馆界办法第八条第三款规定,每一租界及北平使馆界接收完竣后,由主管市政府以公告方式宣布之,并应呈报国府公布法令,明令市政府之辖区包括收回租界原址。惟本市前使馆界官有资产与官有义务债务清理委员会结束前,并未将界内土地全部收回移交本府,该会与外籍顾问签订之协议书亦仅载明将使馆界行政权及界内公有土地、桥梁、道路等移交我政府,关于各使领馆使用之房地并未列入,应否即视同全部接收以公告方式宣布及呈报之处请核示等情到院。又前租界及北平使馆界内公有土地,如法无明文规定应属于市有者究应如何划分。经一并据内政、外交、地政三部核复称:一、接收租界及北平使馆界办法第八条第三款所谓接收完竣,系指租界或北平使馆界之行政与管理而言,与界内个别产业之交接并无关系。北平市政府于接收前使馆界行政与管理后,即可根据上述规定办理,以公告方式宣布,并绘具图说三份,咨由本(内政)部转呈,明定该市辖区包括收回之使馆界。二、前租界及北平使馆界内之公有土地,原则上应属于国有,惟为地方行政管理需用之土地应属于市有。其划分办法可按照公有土地管理办法第四条之规定,由市政府依法呈准使用收益者划归市有,其余则为国有等情,应准依议办理。除指复并分行外,合行令仰知照。此令

院长翁文灏

(据《天津租界档案选编》,第568—569页)

646.天津市政府为饬查接收前租界官有资产应属市有部分照册报备事训令财政局

1948年9月15日

一、查关于本市接收前英、法、义租界官有资产暨现在使用机关,业据该局造册转奉行政院电令准予备案在案。

二、前于本年八月廿四日奉行政院(卅七)七外字36644号训令规定,接收前租界内公有土地划分国有、市有办法,经以平秘贰字19091号(法规)训令该局知照在案。

三、关于本市接收前租界官有资产,凡为地方行政管理需用,应请划归市有部份,亟应查照造册一式二份,以备呈院请划归市有。

四、仰即遵照,迅速办理,具报核转。

市长杜建时

(J0056-1-003145)

责任编辑　韩玉霞
特约编辑　李佩俊
装帧设计　卢炀炀

ISBN 978-7-201-12142-0

9 787201 121420 >

定价:980.00元

天津人民出版社
官方微信